Jung

Dados Internacionais de Catalogação na Publicação (CIP)
(Câmara Brasileira do Livro, SP, Brasil)

Hannah, Barbara
  Jung : vida e obra : uma memória biográfica por Barbara Hannah / Barbara Hannah ; tradução de Caio Liudvik. – Petrópolis : Vozes, 2022.

  Título original: Jung : his life and work
  ISBN 978-65-5713-484-9

  1. Jung, C.G. (Carl Gustav), 1875-1961 2. Psicanalistas – Suíça – Biografia I. Título.

21-88407   CDD-150.1954092

Índices para catálogo sistemático:
1. Jung : Psicanalistas : Vida e obra   150.1954092

Eliete Marques da Silva – Bibliotecária – CRB-8/9380

Jung
VIDA E OBRA

Uma memória biográfica
por Barbara Hannah

Tradução de Caio Liudvik

Petrópolis

© Chiron Publications 1997.
Direitos de tradução ao português intermediados por Chiron Publications LLC
Asheville, N.C.

Tradução realizada a partir do original em inglês intitulado *Jung: His Life and Work – A Biographical Memoir by Barbara Hannah*

Direitos de publicação em língua portuguesa:
2022, Editora Vozes Ltda.
Rua Frei Luís, 100
25689-900 Petrópolis, RJ
www.vozes.com.br
Brasil

Todos os direitos reservados. Nenhuma parte desta obra poderá ser reproduzida ou transmitida por qualquer forma e/ou quaisquer meios (eletrônico ou mecânico, incluindo fotocópia e gravação) ou arquivada em qualquer sistema ou banco de dados sem permissão escrita da editora.

CONSELHO EDITORIAL

Diretor
Gilberto Gonçalves Garcia

Editores
Aline dos Santos Carneiro
Edrian Josué Pasini
Marilac Loraine Oleniki
Welder Lancieri Marchini

Conselheiros
Francisco Morás
Ludovico Garmus
Teobaldo Heidemann
Volney J. Berkenbrock

Secretário executivo
Leonardo A.R.T. dos Santos

Editoração: Fernando Sergio Olivetti da Rocha
Diagramação: Raquel Nascimento
Revisão gráfica: Nilton Braz da Rocha
Capa: SGDesign
Ilustração de capa: Carl G. Jung no escritório de sua casa em Küsnacht, perto de Zurique, década de 1950. Bollingen Foundation Collection, Divisão de Manuscritos, Biblioteca do Congresso. (https://www.loc.gov)

ISBN 978-65-5713-484-9 (Brasil)
ISBN 978-1-88602-07-4 (Estados Unidos)

Este livro foi composto e impresso pela Editora Vozes Ltda.

Sumário

Abreviaturas, 7

Agradecimentos, 9

Prefácio, 11

1 O solo suíço, 15

2 Primeiras impressões, 1875-1886, 25

3 O ginásio de Basileia, 1886-1895, 53

4 Universidade de Basileia, 1895-1900, 86

5 Hospital Psiquiátrico Burghölzli, 1900-1909, 106

6 Os primeiros anos em Küsnacht, 1909-1914, 135

7 A Primeira Guerra Mundial, 1914-1918, 158

8 Abrem-se as fronteiras, 1919-1925, 194

9 Viagens, 1925-1926, 220

10 De volta à Europa, 1926-1933, 253

11 Nuvens de tempestade por sobre a Europa, 1933-1937, 290

12 *Intermezzo* indiano, 1937-1938, 333

13 Nuvens mais escuras, 1938-1939, 351

14 A Segunda Guerra Mundial, 1939-1945, 368

15 Colhendo os frutos, 1945-1952, 399

16 O *Mysterium coniunctionis*, 1952-1955, 430

17 Últimos anos, 1955-1959, 450

18 De volta ao rizoma, 1960-1961, 471

Referências, 483
Índice, 491

Abreviaturas

CW: The Collected Works of C.G. Jung [OC: Obra Completa de C.G. Jung, lançada no Brasil pela Editora Vozes].

MDR: *Memories, Dreams, Reflections* [*Memórias, sonhos, reflexões*]. Registradas e editadas por Aniela Jaffé (Nova York: Pantheon Books, 1962).

Agradecimentos

A autora e os editores agradecem pela permissão para citar passagens de *Memories, Dreams, Reflections* e das *Collected Works of C.G. Jung*:

De *Memories, Dreams, Reflections*, por C.G. Jung, registradas e editadas por Aniela Jaffé, traduzidas por Richard e Clara Winston. © 1962, 1963 pela Random House, Inc. Reprodução permitida pela Pantheon Books, uma divisão da Random House, Inc.

Das *Collected Works of C.G. Jung*, org. Gerhard Adler, Michael Fordham, William McGuire e Herbert Read; trad. R.F.C. Hull. Bollingen Series XX, vol. 6. *Psychological Types* [*Tipos psicológicos*; OC 6] (© 1971 pela Princeton University Press); vol. 7, *Two Essays on Analytical Psychology* [OC 7] (© 1953 e © 1966 pela Bollingen Foundation); vol. 8, *The Structure and Dynamics of the Psyche* [*A natureza da psique*; OC 8/2] (© 1960 pela Bollingen Foundation e © 1969 pela Princeton University Press); vol. 9i, *The Archetypes and the Collective Unconscious* [*Os arquétipos e o inconsciente coletivo*; OC 9/1] (© 1959 e 1969 pela Bollingen Foundation); vol. 10, *Civilization in Transition* [*Civilização em transição*; OC 10/3] (© 1964 pela Bollingen Foundation); vol. 11, *Psychology and Religion: West and East* [OC 11] (© 1958 pela Bollingen Foundation e © 1969 pela Princeton University Press); vol. 13, *Alchemical Studies* [*Estudos alquímicos*; OC 13] (© 1967 pela Bollingen Foundation); vol. 14, *Mysterium coniunctionis* [OC 14] (© 1963 pela Bollingen Foundation e © 1970 pela Princeton University Press); vol. 16, *The Practice of Psychotherapy* [*A prática da psicoterapia* (OC 16/1)] (© 1954 e © 1966 pela Bollingen Foundation). Reprodução permitida pela Princeton University Press.

Prefácio

Este livro de modo algum é uma biografia oficial de C.G. Jung, mas pretende apenas ser uma memória biográfica, mostrando a vida dele tal como esta se mostrou para mim. É cedo demais para uma biografia detalhada, como a *Vida e obra de Sigmund Freud*, de Ernest Jones. Uma biografia requereria o estudo cuidadoso de muitos documentos que atualmente estão sob o poder da família de Jung e são ainda inacessíveis. De fato, pelo que sei, os filhos de Jung são totalmente contrários à apresentação de qualquer biografia sobre seu pai, por acharem que tudo o que é necessário foi dito por ele em suas próprias *Memórias, sonhos, reflexões*. Por esse motivo não os informei de que estava escrevendo este livro. Quando acabei, o submeti à leitura deles antes da publicação, e eles o desaprovaram inteiramente.

Isto não surpreende, quando se leva em conta os diferentes pontos de vista a partir dos quais víamos seu pai. Sei pouco sobre a vida familiar de Jung, exceto que era muito feliz e que a família importava muito para ele. Este livro foi escrito inteiramente do meu ponto de vista, o ponto de vista daqueles dentre seus discípulos que tiveram o privilégio de vê-lo também fora da análise.

Em *Memórias, sonhos, reflexões*, Jung escreveu quase que exclusivamente de sua vida interior, que lhe era muito mais significativa do que qualquer acontecimento exterior. E era também deste lado interno de sua vida que ele quase sempre falava comigo. Tentei seguir cronologicamente o curso de sua vida, mostrando como ele primeiramente viveu sua psicologia e, apenas muito mais tarde, formulou em palavras o que tinha vivido.

Jung costumava dizer que nosso terreno em comum era meu intenso interesse na totalidade psicológica, no processo de individuação, como ele o denominou. Eu, portanto, tentei, ao longo deste livro, manter o foco no desenvolvimento desse processo no próprio Jung. Mas o grau extraordinário de totalidade que ele alcançou, e a intensidade com a qual todo aspecto possível de sua vida foi vivido, tornam impossível para qualquer livro sobre ele, mesmo se tivesse dez volumes, retratar mais do que uma fração dessa completude.

Também procurei registrar informações que de outro modo morreriam comigo. Este foi o motivo que me encorajou a mencionar muitas coisas que talvez ainda seja cedo para que se tornem públicas, incluindo fatos, tais como os conheço, sobre a longa amizade de Jung com Toni Wolff. Há tantos rumores persistentes e falsos em circulação sobre este relacionamento que senti que deveria apresentá-lo no que me parece ser sua verdadeira perspectiva. Sou provavelmente uma das últimas pessoas ainda vivas que ouviram esses fatos em primeira mão das três pessoas envolvidas: Toni Wolff, Emma Jung e o próprio Jung. Esse relacionamento já foi mencionado em um livro de Paul Roazen sobre Freud e Tausk[1].

Pela mesma razão, assumi a desagradável tarefa de entrar em detalhes sobre o ridículo, mas estranhamente persistente rumor de que Jung era nazista. Eu vivi em Küsnacht e vi Jung frequentemente, desde os tempos da ascensão dos nazistas até sua derrocada final. Esse era um dos poucos assuntos externos que ele discutiu muitas vezes comigo. Sinto-me, pois, em condições de prestar testemunho.

Em especial nos primeiros capítulos, tive necessariamente de repetir muita coisa que já está disponível em *Memórias, sonhos, reflexões*. Esses eram os aspectos da vida de Jung mais importantes a ele, sobre os quais, em grande parte, o ouvi falar muito antes de que ele se encarregasse da tarefa de registrar suas memórias. Tentei transmitir muitos desses aspectos a partir de um ponto de vista ligeiramente diferente e, embora tenha feito o meu melhor para torná-los inteligíveis do modo como ocorreram, sempre remeto o leitor à busca de mais detalhes em *Memórias*. Esse livro tem sido amplamente lido, e continuará a ser a fonte mais profunda e autêntica no que diz respeito a Jung.

---

1. KNOPF, A.A. *Brother Animal*. Nova York, 1969, p. 165.

Sou imensamente grata à falecida Esther Harding por sugerir que eu escrevesse este livro. Sem a iniciativa dela, eu jamais teria pensado em realizar tamanha aventura. Devo o fato de ter sobrevivido para finalizar o livro aos sábios cuidados do Dr. Hugo Koch, de Bad Ragaz, Suíça. Devo agradecimentos também a Peter Birkhäuser pela gentileza de fazer pesquisas para mim no Ginásio e na Universidade de Basileia. Ele também foi muito generoso com relação a informações sobre seu sogro, Albert Oeri, amigo de Jung a vida toda. Também sou grata a Una Thomas, cujo meticuloso esforço em datilografar e redatilografar quase todo o manuscrito foi imensamente útil.

Acima de tudo, tenho uma dívida de gratidão com Marie-Louise von Franz e Vernon Brooks. A primeira não apenas me ofereceu um excelente resumo do artigo de Jung sobre a sincronicidade, mas também foi infatigável em me ajudar de inúmeras outras formas. Vernon Brooks leu o livro inteiro duas vezes, durante suas férias de verão, e assumiu a gigantesca tarefa de corrigi-lo. Por seu poder para melhorar a linguagem sem alterar o significado, o livro deve muito a ele.

B.H.
Bollingen, 1974.

1
O solo suíço

Embora a Suíça seja provavelmente o centro turístico mais conhecido do mundo, em outros aspectos ela é surpreendentemente pouco conhecida. Durante os últimos anos de vida, Jung costumava reclamar, em tom jocoso, que tinha se tornado uma atração turística como os ursos de Berna! Praticamente fazia parte de toda visita à Suíça querer conhecer o famoso velho Jung, assim como não se deveria deixar de ver o Matterhorn ou o Jungfrau*.

Apesar de tal invasão de que sua privacidade tivesse naturalmente de ser desestimulada, ela se baseava em um instinto bastante razoável. Jung pertencia organicamente à Suíça, tanto quanto suas famosas montanhas, e estava igualmente enraizado no solo suíço. A despeito de sua reputação internacional e facilidade para compreender o ponto de vista de todas as nacionalidades, de falar o idioma delas, literal ou pelo menos psicologicamente, ele era e permaneceu suíço dos pés à cabeça. Seria, portanto, impossível descrevê-lo sem antes apresentar um breve exame das características menos conhecidas de seu país, particularmente conforme elas afetaram seu crescimento e desenvolvimento.

James Joyce chamou, com razão, a Suíça de o último *Naturpark des Geistes* (Parque Nacional do Espírito). Para começar, trata-se verdadeiramente de uma democracia, relativamente livre de partidos políticos. Os suíços, diferentemente dos ingleses, por exemplo, não elegem os membros de seu parlamento para deixar todo o poder político, por anos, nas mãos destes, ou pior, nas mãos de seus partidos. Caso os governantes não governem a con-

---

* Alusão a duas montanhas célebres dos Alpes Suíços [N.T.].

15

tento, tudo o que resta aos ingleses é resmungar em voz alta, enviar cartas aos jornais e demonstrar sua desaprovação nas eleições seguintes. Na Suíça, as coisas são bem diferentes. Nenhum governante suíço pode decidir qualquer questão realmente importante sem primeiro consultar o país; seus cidadãos então decidem a questão através de voto direto: sim ou não. E, uma vez que a democracia, no melhor sentido do termo, é nascida e criada nos suíços, a maioria então aceita a decisão do país, embora alguns possam não gostar, pois é a vontade majoritária e não ficaria bem continuar reclamando. É claro que sempre há quem considere alguma decisão como deplorável, ou mesmo desastrosa.

A despeito do pouco tempo de que dispunha, Jung sempre aceitou plenamente seu dever de eleitor, embora tivesse pouco a ver com ele. Apenas no fim de sua vida ele pediu e obteve a permissão para que enviasse seu voto através do filho. Até então, quando perguntado se tinha tido um bom fim de semana, muitas vezes respondia, com certa tristeza: "Oh, não pude ir a Bollingen [sua querida casa de campo], pois tive de ficar aqui para votar[1]. Os suíços têm um senso de responsabilidade que raramente ou nunca vi em qualquer outro país, e isso exerce um efeito considerável sobre seu caráter. Já no tempo da escola, eles aprendem que não há ninguém a quem possam delegar o bem-estar de sua nação, o qual deve sempre depender do uso adequado do voto individual.

Praticamente a maioria dos eleitores suíços provém de um *background* camponês, e ainda está firmemente enraizada no solo e em seus instintos. O destino do horário de verão na Suíça ilustra isso muito bem. Ele foi detestado pelos fazendeiros de todos os outros países, pois as vacas naturalmente se orientam pela luz do dia e era difícil, se não impossível, para os fazendeiros ordenhar e entregar o leite em tempo para a distribuição no mercado pela manhã. O restante da população naturalmente gostou de ter uma hora a mais de luz natural depois do trabalho, e em termos comerciais isso representou uma economia considerável de eletricidade. Em quase todos os países tais

---

1. ELLENBERGER, H.T. *Die Entdekkung des Unbewussten* (Berna/Stuttgart/Viena: Verlag Hans Huber, 1973), II, 913.

interesses prevaleceram, e os fazendeiros tiveram de se virar o melhor que pudessem. Mas, na Suíça, o horário de verão durou apenas por um verão, e então o país teve que se curvar aos fatos naturais, representados pelos camponeses e suas vacas.

Na Suíça, até nos dias de hoje, há bem menos cidades grandes, com sua desenraizada população urbana, do que nos países maiores, e isso era ainda mais marcante quando Jung era jovem. Por exemplo, Küsnacht, no Lago de Zurique, era um pequeno vilarejo quando Jung se mudou de Zurique (que, ela própria, não era de modo algum uma grande cidade na época) para lá em 1909. A terra que ele comprou junto ao lago, onde construiu a casa na qual viveu pelo resto da vida, era então completamente campestre. Felizmente ele comprou terra o bastante – ela era muito barata naquele tempo – para garantir sua privacidade mediante um grande jardim. Mas, ao observar os prédios que surgiram como fungos ao redor de seu jardim, ele uma vez me disse, com tristeza: "Quando vejo tudo isso, sinto que vivi para além do meu tempo". Küsnacht, porém, diferentemente da maioria dos vilarejos da vizinhança imediata, conservou zelosamente sua independência, recusando obstinadamente se tornar parte da metrópole de Zurique.

Decerto a Suíça não escapou de todo das contaminações em massa da época. Há alguns suíços comunistas, e houve, antes e durante a guerra, alguns poucos nazistas. Eles, porém, são e foram uma pequena minoria que, de modo geral, é mantida sob controle pelo bom-senso responsável da maioria, e as greves são praticamente desconhecidas. Desde que vim morar na Suíça – há cerca de quarenta anos –, as grandes cidades, especialmente Zurique, cresceram de modo alarmante, e há alguns outros sinais de um perigo considerável de contaminação por seus grandes vizinhos. Felizmente, porém, os próprios suíços estão plenamente cientes da ameaça, e estar consciente de um perigo é a melhor proteção contra ele.

Outra característica nacional que é raramente percebida, mesmo por pessoas que sob outros aspectos são bem-informadas, é a importância vital do exército suíço. A tendência é pensar que, por ser a Suíça tão pequena e não se envolver em uma guerra externa há séculos, seu exército deve ser uma ocupação amadorística, algo muito maçante para quem tem de administrá-lo. Nada poderia estar mais longe da verdade. O país tem sido capaz de permanecer neutro há tanto tempo justamente porque o exército é de importância vital para toda a população masculina, e porque se faz de tudo para mantê-lo em dia e eficiente. A Suíça só não foi atacada durante a Segunda Guerra Mundial porque os alemães calcularam que isso lhes custaria no mínimo meio milhão de baixas, já que o povo suíço jamais se renderia.

Durante a Segunda Guerra Mundial morei em um hotel próximo ao Lago de Zurique. Já estando por lá havia algum tempo, eu conhecia muito bem a família que era proprietária do hotel. O marido era prefeito da cidade, e quando foi convocado em uma mobilização geral, pouco antes de a guerra ser efetivamente declarada, sua esposa me disse: "Se os alemães vierem aqui [Zurique não estava incluída na principal linha de defesa da Suíça], vamos envenenar cada alemão que comer aqui, *cada um* deles". Eu não tinha dúvidas de que ela o faria, e esse sentimento era compartilhado pela ampla maioria da nação. Os alemães estavam bastante cientes desse sentimento; estavam cientes também dos modernos equipamentos do exército suíço. Embora suas tropas tenham se concentrado junto à fronteira pelo menos duas vezes, e provavelmente em outras ocasiões, durante a guerra, eles nunca se arriscaram a atacar aquele "pequeno ouriço armado", como chamavam a Suíça.

Enquanto ainda tinha a idade requerida para tal, Jung sentia grande entusiasmo pelo seu serviço militar. Ele costumava dizer que, durante seu "confronto com o inconsciente"[2], quando se sentia em dúvida sobre tudo, o que o ancorava à sua identidade na vida normal eram os fatos de ele ser um médico qualificado e um capitão do exército suíço. Ele falaria de seus períodos de serviço, particularmente do tempo que passou em seu querido Passo de São Gotardo, como lembranças particularmente felizes. E, embora, em regra, não fosse muito musical, se alguém começasse a cantar um velho hino militar ele se juntava com o entusiasmo de um menino.

---

2. *MDR*, p. 170ss. Todas as referências a este volume são da edição da Pantheon Books. A paginação é a mesma da edição em brochura, mas infelizmente é bem diferente da edição publicada na Inglaterra.

Outra característica da Suíça que teve um grande papel no desenvolvimento da psicologia de Jung é o fato de seu país ter parado de lutar contra outras nações há séculos.

Falando da fatídica tendência humana de ver o demônio sempre em outro lugar que não dentro do seu próprio território, Jung disse ao *Third Programme* da B.B.C. (domingo, 3 de novembro de 1947):

> Se, por exemplo, os suíços francófonos pensassem que os suíços alemães fossem todos demônios, de pronto nós na Suíça poderíamos ter a maior guerra civil, e poderíamos também descobrir as razões econômicas mais convincentes para explicar por que essa guerra era inevitável. Mas simplesmente não fazemos isso, porque aprendemos nossa lição há mais de quatrocentos anos. Chegamos à conclusão de que é melhor evitar guerras externas, e assim voltamos para casa, levando o conflito conosco. Na Suíça, construímos uma chamada "democracia perfeita", na qual nossos instintos de guerra são gastos na forma de querelas domésticas chamadas de "vida política". Lutamos uns com os outros dentro dos limites da lei e da constituição, e estamos inclinados a encarar a democracia como um estado crônico de guerra civil mitigada. Estamos longe da paz entre nós: pelo contrário, nos odiamos e combatemos mutuamente, porque fomos bem-sucedidos em introverter a guerra. Nossos modos externamente pacíficos servem meramente para proteger nossa disputa interna de intrusos estrangeiros que poderiam nos perturbar. Até aqui temos tido sucesso, mas estamos ainda distantes do objetivo final. Ainda temos inimigos de carne e osso, e ainda não conseguimos introverter nossas desarmonias políticas aos nossos eus pessoais. Ainda agimos segundo a nefasta convicção de que deveríamos estar em paz dentro de nós mesmos. Contudo, mesmo nosso estado mitigado de guerra chegaria a um fim se todos pudessem ver sua própria sombra e começar a única luta que realmente vale a pena, a luta contra o esmagador impulso de poder de nossa própria sombra. Temos uma ordem social suportável na Suíça porque lutamos entre nós. Nossa ordem seria perfeita se as pessoas conseguissem transportar sua volúpia do combate para dentro de si mesmas. Infelizmente, até nossa educação religiosa nos impede de fazer isso, com suas falsas premissas de uma paz interior imediata. A paz pode chegar ao final, mas só quando vitória e derrota tiverem perdido seu significado.

> O que Nosso Senhor quis dizer quando Ele disse: "Eu não vim para trazer paz, mas espada?"[3]

Restou ao próprio Jung trazer a "volúpia do combate" de volta ao indivíduo, mas voltaremos a esse aspecto adiante. A questão é que Jung nasceu e foi criado em um país que tivera, ao longo de séculos, sucesso em "introverter a guerra", o que significa um país que tinha dado um passo vital na direção de ver o conflito entre os opostos em casa, e não fora. Quando aprendem a história de seu país na escola, as crianças da maioria das nações são ensinadas a ver o argueiro no olho do país vizinho, mas nada ficam sabendo sobre a trave em seu próprio olho (Mt 7,3). Já a partir de sua educação, portanto, elas têm pouca chance de reconhecer a importância do mais psicológico dos dizeres de Cristo. A psicologia do argueiro e da trave é mais clara em países como a França e a Alemanha, que são vizinhos com interesses conflitantes, mas o hino nacional da Inglaterra reza para que Deus "confunda a política" dos inimigos de sua graciosa soberania, e "frustre seus truques ardilosos", uma ilustração extraordinariamente ingênua, para não dizer primitiva, do diabo visto em outros países, mas não no próprio. Isso não está longe da definição de bem e mal que vemos em algumas tribos primitivas: "Se você pegar minha mulher, isto é mau; mas se eu pegar a sua, é bom!"

Mas o menino Jung não foi ensinado a pensar que algum país fosse mais pecador do que o dele. Naturalmente, a Suíça tem suas próprias preferências particulares com relação a outros países, mas é uma tradição dela não só não ter inimigos nacionais, mas também permanecer sempre neutra, em qualquer conflito ou guerra entre outras nações. Jung costumava dizer que o destino dos neutros é ser abusado por ambos os lados. Uma das coisas pelas quais frequentemente se critica a Suíça é que, mesmo quando veem claramente um agressor, e até, por vezes, fazendo pouco ou nenhum segredo a esse respeito, os suíços não têm a coragem de assumir suas convicções para lutar do lado "certo". Não há povo que tenha mais coragem do que o suíço; se não fosse assim, eles nunca teriam tido êxito em proteger seu minúsculo

---

3. Mt 10,34 [N.T.]. • Essa transmissão foi publicada como Introdução ao *Essays on Contemporary Events* (Londres: Kegan Paul, 1947), p. XVss. [cf. OC 10/2, § 455].

território por todos esses anos, pois se trata, de fato, de um pequeno Davi cercado por vários Golias. Mas se entrassem em qualquer guerra, por alguma razão que não fosse se defender de invasores, eles abririam mão de seu valor mais elevado: conseguiram introverter a guerra e não mais ver o mal fora, mas sim em casa. O que mais abalou os suíços durante a Segunda Guerra Mundial foi o fato de terem tido sua própria Quinta Coluna, por menor que fosse. Nenhum dos que a integraram tiveram a ofensa que cometeram contra a Suíça esquecida – eles ainda devem pagar o preço pelo que fizeram. Isso está em marcante contraste com alguns outros países em que tais faltas parecem, do ponto de vista suíço, muito mais facilmente toleradas.

É bem sabido que Jung estimava muito mais a totalidade do que o "impossível" objetivo da perfeição, e, em nome da totalidade, devo também falar das qualidades negativas dos suíços. Eu diria que a pior delas é o valor excessivo dado ao dinheiro. Quando a Suíça se decidiu contra guerras externas há mais de quatrocentos anos, ainda havia muitos soldados suíços empregados como mercenários por outros países. Há um provérbio francês, "Pas d'argent, pas de Suisses" (sem dinheiro, sem suíços). Grande parte do melhor sangue da nação suíça foi assim derramado em troca de dinheiro. Na atualidade, é o respeito indevido pelas exigências do comércio que está pondo em risco os mais elevados valores suíços.

Ninguém era mais consciente dessa característica de seus compatriotas do que Jung. Ele com frequência citava o provérbio francês e até chegava a me dizer: "O dinheiro é sempre forte demais para as pessoas, elas só podem reconhecer isso". Mas hoje em dia parece haver uma supervalorização *inconsciente* das exigências do comércio, o que é realmente muito perigoso para a Suíça e já causou muito estrago.

Uma vez que quase todos os recantos de férias suíços ficam nas montanhas, geralmente se pensa que a Suíça consiste inteiramente de montanhas. Ela é, de fato, montanhosa, o que tem muito a ver com suas características nacionais; há muito pouco solo, e a maior parte dele é tão rochoso e pobre que apenas uma excepcional energia e esforço poderiam ter conseguido extrair dali o sustento. Mas há trechos de terra mais planos e mais férteis. Uma das maiores dessas faixas se estende ao longo do Rio Reno, que forma grande parte da fronteira setentrional do país. Desde o local em que o Reno vira para o oeste e deságua no Lago de Constança, até deixar a Suíça em Basileia para formar a fronteira entre Alemanha e França, ele flui por uma terra muito bonita e ondulada, onde só de vez em quando se avistam, a distância, relances dos Alpes. Com exceção desses vislumbres em dias excepcionalmente claros, poderíamos facilmente imaginar estarmos na Inglaterra ou em algum outro país não montanhoso. Foi nessa faixa de relativa planície que Jung passou os primeiros vinte e cinco anos de sua vida, sendo os Alpes uma espécie de "inacessível terra dos sonhos"[4]. A primeira vez em que ele conscientemente viu os Alpes foi quando seu pai ainda era presbítero em Laufen, ou seja, antes de 4 anos de idade. Uma tia o levou à rua em frente ao presbitério, e ele viu toda a cadeia dos Alpes banhada pelo vermelho flamejante do poente. Isso lhe deixou uma impressão indelével. Logo no dia seguinte, ao saber que as crianças da escola excursionariam para Uetliberg, perto de Zurique, ficou desolado quando lhe disseram que ele era pequeno demais para ir. Desde então, Zurique, em sua mente, estava ligada aos Alpes, embora, na verdade, esteja no sopé. Talvez isso tenha tido algo a ver com sua mudança para Zurique assim que terminou sua formação médica e ficou livre para trabalhar onde quisesse. De todo modo, permaneceu junto ao Lago de Zurique pelo resto de sua vida.

Jung defendia que nenhuma criança nasce como uma *tabula rasa*. É curioso como, embora este fato seja bem conhecido e, agora, amplamente observado nos "padrões de comportamento" inatos dos animais, ele ainda gere forte oposição quando se trata de seres humanos. Tanto Freud quanto Adler, por exemplo, viam o inconsciente como uma espécie de lata de lixo na qual se atira tudo o que é considerado inconveniente, consistindo, pois, de material que antes fora consciente. Jung reconheceu plenamente a existência dessa camada, que designava "inconsciente pessoal", mas uma de suas maiores descobertas foi o chamado "inconsciente coletivo", níveis profundos do inconsciente que são comuns a toda a humanidade.

---

4. *MDR*, p. 7.

Jung certa vez utilizou um grande diagrama colorido, durante uma palestra, para ilustrar com clareza as camadas do inconsciente. Chamou o nível mais baixo de todos de "o fogo central" (a vida em si), e uma centelha desse fogo ascende através das camadas seguintes, atingindo toda criatura viva. Chamou a próxima camada de "ancestrais animais em geral", e isso também está representado em todas as formas superiores de vida. A camada seguinte, ele chamou de "ancestrais primordiais", um nível presente em toda a humanidade. Na camada seguinte, a humanidade começava a se separar em grandes grupos, tais como dos ocidentais e dos asiáticos.

Até esse nível, o fundamento, embora forneça a maioria das imagens arquetípicas que formam os "padrões de comportamento" humanos, é praticamente o mesmo em qualquer indivíduo pertencente ao mesmo grande grupo; a partir do nível da nação surgem diferenças consideráveis. Basta considerarmos o estado atual do mundo para constatar o quão difícil é para pessoas de nações diversas se entenderem umas às outras, e me causou espanto, durante minha longa experiência junto às muitas pessoas de diferentes nacionalidades que foram atraídas a Jung, e que ainda vêm ao Instituto C.G. Jung em Zurique, o quanto é necessário ter pelo menos algum conhecimento das camadas nacionais para compreender o indivíduo. Comecei, portanto, com algum relato sobre a Suíça. No capítulo seguinte vamos considerar as duas últimas camadas abaixo do indivíduo: o clã e a família imediata. Essas três camadas superiores colorem e modificam as imagens puramente arquetípicas que provêm das camadas mais profundas.

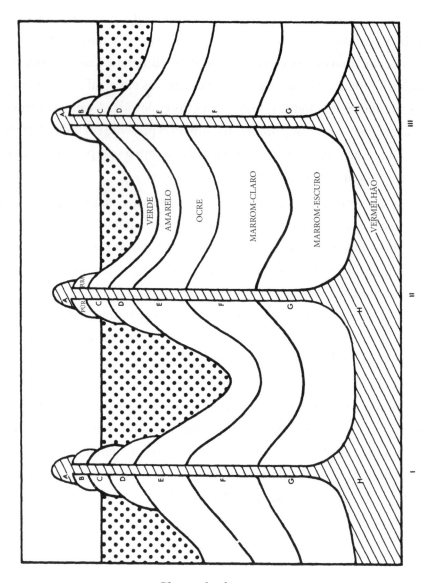

Chave do diagrama

- A. Indivíduo (ponto mais alto) – vermelhão
- B Família – púrpura
- C Clã – verde
- D Nação – amarelo
- E Grande grupo (ex. Europa) – ocre
- F Ancestrais primordiais – marrom-claro
- G Ancestrais animais em geral – marrom-escuro
- H Fogo central – vermelhão

2
Primeiras impressões, 1875-1886

Carl Gustav Jung nasceu em Kesswil, um pequeno vilarejo junto ao Lago de Constança, em 26 de julho de 1875[1]. Embora Kesswil fique no Cantão de Turgóvia, Jung nasceu cidadão de Basileia porque seu pai era um cidadão daquela cidade[2].

O Rev. Paul Jung (1842-1896) era filho do Prof.-Dr. Carl Gustav Jung (1795-1864). Este Carl Gustav nasceu em Mannheim (onde seu pai também era um médico renomado) e parece ter sido desde cedo alguém com um ponto de vista independente e original. Estudou ciências naturais e medicina em Heidelberg e passou em seus exames finais com considerável distinção, mas era motivo de riso em toda Heidelberg, em seu tempo de estudante, por ter como animal de estimação um porquinho que levava para passear como se fosse um cachorro[3].

Com apenas 24 anos de idade, foi a Berlim como cirurgião-assistente de um oftalmologista renomado e como palestrante da Real Academia Militar.

---

[1]. O atual presbítero de Kesswill mandou colocar a seguinte inscrição na parede da casa paroquial: "Nesta casa nasceu Carl Gustav Jung, 26 de julho de 1875 a 6 de junho de 1961, explorador da alma humana e de suas profundezas ocultas".

[2]. A cidadania é muito mais importante na Suíça do que nos países anglo-saxões. As crianças nascem com a cidadania do pai e, mesmo que vivam a vida inteira em outra cidade ou vilarejo, é preciso um complicado procedimento para alterar a cidadania. No caso de Jung, sua mãe também era uma cidadã de Basileia, mas isso não tem nenhuma importância para os filhos. Em 1929, quando fui morar na Suíça pela primeira vez, ainda era muito difícil explicar a alguns funcionários suíços por que eu não tinha vínculo legal com nenhum local do arquipélago britânico, mas ultimamente eles perguntam apenas a nacionalidade e ficam satisfeitos com o passaporte, sem pedir um *Heimatschein* [certificado de nacionalidade].

[3]. Devo essa história e vários outros detalhes sobre os avós de Jung a um apêndice de Aniela Jaffé na edição alemã de *Memórias, sonhos, reflexões* (que não aparece na edição em inglês), p. 399ss.

Parecia estar pronto para uma carreira de destaque na Alemanha, tendo vivido, ao menos por algum tempo, na casa do editor George Andreas Reimer, em que conheceu um interessante círculo de pessoas famosas. Ele também escrevia naquela época, e alguns de seus poemas foram publicados no *Teutsches Liederbuch*. Mas os estudantes na Alemanha dos tempos de juventude de Carl Jung, o avô, estavam cheios de planos políticos, e clamavam por uma "Alemanha unida". August von Kotzebue (1761-1819), dramaturgo e político alemão, caiu em desgraça diante deles como um reacionário, e um estudante de teologia, Karl Ludwig Sand, o matou em março de 1819. Sand foi executado, mas como diz a *Encyclopaedia Britannica* (1911): "O governo usou o crime dele como pretexto para colocar as universidades sob severa vigilância". Houve muitas prisões, inclusive de C.G. Jung, o qual se sabia ser amigo de Sand e teve a infelicidade de ter em seu poder um martelo de mineralogia que Sand havia lhe dado. (Esse inofensivo martelo sempre apareceu nos relatórios oficiais como um machado!) Ele ficou preso durante um ano, sendo então solto, mas tendo de sair da Prússia. Foi a Paris, onde pôde trabalhar como cirurgião e prosseguir com seus estudos.

Aos 28 anos, através da influência do Barão Von Humboldt[4], foi convidado para uma cátedra de professor em Basileia. Deparou com uma universidade em estado precário e se esforçou muito para trazê-la ao alto nível em que está ainda hoje. Ele sobretudo era estimado na cidade como um médico bondoso e competente e até, curiosamente, tomou uma iniciativa pioneira rumo à assistência aos doentes mentais, ao fundar o Instituto da Boa Esperança [Institute Good Hope], para crianças portadoras de distúrbios psíquicos. Em uma palestra que foi depois publicada anonimamente, ele disse:

> Em nossa época, quando a atenção de tantos médicos se volta ao aspecto psíquico da ciência médica, a ponto de haver periódicos especificamente dedicados a esse tema, seria, sem dúvida,

---

4. Alexander von Humboldt (1769-1859), naturalista e explorador alemão. A *Encyclopaedia Britannica* (1911) diz sobre sua viagem exploratória à América do Sul em 1802: "Essa expedição memorável lançou as bases das ciências da geografia e da meteorologia, em seu sentido mais amplo"; chega a chamá-lo de uma "figura colossal, digna de ser postado com Goethe como representante do lado científico da cultura de seu país". Ele sempre considerou Paris seu "verdadeiro lar", e foi morando lá que conheceu C.G. Jung. Mais tarde, foi convocado a se juntar à corte de seu soberano em Berlim. Obedeceu e se mudou para lá, o que lamentou pelo resto de sua vida.

> um grande mérito para qualquer universidade fundar uma instituição em que fosse possível estudar tais casos objetivamente, sob a orientação de um professor. Não estou pensando no tipo habitual de hospital mental, em que na maior parte das vezes todos os casos costumam ser incuráveis, mas em um hospital que abrigasse pacientes de todos os tipos e tentasse curá-los por métodos psíquicos[5].

A declaração revela um impressionante *insight* psicológico, quando nos lembramos de que este Carl Gustav morreu em 1865, muito antes de pioneiros como Janet e Freud lançarem luz sobre as trevas e a ignorância que prevaleciam no campo psiquiátrico do século XIX.

Jung escreveu sobre seu avô:

> Ele era uma personalidade marcante e forte. Um grande organizador, extremamente ativo, brilhante, espirituoso e com um modo de se exprimir muito persuasivo. Eu mesmo ainda desfrutei de sua reputação. Dizia-se sempre em Basileia: "Ah, o Prof. Jung, esse foi alguém". Seus filhos também foram tremendamente impactados por ele, mas não apenas o respeitavam, também o temiam, pois ele foi, de certo modo, um pai tirânico. Por exemplo, depois do almoço ele sempre tirava uma sesta de uns quinze minutos, durante a qual sua numerosa família tinha de permanecer sentada à mesa no mais absoluto silêncio[6].

O pai de C.G. Jung era o caçula de Carl Gustav, e nascido de seu terceiro casamento, com a filha de uma família tradicional de Basileia, os Frey. O Dr. Franz Riklin, seu bisneto, me contou que o exílio da Alemanha lhe causava muito pesar, especialmente na velhice.

O avô de Carl Gustav sênior, Sigmund Jung, que viveu no início do século XVIII, é trisavô de Jung e o primeiro membro autenticado de sua árvore genealógica. Ele era um cidadão de Mainz, e o motivo pelo qual a árvore genealógica não pode recuar além dele é "o fato de que os arquivos municipais de Mainz foram incendiados quando a cidade foi cercada durante a guerra

---

5. Edição alemã de *MDR*, p. 404.
6. Ibid., p. 404.

da sucessão espanhola"[7]. Seu filho, bisavô de Jung, se mudou de Mainz para Mannheim. Mas se sabe que um doutor em Medicina e Direito chamado Carl Jung viveu em Mainz no início do século XVII. Jung sempre demonstrou grande interesse por esse homem, provavelmente um ancestral direto, porque ele foi contemporâneo de dois alquimistas particularmente interessantes, Michael Maier e Gerardus Dorneus (Gerard Dorn), que trabalhavam em Frankfurt, muito próxima de Mainz. Provavelmente nunca se poderá afirmar com certeza, mas seria digno de nota, tendo em vista o grande interesse que Jung sentiria pela alquimia, se esse ancestral direto tivesse estado em contato com esses dois célebres alquimistas. Jung pensava que esse antigo médico Carl Jung deve, no mínimo, ter tido familiaridade com os escritos de Dorneus, o mais conhecido dos discípulos de Paracelso, pois toda a farmacologia da época ainda estava sob forte influência de Paracelso[8].

Para voltarmos ao século XIX, o Rev. Paul Jung tinha se casado com Emilie Preiswerk, moça de uma antiga família da Basileia, e era presbítero de Kesswil quando Carl Gustav *júnior* nasceu. O pai de Emilie, Samuel Preiswerk (1799-1871), era Antiste de Basileia (Jung costumava me explicar esse título dizendo: "Você o teria chamado de bispo de Basileia"). Dizia-se que ele tinha uma segunda visão e mantinha animadas conversações com os mortos. Jung disse sobre esse avô: "Não conheci meu avô materno pessoalmente [Todos os avós de Jung morreram antes de seu nascimento]. Mas, por tudo o que ouvi a seu respeito, esse nome do Velho Testamento, Samuel, devia cair-lhe muito bem. Ele ainda acreditava que o hebreu era a língua falada no céu, e por isso se dedicava com grande entusiasmo ao estudo da língua hebraica. Não apenas era extremamente erudito, como também poeticamente talentoso. Era, porém, um homem bastante peculiar e original, que sempre acreditava estar cercado de fantasmas. Minha mãe várias vezes me contou que tinha de se sentar atrás dele quando ele escrevia seus sermões, pois ele não suportava que os fantasmas passassem por lá enquanto estudava. A presença de um ser humano vivo em suas costas os afugentavam!"

---

7. *MDR*, p. 233.
8. Ibid., p. 233.

A mãe de Jung era a filha caçula do segundo casamento de Samuel, com a filha de um pastor de Würtemberg, chamada Augusta Faber. Curiosamente, tanto Paul quanto Emilie eram os caçulas de famílias de treze filhos, embora tenham tido um único filho homem que, durante nove anos, foi filho único.

Os rumores de que Carl Gustav Jung, o avô, tenha sido um filho ilegítimo de Goethe devem ser mencionados aqui. Jung me falou disso mais de uma vez, mas não tive a impressão de que ele levasse o boato a sério. Mas a existência dessa ideia singularmente persistente – a despeito de todas as evidências externas – lhe era extremamente interessante por si mesma, se considerada em conexão com a tremenda impressão que o *Fausto* lhe causou nos tempos de estudante[9], e com suas subsequentes percepções sobre a "principal empreitada" de Goethe, que é como ele sempre se referia ao *Fausto*.

Poderia ser dito que Basileia foi o quartel-general do clã nos dois lados da família, mas Jung tinha 4 anos quando seus pais se mudaram de volta para as cercanias de Basileia. Ele não tinha qualquer lembrança consciente de Kesswil, pois estava com apenas 6 meses de idade quando sua família se mudou ainda mais para o Baixo Reno, junto às cataratas[10]. Mas se lembrava vividamente de ter sido levado com a família, ainda muito pequeno, para visitar amigos no Lago de Constança, e do quanto isso o marcou. Ele escreveu:

> Ninguém conseguia me afastar da água. O sol cintilava sobre as águas. As vagas produzidas pelos barcos a vapor chegavam até a margem, desenhando nervuras delicadas na areia do fundo. O lago se estendia por uma distância incalculável, e essa amplidão era uma delícia inconcebível, um esplendor sem igual. Foi então que se tornou uma ideia fixa na minha mente que eu deveria viver junto de um lago; pensei que ninguém poderia viver sem a proximidade da água[11].

---

9. Ibid., p. 60ss., e p. 87.

10. O castelo, a igreja e o presbitério de Laufen debruçam-se sobre a margem esquerda das cataratas do Reno. Os três estão, hoje em dia, mais ou menos isolados, da mesma forma que na época em que a Família Jung lá viveu, mas, como as cataratas se tornaram uma atração turística, existe lá um amplo estacionamento e o castelo se transformou em um restaurante.

11. *MDR*, p. 7.

Isso pode ter sido, ou não, consequência de ter nascido às margens de um grande lago, mas, em todo caso, a ideia de viver à beira de um lago estava tão firmemente fixada em sua mente que ele, posteriormente, não apenas construiu sua casa em Küsnacht, junto ao lago, como também comprou, em 1922, um lote de terra na região superior do Lago de Zurique em Bollingen, onde construiu sua amada Torre, ainda mais perto da água. O lago, de fato, lambe os muros do pátio da Torre.

É estranho que a insistência de Jung de que a criança não nasce uma *tabula rasa*, e a percepção correlata da existência do inconsciente coletivo tenham despertado resistências tão fortes e persistentes. Afinal, o mundo anglo-saxão estava acostumado há muitas décadas com essa mesma ideia, desde "Prenúncios de imortalidade recolhidos a partir da primeira infância", de Wordsworth. Nunca ouvi ninguém se opor à ideia expressa nesse poema de que:

> Não viemos em completo esquecimento,
> Nem em total nudez
> Porém no rastro de nuvens de glória.

De fato, a maioria daqueles que rejeitam o restante da obra de Wordsworth como sentimental, moralista ou banal fará uma exceção a esse poema. Só posso supor que esse "rastro de nuvens de glória" seja descartado como uma licença poética, e assim ninguém se sinta na obrigação de levá-lo a sério. Mas Wordsworth deixou claro ao longo do poema que ele concebia a alma da criança como dotada da percepção de um aspecto *muito real* do mundo, que, infelizmente, mais tarde se torna invisível, embora pessoalmente ele conseguisse se lembrar de uma época em que vivia nesse aspecto do mundo. Ele chegou até a dizer, em uma nota[12], que acreditava que "todo mundo", se pudesse tão somente olhar para trás, poderia "dar testemunho" desse fato. Muito poucos, se formos pensar, sequer levaram esse conselho do poema

---

12. Impressa na edição "Everyman" de *Wordsworth Poems*, v. 1, p. 240s. Evidentemente, certas "pessoas boas e piedosas" consideram esse poema como uma evidência de que Wordsworth acreditava no renascimento real, o que ele negou, acrescentando que "essa é uma ideia demasiadamente obscura para ser recomendada à fé, como mais um elemento em nossos instintos de imortalidade".

para suas vidas cotidianas. A maioria das pessoas parece preferir se identificar com o "dia comum":

> Aos poucos o homem percebe-a* se esvair
> E desaparecer à luz do dia comum.

Quem lê com atenção o primeiro capítulo das *Memórias* de Jung[13] percebe que suas primeiras lembranças não são, em si, muito diferentes daquelas da maioria das crianças. Mesmo os sonhos da primeira infância são lembrados por um número surpreendente de adultos[14]. O que impressiona é a diferença na atitude para com essas memórias da infância, uma diferença que se manifestou antes que Jung tivesse 4 anos de idade. Ele estava entre o terceiro e o quarto ano quando teve o primeiro sonho do qual conseguiria se lembrar. Um sonho que não apenas iria colorir sua infância, mas também preocupá-lo ao longo da vida inteira. Ele sonhou que subitamente descobrira um "buraco escuro, retangular e revestido de pedra" numa ampla campina perto de sua casa. Havia uma escadaria de pedra que conduzia para baixo ao seu interior. Muito apreensivo, ele desceu e encontrou uma suntuosa cortina verde que vedava uma arcada. Afastou a cortina e encontrou uma grande câmara retangular, tenuemente iluminada. Um tapete vermelho se estendia desde a entrada até uma plataforma na qual havia um magnífico trono dourado. Sobre o trono havia uma coisa enorme que quase tocava o teto; a princípio lhe pareceu ser um tronco de árvore, mas então ele viu que era feito de pele e carne fresca, e que terminava numa espécie de cabeça arredondada e sem rosto. "No topo da cabeça, havia um único olho, que, imóvel, mirava o alto." Havia uma aura brilhante acima da cabeça e, paralisado de terror, ele tinha "o sentimento de que aquela coisa poderia a qualquer momento descer do trono e rastejar como um verme até mim". Ele então ouviu a voz de sua mãe gritar: "Sim, olhe bem. Este é o devorador de homens!" Ainda mais aterrorizado,

---

* A consciência originária [N.T.].
13. *MDR*, p. 6-15.
14. Jung deu um seminário no ETH [Instituto Federal Suíço de Tecnologia (N.T.)] em Zurique, que durou vários anos, sobre sonhos de crianças, quase todos contados a ele por adultos a partir de suas próprias lembranças da infância.

acordou e passou muitas noites temendo dormir de novo, por medo de ter um outro sonho semelhante[15].

Este sonho tão extraordinariamente pouco infantil antecipa a totalidade da vida de Jung; pois, como ele frequentemente assinalou, o mais antigo sonho recordado via de regra contém o padrão do destino e da personalidade futuros. De fato, a vida de Jung foi, toda ela, impregnada pelo princípio criativo, que é aqui representado por um princípio da natureza escondido e em luta pela luz da consciência. Seu temor de que a coisa rastejasse até ele antecipa o que ele chamaria de o *daimon* de sua criatividade que o assombrou por toda a vida. Cerca de oitenta anos depois desse sonho, ele escreveu na "Retrospectiva" de suas *Memórias*:

> Havia um *daimon* em mim, e por fim sua presença se provou decisiva. Ele me sobrepujou, e se por vezes fui implacável, foi por estar nas garras desse *daimon*. Eu jamais conseguia me deter depois de obter alguma coisa. Eu tinha de me apressar para alcançar minha visão... Tinha de obedecer a uma lei interna que se me impunha e não me deixava nenhuma liberdade de escolha[16].

Perto do fim da vida, Jung se deu conta de que esse sonho o iniciara nos segredos da terra. Prenunciara uma espécie de catacumba nas trevas, onde ele teve de passar muitos anos para que a maior quantidade possível de luz pudesse ser levada à escuridão. Ele chegou mesmo a dizer que esse sonho foi o início de sua vida intelectual[17]. Mas já naquela época, quando mal tinha 4 anos, ele sabia que tinha sonhado com um deus subterrâneo, no qual sempre pensava involuntariamente, toda vez que ouvia um louvor demasiadamente enfático a Jesus. Ele percebeu muito cedo que esse deus subterrâneo estava de algum modo conectado a Jesus, sendo até mesmo sua contrapartida. Isso provavelmente aconteceu porque uma certa dúvida sobre Jesus havia sido semeada em sua vida cotidiana no presbitério.

---

15. *MDR*, p. 11-15.
16. Ibid., p. 356ss.
17. Ibid., p. 15.

A título de exemplo: todas as noites ele era instruído a fazer uma oração ao "Senhor Jesus", pedindo-lhe que *tomasse* para si sua criança, assim impedindo que satã a devorasse. Isso era muito confortador, e o menino pensava em Jesus como um "cavalheiro gentil e benevolente", tal qual o escudeiro no castelo, sempre pronto para tomar conta das criancinhas no escuro. Mas o cemitério era muito perto do presbitério, e ele achou muito perturbador que pessoas que ele estava acostumado a ver no vilarejo de repente desaparecessem. Ao mesmo tempo, um buraco aparecia no chão, e lhe diziam que a pessoa desaparecida estava sendo "enterrada e que o Senhor Jesus as tinha *tomado* para si"[18]. Essa analogia teve o efeito infeliz de levar o menino a desconfiar de Jesus muito antes de quando outras crianças geralmente perdem sua fé infantil, mas também lançou as bases da preocupação de Jung, por toda a vida, com a natureza paradoxal de Deus, o que culminou, cerca de setenta anos depois, em *Resposta a Jó*[19].

Outro acontecimento reforçou essa desconfiança muito precoce em Jesus. Ele por acaso ouviu uma conversa na qual o pai e um colega em visita falavam sobre os jesuítas. Jung depreendeu que os jesuítas eram algo especialmente perigoso, até mesmo para seu pai. Não fazia ideia do que era um jesuíta, mas associou imediatamente a palavra com Jesus. Poucos dias depois, deparando com um padre católico de batina[20], ele mais uma vez fez a conexão entre os jesuítas e Jesus, e fugiu em pânico. Não conseguiu depois recordar se isso aconteceu antes ou depois de seu sonho.

Essas impressões precoces, muito fortes e altamente emocionais, tiveram por resultado fixar o interesse de Jung nas preocupações eternas do homem num tal grau que, ao contrário da maioria dos meninos, ele nunca as esqueceu. Conforme envelhecia, seu interesse no lado interior da vida au-

---

18. Ibid., p. 9ss. Destaques meus.
19. *Resposta a Jó* foi publicado, primeiramente em alemão, em 1952. OC 11/4, § 553-758.
20. Parece, de fato, ser instintivamente perturbador encontrar-se com um homem de saia! Fiquei impressionada com o choque que isso causou em nosso buldogue, geralmente amistoso e tolerante. Ele saúda calorosamente a maioria de nossos visitantes, mas levou muito tempo para aceitar um padre de batina ou uma mulher de calças.

mentou e ele foi capaz de lhe fazer justiça sem negligenciar os deveres de sua vida exterior, exceto em um curto período, quando tinha 11 ou 12 anos.

Passar os anos mais importantes para formação de sua vida tão próximo às cataratas do Reno teve, sem dúvida, uma influência considerável sobre Jung. Particularmente no tempo das cheias – que são comuns, especialmente quando do derretimento da neve das montanhas na primavera –, o rio é impressionante. Jung diz, porém, que "toda a região em torno das cataratas é perigosa. Pessoas se afogavam, e corpos despencavam sobre as rochas"[21]. Quando tinha uns 3 anos, os pescadores retiraram um dos cadáveres do fundo das cataratas e pediram permissão para colocá-lo na lavanderia do presbitério. Sua mãe o proibiu terminantemente de ir ao jardim enquanto o corpo estivesse ali, mas, naturalmente, assim que as coisas se acalmaram o bastante, ele se esgueirou para dar uma olhada. Ele nos conta ter visto água sanguinolenta escorrendo debaixo da porta, mas ao invés de se assustar, achou isso "extraordinariamente interessante!"[22]

As crianças que crescem no campo, como Jung, levam uma certa vantagem inicial sobre as crianças da cidade, por terem desde muito cedo, as mais variadas oportunidades de encararem a vida como ela é, tanto em seu lado sombrio quanto em sua luz. As coisas não mudaram muito sob este aspecto quando a família se mudou para Klein-Hüningen em 1879, pois ela então não passava de um pequeno vilarejo rural. Desde então, como a maioria das grandes cidades suíças, Basileia cresceu tanto que Klein-Hüningen foi mais ou menos absorvida por ela, mas nos dias de Jung – seu pai permaneceu presbítero de lá até a morte em 1896 – a cidade e o vilarejo ainda estavam separados por um bom trecho de caminhada pelo campo.

Porém, a relativa proximidade de Basileia significou que a influência do clã se tornaria muito mais forte na vida de Jung. Naqueles dias, muito antes da invenção do automóvel, ir de Basileia a Laufen era uma viagem e tanto, e, portanto, a visita de parentes era bastante rara. Mas em Klein-Hüningen, as famílias tanto do Rev. Paul Jung quanto de sua esposa moravam próximas.

---

21. *MDR*, p. 9.
22. Ibid., p. 7ss.

Essa influência foi sobretudo teológica; dois irmãos do pai de Jung eram pastores, havia pelo menos outros seis do lado da mãe, e o chefe da família dela era pastor em St. Albans, Basileia, com todos os seus filhos se tornando teólogos. É verdade que só bem mais tarde Jung se conscientizou da influência que eles estavam tentando exercer sobre si, mas disse: "As crianças reagem muito menos ao que os adultos dizem do que aos imponderáveis da atmosfera que as cerca"[23]. Desde o início, essa atmosfera estava repleta de opiniões preconcebidas e também de dúvidas secretas oriundas das esmagadoras influências teológicas nos clãs Jung e Preiswerk, sem falar do destino trágico que, a esse respeito, estava à espera de seu pai. Jung me contou mais de uma vez que nunca poderia ter me analisado ou compreendido meus sonhos se ele próprio não tivesse sido filho de um pastor, e provavelmente é o fato de eu ter sido filha de um pastor que me propiciou alguma compreensão desse aspecto da infância de Jung e dos "imponderáveis" da atmosfera que a cercava.

Mas havia também outros "imponderáveis" difíceis que estavam ainda mais próximos da primeira infância de Jung. Em Laufen, já tinha ocorrido o que ele chamou de "uma separação temporária de meus pais". Sua mãe ficou longe por vários meses, em um hospital em Basileia, e "presumivelmente sua doença tinha algo a ver com a dificuldade no casamento"[24]. Sua ausência "o perturbou profundamente", e Jung via nisso a causa de ter sofrido por um tempo de um "eczema generalizado". As coisas não parecem ter melhorado entre seus pais quando se mudaram para Klein-Hüningen; há muito tempo eles dormiam separados, e Jung dormia no quarto de seu pai[25].

Tenho visto muitos casamentos desse tipo entre os clérigos que conheço (Jung chamou o de meus pais de "convencionalmente corretos, mas psicologicamente errados"). Uma das coisas mais perturbadoras para todos os clérigos que levam a sério sua profissão, e para suas famílias, é o olhar atento e crítico dos fiéis e dos conhecidos a tudo o que eles fazem e dizem. Geralmente se espera deles algo diferente, e é difícil se sentir aceito como um ser humano

---

23. Ibid., p. 90.
24. Ibid., p. 8.
25. Ibid., p. 18.

comum. De fato, quando vim para Zurique, aprendi conscientemente, pela primeira vez, que essa era a razão para meu antigo e estranhamente persistente sentimento de ser, de algum modo, uma proscrita. Jung me contou que, na escola e no vilarejo, ninguém nunca o chamou de Carl Jung, mas sempre de "o Carl do pastor", o que era naturalmente desagradável para ele.

Isso, penso, é no fundo o resultado de o cristianismo ser uma religião da qual é impossível viver à altura, porque não dá espaço o bastante para o lado escuro do homem e tampouco para o lado escuro de Deus. Todos os que praticam, ou até mesmo os que professam o cristianismo, sofrem constantemente de uma má consciência, porque sentem que *deveriam* estar vivendo uma perfeição completamente inatingível. Ingenuamente, eles esperam que o clérigo saiba como fazê-lo, daí suas expectativas. Mas, uma vez que tais expectativas inevitavelmente serão decepcionadas, eles se consolam com uma tremenda e indevida sensação de alívio, ou mesmo de triunfo, quando observam as limitações dos clérigos e de suas famílias.

Lembro que uma vez, num jogo de *rounders*[26] em uma festa de crianças, derrubei uma vara totalmente por engano, pois o sol batia nos meus olhos. Nosso anfitrião, um militar na ativa, literalmente uivou em triunfo: "Essa é boa, a filha do cônego trapaceando, olha que eu vou contar para o seu pai!" Ainda me lembro do sentimento de total desespero que me invadiu: ele *queria* acreditar que eu tinha agido de propósito, e não havia nada que eu pudesse fazer a esse respeito. Várias outras crianças haviam feito a mesma coisa, mas ele apenas apontara de leve os seus erros, quando não os deixara passar.

Com tais expectativas ao redor, é evidente que um olhar particularmente agudo é posto sobre a vida conjugal dos clérigos, que eles vivam sob os holofotes, por assim dizer. Ambos os parceiros geralmente dão o máximo para viver à altura do ideal de casamento que se espera deles, e isso representa uma pressão terrível. Além disso, não se trata só do que os outros esperam, mas, o que é muito pior, também do que eles esperam de si mesmos. Jung contou que seus pais "fizeram grandes esforços para levar vidas devotas, com

---

26. Trata-se de um jogo inglês, uma espécie de críquete primitivo, no qual, em vez de se correr reto por entre as varas, corre-se ao redor de um círculo de bastões.

o resultado de que havia entre eles cenas de ira frequentes demais. Essas dificuldades, compreensivelmente, acabaram abalando a fé do meu pai"[27]. Ele mais tarde disse com franqueza: "O casamento dos meus pais não era feliz, mas, sim, cheio de provações e dificuldades e de testes de paciência. Eles cometeram os erros típicos de muitos casais"[28].

Deve-se enfatizar, porém, que ambos parecem ter sido indivíduos extraordinários. Ficamos com uma impressão extremamente positiva ao ler as *Memórias* de Jung, e ele sempre falou de ambos – por mais que criticasse seus erros – em termos que não deixam dúvida quanto ao seu amor e respeito por eles. Disse sobre sua mãe, por exemplo: "Minha mãe foi uma mãe muito boa para mim. Tinha um grande calor humano, cozinhava maravilhosamente e era muito sociável e agradável"[29].

Seu pai foi de fato uma figura trágica para ele, embora não tenha percebido isso senão posteriormente; quando criança, pensava apenas que, embora houvesse algo estranho, e até mesmo alarmante, sobre sua mãe, especialmente à noite, seu pai era extremamente confiável, mas infelizmente impotente. Com 6 ou 7 anos, começou a sofrer de um "pseudocrupe" que ele encarou como "um fator psicogênico: a atmosfera da casa estava começando a ficar irrespirável"[30].

Ele não atribui esses "imponderáveis" apenas ao casamento de seus pais – embora quase todos os psicólogos concordem que este é um fator decisivo na infância da maioria das crianças – mas também, e em grande parte, às crescentes dúvidas religiosas de seu pai. Disse:

> As ideias religiosas peculiares que vieram até mim desde a mais tenra infância foram produtos espontâneos que só podem ser compreendidos como reações ao meu ambiente parental e ao espírito da época. As dúvidas religiosas às quais meu pai mais tarde sucumbiria tiveram de passar por um longo período de incubação. Uma revolução desse tipo, do mundo de alguém e do mundo em geral, lança suas sombras adiante, e as sombras

---

27. *MDR*, p. 91ss.
28. Ibid., p. 315.
29. Ibid., p. 48.
30. Ibid., p. 19.

foram tanto maiores quanto mais desesperadamente a mente consciente de meu pai resistiu ao poder delas. Não é de surpreender que os pressentimentos de meu pai o tenham colocado em um estado de inquietação que depois se comunicou a mim[31].

E depois acrescentou:

Olhando para trás, vejo o quão meu desenvolvimento como criança antecipou eventos futuros e pavimentou o caminho para modos de adaptação ao colapso religioso do meu pai, bem como à devastadora revelação do mundo tal como o vemos hoje – uma revelação que não tomou forma de um dia para o outro, tendo lançado suas sombras com muita antecedência[32].

Embora houvesse emanações alarmantes vindas do quarto de sua mãe à noite, tais como a "figura vagamente luminosa e indefinida" cuja cabeça se separava do corpo, que ele viu no início de seus dias em Klein-Hüningen[33], ele sentia que as "ideias religiosas peculiares" emanavam apenas de seu pai. Disse:

Nunca tive a impressão de que essas influências emanassem de minha mãe, pois ela estava, de algum modo, enraizada em um terreno profundo e invisível, embora este nunca tenha me parecido ser confiança na sua fé cristã. Para mim, estava de algum modo conectado com animais, árvores, campinas e água corrente, tudo isso contrastando da maneira mais estranha com a superfície cristã e suas declarações de fé convencionais. Esse *background* correspondia à minha própria atitude que não me causava nenhum desconforto; pelo contrário, dava-me um senso de segurança e a convicção de que aqui havia um terreno sólido em que se pode apoiar. Nunca me ocorreu o quão "pagão" era esse fundamento[34].

Com toda certeza, isso tampouco ocorreu à sua mãe. Ela nunca foi consciente, de modo consistente, sobre esse fundamento instintivo que, não

---

31. Ibid., p. 90.
32. Ibid., p. 91.
33. Ibid., p. 18.
34. Ibid., p. 90.

obstante, foi o principal recurso de Jung na infância, um solo fértil que lhe possibilitou se desenvolver do modo como o fez.

Nem todos os membros dos dois clãs eram teólogos. Alguns estavam muito profundamente enraizados no solo e repletos de sabedoria natural. Logo no início de minha estada em Zurique, tive uma impressão positiva dos tios de Jung, pois ele frequentemente os mencionava, ou contava histórias sobre eles, que passavam a impressão de um fundo de sabedoria natural e o sentimento de que se tratavam de pessoas muito equilibradas[35]. Esses tios certamente tiveram influência maior sobre ele do que muitos teólogos do clã.

Nesse ínterim, afora os "imponderáveis" invisíveis da situação, Jung cresceu como um saudável menino do campo, cercado pela natureza que ele amou por toda a vida. Passou a frequentar a escola do vilarejo assim que completou 6 anos, como é hábito entre as crianças suíças. Deve ter sido uma escola ao bom e velho estilo, calcada na ideia de que "quem poupa a vara estraga a criança", pois me lembro que, em um seminário, Jung certa vez descreveu suas primeiras lições naquela escola. O professor escrevia no quadro-negro o que queria ensinar às crianças e então lhes dava uma chicotada nas costas – zap! – para que gravassem a lição! Espantou-me o fato de que esse tratamento não tenha deixado qualquer ressentimento. Pelo contrário, Jung parecia pensar que este era o melhor tipo de auxílio mnemônico que existe! (Ele assinalou mais de uma vez que os mestres zen frequentemente usam tais métodos com seus discípulos.)

Antes de frequentar a escola, Jung tinha sido uma criança solitária, o que de modo algum o incomodava, pois ele brincava sozinho e do seu jeito. Não conseguiu se lembrar de quais eram suas brincadeiras quando muito pequeno, só de que não queria ser perturbado e de que ficava profundamente absorto nesses jogos, odiando quem quer que o observasse ou o julgasse[36]. Isto é confirmado por seu amigo mais antigo, Albert Oeri, por muito tempo editor do jornal *Basler Nachrichten* e um renomado membro do *National-*

---

35. As crianças suíças costumam chamar de tios os primos-irmãos que atingiram a maioridade, de modo que não sei ao certo se todos esses tios eram de fato irmãos de seus pais.
36. *MDR*, p. 17ss.

rat[37]. Nas reminiscências juvenis com que contribuiu para a *Festschrift** do sexagésimo aniversário de Jung, Oeri escreveu que seus pais visitavam os pais de Jung quando estes ainda moravam em Laufen e o levavam consigo, pois como tinha a mesma idade que Carl Jung, os dois casais queriam que os meninos ficassem amigos e brincassem juntos. "Mas", disse Oeri com pesar, "não houve jeito. Carl se sentava no meio da sala de estar, imergia em um jogo e sequer tomava conhecimento da minha presença". Ele se perguntava por que se lembrava disso tão vividamente depois de mais de meio século e disse que em toda a sua vida (ele tinha 3 ou 4 anos) nunca encontrou "um monstro antissocial" assim. Oeri vinha de uma família grande, na qual todos brincavam ou brigavam juntos, enquanto que Carl era então filho único, e nada tinha a ver com outras crianças[38].

Jung lembrava de ter gostado de ir à escola porque, por um lado, enfim havia encontrado os companheiros de brincadeiras de que sentiu falta por tanto tempo. Mas logo descobriu que não havia só vantagens; sentiu que estar com todas essas crianças "o alienava de si mesmo". Ele era diferente na escola do que era em casa, e, embora evidentemente se desse bem com seus colegas, se juntasse às travessuras deles e até inventasse outras para eles, percebeu muito rapidamente que não se sentia confortável com tudo isso. "A influência desse mundo mais amplo, que continha outras pessoas além de meus pais, me parecia dúbia, se não completamente suspeita e também – de algum modo obscuro – hostil."

Essa reação não é, de modo algum, incomum em crianças introvertidas, como Jung, muito mais tarde, chamaria esse tipo. Embora as crianças extrovertidas geralmente gostem da "influência do mundo exterior", não é assim, absolutamente, que ocorre com crianças introvertidas, que sempre se retraem diante dele, de um modo ou de outro. Jung definitivamente se reconhecia como um introvertido, o que se pode ver com clareza em sua reação

---

37. O equivalente suíço do Congresso norte-americano ou do Parlamento britânico.
* Publicação comemorativa [N.T.].
38. As reminiscências de Oeri foram publicadas em *Die kulturelle Bedetung der komplexen Psychologie* (Berlim: Springer Verlag, 1935), p. 524ss.

a objetos e pessoas exteriores durante sua infância. Ao mesmo tempo, rapidamente floresceu seu amor pela natureza, onde "a luz dourada do sol brilha através das folhas verdes"*, em contraste com o mundo de sombras do qual também se deu cada vez mais conta desde suas mais antigas experiências em Laufen (o primeiro sonho de que lembra, Jesus "tomando" os mortos, o jesuíta e assim por diante). Ele disse sobre seus primeiros dias de escola: "Era como se eu sentisse uma cisão de mim mesmo, e eu a temi. Minha segurança interior estava ameaçada"[39].

Logo depois do ingresso na escola do vilarejo – quando tinha 7 ou 8 anos –, começou a se lembrar dos jogos com que brincava sozinho. Brincar com blocos de construção se tornou uma paixão[40]. Como a maioria dos garotos de sua idade, também gostava de destruir o que havia construído através de "terremotos". Também desenhava com grande entusiasmo nessa época, particularmente cenas de batalhas de todos os tipos[41], e até mesmo antecipou o método de Rorschach, ao fazer borrões de tinta nos cadernos e dar-lhes interpretações fantásticas[42].

---

* Alusão ao que Jung, no início das *Memórias, sonhos, reflexões*, relata como a reminiscência mais remota de sua vida, num belo dia de verão em que estava deitado num carrinho de bebê à sombra de uma árvore [N.T.].

39. *MDR*, p. 19.
40. É interessante que esta paixão tenha persistido até sua velhice. Não só ele construiu grande parte da Torre de Bollingen original com suas próprias mãos, em 1923, mas também seu principal lazer em toda primavera, até o ano de sua morte, era fazer os canais mais elaborados – com terra e pedras – na foz de um riacho que desembocava no lago em sua propriedade em Bollingen. Chamava isso de seus "aquedutos". A cheia do lago, por conta do derretimento da neve do inverno, destruía todo ano essas fortificações, mas ele não se importava. Disse-me certa vez que esse trabalho – ou mesmo ficar observando o lago – era a melhor preparação que ele conhecia para seu trabalho criativo, e para se libertar da extroversão do semestre. As ideias fluíam até ele do inconsciente com muito mais liberdade ali do que em casa ou quando estava escrevendo.
41. Pintar foi outra atividade que persistiu na maior parte de sua vida. Em Bollingen estão algumas de suas imagens, pintadas diretamente nas paredes. Em idade mais avançada, porém, ele preferia trabalhar com a pedra. As cenas de batalhas, é claro, não persistiram, mas certa vez ele me contou como lhe foi empolgante, quando esteve na Ilha da Madeira (ou nas Ilhas Canárias), por volta de 1902, para ver navios de guerra ingleses trazendo soldados de volta de uma "guerra real" na África do Sul. Ele explicou com pesar que, antes de 1914, tinha frequentemente pensado que o mundo era um lugar relativamente inofensivo e maçante!
42. *MDR*, p. 18.

Jung lidou de duas maneiras com a insegurança implantada nele pela escola[43]. Sua psicologia se baseou totalmente na sua *experiência real*, e grande parte dessa experiência proveio de sua própria infância. Ele disse, sobre uma de suas experiências: "Na minha infância, eu realizava o ritual tal como o vi sendo feito pelos nativos da África, eles agem primeiro e não sabem o que estão fazendo. Só muito depois refletem sobre o que fizeram"[44]. Claro, ele ainda não sabia o que estava fazendo, mas já estava *vivendo* a psicologia que mais tarde o tornou famoso. Percebi logo, pouco tempo depois de conhecê-lo, que, por mais maravilhosos que fossem seus seminários e livros, realmente convincente era o próprio Jung. *Ele era sua própria psicologia*, e este fato já se prenunciava na sua mais tenra infância. Ele escreveu na "Retrospectiva" de suas *Memórias* que não sabia o que fez com que começasse a "perceber o fluxo da vida. Provavelmente o próprio inconsciente. Ou talvez meus primeiros sonhos determinaram meus rumos desde o início. O conhecimento dos processos de fundo cedo moldara meu relacionamento com o mundo. *Esse relacionamento era basicamente o mesmo na minha infância e atualmente*"[45].

O primeiro ritual que ele realizou, quando teve esse desagradável sentimento de estar fora de si mesmo, foi sentar numa grande pedra na encosta de uma colina junto ao velho muro da igreja de Klein-Hüningen. Ele tinha "alguma relação secreta" com essa pedra, e se sentava nela, sozinho, por horas, brincando de um "jogo imaginário com ela". Ficava sentado sobre a pedra, que simplesmente ficava embaixo dele, mas a pedra também poderia estar pensando: "Estou aqui, nesta encosta, e ele está sentado em cima de mim". Ele se identificava tão completamente com essa pedra – ela era a *sua* pedra especial – que ficou intrigado com a questão de ser ele o menino ou a pedra. Nunca conseguia encontrar uma resposta a essa questão, mas sua "incerteza era acompanhada por um sentimento de obscuridade curiosa e fascinante"[46].

---

43. Ibid., p. 20-23.
44. Ibid., p. 23.
45. Ibid., p. 356. Destaques meus.
46. Ibid., p. 20.

Nesse ponto das *Memórias*, Jung interpolou uma experiência de trinta anos depois, que pela primeira vez lhe esclareceu a questão do menino e da pedra. Ele já era um psiquiatra experiente, casado, com filhos e "uma cabeça cheia de ideias e de planos", mas subitamente – quando revisitou a encosta da igreja – toda a sua vida em Zurique se tornou remota e alheia, e ele estava de novo absorvido no mundo da infância. Então percebeu, como um fato psicológico, que devia ser assimilado na vida cotidiana, que o mundo da infância é o mundo *eterno*, enquanto que sua vida em Zurique pertencia ao mundo do tempo. Wordsworth reconheceu exatamente a mesma coisa e a expressou poeticamente, como uma vaga evidência da existência da imortalidade. Esta última é uma ideia facilmente digerível, pois a maioria das pessoas prefere a ideia da imortalidade à ideia de que a morte é um fim. Mas a percepção de Jung confronta cada um de nós com a tarefa de reconciliar, de alguma maneira, dois mundos que existem dentro de nós. Estamos conscientes de um, o eterno, na infância; mais tarde ele fenece na maioria das pessoas, que então se tornam conscientes do mundo exterior do tempo; pode ser aterrorizante o pensamento de que indubitavelmente existe algo além dele. Começamos a entender por que tantas pessoas esperam, fanaticamente – contra toda evidência real –, que toda criança nasça como uma *tabula rasa*.

Voltemos ao menino Jung e sua pedra. A pedra é infinitamente mais duradoura do que o ser humano, ou de qualquer tipo de vida animal ou vegetação. Dado que a mais velha das árvores é uma criancinha em comparação com a pedra, esta tem sido vista há muito tempo como um símbolo de eternidade! Pode-se mencionar "a pedra filosofal" dos alquimistas, e Cristo como a Rocha Eterna ou a pedra angular. Quando se perguntava se era o menino sentado na pedra ou a pedra em que alguém estava sentado, o pequeno Jung já estava inconscientemente intrigado pelo que chamou, cerca de oitenta anos depois, de "o espinhoso problema da relação entre o homem eterno" e "o homem terreno no tempo e espaço"[47]. Chegou até a dizer que a questão decisiva para o homem é: "Ele se relaciona ou não com algo infinito? Esta é

---

47. *MDR*, p. 322ss.

a questão fundamental de sua vida"[48]. Veremos esse "espinhoso problema" reaparecer de muitas formas ao longo de toda sua vida.

A segunda maneira de lidar com "essa desunião em mim mesmo e incerteza no mundo como um todo"[49], ele a descobriu só aos 9 anos de idade, quase três anos depois de começar a frequentar a escola do vilarejo. E tomou de novo a forma de um símbolo, e pode ser considerado seu primeiro esforço criativo para enfrentar a cisão entre os dois mundos, embora, na época, isso lhe fosse "totalmente incompreensível". Como todas as crianças em idade escolar daquele tempo, ele tinha um estojo de canetas, amarelo laqueado, com uma fechadura, o qual continha uma régua, além das canetas e outros objetos usados pela criança. Ele pegou essa régua e cuidadosamente esculpiu um homenzinho numa de suas extremidades. Então o cortou da régua e o depositou confortavelmente no estojo. O homenzinho tinha um "fraque, cartola e belas botas pretas e lustrosas". Também lhe providenciou uma pedra, um paralelo à sua própria pedra na encosta. Esta pedra tinha sido por muito tempo um tesouro, que carregara no bolso; uma pedra lisa e alongada encontrada no Reno, que ele pintou cuidadosamente para que parecesse estar "dividida em uma metade superior e outra inferior". A seguir, escondeu o estojo sobre uma viga no sótão de casa e se sentiu totalmente seguro sobre seu segredo, pois ninguém subia àquele sótão devido ao assoalho carcomido e inseguro. Agora, enfim – quando todo esse ritual foi cuidadosamente realizado –, ele se sentiu seguro, perdendo o sentimento atormentador de estar em conflito consigo mesmo[50]. Sempre que se sentia infeliz ou de algum modo ameaçado, pensava no seu homenzinho cuidadosamente guardado com sua pedra, e então se sentia confortado. Por vezes, quando podia fazê-lo sem ser notado, visitava seu esconderijo; levava então um bilhete a ser colocado no estojo para servir de biblioteca para o homenzinho. Ao falar sobre isso nas *Memórias*, Jung já não conseguia lembrar o que tinha escrito nesses bilhetes.

---

48. Ibid., p. 325.
49. Ibid., p. 21.
50. Ibid., p. 21.

Convém estar ciente do sentido em que Jung usava a palavra "símbolo", para compreender por que esse ritual acabou por lhe dar tamanho senso de segurança. A palavra é usada com demasiada frequência para indicar um mero emblema, um sinal ou imagem referente a um fato conhecido, tal como o distintivo da roda com asas que identifica os ferroviários suíços. Mas Jung nunca a usou nesse sentido, e sim para representar a melhor expressão disponível, num dado momento, para *algo que é essencialmente desconhecido*. A criança, ao fazer esse homenzinho tão cuidadosamente, não tinha ideia do que estava tentando expressar, mas sabia que sua própria vida podia depender de conservá-lo como um "segredo inviolável". Ele fez o melhor, e, tendo feito o tremendo esforço de produzir esse símbolo, pôde ficar em paz. Lembrou-se dele e o visitou por cerca de um ano, e então o esqueceu até a idade de 35 anos, quando fazia leituras preliminares para seu livro *Transformações e símbolos da libido* [*The Psychology of the Unconscious*], revisado muitos anos depois e republicado como *Símbolos da transformação*[51]. Ele então se deu conta de que se tratava de um daqueles "deusinhos ocultos do mundo antigo", um Telésforo[52] (auxiliar para se alcançar um objetivo ou uma determinada tarefa), tão frequentemente conectado com Esculápio. Essa conexão me parece especialmente significativa, pois Jung jamais pensou, nos tempos de estudante, em se tornar médico (o que, em si, é algo curioso, já que ele ouvia tanto falar de seu avô Jung que, como seu bisavô, havia sido um médico de renome), no entanto o seu inconsciente já lhe trazia, mesmo aos 9 anos de idade, uma imagem relacionada a Esculápio. Em geral, os deuses anões da Antiguidade – mais conhecidos como Cabiros, que reaparecem no *Fausto* de Goethe – simbolizam impulsos criativos; esses impulsos desempenhariam um grande papel na vida de Jung, como testemunhado por seus muitos livros.

Através de sua leitura, Jung se recordou desse homenzinho e o reconheceu como um símbolo universal; foi nesse momento que se apercebeu pela primeira vez de que "há componentes psíquicos arcaicos que entraram na psique individual sem nenhuma linha direta de tradição", uma ideia que teria

---

51. OC 5.
52. *MDR*, p. 23.

enorme papel no futuro desenvolvimento de sua psicologia. Esse homenzinho era um conteúdo que emergira das camadas mais baixas, completamente coletivas (cf. o diagrama apresentado anteriormente), sem praticamente nenhuma coloração de país, de clã, ou de família, embora estas duas últimas camadas tivessem dado alguma contribuição à medida que inclinaram o menino Jung a uma atitude incomumente séria e religiosa. Na superfície, de fato, ele permaneceu religioso, na acepção cristã, embora questionasse, desde muito cedo, se todas as coisas boas e belas seriam realmente tão certas quando lhe asseguravam que o eram, pois ele nunca esqueceu do lado escuro que tanto o havia impressionado, mesmo antes de completar 4 anos de idade. Ele parece, porém, não ter feito nenhuma conexão direta entre seu medo do lado sombrio de Jesus (e as demais percepções alarmantes que precocemente teve) e o homenzinho, pois disse: "O sonho do deus ictifálico foi meu primeiro grande segredo; o homenzinho, meu segundo". Ele disse sobre este motivo: "Essa posse de um segredo teve uma influência formativa muito poderosa sobre meu caráter; a considero o traço essencial de minha meninice"[53]. E, mais tarde, na "Retrospectiva", escreveu: "É importante ter um segredo, uma premonição de coisas desconhecidas. Isso preenche a vida com algo de impessoal, um *numinosum*. Um homem que nunca experimentou isso perdeu algo importante. [...] O inesperado e o inacreditável pertencem a este mundo. Só então a vida é completa. O mundo foi para mim, desde o início, infinito e inapreensível"[54].

Embora, na época, ele não reconhecesse qualquer associação entre suas primeiras e estranhas percepções, antes dos 4 anos de idade, e o homenzinho, o simbolismo mostra o quão intimamente eles estavam conectados no inconsciente. O homenzinho foi vestido exatamente como os "homens solenes em longos fraques, cartolas incomumente altas e botas pretas e lustrosas"[55], que ficavam diante das covas abertas no cemitério de Laufen e lhe despertaram a primeira desconfiança de Jesus. Há também uma conexão secreta entre

---

53. Ibid., p. 22.
54. Ibid., p. 356.
55. Ibid., p. 9.

o falo de seu primeiro sonho e o homenzinho, pois o antigo deus na *kista* (um receptáculo para objetos sagrados nos mistérios antigos) – com o qual Jung o comparou – era às vezes representado por uma figura humana, e às vezes por um falo. Assim, nós definitivamente encontramos o mesmo segredo no sonho e no homenzinho, mas, neste último, o falo inumano e aterrorizante é substituído por uma figura humana, tendo, assim, se tornado muito mais humano e pessoal.

Foi muito bom o menino Jung ter feito esse tremendo esforço para curar sua cisão interior, pois enquanto ainda recordava e encontrava conforto em pensar no homenzinho e em sua pedra[56], ele foi, como todas as crianças suíças cujos pais querem que tenham uma boa educação, tirado da escola do vilarejo, aos 11 anos de idade, e transferido ao ginásio[57] em Basileia, um passo muito maior rumo ao mundo mais amplo do que tinha sido o passo original para a escola do vilarejo. Antes de considerarmos os anos em Basileia, precisamos de uma ideia mais clara sobre como era o menino que passou de uma pequena escola rural para a atmosfera diferente que encontrou em um grande ginásio urbano, no qual suas companhias também mudaram radicalmente. Em Klein-Hüningen, o pai de Jung era o pastor, um dos homens mais importantes e cultos do vilarejo, e seu filho, por menos que gostasse disso, carregava consigo um certo prestígio na escola. Jung sempre foi também o primeiro de sua turma. A maioria dos seus colegas eram filhos de paroquianos de seu pai. Na escola de Basileia ele viu pela primeira vez o quão pobres eram seus pais, e logo percebeu que quase todos os seus colegas vinham de lares muitos mais ricos; que os pais deles eram, segundo os padrões mundanos prevalecentes, homens muito mais importantes do que um pastor de aldeia. Isso se refletia nas vantagens pessoais deles, tais como fartas mesadas, boas roupas e sapatos e a familiaridade com que falavam das montanhas e até do mar, que ainda eram "a inacessível terra dos sonhos" para o menino Jung.

---

56. Ibid., p. 26.
57. Escola para a segunda década da vida, e que prepara seus alunos para a universidade. Jung entrou no ginásio na primavera de 1886.

Ele era um menino incomumente sério que – mesmo antes dos 4 anos de idade – não se permitiu ser afetado por nenhum sentimentalismo, particularmente em questões religiosas. Sempre encarou os fatos, comparou-os entre si e extraiu conclusões que o confrontaram, desde muito, com os opostos no destino humano e na natureza. Isso lhe deu uma imagem extraordinariamente empírica da vida como ela é. Tal realismo foi reforçado pela maioria de seus colegas de escola de aldeia, pois ninguém é mais realista e pé no chão do que o fazendeiro e o camponês suíços. Ele conhecia bem os pais de muitos de seus colegas e assim se acostumou a ouvir as coisas serem chamadas pelos seus devidos nomes.

O *insight* que assim obteve sobre o *background* e o caráter do camponês suíço beneficiou Jung por toda a vida. Ele se dava muito bem com os habitantes do pequeno vilarejo de Bollingen e com os fazendeiros das redondezas. Recentemente, um fazendeiro na meia-idade, sem ser perguntado, mencionou o quanto Jung tinha compreendido as crianças de Bollingen. Tinha, por exemplo, a vívida lembrança de como o Prof. Jung costumava esconder ovos de Páscoa ao longo do lago em sua propriedade e então punha as crianças para procurá-los. De fato, assim como Jung, em sua própria meninice, se acostumara a ouvir sobre seu avô, "Ah, o Prof. Jung, esse foi alguém", agora se pode ouvir a mesma coisa sobre ele próprio, em qualquer dia da semana, nas redondezas de Bollingen. Isso nada tem a ver com sua fama (duvido que a maioria desses camponeses sequer saiba que ele é famoso), mas simplesmente com sua personalidade.

As pessoas da região falavam sem nenhuma cerimônia com Jung, e discutiam com ele coisas que nunca falariam com nenhum outro forasteiro, e o mesmo acontecia onde quer que ele estivesse, entre os habitantes das montanhas e do campo na Suíça. É impressionante como é comum encontrar seus livros nesses lares, e não como meros ornamentos, pois claramente foram lidos e relidos. Essas pessoas, ainda em contato com o solo, parecem ter uma compreensão instintiva que com demasiada frequência se perdeu, pois geralmente se ouve falar que os livros de Jung são difíceis. Quando essa gente simples de toda a Suíça vinha – como ocorria muitas vezes – a Jung lhe perguntar sobre o que não tinham conseguido entender, ele logo percebia que frequentemente eles haviam entendido o significado *essencial* de seu livro, muito mais do que é habitual nos círculos acadêmicos. Ficou tão impressionado com a quantidade dessas pessoas e com a sinceridade da busca delas que, já com mais de 80 anos, pediu a alguns discípulos, especialmente Marie-Louise von Franz, que também havia recebido seus cinco primeiros anos de educação numa escola de aldeia suíça, fundassem um círculo de leitura para elas, ao qual elas pudessem levar suas questões duas vezes ao mês. Esse círculo ainda está funcionando, e é verdadeiramente genuíno e despretensioso.

Foi também através de seu contato precoce com camponeses que Jung aprendeu a conhecer e respeitar produtos naturais como a madeira e a pedra. Até pouco antes de sua morte, ele cortava toda a sua lenha em Bollingen, e raramente era visto mais feliz e mais relaxado do que quando envolvido em tais tarefas. Ainda se ouve falar dele com o maior respeito como um pedreiro. O modo como compreendia e manuseava cada pedra individual suscitava a admiração de qualquer pedreiro experiente.

Mas não seria só no futuro que Jung se beneficiaria de sua experiência precoce do realismo do camponês suíço, pois isso o influenciou, já nos tempos de criança, a evitar as ilusões que a sociedade polida tantas vezes parece priorizar. Suas reações, quando tinha 9 anos de idade, ao nascimento da irmã nos dão alguma ideia de como isso operava em sua vida cotidiana. Esse evento foi uma completa surpresa para ele. Como a maioria das crianças que crescem em estreito contato com a natureza e os animais, ele tinha aprendido cedo e facilmente os fatos da vida, mas não tinha ainda reparado em nada que lhe fizesse suspeitar que um bebê estava a caminho. Isso parece estranho à primeira vista, em se tratando de um garoto tão observador, mas realmente é uma reação tipicamente masculina. O homem se preocupa principalmente com a discriminação e com os *fatos*, não com as relações. Uma menina provavelmente teria reparado que sua mãe estava preocupada e não tão atenciosa quanto antes, mas um garoto, masculino e sadio, está tão voltado para suas próprias preocupações, que só nota perturbações realmente inescapáveis nos relacionamentos, tais como sua mãe estar hospitalizada, incapacitada de cozinhar ou algo do gênero. Mas, naquela época, praticamente todos os bebês nasciam em casa e – embora ele mais tarde recordasse que a mãe permanecia deitada mais tempo do que de costume –, nos intervalos ela provavelmente se encarregou de seus deveres domésticos como sempre, até o último instante. Contudo, a chegada de sua irmã pegou Jung totalmente de surpresa. Seus pais, convencionais na superfície, lhe contaram o mito comum da cegonha, que ele rejeitou de pronto, pois os camponeses nunca haviam fingido uma história da carochinha dessas; e afinal de contas, como uma cegonha conseguiria carregar um bezerro? Ele logo constatou que seus pais estavam determinados a não lhe dizer exatamente como esse bebê chegou e, como de hábito, guardou para si seus pensamentos. Embora mais tarde tenha aprendido a respeitar muito o caráter de sua irmã, ela chegara tarde demais para que os dois tivessem qualquer vida infantil em comum, e ambos cresceram mais ou menos como se cada um fosse filho único.

Na superfície, a mãe de Jung fez grandes esforços para melhorar as maneiras do filho e fazer dele um garotinho bem-educado e cortês, mas o coração dela não estava nesses esforços. Seu fundamento instintivo era realista e muito mais interessado em que ele crescesse como um garoto sadio e másculo, capaz de usar os punhos quando preciso e se defender sob todos os aspectos. Ela sempre transmitiu esse desejo secreto a seu filho, embora as conversas com ele focassem sobretudo seus modos e aparência, e ele fosse comparado pejorativamente com os filhos, mais elegantes, de alguns de seus parentes e amigos.

Lembro-me de ele me contar que, quando uma priminha particularmente afetada vinha tomar chá, as injunções de sua mãe eram especialmente minuciosas sobre o quão gentilmente ele devia se comportar. Embora nada o agradasse menos do que vê-la, mesmo assim a levou educadamente ao jardim, e pretendia fazer o máximo para entretê-la. Mas o jardim tinha acabado de ser adubado, e a atenção dela não conseguia ser desviada do cheiro e da substância do estrume. Ele então ficou surpreso, e até mesmo chocado, ao vê-la comer com visível prazer um bocado do estrume. Mais tarde, ele contou à sua mãe, triunfalmente, o que sua prima tão exemplar havia feito, ao que ela admitiu abertamente que uma criança pode às vezes ser bem-educada demais. A prima tinha simplesmente seguido o princípio de um cachorro que é mantido em condições demasiadamente antinaturais e humanas; esse cachorro geralmente vai rolar em qualquer imundície que encontrar, como uma compensação por sua vida antinatural.

Essas concessões eventuais de sua mãe e, ainda mais, as coisas que ela murmurava entre dentes – que ele logo aprendeu que eram inconscientes e que não podiam ser discutidas – construíam um relacionamento satisfatório entre mãe e filho. Na superfície, ele atendia apenas o suficiente a suas constantes admoestações acerca de sua aparência e modos, mas, no essencial – embora tenha logo aprendido que, se as palavras podiam ser prata, o silêncio certamente era ouro –, ele realmente se sentia liberado, e até mesmo encorajado, a ser ele mesmo. Portanto, era, para todos os efeitos, uma criança extremamente espontânea. Lembro que, quando vi pela primeira vez alguns de seus próprios filhos, o que mais me impressionou foi que eles eram os jovens mais espontâneos que eu já tinha encontrado.

Embora Jung tenha crescido num meio realista, em um vilarejo suíço, não se tratava, de modo nenhum, de um ambiente materialista. Completamente à parte da ênfase na religião por parte de sua família e de seu clã, ele se deparou com a certeza do camponês suíço sobre "eventos que extrapolam as limitadas categorias de espaço, tempo e causalidade. Sabia-se que os animais podiam pressentir tempestades e terremotos. Havia sonhos que prenunciavam a morte de certas pessoas, relógios que paravam no momento da morte, vidraças que se partiam no momento crítico. Ninguém tinha dúvidas sobre coisas no mundo da minha infância"[58]. Só muito mais tarde Jung percebeu o quão desconhecido esse aspecto da vida era para a população de uma cidade como Basileia. Na época em que deixou a escola rural, nunca havia lhe ocorrido duvidar da existência empírica de fatos irracionais que não eram, de modo algum, ligados às "limitadas categorias de espaço, tempo e causalidade". Ele assim podia obter ilimitada satisfação e um senso completo de segurança em função da existência de seu homenzinho posto cuidadosamente

---

58. *MDR*, p. 100.

guardado no sótão, pois, na sua vida de aldeia, pouco ou nada havia para despertar qualquer dúvida sobre a eficácia de tais símbolos.

Embora na sua primeira infância Jung tivesse a saúde de certo modo incerta, não demorou para que a robustez natural de sua constituição se afirmasse e ele começasse a usufruir da excelente saúde que caracterizou a maior parte de sua vida. Ele também ficou extraordinariamente forte. Ouvi dele que isso lhe foi muito útil nos tempos de escola, pois, ser fisicamente mais forte que os colegas de classe lhe permitiu ser deixado em paz e ganhar o respeito deles, no caso de se envolver em qualquer briga. Embora tenha ido por muitos anos ao ginásio e, depois, à universidade em Basileia, continuou a morar em Klein-Hüningen. Isso não só lhe proporcionou longas caminhadas pelo campo ao menos duas vezes ao dia, como também manteve suas raízes essenciais intocadas. Assim, embora sua imagem do mundo social e da importância de seus pais tenha, inegavelmente, passado por um tremendo abalo em sua nova escola, ele provou estar excepcionalmente bem-preparado *nas coisas essenciais* para enfrentar o que quer que viesse. Poder-se-ia dizer que aquela foi sua primeira experiência de uma das futuras pedras angulares de sua psicologia: é o indivíduo que conta, não suas circunstâncias externas.

3
O ginásio de Basileia, 1886-1895

Sua família morava em Klein-Hüningen há cerca de sete anos quando chegou o momento de Jung entrar no ginásio de Basileia. Uma vez que muitos de seus parentes e amigos da família moravam em Basileia, e que Klein-Hüningen era tão próxima, ele já conhecia muito bem a cidade, mas apenas como visitante. Ao entrar no ginásio, porém, ele adentrou no seu cerne, tornando-se, por assim dizer, uma pequena parte dela.

Apesar de ser uma das cidades mais tradicionais da Suíça, Basileia é muito próxima da fronteira alemã. Hoje em dia, você entra tanto na Alemanha quanto na França sem deixar as ruas da cidade, mas naquela época a França era mais distante, pois, desde 1870, a Alsácia-Lorena passara a integrar a Alemanha. Contudo, poucos anos antes ela havia pertencido à França, e Jung lembrou que os moradores da cidade falavam "um alemão e francês refinados"[1]. O alto-alemão é a língua oficial da parte alemã da Suíça, e, assim que ingressam na escola, as crianças suíças, mesmo as das classes mais baixas das escolas rurais, são obrigadas, geralmente contra a vontade, a falar o alto-alemão. Mas as escolas rurais não têm nada de "refinado", mantendo-se muito mais próximas do querido dialeto das próprias crianças. Assim, podemos estar certos de que foi desagradável para o jovem Carl Jung ter de "refinar" sua linguagem à medida das exigências do ginásio. Mesmo em Basileia, o alemão suíço é a língua falada em casa por todas as famílias, mas falar "alemão e francês refinados" é um incômodo muito maior do que em Zurique, por exemplo.

---

1. *MDR*, p. 24.

Antes da Primeira Guerra Mundial – Jung já morava há catorze anos junto ao Lago de Zurique em 1914 – não se exigia passaporte para viajar, a não ser para alguns países distantes, e embora já houvesse tarifas alfandegárias sobre mercadorias, as fronteiras eram muito menos marcadas do que hoje. Os pedestres as atravessavam com muita liberdade, e Jung com frequência fazia longas caminhadas na Floresta Negra, na Alemanha. Em dias ensolarados, quando se pode vê-la especialmente bem de Zurique, ele muitas vezes apontava para seus pontos de referência, como se fossem velhos e estimados conhecidos.

Provavelmente é por ser tão perto da grande e poderosa Alemanha que Basileia é tão tradicional e suíça. Ela precisava ser especialmente suíça, caso contrário teria sido engolida. Isso pode ser visto muito bem por sua história e pelo modo como preserva cuidadosamente antigas tradições, como a do *Grifo* [Vogel Gryff][2]. Acima de tudo, podemos ver no modo como o *Fasnacht* (carnaval) é celebrado a cada primavera. Os cidadãos são tão estritamente tradicionais e convencionais que precisam de um contraste completo uma vez por ano, quando suas por vezes paralisantes convenções, regras e regulamentos são relaxados e até esquecidos. Esquecidos, sim, porém Basileia, de qualquer modo, nunca vai longe demais. Uma vez, muitos anos atrás, nos

---

2. A história do Grifo é típica de Basileia. Para se defenderem, logo após a fundação da cidade, os habitantes de Basileia formaram três companhias cujos membros teriam a importante tarefa de guardar e defender a cidade. Como de hábito na Suíça, essas companhias ou guildas eram formadas por diversos ramos de negócios. Uma dessas guildas tinha no brasão o Grifo, uma grande ave fantástica com uma cauda de animal e pés humanos, outra corporação era representada pelo *Leu* (Leão), e a terceira, pelo *Wilde Mann* (Homem selvagem). Na Idade Média havia ainda uma parada militar anual em que cada uma das companhias era liderada, respectivamente, por um homem disfarçado como o Grifo, o Leão e o Selvagem. Ao longo dos séculos, as companhias foram dispensadas de seus deveres militares, mas o Grifo, o Leão e o Selvagem continuaram a marchar pela cidade a cada ano, divertindo os moradores com suas danças fantásticas.
Essa cerimônia ainda acontece a cada janeiro. O Selvagem desce o Reno ao som de tambores e de tiros, dançando sua dança selvagem sobre um barco. Ele atraca um pouco abaixo da "ponte do meio", onde se juntam a ele o Grifo e o Leão. Os três então desfilam pelas ruas dançando. Por volta de 1932, Jung levou alguns de nós para ver essa cerimônia, e raramente me diverti tanto como nesse dia. Conforme o barco vinha descendo o Reno, parecíamos perder todo o senso de tempo e não saber mais se vivíamos agora ou na Idade Média. Jung destacou que – por mais emocionante que fosse a visita – o peso do passado podia ser muito opressivo para quem vive em Basileia, algo que entendi bem por também ter vivido muitos anos na velha cidade inglesa de Chichester. Os detalhes da história do Grifo foram gentilmente fornecidos por um cidadão de Basileia, o finado Erhard Jacoby.

meus primeiros anos na Suíça, eu tive a sorte de ir ao *Fasnacht* de Basileia com Jung e cerca de vinte membros do Clube Psicológico de Zurique, e ficamos impressionados pelo espírito singular da cidade. Circulamos livremente entre os mascarados nas ruas, e, embora frequentemente completos estranhos nos dirigissem a palavra – algo totalmente novo para mim, pois na Inglaterra não há nada parecido com o carnaval –, nem por uma vez as regras essenciais do bom gosto foram esquecidas, e um genuíno e raro senso de humor governou as observações mais críticas e francas, de modo que éramos forçados a rir, mas nunca nos sentindo desconfortáveis. Mas, quando voltamos a Zurique nas primeiras horas do dia, e eu andei pelas ruas até onde estava meu carro, a coisa foi totalmente diferente. Também era carnaval em Zurique, e os mascarados também abordavam os outros, mas de modo totalmente diferente, sem nada daquele quê indefinível que governa o carnaval de Basileia. Jung costumava citar Schopenhauer, que dizia: "O senso de humor é a única qualidade divina do homem". Essa qualidade divina é uma característica intrínseca aos habitantes de Basileia. Nunca conheci alguém com mais senso de humor do que Jung, e por mais dificuldades e dissabores que tenha enfrentado em Basileia, ele certamente deveu grande parte dos fundamentos dessa "qualidade divina" aos anos em que passou naquela cidade.

Os primeiros meses em sua escola em Basileia abriram a Jung um mundo diferente. Conforme mencionado acima, grande parcela da população suíça tem valores excessivamente materialistas e, sendo em geral negociantes muito espertos, os suíços frequentemente ficam ricos. Ao invés da preponderância de simples filhos de camponeses, como em sua escola rural, ele agora descobriu que a maioria de seus novos colegas eram filhos de gente rica. Eles vinham de grandes casas e jardins, e seus pais possuíam muitos cavalos magníficos. Ainda estávamos na era dos cavalos, e uma carruagem com parelha podia ser uma visão muito mais impressionante do que o mais reluzente Rolls-Royce® de hoje em dia.

A princípio, essas novidades – ser convidado para ir a essas casas e o cenário de sua nova escola – foram empolgantes para Jung, mas ele logo começou a se aborrecer de uma maneira que nunca lhe ocorrera em sua escola rural. Não é que não fosse capaz de acompanhar as outras crianças. Ele sempre teve boas notas. Mas certas disciplinas eram-lhe particularmente desagradáveis, e ele sentiu forte resistência ao que era ensinado e ao modo como era ensinado. Odiava as aulas de ginástica, por exemplo, porque "não podia suportar que outros lhe dissessem como devia se mexer"[3]. E, embora com dons extraordinários para desenhar e pintar, só conseguia desenhar aquilo que estimulasse sua imaginação, tendo fracassado completamente com os exercícios, sem alma, de copiar que são – ao menos o eram na época – exigidos por tantos professores de Desenho. Muito pior que essas, porém, eram as aulas de Matemática, que ele odiava tanto que, em um ano, acabaram estragando para ele a escola como um todo.

Obtemos uma visão interessante de Jung no colégio a partir de seu velho amigo Albert Oeri. Quando pequenos em Laufen, a amizade não começara auspiciosamente. Os pais deles tentaram de novo quando ambos eram um pouco mais velhos, e dessa vez a história foi diferente. Na primeira visita, Jung saudou Oeri como um aliado, porque era um rapaz de verdade e não um cavalheiro empertigado em miniatura, como um primo a quem detestava, e, depois disso, os pais de Oeri o levaram frequentemente ao presbitério de Klein-Hüningen nas tardes de domingo.

Já que ambos nasceram em 1875, eles ingressaram no ginásio ao mesmo tempo. Embora não tenham permanecido na mesma turma, e tenham estudado diferentes disciplinas e temas na universidade, continuaram se vendo muito e permaneceram amigos durante toda a vida. Devemos o relato de vários incidentes de juventude de Jung ao artigo de Oeri para o *Festschrift* em homenagem aos 60 anos de Jung, incidentes que, de outro modo, teriam certamente caído no esquecimento. Jung se divertiu a contragosto por tais incidentes terem sido lembrados depois de tantos anos – e como um presente de aniversário! –, mas não desmentiu nenhum deles. Mesmo quando já estava com mais de 80 anos, Jung, quando realmente se divertia, tinha um riso natural e contagiante, que parecia vir de todo o seu ser, e em alto e bom som. Oeri relatou que Jung tinha exatamente a mesmo riso desde a infância, e que

---

3. *MDR*, p. 29.

amava pregar peças que lhe dessem a chance de se divertir para valer, e assim soltar essas gargalhadas estrondosas. Assim, o primeiro reencontro deles em Klein-Hüningen foi marcado pelo riso triunfal de Jung, por ter conseguido fazer seu primo afetado se sentar em um banco onde um velho bêbado estivera sentado pouco antes, de modo que ficou com as roupas cheirando a álcool. Em outra ocasião, organizou um duelo solene entre dois de seus colegas de escola no jardim do presbitério, só porque, segundo Oeri, queria rir deles. Mas esse divertimento logo se transformou em preocupação, porque os combatentes levaram o duelo excessivamente a sério, e um deles feriu a mão do outro. Seu pai ficou ainda mais preocupado, pois, em seu próprio tempo de meninice, o pai do menino cuja mão estava sangrando fortemente havia-se ferido perigosamente na esgrima, tendo sido levado à casa do avô de Jung para atendimento médico. A maior preocupação dos rapazes, porém, era com a terrível bronca que acharam que inevitavelmente tomariam quando a história fosse conhecida no ginásio. Mas, como não houve consequências sérias, o velho reitor, Fritz Burckhardt, tratou tudo com calma, limitando-se a dizer aos dois combatentes, com um leve sorriso: "Oh, então vocês acharam que iam brincar de espadas!"

Embora Jung já fosse original e talentoso na maioria das matérias, isso não se aplicava, conforme Oeri, à matemática; de fato, ele era "burro em matemática". Mas, acrescentou:

> Ele na verdade não era responsável por sua deficiência em matemática. Essa tinha sido uma fraqueza familiar por pelo menos três gerações. Seu avô (Carl Gustav Jung sênior) escreveu em seu diário, em 26 de outubro de 1859, após assistir a uma palestra sobre um instrumento fotométrico: 'Eu realmente não entendi nada. Qualquer assunto que tenha a mínima ligação com a matemática liquida comigo. Ninguém, de fato, pode culpar meus meninos por sua estupidez nesta área. Eles a herdaram de mim"[4].

Não é que Jung fosse incapaz de calcular – de "somar dois mais dois" –, mas os postulados, as zombeteiras inconsistências da álgebra, por exemplo,

---

4. JUNG, E. *Extracts from the Diary of My Father*, apud OERI, A. Op. cit., p. 525.

levantam sua resistência a um tal ponto que "liquidavam com ele", como acontecia com seu avô, e contribuíram muito para que, após um ou dois anos, ele acabasse por odiar ir à escola. Isso, e seu anseio de estar sozinho nas florestas e nos campos, e de ter tempo livre, de novo, para mergulhar nos mistérios da natureza, o levaram a outro segredo, mas dessa vez um segredo do qual ele se arrependeria amargamente.

Certa manhã, ele estava em sua amada praça da catedral, quando outro menino o atacou sem mais nem menos, fazendo-o cair e bater a cabeça no meio-fio. Este foi o começo de uma série de desmaios que fizeram com que fosse tirado da escola e liberado para ficar à deriva por mais de seis meses. Nenhum médico conseguia descobrir qual era o problema, e seus pais chegaram à beira do desespero. Ele se deleitava por ter fugido da escola e continuaria nessa felicidade absoluta se não fosse por uma cada vez mais incômoda "consciência, e um sentimento obscuro de que estava fugindo"[5] de si mesmo.

Os desmaios pararam súbita e dramaticamente quando Jung ouviu por acaso seu pai contar a um amigo o temor de que o filho se mostrasse incurável, pois ele havia perdido o pouco dinheiro que herdara, e o que poderia fazer pelo garoto, caso ele fosse incapaz de prover o próprio sustento? Jung já sentia uma vaga pena de seu pai desde que entrara no ginásio; vira que o pai tinha muitas preocupações das quais os pais de seus colegas de escola, mais ricos, eram poupados. Mas, absorto como todos os garotos de sua idade em seus próprios interesses, nunca lhe ocorrera que não houvesse nada que pudesse fazer a esse respeito.

Podemos ver a integridade e senso de responsabilidade que seriam, mais tarde, talvez suas características mais marcantes como médico, no modo como esse garoto de 12 anos assimilou o choque de ouvir essa conversa. Chegando à conclusão imediata de que devia voltar ao trabalho, determinou-se a superar as crises de desmaio que o atacavam toda vez que tocava os livros escolares, desde a queda que sofrera vários meses antes. Seus esforços deram tão certo que ele conseguiu voltar à escola em poucas semanas. Jamais houve nenhuma recaída, e ele trabalhou de modo mais conscencioso, nunca se

---

5. *MDR*, p. 31.

levantando depois das cinco da manhã, frequentemente muito antes disso, para estudar antes de ir para escola às sete. Usou sua boa memória visual para decorar a matemática e obter boas notas até nessa matéria, a que mais odiava.

O que mais me marcou, contudo, foi o modo como ele encarou a questão da responsabilidade ética pelo que tinha acontecido. Longe de culpar quem quer que fosse – por exemplo, o menino que o agrediu –, ele encarou, aos poucos, porém com firmeza, a verdade dolorosa de que tudo aquilo fora obra dele, do início ao fim. Lembrou-se de haver pensado, assim que sofreu o golpe: "Agora você não terá mais de ir à escola"[6], e de que, apesar da tontura após a queda, demorou mais do que o necessário para se levantar. Durante sua doença, esqueceu tudo isso completamente, e deve ter sido necessário a maior coragem e persistência para se lembrar e para perceber que sua doença tinha sido uma fuga de seu tédio e resistência com relação à escola. Ele revelou mais tarde que essa foi a primeira experiência a lhe ensinar o que é uma neurose.

Devido à enorme importância do que Jung aprendeu desta enfermidade neurótica, vale a pena olharmos mais de perto para o que realmente aconteceu. Por um momento, quando o golpe totalmente inesperado o derrubou, ele viu claramente que era sua chance de escapar da escola. *Se tivesse mantido esse pensamento na mente*, não teria havido nenhuma neurose e nenhuma doença, pois ele era um menino honesto demais para cometer essa trapaça *conscientemente*. Ele poderia ficar (como de fato ficou) deitado no chão por um pouco mais de tempo do que o necessário, principalmente para punir o garoto que tinha batido nele, mas jamais poderia ter fingido estar doente por semanas a fio. Para atingir o objetivo dele, a doença tinha de ser completamente genuína e fora de seu controle. Assim, involuntariamente e, como dolorosamente percebeu mais tarde, também um pouco de propósito, ele esqueceu de todo, por muitas semanas, sua intenção original de fugir da escola. O ponto mais importante que Jung aprendeu desta experiência precoce foi que, enquanto seu esquema permaneceu inconsciente, ele esteve realmente doente, mas assim que lembrou e enfrentou a dor de ter, ele próprio, armado a coisa toda, ele se recuperou completa e permanentemente.

---

6. Ibid., p. 30ss.

Os primeiros resultados de sua percepção não foram nada agradáveis. Ele não podia então saber que valiosa lição tinha aprendido sobre a causa e o remédio para muitos casos de neurose, e se sentiu mortalmente envergonhado de si próprio ao perceber tudo o que seus pais haviam sofrido pelo que agora sentia ser culpa dele. Eis outra coisa sobre a qual não podia falar com ninguém. Pensar no homenzinho do sótão o tinha ajudado em muitas dificuldades ao longo dos primeiros anos de ginásio; mas, infelizmente, ele o havia esquecido por completo na época de sua queda, não tendo mais, portanto, essa segurança com que contar. Além do mais, como sabemos por Oeri, sua longa doença e ausência da escola o levaram – como sempre acontece nas escolas suíças – a ser deixado para trás e assim perder seus antigos colegas de classe, entre eles Oeri, tendo de recomeçar com um novo grupo de companheiros. Não houve nenhum estigma exterior ligado a isso, pois todos, exceto ele próprio, acreditaram que ele tinha estado genuinamente doente, e que isso havia sido um infortúnio, e não culpa dele.

Nessa época – não sei ao certo se foi antes ou depois de sua doença –, teve outra experiência[7] que, frequentemente o ouvi dizer, marcou o fim da sua infância. Certa manhã, quando trilhava seu longo caminho habitual de casa para o ginásio, ficou atônito ao descobrir-se subitamente como que saindo de um espesso nevoeiro para um lugar onde instantaneamente soube: "*Agora eu sou eu mesmo*". Não era uma manhã nublada, embora parecia haver uma densa névoa atrás dele, na qual ele havia de fato existido, mas apenas passivamente, pois os eventos anteriores tão somente *lhe* haviam acontecido. Era como se, enquanto estava na névoa, ele tivesse feito só o que queriam, e agora ele próprio pudesse querer. Ficou profundamente impactado, pois subitamente teve um senso de autoridade. Isso levou a outro problema mais tarde, mas o primeiro resultado foi um novo interesse em Deus. Embora Jung tivesse permanecido religioso no sentido cristão[8], Jesus havia se tornado para ele uma figura cada vez mais problemática desde os funerais no pátio da igreja em Laufen; agora, conforme se tornava cons-

---

7. Ibid., p. 32ss.
8. Ibid., p. 22.

ciente de si mesmo, "a unidade, a grandeza e a majestade sobre-humana de Deus" começaram a assombrar sua imaginação[9].

Deve-se ter em mente o quanto Deus importava para ele naquela época, para compreender-se a agonia pela qual passou na próxima experiência de que se recordou. Ele próprio relatou isso em detalhe[10], mas, como me disse mais de uma vez, a postura que adquiriu através dessa experiência dolorosa permaneceu com ele por toda a vida, e por isso devemos também considerá-la brevemente aqui.

Era, de novo, na praça da catedral, dessa vez em um dia de sol radiante, quando lhe ocorreu um pensamento sobre Deus, o autor de toda essa beleza. Jung o imaginou sentado em um trono dourado, nas alturas celestiais, acima do teto de telhas novas e brilhantes da catedral. Mas foi então subitamente interrompido por um "grande buraco em seus pensamentos e uma sensação de asfixia", e soube que pensar seu pensamento até o fim seria cometer "o mais terrível dos pecados", o pecado contra o Espírito Santo, que jamais pode ser perdoado. Não conseguiu dormir por duas noites, e os dias eram de absoluta tortura, mas o pensamento – embora fosse mantido a distância – incessantemente tentava forçar a entrada na sua consciência. Se retornarmos ao diagrama apresentado no capítulo 1, podemos ver de modo particularmente claro que seu pensamento era um "componente psíquico arcaico" tentando entrar em "sua psique individual sem nenhuma linha direta de tradição". O pensamento do "pequeno deus do mundo antigo", o Telésforo, tinha entrado em sua mente de modo mais suave, como um pressentimento criativo que se expressava no símbolo do homenzinho. Mas esse novo pensamento, que lhe parecia o pecado contra o Espírito Santo, era evidentemente muito mais explosivo e estranho, além de que claramente se expressaria de maneira muito mais aterradora do que no caso anterior.

Na terceira noite, porém, o tormento se tornou insuportável, e ele sentiu sua resistência se enfraquecer. Em todo caso, decidiu que não deveria se render até que tivesse pensado em tudo com antecedência. *Quem* queria

---

9. Ibid., p. 39.
10. Ibid., p. 36-41.

forçá-lo a pensar algo que ele nem sabia nem queria saber? Para responder a essa questão, ele instintivamente percorreu o caminho de volta pela linhagem ancestral que reconheceria, muitas décadas depois, como sendo as camadas do inconsciente. Em primeiro lugar, se perguntou se seus pais poderiam estar forçando-o a pensar esse pensamento, mas achou essa ideia "completamente absurda". Seus avós? Só os conhecera por retratos, e por tudo o que ouvira falar deles, sabia que isso era absolutamente impossível. Então "percorreu mentalmente a longa sucessão de ancestrais desconhecidos até chegar finalmente a Adão e Eva". Essa era a camada mais profunda na qual podia então pensar, os primeiros pais segundo a tradição cristã e judaica. Eles haviam sido recém-criados por Deus, que deve tê-los feito conforme queria que eles fossem, ou seja, poderia tê-los feito incapazes de pecar, mas não o fez. Portanto *era a intenção de Deus que eles devessem pecar.*

A ideia de que Deus quisesse que Adão e Eva pecassem, e a ideia similar da *felix culpa*, o abençoado pecado que traz redenção, já tinham aparecido nos primeiros gnósticos, e reaparecido com razoável frequência ao longo dos séculos. Mas nunca se tornara parte da tradição cristã, que, pelo contrário, enfatizava a ideia de pecado original; ou seja, de um ato inteiramente repreensível de desobediência à vontade de Deus. Especialmente os protestantes sempre insistiram neste último aspecto; assim, é improvável que Jung tivesse alguma vez ouvido falar a respeito. Contudo, tal pensamento gerou nele uma convicção instantânea, e o libertou de seu pior tormento, porque agora ele sabia, para além de toda dúvida, que Deus *queria* que ele sofresse tal conflito. Mas ele ainda não tinha ideia de qual alternativa deveria escolher: pensar o pensamento ou continuar resistindo? Ele acabou chegando à conclusão de que provavelmente Deus também queria que ele tivesse a coragem de pensar o tão temido pensamento.

Ele viu de novo a mesma cena no céu acima da catedral, mas dessa vez deixou o pensamento prosseguir, vendo então um enorme cocô cair da base do trono, despedaçando o reluzente telhado novo e estraçalhando as paredes da catedral. Porém, ao invés da condenação esperada, ele sentiu um "alívio indescritível" e um "sentimento inefável de felicidade" que jamais conhecera até então. Esse pensamento altamente blasfemo, do ponto de vista tradicional, lhe propiciou a primeira experiência do "milagre da graça que cura tudo e torna tudo compreensível". Ele percebeu de imediato que este era o resultado de sua obediência à inexorável exigência de Deus, que evidentemente não se submetia a nenhuma tradição, por mais sagrada que pudesse ser; percebeu também que a única coisa que importa na vida é satisfazer a vontade de Deus[11].

Essa experiência devastadora teve um efeito duplo no rapaz. Por um lado, muitas coisas que o haviam intrigado por anos foram enfim explicadas. Sobretudo, ele compreendeu pela primeira vez a depressão e irritabilidade de seu pai. Evidentemente seu pai não conhecia "o Deus vivo, imediato, que se mantém, onipotente e livre, acima de sua Bíblia e de sua Igreja". Em outras palavras: se seu pai estivesse na mesma situação que o filho, teria se agarrado, custasse o que custasse, à ideia tradicional do certo e do errado, pois acreditava (ou tentava acreditar) em "Deus tal como a Bíblia prescrevia e como os antepassados o ensinaram", e isto pelas "melhores razões e a partir da mais profunda fé". Contudo, ele via apenas um lado, e consequentemente se separava do Deus vivo e do milagre da graça. O menino percebeu isso completamente, e sentiu compaixão pelo pai como nunca antes. Por outro lado, o ponto de vista tradicional – como Jung assinalou tantas vezes, anos depois – não é apenas uma questão de educação pessoal, mas está como que inscrito no sangue de todos nós. Este lado no menino ficou profundamente chocado por este pensamento proveniente do mais profundo inconsciente, para o qual não havia não só nenhuma linha direta de tradição, mas também, pelo que sei, nenhum paralelo. Em anos posteriores, ele descobriu o chamado contexto – outras ideias do mesmo tipo, em diferentes épocas e lugares – para quase todas suas experiências infantis (o sonho fálico, o homenzinho, a pedra e assim por diante), mas nunca, pelo que sei, para essa ideia de Deus destruindo sua catedral dessa maneira. Ele foi forçado a concluir que Deus poderia ser terrível e aterrorizante, e que ele próprio devia ser "infinitamente depravado", um demônio ou um porco, para ter visto uma dessas coisas que pertencem ao lado sombrio de Deus. Por um lado, devido à sua experiência do milagre da graça,

---

11. Ibid., p. 40.

ele tinha a certeza de saber muito mais do Deus vivo do que seu pai ou que os muitos clérigos ao seu redor. Sentiu isso como "uma espécie de distinção", e, contudo, se tratava, ao mesmo tempo, de "uma experiência vergonhosa", devido à enormidade e blasfêmia do pensamento, se visto de seu próprio lado tradicional. Ele assim aprendeu dolorosamente a conhecer os opostos – que viriam a ter um papel tão importante em sua psicologia – na experiência cotidiana concreta e como parte dele próprio.

Os opostos se fizeram sentir de outro modo nesse período, pouco depois de ele ter saído da névoa da infância e provado um "senso de autoridade" pela primeira vez[12]. Em uma estadia com amigos da família no Lago Lucerna, foi severamente repreendido por desobediência pelo dono da casa. Para sua grande surpresa, ele teve uma reação dupla a esse evento: por um lado, reconheceu plenamente que a bronca era justa, mas, por outro lado, foi tomado por uma raiva irracional diante deste "camponês gordo e ignorante" que ousava insultá-*lo*. Sabia ser apenas um mero estudante de 12 anos, enquanto que seu anfitrião era um homem rico e poderoso; ainda assim, não pôde *tampouco* evitar o sentimento de que, em algum lugar, ele era alguém importante, até mesmo "um ancião, objeto de temor e respeito!" Para sua intensa confusão, lhe ocorreu que, de fato, devia ser duas pessoas diversas, sendo um estudante insignificante, inseguro, e outro, um importante ancião que vivera no século XVIII.

Como é bem sabido, Jung mais tarde descobriu que, embora o centro da consciência seja o ego, a consciência representa apenas uma fração da psique total. "Si-mesmo e ego" representam uma formulação moderna de um fato muito antigo, que São Paulo formulou como "Vivo, mas não sou eu que vivo, e sim Cristo que vive em mim" (Gl 2,20). O Oriente usa o termo "si-mesmo" para o centro da personalidade mais ampla desde tempos antigos; por exemplo, o *Brihadâranyaka Upanishad* afirma que:

> O que vive na semente, e dentro da semente, a quem a semente desconhece, cujo corpo é a semente, e que extrai (rege) a semente a partir de dentro, ele é o si-mesmo, o extrator (regente)

---

12. Ibid., p. 33ss.

interno, o imortal; não visto, mas vendo; não ouvido, mas ouvindo; não percebido, mas percebendo; desconhecido, mas conhecendo. Não há outro vidente senão ele, não há outro ouvinte senão ele, não há outro percipiente senão ele, não há outro cognoscente senão ele. Esse é teu si-mesmo, o regente interno, o imortal. Todo o resto é do mal[13].

Jung adotou o termo "si-mesmo" a partir do seu uso oriental. Os poucos críticos de suas *Memórias, sonhos, reflexões* que tomaram essas duas pessoas em Jung como indício de uma personalidade cindida, até mesmo como uma cisão esquizofrênica, expuseram sua própria ignorância. Pelo contrário, essas duas figuras estão presentes em qualquer ser humano normal, embora, como diz o *Upanishad*, o si-mesmo geralmente seja "não visto" (embora veja), "não ouvido" (embora ouça), "não percebido" (embora perceba), "não conhecido" (embora conheça) pelo limitado ego consciente. Mas Jung, aos 12 anos de idade, e para sua grande consternação, viu, ouviu e conheceu esta figura.

Não sei por que esta primeira intuição de Jung sobre o si-mesmo e do ego começou com a ideia do primeiro como um ancião do século XVIII. Muitas vezes o ouvi se perguntar por que aquele século lhe parecia tão familiar. Diversas coisas daquela época lhe pareciam um *déjà vu*; por exemplo, a velha carruagem verde que vinha da Floresta Negra, e os sapatos que ele mencionou nas *Memórias*[14]. Ele às vezes mencionou que pessoas que acreditavam na reencarnação diriam que ele vivera naquela época, mas ele próprio nunca se sentiu "em condições de proferir uma opinião definitiva" sobre "o problema da reencarnação"[15].

Seja como for, certamente há evidências infinitas de que alguém ou algo existe no ser humano que sabe muito mais do que a própria pessoa jamais conheceu ou experimentou. Encontramos evidências deste fenômeno desde tempos remotos em todo o mundo. Jung, como um menino de 12 anos, naturalmente não conhecia nada a respeito; ele apenas experimentou o fenô-

---

13. MAX MÜLLER, F. *The Upanishads*. Este constitui o vol. de *The Sacred Books of the East*, organizado por F. Max Müller (Oxford University Press), p. 136.
14. *MDR*, p. 34.
15. Ibid., p. 319.

meno de novo (e como se houvesse duas pessoas nele, diferentes em idades e importância) e o achou perturbador. Já havia experimentado a mesma coisa de uma forma diferente, quando sentava na pedra e se perguntava se ele era o menino ou a pedra, e, depois, no símbolo do homenzinho esculpido. Jamais esqueceu da pedra, chegando mesmo a sentar nela de quando em quando durante seus anos no ginásio de Basileia, e achava isso "estranhamente reconfortante e relaxante"[16]. O homenzinho, porém, foi inteiramente esquecido por muitos anos.

Mas o sentimento de ser duas pessoas diversas foi muito mais desconcertante e também mais persistente, a ponto de, "para seu próprio uso particular"[17], passar a pensar nelas como sendo duas personalidades separadas nele próprio: n. 1 e n. 2[18]. O estudante era o n. 1, e a outra parte dele, "que vive nos séculos", era o n. 2. Quando menino, é claro, ele não via isso de modo tão consistente ou claro como o faria mais tarde. Às vezes, chegava mesmo a afirmar que o âmbito do n. 2 era "seu próprio mundo pessoal", embora sempre tenha sabido que, na verdade, "algo distinto de mim mesmo estava envolvido"[19]. Havia até momentos em que ele pensava que qualquer ideia acerca da existência de uma "outra pessoa devia ser um completo absurdo"[20], mas ainda assim não conseguia negá-la por muito tempo. Prestes a deixar o ginásio, ele teve um sonho que lhe mostrou claramente que o n. 2 devia ser deixado para trás quando ele ingressasse no mundo como n. 1, mas mesmo então ele ainda estava convencido de que o n. 2 jamais deveria, sob hipótese alguma, ser declarado inválido[21].

---

16. Ibid., p. 42.
17. Ibid., p. 91.
18. Até onde sei, Jung usou pela primeira vez esses termos propriamente ditos, n. 1 e n. 2, ao tentar esclarecer esse fenômeno curioso para o revisor das *Memórias*, embora eu o tenha ouvido falar sobre o fenômeno em si muitos anos antes. Ele costumava discutir as formulações que teriam mais chances de serem compreendidas na época em que estava escrevendo os três primeiros capítulos do livro.
19. *MDR*, p. 66.
20. Ibid., p. 35.
21. Ibid., p. 87ss.

Vemos aqui claramente a diferença entre Jung e seus contemporâneos e a razão para ele tantas vezes ter se sentido isolado. Os alunos do ginásio naturalmente seguiam o padrão descrito por Wordsworth em seus "Prenúncios de imortalidade". As "sombras da prisão" haviam começado a se fechar sobre os meninos em crescimento, tendo até mesmo se fechado para muitos deles. Por algo como um milagre, esses muros prisionais não conseguiram capturar Jung, e ele ainda via "as nuvens de glória" muito mais claramente do que seus colegas de colégio. Até mesmo na universidade – onde a maioria, senão a totalidade, de seus colegas havia perdido completamente "a esplêndida visão", há muito tempo desaparecida na "luz do dia comum" –, Jung ainda se lembrava dela e, por mais que ela o isolasse, ele sabia que nunca deveria negá-la ou esquecê-la.

Mas o sonho que autorizou Jung a abandonar por algum tempo sua personalidade n. 2 somente viria anos depois, e durante todos esses anos ele teve de lidar com a confusão da melhor maneira que pudesse. Ele disse que, pelo menos, teve o mérito de carregar esse fardo sozinho, nunca falando sobre isso com ninguém. A única pessoa a quem se sentiu tentado a falar parece ter sido sua mãe, pois ele logo percebeu que ela também tinha uma personalidade n. 2, que dizia coisas que alegravam o coração dele. Mas ele logo aprendeu que, embora sua mãe dissesse essas coisas, não poderia ser interrogada sobre elas. Relutantemente, ele então decidiu que não poderia confiar tampouco nela, e guardou todo o problema para si. Cerca de setenta anos depois, na "Retrospectiva", ele chegou à conclusão de que tais segredos são de um valor e importância supremos para uma vida humana, mas naturalmente, naquela época, sentia sua situação como uma solidão dolorosa.

Alguns dos professores do ginásio, entre os quais o pai de Oeri e o professor de Latim, parecem ter tido o menino na mais alta conta, mas de vez em quando havia algum que não gostava dele, sem nenhum motivo. Existem sempre alguns professores em grandes escolas que parecem odiar qualquer sinal de originalidade em seus discípulos, fazendo o máximo para cortá-la pela raiz. Naquela época, tudo isso chocou Jung como algo extremamente injusto, especialmente quando um desses professores chegou ao ponto de acusá-lo de plágio, simplesmente porque sua composição era boa demais para que tivesse sido escrita por ele![22] Tal acusação infundada é ainda mais extraordinária quando sabemos que Oeri mencionou o quão originais e interessantes eram as composições de Jung na escola. Gostava tanto delas que se sentia tentado a se esgueirar no escritório do pai quando as composições estavam na mesa dele para serem corrigidas, de modo a assim lê-las em segredo[23].

Jung frequentemente tinha dificuldade em lidar com a raiva, especialmente quando baseada em uma indignação bem-fundamentada, e após esse episódio de flagrante injustiça a respeito de sua composição, "sua mágoa e raiva ameaçaram sair do controle". O experiente ancião dentro dele deve ter então tomado as rédeas, pois ele sentiu – e não foi pela primeira vez – um "súbito silêncio interior" e encontrou-se vendo a coisa toda de um outro jeito. Calma e objetivamente, viu que o professor era um mero imbecil que não entendia (e não podia entender) sua natureza, motivo pelo qual se mostrava naturalmente desconfiado – assim como frequentemente Jung desconfiava de si mesmo. Naquela época, ele não fez nenhuma conexão entre essa compreensão e seu reconhecimento anterior do ancião interno, mas isso deve ter ficado de algum modo visível nele, pois alguns meses depois deste incidente seus colegas de escola começaram a chamá-lo de "Pai Abraão"! Ele não conseguia entender por que havia recebido esse apelido, e "achou-o tolo e ridículo. Mas, de certo modo, no fundo, eu sentia que o nome era certeiro"[24].

Ele fez muitos bons amigos na escola, especialmente entre os "garotos tímidos de origem simples"[25]. Seu amor pelos animais e pela natureza aumentou; achava-os "bons e fiéis, imutáveis e dignos de confiança"[26], e às vezes confiava mais neles do que nas pessoas. Chegou a dizer, com relação aos incidentes relativos à sua composição: "Desconfio das pessoas mais do que nunca". Conseguia desconfiar sem amargura das pessoas porque também

---

22. Ibid., p. 64ss.
23. OERI, A. Op. cit., p. 525.
24. *MDR*, p. 66.
25. Ibid., p. 43.
26. Ibid., p. 67.

desconfiava de si mesmo; desconfiava do lado sombrio da própria natureza humana. À medida que foi conhecendo-o melhor, aprendeu o quanto os opostos se equilibram nela, e como ela *também* pode ser digna de confiança. Lembro-me de ficar enormemente impressionada, em um de seus seminários, com sua explicação sobre como as pessoas sempre cometem o engano de pensar que podem esperar, o tempo todo, um oposto vindo de seus amigos. Se alguém, algum dia, faz algo realmente bom para eles, pensam poder esperar algo ainda melhor da próxima vez. Mas ele sabia que isso não era possível. O pêndulo era obrigado a oscilar para a outra direção, e se alguém tiver sido especialmente positivo um dia, você deve esperar algo negativo na próxima vez.

Evidentemente, tal compreensão espantosa da natureza humana estava ainda em um futuro distante quando Jung era um estudante e, assim como tinha dolorosamente percebido o lado sombrio de Jesus e, mais tarde, de Deus, assim também ele agora tinha de perceber o lado sombrio da natureza humana em outras pessoas, mas sobretudo em si mesmo. Isso também teve a vantagem de lhe propiciar muitas surpresas agradáveis. Por exemplo, quando sua mãe lhe disse, certa vez: "Você sempre foi um bom menino", ele mal pôde acreditar no que ouvira, tamanha sua certeza de que era uma "pessoa corrupta e inferior"[27].

> Seu sonho do *falus*, quando tinha menos de 4 anos de idade, e sua posterior visão de Deus destruindo sua catedral de um modo inaudito, já tinham feito o menino Jung se sentir "corrupto e inferior" (com o inevitável oposto de se sentir correspondentemente superior). Especialmente, fizeram-no se sentir dolorosamente isolado. Contudo, ele manteve um certo senso de união com a Igreja e com seu mundo religioso doméstico até os 15 anos. Chegou então o tempo de sua Primeira Comunhão[28], para a qual foi preparado pelo seu pai. Este evento lhe mostrou, de modo muito mais claro do que qualquer coisa até então, que seu pai nunca se permitira *pensar* sobre nada que tivesse a ver com sua profissão, mas tentava bravamente engolir tudo aquilo, por assim dizer, e *acreditar* em todo o credo cristão.

---

27. Ibid., p. 41.
28. Ibid., p. 52ss.

Naturalmente, a mente aguçada do menino, que sempre queria refletir sobre tudo, ficou tremendamente entediada com esse tipo de instrução. Mas ele fez um último e sincero esforço para aceitar o ponto de vista de seu pai, ou seja, "crer sem entender", e para se preparar honestamente para sua Primeira Comunhão.

Jung parece, desde o início, ter se sentido atraído e fascinado por paradoxos, à maneira de Tertuliano, quando disse: "E o Filho de Deus morreu, o que é digno de crença porque é absurdo. E, depois de sepultado, levantou-se novamente, o que é certo porque é impossível". Assim também, o menino se sentiu fascinado pela ideia da Trindade: como o uno podia ser simultaneamente trino? Quando seu pai passou por alto pelo tema, com o comentário de que "Chegamos agora à Trindade, mas vou pular isso porque eu mesmo realmente não entendo nada a esse respeito", foi uma amarga decepção para seu filho, embora tenha admirado a honestidade do pai. E, na preparação para a Primeira Comunhão, ele achava que haveria algum mistério por trás de uma "impossibilidade tão flagrante" quanto um pão e vinho comuns se transformarem no corpo e sangue de Cristo, de modo que claramente se esperava que o incorporássemos em nós mesmos. Como isso poderia ocorrer? Ele depositou suas últimas esperanças em ser capaz de experimentar algo – mal sabia o quê – ao participar deste mistério, que ele encarava como "o ápice da iniciação religiosa" na Igreja.

O dia foi marcado por um terno e chapéu pretos novos, de modelo mais adulto do que aqueles que ele sempre vestira, o que por si só lhe dava um sentimento de ser "aceito na sociedade dos homens". Jung só mencionou a presença de homens velhos no culto. Um velho carpinteiro, de quem ele gostava e cujo trabalho admirava, foi seu padrinho, e Jung observou os rostos de todos esses homens ansioso por sinais do "vasto desespero, exaltação avassaladora e derramamento da graça que constituíam a essência de Deus", segundo ele. Mas não houve nada desse tipo para ser visto ou sentido, apenas a impressão de que, como habitual na igreja, tudo tinha sido conscienciosamente executado da "maneira tradicionalmente correta". Ele mal sabia como se sentiu naquele dia, mas lentamente chegou a "compreender que essa comunhão tinha sido uma experiência fatal. Ela se mostrou vazia, mais que isso, uma perda total", e ele constatou que jamais poderia participar dessa cerimônia novamente. Para ele, Deus não estava de modo algum presente em sua Igreja, a qual lhe pareceu ser um lugar de morte, não de vida. Trataria de se manter longe dela o máximo possível no futuro.

Esta não foi meramente a costumeira revolta do filho de pastor contra o excesso de igreja. O pai de Jung parece ter sido incomumente liberal a esse respeito. Jung certa vez me disse que nunca tinha sido obrigado a ir à igreja, ao contrário da minha própria deprimente experiência, mas que, antes de sua Primeira Comunhão, ele costumava ir de livre e espontânea vontade. "A gente simplesmente ia", disse. E seu pai nunca o repreendeu por deixar de comungar, ou pelo fato de ter se afastado da Igreja. A experiência foi muito profunda, pois a Igreja havia, de algum modo, representado muito mais para Jung do que geralmente representa para um filho de pastor, e após o desastre de sua Primeira Comunhão ele se sentiu mais isolado do que nunca. Jung escreveu:

> Rompeu-se meu senso de união com a Igreja e com o mundo humano, tal como eu conhecia. Eu tinha, assim me pareceu, sofrido a maior derrota da minha vida. A perspectiva religiosa que eu imaginava constituir minha única relação significativa com o universo havia se desintegrado; não podia mais participar da fé geral, encontrando-me envolvido em algo inexprimível, no meu segredo, que eu não podia compartilhar com ninguém. Foi terrível e, pior ainda, também vulgar e ridículo, uma chacota diabólica.
> Comecei a ponderar: O que se deve pensar de Deus? Eu não havia inventado aquele pensamento sobre Deus e a catedral, menos ainda o sonho que me sobreviera aos 3 anos. Uma vontade mais forte do que a minha os tinha imposto a mim. Fora a natureza a responsável? Mas a natureza nada mais era do que a vontade do Criador. Tampouco foi útil acusar o diabo, pois também ele era uma criatura de Deus. Só Deus era real – um fogo aniquilador e uma graça indescritível.
> E o fracasso da comunhão? Foi meu próprio fracasso? Eu tinha me preparado para ele com a maior seriedade, e esperava por uma experiência de graça e iluminação, e nada aconteceu. Deus se ausentara. Por sua vontade eu estava agora separado da Igreja e da fé do meu pai e de todos os demais. À medida que todos eles representavam a religião cristã, eu era um *outsider*. Este

conhecimento encheu-me de uma tristeza que ensombreceria todos os anos até minha entrada na universidade[29].

Assim isolado por todas essas experiências, Jung voltou-se aos livros, para descobrir "o que se sabia sobre Deus". Sua busca começou na biblioteca do pai, na qual parece ter lido sobretudo os livros de teologia[30]. Leu muitos deles, inclusive uma extensa obra de Biedermann sobre o dogma cristão. Mas se decepcionou de novo; nada era realmente refletido, e basicamente ele encontrou a mesma exigência de "crer sem entender". Crer, por exemplo, em Deus como o bem supremo, sem nenhuma explicação para sua criação ser, a despeito da sublime beleza, "tão imperfeita, tão corrupta, tão lamentável". Suas leituras poderiam ter resultado em desastre semelhante ao da Primeira Comunhão, se sua mãe, ou antes, a personalidade n. 2 dela, não tivesse feito intervenções naquela época[31]. "Subitamente e sem preâmbulos, ela disse: 'Você deve ler o *Fausto* de Goethe um dia desses'".

Essas observações furtivas de sua mãe, que ela parecia lançar de modo totalmente inconsciente, eram frequentemente repletas de sabedoria. Seu filho evidentemente acatou o conselho de imediato, e o livro derramou-se em sua alma como um "bálsamo milagroso". Esta foi provavelmente sua primeira experiência de um fenômeno que seria da maior importância para ele ao longo de toda a vida: ou seja, sempre quando a estranheza de suas ideias o fazia se sentir "um *outsider*", ele subitamente encontrava ideias idênticas, ou semelhantes às suas em alguma leitura. Através disso, ele percebeu, com enorme alívio, que havia ou, pelo menos, tinha havido pessoas preocupadas com os mesmos problemas, e até alcançando as mesmas conclusões que ele. Lembro vividamente de, certa vez, ouvi-lo descrever sua alegria quando descobriu que muitas de suas próprias ideias já haviam sido pensadas pelos velhos gnósticos: "Senti como se enfim tivesse descoberto um círculo de amigos que me compreendiam".

---

29. Ibid., p. 56.
30. Ibid., p. 56ss.
31. Ibid., p. 60ss.

Ter encontrado outra pessoa que "via o mal e seu poder universal e – ainda mais importante – o papel misterioso que ele desempenhava na libertação do homem das trevas e do sofrimento" foi um tremendo consolo para ele, ao ler o *Fausto*. (Ele devia ter uns 16 anos nessa ocasião; portanto foi alguns anos depois de sua própria experiência quando a agonia do pensamento blasfemo foi sucedida pelo milagre da graça.) A esse respeito, Goethe "se tornou um profeta" a seus olhos. Mesmo com aquela pouca idade, Jung já mostrava uma característica duradoura: a capacidade de ser entusiástico e, ao mesmo tempo, crítico com relação às pessoas. Fausto, ele viu imediatamente, "era um pouco fanfarrão", e acrescentou: "O verdadeiro problema, pareceu-me, estava com Mefistófeles, cuja figura, como um todo, causou-me a impressão mais profunda, e que tinha, senti vagamente, uma conexão com o mistério das mães. Em todo caso, Mefistófeles e a grande iniciação final permaneceram para mim como uma experiência maravilhosa e misteriosa, nas margens do meu mundo consciente". Foi, pois, uma grande decepção para ele quando Goethe permitiu que a alma de Fausto fosse surrupiada, dessa figura poderosa e inteligente, por aqueles "tolos anjinhos", mostrando que, no fim das contas, como os teólogos, o escritor também havia sucumbido à perigosa falácia de que o mal pode se tornar inócuo através de um truque.

O fato de que Fausto originalmente tivesse sido filósofo, embora depois abandonasse a filosofia, e que isso aparentemente lhe tenha dado "uma certa receptividade à verdade", abriu novas esperanças a Jung: ele devia ler os filósofos e ver se eles podiam lançar alguma luz sobre os problemas que o afligiam. Mas isso não foi tão fácil. Seu pai desaprovava os filósofos – eles *pensavam*! –, e assim Jung só encontrou na biblioteca do pai o *Dicionário Geral das Ciências Filosóficas*, de Krug[32]. Não adiantou de nada. De fato, ele inferiu que os filósofos eram ainda piores do que os teólogos, pois os primeiros aparentemente sabiam de Deus apenas como uma ideia ou por ouvir dizer, enquanto que os segundos tinham ao menos a certeza de que Ele existia. Houve evidentemente um lapso de tempo – não sei ao certo quanto – antes de Jung encontrar uma "introdução à história da filosofia" muito diferente, e que lhe

---

32. Ibid., p. 61.

deu "uma visão panorâmica de tudo o que havia sido pensado nesse campo"[33]. Aqui, de novo, ele encontrou um alívio reconfortante para sua solidão, pois descobriu paralelos históricos para muitas de suas ideias e intuições.

Já que Jung escreveu que esse interesse pela leitura dos filósofos durou desde seus 17 anos até o início dos estudos médicos, fica difícil saber exatamente quando e o quê leu. Só sabemos com certeza que ele havia lido Schopenhauer e Kant algum tempo antes de entrar para a escola, pois nos conta que suspeitavam que ele *fingia* saber algo sobre os dois *antes* de tê-los estudado na escola. Schopenhauer, assim como o *Fausto*, foi uma revelação devido a sua grande preocupação com o "sofrimento do mundo". Jung disse:

> Aqui enfim havia um filósofo com a coragem de reconhecer as imperfeições nos fundamentos do universo. Ele não falou em providência infinitamente boa e onisciente de um Criador, nem em harmonia do cosmos, mas afirmou sem rodeios que uma falha fundamental subjaz ao doloroso curso da história humana e à crueldade da natureza: a cegueira da Vontade criadora do mundo. [...] Eu aprovava sem restrições o retrato sombrio que Schopenhauer faz do mundo, mas não sua solução para o problema[34].

Sem dúvida, Schopenhauer se referia a Deus, o criador, com o termo "Vontade". Estava, portanto, acusando Deus de cegueira. Isso de modo algum chocou o menino, pois ele sabia, por experiência própria, que Deus não se ofendia com blasfêmias, podendo mesmo encorajá-las. Mas ficou amargamente decepcionado com Schopenhauer pela "teoria de que o intelecto precisa apenas confrontar a vontade cega com a imagem dela, como que em um espelho, para fazê-la se reverter". Ficou "muito intrigado" com o fato de Schopenhauer "se satisfazer com uma resposta inadequada dessas". Essa é a mesma reação crítica, após o entusiasmo inicial, que o *Fausto* lhe despertou com o "diabo ludibriado", e que também Freud suscitaria, após uma primeira longa conversação. Vemos, a partir desses três exemplos ao longo da vida, o quão essa reação era típica de Jung.

---

33. Ibid., p. 68.
34. Ibid., p. 69ss.

Após o fiasco da Primeira Comunhão, e com os ensinamentos preparatórios do pai ainda frescos em sua mente, Jung percebeu plenamente que as atitudes totalmente diferentes de ambos para com Deus e a religião haviam aberto um abismo infinito entre eles. Já sabia então que discutir era inútil, pois o abismo era grande demais para ser transposto[35]. Com efeito, mesmo assim sentiu uma infinita compaixão por seu pai, cujo destino trágico viu como nunca antes. Conforme o tempo passou, e Jung tinha cerca de 17 anos, as coisas foram piorando ainda mais para o pai. Ele ficou cada vez mais deprimido e irritadiço, e a preocupação do filho aumentou[36]. Além disso, a irritabilidade do pai mexia também com os nervos do filho, e, embora percebesse que sua mãe tinha razão em evitar discussões, nem sempre conseguia controlar o próprio temperamento. Sua disposição naturalmente otimista então se reafirmou e ele começou a ter esperança, contra toda evidência, de poder ajudar o pai em seu desespero esmagador, na medida em que se convenceu de que o problema era sobre dúvidas religiosas. O Rev. Paul Jung, porém, estava irremediavelmente amarrado à Igreja e ao ensino teológico dela, sem, portanto, nenhuma possibilidade de uma experiência direta de Deus. Agora, tarde demais, no fim da vida, ele evidentemente via – embora não admitisse – o quão vazio e de segunda mão fora tudo o que ele apenas "acreditou" e não experienciou[37].

Diante do sofrimento do pai, mas contra seu próprio melhor juízo, Jung tentou repetidas vezes, por cerca de dois anos, ter uma "conversa construtiva" com o pai. Naturalmente acalentava "a secreta esperança de ser capaz de fazê-lo conhecer o milagre da graça, e assim ajudá-lo a aliviar suas dores de consciência"[38]. Mas achou impossível contar-lhe sua própria experiência, pois seu

---

35. Ibid., p. 55.
36. Ibid., p. 91ss.
37. Já passado dos 80 anos, meu pai admitiu para mim que estava se sentindo desesperado diante da morte; percebeu que de fato não acreditava em nada do que tinha ensinado por mais de cinquenta anos de sacerdócio. Posso testemunhar por experiência própria o quão arrasador é assistir a um desenvolvimento desses. Mas eu tinha cerca de 40 anos na época, enquanto que Jung ainda era adolescente. Além disso, o Rev. Paul Jung nunca admitiu suas dúvidas, e continuou a defender até o fim o que era para ele uma posição irremediável.
38. *MDR*, p. 43.

pai não mostrava nenhum sinal de ser "capaz de compreender a experiência direta de Deus"[39]. Assim, eles nem sequer tangenciaram esse problema. Sem dúvida, foram parcialmente travados pelo respectivo tipo: ao menos nesta fase de sua vida, Jung era decerto um tipo predominantemente pensamento – estava sempre preocupado com o que as coisas podiam *significar* –, enquanto que pensamento era obviamente a função inferior de seu pai: o significado das coisas era sempre um tabu, o *valor* delas nunca devia ser questionado. Se essas discussões tivessem ocorrido depois que Jung descobriu e compreendeu seus quatro tipos, talvez eles pudessem ter tido sucesso, pois ele então saberia o bastante para falar a linguagem do pai. Mas, naquele momento, quase tudo que Jung dissesse seria como um pano vermelho diante do touro, e ele estava então totalmente incapaz de compreender como um "argumento perfeitamente racional podia encontrar tamanha resistência emocional". De fato, essas conversas não levaram a nada, pois, como Jung percebeu anos depois, ele as conduzia "de um modo muito pouco psicológico, e sim intelectual, e fazia o máximo possível para evitar os aspectos emocionais". Essas "discussões infrutíferas" exasperavam a ambos e, um ano ou dois antes da morte do seu pai, foram abandonadas em comum acordo, embora tenham deixado "cada um deles com o fardo de seu próprio sentimento específico de inferioridade". Elas tiveram, porém, um resultado positivo para o próprio Jung. Ao ver como o pai era prisioneiro do ensino tradicional da Igreja, e como aquelas muralhas o impediam de experimentar o Deus vivo, Jung compreendeu melhor do que nunca por que, em sua visão, Deus tinha destruído as muralhas de sua própria catedral.

Durante aqueles anos, a questão de qual profissão seguir se tornou cada vez mais aguda. Seu pai dizia sobre ele: "O garoto se interessa por tudo o que se possa imaginar, mas não sabe o que quer"[40]. O garoto não podia senão admitir, com tristeza, que o pai tinha razão. Porém, ele ao menos sabia o que *não* queria, ou seja, estudar teologia. Quanto a isso, o pai foi bem franco. Embora não pudesse admitir seu próprio equívoco, estava ao menos deter-

---

39. Ibid., p. 93.
40. Ibid., p. 84.

minado a impedir que seu filho o repetisse. Que fizesse o que quisesse, mas, se queria um conselho, ficasse longe da teologia: "Seja tudo, menos um teólogo", declarou enfaticamente[41]. Ao menos neste ponto pai e filho estiveram de pleno acordo.

Nem todos os parentes de Jung compartilhavam da mesma opinião. Durante o ginásio, ele almoçava todas as quintas-feiras com um de seus muitos tios pastores, o seu tio mais velho do lado materno, que era vigário de St. Alban, em Basileia. De início, ele gostava disso e ouvia avidamente as conversas à mesa, frequentemente sobre assuntos religiosos, pois todos os filhos do tio também eram teólogos. Originalmente ele colocou grandes esperanças nessas conversas, ansiando por ouvir algo mais substancial do que sempre ouvira de seu próprio pai, afinal essas pessoas todas não estavam "em contato com as alturas vertiginosas da universidade"?[42] Mas ele logo se desiludiu, pois nunca teve a impressão de que qualquer um deles sabia de nada a respeito de uma *experiência* religiosa real; pelo contrário, todas as discussões deles se centravam em "opiniões doutrinárias". Além disso, todos eles pareciam envoltos em "um mundo de segurança social e espiritual", muito distante de sua própria experiência de Deus. Na medida em que a escolha de uma profissão se tornou um problema urgente, ele reparou que seu tio – por conta do interesse com que ele havia acompanhado aquelas conversas – estava começando a pressioná-lo, sutil, mas firmemente, na direção do estudo de teologia. Isso o entristeceu, pois sabia que seria impossível fazer o tio compreender seu ponto de vista, e então começou a angustiar-se diante desses almoços na mesma medida em que antes esperava ansiosamente por eles.

Conforme a época da matrícula se aproximava, ele seria obrigado a pelo menos se decidir sobre a faculdade em que se inscreveria na universidade. Mas esta era justamente a parte difícil, pois, como relatou, sua personalidade n. 1 se inclinava para a ciência, e a n. 2, para as humanidades. Talvez tenha sido a primeira vez que um importante dilema *exterior* foi decidido

---

41. Ibid., p. 75.
42. Ibid., p. 73.

por sonhos. Dois deles o levaram à tomada da decisão[43], mas o sonho mais importante que teve nessa época o levou a abandonar sua personalidade n. 2 por muitos anos.

Sonhou que estava caminhando com dificuldade, na mais total escuridão e contra um forte vento, protegendo uma luz tênue com suas mãos. Era preciso manter aquela luz acesa a todo custo, por mais improvável que isso fosse. Ao mesmo tempo, ele ficou aterrorizado ao perceber que uma "gigantesca figura negra" estava seguindo-o. Assim que acordou, associou essa figura ao "fantasma de Brocken", ou seja, a sua própria sombra na bruma espessa, projetada pela frágil luz de sua consciência. (O leitor pode encontrar detalhes nas *Memórias*[44].) Jung encarou o sonho como um paralelo de Adão deixando o paraíso. O que tinha sido repleto de luz, sua personalidade n. 2, agora tinha se tornado obscuro e espectral, e o caminho de Jung "levava irrevogavelmente para fora, para os limites e trevas da tridimensionalidade". De importância vital era manter a luz de sua consciência acesa no mundo exterior. Ele não podia mais se identificar com sua personalidade n. 2, porém estava obrigado a nunca esquecer ou negar a existência dela. Embora o n. 2 tenha se tornado um espectro, ou talvez exatamente por isso, tratava-se de "um espírito que podia se aguentar firme em um mundo de trevas". Hoje, cerca de setenta e cinco anos depois, no atual estado sombrio do mundo, ninguém poderia negar um espírito que é capaz de se aguentar firme em todas as trevas, inclusive as nossas próprias.

Jung relatou, com considerável grau de detalhamento, todos os passos de sua escolha profissional em *Memórias*[45]. Mas temos a impressão de que era seu *destino* tornar-se médico, que ele teve pouca ou nenhuma opção quanto a isso, e que ele tentou escapar a um destino inexorável pensando em *outras* profissões, em vez de começar "a vida com um compromisso", como lamentou em *Memórias*[46]. Ele foi até mais longe, quando indagado em uma entre-

---

43. *MDR*, p. 87-90.
44. Ibid., p. 85.
45. Ibid., p. 84-90.
46. Ibid., p. 86.

vista à B.B.C. [British Broadcasting Corporation], em 1959, sobre por que tinha se tornado médico. Sua resposta foi: "Oportunismo". Ao descrever o processo de individuação (o tornar-se uma totalidade) em *Psicologia e alquimia*, ele comparou o modo como este processo nos apanha com a estrutura de um cristal, e chegou a dizer:

> De fato, é como se todos os emaranhados pessoais e mudanças dramáticas da fortuna, vicissitudes que constituem a intensidade da vida, não fossem senão hesitações, recuos receosos, quase que mesquinhas complicações e meticulosas desculpas fabricadas para se evitar encarar a finalidade deste estranho ou misterioso processo de cristalização. Frequentemente se tem a impressão de que a psique pessoal está correndo em torno desse ponto central como um animal tímido, ao mesmo tempo fascinado e temeroso, sempre em fuga e chegando cada vez mais perto[47].

Portanto, arrisco a hipótese de que isso é exatamente o que aconteceu a Jung durante a "escolha" de sua profissão, embora eu só apresente dois fragmentos de evidências psicológicas de que tenha sido assim: (1) o fato de que seu inconsciente tenha suscitado a ideia de Esculápio[48], quando ele tinha apenas 9 anos de idade: seu precioso homenzinho, cuidado com tanto zelo, e que é claramente um paralelo ao Telésforo de Esculápio; e (2) sua visão durante a doença em 1944, quando o médico apareceu na forma primal dele como Basileu de Kos, para chamar Jung de volta à terra[49]. Nas *Memórias*, ele disse apenas que provavelmente também estava em sua "forma primal", mas depois da doença me contou que, para sua grande surpresa, havia aprendido então que também ele era um dos "basileus de Kos"[50].

---

47. OC 12, § 326.
48. Cf. anteriormente, p. 45.
49. *MDR*, p. 291ss.
50. Havia um templo de Esculápio em Kos que era quase tão conhecido quanto o de Epidaurus, porém Kos, a ilha grega, é famosa sobretudo por causa de Hipócrates (chamado de o "Pai da Medicina"), que nasceu lá por volta de 460 a.C. Ele estudou no templo de Esculápio e subsequentemente tornou sua própria escola de medicina a maior do mundo antigo. Hipócrates foi o primeiro Basileu de Kos (o que veio a significar o príncipe da medicina). Esse título passou então a ser dado aos maiores médicos, que se considerava terem sido designados divinamente.

Fica evidente, pela maneira como ele escreveu e pela maneira como falou na entrevista da B.B.C., quando já estava com mais de 80 anos, que foi realmente difícil para seu ego perceber o grande médico que ele era, ou, que, desde o início, ele de fato nunca tenha tido outra escolha senão seguir sua vocação, que era tão "divinamente designada" quanto a de quaisquer "basileus de Kos". A genuína e inata modéstia de Jung – que não tinha nenhum sinal de um sentimento de inferioridade, pelo menos no período em que o conheci – foi uma de suas qualidades mais cativantes.

Certamente, veio mais tarde a perceber plenamente que ser médico era o fato externo mais importante em sua vida. Este fato sempre teve precedência sobre qualquer outra coisa. Ainda consigo ouvi-lo dizendo, em sua voz mais admoestadora: "Mas, minha cara senhora, se esquece de que sou médico". Jung chamava seus amigos ou discípulos de "caro senhor", ou "cara senhora", somente quando estava realmente aborrecido com eles.

A decisão irrevogável de Jung de estudar Medicina, apesar de seu sentimento desagradável de estar começando a vida com um compromisso, também lhe trouxe um sentimento de alívio considerável. Mas, como se sabe, a Medicina é um dos cursos mais caros e longos. Como seu pai só podia juntar parte do montante requerido, candidatou-se, com sucesso, a uma bolsa de estudos da universidade para seu filho. O fato de ter conseguido parece ter sido uma grande surpresa para Jung, pois ele estava secretamente convencido de que as "pessoas relevantes" não o viam com bons olhos. Ele só pôde inferir que a aprovação decorreu inteiramente da reputação de seu pai, "que era uma pessoa boa e descomplicada"[51].

Após cerca de nove anos de ginásio, Jung ansiava pelo término de seus dias escolares e pelo ingresso na universidade, onde finalmente aprenderia algo *real*[52]. Ele também comentou que essa época do ginásio foi o único período de sua vida em que ele esteve realmente entediado[53]. Sem dúvida, muitas, se não todas as aulas do ginásio o matavam de tédio, e fazer a mesma

---

51. *MDR*, p. 86.
52. Ibid., p. 84, destaque meu.
53. Ibid., p. 95.

longa caminhada todos os dias deve também ter sido cansativo. Além disso, a troca dos padrões rurais pelos urbanos certamente não foi nada agradável. Contudo, é duvidoso se aqueles nove anos foram anos infelizes. Jung tinha uma capacidade, se não um gênio infalível para desfrutar a vida, e me lembro de que, ao lhe perguntar se havia sido um garoto infeliz, ele negou com veemência. Em *Memórias*, ele escreveu que, embora sua mãe tenha lhe dito posteriormente que ele frequentemente se sentia deprimido durante os anos de ginásio, realmente esse não era o caso. Ele estava, isso sim, "ruminando o segredo" (segredo que se tornou muito mais agudo com a experiência de ser forçado por Deus a pensar o pensamento blasfemo) e, mesmo naqueles momentos, se tranquilizava e acalmava ao sentar em sua pedra[54].

Seu segredo – que começou com o sonho fálico em Laufen – quase que certamente pesou mais para ele no ginásio do que na escola rural. Não que o tenha contado para alguém mesmo então, mas acontece que toda a atmosfera rural de sua infância considerava fora de dúvida o irracional[55], enquanto que a atmosfera de Basileia era muito mais racional e unilateral. Ele logo aprendeu no ginásio a evitar fazer qualquer menção ao lado irracional da vida, e isso naturalmente o levou a um isolamento muito maior. Ele nos conta que "quanto mais me familiarizei com a vida na cidade, mais forte ficou minha impressão de que o que agora estava conhecendo como sendo realidade pertencia a uma ordem de coisas diferente da visão de mundo com a qual eu tinha crescido no campo"[56]. Mal chegou à universidade, porém, foi obrigado a lidar com esse "mundo diferente" de um modo que não teria conseguido se não tivesse aprendido a bem conhecê-lo durante seus longos anos de ginásio, por mais chatos e desagradáveis que possa tê-los considerado.

Aprender a conhecer a realidade da vida urbana o fez valorizar ainda mais seu mundo rural. Ele falava sobre ter crescido "entre rios e florestas, entre homens e animais em um vilarejo ensolarado, onde passavam os ventos e as nuvens, e recoberto pela noite escura na qual coisas incertas aconteciam.

---

54. Ibid., p. 42.
55. Ibid., p. 100.
56. Ibid., p. 66.

Não era um lugar qualquer do mapa, mas o 'mundo de Deus', ordenado por ele e repleto de um sentido secreto". Então lamentava que os homens e até mesmo os animais tenham, de certo modo, perdido os sentidos para perceber isso, e que os homens tão somente usem tudo o que podem, mas sem ver que habitam "em um cosmos unificado, no mundo de Deus, em uma eternidade em que tudo já nasceu e tudo já morreu"[57].

É realmente notável, se pararmos para pensar, que ele tenha permanecido tão completamente fiel a sua própria natureza em uma época da vida em que as crianças geralmente querem se encaixar na atmosfera escolar e ser, custe o que custar, como as outras crianças. Não que ele não tivesse nenhum desejo de se encaixar ou de ser comum. Ouvi-o dizer que, em sua juventude, ele queria muito não ser diferente dos outros meninos, mas seus interesses eram totalmente diferentes, e desde o início ele via muito mais do que seus companheiros. Assim, gostasse ou não, isso fez dele o que ele era. Durante esses nove anos, ele amadureceu enormemente, e, como resultado da experiência de provocar uma neurose em si próprio, desenvolveu um elevado senso de responsabilidade que lhe seria de importância inestimável na fase seguinte da sua vida.

Esses anos também envolviam grandes prazeres. Devido à pobreza, Jung geralmente passava suas férias com a mãe e a irmã em Klein-Hüningen, mas, devido a seu crescente amor pelo "mundo de Deus", que também incluía algumas de suas leituras, isso de modo algum constituía uma privação. Tanto a Floresta Negra como as montanhas do Jura podem ser facilmente alcançadas a partir de Basileia, e ele as explorou incansavelmente. Além disso, conforme seu interesse pela ciência despertava, ele pesquisava incessantemente, também na planície do Reno, em busca de fósseis, minerais, ossos e coisas do gênero, das quais parecia haver grande quantidade na região[58]. Suas poucas férias longe de casa eram ainda mais valorizadas devido à raridade.

A expedição que mais o encheu de alegria teve lugar quando, com 14 anos, seu pai o levou a Lucerna, e finalmente ele se aproximou da "inaces-

---

57. Ibid., p. 67.
58. Ibid., p. 83.

sível terra dos sonhos", as montanhas. Não bastasse o prazer com a viagem no barco a vapor pelo lago, de Lucerna a Vitznau, sentiu uma felicidade infinita quando seu pai colocou um ingresso em sua mão e lhe disse que poderia subir sozinho ao cume do Rigi. Sessenta anos mais tarde, Jung sentia grande atração pelo Rigi e passou vários feriados em Rigi-Staffel. Em um deles, o acompanhei no mesmo funicular de Vitznau, e ele me contou sobre sua primeira subida, que também descreveu em *Memórias*[59]. Ele ainda se mostrava profundamente comovido com a generosidade do pai, pois possivelmente ele não teria como comprar dois bilhetes – os funiculares eram muito caros naquela época[60]. A viagem representou uma espécie de ápice de sua experiência do "mundo de Deus", pois ele, segundo disse, sentiu que aquele mundo estava "fisicamente presente" lá em cima. Ele acrescentou que "esse foi o melhor e mais precioso presente que meu pai me deu", e que o impacto foi tão profundo que "suas lembranças de tudo o que ocorreu depois no 'mundo de Deus' foram apagadas". Mas sua personalidade n. 1, o menino de escola, também se divertiu muito nessa viagem, e se sentiu "um explorador do mundo" com seu bastão de bambu e boné de montaria inglês.

O Rev. Paul Jung passava suas férias de verão em Sachseln[61] e, numa delas, Jung, com uns 15 ou 16 anos, foi autorizado a visitá-lo. Talvez tenha nascido então sua primeira ideia para a Torre de Bollingen, quando visitou o eremitério do Irmão Nicolau, que ainda se encontra ali, em um vale profundo atrás de Sachseln, e mantendo-se quase igual à forma como o Irmão Klaus o deixou, ao morrer em 1487. Certamente aquele lugar está no "mundo de Deus", e causou uma forte impressão no rapaz. Conforme saía de lá, Jung teve seu primeiro vislumbre da *anima*[62]. Ele conheceu uma bela garota no

---

59. Ibid., p. 77ss.

60. Mesmo em 1911, vinte e dois anos depois da viagem de Jung, quando pela primeira vez subi o Rigi com meu pai, a viagem era muito mais dispendiosa do que hoje em dia.

61. Um vilarejo na subida de Lucerna para o Brüning Pass; famoso como local de nascimento do santo suíço São Nicolau von der Flüe.

62. Jung chamou de *anima* a figura feminina nos homens. Muitos anos mais tarde, em parte movido pela pergunta sobre o que acontecia aos genes femininos que também estão em cada feto masculino, e em parte devido a observações das reações femininas que muitas vezes se pode ver

local, vestida com um *Tracht*, roupa típica muito mais usada naquela época, e a acompanhou até Sachseln como se ambos "pertencessem um ao outro"[63]. Esta foi praticamente a primeira garota que ele conheceu, com exceção de suas primas, e ele se sentiu estranhamente tocado e envergonhado, até mesmo se interrogando se aquela garota poderia ser seu destino. Mas, ao pensar em todos os assuntos que o interessavam, nenhum lhe pareceu apropriado para conversar com ela, e além disso, uma vez que estavam na parte católica da Suíça, ele não poderia lhe contar nem que era filho de um pastor protestante; consequentemente, eles só puderam falar de superficialidades. Nunca mais a viu, e recordou: "Externamente, esse encontro foi totalmente insignificante. Mas, visto a partir de dentro, foi tão valioso que não apenas ocupou meus pensamentos por muitos dias, mas também permaneceu para sempre na minha memória, como um altar à margem do caminho". Ele não podia saber então, mas essa foi sua primeira experiência de como essa figura numinosa e fascinante da *anima* interior pode projetar-se[64] em uma garota ou mulher exterior, e permanecer lá, por apenas um instante, às vezes por muito mais tempo, ou até por toda a vida. Goethe estava descrevendo essa experiência quando disse: "Você foi, em uma existência anterior, minha irmã ou minha noiva".

A única outra projeção da *anima* durante seus anos escolares teve um aspecto diferente. A mãe de um colega de ginásio, que vivia em uma grande casa de campo, próxima ou em Klein-Hüningen, também o fascinou de modo estranho, levando-o a se aproximar do chato filho dela, de modo a ser convidado a frequentar a casa. Embora fosse uma mulher muito bonita, era ligeiramente estrábica. Ele me contou ter pensado que essa fora a razão para a projeção da *anima*: um olho voltado para fora, ao mundo exterior, e o outro para dentro, para o inconsciente.

---

até no mais masculino dos homens, bem como em virtude de que a alma do homem foi sempre pensada como sendo feminina, Jung postulou essa figura da *anima*.
63. *MDR*, p. 79ss.
64. "Projeção" é um termo junguiano frequentemente malcompreendido. Não *fazemos* projeções, mas sim encontramos partes de nossa própria psique, por nós desconhecidas, projetadas em outro ser humano, quando então temos nossa primeira oportunidade de observá-las. Tais conteúdos projetados têm sempre uma atração extraordinária para nós, seja positiva ou negativa.

Este período de sua vida finalmente chegou ao fim quando, após a aprovação nos exames de admissão, ele entrou na universidade como estudante de medicina na primavera de 1895. Tinha então 19 anos, e completou 20 após seu primeiro semestre. Isso é relativamente comum na Suíça, embora, se não tivesse perdido um ano por conta de sua doença, ele teria sido aprovado ainda antes, com idade não usual, quando tinha 18 anos.

4
Universidade de Basileia, 1895-1900

Em 1895, a Universidade de Basileia estava em franca expansão, muito em função dos esforços do avô de Jung. O alívio de Jung por deixar o colégio decorria não só do fato de que isso marcava o fim do único período realmente aborrecido de sua vida, permitindo-lhe esperar aprender enfim algo *real*; ele também se sentia mais livre do que nunca para viver conforme seus contemporâneos. A despeito do sonho[1] que lhe mostrou que ele não mais poderia se identificar com sua personalidade n. 2, mas, sim, se concentrar em manter a luz da consciência acesa no mundo exterior e, por algum tempo, viver apenas em sua personalidade n. 1, ele não poderia esquecer nem negar a existência da n. 2. Contudo, por muitos anos ele foi poupado da confusão dessa duplicidade[2]. Isso lhe permitiu fazer muitos amigos na universidade e participar intensamente da vida acadêmica.

O primeiro semestre foi particularmente livre de preocupações, mas logo a saúde do pai lançou uma sombra sobre sua vida em casa. Antes do início desse período de angústia, Jung estava entusiasmado por ver "se abrirem os portões dourados da *universitas litterarum* e da liberdade acadêmica". O quanto esse entusiasmo pode ser efêmero, Jung aprendeu quando o pai participou de uma reunião da confraria estudantil da qual já havia sido membro, e na qual agora era o filho que tinha entrado. Por um lado, Jung se deleitou em ver o pai mais uma vez tomado pelo "espírito festivo de seu tempo de estudante" e em ouvi-lo proferir um discurso muito apropriado; mas, por outro

---

1. Cf. adiante, p. 217s.
2. Cf. adiante, p. 204.

lado, de repente percebeu que a vida de seu pai havia se paralisado ao fim de sua graduação. Ele havia sido um calouro empolgado, como seu filho era agora, e tinha evidentemente desfrutado a vida como devia. Mas depois – e seu filho dolorosamente se perguntava por quê – tudo deu errado, se transformou em frustração e amargura[3].

Aquela noite de alegria com os contemporâneos de seu filho foi sua última chance de desfrutar da vida, ainda que retrospectivamente; pois, logo no início do semestre seguinte, o pai de Jung ficou doente a ponto de não mais conseguir se levantar do leito. Ele sempre fora um homem ativo, e podemos imaginar que suplício deve ter sido para ele ter de ser carregado pelo filho "como um saco de ossos", conforme contou a seu velho amigo, o pai de Albert Oeri[4]. Ele evidentemente já não se sentia bem há muito tempo. Era ainda mais difícil do que hoje em dia reconhecer um câncer interno, mas seus sofrimentos foram misericordiosamente breves, e ele morreu no início de 1896.

Sua morte foi uma grande tristeza para o filho, pois, apesar das divergências de opinião, Jung amava muito o pai. A personalidade n. 2 de sua mãe dificultou ainda mais as coisas ao afirmar que "ele morreu na hora certa para *você*". As palavras "para você" o afetaram muito; devem ter reativado o sentimento de inferioridade com o qual as infrutíferas discussões sobre religião com o pai tinham se encerrado. Ele me contou muitos anos depois que, na época, não tinha dúvida de que o pai morrera por não ter conseguido resolver seu dilema religioso. Ele chegava a pensar que ao menos uma causa que contribuiria para o câncer seria, provavelmente, a incapacidade do paciente de resolver um problema. Depois disso, ele disse, por muitos anos, de fato na maior parte de sua vida, que sua formação médica o ensinou a pressupor que se tratava de uma doença puramente física, com uma causa desconhecida, mas indubitavelmente física. Ao final da vida, ele reabriu a questão, porque tinha visto muitas mortes por câncer em que o paciente lutava com um conflito não resolvido. Não penso que ele tenha fechado questão sobre o assunto, nem que, pelo que sei, o tenha mencionado nas suas obras ou em qualquer

---

3. *MDR*, p. 95.
4. OERI, A. Op. cit., p. 526.

discurso público. Ainda assim, penso que se deveria registrar – na eventualidade de que no futuro isso se confirme como um fato – que Jung considerava possível que o câncer fosse, ao menos em parte, causado por um problema não resolvido, embora não necessariamente um problema cujo detentor fosse capaz de resolver.

Jung deve ter passado por um período especialmente complicado imediatamente depois da morte do pai. Ao invés de conseguir ajudá-lo, a partir de sua própria convicção, baseada na experiência, acerca da realidade de Deus, ele tinha até mesmo precisado da morte do pai – segundo a brutal opinião da personalidade n. 2 da mãe – para ficar livre para desenvolver suas próprias ideias, baseadas sempre na experiência e nunca na tradição ou no dogma. Para piorar as coisas, seu pai tinha pouco dinheiro, e morreu deixando para a família uma renda irremediavelmente insuficiente. Jung então se viu, aos 20 anos, confrontado com a responsabilidade de providenciar o sustento da mãe e da irmã, e de dar um jeito de custear seus próprios estudos na universidade. Muitos dos parentes da mãe o aconselharam a largar o Curso de Medicina e buscar de vez um trabalho remunerado. Ele sabia que essa não era a solução, que ele tinha de encontrar alguma maneira de prosseguir seus estudos e de obter dinheiro o suficiente para que a mãe e a irmã pudessem viver sem privações.

Muitas vezes o ouvi falar daquele tempo e das agruras que enfrentou. Quando, à beira do desespero, foi até o tio em quem mais confiava pedir ajuda e lhe contou tudo o que estava passando, tinha confiança de que receberia pelo menos algum conselho sobre o que fazer. O tio, porém, não fez mais do que olhá-lo, tirar o cachimbo da boca e dizer: "Bem, é assim que se aprende a ser homem, meu jovem". A princípio, foi embora furioso. Mas, como os ataques de cólera de Jung eram quase sempre seguidos por uma calma extraordinária, na qual podia enxergar com muito mais clareza do que normalmente, ele parou ao chegar perto de casa e pensou: "Ora, este é o melhor conselho que ele poderia ter me dado". O conselho teve um destino inesperado: foi seguido. E foi então que o menino Jung aprendeu a ser homem.

A luta, porém, foi dura, pois sua mãe era incapaz de economizar, além de muito pouco prática no trato com dinheiro. Ele teve de manter tudo nas próprias mãos, dando a ela, a cada semana, o dinheiro suficiente para as despesas do lar. Mesmo assim, ela fazia coisas que o filho achava difícil de compreender. Por exemplo, certo dia, quando ela estava indo a Basileia, ele lhe pediu que trouxesse uma quantidade de musselina suficiente para fazer uns cem saquinhos para proteger as uvas contra as vespas que as estavam devorando. Ela, ao invés disso, trouxe cem espanadores! A loja não tinha a musselina certa e o vendedor lhe disse que os espanadores estavam com preço excelente! "Mas cem?", perguntou o filho exasperado. "Bem, foi *você* que disse cem!", ela replicou. Lembro que ele usou esse exemplo certa vez em um seminário para ilustrar o genuíno pensamento do *animus*, mas o incidente ocorreu muitos anos antes de Jung reconhecer que houvesse algo como uma *anima* ou um *animus*. Na época, isso refletiu apenas o tipo de dificuldade que o confrontava no *front* doméstico. Exceto por esta total falta de senso prático e de suas consequências para o apertado orçamento da família, sua mãe continuou sendo uma mulher calorosa e agradável, que cozinhava maravilhosamente e mantinha muito bem a casa para seu filho universitário e sua filha colegial. Oeri contou que, sempre que possível, Jung costumava apanhar para ela um ramalhete de flores do campo no caminho de casa, como uma oferta de paz quando ele estava atrasado.

A Família Jung de fato recebeu algum auxílio financeiro de seus parentes. O irmão mais novo de sua mãe a ajudava o máximo que podia, e um irmão de seu pai emprestou algum dinheiro para ele, de modo que pudesse prosseguir os estudos. O restante do dinheiro ele obtinha trabalhando como assistente e vendendo peças de uma grande coleção de antiguidades de uma tia idosa, pelo que recebia uma boa comissão. Essa experiência o forçou a desenvolver a habilidade para os negócios que faltava tão lamentavelmente para seu pai. De fato, todas as experiências dessa época – por mais difíceis que tenham sido – seriam posteriormente de grande ajuda para seus pacientes, porque lhe abriram os olhos para um lado da vida que muitos analistas nunca experimentaram, e ensinaram-no para sempre o valor dos pequenos prazeres da vida. Foi nessa época que ele percebeu que a felicidade não depende de modo algum do nível de renda: pessoas ricas muitas vezes são infelizes, e os pobres frequentemente aproveitam a vida ao máximo.

Outro modo de ganhar dinheiro, embora em período mais tardio de seus estudos médicos, foi atender os pacientes do Dr. Heinrich Pestalozzi, no vilarejo de Männedorf, durante as férias do médico[5]. Penso que esta foi a primeira experiência de vida de Jung junto ao Lago de Zurique. Tratava-se de uma ampla clientela, envolvendo muitas caminhadas[6] até fazendas e chalés afastados. Jung sempre amou o camponês suíço e, apesar da tremenda responsabilidade envolvida e de ter de encarar problemas que ultrapassavam seu conhecimento e experiência na época, gostou muito de sua prática rural e sentiu que a vida como clínico geral interiorano seria interessante e recompensadora.

O filho do Dr. Pestalozzi escreveu a Adolf Jacob que, aos 16 anos, doente e acamado, foi atendido por Jung, ficando muito impressionado com sua personalidade, sua estatura imponente e sua autoconfiança. Sua mãe certa vez comentou que tinha achado Jung autoconfiante demais e um tanto quanto estranho!

Sabemos muito mais de Jung como estudante universitário do que do menino escolar, através do seu velho amigo Oeri, apesar de ambos cursarem faculdades diferentes. Eles pertenciam, porém, à mesma confraria, a Zofíngia[7]. Desde o início, Jung foi muito ativo nas discussões e palestras dessa con-

---

[5]. Devo esta informação à gentileza de Adolf Jacob, de Lörrach, perto de Basileia, e cuja esposa era neta do Dr. Pestalozzi. Ele também obteve uma cópia fotostática do livro de visitas daquela época, contendo um poema escrito por Jung depois de sua estada em Männedorf.

[6]. Ele possivelmente já tinha uma bicicleta. Jung andou de bicicleta por muitos anos, usando-a tanto para o trabalho como para o lazer, muitas vezes fazendo longas viagens de bicicleta nos feriados. Só com muita relutância comprou um carro na primavera de 1929, quase trinta anos depois de se formar como médico.

[7]. Outro artigo de Jung, dos seus tempos de graduando, principalmente quando fazia parte da Zofíngia, foi publicado no *Basler Stadtbuch* (Anuário de Basileia) de 1965, editado por Gustav Steiner, que se juntara à Zofíngia um ano depois de Jung. O Dr. Steiner escreveu a Jung no dia 18 de dezembro de 1957 para pedir-lhe um artigo autobiográfico sobre sua vida de estudante em Basileia para o *Basler Stadtbuch*. Steiner publicou na íntegra a resposta escrita a mão por Jung, datada de 30 de dezembro de 1957. Jung lamentava recusar o pedido, pois já estava envolvido na escrita dos três primeiros capítulos de *Memórias*. Esta é uma carta muito interessante e aparece no vol. III da

fraria, a qual presidiu na gestão de 1897-1898. Oeri contou que as palestras de Jung chegavam a reunir entre cinquenta e sessenta estudantes, de todos os cursos da universidade, fascinados por ele falar do que, para a maioria deles, era um país das maravilhas desconhecido. Os títulos de algumas das palestras lembradas por Oeri: "Sobre os limites das ciências exatas", "Reflexões sobre as atitudes em relação ao cristianismo, com referência especial a Albrecht Ritschl", "O valor da exploração especulativa" e "Algumas reflexões sobre psicologia". Oeri, que foi o responsável pela ata desta última das palestras mencionadas, lembrou que a discussão que se seguiu a ela teve não menos do que trinta contribuições. Assinalou o quão impressionante isso foi, considerando-se que na segunda metade da década de 1890 os campos da medicina e da ciência eram dominados pelo mais puro materialismo e um ferrenho ceticismo era preservado com relação a tudo o que tivesse a ver com psicologia.

Oeri também revelou os apelidos que eles tinham dentro da confraria – ainda usados entre os amigos mais antigos aos 60 anos. Jung era chamado de *Walze* (rolo compressor) e Oeri, de *Es* (*it*)*. Só uma vez, contou, o *Walze* não conseguiu atrair o interesse do público. Não havia nenhuma palestra agendada para aquela noite, e nenhum tema para discussão. A maioria da confraria queria apenas um encontro social e o iniciou tomando vinho. Já sob os efeitos eufóricos do vinho, Jung defendeu que eles podiam passar então a discutir todas as questões filosóficas que permaneciam sem resposta! Antes que alguém conseguisse detê-lo, pôs-se de pé e "tagarelou" (*schwadronierte*) sem que ninguém lhe desse qualquer atenção. Isso foi devidamente registrado em ata e lido no encontro seguinte. Jung objetou apenas contra o *schwadronierte*, como sendo subjetivo demais, e insistiu que o termo fosse substituído por *redete* (falou).

Oeri falava com especial admiração sobre o modo como o estudante Jung defendia o menosprezado reino do ocultismo. Ele insistia ser completamente idiota descartar esse âmbito como absurdo só porque ainda era um

---

edição alemã das cartas de Jung; está incluída no volume II da edição em inglês. O artigo do Dr. Steiner surgiu em reação ao lançamento de *Memórias, sonhos, reflexões*.

* "Isto", "a coisa" [N.T.].

campo desconhecido e que ninguém compreendia; deveria, isso sim, ser explorado e discutido com espírito científico. Jung de fato explorou-o do modo mais conscencioso e, embora, na época, não lhe ocorresse a intenção de ser psiquiatra, ele foi, mesmo então, um pioneiro em tornar o ocultismo objeto de estudo científico. Quando lembramos o quão cuidadosamente ele tinha evitado falar dessas coisas desconhecidas nos tempos de menino de escola, e como temia o isolamento que a mera suspeita de um interesse desse tipo acarretava, podemos ver o quanto mais seguro já devia estar se sentindo, e como suas experiências anteriores devem ter-lhe propiciado fundamento suficientemente sólido para defender com êxito um tema tão impopular diante de pessoas tão céticas e francas quanto seus colegas de universidade. O testemunho de Oeri é particularmente valioso aqui, pois ele admitia abertamente sua própria preferência por um ponto de vista puramente racional.

Após a morte do marido, a mãe de Jung tinha se mudado para Binningen, que era então um vilarejo nas imediações de Basileia. O caminho da cidade até aquela casa passava por uma floresta que tinha reputação assustadora, apesar do nome pacífico, "a floresta do rouxinol de Bottmingermühle". Quando se demorava nas reuniões da confraria Zofíngia, Jung não gostava de atravessar sozinho aquela floresta; por isso começava alguma conversa particularmente interessante, e então um ou mais amigos ficavam tão cativados que caminhavam e iam para casa com ele sem reparar para onde estavam indo, apesar de Jung gostar de apontar o ponto exato da floresta em que um certo Dr. Götz havia sido assassinado. Oeri relatou então que, diante da porta de sua casa, Jung gentilmente sempre oferecia seu revólver para a caminhada de volta, mas, para Oeri, o revólver no bolso de Jung era muito mais alarmante do que o fantasma do Dr. Götz ou algum malfeitor de carne e osso. Ele admitiu francamente não ser talhado para essas coisas e, pois, nunca saber se o revólver estava ou não engatilhado, de modo que temia que ele fosse disparar a qualquer momento.

Jung estava na Universidade de Basileia por cerca de quatro anos quando duas coisas estranhas, impossíveis de se explicar racionalmente, aconteceram em um intervalo de quinze dias. Elas desafiaram as profundezas de seu ser, ao comprovarem, sem margem a dúvidas, que mesmo dentro da cidadela da realidade material podiam acontecer coisas incompreensíveis e inexplicáveis. É uma característica humana peculiar e muito disseminada – e que Jung sempre achou muito difícil de compreender – que, quando se torna impossível negar um fato irracional, as pessoas frequentemente fazem o que podem para ignorar sua existência. Já Jung, embora fizesse o máximo para encontrar uma explicação racional (ele não era, *em absoluto*, um homem crédulo ou disposto a aceitar senão *fatos* comprovados), quando isso se mostrava *realmente* impossível, como aconteceu naquelas duas ocasiões, se sentia na obrigação de fazer todo o possível para compreender, ou pelo menos aceitar, o inexplicável. Há um relato detalhado desses eventos em *Memórias*[8]. Vou mencionar brevemente que, de repente, sem nenhum aviso, a septuagenária mesa redonda de jantar da família, mesa essa que era feita de madeira de nogueira e muito sólida, rachou da borda até além do centro, fazendo um forte ruído. Quinze dias depois, outro barulho ensurdecedor: uma faca de pão feita do aço mais puro se quebrou em vários pedaços[9]. Na primeira ocasião, Jung estava estudando no quarto ao lado, com a porta aberta, e sua mãe tricotava tranquilamente a cerca de um metro da mesa. Na segunda, ele chegou em casa por volta das 18h para encontrar sua mãe, sua irmã de 14 anos (que não estava presente na primeira vez) e a empregada transtornadas pelo barulho que as apanhara de surpresa e cuja causa não conseguiam encontrar. Tudo o que podiam dizer é que o estalido viera da direção do armário da cozinha. Numa busca mais cuidadosa, Jung encontrou a faca estilhaçada dentro da gaveta do pesado guarda-louça do século XIX. A faca tinha sido usada pouco antes, e guardada como sempre.

Jung se sentiu completamente desconcertado com esses dois eventos inegáveis, mas ainda assim inacreditáveis. Sua faceta racional queria negar que ele estivesse profundamente impressionado, mas ele não conseguia. Durante algumas semanas, porém, ele não conseguiu achar nada que estivesse minimamente conectado a tais fenômenos. Então ouviu falar de uma mesa

---

8. *MDR*, p. 104ss.
9. Jung certa vez me mostrou os restos dessa faca.

giratória e de sessões que alguns parentes dele estavam realizando com uma médium de pouco mais de quinze anos, também parente dele. Não creio que ele a conhecesse, pelo menos não muito bem. Entretanto, tinha se cogitado no grupo convidá-lo para as sessões. Ele imediatamente se questionou se essa médium poderia ter algo a ver com as estranhas manifestações em sua própria casa.

Jung já tinha, depois do seu segundo semestre na universidade, na primavera de 1896, lido um relato de um teólogo sobre os primórdios do espiritualismo; gostara muito, pois o material descrito se parecia muito com as histórias que ele ouvira tantas vezes na região em que vivera desde sua infância[10]. Os dados certamente eram autênticos, mas de modo algum respondiam à questão premente sobre uma manifestação espiritualista ser ou não *fisicamente* verdadeira. Ele escreveu: "As observações dos espiritualistas, por mais estranhas e questionáveis que me parecessem, foram os primeiros relatos que encontrei sobre os fenômenos psíquicos objetivos [...]. Mas, quanto à questão cardinal – a natureza objetiva da psique – não descobri absolutamente nada, a não ser o que os filósofos diziam"[11].

Mas o livro abriu seus olhos para o fato de que os *mesmos* fenômenos aparecem em todas as épocas e lugares, e ele teve talvez seu primeiro vislumbre do que viria a chamar de o "inconsciente coletivo" e das camadas profundas que existem na psique objetiva e que são as mesmas em toda a humanidade[12]. Sem dúvida, foi por já ter pensado muito nos fenômenos espiritualistas que ele imediatamente viu que poderia haver alguma conexão entre um cír-

---

10. *MDR*, p. 99.

11. É estranho que, embora todo mundo fale levianamente de "psicologia", que significa a ciência da psique, muitas pessoas se confundem sobre o significado da palavra "psique", quando não a equiparam vagamente à palavra "alma". Ainda assim, "psique" tem um significado muito mais amplo do que o termo "alma", na acepção cristã em que este último é geralmente empregado. *Grosso modo*, "psique" se refere a tudo o que é *interno*, em contraste com o mundo *externo*. Anteriormente, o ser humano interior sempre foi equiparado ao ego consciente, mas pesquisas do século passado afirmaram a existência do inconsciente, quer dizer, que muita coisa existe em nós que o ego não conhece, daí a "natureza objetiva da psique", da qual Jung fala aqui. Nós necessariamente captamos tudo através da psique, de modo que, a rigor, jamais podemos ter *certeza* de que nossas impressões sobre as pessoas ou coisas corresponde à realidade externa, e assim só podemos dizer, ao fim e ao cabo: "A *mim* parece ser assim ou assado".

12. Cf. acima, p. 21ss.

culo de seus parentes que estavam realizando sessões espíritas e os incríveis acontecimentos que haviam irrompido de maneira autônoma em sua vida doméstica íntima e que quebraram os dois objetos especialmente resistentes, usados muitas vezes ao dia pela família em suas refeições. Ele provavelmente não gostou de ser forçado a estender seu campo de interesse nessa direção, pois a confraria Zofíngia e os amigos que ele fez na universidade eram muito importantes para ele; tinham-no resgatado da solidão que tanto o perturbara quando menino de escola, e ele sabia que qualquer coisa que tivesse a ver com o oculto seria tratada por seus colegas não só com "escárnio e descrença", mas também com uma espécie de "defensividade ansiosa". Esta última o intrigava muito porque, embora também a ele essa área parecesse "estranha e questionável", não conseguia entender por que seus amigos a *temiam* e a ridicularizassem como algo impossível. Parecia-lhe tão indefensável afirmar que qualquer coisa inexplicável era *impossível* quanto ser irritantemente crédulo e acrítico como muitos dos espiritualistas eram. Como é que alguém poderia *saber* de um modo ou outro, até que mais investigações científicas fossem realizadas? Ele achava as coisas inexplicáveis e desconhecidas "extremamente interessantes e atraentes"; assim, decidiu participar regularmente daquelas sessões, embora muita coisa que viu ali lhe tenha parecido desagradável.

Vemos aqui, no jovem Jung, a atitude que levou à maioria de suas descobertas sobre o reino desconhecido do inconsciente coletivo. Ele sempre investigou e explorou o reino desconhecido do oculto, por mais tentado que fosse a descartar, em virtude do caráter impróprio deles, alguns de seus fenômenos como demasiado distantes ou como absurdos. Jung tinha um forte lado racional; era certamente um tipo pensamento naqueles dias, e sua passagem pela Universidade de Basileia coincidiu com os anos mais materialistas de nossa era. Daí ser quase irresistível a tentação, à qual seus grandes contemporâneos Sigmund Freud e Alfred Adler sucumbiram amplamente, de se limitar a explicações pessoais e racionais. Mas Jung nunca se permitiu uma saída barata. *Fatos* – tais como a rachadura da mesa e a faca quebrada –, embora o levassem a um reino totalmente desconhecido e muito impopular, *deviam* ser aceitos e investigados de todas as maneiras possíveis, mesmo se, como frequentemente foi o caso por muitos anos, e até pela vida toda, ele tivesse de deixá-los como questões em aberto, que ele era incapaz de compreender.

Foi cerca de vinte anos depois que Jung teve o sonho que finalmente lhe ensinou que toda a aplicação da vontade própria ("onde há uma vontade, há um caminho") não apenas obscurece a busca da verdade, mas também impõe limites desastrosos ao desenvolvimento natural da vida, o que pode levar às piores catástrofes. (Ele descreveu isso em *Memórias* no capítulo "Confronto com o inconsciente"[13] de um modo incomumente dramático.) Mas mesmo em seu tempo de estudante ele viu em parte essa grande verdade, e constantemente sacrificou seu próprio caminho, tal como seu anseio por explicações racionais, assim como nesse momento, quando se arriscou a perder os amigos voltando toda sua atenção à única possibilidade que via de explicar um evento incompreensível. Já vimos, na admiração que Oeri exprimiu pela coragem de Jung em defender o menosprezado reino do "ocultismo", que ele não perdeu seus melhores amigos. Mas, sem dúvida, como de fato iria acontecer por toda sua vida, essa atitude repeliu muita gente menos íntegra do que Oeri.

Jung participou das sessões com regularidade por algum tempo, exatamente na virada do século. Estava então com 25 anos, e já havia tido cerca de cinco anos de experiência com a responsabilidade de ser o homem da casa. Não fazia segredo, no círculo dos que participavam daquelas sessões, do fato de que seu único propósito, ao acompanhá-las, era verificar se os fenômenos eram genuínos ou não, e se fossem, investigá-los o mais cientificamente possível. Dois ou três anos depois ele transformou esse caso no tema principal de sua tese de doutorado[14], mas na época não tinha qualquer ideia de fazê-lo, pois sua decisão de se tornar psiquiatra foi tomada apenas às vésperas dos exames finais, pouco *depois* das sessões. Foi por puro interesse em um reino desconhecido que ele manteve um detalhado diário sobre cada sessão.

---

13. *MDR*, p. 180.
14. *Sobre a psicologia e patologia dos fenômenos chamados ocultos* (OC 1, § 1-150).

As sessões começavam com a mesa giratória, mas logo a médium começava a ter visões e relatar conversas com seus espíritos controladores ou, mais exatamente, lhes permitia falar através dela. Nas primeiras semanas (Jung disse que "o processo todo atingiu seu clímax dentro de quatro a oito semanas"[15]), duas personalidades fortemente marcadas emergiram: uma, que a médium a princípio identificou como sendo seu próprio avô pastor; e a outra, um tagarela cansativo e superficial que se autodesignou como Ulrich von Gerbenstein. Ao mesmo tempo, surgiram duas personagens na própria médium: a colegial tola que era ela mesma, e uma personalidade feminina muito mais madura e interessante, a quem ela chamou de Ivenes. Se o espírito era de fato o avô, ou uma figura autônoma na própria médium, é uma questão que Jung deixou em aberto por toda sua vida. Pouco antes de sua morte, ele escreveu que, embora admitisse que havia casos bem documentados apontando na direção da capacidade de os mortos se manifestarem, "permanece a dúvida se o espírito ou a voz são realmente idênticos ao da pessoa morta ou é uma projeção psíquica, e se as coisas ditas derivam realmente do falecido ou do conhecimento que pode estar presente no inconsciente"[16].

Certamente, neste caso, é evidente um quatérnio no inconsciente da médium: as duas figuras femininas, o si-mesmo e o ego, e duas figuras principais de *animus*, uma positiva e uma negativa. Na época – por conta de sua experiência prévia com as personalidades n. 1 e n. 2 dele próprio e de sua mãe – ele já estava familiarizado com a ideia de uma figura eterna e de uma figura temporal em cada um de nós, as quais, muitos anos depois, ele chamou de si-mesmo e de ego, mas ainda estava longe do reconhecimento das figuras do *animus* (masculinas) nas mulheres e da *anima* (femininas) nos homens. Após os primeiros meses, as sessões foram perdendo o interesse lenta, mas constantemente, e Jung as abandonou antes de seus exames finais. A descoberta mais interessante – conforme relatado em *Memórias* – foi que ele "tinha aprendido a partir desse exemplo como uma personalidade n. 2 é formada, como ela

---

15. Ibid., § 134.
16. "Sincronicidade: um princípio de conexões acausais" (in: OC 8/3, § 816ss.).

entra na consciência de uma criança e acaba por integrá-la a si"[17]. Ele não mencionou, e nunca o ouvi falar, se essas sessões de algum modo explicaram a incompreensível ruptura dos objetos em sua casa, mas disse que, sem dúvida, os fenômenos psíquicos nas sessões eram completamente genuínos. Embora tenha havido pouca mudança na personalidade consciente, de uma moça colegial, na médium, ela mais tarde se tornou uma excelente costureira, e em *Memórias* ele relatou: "Vi-a uma mais vez mais, quando ela tinha 24 anos, e fiquei profundamente impressionado com a independência e maturidade de seu caráter". Ela morreu de tuberculose aos 26 anos, de modo que, como Jung disse, ela foi "uma dessas personalidades que amadurecem precocemente". Ouviu mais tarde da família dela que "nos últimos meses de vida sua personalidade se desintegrou pouco a pouco, e que por fim retornou ao estado de uma criança de 2 anos de idade, e nessa condição caiu em seu último sono"[18].

Pouco depois das sessões, Jung teve de fazer seus exames finais. Curiosamente, a despeito de seu forte interesse no "reino do oculto", não lhe passava pela cabeça se tornar psiquiatra. Antes de seus exames, foi-lhe oferecido um cargo tentador em Munique como assistente de Friedrich von Müller, que acabara de ser chamado para trabalhar ali. Von Müller era um homem de intelecto aguçado, que parece ter impressionado Jung mais do que todos os seus outros professores: o cargo, portanto, era uma oportunidade invejável para um jovem médico recém-formado. Jung ainda não sabia a que ramo da medicina queria se devotar, mas teria se decidido pela medicina interna caso tivesse escolhido ir para Munique. De algum modo, ele ainda hesitava em aceitar a oferta de Von Müller. Então – certa vez ele me contou que foi na noite anterior a seu exame de psiquiatria – ele, enfim, na última hora, superou sua resistência o suficiente para, ao menos, ler o manual psiquiátrico de Krafft-Ebing[19].

---

17. *MDR*, p. 107.
18. Ibid. A família lhe deu essa informação após a morte dela. Mais de sessenta anos depois, sua sobrinha escreveu um estudo biográfico sobre a tia, mas, no afã de transformá-la em uma heroína, distorceu completamente a situação. Stefanie Zumstein-Preiswerk, *C.G. Jung's Medium* [A Médium de C.G. Jung] (Munique: Kindler Verlag, 1975).
19. *Lehrbuch der Psychiatrie*, 4. ed., 1890.

Sua resistência é compreensível, pois a psiquiatria, na virada do século, era o ramo mais desprezado da medicina. Quase ninguém conhecia ou se interessava por nada a respeito disso, exceto para rotular as várias doenças mentais com longos nomes que normalmente não significam nada. As palestras na Universidade de Basileia e as demonstrações clínicas não causavam impacto algum, a não ser de "tédio e desgosto". Jung notou que o livro de Krafft-Ebing "não diferia essencialmente dos outros livros do gênero". Contudo, o tempo estava claramente propício agora, pois ele foi como que atingido por um raio; antes de terminar de ler a primeira página, ele já sabia que a psiquiatria era "o único objetivo possível para ele". Nela, seus dois campos de interesse poderiam finalmente se unificar. Se tinha sido difícil se manter fiel ao seu interesse pelo "oculto", face à atitude de todos os seus amigos, isso seria o mínimo em comparação com as dificuldades que enfrentaria agora que se decidia abertamente pelo ramo mais desprezado da medicina, recusando um invejável cargo em Munique, ligado a um objetivo claro e respeitável. Em *Memórias*[20], ele aludiu à agonia que esta decisão lhe custou, pois sabia estar afastando a simpatia de todos os que lhe eram caros. Naquela época, era incompreensível alguém se tornar psiquiatra, especialmente alguém como Jung, a quem tivesse sido oferecido o primeiro degrau a trilhar na respeitável escada da medicina interna. Contudo, nunca teve qualquer dúvida após aquela noite memorável e, apesar da violência que sentiu estar cometendo aos seus relacionamentos sentimentais, passou por seus exames através de uma corrente poderosa, na qual todos os seus interesses confluíam. Foi aprovado com louvor.

Tornou-se assistente no Burghölzli, principal hospital psiquiátrico de Zurique, assumindo suas novas funções no dia 10 de dezembro de 1900, cerca de seis anos após ter começado seus estudos na Universidade de Basileia. Várias vezes o ouvi descrever suas razões para deixar Basileia (ele também as apresentou brevemente em *Memórias*) e o quanto foi difícil partir. Ele continuava grato às poucas pessoas que o encorajaram a dar esse passo, e dizia que elas o haviam ajudado mais do que podiam imaginar, enquanto que, a cada

---

20. *MDR*, p. 108ss.

nova crítica, era puxado um pouco para trás e tinha de enfrentar a batalha mais uma vez. Sua mãe – embora naturalmente esse tenha sido um duro golpe para ela – sabia que se tratava de um passo necessário para o filho, e aceitou tudo muito bem. Mas, de certo modo, isso tornou as coisas mais difíceis, pois quando todos os seus parentes e amigos o acusavam de ser cruel com ela, provavelmente Jung se sentia pior do que se ela tivesse reagido mal.

Embora sua mãe reagisse bem à sua partida de Basileia, ele já havia compreendido que, como todo rapaz de sua idade, devia vencer a batalha contra a perturbadora influência que toda mãe exerce, voluntária ou involuntariamente, sobre seus filhos. Certa vez, em um seminário, ele descreveu o modo como despertou para esse fato. Sua mãe entrou em seu quarto quando havia vários diagramas pendurados na parede. Olhou-os com ar de desprezo e comentou: "Suponho que você acha que isso aí valha alguma coisa". Ela o abalou muito com esse desprezo, pois Jung havia canalizado muita energia criativa em seu trabalho e sentia que os diagramas lançavam alguma luz sobre uma questão obscura. Por dois ou três dias, contou-nos, ele se sentiu totalmente incapaz de trabalhar e alijado da esfera vital de sua criatividade. Então se recompôs e pensou: "Ela nada sabe sobre isso, e não vou deixá-la interferir, não importa aonde isso me leve nem o que custe a ela". Imediatamente sua criatividade foi liberta e ele pôde continuar com seus diagramas e assim esclarecer seu problema.

É assim que são travadas as lutas necessárias entre mãe e filho, que fazem com que ele se torne um homem. Se Jung tivesse perdido essa batalha e permitido que sua energia criativa fosse alijada, teria permanecido um eterno garoto preso em seu complexo materno, como infelizmente muitos o são hoje em dia. A última descrição, e talvez a mais clara, que Jung deu a esse problema está no início de seu livro *Aion*, publicado pela primeira vez em alemão em 1951[21]. Trata-se do problema mais difícil e recorrente de um jovem – especialmente quando ele realmente é muito afeiçoado a sua mãe, como Jung sempre foi – e que nunca é vencido em uma única batalha. É muito fácil regredir sem reparar, especialmente se o homem considera a

---

21. Aparece em inglês em CW, vol. 9, 2ª parte, § 20ss.; cf. OC 9/2.

batalha como já ganha. Jung sempre foi, portanto, contrário a que os jovens permanecessem tempo demais no ninho doméstico. Devido à morte do seu pai, quando Jung tinha 20 anos, e ao problema econômico, ele fez toda a sua formação médica em Basileia, e assim morou com a família até seus 25 anos, mas então teve a certeza de que devia partir, por mais desgosto que causasse a sua mãe. Não apenas sua situação doméstica, mas também a terrível pressão dos séculos está sempre presente em uma cidade tão antiga e tradicionalista como Basileia. Zurique é sobretudo uma cidade comercial, muito menos tradicionalista do que Basileia. Ela se relaciona com o mundo através de seu comércio, e Jung comentou muitas vezes que lá se respirava um ar de liberdade. A tradição tinha um peso muito menor do que em Basileia.

Foi, portanto, um passo absolutamente necessário para Jung fazer seu trabalho prático fora de Basileia, e ele se sentia atraído por Zurique desde os 4 anos de idade. Igualmente necessário foi deixar sua mãe em Basileia. Eles nunca mais viveram debaixo do mesmo teto, embora, anos depois, quando estava casado e tinha filhos na idade escolar, Jung tenha encontrado, para a mãe e a irmã, uma casa que não ficava longe da sua, em Küsnacht, junto ao Lago de Zurique.

Com efeito, sua mãe não tinha motivo para se sentir desprezada por não ter sido levada para Zurique, pois Jung morava no hospital, em parte para se dedicar plenamente a seu objeto de estudo, em parte para gastar o mínimo necessário do seu salário. Ele ainda ajudava financeiramente a mãe e devia 3 mil francos ao tio que lhe emprestara o dinheiro necessário para prosseguir os estudos. Ansiava por quitar a dívida o mais rápido possível. A separação de Basileia foi completa. Sempre conservou um amor nostálgico por ela, mas nunca retornou, a despeito das profecias de parentes e amigos de que ele não conseguiria permanecer longe. Estabeleceu-se, porém, junto ao lago em Zurique e morou lá por mais de sessenta anos, de dezembro de 1900 até sua morte em junho de 1961.

Ao final dos três primeiros capítulos de *Memórias*, que ele próprio escreveu inteiramente, Jung contou o regalo que se deu após seus exames finais. Foi, pela primeira vez na vida, à ópera (*Carmen*, de Bizet) e passou alguns dias em Munique e em Stuttgart, onde uma velha e encantadora tia ainda vivia no passado. Essas visitas breves a remanescentes de uma era ultrapassada são importantes para os jovens, pois tendem a preservar uma linha ininterrupta de vida. Jung disse: "Esta visita foi um último adeus às nostalgias da minha infância"[22].

A despeito das grandes dificuldades que enfrentou nos anos de universidade, ou melhor, provavelmente por causa delas, esse foi um período feliz da sua vida, e ele o recordava com muito mais prazer do que o fazia com relação aos anos de colégio. Isso, em grande parte, porque era uma vida muito mais livre: aquelas palestras e demonstrações que ele achava desagradáveis podiam, até certo ponto, ser descartadas, e assim ele não era forçado a erigir resistências contra um tema ou um professor, como frequentemente ocorria no ginásio, onde as aulas eram obrigatórias. Além disso, ele achava seus estudos infinitamente mais interessantes.

Jung costumava deplorar o fato de a religião cristã ter uma tendência fatal a infantilizar seus adeptos. A forte ênfase dela na fraqueza do ser humano, que só pode esperar fazer qualquer coisa desde que confie inteiramente em Cristo, sem dúvida encorajou uma tendência universal, mas nefasta, de infantilismo. Em anos posteriores, Jung muitas vezes destacou que o Estado totalitário jamais poderia ter obtido sua onipotência se a maioria das pessoas não tivesse *preferido* relegar a outrem a responsabilidade delas próprias pelos maiores problemas da vida. Poder-se-ia dizer que uma análise com Jung consistia, em grande parte, em desprender-se da infantilidade da qual a pessoa estivera inconsciente, mas que se tornou deploravelmente evidente no curso da análise.

Uma das características mais impressionantes de Jung era o fato de que ele nunca pedia nada dos outros que não tivesse antes pedido de si mesmo. Certa vez ele me contou, quando tinha mais ou menos 60 anos, que poderia dizer que toda sua vida tinha sido gasta no esforço de eliminar sua própria infantilidade. Acrescentava consternado, com aquela honestidade incondicional que era tão convincente, temer que restasse ainda um bom bocado.

22. *MDR*, p. 111.

Nenhuma época de sua vida foi mais fecunda em eliminação da infantilidade do que seus seis anos na universidade. Do ponto de vista introvertido, Jung era singularmente adulto mesmo em sua infância. Ele encarava os fatos e problemas *interiores* que o confrontavam com uma meticulosidade e senso de responsabilidade incrivelmente adultos. Mas, do ponto de vista extrovertido, ou seja, ao lidar com o mundo exterior e os problemas que este lhe impunha, ele ainda era bastante indefeso e imaturo quando deixou a escola.

É verdade que ele tinha percebido vividamente, ao final de sua "neurose", que era muito mais difícil para seu pai arcar com os custos de sua educação do que para a maioria de seus colegas de escola. Sentia-se, com isso, na obrigação, que sempre honrou escrupulosamente, de trabalhar duro em seus estudos. Mas ele nada tinha a ver com o lado financeiro. Devido ao fato de os clérigos em geral (e o Rev. Paul Jung, em particular) se sentirem obrigados a valorizar o espiritual mais do que o material, este último é muitas vezes reprimido e cercado de um tabu velado. Isso pode ter um efeito adverso nos filhos de pastores. Especialmente o sexo e o dinheiro são sentidos como de algum modo demoníacos e, portanto, devendo ser evitados. Ter sido criado no campo protegeu melhor Jung com relação ao sexo, mas ele sentiu o pleno impacto no que se refere ao dinheiro, nunca o superando por completo. Quando já passava dos 60 anos, me contou que, embora uma pessoa pudesse pregar para si mesma que era preciso *nunca* se esquivar das coisas referentes ao dinheiro e, pois, lidar eficazmente com elas, Jung não acreditava que fosse possível libertar alguém inteiramente de um antigo tabu, pois este sempre permanece de algum modo ligado a um sentimento de desconforto. "Mesmo hoje em dia", disse consternado, "não gosto quando alguém que vem para uma consulta avulsa me pergunta quanto me deve, e experimento um alívio prazeroso quando a pessoa me dá seu endereço e me pede para enviar a conta".

Isso nos dá uma noção do quão insuportavelmente difícil deve ter sido para ele quando a morte do pai, no seu segundo semestre, subitamente o forçou a assumir responsabilidade total pelas finanças da família. Como vimos, a mãe não ajudava, e o tio em que mais confiava não fez mais do que dizer que essa era sua chance de crescer. Agarrou a oportunidade, por mais desagradável que fosse. Dava dinheiro à mãe para as coisas da casa e, de modo geral, foi quem controlou os gastos da família. Agarrou também toda e qualquer oportunidade de ganhar dinheiro, tanto em sua profissão quanto fora dela.

Provavelmente o tipo de trabalho que mais longe o levou na cura de sua infantilidade original quanto a dinheiro foi vender as peças da coleção da sua velha tia. Comerciantes de antiguidades geralmente são experientes homens de negócios, com uma determinação natural de comprar seus produtos pelo menor valor e vendê-los pelo preço mais alto possível. Sem nenhuma experiência em negócios, Jung foi forçado a levar as peças da tia para esse mercado, a superar sua repugnância quanto à ideia de barganhar e a obter o melhor preço possível para cada item separadamente. Ele aprendeu rápido e, depois de vendida a coleção, especialistas lhe disseram que ele tinha conseguido um preço excepcionalmente bom para os itens como um todo. Ele aprendeu a ter uma eficiência incomum em questões de dinheiro, mas não a gostar de negociar, pois me contou ser um grande alívio, em Burghölzli, receber seu salário mensal em um envelope, como se nada tivesse a ver com seu modo de ganhar a vida. Mas o que ele aprendeu enquanto estudante universitário naturalmente foi da maior utilidade mais tarde, em sua clínica particular. Seus preços sempre foram razoáveis. Mesmo já famoso, e podendo cobrar o quanto quisesse, as pessoas sempre ficavam espantadas pela modéstia de suas taxas, em comparação com analistas freudianos nos Estados Unidos, por exemplo, e também, infelizmente, alguns de seus próprios discípulos.

Não foi só com relação ao dinheiro que Jung teve de enfrentar o mundo externo naqueles anos. Na escola, ele sempre teve uma tendência a se sentir um *outsider*, pois seus interesses diferiam muito dos de seus companheiros, mas, na universidade, ele aprendeu a defender aqueles interesses ante seus pares. E o fez com tanto sucesso que os atraía apesar de tudo. Aprendeu então a ser muito mais autoconfiante, e assim foi capaz de arriscar tudo o que havia ganhado para seguir o que reconheceu plenamente ser sua vocação, mesmo que isso implicasse devotar-se ao campo mais impopular da medicina naquela época. Fez isso com plena consciência, pois nos conta que, em face da "surpresa e decepção" de seu respeitado professor, Von Müller, e de todos os amigos, sua "velha ferida, a sensação de ser um *outsider* e de provocar a rejeição dos outros voltou a doer. Mas agora eu entendia por quê"[23].

Essa compreensão do "porquê" sempre foi a coisa mais importante para Jung. Sempre o ouvi dizer que a única tortura insuportável é a tortura de não compreender. E esta foi, acima de tudo o mais, a grande conquista de seus anos na universidade: aprendeu a compreender muita coisa na época, mas, ainda mais importante, aprendeu que a compreensão só ocorre se você enfrenta essa "tortura insuportável" sem recuar. Este *insight* seria da maior utilidade para ele na próxima fase de sua vida.

---

23. Ibid., p. 109.

5
Hospital Psiquiátrico Burghölzli, 1900-1909

Assim que chegou ao Burghölzli e começou a trabalhar lá, Jung se viu exposto como nunca antes à "tortura insuportável de não compreender". Não que o Burghölzli fosse pior do que os outros hospitais do gênero; pelo contrário, era bem melhor, especialmente com relação à sua arquitetura e localização. Era visto como o melhor hospital suíço da época, um modelo que todo hospital psiquiátrico deveria seguir. Contava com poucos anos de existência quando Jung chegou, em dezembro de 1900, e não apenas era um bom edifício, equipado com o que havia de melhor na época, mas também ficava na periferia da cidade, quase no campo. É difícil imaginar o quanto Zurique cresceu desde a Primeira Guerra Mundial, pois o Burghölzli está agora situado completamente dentro do perímetro urbano. O Dr. Franz Riklin Jr. me contou que havia uma desvantagem desde o início: ele deveria e poderia ter sido construído com uma vista magnífica do lago e das montanhas, mas naquela época se considerava perigoso deixar os pacientes psiquiátricos verem o lago, pois a visão da água poderia suscitar a ideia de suicídio.

Não só as instalações do Burghölzli eram acima da média. O chefe de Jung, Prof. Eugen Bleuler sênior, tinha uma mente excepcionalmente aberta, e dava aos seus jovens assistentes mais liberdade do que o habitual. O tema da tese de Jung foi *Fenômenos ocultos*. Consta na folha de rosto de 1902 que a "dissertação foi aprovada por moção do Prof. Eugen Bleuler", sendo Jung seu primeiro assistente. Isso era realmente notável naquele tempo.

Mas, a despeito de todas essas vantagens, é um dado melancólico que o conhecimento psiquiátrico era quase inexistente na virada do século, quer dizer, conhecimento empírico e psiquiátrico que pudesse atrair uma mente como a de Jung e lhe conferir ajuda substancial para o tratamento individual dos pacientes que lhe eram confiados no hospital. Havia de fato muita teoria sobre como diagnosticar e rotular os pacientes, mas termos e teorias nunca atraíram Jung, a não ser como auxílio temporário. Falando a respeito dos termos que ele próprio aplicou a diversos aspectos da psique humana, ele escreveu em seu último e extenso livro, *Mysterium coniunctionis* (publicado em 1955): "Se tais conceitos servirem provisoriamente para colocar em ordem o material empírico, terão atingido seu propósito"[1]. Ele costumava deplorar a tendência de muitos de seus discípulos de transformar tais conceitos em dogmas, e uma vez disse, exasperado: "Graças a Deus que sou Jung e não um junguiano!"

Essa atitude não foi uma conquista tardia; já estava presente desde o início em sua prática. Era o paciente *individual* que contava. A teoria e o nome resistiam ou não à prova? Ao começar seu trabalho no Burghölzli, achou tais ferramentas lamentavelmente inadequadas. A princípio, supôs que era culpa de sua própria ignorância, e para superar essa lacuna pôs-se a ler tudo o que tinha sido publicado sobre o tema, inclusive todos os cinquenta volumes da *Allgemeine Zeitschrift fur Psychiatrie* [Revista Geral de Psiquiatria][2].

Certamente houve outras mentes inquiridoras trabalhando nessa área antes de Jung, mas seus livros não tinham sido aceitos nos hospitais, e ainda eram de difícil acesso para um psiquiatra principiante. Além disso, quando este de fato os obtinha, via-se jogado no ostracismo pelos colegas, por ler essas besteiras e ainda mais por levá-las a sério – especialmente quando se tratavam dos escritos de Freud.

Frequentemente ouvi Jung falar desses primeiros anos no Burghölzli e do seu horror ao constatar que tinha escolhido uma profissão da qual, como disse, "não entendia absolutamente nada". A maioria de seus colegas parecia

---

1. OC 14/1, nota ao § 129.
2. *MDR*, p. 112.

feliz em cumprir seus deveres sem quaisquer problemas de consciência. No início, ele pensou que devia haver algum conhecimento legitimado que de algum modo lhe escapara. Não demorou muito para perceber que os resultados de seus colegas não eram melhores do que os seus próprios, e que na maior parte dos casos eles nunca questionavam seus resultados. Sentiam-se satisfeitos por terem feito o que se podia esperar deles, e assim podiam desfrutar de seu tempo livre estando em paz com sua consciência. Lembro que Jung me contou que, naqueles primeiros anos, ele tinha um constante sentimento de culpa acerca de seus pacientes, o que de fato extinguiu temporariamente sua habitual *joie de vivre* [alegria de viver], e que, durante os primeiros seis meses, ele passou *todo* seu tempo livre lutando, de todos os modos que conhecia, principalmente pela leitura, para lidar com sua ignorância e insuficiência.

No inverno de 1902-1903, ele fez um esforço adicional para aumentar seus conhecimentos, passando alguns meses em Paris para estudar com Pierre Janet. Quando Janet, já idoso, deu uma conferência na Universidade de Zurique, vi Jung cumprimentá-lo com a mais calorosa afeição e respeito.

Esse sentimento de culpa inicial e, sem dúvida, as consequências desastrosas e destrutivas dos excessos alcoólicos que deviam ser evidentes em muitos de seus pacientes no hospital, levaram-no a se tornar abstêmio por muitos anos. Oeri atribuiu isso corretamente à influência de Bleuler (que era um abstêmio fanático), e disse que, quando ele (Oeri) voltou à Suíça após uma longa permanência no exterior e reencontrou Jung, os olhares que este lançou a seu copo de vinho transformaram-no em vinagre na mesma hora!

Oeri visitou-o quando o velho amigo era assistente no Burghölzli, mas, de acordo com seu relato, isso deve ter ocorrido depois de Jung já ter se firmado na profissão. Disse que, embora não tenha acompanhado os passos que levaram Jung a escolher a psiquiatria, não restaram dúvidas, quando o viu junto aos pacientes, sobre o quanto seu trabalho o entusiasmava. Forneceu uma descrição divertida de uma ronda de Jung pelas enfermarias, a qual teve a honra de acompanhar durante sua visita ao hospital. Em uma dessas enfermarias, que abrigava os piores pacientes, os mais agitados estavam deitados em suas camas ou parados ao redor delas. Jung entabulou conversa com alguns deles para tentar revelar onde residia o problema. Oeri achou isso tão fascinante que acabou entrando também na conversa, até que um paciente que estava recostado, e aparentemente calmo, de repente pulou da cama com a intenção de lhe dar um golpe por trás. Longe de demonstrar qualquer preocupação com o susto do amigo, Jung comentou com certo orgulho que aquele homem realmente podia nocautear qualquer incauto. E riu tão francamente que Oeri se sentiu de volta ao pátio do presbitério de Klein-Hüningen, onde tinha ouvido pela primeira vez o pequeno Jung rir exatamente do mesmo modo[3].

Jung sempre teve dificuldade em perceber o efeito curador e "totalizante" que sua personalidade – mesmo sem a compreensão do material – tinha sobre seus pacientes, até mesmo, de fato, sobre pessoas com as quais tinha pouco contato pessoal. Uma vez que, para ele, a "tortura de não compreender era a única tortura insuportável", ele pressupôs, por muitos anos, que todas as pessoas dedicadas se sentiam do mesmo modo. Mesmo em anos posteriores, portanto, quando acontecia de não compreender os sonhos de um paciente, ele sempre lhe contava e até mesmo o aconselhava a tentar encontrar outro analista que conseguisse. E ficava sempre surpreendido quando esse paciente respondia estar plenamente satisfeito, recusando totalmente trocar de analista. Lembro-me de um caso que ele mencionou de uma paciente que nascera e passara a primeira infância no Oriente. Jung se sentiu desesperado e incapaz de compreender seus sonhos, embora isso de modo algum a incomodasse. Então lhe caiu em mãos *O poder da serpente*, de Arthur Avalon, com sua descrição do Yoga Kundalini. Imediatamente os sonhos ficaram claros para ele, pois aparentemente todo esse processo oriental havia entrado no inconsciente da paciente na tenra infância através de seu *Ayah* ou ambiente, permanecido latente por cerca de trinta anos, e vindo depois à superfície em seus sonhos.

Esse exemplo, embora deva ter ocorrido no mínimo vinte anos depois da época que estamos considerando, nos dá a chave da razão para ele ter se sentido tão mal em seus primeiros anos no Burghölzli. Na época lhe faltava

---

3. OERI, A. Op. cit., p. 528.

o conhecimento necessário para *compreender* o material de seus pacientes, embora já percebesse que ele tinha significado e que o indivíduo, e não a enfermaria em geral, era a única coisa que importava e era onde as respostas poderiam ser encontradas. Escrever sua tese, que foi publicada em Leipzig em 1902, deve ter ajudado a clarificar sua mente e a revelar parte do *background* de seus casos, mas, provavelmente, a primeira luz real surgiu com o uso do teste de associações.

Esse teste foi criado pelo médico e filósofo alemão Wilhelm Wundt (1832-1920), e desenvolvido por vários outros. Contudo, era usado na época apenas para explorar as linhas conscientes do pensamento. Embora Jung tenha, sem dúvida, lido a respeito anteriormente, o teste só lhe apareceu como uma possibilidade prática para seu próprio trabalho por volta de 1904, quando Franz Riklin (o pai) voltou da Alemanha, onde tinha trabalhado com o teste de associação ao lado de Gustav Aschaffenburg. Seu filho, Franz Riklin Jr. certa vez descreveu como isso ocorreu. Seu pai estava muito interessado no trabalho com Aschaffenburg e teria gostado de ficar mais tempo na Alemanha, mas considerações financeiras o trouxeram de volta à Suíça para fazer seus exames finais. As mesmas considerações o levaram a assumir um cargo no Burghölzli para obter algum rendimento, mesmo durante os exames. Ele chegou em Zurique tarde da noite e, para sua agradável surpresa, constatou que seu futuro chefe, o Prof. Bleuler, tinha vindo à estação para encontrar seu novo assistente. No caminho para o Burghölzli, Bleuler falou entusiasticamente de seu primeiro assistente, C.G. Jung, o qual, apesar do adiantado da hora, foi chamado ao seu apartamento, e os três passaram algumas horas discutindo o teste de associações e planejando como colocá-lo em prática no hospital.

O teste havia sido usado anteriormente nas linhas conscientes do pensamento, e o motivo de ser tão associado a Jung (cheguei a ouvir que ele o iniciara) é que ele foi o primeiro a investigar *perturbações* nas reações, assim fazendo dele um método valioso para a investigação das raízes mais profundas da enfermidade mental. Isso levou Jung ao reconhecimento da existência dos complexos e assim, independentemente de Freud, à descoberta do inconsciente. A princípio, como Freud e Adler, ele descobriu o que mais tarde denominaria de o inconsciente pessoal, mas logo deparou com muitos conteúdos psíquicos que iam muito além da esfera pessoal. (O conteúdo dos níveis inferiores, descritos no diagrama que apresentamos no capítulo 1, frequentemente aparecem nos resultados do teste de associações e também nos sonhos.) Essa constatação o forçou a cavar mais fundo e assim descobrir o inconsciente coletivo.

Sem pretender descrever o teste de associações, pois tais descrições podem ser encontradas em muitas outras fontes[4], vou apenas mencionar que ele consiste em que a pessoa em análise responda a uma longa lista de palavras com a primeira palavra que passar por sua cabeça. Impressionou a Jung que as dificuldades em fornecer a palavra (antes, ninguém havia levado em conta essas perturbações) fossem os aspectos realmente interessantes do teste, porque elas levavam diretamente à perturbação inconsciente da pessoa examinada. O método permitiu resultados incríveis e frutíferos, especialmente no período de Jung no Burghölzli, embora ele o tenha abandonado logo depois, pois constatou – conforme se ampliava seu conhecimento da psique, e particularmente dos sonhos – que já não lhe era necessário. Continuou, porém, a usá-lo por algum tempo, sempre que solicitado pelos tribunais suíços a contribuir em casos criminais. Além disso, continuou a apresentá-lo a jovens psicólogos e também a médicos que tinham pouca ou nenhuma experiência prévia do inconsciente. Em 1935, por exemplo, quando deu um curso de cinco conferências para cerca de duzentos médicos na Clínica Tavistock, em Londres, dedicou bastante tempo a explicar-lhes o método cuidadosamente[5]. Ele também o tornou tema obrigatório de prova no Instituto C.G. Jung, em Zurique, quando os estatutos foram elaborados em 1948.

Foi o teste de associações que chamou pela primeira vez a atenção de Jung para os complexos que existem em cada um de nós. Para definir rapidamente o

---

4. Especialmente no segundo volume da Obra Completa, *Estudos experimentais*, onde muitos dos artigos lidam com o experimento de associação.

5. JUNG, C.G. *Analytical Psychology: Its Theory and Practice*. Multigrafadas na época, essas conferências foram publicadas pela primeira vez em 1968 pela Pantheon Books, Nova York, p. 52-61, 78-86 [*Fundamentos da psicologia analítica*; OC 18/1].

termo "complexo", pode-se dizer que é um aglomerado inconsciente ou semiconsciente de representações emocionalmente carregadas. Um complexo consiste de um núcleo e um campo adjacente de associações. Um complexo pode ser adquirido por experiência pessoal ou seu núcleo pode ser formado por um conteúdo arquetípico. Quando a emoção envolvida é aguda, o complexo pode levar a todo tipo de perturbação neurótica ou mesmo patológica. Essa emoção é naturalmente revelada pelas palavras do teste que se referem a ela, e aqui Jung deve ter sido muito ajudado por sua própria experiência adolescente da neurose que acarretou a si mesmo ao esquecer seu pensamento original. O leitor se lembrará de que, quando o menino foi atacado pelas costas e derrubado na praça da catedral, o seguinte pensamento lhe passou pela cabeça: "Agora não precisarei mais ir à escola". Enquanto se esqueceu deste motivo, permaneceu genuinamente doente, mas assim que se lembrou e encarou de frente a dor e a vergonha de sua trapaça, recuperou-se inteiramente, sem nenhuma recaída[6].

Se voltarmos por um instante a esse exemplo simples, podemos ver exatamente como um complexo pode se iniciar. Se o menino Jung nunca tivesse conseguido encarar o fato de que acarretou a si mesmo sua doença, ao esquecer a origem e propósito dela, não apenas teria persistido em sua neurose, mas o incidente esquecido teria formado o núcleo de um complexo. Todas as experiências semelhantes posteriores teriam se aglomerado em torno dele; então qualquer palavra que remontasse a sua culpa esquecida teria causado uma reação perturbada. Mas ele havia aprendido, de uma vez por todas, que lembrar e reconhecer a própria culpa, custe o que custar, é o elemento mais essencial para ser capaz de viver e respirar em liberdade.

Somente o conhecimento e a certeza que essa experiência lhe propiciou é que devem ter-lhe municiado da coragem para agir conforme as informações que ele extraía do teste de associações e das questões que fazia aos pacientes sobre o passado deles. Sempre que possível, ele os confrontou com a verdade, e sempre que eles tinham a coragem de encarar o que quer que tenham feito ou que lhes tivesse acontecido, havia resultados benéficos. Ele

---
6. Cf. acima, p. 57-60.

correu esse risco, nos seus primeiros anos no Burghölzli, em um caso que se tornou um marco em sua prática, e do qual ele no futuro viria a falar mais frequentemente do que de qualquer outro de seus primeiros casos clínicos[7]. O caso envolveu uma mulher que tinha de encarar a culpa de ter matado sua filha predileta.

Quando jovem, essa mulher se apaixonara por um jovem rico que ela acreditava estar demasiadamente acima dela, para que pudesse pedir-lhe a mão, e em desespero se casou com outro. Cinco anos mais tarde, um amigo do primeiro homem lhe contou que ele ficara inconsolável quando soube do casamento dela. Pouco depois, ela deu banho em seus filhos com uma água que ela sabia não ser potável, e mesmo assim permitiu que a menina chupasse a esponja, e até mesmo deu ao menino um copo da água infectada para beber. Ela estava agindo segundo um desejo *inconsciente* de destruir todos os traços de seu atual casamento, e assim estar de novo livre para o homem de sua escolha. A garotinha contraiu febre tifoide e morreu. A depressão da mulher, que começara quando ela descobriu a verdade sobre o homem por quem se apaixonara, se tornou tão aguda após a morte da menina que ela foi levada ao Hospital Burghölzli onde, depois de exame minucioso, foi rotulada como um caso de *dementia praecox* com pouca chance de recuperação.

Foi com esse rótulo, e sem nada saber da história dela a não ser da morte da menina, que Jung se viu responsável pela mulher. A princípio, ele não ousou questionar o diagnóstico; mas quando os sonhos dela, o teste de associações e a cuidadosa inquirição revelaram a história, ele se viu diante de um terrível conflito, pois sabia, por experiência própria, que ela nunca se recuperaria a não ser que ouvisse e encarasse a verdade, e, contudo, ele não tinha certeza se ela teria ou não a coragem necessária. Foi obrigado a agir inteiramente por sua própria responsabilidade; sabia muito bem que seus colegas teriam sido refratários a tal procedimento. Por fim, decidiu-se a contar-lhe francamente que ela tinha matado sua filha, embora soubesse que, se ela não conseguisse aceitar o fato, isso bem poderia representar o fim de sua própria carreira.

---

7. *Analytical Psychology*, p. 58-61. • *MDR*, p. 115-117.

Ela era evidentemente uma mulher de fibra, pois, após um surto de desespero, encarou a verdade, com o resultado de que, em três semanas, pôde deixar o hospital. Jung conseguiu rastreá-la por muitos anos; não houve recaída. Claro, não tinha sido um assassinato premeditado, pelo qual ela pudesse ser legalmente responsabilizada. Ainda assim, ela sabia que a água estava infectada; então, de algum modo, ela tinha sabido a verdade desde o início, assim como Jung tinha sabido que estava fugindo da escola. Esse caso provocou um tremendo impacto no jovem médico, mas ele guardou total segredo sobre a razão da recuperação dela. Sentia que a mulher já estava carregando um fardo quase insuportável, com a perda da menina e a culpa pelo que tinha feito, e ele não poderia correr o risco de falar a respeito ou até mesmo, possivelmente, levantar uma questão legal.

Viu, porém, confirmadas suas convicções anteriores: a importância fundamental do indivíduo e de escutar o que ele tem a dizer de sua vida pretérita, bem como de tratar cada caso diferentemente, do modo adequado à respectiva psicologia. Embora isso soe quase inacreditável hoje em dia, até que Freud e Jung vissem a importância da história individual e da psicologia individual, ninguém na psiquiatria havia nem sonhado em levar tais elementos a sério. Jung sempre reconheceu em Freud o crédito de ter sido o primeiro a introduzir psicologia na psiquiatria, apesar de este ser um neurologista, e não um psiquiatra. Conforme Jung lia seus livros, eles pareciam cada vez mais apontar "o caminho para uma investigação mais íntima e para a compreensão dos casos individuais"[8].

Jung não se estabeleceu apenas quanto a sua profissão, mas também em sua vida particular, durante o período no Burghölzli. Alguns anos antes, quando era um jovem estudante de medicina em Basileia, Jung havia tido uma experiência inesquecível, que agora dava frutos. Ele ia com um amigo a uma expedição a Schaffhausen, quando sua mãe lhe pediu que visitasse uma velha amiga da família, a Sra. Rauschenbach. Provavelmente aceitou de bom grado, pois uma de suas lembranças mais remotas se referiam justamente à Sra. Rauschenbach. Ele se lembrava vividamente de que, quando

---

8. *MDR*, p. 114.

ainda vivia em Laufen – certamente antes dos 5 anos de idade – foi conduzido por uma "jovem muito bonita e encantadora" em "um dia azul de outono, ao longo do Reno, embaixo das cataratas". O sol brilhava através das folhas de uma maneira que ele sempre amou, e havia "muitas folhas amarelas no chão"[9]. Quando jovem, a Sra. Rauschenbach tinha nutrido grande admiração pelo pai dele, mas então se casou e foi morar em Schaffhausen, e, portanto, Jung provavelmente nunca a viu de novo até os 21 anos, quando sua mãe lhe pediu que a visitasse.

Durante a visita, ele deparou com uma jovem que subia uma escada e soube, em um lampejo que não deixava dúvidas, que estava olhando para sua futura esposa. Apressadamente confidenciou essa convicção ao amigo que o acompanhava, sendo brindado em troca com uma boa gargalhada. Emma Rauschenbach era ainda uma criança – mal completara 14 anos – e pertencia a uma rica família industrial. Jung não apenas era um jovem estudante, há apenas dois anos no longo Curso de Medicina, como também, cerca de um ano depois da morte do pai, no momento financeiro mais delicado da sua própria família. Nenhum senso do ridículo ou consideração racional mudou, porém, a convicção interior de Jung, embora ele provavelmente compreendesse que deveria esperar por anos até que pudesse provar a seu amigo, ou a quem quer que fosse, que sua convicção se baseava em fatos.

Não sei se ele reviu Emma Rauschenbach enquanto ainda era um estudante, mas, visto que se casaram depois de uma corte não muito rápida em seu terceiro ano no Burghölzli (1903), ele deve tê-la abordado logo depois de se achar em uma posição independente. Interiormente, ele decerto já via que estava destinado a ir longe em sua profissão, mas suas circunstâncias, na época em que se casou, não eram das mais convidativas para uma garota educada como Emma Rauschenbach. O pai dela era um bem-sucedido homem de negócios e, pelo que ela me contou mais tarde sobre sua juventude, ela cresceu em Schaffhausen dentro dos padrões sociais tradicionais da Suíça. A psiquiatria ainda era o ramo mais desprezado da medicina, e, embora eles tivessem um bonito apartamento só para eles, o trabalho de Jung os obrigou

---

9. Ibid., p. 9.

a morar no Burghölzli nos primeiros seis anos do casamento. Além disso, ao longo dos primeiros anos de sua vida profissional, sua maior ambição mundana era se tornar um professor, com tempo livre para o estudo e colegas de igual nível. Só muitos anos depois é que ele acabou sacrificando esse sonho, por entender, através de seu "confronto com o inconsciente", que era incompatível com sua verdadeira missão[10]. Quando ele se tornou professor em 1935, sua esposa, conforme o costume suíço, passou a ser tratada como *Frau Professor*, e me contou, com grande repulsa, que esse era o título que ela mais detestava e que, quando jovem, sempre tinha sido determinada a não se casar com um *Herr Professor*! Mas ela devia saber, quando se casou com o jovem Dr. Jung, que esse destino tinha muita probabilidade de encontrá-la. Não causa surpresa, como Jung relatou[11], que ela inicialmente o tenha rejeitado. Mas o relacionamento entre eles estava demasiadamente predestinado para que qualquer objeção exterior pudesse impedi-lo por muito tempo, e o "Não" de Emma Rauschenbach logo se transformou em um "Sim".

 Durante seus nove anos no Burghölzli, Jung aprendeu muito em seu trabalho, e seu conhecimento da psique humana cresceu profundamente. Como ele compreenderia mais tarde, o simbolismo pelo qual o inconsciente se expressa é basicamente o mesmo nos sãos e nos insanos; a principal diferença é que, nestes, a consciência está inteiramente submersa, enquanto que naqueles ela mantém sua posição. Naturalmente, esse simbolismo flui com muito mais liberdade quando não há defesas, e assim Jung tinha realmente uma oportunidade muito melhor de observá-lo do que qualquer médico ou psicólogo que não fosse psiquiatra. Antes de Freud e Jung, porém, não ocorreria a nenhum psiquiatra que as estranhas ideias e fantasias do insano pudessem ter algum significado. Por mais confusas e desconcertantes que Jung também as achasse de início, ele nunca duvidou que houvesse algum significado por trás delas, e que se o médico não as compreendia, era por culpa de sua própria deficiência. Por que um paciente tinha certo tipo de fantasia, e

---

10. Ibid., p. 193.
11. Isso se encontra em um apêndice de Aniela Jaffé sobre os ancestrais e a família de Jung, só publicado na edição alemã de *MDR*, p. 407.

outro tinha um tipo totalmente diferente? Mesmo no início de seu trabalho no Burghölzli, achava estranho que seus colegas se dessem por satisfeitos em classificar como paranoico qualquer um que pensasse estar sendo perseguido por alguém com más intenções, sem nenhuma consideração ou interesse pelo conteúdo das fantasias ou pela grande diferença do tipo ou classe de pessoas que eram vistas como perseguidoras. Outra coisa que o impressionou desde o início de seu trabalho foi a importância do autoconhecimento do médico. Ele logo percebeu que o médico pouco ou nada poderia fazer a não ser que também se arriscasse, e para tanto ele deveria se autoconhecer. Recapitulando, um exemplo simples disso é o caso da mulher a quem foi dito que ela havia assassinado sua filha. Se o próprio Jung não tivesse também encarado a culpa e assim curado sua neurose, o que ele disse a esta mulher não teria transmitido convicção, mesmo se – o que é improvável – ele tivesse percebido a importância de dizê-lo. Se jamais tivesse reconhecido sua própria trapaça, ele teria compartilhado com sua paciente um mesmo ponto cego, e a cura não teria ocorrido. Claro, foram necessários muitos anos e uma longa experiência para que ele fosse capaz de eliminar seus pontos cegos de modo a poder lidar com cada paciente de forma tão completa quanto com essa mulher. Dei tamanha ênfase a esse caso porque sabemos como foi que ele entendeu a necessidade de conhecer e enfrentar sua própria culpa, e também porque sabemos que essa terapia teve um efeito curativo permanente sobre essa paciente.

Logo depois do retorno de Franz Riklin (o pai) da Alemanha, Jung criou um laboratório de psicopatologia experimental na Clínica Psiquiátrica Burghölzli, tendo Riklin como seu principal colaborador. Em 1905, Jung se tornou o médico sênior do Burghölzli e, no mesmo ano, conferencista de psiquiatria na Universidade de Zurique. O teste de associações foi muito usado na clínica, e um grande grupo de jovens médicos participou desse trabalho, inclusive dois norte-americanos, o primeiro contato de Jung, pelo que sei, com anglo-saxões. Um grande número de pacientes dos Estados Unidos logo começou a procurá-lo. Mais tarde, ele faz muitas visitas a esse país, e é possível dizer que os norte-americanos, de certo modo, foram os primeiros a reconhecer a extraordinária qualidade de sua psicologia. Eles têm um certo senso instintivo – que nenhum outro país supera – para o que tem valor genuíno.

Quando fui aos Estados Unidos para dar conferências em 1952, lembro-me de Jung me dizer como isto seria diferente do que fazer conferências, por exemplo, na Inglaterra. Na Inglaterra, disse ele, deve-se ter cuidado para não cometer qualquer indelicadeza, mas isso não teria importância alguma nos Estados Unidos, onde o importante seria jamais dizer qualquer coisa de que não se estivesse certo de ponta a ponta. Os norte-americanos, prosseguiu, têm uma espécie de sexto sentido para detectar a verdade e para reconhecer quaisquer fingimentos e imitações sem provas. Jung falava inglês tão fluentemente quanto sua própria língua, e, embora nunca tenha perdido seu sotaque suíço, costumávamos admitir consternados que ele de fato sabia mais nossa língua do que nós mesmos. Isso se deveu, em parte, ao fato de que, em contraste com a maioria dos estrangeiros que falam inglês fluentemente, ele sempre ficava grato quando alguém lhe apontava um equívoco, o qual raramente cometia uma segunda vez. É verdade que ele tinha alguns "equívocos de estimação", que se poderia tentar corrigir incontáveis vezes, sem sucesso. Por exemplo, ele insistiu anos a fio em ser *remembered* de determinada coisa, ao invés de *reminded**. Quando recebeu o título de doutor em Oxford, ele voltou para casa entusiasmado com toda a cerimônia e com a Universidade de Oxford, e chegou a dizer que a partir de então era praticamente um britânico. Poucos minutos depois, porém, foi, como de hábito, *remembered* de algo. Fiz o comentário indelicado de que se ele agora era um britânico, não havia mais como escapar de ser *reminded* de coisas. Ele pareceu ficar amuado por um instante, mas nunca mais o ouvi cometer esse engano de novo.

Enquanto esteve no Burghölzli, nos primeiros anos da clínica psiquiátrica, Jung usou a hipnose de maneira relativamente livre. Também fez conferências a esse respeito na universidade nos seus primeiros anos lá. Mas ficou consideravelmente incomodado pela cura espetacular de uma mulher manca através de hipnose, um caso no qual ele não teve a menor ideia do que acon-

---

* Nos dois casos, o sentido geral de *reminded* e *remembered* é de lembrar, mas cada qual tem diferentes contextos gramaticais, como "ser lembrado de" ou de "recordar-se de" [N.T.].

tecera[12]. Visto que Jung odiava trabalhar às escuras ("a tortura insuportável de não compreender"), esse caso o desencorajou, apesar do resultado aparentemente positivo. Conforme cresceu sua experiência no hospital, bem como na clínica particular, ele logo desistiu completamente da hipnose. Isso por várias razões: primeiro, por não compreender como ela funcionava; segundo, desagradava-lhe muito dizer ao paciente o que este deveria fazer, por se dar conta, cada vez mais, de que se deveria deixar o paciente seguir sua tendência natural; terceiro, porque ninguém sabia por quanto tempo duraria uma cura por hipnose; e quarto, porque, com a experiência cada vez maior, constatou que o próprio inconsciente era avesso à hipnose. Mais ou menos nessa época, ele começou a se ver concordando com Freud, na compreensão de que os sonhos seriam a *via regia* na terapia, e consequentemente usou cada vez mais os sonhos em seus tratamentos[13].

Freud ainda era uma *persona non grata* nos círculos acadêmicos e médicos; contudo, Jung se colocou abertamente a favor dele e fez conferências sobre seus livros na universidade. Sua defesa, não só em suas conferências, mas também em congressos e em publicações, foi tão longe que o levou a ser alertado por professores de que estava assim pondo em risco sua carreira acadêmica promissora. Ele retrucou: "Se o que Freud diz for verdade, estou com ele. Estou me lixando para uma carreira que tenha de ser baseada na premissa de restringir a pesquisa e esconder a verdade"[14]. Ele assumiu essa posição a despeito de ainda se sentir muito atraído pela vida acadêmica, e a despeito do fato de que já nutria dúvidas consideráveis sobre as interpretações exclusivamente sexuais de Freud; ainda assim dizia "*se* o que Freud diz for verdade".

A ruptura final com Freud veio a ocorrer somente alguns anos depois e no ocaso da amizade, e Freud ficou mais de uma vez na casa dos Jung junto ao lago em Küsnacht. Contudo, de longe a parte mais importante do capítulo Freud na vida de Jung aconteceu durante o período no Burghölzli, portanto este parece ser o momento adequado de mencioná-lo. Eu não conhecia Jung

---

12. *MDR*, p. 117-119.
13. Cf. *The Freud/Jung Letters* (Princeton University Press, 1974).
14. *MDR*, p. 148.

naquela época, mas o ouvi muitas vezes falar da ruptura. Ela, porém, já era coisa do passado, uma experiência completamente digerida, na qual já não mais havia qualquer emoção.

A despeito das reservas que tinha desde o início, Freud, sem dúvida, representava muito para Jung durante os anos no Burghölzli. Jung tinha grande respeito e sempre reconheceu sua dívida para com Freud. Conforme disse e escreveu muitas vezes, o considerava uma personalidade superior e projetava nele seu próprio pai[15], mas não creio que ele tenha alguma vez sentido, desde o primeiro e longo encontro em 1907, que os caminhos deles correriam em paralelo por mais do que um curto período. Em 1909, dois anos depois do primeiro encontro, eles foram juntos à América, pois haviam sido, cada qual independente do outro, convidados para dar conferências na Clark University. O relacionamento já havia se tornado problemático para Jung. Sua confiança em Freud vinha sendo repetidamente abalada devido às limitações da observação objetiva por parte de Freud. Jung cada vez mais sentia que Freud punha outras coisas acima da busca da verdade, como sua autoridade, suas teorias favoritas e seu apego apaixonado a uma explicação exclusivamente sexual. Enquanto estavam nos Estados Unidos, eles analisaram os sonhos um do outro, uma atividade que revelou mais claramente do que nunca essas características de Freud. Contudo, Jung sentia uma forte afeição por Freud, e sofreu muito quando começou a perceber que uma separação dos dois caminhos era inevitável.

Um sonho que Jung teve quando estava na América[16], um sonho que o levou a escrever o livro que hoje tem o título de *Símbolos da transformação*[17], foi a *mensagem* do próprio inconsciente que mostrou a Jung que ele não poderia mais continuar ao lado de Freud, e que teria, de algum modo,

---

15. Cf., p. ex., ibid., p. 163.
16. *MDR*, p. 158ss.
17. OC 5. Publicado primeiramente em 1912, em alemão, como *Wandlungen und Symbole der Libido* [Transformações e símbolos da libido]. Uma tradução em inglês bastante infeliz foi publicada em 1916 como *The Psychology of the Unconscious*. Jung o revisou em alemão e o publicou como *Símbolos da transformação* em 1952. A tradução nas *Collected Works* em inglês [assim como na *Obra Completa*, lançada no Brasil pela Editora Vozes (N.T.)] foi realizada a partir desta edição.

de encontrar seu próprio caminho em um reino totalmente desconhecido. Freud interpretou esse sonho em *Memórias, sonhos, reflexões*[18] e também em *O homem e seus símbolos*[19] de modo inteiramente redutivo, no nível pessoal, e parece não ter tido a menor ideia do quão inadequado isso foi. Jung já tinha se sentido profundamente desapontado quando Freud se recusou a fornecer os detalhes necessários de sua vida privada como associações para seus próprios sonhos porque, segundo disse com "um olhar estranho" para Jung: "Eu não posso colocar em risco a minha autoridade". Jung acrescentou: "Naquele exato instante ele a perdeu por completo"[20]. Talvez eu deva explicar que é impossível para qualquer analista honesto, freudiano, junguiano ou de outro seguimento, analisar qualquer sonho adequadamente se as associações são sonegadas, o que, é claro, Freud sabia muito bem.

Quando, além de se recusar a fornecer associações pessoais para seu próprio sonho, Freud insistiu em tomar o sonho arquetípico de Jung no nível puramente pessoal, Jung foi confrontado com a provável ruptura com Freud se, por assim dizer, não "depusesse as armas". Ele viu isso claramente, já naquela

---

18. *MDR*, p. 158ss. • "Eis o sonho: eu estava numa casa desconhecida, de dois andares. Era a 'minha casa'. Estava no segundo andar, onde havia uma espécie de sala de estar, com belos móveis de estilo rococó. As paredes eram ornadas de quadros valiosos. Surpreso que essa casa fosse minha, pensava: 'Nada mal!' De repente, lembrei-me de que ainda não sabia qual era o aspecto do andar inferior. Desci a escada e cheguei ao andar térreo. Ali, tudo era mais antigo. Essa parte da casa datava do século XV ou XVI. A instalação era medieval e o ladrilho vermelho. Tudo estava mergulhado na penumbra. Eu passeava pelos quartos, dizendo: 'Quero explorar a casa inteira!' Cheguei diante de uma porta pesada e a abri. Deparei com uma escada de pedra que conduzia à adega. Descendo-a, cheguei a uma sala muito antiga, cujo teto era em abóbada. Examinando as paredes, descobri que entre as pedras comuns de que eram feitas havia camadas de tijolos e pedaços de tijolos na argamassa. Reconheci que essas paredes datavam da época romana. Meu interesse chegara ao máximo. Examinei também o piso recoberto de lajes. Numa delas, descobri uma argola. Puxei-a. A laje deslocou-se e sob ela vi outra escada de degraus estreitos de pedra, que desci, chegando a uma gruta baixa e rochosa. Na poeira espessa que recobria o solo havia ossadas, restos de vasos e vestígios de uma civilização primitiva. Descobri dois crânios humanos, provavelmente muito velhos, já meio desintegrados. Depois, acordei" (JUNG, C.G. *Memórias, sonhos, reflexões*. Trad. Dora Ferreira da Silva. Rio de Janeiro: Nova Fronteira, 2015, p. 165-166). Freud, ao invés de atentar para a revelação das camadas "históricas" do inconsciente coletivo, se concentrou nos dois crânios. Perguntado sobre quais seriam os supostos alvos de seu suposto desejo de que morressem, Jung faltou com a verdade, como Hannah comentará em seguida, ao "admitir" o desejo de se livrar da esposa e da cunhada [N.T.].

19. *Man and His Symbols*, p. 56.

20. *MDR*, p. 158.

época, mas ainda não podia suportar a ideia de perder a amizade de Freud. Por isso, apelou ao humor ao responder às perguntas dele sobre associações pessoais, inventando uma associação. Em *O homem e seus símbolos*, admitiu que contou a Freud uma mentira[21]. Seria fácil aqui entender mal Jung. Ele nunca contou uma mentira fútil e inconsciente, mas quando decidia, como neste exemplo, que havia uma questão ainda mais importante em jogo, podia contrariar a moralidade tradicional e fazer algo – como contar uma mentira – em nome do que um moralista tradicional poderia condená-lo. Mas a grande diferença entre uma mentira *comum* e uma mentira *consciente* é que, no segundo caso, você *sabe* que mentiu e *sofre* com isso, por saber que fez algo que está abaixo de seus próprios padrões e que já não pode se jactar de ter um caráter íntegro. Jung costumava dizer que a consciência é ampliada por tais ações, mas também obscurecida: já não é mais imaculada, por assim dizer, e é realmente antiético insistir, nem que em pensamento, no contrário.

Embora Jung tenha ludibriado Freud ao dar uma associação que não era genuína, ainda assim causa surpresa que Freud não tenha reparado que não estava correspondendo aos padrões de Jung. Segundo a biografia de Freud escrita por Ernest Jones, ele realmente não notou nada de errado no relacionamento até dois ou três anos mais tarde. De fato, na época da viagem à América, era o próprio Jones que Freud temia que fosse falhar em permanecer um "adepto próximo". Jones disse que, na América, "Freud formava uma ideia exagerada sobre minha independência", e isto o levou a fazer "o gesto especial de ir comigo à estação para me ver partir para Toronto ao final da estadia, e expressar a esperança calorosa de que eu fosse me manter ao lado dele. Suas últimas palavras foram: 'Você verá que vale a pena'"[22]. Ernest Jones foi de fato um dos seus adeptos mais fiéis até o final da vida, de modo que todo relato do período na América, além de muitos outros exemplos na biografia de Jones, passam uma impressão estranha sobre a capacidade de Freud de julgar o caráter das pessoas.

---

21. *Man and His Symbols*, p. 57.
22. JONES, E. *The Life and Work of Sigmund Freud* (Londres: The Hogarth Press, 1958, e Nova York: Basic Books, 1955), II, 65.

Mas foi só no ano seguinte (1910), em Viena, que Jung tomou consciência da área exata em que Freud não poderia suportar qualquer opinião alternativa. Desde que se conheceram, Jung tinha vagas suspeitas de que o sentimento religioso de Freud era projetado em sua teoria sexual. Sabe-se que Freud rejeitava inteiramente a religião. Confrontado com a morte totalmente inesperada de sua filha Sophie, em 1920, escreveu a Sandor Ferenczi: "Visto que sou *profundamente irreligioso*, não tenho ninguém a quem acusar, e sei que não há lugar nenhum a que qualquer queixa pudesse ser dirigida"[23]. Contudo, como Nietzsche pôde sentir na própria pele, nenhum ser humano pode se dar ao luxo de anunciar que "Deus está morto". Alguém ou algo dentro dele se vingará. Jung ficou cada vez mais impressionado com a maneira como Freud falava da sexualidade. Escreveu:

> Era evidente que Freud estava emocionalmente implicado com sua teoria sexual em um grau extraordinário. Quando falava dela, seu tom se tornava urgente, quase ansioso, e todos os sinais de sua postura geralmente crítica e cética desapareciam. Uma expressão estranha, profundamente comovida, e que eu não conseguia compreender, tomava sua face. Eu tinha uma forte intuição de que, para ele, a sexualidade era uma espécie de *numinosum*[24].

Ele prosseguiu dizendo que sua intuição foi confirmada por uma conversa em 1910, quando Freud subitamente lhe disse: "Meu caro Jung, prometa-me nunca abandonar a teoria sexual. Isso é o mais importante de tudo. Veja, devemos fazer dela um dogma, um baluarte inabalável". Apesar da intuição anterior, Jung ficou *chocado*, pois ninguém quer erigir um dogma, exceto para "suprimir dúvidas de uma vez por todas. Mas isso nada mais tem a ver com julgamentos científicos, e sim com uma vontade de poder pessoal". Levou alguns anos para Jung compreender plenamente o que havia "observado em Freud" fora "a irrupção de fatores religiosos inconscientes"[25]. Freud,

---

23. Ibid., III, 20ss. Destaques meus.
24. *MDR*, p. 150. • Termo latino derivado de *numem*, em direta alusão ao teólogo alemão Rudolf Otto, que, em sua influente obra *O sagrado* (1917), se dedicou ao estudo fenomenológico das emoções religiosas, entre elas o senso de mistério, o terror e o fascínio [N.T.].
25. *MDR*, p. 151.

que sempre fez tanta questão de proclamar sua irreligiosidade, tinha agora construído outra imagem impositiva, em lugar do Deus ciumento, Javé, por ele já perdido. Jung disse que a

> vantagem dessa transformação para Freud foi, aparentemente, que ele podia considerar o novo princípio numinoso como cientificamente incontestável e isento de qualquer mancha religiosa. No fundo, porém, a numinosidade, ou seja, as qualidades psicológicas dos dois opostos racionalmente incomensuráveis – Javé e a sexualidade – permaneceu idêntica. Só o nome tinha mudado e, com ele, evidentemente, o ponto de vista: o deus perdido tinha agora de ser procurado embaixo, não no alto. Mas, no fim das contas, que diferença faz para a potência mais forte se é chamada por esse ou aquele nome?[26]

Achei interessante, ao ler a biografia de Freud preparada por Jones, constatar que, em quase todas as amizades de Freud que terminaram em desentendimentos irremediáveis, a sexualidade foi o pomo da discórdia. Jones frequentemente enfatizou a tolerância de Freud, mas fica claro que ela acabava quando a teoria sexual estivesse envolvida. Para Freud – e provavelmente também para o próprio Jones –, era impossível desistir dessa teoria *a não ser* por covardia ou oportunismo. Freud chegou até a escrever a Jones sobre Jung: "Qualquer um que prometa à humanidade libertá-la das agruras do sexo será incensado como herói, deixe que ele fale as besteiras que quiser"[27]. Certamente, Jung nunca prometeu à humanidade nada do tipo. Em certos casos individuais, nos quais o sexo era realmente o problema básico, ele até o enfatizava tanto quanto Freud, mas viu cada vez mais claramente que nenhuma regra geral podia ser aplicada, pois este *não* é o único impulso. Só um fanático pode acreditar que sua verdade é a única verdade. Mas, para Freud, sua teoria sexual era a única verdade definitiva e, da mesma forma que os antigos judeus arriscariam e sacrificariam tudo em nome de Javé, assim também Freud arriscaria e sacrificaria tudo em nome de suas convicções sobre a sexualidade.

---

26. Ibid., p. 151ss.
27. JONES, E. Op. cit., II, 171.

Ernest Jones assinalou algumas analogias superficiais entre o que chamou de as "defecções", abandonos, de Otto Rank e de Jung em relação a Freud. Foi, porém, honesto o bastante para encerrar essa comparação com as seguintes palavras: "A notável diferença entre os dois casos é que, evidentemente, Jung não era afligido pela perturbação mental que arruinou Rank, e desse modo pôde levar uma vida incomumente frutífera e produtiva"[28]. Parece-me que Jones teria encontrado um paralelo muito mais interessante se tivesse escolhido uma comparação com Josef Breuer, e não com Rank. Os papéis, na verdade, estavam invertidos, visto que Breuer era muito mais velho do que Freud, mas realmente havia analogias interessantes para o inevitável rompimento em cada caso. Jones chegou até a dizer que "Breuer teve atitude muito satisfatória enquanto Freud era um jovem filho necessitado de ajuda, mas pareceu se ressentir com sua crescente independência, como muitos pais fazem com seus filhos"[29]. Eu quase não precisaria acrescentar que foi a discordância de Breuer em relação ao postulado totalitário de Freud sobre a sexualidade que levou ao rompimento final após vinte anos de amizade.

Em todo caso, Jung já tinha percebido na América que, se quisesse explorar adequadamente o campo que se descortinava à sua frente, não poderia continuar a fingir que concordava com as teorias de estimação de Freud. Ele retornou aos Estados Unidos quase todos os anos antes da eclosão da guerra de 1914, para conferências ou consultas. Provavelmente o sexto sentido norte-americano para detectar o que realmente importa fortaleceu o senso inato do próprio Jung de que fatos são muito mais importantes do que teorias, mas foi só quando escreveu o livro (agora chamado de *Símbolos da transformação*) que ele se deu conta plenamente do quão intragáveis tais fatos seriam para Freud.

Emma Jung tinha mais esperança do que seu marido quanto a isso; ela pensava que Freud aceitaria os fatos com magnanimidade. Contudo, como me disse certa vez, ela tinha na época suas próprias dúvidas sobre Freud. Ele contou-lhe em certa ocasião que uma das filhas dele estava tendo muitos

---

28. Ibid., III, 81.
29. Ibid., I, 159.

sonhos perturbadores. A Sra. Jung disse confiantemente: "Com certeza o senhor os analisa, ou pelo menos os compreende?" Mas Freud respondeu: "Minha cara senhora, devo usar todo o meu tempo prestando atenção aos sonhos de meus pacientes para que minha filha possa continuar sonhando"[30]. Isso foi para Emma Jung um choque tão grande quanto os que seu marido sofreu em outros contextos. Ela estava segura de que Jung prestaria toda atenção a qualquer sonho importante de um membro da família, e o fato de que este não fosse o caso com Freud abalou sua confiança nele, como provavelmente mais nada poderia ter feito. Contudo, ela também se entristeceu quando ficou claro que o marido perderia essa amizade. O fato de que muitos homens só eram capazes de acompanhar Jung até certo ponto sempre foi causa de grande tristeza para Emma Jung. As mulheres aceitam com mais facilidade a psicologia porque, para elas, as ideias não são tão importantes e elas podem, portanto, aceitar algo novo no âmbito das ideias, muito mais prontamente do que os homens. O âmbito dos relacionamentos é o que mais importa para as mulheres, como vemos no choque de Emma Jung com a atitude de Freud para com os sonhos da própria filha, algo que é improvável que afetasse seriamente um homem.

Quando lemos cuidadosamente a "Retrospectiva" de Jung[31] (essa foi uma das últimas coisas que ele escreveu), é fácil ver o que tornou inevitável o rompimento entre esses dois psicólogos. A coisa mais importante na vida de Jung era seu espírito criativo, que na "Retrospectiva" ele chamou de seu *daimon* e que sempre lhe revelou novas verdades. Ele disse que nunca podia se dar por satisfeito ao alcançar um objetivo, tendo sempre de esforçar-se para estar à altura de seu *daimon* criativo. Quando as pessoas deixavam de compreendê-lo – como foi o caso de Freud, quando não conseguiu compreender os fatos e ideias em *Símbolos da transformação* –, Jung tinha de seguir em frente. Ele escreveu que muitas vezes se sentiu como se estivesse em um campo de batalha e dissesse: "Agora você caiu, bom camarada, mas eu devo prosseguir... gosto de você, de fato amo você, mas não posso fi-

---

30. Cf. *The Freud/Jung Letters*, p. 456.
31. *MDR*, p. 355-359.

car". Foi exatamente isso: ele gostava de Freud, até mesmo o amava, e ter de abandoná-lo partiu seu coração, mas, mesmo assim, *não podia* ficar. Ele tinha de seguir seu *daimon* criativo e de algum modo fazer as pazes com as novas ideias que vinham se adensando nele, da mesma forma que, no calor da batalha, o oficial ou o soldado *não pode* se deter junto ao amigo ferido ou moribundo. Cabe perguntar se Freud em algum momento compreendeu por que Jung teve de abandoná-lo, ou se realmente viu que Jung tinha de seguir o próprio caminho contra o pai, assim como ele próprio teve de ir contra Breuer, a quem conhecia por muito mais tempo e de quem chegou até a aceitar dinheiro, como doação e empréstimo[32]. Isso não parece provável, visto que em ambos os casos o pomo da discórdia era a convicção religiosa não assumida de Freud com relação à sexualidade. Tratou-se (assim me parece) de uma diferença de temperamento entre os dois homens: Jung *não* podia se contentar com o que tivesse conquistado, seu *daimon* criativo o compelia a seguir em frente; por outro lado, Freud de fato se deteve, durante toda a vida, na sua conquista da teoria sexual, não sendo capaz jamais de questionar sua verdade eterna, mas ficando ao lado dela e defendendo-a até o fim, embora se mostrasse bastante à vontade para revisar outras partes de sua teoria[33].

Os últimos anos no Burghölzli foram uma época de crescente abertura de horizontes para Jung. Não só ele começava a se sentir mais confiante em sua profissão, mas também sua vida além das fronteiras da Suíça se ampliava cada vez mais. Houve congressos na Alemanha e em outros lugares e neles Jung encontrou muitas pessoas que estavam trabalhando no próprio campo dele, tendo a oportunidade de trocar ideias, o que sempre achou estimulante. Sua atitude em relação a congressos sempre foi um tanto ambivalente, pois neles geralmente há muita estreiteza de pensamento e condenação de novas ideias, e muitos dos participantes são movidos mais pela ambição pessoal do que pela busca da verdade como um fim em si, o que era de longe o mais importante para Jung. Em anos posteriores, participei

---

32. JONES, E. Op. cit., I, 68, 175ss., 202.
33. Aos leitores que queiram mais informações sobre a diferença entre os pontos de vista junguiano e freudiano, recomenda-se a leitura de *From Freud to Jung*, de Liliane Frey-Rohn (Nova York: C.G. Jung Foundation/G.P. Putnam's Sons, 1974).

de muitos congressos com Jung; testemunhei seu enorme prazer em conversas que realmente o interessassem, e sua decepção e impaciência com os aspectos inevitavelmente estúpidos e mesquinhos de tais eventos. Ele costumava dizer, em anos posteriores: "Se nossa civilização for destruída e desaparecer, será sobretudo devido à estupidez, e só em segundo lugar por causa do mal". E, toda a sua vida, como São Paulo, achou difícil "suportar com boa vontade os insensatos"*. Achava particularmente difícil sofrer pela cegueira e preconceito com que se tratam novas possibilidades nos círculos acadêmicos e médicos, o que leva pessoas, apesar de inteligentes, a se fecharem ao livre-intercâmbio de ideias e a reagirem à vida de modo muito mais estúpido do que seria, de fato, necessário.

Provavelmente a mais interessante de suas viagens como palestrante foi a primeira aos Estados Unidos, em 1909, que durou sete semanas, incluindo-se o percurso de ida e volta. Algumas cartas à sua esposa[34] dão uma boa ideia do impacto que o "Novo Mundo" teve para ele. Para um suíço introvertido, a extroversão escancarada da América é o maior contraste que se podia imaginar. Os suíços, embora hospitaleiros e extremamente amigáveis, quando sentem que realmente conhecem a pessoa, levam muito tempo para abrirem suas portas a estrangeiros. Um convite leva longo tempo de maturação, e passam-se meses, senão anos, entre o primeiro "você devia nos visitar" e o convite para que venha, com uma data definida. Os norte-americanos, por outro lado, mantêm as portas abertas. Jung costumava dizer que todas as portas ficavam escancaradas na América, sendo impossível ficar cinco minutos sozinho. Certa vez, ele estava em um quarto de hóspedes com uma porta aberta para o quarto do casal anfitrião, e qualquer tentativa de fechá-la durante a toalete estava fadada a ser imediatamente frustrada. "Eles evidentemente me viam como seu bebê, e sentiam ter o direito de cuidar de mim o tempo todo, e de fato viam isso claramente como um dever sagrado!"

A Clark University agraciou Jung e Freud com o título de Doutor em Direito *honoris causa* durante essa visita. Esse foi o primeiro de muitos títulos

---

* 2Cor 11,19 [N.T.].
34. Trechos dessas cartas foram publicadas como Apêndice II em *MDR*, p. 365-370.

honoríficos nas décadas seguintes, mas do início ao fim esses gestos causavam pouca impressão em Jung. Apreciava-os, pois eram um contraste bem-vindo com relação à falta de reconhecimento em outros círculos acadêmicos e, de fato, à oposição quase fanática suscitada por sua psicologia. Ele sempre teve uma reação adequada tanto ao reconhecimento quanto à censura, mas nenhum deles fazia diferença para sua perspectiva essencial, que era fundada na convicção interior, incólume ao louvor ou à crítica excessiva.

Por mais que tenha gostado do contraste da América, particularmente da bela paisagem rural, como muitos europeus ele a achou cansativa, e, ao final, estava contente por estar novamente a bordo de seu navio e reencontrar paz e solidão no Oceano Atlântico. Jung sempre amou o mar e era um excelente marujo, capaz de desfrutar de seu alimento enquanto a maioria dos outros passageiros já estava prostrada de enjoo. A América finalmente pôs fim a seu período de total abstinência alcoólica, que já começava evidentemente a cansá-lo. Escreveu à sua esposa contando que estava "honrosamente se retirando de suas várias confrarias abstêmias". Jung tinha a melhor atitude que já vi com relação ao vinho: apreciava totalmente, conhecia muito, podia às vezes beber bastante, mas nem por um momento perdia sua objetividade perante ele. É, portanto, difícil para quem só o conhecesse com mais idade imaginá-lo como um abstêmio. Na viagem de volta, escreveu à esposa: "Só o que é proibido atrai. Acho que não devo proibir-me demais". Certamente, ele foi bem-sucedido quanto a se permitir o álcool, e podemos imaginar a alegria de seu amigo Oeri quando soube que a fase abstêmia de Jung tinha chegado ao fim.

O ano de 1909 foi decisivo para Jung, pois ele deixou o Burghölzli e se estabeleceu na casa que tinha construído junto ao Lago de Küsnacht. Emma Jung me contou que, nos últimos anos no Burghölzli, eles falavam muito sobre o quanto queriam construir uma casa para si, mas levou algum tempo para que encontrassem o lugar certo. Lembremo-nos da precoce resolução de Jung, tomada quando ele era criança pequena, às margens do Lago de Constança, de viver junto a um lago, pois já pensava que "ninguém poderia viver sem a proximidade da água"[35]. Ele sequer podia ver o lago a distância,

---

35. Cf. acima, p. 29.

de seu apartamento no Burghölzli, de modo que, naturalmente, sua casa não poderia ser construída até que encontrasse o lugar certo, próximo ao lago. A Sra. Jung me contou que eles finalmente o acharam, mais ou menos por acaso. Eles saíram em um domingo para caminhar ao longo do lago quando, entre os vilarejos de Erlenbach e Küsnacht, inesperadamente depararam com um terreno à venda. Os olhos dela ainda brilhavam quando descrevia a alegria e entusiasmo que isso gerou nos dois. Era um local excepcionalmente vantajoso, pois havia uma ampla faixa de terra entre o lago e a estrada principal que costeia o lago. Evidentemente, era uma estrada tranquila naquela época; desde então foi tomada por um trânsito pesado, e muitas outras casas junto ao lago, que seriam plenamente satisfatórias, foram arruinadas devido ao constante barulho onde o terreno entre a estrada e o lago era estreito demais. Felizmente, os Jung compraram um terreno numa área mais profunda, e assim construíram sua casa longe o bastante da estrada para não serem seriamente perturbados pelo trânsito que crescia ano após ano. A princípio, o terreno tinha uma frente relativamente estreita para o lago, mas depois conseguiram aumentá-la consideravelmente.

Jung disse em *Memórias* que ele deixou o Burghölzli porque sua clínica particular havia crescido muito, assim como por um sacrifício a Freud, de modo a poder devotar mais tempo a todas as coisas que Freud queria que ele empreendesse[36]. Na época, os médicos do Burghölzli eram autorizados a atender pacientes particulares além do trabalho no hospital, e Jung já não podia dar conta de tudo o que tinha que fazer. Acalentou a ilusão de que, ao se retirar, não apenas ficaria livre do trabalho do hospital, mas que seus pacientes particulares também encontrariam outros médicos no Burghölzli, de modo que ele finalmente ficaria livre para a pesquisa e uma carreira acadêmica. Prosseguiu fazendo suas conferências na universidade por alguns anos, e construiu sua casa sem uma sala de espera para pacientes. Havia um cômodo que podia ser usado como uma sala de espera satisfatória, próxima à sua biblioteca no segundo andar, e a própria biblioteca tinha uma pequena sala anexa que eventualmente se transformava em um consultório adequado.

---

36. *MDR*, p. 117.

Mas a sala de espera tinha sido construída como uma rouparia, e inteiramente preenchida com armários e – como a Sra. Jung me contou – era desagradável, de um ponto de vista doméstico, ter acesso àqueles armários somente quando não havia pacientes na sala de espera.

Diferentemente da Torre em Bollingen, que recebeu repetidas ampliações, a casa em Küsnacht permanece, hoje em dia, quase original à forma como foi construída*. Só houve uma alteração estrutural importante em 1925, enquanto Jung estava na África. Ele viveria na sua casa em Küsnacht por mais de cinquenta anos.

Jung chamou os nove anos que passou no Burghölzli de seus "anos de aprendizagem"[37]. Visto que sua decisão de se tornar psiquiatra foi tomada somente às vésperas de seu exame final, ele foi para o Burghölzli com praticamente nenhum conhecimento do assunto, pois seus estudos médicos tinham se concentrado no corpo físico. Isso naturalmente o deixou muito inseguro, até que tivesse lido tudo o que pôde encontrar a respeito da disciplina. Mesmo então, ele apenas trocou um tipo de insegurança por outro, pois sua leitura e experiência com outros psiquiatras o convenceram de que a própria profissão ainda tinha tudo a descobrir.

As dificuldades foram para Jung quase sempre um desafio, raramente ou nunca um desencorajamento, e assim, apesar de sua incerteza e sentimento de total ignorância iniciais, seu entusiasmo pela profissão escolhida cresceu rapidamente. Não acho que tenha alguma vez se arrependido da escolha, nem por um instante. Ele ampliou rapidamente seu conhecimento e, com este, seu sentimento de segurança, embora, de fato, sua grande luta – o "confronto com o inconsciente" – viesse a acontecer alguns anos depois de deixar o Burghölzli. Ele já havia, porém, concluído seu período de aprendiz, e estava tão seguro quanto qualquer psiquiatra realmente conscencioso poderia estar naquela época. Era frequentemente exposto à "única tortura insuportável, a tortura de não compreender", mas os anos no Burghölzli, mais ainda do que

---

* Esboços e detalhes da casa estão publicados em *A arte de C.G. Jung*. Editado pela Fundação das Obras de C.G. Jung. Petrópolis: Vozes, 2019, p. 94ss. [N.T.]

37. *MDR*, p. 114.

o período na Universidade de Basileia, tinham-no ensinado a enfrentar essa tortura e nunca recuar. Além disso, tinha aprendido que, se levasse sua integridade, e tudo o que ele era, e o que sabia, ao trabalho com seus pacientes, os resultados poderiam ser inesperadamente bons, e teve de admitir grandes melhorias, até curas completas, mesmo sem que tivesse a menor ideia de como ou por que tinham acontecido.

Em anos posteriores, de fato, tais curas ainda aconteciam em sua clínica, mas então Jung já tinha aprendido que elas podem ser consteladas pelo médico, mas concretizadas tão somente pelo próprio inconsciente do paciente. Nos seus anos no Burghölzli, ele, como Freud e Adler, só tinha descoberto o inconsciente pessoal. Suspeitava que havia profundidades na psique humana que eram completamente desconhecidas, mas só quando começou a estudar mitologia, e sobretudo a fazer experimentos com seu próprio inconsciente, é que se deu conta do inconsciente coletivo como um fato empírico e verificável. Ele de fato o estava experimentando diariamente nas fantasias de seus pacientes e, diferentemente da grande maioria de seus contemporâneos, acreditava que essas fantasias faziam sentido, mas ainda estava distante de possuir a chave que poderia desvendar o mistério. Mais até do que em seus anos de estudante, ele teve de enfrentar seu inferno particular: a tortura de não compreender; mas pôde fazê-lo, nessa época, sem sentimentos de inferioridade e sem se sentir impedido de fazer o máximo que podia por seus pacientes.

Ao chegar ao Burghölzli, ele ainda era um jovem de 25 anos e solteiro. Ao deixá-lo, já era um homem casado, de 34 anos e com duas filhas pequenas e um filho bebê. (Suas duas filhas mais jovens nasceram depois da mudança para Küsnacht.) Estava no que mais tarde chamaria de ponto médio da vida, que ele situava por volta dos 35 anos. Ele frequentemente assinalava que a tarefa da pessoa na primeira metade da vida é estabelecer suas raízes na *vida exterior*. Com a construção da casa em Küsnacht, Jung tinha completado essa tarefa: tinha conquistado renome profissional, tanto na Europa como na América, estava casado, a família aumentava e ele tinha agora sua própria casa e sua própria terra, onde finalmente poderia estabelecer suas raízes. De fato, mudou-se para Küsnacht com o firme propósito de abandonar o exercício *exterior* de sua profissão para se devotar à pesquisa.

A direção muda, Jung costumava dizer, depois que o ponto médio da vida é ultrapassado; a tarefa então passa a ser estabelecer as raízes interiores. A meta não é mais dirigida ao mundo, mas sim à ampliação e consolidação da personalidade. Acima de tudo, a meta da última parte da vida não é mais o mundo, mas, em última análise, a inevitabilidade da morte. Esta é uma meta significativa, embora, em nossa era materialista, isso é geralmente ignorado. Não quer dizer que não tenhamos obrigações para com a vida em sua segunda metade; não mais precisamos *sair em busca do mundo*, por assim dizer, mas, quando ele vem até nós, ainda somos obrigados a lidar com suas exigências. Com efeito, o próprio Jung, embora não mais *buscasse* as tarefas de sua profissão, sempre as aceitou quando vinham até ele. Assim, quando se provou ilusório que ele pudesse deixar sua prática clínica para trás, no Burghölzli, ele aceitou plenamente esse fato, indesejado, e começou sua tarefa, para o resto da vida, de dividir seu tempo e energia entre duas tarefas aparentemente conflitantes: um exercício profissional em expansão e a pesquisa dos saberes esquecidos do passado, suas novas ideias e sua escrita.

O sonho do final de seus dias de colégio lhe ensinou que devia deixar para trás sua personalidade n. 2 e sair para o mundo exclusivamente em sua personalidade n. 1. Ele não poderia jamais negar a existência de sua personalidade n. 2, nem o mundo eterno dela, mas, durante todo o tempo na Universidade de Basileia e durante os nove anos no Burghölzli, ele dirigiu toda sua atenção ao n. 1 e ao mundo deste: o mundo externo, cotidiano, que é tudo o que a maioria das pessoas conhece. Como vimos, ele realizou com êxito a tarefa da sua primeira metade de vida, construindo raízes firmes e duradouras no mundo exterior.

Deve ser enfatizado que Jung nunca conseguiu, mesmo na velhice, abandonar sua prática clínica, nem desejou, posteriormente, senão reduzi-la. Mas a mudança para sua tranquila casa junto ao lago e o jardim que ele tanto amava deram-lhe muito mais liberdade; por exemplo, ele pôde estabelecer seus próprios horários de trabalho e dias de folga. Ao que parece, realizou a exigência que lhe fora feita por seu sonho[38]: partiu para o mundo com sua personalidade n. 1; manteve acesa sua luz apesar de todas as tempestades e dificuldades em achar seu caminho no mundo exterior; e agora chegara a hora de novamente mudar de direção e encarar sua personalidade n. 2 e o mundo interior dela.

---

38. Cf. acima, p. 78.

6
Os primeiros anos em Küsnacht, 1909-1914

Foi uma sorte que Jung e a esposa tenham gostado tanto de sua nova casa em Küsnacht, e que ele tenha enfim realizado o antigo anseio de viver junto a um lago, pois os primeiros anos lá foram difíceis para Jung. O sonho que teve na América deixou nele uma impressão inesquecível, e ele sabia que tinha agora de encarar todas as suas repercussões. Na abertura do sonho, relatado detalhadamente em *Memórias*[1], ele estava em uma casa desconhecida, mas que ainda assim era a "sua casa", no andar superior, finalmente mobiliado em estilo rococó e com quadros antigos valiosos. Ele então se surpreende em recordar que nunca estivera no andar de baixo. Ao descer, constata que tanto a arquitetura como a mobília datavam dos séculos XV e XVI. Atravessando uma pesada porta, descobriu uma escadaria de pedra que levava a um antigo e belo porão, com o teto em abóbada, e paredes que datavam, sem dúvida, da era romana e, mais abaixo ainda, havia uma caverna profunda com restos mortais, entre os quais dois crânios humanos, obviamente pertencentes a uma cultura primitiva. Por mais incrível que isso soe agora, Freud tentou interpretar este sonho exclusivamente a partir do nível pessoal; Jung agora enfrentava a tarefa de descobrir por si só o real sentido do sonho.

Já em 1909, na América, logo após ter tido o sonho, Jung percebeu que ele se referia a camadas do inconsciente que subjazem à consciência humana. Agora que estava de volta à Suíça e com algum tempo livre, sabia que preci-

---

1. *MDR*, p. 158ss.

saria explorar esses níveis. Mas, de novo – como no início de seu trabalho no Burghölzli –, ele estava diante da obscuridade e da "única tortura insuportável, a tortura de não compreender".

O anseio de viver próximo a um grande lençol d'água, que se apossara dele junto ao Lago de Constança, quando ainda era uma criança pequena, nada tinha de devaneio ou fantasia infantil. Era uma necessidade vital, algo que, mais do que qualquer outra coisa, lhe seria de grande ajuda e serviria de amparo nas últimas décadas de sua vida. Embora ele certamente não soubesse disso na infância, e duvido muito que o soubesse ao comprar seu terreno junto ao lago, a água é o símbolo *par excellence* do inconsciente. Embora evidentemente esta seja apenas uma imagem exterior, ela ajuda mais do que qualquer outra quando nos defrontamos com o desconhecimento sobre o inconsciente; de 1909 até o fim de sua vida, Jung sempre foi capaz de levar sua "tortura insuportável" para a beira da lagoa. Assim, é curioso que seu sonho o tenha confrontado com as profundezas desconhecidas do inconsciente no mesmo ano em que foi morar junto à água.

Ainda no ginásio em Basileia, tentando tomar uma decisão sobre sua profissão, Jung se sentia fortemente atraído pela arqueologia. De fato, só a falta de recursos financeiros é que o fez desistir do objetivo de se tornar arqueólogo. O primeiro efeito de seu sonho foi reavivar seu velho interesse. Após o retorno para casa, ele leu um livro sobre escavações babilônicas, e então devorou inúmeros livros sobre mitologia e os velhos gnósticos, acumulando uma montanha de conhecimento. Mas, ao final, se encontrou tão perplexo quanto estava ao começar seu trabalho no Burghölzli. Foi então que se deparou com as fantasias de uma jovem norte-americana. Nunca esteve com a Srta. Miller, mas as fantasias dela foram uma dádiva divina para ele, pois funcionaram como um catalisador para a montanha de material que ele tinha acumulado e para as suas ideias armazenadas, mas ainda confusas, a esse respeito.

Tais fantasias tinham sido publicadas por um velho amigo de Jung, Théodore Flournoy, de Genebra. Frequentemente ouvi Jung falar de Flournoy com a maior afeição e respeito; na edição alemã de *Memórias* há duas páginas de reconhecimento a ele, que não aparecem na edição em inglês[2]. Infelizmente, Flournoy já era um homem idoso quando eles se conheceram, época em que Jung estava deixando o Burghölzli, e assim só restaram poucos anos até a morte de Flournoy. Jung, porém, falava nos termos mais calorosos sobre seu débito com esse velho médico, que foi também professor de Psicologia e de Filosofia. Flournoy o apoiou muito, particularmente durante a separação de Freud, nos primeiros anos em Küsnacht. Jung disse que Flournoy falava de forma bastante ponderada sobre Freud, destacando a adesão do psicólogo à era antirreligiosa do Iluminismo, o que explicava muita coisa, particularmente sua atitude unilateral. Jung foi muitas vezes a Genebra ver Flournoy naqueles anos, e descobriu que podia discutir com ele um imenso leque de assuntos como jamais pôde fazer com Freud. Flournoy tinha uma abordagem objetiva e científica, embora afetuosa, não apenas em relação a seus pacientes, mas também a qualquer assunto. Jung podia falar com ele livremente sobre seu interesse por temas como sonambulismo, parapsicologia e a psicologia da religião. Relatou que, depois do rompimento com Freud, se sentia ainda muito jovem e inexperiente para manter-se sozinho, e que Flournoy foi uma ponte valiosa para sua independência posterior. Foi um grande prazer para Jung que Flournoy tenha concordado entusiasticamente com sua análise das fantasias da Srta. Miller.

Ao longo da vida, Jung sempre teve a tendência de passar por maus momentos com seu *daimon* criativo *antes* de escrever um novo livro. Esse *daimon* o instigava quando chegava a hora de escrever um novo livro, e não o deixava em paz antes que começasse. Embora a maioria dos seus livros fosse produzida sob grande pressão e o cansasse consideravelmente, ele sentia muito prazer ao escrevê-los. *Símbolos da transformação* foi uma exceção nesse sentido. Certa vez lhe contei, pouco depois de conhecê-lo, que, embora a maioria de seus livros me enchessem de esperanças e de um sentimento de, ao final, compreender coisas que não tinha compreendido antes, *Símbolos da transformação* (então sabidamente maltraduzido para o inglês e publicado sob o título *The Psychology of the Unconscious*) tinha tido o efeito exatamente

---

2. *Erinnerungen, Träume, Gedanken von C.G. Jung*, p. 378-379.

oposto; ele então exclamou: "Que coisa extraordinária, pois eu próprio estava numa terrível depressão na época em que o escrevi".

Essa depressão sem dúvidas derivou, em grande medida, de sua crescente convicção de que, se ele escrevesse o livro como sentia que devia fazê-lo, pagaria o preço de perder a amizade de Freud. Mas havia também uma razão mais profunda. Se voltarmos ao sonho que ele teve na América, a causa imediata de todo esse desenvolvimento, lembraremos que sua exposição (a cena inicial) enfatizava que a casa desconhecida era *sua* própria casa. O sonho prosseguia com a exploração da casa e a descoberta de que existiam três andares abaixo daquele em que o sonho começava; já então, ele interpretou o andar "superior" como representando sua consciência. Para compreender os sonhos é necessário encontrar um contexto, ou seja, associações pessoais, se estas existirem, e, caso contrário, paralelos com o conteúdo humano geral: história, mitologia e assim por diante. Portanto, toda a pesquisa que Jung tinha feito antes de escrever *Símbolos da transformação*, e a escrita em si do livro, foram os absolutamente indispensáveis primeiros passos. Ele jamais teria compreendido seu sonho sem um amplo conhecimento da mitologia mundial, por exemplo, e mesmo a escrita do livro foi apenas um passo preliminar. Foi só o "confronto com o inconsciente", seu próprio inconsciente, que revelou o real sentido do sonho, e este passo – e mesmo o conhecimento de que havia tal passo – ainda estava inscrito no futuro. Portanto, a causa para a depressão de Jung ao longo da escrita do livro, e para a falta da satisfação que escrever costumava lhe propiciar, foi sem dúvida não ver, na época, que o sentido pleno do sonho só poderia ser descoberto depois que tivesse percebido que também estava em questão, subjetivamente, seu próprio problema interior.

Em 1925, Jung deu um seminário para alguns de seus discípulos e pacientes em Zurique. Nele, pela primeira vez, falou do desenvolvimento de sua psicologia a partir de sua própria experiência. O seminário foi em inglês, e transcrito por vários membros do grupo. Cary de Angulo – que mais tarde se casou com o Dr. Godwin Baynes e se tornou bem conhecida como tradutora de livros de Jung com o nome de Cary Baynes – assumiu o papel principal na edição da transcrição desse seminário e em multigrafá-lo para o uso do grupo. Essas conferências eram distribuídas apenas a umas poucas pessoas, todas bem conhecidas por Jung. E apresentam alguns aspectos, não tão claros em *Memórias*, da época que estamos considerando*.

Quando os pacientes e alunos estavam tendo dificuldades em encarar o inconsciente, Jung frequentemente falava da época em que escrevera *Símbolos da transformação*. Ele era assediado por pesadelos, e levou alguns anos para que visse que o livro *Símbolos da transformação* poderia ser considerado como sendo *ele próprio*, como um retrato de sua própria condição psíquica, e que uma análise do livro, mesmo naquela época, teria levado a uma análise dos seus próprios processos inconscientes. Ele costumava explicar que os dois tipos de pensamento (tópico com o qual o livro se inicia) podiam ser definidos como um pensamento intelectual ou dirigido e um pensamento fantasioso. Na época, ele sentia que este último devia ser considerado completamente impuro, quase um intercurso incestuoso – imoral de um ponto de vista intelectual – com o inconsciente.

Enquanto escrevia o livro, permitir que a fantasia atuasse dentro de si mesmo teria tido um efeito como se um carpinteiro fosse certa manhã para sua oficina e encontrasse todas as ferramentas voando e fazendo coisas independentemente das intenções dele. Em outras palavras, teria ficado tão profundamente chocado que a única forma de seu consciente conseguir reconhecer o pensamento fantástico seria pela projeção de seu próprio material interior.

Na época, este pensamento lhe parecia uma coisa fraca e pervertida, como o que tinha visto várias vezes em seus pacientes no Burghölzli. Ele só poderia manejá-lo através das fantasias de uma mulher como a Srta. Miller. Isso nos dá uma amostra antecipada da agonia que o posterior confronto com seu próprio inconsciente lhe custaria, e uma pista da sua grande depressão enquanto escrevia o livro.

A partir de tudo o que se sabe sobre como novas ideias entravam na mente consciente de Jung, podemos estar certos de que, nesses anos que

---

* Cf. JUNG. C.G. *Seminários sobre psicologia analítica (1925)*. Petrópolis: Vozes, 2014 [N.T.].

precederam diretamente o "confronto com o inconsciente", ele já tinha pelo menos um tênue pressentimento de que a resposta adequada a seu sonho teria de ser muito mais subjetiva do que qualquer livro, para ser completa. Conforme mencionado antes, embora ainda desconhecida, *a casa no sonho era dele*, um fato que certamente não lhe escapou.

Embora possamos estar certos de que essa razão subjetiva mais profunda teve muito a ver com sua depressão, não quero minimizar a razão exterior, da qual ele certamente estava mais consciente na época. Jung era um amigo muito fiel, especialmente quando sentia forte gratidão pelo amigo, o que certamente era o caso em relação a Freud, e ele nos conta que, conforme trabalhava o livro e se "aproximava do fim do capítulo 'O sacrifício', sabia que sua publicação me custaria a amizade com Freud... Para mim, o incesto significava uma complicação pessoal só nos casos mais raros. Geralmente, o incesto tem um aspecto altamente religioso, daí ser um tema que desempenha papel decisivo em quase todas as cosmogonias e em numerosos mitos. Mas Freud se agarrava à sua interpretação literal, não podendo apreender a importância espiritual do incesto como um símbolo. Eu sabia que ele nunca seria capaz de aceitar nenhuma de minhas ideias nesse assunto"[3].

Este conflito o atormentou tanto que Jung ficou por dois meses incapacitado de prosseguir a escrita. Perder a amizade de Freud e lhe parecer ingrato eram na época um sacrifício quase além do suportável. Durante aqueles dois meses, ele cogitou seriamente "guardar seus pensamentos para si mesmo" e não publicar o livro, mas decidiu por fim "seguir em frente com a escrita". Assim como sacrificou sua carreira acadêmica por Freud – "Estou me lixando para uma carreira que tenha de ser baseada na premissa de restringir a pesquisa e esconder a verdade" –, ele agora sacrificava a amizade de Freud exatamente pela mesma razão.

Fica claro, lendo-se a biografia de Freud escrita por Ernest Jones, que ele não fez ideia da dor e do conflito que o sacrifício da amizade custou a Jung. Para Freud e seus adeptos mais próximos, *a* verdade, única e definitiva, já tinha sido descoberta, e quem quer que duvidasse dela era simplesmente

---

3. *MDR*, p. 167.

um traidor e um covarde, movido pelos motivos mais vis. Ao final de sua vida, Jung se deu conta de que, ironicamente, ele estava naquela época dedicando sua pesquisa justamente à investigação dos "dois problemas que mais interessavam a Freud: o problema dos 'vestígios arcaicos' e o da sexualidade". É um grande equívoco, muito disseminado, pensar que Jung falhou ao não ver o valor da sexualidade. Ele apenas não podia se deter em "sua significância pessoal e função biológica", como Freud o fez. Também viu e deu o maior valor a "seu aspecto espiritual e significado numinoso". Esse era de fato o *numinosum* pelo qual Freud era completamente fascinado, mas que não foi capaz de reconhecer. Jung disse: "A sexualidade é da maior importância como a expressão do espírito ctônico. Esse espírito é a 'outra face de Deus', o lado sombrio da imagem de Deus"[4]. Ele prosseguiu dizendo que seu interesse nesse lado sombrio da imagem de Deus foi basicamente desperto nele pela conversa com Freud em 1910 que o deixou tão perplexo, quando Freud lhe pediu que prometesse jamais abandonar a teoria sexual, e ajudá-lo a "fazer dela um dogma, um baluarte inabalável". Foi a tremenda emoção pela qual Freud estava evidentemente tomado, e o ardor religioso que ele sempre mostrava quando falava da sexualidade, que inicialmente abriram os olhos de Jung para o fato de que a sexualidade não é apenas o que parece ser, mas tem um outro significado, muito mais profundo.

Esse fato foi percebido há milênios no Oriente. As religiões orientais estão repletas do lado religioso da sexualidade – basta pensar nas esculturas de muitos dos templos orientais. Quando esteve na Índia, em 1938, Jung perguntou a um sábio indiano [o pândita] que o acompanhou em sua visita ao templo em Konarak por que as esculturas eram tão descaradamente obscenas. O pândita respondeu: "Mas veja como as pessoas estão interessadas". Jung objetou que elas já eram, provavelmente, interessadas demais no sexo. "É assim que deve ser", o pândita respondeu, "pois senão elas se afastariam da vida, e então como conseguiriam suportar seu verdadeiro carma? Deixe-as serem estúpidas, prometa-lhes todo tipo de agrado,

---

4. Ibid., p. 168.

é assim que elas devem ser". Jung costumava dizer que esse era um ponto de vista digno de receber meditação.

Havia traços de um *insight* parecido na Igreja primitiva e até na medieval, e sobretudo na alquimia, que, como Jung costumava dizer, cada vez mais assumiu e viveu o aspecto da totalidade que a Igreja ignorava e até condenava. Ao assinalar o rico simbolismo sexual da alquimia, especialmente o tema do incesto, Jung indicou que isso também foi caindo no esquecimento com o declínio da alquimia, sendo retomado por Freud no final do século XIX. Havia motivos o suficiente para a preocupação religiosa de Freud com a sexualidade, se pelo menos sua concepção sobre esta não fosse tão estreita e exclusivamente biológica. Quando estava escrevendo *Símbolos da transformação*, Jung conhecia pouco sobre as religiões orientais, e nada da alquimia. Contudo, suas pesquisas foram o bastante para convencê-lo de que a sexualidade tinha um "aspecto espiritual" e um "significado numinoso" que eram muito mais interessantes do que a contínua ênfase em seus aspectos pessoais e biológicos. Claro, tais aspectos não podem ser minimizados nem negligenciados – certamente têm um lugar vital no problema da sexualidade como um todo –, mas, arrastados para fora de seu lugar e incessantemente martelados, eles se tornam irremediavelmente inadequados, e até mesmo insossos.

Embora a amizade com Freud tenha persistido durante os primeiros anos em Küsnacht (Freud foi hóspede de Jung por quatro dias, antes do congresso de Weimar em setembro de 1911), ela foi naturalmente obscurecida pela certeza de Jung de que Freud não aceitaria suas novas ideias. Só conseguia falar com Freud com muito menos liberdade do que antes. Além disso, Freud cada vez mais cobrava de Jung que desempenhasse um papel central no movimento psicanalítico – foi nomeado editor do *Jahrbuch** e presidente da Associação Internacional – frequentemente se referindo a ele como o "príncipe herdeiro", um papel que Jung não tinha nenhuma vontade de assumir. Ernest Jones disse:

---

* Alusão ao *Jahrbuch für Psychoanalytische und Psychopathologische Forschungen* (Anuário de investigações psicanalíticas e psicopatológicas); fundado em 1909 por Sigmund Freud e Eugen Bleuler, com Jung no posto de redator-chefe [N.T.].

> Ele [Jung] deveria ser o elo entre as várias associações, aconselhando e auxiliando sempre que necessário, e supervisionando os trabalhos administrativos dos congressos, o trabalho editorial e assim por diante. Freud, desse modo, seria aliviado da posição ativa central, da qual não gostava. Infelizmente Jung também não. Jung costumava dizer que era um herege por natureza, razão pela qual se sentira atraído pelo trabalho herético de Freud. Mas ele trabalhava melhor sozinho, e não tinha o talento especial necessário ao esforço de cooperação e supervisão junto a outros colegas. Tampouco tinha o gosto para os detalhes administrativos, inclusive a correspondência regular. Em suma, não era talhado para a posição que Freud planejara para ele como presidente da associação e líder do movimento[5].

Quando reparamos que esses congressos (Nuremberg, 1910; Weimar, 1911; Munique, 1913) ocorreram em um período no qual todo o interesse de Jung estava voltado à pesquisa, nos primeiros anos em sua casa junto ao lago, podemos deduzir que ele só assumiu tais encargos desagradáveis pelo desejo de agradecer a Freud. Estava dolorosamente ciente de que suas novas ideias iriam decepcioná-lo em um grau extremo, e assim, naturalmente – pois ainda gostava dele e estava ligado a ele por laços de gratidão pela ajuda que recebeu para uma abordagem absolutamente nova da psiquiatria – fez todo o possível para contentar Freud. Mas Freud estava começando a ter dúvidas; já em 1909, ficou decepcionado com a recepção de Jung às suas "alvíssaras" de que o estava nomeando seu "sucessor e príncipe herdeiro". Ainda assim, continuou convicto de que Jung era o homem certo para esse papel. Ernest Jones assinalou que Freud tinha "os motivos mais fortes para fazer vistas grossas" a qualquer sinal de um futuro racha entre ele e Jung"[6], mas, em 1912, Jones disse: "as nuvens começaram a escurecer". De fato, mesmo antes disso a "intensa absorção de Jung em suas pesquisas" começou a alarmar Freud, que sentiu que elas estavam "afetando os deveres presidenciais que lhe haviam sido atribuídos". É inevitável duvidar da capacidade de Freud de julgar o caráter alheio, quando percebemos por quanto tempo ele nutria a ilusão de que

---

5. JONES, E. Op. cit., II, 160ss.
6. Ibid., II 155.

Jung, um introvertido, pudesse se tornar o organizador – que é acima de tudo um trabalho extrovertido – como Freud queria que ele fosse.

Símbolos da transformação foi orginalmente publicado em duas partes no *Jahrbuch der Psychoanalyse*. Freud, a duras penas, conseguiu aceitar a primeira parte (1911), cujo rascunho havia visto em 1910, embora, segundo Ernest Jones, a Sra. Jung tenha observado que, quando Freud esteve com eles em Küsnacht no verão de 1910, parecia "muito reservado sobre esse assunto"[7]. Na segunda parte (1912) estavam as ideias que levaram à ruptura final. Conforme Jones, era essa parte que continha a ideia (que para Freud e seus aliados mais próximos era uma heresia irremediável) de que "o incesto não devia mais ser encarado literalmente, mas como um 'símbolo' de ideias superiores". O ano de 1912 assistiu ao fim da amizade; embora os dois homens tenham se encontrado uma vez mais (no congresso de Munique, em novembro de 1913), já não lhes era possível qualquer entendimento recíproco. Freud agora temia que Jung (através dos cargos de editor do *Jahrbuch* e de presidente da Associação Internacional, para os quais o empurrara contra a inclinação natural de Jung) mantivesse o poder em suas mãos e colocasse Freud e seu círculo interno em uma posição difícil. Jung não tinha interesse nesse tipo de poder e, para grande surpresa e alívio de Freud, renunciou ao posto de redator-chefe do *Jahrbuch* em outubro de 1913, e à presidência da Associação Internacional em abril de 1914.

Em 1911 – quando Jung já sabia que sua amizade com Freud estava fadada a acabar –, uma nova amizade, destinada mais tarde a um grande papel em sua vida, despontou pela primeira vez em seu horizonte. Não parecia importante a princípio, tratava-se apenas de uma nova paciente entre os muitos que o procuravam. No início daquele ano, a mãe de Toni Wolff a levou até Jung, porque Toni estava sofrendo de quadro de depressão e desorientação, bastante acentuado pela morte de seu pai. Era uma garota de 23 anos, excepcionalmente inteligente. Jung reconheceu imediatamente que ela precisava de um novo objetivo para redespertar em si o interesse pela vida (que ficara abalado com a morte abrupta do seu amado pai), e a colocou para tra-

---

7. Ibid., II 161ss.

balhar em pesquisas necessárias para seu livro ainda incompleto. O interesse dela foi imediatamente estimulado pelo material, com os melhores resultados para sua depressão e desorientação. Ela aparece, com ar de quem se sentia em casa, na fotografia do congresso de Weimar em setembro de 1911; de fato, havia encontrado um novo e interessante círculo de amigos no grupo psicanalítico. Isso por si só foi muito revigorante para Toni, pois ela vinha de uma velha família de Zurique cujo círculo de interesses era muito restrito além de tradicionalista demais para que uma garota de inteligência tão incomum encontrasse lá o estímulo suficiente. Essa amizade com Toni Wolff é um exemplo de como o próprio inconsciente parece compensar uma perda com um ganho, e da maneira mais inesperada. Para quem tenha conhecido a Sra. Wolff, uma mulher encantadora mas convencional, é inevitável se perguntar o que a induziu a deixar a tradição de seu círculo familiar e levar a filha para um jovem médico tão original e que, além disso, estava defendendo publicamente Freud, um médico rejeitado pela Zurique convencional daquela época[8].

Retornando à razão mais profunda, subjetiva, da depressão de Jung durante a escrita de *Símbolos da transformação*, ele sabia que tinha descoberto a chave da mitologia enquanto escrevia o livro, mas então lhe ocorreu a incômoda ideia de que só tinha explicado os mitos *do passado*. O cristianismo ainda era um mito vivo? E, sobretudo, Jung ainda vivia nesse mito?[9] Ele só podia responder que não; então o lado subjetivo de seu sonho na América irrompeu em seu consciente da maneira mais dolorosa. De novo, e pior do que nunca antes, ele foi confrontado com a "insuportável tortura de não compreender". E, dessa vez, isso significava a exploração de um território não apenas desconhecido, mas cuja existência era apaixonadamente negada, para encontrar a resposta.

Jung várias vezes disse o quão completamente só ele se sentiu após o rompimento com Freud. É verdade que quase todo o grupo suíço ficou ao

---

8. A Sra. Erna Naeff-Wolff, irmã de Toni, me informou que a Sra. Wolff levou Toni a Jung graças à recomendação calorosa de um amigo, cujo filho havia sido tratado com muito êxito por Jung. A Sra. Naeff acredita ser improvável que sua mãe soubesse do preconceito geral, contra análise, que havia na época.

9. *MDR*, p. 171.

seu lado. Por muito tempo, também eles tinham duvidado de uma explicação exclusivamente literal do incesto; mas quase todos se opunham igualmente à ideia de que houvesse um lado simbólico espiritual. Além disso, a maioria de seus pacientes preferia ficar com a abordagem freudiana, mais fácil de entender, e pela única vez em sua prática clínica ele se deparou com uma sala de espera relativamente esvaziada. Mas essa foi uma grande bênção, pois lhe concedeu mais tempo para a tarefa mais difícil de sua vida: o confronto com seu próprio inconsciente.

O trabalho exterior sobre os mitos do passado estava feito e o livro estava escrito, mas Jung era agora confrontado com uma tarefa muito mais difícil e exigente: descobrir o que tudo isso significava para ele. Começou a ter mais sonhos. Na época, não conseguia compreendê-los, por mais que o impressionassem – embora mais tarde tenha visto que eles iam ao cerne da tarefa dele. Relatou dois desses sonhos detalhadamente em *Memórias*[10]. Eles abriram seus olhos ao fato de que os vestígios de antigas experiências, cuja presença Freud já havia reconhecido no inconsciente, não eram formas mortas, obsoletas, mas ainda repletas de vida e "pertencentes ao nosso ser vivo". Visto que ainda se sentia deprimido, e até mesmo totalmente desorientado, se decidiu a explorar seu próprio inconsciente. Iniciou a tarefa da única maneira que conhecia então, indo aos detalhes de sua vida toda, com atenção especial à sua infância. Examinou todo esse material *duas vezes*, na esperança de descobrir a causa da perturbação, mas o que encontrou foi apenas um novo reconhecimento de sua própria ignorância. Como tinha aprendido a importância de enfrentar sem rodeios essa ignorância, ainda que representasse para ele a única tortura insuportável, ele o fez de novo. E admitiu plenamente sua ignorância: "Já que nada sei, vou simplesmente fazer tudo o que me ocorrer. Assim, inconscientemente me submeti aos impulsos do inconsciente"[11].

O primeiro desses impulsos o levou a uma atividade que achou difícil de aceitar, mas que também lhe ensinou que os vestígios de antigas experiências, tanto raciais quanto pessoais, que Freud tinha visto como meras

---

10. Ibid., p. 171ss.
11. Ibid., p. 173.

reminiscências do passado, poderiam estar ainda cheias de vida, emoção e energia. Quando tinha 9 ou 10 anos, gostava muito de construir; agora, ele descobria que essa atividade estava ainda repleta de vida e de emoção. Foi quase insuportável constatar que a única coisa que lhe ocorreu, na dolorosa escuridão de sua ignorância sobre como proceder, foi fazer uma brincadeira infantil. Poucas pessoas teriam tido a coragem de ir até à conclusão lógica e realmente recomeçar a fazer construções em seu jardim à margem do lago. (Embora fosse seu jardim particular, qualquer pessoa em um barco no lago poderia ver o que ele estava fazendo.) Essa, porém, era a essência do caráter de Jung: mesmo que o único caminho aberto fosse aquele que a maioria das pessoas desprezasse e descartasse como infantil e indigno delas, Jung seguiria esse caminho e deixaria os outros pensando o que quisessem. Mesmo se dissessem que isto tão somente revelava sua instabilidade mental ou a frivolidade de seu ponto de vista, ele ainda assim seguia seu impulso criativo, onde quer que este o levasse. Foi somente graças a essa extraordinária tenacidade e desembaraço em parecer um tolo infantil que ele descobriu o caminho para as riquezas do inconsciente. Antes dessa época, o inconsciente tinha sido considerado como uma lata de lixo em que eram atiradas todas as coisas indesejáveis. Mas Jung persistiu, seguindo seu impulso criativo, até que descobriu o reino desconhecido do inconsciente coletivo.

Muitas civilizações antigas sabiam que o jogo é um *rite d'entrée* [rito de entrada] indispensável para o espírito criativo do homem, mas não creio que Jung soubesse disso na época, caso contrário não teria tido tamanha dificuldade em aceitá-lo. O jogo era visto como de importância vital, por exemplo, na China e no Egito antigos e na Suméria, onde inclusive se pensava que os mortos se ocupavam com vários jogos de tabuleiro[12]. Quando percebeu que esse jogo de construção tinha sido o *rite d'entrée* que lhe possibilitou encarar e atravessar o beco sem saída que o confrontou depois que seu livro estava encerrado e a ruptura prevista com Freud tinha se consumado, ele incorporou tais atividades em sua vida sempre que se confrontava com outro beco

---

12. Cf. FRANZ, M.-L. *Number and Time* (Evanston, Illinois: Northwestern University Press, 1974), p. 293ss.

sem saída. Pintava um quadro, esculpia uma pedra, até mesmo brincava de canalizar um riacho que desembocava no lago em seu terreno em Bollingen. Sempre pensou ter assim superado o obstáculo que ameaçava comprometer sua aceitação do caminho escolhido pelo seu *daimon* criativo. Até mesmo dizia – e eu de fato o testemunhei na época – que foi somente graças à sua prática de esculpir pedras que conseguiu superar o violento choque causado pela morte de sua esposa, após cinquenta e dois anos de companheirismo e casamento[13]. Quase todas as vezes que fui vê-lo naqueles meses, ele estava ocupado com sua pedra, e frequentemente prosseguia trabalhando nela por todo o tempo em que eu estava lá.

Todas essas descobertas ainda estavam por vir. Tudo o que ele podia fazer na época era tratar de superar sua resistência e se dedicar plenamente ao seu jogo infantil. Teve êxito nisso, e, todas as horas em que não tinha pacientes para atender, e em que o clima estivesse propício, ele passava em seu jardim ou caminhando ao longo do lago, à procura de pedras adequadas para o povoado completo que estava construindo. Disse que, depois de ter superado seu orgulho, passou a sentir imenso prazer pelo jogo, um fato do qual se sentira secretamente envergonhado. Conforme brincava, sentia-se cada vez mais interessado pelas fantasias que os pacientes lhe contavam, e não demorou muito para constatar fantasias semelhantes nele próprio. Nesse ínterim, a pressão do inconsciente alcançou um grau quase insuportável.

Esses anos coincidiram com uma tremenda pressão geral do inconsciente em toda a Europa. Embora ninguém acreditasse que seria possível uma guerra em nossa era iluminada, era inegável que o imperador alemão estava se comportando de uma maneira bélica. Havia muita desconfiança em relação a ele na Inglaterra, onde *frequentemente* se ouvia as pessoas murmurarem: "Oh, só espero que não haja uma guerra". Mas, mesmo na Inglaterra, ninguém de fato acreditava *seriamente* em uma possibilidade tão bárbara. No continente, Guilherme II era geralmente considerado muito mais inofensivo, quando não admirado, e guerras e rumores de guerras eram quase inexistentes. Mas isso apenas tornou ainda maior a pressão do inconsciente.

---

13. *MDR*, p. 175.

Por volta do outono de 1913, Jung sentiu que essa pressão, que tanto o vinha perturbando interiormente, "parecia estar se movendo para fora, como se houvesse alguma coisa no ar. A atmosfera realmente me parecia mais sombria do que antes. Era como se o sentimento de opressão não mais emergisse apenas de uma situação psíquica, mas da realidade concreta. Esse sentimento ficou cada vez mais intenso"[14].

Em outubro de 1913, Jung teve – o que se poderia chamar – sua primeira visão profética da guerra que estava rondando tão perto no inconsciente. Devo mencionar aqui que uma das características que mais dificultam a compreensão de sonhos e de fantasias autônomas que irrompem na consciência da pessoa desperta é que não existe qualquer dimensão de tempo no inconsciente ou, quando existe, trata-se de um tempo totalmente diferente do nosso. Assim, é comum que sonhos e fantasias contenham claras premonições de acontecimentos futuros, até mesmo imagens desses acontecimentos, e não há nada que distinga tais imagens em relação aos conteúdos oníricos usuais. Foi o que aconteceu com Jung. Ele viu uma imagem da guerra que irromperia nove meses depois. Deu detalhes dessa visão em *Memórias*[15]. Ele estava sozinho em uma viagem de trem quando subitamente teve a visão de uma monstruosa enchente, repleta de corpos boiando, ao longo da Europa, e que depois se transformava em sangue. Os Alpes elevavam-se cada vez mais para proteger a Suíça, mas no seu relato ele não disse, embora o tenha enfatizado quando me contou a visão, que os países recobertos pela enchente foram exatamente os mesmos que viriam a se envolver na guerra; os países que conseguiram se manter neutros, como Holanda, Dinamarca e Escandinávia, não foram afetados. Quinze dias depois, a visão se repetiu; dessa vez o sangue foi mais enfatizado, e uma voz interior declarou: "Olhe bem para isto, é totalmente real e assim o será. Não duvide". Posteriormente, tendo já maior experiência do inconsciente, ele teria sabido que a visão deveria ser tomada sobretudo objetivamente, ou seja, que provavelmente algum perigo terrível ameaçava justamente aqueles países. Mesmo naquela época ele se perguntou

---

14. Ibid., p. 175.
15. Ibid., p. 175ss.

vagamente se poderia haver revoluções onde rios de sangue iriam fluir, mas nem por um instante pensou na possibilidade de uma guerra.

Visto que a ideia da revolução não lhe pareceu plausível, e que Jung sempre considerava os sonhos e fantasias subjetivamente – ou seja, como se referindo ao inconsciente do próprio sonhador –, se não houvessem razões muito fortes para uma abordagem puramente objetiva, ele decidiu que esta terrível visão se referia a ele mesmo. Concluiu até mesmo que estava ameaçado por uma psicose. Este deve ter sido o momento mais profundo de sua depressão, pois ninguém melhor do que um psiquiatra para saber o que significa quando as ondas do inconsciente submergem a consciência. Ele ainda precisava aprender pela experiência o quão totalmente diferente é quando *vemos* o perigo e quando ele nos domina sem nos darmos conta. Mas não creio que, naquela época, ele já tivesse experiência o bastante para saber que os conteúdos do inconsciente, e as imagens de que ele se utiliza, são exatamente os mesmos no insano e no sadio, e que tudo depende da atitude e da força da consciência do indivíduo.

Portanto, quando Jung chegou à conclusão de que a fantasia era subjetiva, foi confrontado com a pior angústia que pode assaltar qualquer ser humano: o medo de enlouquecer. Lidou com isso de uma maneira característica. Pensou que, se de fato esse destino era inevitável, ele pelo menos manteria um registro exato de tudo o que lhe estava acontecendo até o último momento em que estivesse em condições de escrever ou de pensar com clareza. Tinha certeza de que esse registro seria de grande utilidade para seus sucessores, e que assim teria ao menos dado uma contribuição valiosa à ciência. Não houve qualquer sinal, no trabalho ou na vida, de que sua mente estivesse se deteriorando, mas ele com certeza pensou que a enchente poderia ocorrer repentinamente, quando ele menos a esperasse, pois o medo não o abandonou durante os nove meses de intervalo entre a visão e a irrupção da guerra.

Nesses nove meses, Jung a princípio se sentiu terrivelmente perturbado por torrentes de fantasias que tinham sido agora libertadas, acompanhadas por torrentes correspondentes de emoção. Ele conseguiu manejar com êxito sua vida exterior, mas também estava cada vez mais preocupado com as fantasias de seus pacientes, que sentia não conseguir compreender. Anotou o melhor que pôde de suas próprias fantasias. Isso bastou para que percebesse que sempre havia imagens escondidas atrás de cada emoção, e que, sempre que conseguia traduzir as emoções em imagens, se sentia "interiormente tranquilizado e seguro". Essa autoexperimentação lhe ensinou que para a terapêutica é extraordinariamente útil descobrir a imagem particular que está por trás de cada emoção. Ou, em outras palavras, ao invés de *sucumbir* a uma emoção – quando ela estiver na iminência de tomar posse da consciência –, é melhor *objetivar* a emoção, conseguindo assim alterar sua forma pela produção de uma imagem, ou ainda induzi-la a nos *contar* o que ela quer. Em um acesso de fúria, por exemplo, ao invés de perder o controle, você para e diz: "Por que estou tão furioso? O que essa fúria pode realmente querer de mim?"

Isso ajudou muito Jung, tanto em suas próprias reações emocionais quanto para auxiliar seus pacientes com as deles. Ainda assim ele sentia que faltava alguma coisa, e cerca de dois meses após a alarmante fantasia com a inundação europeia decidiu dar um novo passo. Para objetivar a emoção é preciso mergulhar nela até certo ponto; ele decidiu então mergulhar em uma fantasia[16]. Essa ação tem como resultado concentrar a atenção *nessa* determinada fantasia, de modo que ela possa prosseguir dotada de sentido, e assim impedindo que toda a energia seja desperdiçada em uma torrente de fantasias desconexas. Nesse capítulo de *Memórias*, Jung descreveu exatamente como veio a descobrir o método da "imaginação ativa", que posteriormente teria tanta importância em sua psicologia, embora tenha levado alguns anos para que ele lhe desse esse nome. Mas tudo o que ele descobriu nessa época pode ser visto no termo "imaginação *ativa*", porque nela o ego desempenha um papel *ativo* – toma a decisão consciente de descer à fantasia, e depois tem um papel *ativo* no subsequente desenvolvimento. Antes de fazer essa experimentação em dezembro de 1913, Jung era apenas um observador da "imaginação *passiva*", ou seja, assistia fantasia após fantasia, tão impotente para influenciá-las quanto o espectador no cinema. Mas, quando aprendeu a assumir um papel ativo, descobriu que poderia ter uma influência sobre

---

16. Ibid., p. 179.

o desenrolar delas, não mais sendo um espectador passivo de uma torrente sem fim de fantasias. Não que a consciência possa impor sua vontade ao inconsciente. Um sonho logo pôs abaixo essa ilusão, se é que Jung em algum momento a teve. Ele aprendeu nesse sonho que Siegfried, que representava a atitude heroica do "onde há uma vontade, há um caminho", devia ser sacrificado, custasse o que custasse[17]. Essa ideia representa uma *Auseinandersetzung* entre consciente e inconsciente. Essa intraduzível palavra alemã significa um acerto de contas, com total discussão de cada aspecto, pesando os prós e contras, sempre com um vislumbre da chegada a um acordo no final.

Uma *Auseinandersetzung* é uma empreitada exigente, mesmo hoje em dia, e infelizmente só uns poucos discípulos de Jung viram o real valor dela e se dispuseram a fazer o esforço enorme, porém recompensador ao final. É o único modo que conheço pelo qual as pessoas que levam o inconsciente a sério podem se tornar independentes da análise e conservar *seu próprio equilíbrio* entre consciente e inconsciente. Jung chegou a dizer, posteriormente, que esta era a pedra de toque pela qual se pode distinguir quem genuinamente queria se tornar independente e quem queria se esquivar. Mas se ela é tão difícil e exigente ainda hoje, o quão não deve ter sido para Jung naqueles anos, quando ele era o pioneiro no inconsciente desconhecido? Todo mundo lhe disse que ele estava louco de pensar que uma coisa dessas fosse real e, depois de sua fantasia da Europa banhada em sangue, ele ficou inclinado a concordar.

Jung disse, anos depois, que suas dúvidas atormentadoras quanto a sua sanidade devem ter sido atenuadas pelo sucesso que ele estava tendo, ao mesmo tempo, no mundo externo, especialmente na América, onde sua percepção de que a sexualidade não podia ser tomada apenas concretamente encontrou aceitação imediata. Não só o convidaram constantemente para dar palestras lá, após a primeira visita em 1909, como também era procurado para consultas. Foi a Chicago em 1910 para uma dessas consultas, embora só tenha podido permanecer sete dias nos Estados Unidos[18]. Em 1913, uma norte-

---

17. Este sonho e suas dramáticas consequências podem ser encontrados em *MDR*, p. 180.
18. Cf. *The Freud/Jung Letters*, p. 301ss.

-americana riquíssima, filha de um magnata e esposa de outro, se convenceu de que precisava de uma análise. Calmamente informou Jung de que uma casa muito melhor do que a dele estava sendo comprada para ele na América, e que todos os arranjos estavam sendo feitos para tirar sua família da Europa! Ela mal pôde acreditar ao ter escutado Jung recusar categoricamente a oferta e ressaltar que ele analisava na Suíça, e que, se ela queria uma análise, deveria ir até lá. A exemplo de Maomé, ela teve de reconhecer que, se a montanha se recusou tão injustificadamente a vir até ela, então era ela que devia ir até a montanha. Este foi o primeiro de uma série de choques que teve de sofrer, pois sua crença de que não há nada no mundo que o dinheiro não compre a divorciara inteiramente da realidade. Essa alienação em relação à realidade ordinária é um fenômeno comum entre os milionários, por serem, em muitas ocasiões, capazes de comprar suas saídas de situações difíceis. De fato, quando o dinheiro é herdado, como nesse caso, eles nunca se deparam com a luta pela existência, que tanto amadureceu o estudante Jung, por exemplo.

Num caso assim, a terapia mais efetiva é, de longe, deixar que o milionário aprenda por si mesmo. Segue um exemplo curioso de como essa terapia funcionou: esta senhora norte-americana tinha uma ligeira agorafobia, e entre seus sintomas estava a incapacidade de viajar de trem. Para superar isso, Jung sugeriu que ela deveria viajar constantemente ao longo do Lago de Zurique, onde, na margem direita, os trens eram lentos e paravam a cada estação. Seu motorista poderia esperar com o Rolls-Royce® em cada estação, dando-lhe a oportunidade de sair do trem quando não pudesse mais aguentar. Lentamente ela progrediu, indo um pouco mais longe a cada dia, até que por fim chegou triunfalmente a Feldbach, a última estação antes de Rapperswil, no fim do lago. Hoje em dia, Feldbach é uma estação extraordinariamente bela, com uma vista adorável de todo o lago, e da pitoresca cidade antiga de Rapperswil com as montanhas ao fundo. Ela se convenceu de que lá, e somente lá, era o lugar ideal para a casa que estava pensando em construir. Quando informou Jung de seu plano, ele lhe disse que a companhia ferroviária jamais consentiria em vender. Ela se recusou a acreditar, dizendo que ele não fazia ideia de quanto dinheiro eles receberiam como indenização. Jung então viu outra oportunidade de confrontá-la com a realidade, e não disse mais nada. De fato, ela não poupou esforços; contratou cinco advogados para convencer os dirigentes da companhia; desenvolveu planos sobre como a ferrovia poderia ser desviada, algo pelo qual ela naturalmente pagaria; aumentou o valor da indenização cada vez mais. Mas tudo em vão. Foi impossível persuadir aqueles suíços turrões, e obviamente malvados, e ela acabou tendo de mais uma vez admitir a derrota.

Menciono apenas esse exemplo entre muitos para mostrar como a terapia de Jung ia muito além das paredes de seu consultório. Ele logo abriu mão da regra freudiana de que o analista não deve nunca ver seus pacientes fora da análise. Era fora da análise que ele frequentemente aprendia mais sobre seus pacientes; além disso, era na vida em si que seus pacientes aprendiam mais sobre si mesmos. Isso é particularmente verdadeiro para pessoas na primeira metade da vida, e para aqueles que ainda não tenham estabelecido suas raízes na vida externa. Uma jovem que tinha sido analisada conscienciosamente por um colega de Jung, durante alguns anos, e que lhe foi encaminhada para uma sessão única porque sua análise parecia estagnada, aprendeu isso dramaticamente. Jung imediatamente descobriu que ela estava noiva, e suas investigações logo revelaram o fato de que se tratava de um compromisso por amor, satisfatório sob todos os aspectos. "Então por que raios vocês não se casam?", perguntou Jung. Ela respondeu: "Ora, veja, devo acabar minha análise, tenho uma obrigação de fazer isso primeiro". Jung ralhou com ela: "Quem lhe disse que você tem uma obrigação com a análise? Sua obrigação é com a vida!"

Em 1913, naquela época de desorientação interior e sucesso exterior, Jung decidiu renunciar a suas conferências na Universidade de Zurique, onde era um *Privatdozent*[19] desde 1905. Ele próprio escreveu: "Seria injusto continuar ensinando jovens estudantes quando minha própria situação intelectual não era mais do que um amontoado de dúvidas"[20]. Certa vez ele

---

19. *Privatdozent* é um professor sem salário. Recebe apenas as taxas pagas pelo público de suas próprias conferências.
20. MDR, p. 193.

me contou que a gota d'água para essa decisão foi ter ouvido, por acaso, uma conversa entre duas estudantes que estavam saindo da universidade após sua conferência. Uma garota disse à outra, "Você entendeu o que ele estava falando hoje?" "Oh, não", respondeu a outra, "nem uma palavra, mas ele deve estar certo, já que é tão saudável!"

Embora tenha parado de dar conferências regularmente na universidade, costumava aceitar convites, particularmente para conferências avulsas, vindos de fora da Universidade de Zurique. No auge de sua desorientação, quando estava seriamente admitindo a possibilidade de uma psicose, foi solicitado pela British Medical Association a dar uma conferência, "Sobre a importância do inconsciente na psicopatologia", em um congresso em Aberdeen, em fins de julho de 1914. Mais tarde, ele disse: "No meu estado de espírito na época, com os temores que me perseguiam, me pareceu fatídico que eu tivesse de falar justamente sobre a importância do inconsciente"[21]. Assim, quando a Primeira Guerra Mundial eclodiu, ele estava longe de casa, no norte da Escócia. Por mais chocado e horrorizado que as notícias o tenham deixado, sentiu-se completamente e para sempre aliviado em relação a seus temores acerca de sua própria sanidade, pois reconheceu então o que a visão tinha sido: uma premonição excepcionalmente clara daquilo que agora se abatia sobre a Europa. Deve ser difícil para pessoas mais jovens, que viveram toda a sua vida durante a guerra ou em condições de pós-guerra, e para aqueles a quem o medo de outra guerra está sempre presente, perceber o quanto fomos todos pegos de surpresa pela guerra de 1914. Mesmo na Inglaterra, onde houve umas poucas vozes a soar o alarme, inclusive a do jovem Winston Churchill, a notícia foi como um raio no céu azul. Podemos imaginar o quão pouco Jung, na Escócia, tinha esperado ficar isolado de sua terra natal por conta da eclosão da guerra, embora seus fatídicos sonhos o tivessem preparado para o fato de que *alguma coisa* poderia acontecer.

Certa noite, na Torre de Bollingen, após o jantar – Jung já passava dos 80 anos – algo deve tê-lo lembrado dessa aventureira viagem para casa, cerca

---

21. Ibid., p. 176.

de quarenta anos antes, e ele a descreveu em detalhes[22]. Ele imediatamente percebeu que seria impossível, mesmo para alguém de um país neutro, voltar para casa diretamente através da França, pois os alemães haviam invadido a Bélgica indo evidentemente rumo a Paris. Assim, ele cruzou com grande dificuldade a Holanda, pois o sistema ferroviário britânico estava desorganizado pela mobilização, e a comunicação civil com o continente tinha praticamente cessado. Além disso, muitos veranistas, oriundos de países neutros, estavam ansiosos por pegar qualquer transporte disponível para a Holanda. Finalmente, contudo, Jung conseguiu uma viagem desconfortável e se encontrou em solo holandês. Embora a Holanda fosse e tenha conseguido permanecer neutra na Primeira Guerra Mundial, os holandeses também estavam em um incrível estado de tensão. O destino da Bélgica não deixava dúvidas acerca do perigo que também eles correriam se a Alemanha decidisse invadir a Holanda. O pânico só era mitigado pelo fato de que o país não estava no caminho dos alemães rumo a Paris. Assim, atravessar a Holanda até a fronteira alemã foi, de longe, a parte mais fácil da viagem de Jung, a despeito da superlotação dos trens e da extrema ansiedade de todos ao redor dele.

Na Holanda, Jung buscou a melhor informação possível sobre como prosseguir a viagem para casa. O único caminho possível era através da Alemanha, descendo o Reno. Juntou-se a alguns outros suíços que estavam voltando para casa a fim de se apresentarem para a mobilização geral do exército suíço, que tinha sido convocada assim que a guerra se tornou inevitável. (Durante uma guerra, embora a Suíça se mantenha totalmente neutra, as fronteiras são sempre fortemente guarnecidas para o caso de qualquer ataque.) Mas era impossível se apressar. Os poucos trens disponíveis partiam incrivelmente lotados. Jung nos contou que passou várias noites de pé nos corredores, até mesmo em banheiros, e um inacreditável número de horas em desvios, enquanto os trens que conduziam tropas disparavam para a frente de combate.

O que mais o espantou, porém, foi o estado de espírito dos civis alemães. Refrescos de todo tipo eram oferecidos nas estações, todo mundo recusava pagamento, e as pessoas pareciam estar numa espécie de êxtase. Ele disse que

---

22. Ruth Bailey, Marie-Louise von Franz e eu estávamos presentes.

aquilo tudo o impactou como se fosse uma espécie de festividade do amor! Foi impressionante, e ele ainda se sentia impactado e não pouco perplexo quarenta anos depois. Costumava dizer que os alemães têm um limiar, entre a consciência e o inconsciente, inferior ao de outros povos, daí sucumbirem tão facilmente a ideias que seduzem as massas. Por fim, quase um mês depois de ter iniciado sua viagem, Jung chegou à fronteira de sua tão conhecida Basileia. Ele nos contou que pareceu quase inacreditável ter finalmente conseguido telefonar para casa, encontrar um serviço normal de trens e as amenidades habituais da civilização. Uma vez que a mobilização esteja completa e o racionamento instalado, os suíços são capazes de levar uma vida normal, mesmo quando, como em 1940, pensem que é possível que sejam atacados a qualquer momento.

Quando a guerra irrompeu, Jung tinha apenas começado seu fatídico "confronto com o inconsciente"; além disso, ele havia sido muito prejudicado por uma certa dúvida sobre o quanto tinha ficado cego ou confundido pelo seu medo de uma psicose iminente. Uma incomparavelmente maior parte de sua luta para encontrar-se a si mesmo ainda estava por vir, e ocorreu durante os anos da guerra.

7
A Primeira Guerra Mundial, 1914-1918

Embora profundamente comovido pelo sofrimento e terror que irromperam na Europa, Jung naturalmente se sentiu muito aliviado ao chegar de volta a sua casa junto ao lago, depois de sua atribulada viagem: o temor quanto à sua própria sanidade fora eliminado. Esse temor, é claro, o havia atravancado em sua tarefa de explorar o inconsciente, mas, como ele disse: "Agora a minha tarefa estava clara: eu tinha de compreender o que havia acontecido e em que medida a minha própria experiência coincidia com a da humanidade em geral. *Assim, minha primeira obrigação era sondar as profundezas de minha própria psique.* [...] Esse trabalho assume prioridade acima de tudo o mais"[1].

Provavelmente será difícil para aqueles que não tiveram nenhuma experiência das "profundezas de sua própria psique" entender que aventura perigosa isso representa. Para voltar ao diagrama do capítulo 1, Jung agora se via envolvido na exploração das camadas inferiores, comuns a toda a humanidade. Embora não fosse, de modo algum, o primeiro a adentrar nessas camadas, elas ainda não tinham sido levadas em conta pela psicologia da época, que se detinha na primeira camada sob a consciência, a camada que Jung mais tarde chamaria de "inconsciente pessoal". Ele ainda não sabia, mas um famoso compatriota dele, Paracelso, já havia explorado essas camadas cerca de quatrocentos anos antes.

Quase trinta anos depois da época que estamos examinando, Jung fez duas conferências sobre Paracelso, por ocasião do quadringentésimo aniver-

---

1. *MDR*, p. 176. Destaques meus.

sário da morte, em 1541, do célebre médico e alquimista suíço. Na segunda delas, diante de um auditório lotado em Einsiedeln na noite de 5 de outubro de 1941, ele disse:

> Não sei quantas pessoas conseguem hoje em dia imaginar o que "o confronto com o inconsciente" significa. Receio que sejam pouquíssimas. Talvez concordem comigo se eu disser que a segunda parte do *Fausto* de Goethe apresenta apenas incidentalmente, e em grau duvidoso, um problema estético, mas primariamente, e em grau muito maior, um problema humano; uma preocupação que acompanhou o poeta até a velhice, um encontro alquímico com o inconsciente, comparável ao *labor Sophiae* de Paracelso. Trata-se, por um lado, de uma empreitada para compreender o mundo arquetípico da psique e, por outro lado, de uma luta contra o perigo, ameaçador para a sanidade, da fascinação pelas alturas e profundezas imensuráveis e paradoxos da verdade psíquica. Nesse ponto, a mente diurna, mais grosseira e concretista, esbarra em seus limites... Aqui a mente humana é confrontada com suas origens, os arquétipos, e a consciência finita, com seus fundamentos arcaicos; o ego mortal, com o si-mesmo imortal, *Anthropos*, *purusha*, *atman*, ou qualquer que seja o nome que a especulação humana tenha dado a esse estado coletivo pré-consciente do qual o ego individual emergiu. Familiar e estranho ao mesmo tempo, ele reconhece e também não reconhece esse irmão desconhecido que se aproxima, intangível, mas real. [...] Aqui, precisamos nos orientar com Paracelso em uma questão que nunca antes foi abertamente levantada em nossa cultura, em parte por mera inconsciência, em parte por temor sagrado. Além disso, a doutrina secreta do *Anthropos* era perigosa porque nada tinha a ver com os ensinamentos da Igreja, visto que, do seu ponto de vista, Cristo era um reflexo – e nada mais do que um reflexo – do *Anthropos* interior. Por isso há centenas de boas razões para disfarçar essas figuras com nomes indecifravelmente secretos[2].

Na época, porém, em que Jung estava explorando as profundezas de sua própria psique, a única jornada paralela que ele conhecia, das mencionadas nesta citação, era o *Fausto* de Goethe. Sabemos que esse grande drama, que

---

2. "Paracelso, um fenômeno espiritual" (In: OC 13, § 210). Os "nomes indecifravelmente secretos" se referem aos "mil nomes" dados pelos alquimistas (entre os quais Paracelso) ao seu mistério central.

ele lera avidamente ainda no tempo de colégio, se derramara em sua alma "como um bálsamo milagroso". Mas não sei se chegou a se lembrar do livro durante seu próprio "confronto com o inconsciente". Nunca o ouvi dizer que sim, tampouco ninguém a quem fiz essa pergunta o afirmou. Penso ser mais provável que ele tenha percebido que a segunda parte do *Fausto* é um confronto desse gênero apenas *depois* de ter estudado alquimia, algo que ocorreu cerca de vinte anos depois. Em todo caso, ele me contou mais de uma vez que os *primeiros* paralelos que descobriu para sua própria experiência estavam nos textos gnósticos; isto é, os que são relatados nos *Elenchos* de Hipólito[3].

Antes da eclosão da guerra – naqueles dias terrivelmente sombrios – Jung tinha anotado e aprendido como se fixar em uma determinada fantasia e a gradativamente tomar parte ativa em suas fantasias. Agora, fez a descoberta adicional de que podia conversar com as figuras que encontrou e descobrir o que elas queriam dizer a ele ou o que queriam dele. Ele me disse que nessa época adotou como regra nunca deixar que uma figura ou figuras encontradas fossem embora, sem que estas lhe dissessem *por que* tinham surgido para ele. Isso exige um tremendo esforço, pois figuras de fantasia são como figuras oníricas autônomas, que desaparecem ou se transformam em outra coisa com a maior facilidade. Mas, se a consciência se concentrar nelas o bastante, é possível retê-las.

Um exemplo clássico de como isso pode ser feito aparece no quarto livro da *Odisseia* de Homero[4]. Telêmaco, farto do comportamento ultrajante dos pretendentes de sua mãe, Penélope, sai à procura de seu pai, Ulisses, que ainda não voltara de Troia. O segundo local de suas buscas é Esparta, a casa de Menelau, que diz que contará a Telêmaco, "sem rodeios nem reservas cada palavra que ouvi dos lábios infalíveis do Velho do Mar" (Proteu). Menelau lhe havia dito que deixou Troia rapidamente demais, sem fazer os sacrifícios devidos aos deuses, e por isso se viu preso na calmaria junto à Ilha de Faros, na foz do Nilo. A comida era escassa e Menelau, sabendo apenas que "tinha

---

3. Embora Hipólito fosse Padre da Igreja, escrevendo supostamente *contra* os gnósticos, devemos a ele muito, senão a maior parte, do que sabemos sobre eles.
4. HOMER. *The Odyssey*. Traduzido por E.V. Rieu (Ed. Penguin, p. 72-79).

ofendido os imortais", não sabia como reparar seu erro. Certo dia, quando caminhava pela praia, encontrou uma bela mulher, Eidoteia, filha de Proteu, o Velho do Mar. Após repreendê-lo por sua inação, ela promete lhe contar tudo o que ele precisava saber.

Então informou a ele de que a ilha era o refúgio de Proteu, "que deve lealdade a Poseidon e conhece o mar em todas as suas profundezas", e que poderia lhe contar como superar todas as dificuldades. Mas Proteu teria de ser *forçado* a fazê-lo. Eidoteia explicou-lhe como poderia fazer e prometeu ajudar Menelau (assim se revelando uma figura de *anima* extremamente prestativa). Todos os dias, ao meio-dia, Proteu emergia de seu "sal nativo" e fazia sua sesta no abrigo de uma caverna, depois de contar suas focas, assim como um pastor conta suas ovelhas. Menelau devia encontrá-la na manhã seguinte com seus três melhores homens, e ela então lhe mostraria como lidar com o pai dela.

Na manhã seguinte, os homens a encontram no alvorecer. Depois de lhes cavar valas na areia, ela cobriu cada uma delas com a pele de uma foca recém-abatida, dando-lhes uma ambrosia de doce perfume para que suportassem o cheiro horroroso! Logo as focas vieram da praia e se deitaram em torno deles. Ao meio-dia, foi a vez de Proteu emergir, e depois de inadvertidamente contar os homens entre as focas restantes, deitou-se e dormiu. Seguindo as instruções de Eidoteia, eles o acordaram com um grito e o agarraram com firmeza. Conforme a deusa havia previsto, ele imediatamente começou uma série de transformações: primeiro, em um leão, depois em uma serpente, uma pantera e um gigantesco javali. Ele se transformou até em água corrente e em uma grande árvore copada. Mas, por fim, se cansou de seu "repertório mágico" e, reassumindo a forma original, começou a falar. Este foi o momento pelo qual a deusa os instruíra a esperar, porque agora, enfim, ele se disporia a responder às questões. Não apenas disse a Menelau para voltar ao Egito e oferecer os sacrifícios que tinham sido omitidos aos deuses furiosos (desse modo ele poderia velejar para casa com uma brisa favorável), mas também, para espanto de Telêmaco, sem querer lhe revelou o destino de seus compatriotas que ficaram em

Troia, enquanto ele próprio partira tão apressadamente com Helena. Os dois primeiros de que falou (entre eles Agamêmnon, irmão de Menelau), haviam se encontrado com o desastre, para grande pesar de Menelau. Mas o terceiro, Odisseu, o pai de Telêmaco, ainda estava vivo, prisioneiro na ilha da ninfa Calipso.

Essa história nos mostra de modo extremamente plástico como lidar com as figuras que encontramos em nosso "confronto com o inconsciente" – quase exatamente o método que Jung descobriu por si mesmo. Ele me contou, por exemplo, que certo dia, nessa época, sua fantasia o levou a um vale distante, evidentemente habitado por povos primitivos. Um xamã alto e imponente estava parado silenciosamente ao seu lado, assistindo a cada um de seus movimentos. Jung encontrou uma inscrição em uma pedra. Quis lê-la, mas constatou que era uma língua desconhecida para ele. As letras estavam ilegíveis, por isso pegou um cinzel e um martelo e começou a cuidadosamente aprofundá-las na pedra. O xamã se aproximou, fitando-o ainda mais intensamente, até que de repente se queixou de que um estilhaço da pedra tinha entrado em seu olho. Ordenou que Jung o retirasse, mas Jung, percebendo sua oportunidade, se recusou a fazê-lo até que o xamã lesse e traduzisse a inscrição para ele! O homem não estava disposto a colaborar, mas Jung o agarrou e esperou, assim como Menelau e seus companheiros tinham feito, até que ele lesse a inscrição toda. A fantasia então acabou, e tudo desapareceu. Contudo, Jung conseguiu lembrar e anotar a inscrição, que evidentemente era a questão essencial da fantasia toda.

Jung tinha, sem dúvida, lido a *Odisseia*, pois aprendera grego e latim no ginásio em Basileia, mas evidentemente não percebeu a analogia com sua própria experiência. Em todo caso, ficou muito impressionado e interessado quando Marie-Louise von Franz chamou sua atenção para esse exemplo clássico como um paralelo da imaginação ativa. Menciono-o aqui porque, em minhas palestras sobre imaginação ativa, constatei que ele ajuda muito a mostrar como se pode lidar com tais figuras, e espero que ele possa também ajudar o leitor a ter alguma ideia do que Jung estava enfrentando em sua exploração do inconsciente.

Uma das primeiras tentativas de conversar com essas figuras foi com um velho homem e uma garota que o surpreenderam ao se apresentarem como Elias e Salomé. Jung considerou esta a mais bizarra das combinações, mas Elias lhe assegurou que tinham estado juntos por toda a eternidade. Mais tarde, Jung encontrou outros exemplos deste tipo de casal em muitos mitos: Klingsor e Kundry, Lao-tsé e a dançarina, a tradição gnóstica de Simão Mago, que sempre estava ao lado de uma jovem que ele tirara de um bordel e que se dizia ser uma reencarnação de Helena de Troia, e muitos outros. Elias e Salomé estavam acompanhados de uma grande serpente preta que exerceu grande fascínio sobre Jung. Elias pareceu a Jung o mais sensato e inteligente dos três. O trio ficou com ele por algum tempo, e gradualmente a figura de Filêmon se desenvolveu a partir de Elias. (Voltaremos adiante a Filêmon, a mais importante figura de toda a exploração de Jung.)

Esse par – a jovem e o ancião – estava destinado a exercer um impacto de longo alcance no destino de Jung, pois, aproximadamente nessa mesma época da fantasia, ele fez a extraordinária descoberta de que, dentre todos os seus amigos e conhecidos, apenas uma jovem era capaz de entender suas experiências extraordinárias e acompanhá-lo intrepidamente em sua *Nekyia* ao mundo subterrâneo. Toni Wolff na verdade tinha apenas treze anos a menos do que Jung. Ele tinha cerca de 40 anos, mas, como sabemos, seus colegas de ginásio costumavam chamá-lo de "Pai Abraão", e penso que todo mundo que os conhecesse bem e que os visse muitas vezes juntos, concordaria que ele parecia o protótipo do velho sábio, enquanto que ela tinha uma qualidade de eterna juventude. Não foi nada fácil para eles, a princípio, encontrar um *modus vivendi* pelo qual ela pudesse lhe dar seu extraordinário dom – que não seria exagerado chamar de seu gênio – como companhia no "confronto com o inconsciente".

Como vimos no capítulo anterior, Toni Wolff foi levada pela mãe a Jung devido ao seu quadro de depressão, acentuado após a súbita morte de seu pai. Não tinha havido nenhuma preparação para esse acontecimento, pois o Sr. Wolff passou mal em seu clube, foi levado para casa e morreu poucas horas depois. Não sei exatamente quanto tempo durou a análise, mas creio que foram três anos. Seguiu-se então um período no qual eles não se viram. Jung já havia percebido o extraordinário dom dela, e agora descobriu que sua afeição e devoção à sua esposa e família cresciam, em vez de diminuir, em virtude de seu sentimento por Toni. A realidade de sua família e lar eram para ele uma necessidade absoluta, especialmente nessa época de enfrentamento do inconsciente, e devemos recordar que seu problema de como incluir Toni em sua vida ocorreu nesse mesmo período. Jung disse, em referência à sua família:

> Foi essencial ter uma vida normal no mundo real, como antídoto àquele estranho mundo interior. Minha família e minha profissão permaneceram sendo a base à qual sempre eu podia retornar, assegurando-me de que eu era uma pessoa comum, realmente existente. Os conteúdos inconscientes poderiam ter me tirado do meu juízo [mas a família e a profissão] eram realidades que me faziam exigências e me provavam reiteradamente que eu realmente existia, que eu não era, como Nietzsche, uma folha em branco, rodopiando ao sabor das intempéries do espírito. Nietzsche havia perdido o chão sob os pés porque não possuía nada mais do que o mundo interior de seus pensamentos – que, diga-se de passagem, possuíam-no mais do que este a eles. Estava desenraizado e pairando sobre a terra, e por isso sucumbiu ao exagero e à irrealidade. Para mim, essa irrealidade era a quintessência do horror, pois meu objetivo, acima de tudo, era *este* mundo e *esta* vida. Por mais profundamente absorto e aturdido que eu estivesse, sempre soube que tudo o que estava experimentando apontava, em última instância, para esta minha vida real. Desejava cumprir suas obrigações e realizar seus significados. Meu lema era *Hic Rhodus, hic salta!** Assim, minha família e minha profissão sempre permaneceram uma obrigação prazerosa e uma garantia de que eu também tinha uma existência normal[5].

---

* "Rhodes é aqui, é aqui que você pula!" São palavras de uma fábula de Esopo, "O fanfarrão". Seu protagonista é assim designado porque é um atleta que se nega a participar de um concurso de saltos, embora diga que, quando estava em Rhodes, havia saltado muito mais longe do que todos os presentes. Um espectador então diz: "Ok, suponha que Rhodes é aqui, demonstre esse seu salto agora". A parábola prega que a pessoa deve buscar reconhecimento por seus feitos, não pelo que meramente diz saber ou poder. Hegel aplicaria esse imperativo ao desafio imposto aos filósofos de explicarem a realidade pelo que ela efetivamente é, não por teorias ou ideais que as sociedades, ou os próprios filósofos, inventem e apliquem abstrata e arbitrariamente [N.T.].

5. *MDR*, p. 189.

Parece ter sido duro para Jung, justamente na época em que era testado ao máximo por seu "confronto com o inconsciente", ter tido também que lidar com o que talvez seja o problema mais difícil para um homem casado: o fato de poder amar sua esposa e outra mulher simultaneamente. Mas um problema estava ligado ao outro, e eram, na verdade, duas facetas do mesmo problema. Embora não tenha ainda reconhecido o arquétipo da *anima*, esta figura é, dentre todas as figuras interiores, a mais íntima de um homem, e é acima de tudo a ponte e a mediadora entre o homem e seu inconsciente. Jung tampouco sabia ainda que a *anima* frequentemente se projeta em uma mulher real e que essa projeção confere a essa mulher toda a qualidade numinosa do inconsciente – sim, ela exerce até mesmo o fascínio de uma deusa. Já vimos uma primeira aparição da *anima* quando Jung era ainda um menino, na garota que ele conheceu perto de Sachseln quando voltava da visita ao eremitério de Nicolau de Flüe[6]. Embora aquele encontro tenha sido apenas um tênue prenúncio, ainda assim lhe deixou uma marca indelével. É interessante que, naquela ocasião, também havia uma conexão entre o velho sábio, Irmão Klaus, cuja cela ele acabara de visitar, e a jovem que ele conheceu imediatamente depois.

Toni Wolff foi talvez – de todos os "tipos *anima*" que já conheci – a mais talhada a carregar a projeção dessa figura. Não era bela no sentido estritamente clássico, mas podia parecer muito mais do que bela, mais à maneira de uma deusa do que de uma mortal. Tinha um gênio extraordinário para acompanhar homens – e algumas mulheres também, de um modo diverso – cujo destino era entrar no inconsciente. De fato, ela descobriu esse dom através de sua relação com Jung, mas posteriormente demonstrou esse mesmo dom quando se tornou uma analista; de fato, esta era sua qualidade mais valiosa como analista. Curiosamente, ela nunca entrou no inconsciente por sua própria conta. Muitos anos depois – durante a longa enfermidade de Jung em 1944 – ela me perguntou se eu poderia lhe ensinar como usar a imaginação ativa, pois ela nunca a tinha praticado! (Fiquei perplexa, pois sabia que ela tinha ajudado muitas pessoas com o método e, via de regra, é impossível a uma

---

6. Cf. acima, p. 83ss.

pessoa fazer isso sem antes ter passado, ela própria, pela experiência.) Mas logo constatei que ela não apenas não tinha nenhuma habilidade em praticar imaginação ativa, como tampouco tinha a menor vontade de (a não ser um vago sentimento de que *deveria*) experimentar o inconsciente em primeira mão. Ela não tinha dúvidas sobre a existência objetiva do inconsciente, mas tampouco tinha alguma inclinação a mergulhar nele. Era capaz de aceitar sem titubeios toda e qualquer experiência genuína que outras pessoas fizessem dele, e dar-lhes o apoio mais sólido graças a sua atitude tranquila com relação aos fenômenos mais irracionais e inacreditavelmente bizarros. Nunca conheci alguém que sequer se comparasse a ela nesse quesito, mas, afinal, pessoas com um toque de gênio costumam ser especiais.

No período de afastamento, Toni retornou à sua depressão original, embora não tão acentuada. Jung, porém, ainda hesitava em avistá-la fora da análise, pois sabia o quanto se sentia atraído por ela, e relutava em causar qualquer sofrimento a sua esposa e família. Certa vez contou a Marie-Louise von Franz e a mim que, curiosamente, foi sua família que lhe deu o ímpeto final de procurar um *modus vivendi*, custasse o que custasse. Sua prática profissional lhe ensinara o quanto isso era necessário, pois já tinha visto inúmeras vezes os danos incalculáveis que um pai pode causar a suas filhas ao não viver plenamente sua vida erótica, que raramente está presente inteiramente no casamento, e a vida não vivida do pai é então *inconscientemente* deslocada para as filhas. Ele nos contou que esse medo o deixou acordado uma noite inteira, noite na qual ele aos poucos percebeu que, caso se recusasse a viver a atração externa que lhe chegara inteiramente a partir do inconsciente, contra sua vontade, ele inevitavelmente arruinaria o Eros de suas filhas. Teve sucesso em sua empreitada, como se vê pelo fato de que todas as suas quatro filhas se casaram cedo, o que é extremamente raro quando o pai é uma personalidade extraordinária.

Jung teve êxito em seu esforço de construir sua amizade com Toni, antes de mais nada, graças à sua honestidade com todas as partes. Evidentemente houve as dificuldades mais dolorosas para cada um dos envolvidos, sobretudo antes que se alcançasse um *modus vivendi*. O ciúme é uma qualidade humana que nunca falta em nenhum ser humano completo, mas, como Jung costumava dizer: "O cerne de todo ciúme é a falta de amor"[7]. O que salvou a situação é que não havia "falta de amor" em nenhum dos três. Jung foi capaz de dar amor tanto à esposa quanto a Toni em quantidade satisfatória, e *ambas* o amavam *de verdade*. Embora durante um longo período elas sentissem, por vezes, amargos ciúmes uma da outra, o amor sempre acabou vencendo e impedindo qualquer ação destrutiva de parte a parte. Emma Jung chegou a dizer, anos depois: "Veja, ele nunca tirou nada de mim para dar a Toni; quanto mais dava a ela, mais parecia ser capaz de dar a mim". Claro, esse incrível *insight* não foi alcançado sem dificuldades ou sofrimentos, mas o fato de ter sido alcançado é realmente algo notável, quando se pensa na atitude possessiva da maioria das esposas. Toni também superou o pecado que assola tantas mulheres solteiras, qual seja, o desejo de destruir o casamento e tomar o marido da outra para si. Toni me contou certa vez que lhe custou muito aprender que não deveria dar vazão a esse instinto feminino quase universal. Era típico de Toni aprender fatos lentamente – ela era um tipo intuitivo –, mas, uma vez que os tivesse aprendido, os assimilava para sempre, sem jamais vacilar. Também percebeu mais tarde que a inabalável lealdade de Jung a seu casamento deu a ela mais do que teria recebido sem ele.

Foi da maior importância para Jung contar com a companhia de Toni, com a infalível empatia e compreensão dela, durante a maior parte de seu "confronto com o inconsciente". Certa vez, anos depois, ele me contou que, mesmo se – o que estava longe de ser o caso – ela nunca mais tivesse feito alguma coisa por ele, ainda assim *jamais* poderia esquecer do que ela lhe fez naquela época. Disse: "Quer ela não me amasse e fosse indiferente ao meu destino, quer me amasse – como certamente me amava – o que ela fez foi nada menos do que heroico. Essas coisas ficam para sempre, e lhe serei grato por toda a eternidade". Acho que ele tinha dúvidas de que teria sido capaz de sobreviver à mais difícil de todas as suas jornadas, caso tivesse de enfrentá-la sozinho. De todo modo, nos casos relativamente raros em que seus pacientes tinham a vocação para ajustar as contas com o inconsciente, e ele os acon-

---

7. *MDR*, p. 137.

selhava a tentarem a empreitada através da imaginação ativa, sempre impôs como condição para a aventura que eles contassem com um relacionamento sólido com alguém que conseguisse entendê-los. (Este papel é muitas vezes, mas nem sempre, assumido pelo analista.) Isso é perigoso demais sem tal relacionamento, e não deveria nunca ser tentado.

O relato do próprio Jung sobre seu "confronto com o inconsciente" pode ser lido no capítulo que tem esse título em *Memórias*, mas devo lembrar o leitor de alguns pontos especialmente importantes. O leitor se recordará dos eventos extraordinários que ocorreram na casa de Jung nos seus tempos de Universidade de Basileia, quando uma mesa de nogueira de setenta anos subitamente se partiu ao meio com um estalido, e quando, cerca de quinze dias depois, uma faca de aço puro se despedaçou. Em 1916 (a maior parte de seu trabalho com o próprio inconsciente se deu no ano que antecedeu e durante a Primeira Guerra Mundial), alguns eventos deste tipo começaram a ocorrer em sua casa em Küsnacht[8]. Cobertores eram subitamente arrancados, uma de suas filhas viu um vulto branco atravessar o quarto dela, e assim por diante. A série culminou em uma tarde de domingo, quando toda a família e as duas empregadas ouviram a campainha da porta da frente soar freneticamente. Jung não apenas escutou, mas viu o sino se mexendo. Mas, embora fossem olhar enquanto o sino ainda estava tocando violentamente, não havia ninguém lá. Incapaz de continuar suportando a atmosfera terrivelmente pesada da casa (sentida por todos ali), Jung se dirigiu ao seu estudo e permitiu que o inconsciente se exprimisse através de sua escrita. Em três noites, o estranho documento *Septem Sermones ad Mortuos*[9] foi produzido. Ele disse: "Assim que peguei a pena, toda a assembleia fantasmagórica desapareceu. O cômodo se acalmou e a atmosfera clareou. A assombração tinha terminado"[10].

---

8. Ibid., p. 189ss.

9. Ele foi impresso em caráter particular e dado a alguns poucos amigos próximos. Somente a contragosto Jung consentiu em sua publicação como um apêndice de *MDR* (p. 378-390). Afirma-se ali que mais tarde ele "o descreveu como um pecado de sua juventude, do qual se lamentava". Esse lamento, é claro, se refere só ao fato de ele ter sido *publicado*, ainda que privadamente. Ele veio a sentir fortemente que os sermões deviam ter sido escritos apenas no *Livro Vermelho*, como suas outras fantasias e conversações com figuras interiores.

10. *MDR*, p. 191.

Essa foi, creio, a primeira vez que ele experimentou o fato de que tais fenômenos parapsicológicos frequentemente acontecem quando há algo lutando no inconsciente, por assim dizer, para aflorar à consciência. Posteriormente, Jung experimentou várias vezes esses fenômenos (estalidos na mobília, p. ex.) como pré-estágio de um esforço criativo (geralmente eles ocorriam *antes* que ele se desse conta do que iria escrever). Essa é também provavelmente a razão pela qual fenômenos parapsicológicos (na forma de *poltergeists*) são mais frequentes nas proximidades de adolescentes que ainda não tomaram consciência da grande transformação que está acontecendo neles. Cabe perguntar se os fenômenos particularmente violentos (aqueles da mesa e da faca), ocorridos durante o período estudantil, não teriam a ver com o fato de que Jung ainda não estava consciente de seu destino como psiquiatra e "explorador da alma humana e de suas profundezas ocultas"[11].

Causou enorme impressão em Jung o fato de todos aqueles fenômenos estranhos e a atmosfera densa na casa terem desaparecido no momento em que pegou sua pena. Foi um grande encorajamento para prosseguir o trabalho com o inconsciente, pois ele viu que qualquer descuido de sua parte afetaria de maneira adversa todo o seu ambiente. No fundo, foi o mesmo incentivo que o tinha levado finalmente a encarar todas as dificuldades de sua amizade com Toni Wolff: não aceitar as ordens do inconsciente tinha um efeito negativo sobre o seu entorno. Não que ele os tenha alguma vez obedecido cegamente, mas sempre aprendeu a tomá-los a sério e a entrar em acordo com eles, levando em conta o ponto de vista tanto do consciente quanto do inconsciente.

Muitos anos depois, mas ainda um tempo considerável antes da viagem de Jung à Índia, um indiano altamente formado lhe contou que tinha por guru pessoal Shankaracharya, o comentador dos Vedas morto há séculos. Jung então descobriu que, embora a maioria dos indianos tenham um guru vivo, sempre há quem tenha um espírito como mestre. Essa foi uma daquelas confirmações de sua própria experiência durante os anos de seu "confronto com o inconsciente" sempre tão bem-vindas para Jung: quando você tem

---

11. Nas palavras da inscrição na parede da casa na qual Jung nasceu. Cf. acima, p. 25.

experiências que a maioria dos europeus condenam sumariamente como "místicas" ou até loucas, é um enorme conforto encontrar outras pessoas que, de modo inteiramente independente, tiveram exatamente a mesma experiência – nesse caso, a constatação de que em círculos cultos da Índia é, ou pelo menos era no início dos anos de 1930, considerado tão natural ter um espírito por mestre quanto ser pupilo de um guru vivo.

Esta tinha sido exatamente a experiência de Jung. Ele teria ficado muito feliz em contar com um guia vivo rumo ao inconsciente. Agarrara-se por muito tempo à esperança de que Freud seria esse guia – talvez tenha sido esta a verdadeira razão para tanta dificuldade em sacrificar o relacionamento – mas, desde o início, "a atitude de Freud para com o espírito parecia altamente questionável"[12]. Conforme lentamente aprendeu que não havia nada a fazer com relação a essa atitude unilateral[13], era forçado a se voltar para o próprio inconsciente e achar nele orientação. (Por mais indispensáveis que fossem a empatia e compreensão infalíveis de Toni Wolff, ela não tinha, evidentemente, nem a experiência, nem o conhecimento para que pudesse de alguma forma servir de *guia*.) Ele descobriu esse guia em uma figura que chamou de Filêmon, que lentamente se desenvolveu a partir da figura original de Elias e que lhe ensinou muito mais sobre o inconsciente do que qualquer outra das figuras que tinha encontrado. Filêmon, em suma, era um guru espiritual, exatamente similar àqueles encontrados na Índia, mas no mínimo quinze anos antes de Jung ter tido qualquer ideia acerca da existência deles.

A principal coisa que Filêmon lhe ensinou, que de fato lhe deu a chave de toda a sua psicologia, foi a *realidade da psique*, e o fez de maneira muito plástica. Disse-lhe que Jung considerava seus próprios pensamentos como se os tivesse produzido (o que, de fato, é o preconceito ocidental habitual). Mas Filêmon lhe disse que os pensamentos se assemelham muito mais a animais na floresta ou a pessoas em uma sala, acrescentando: "Ao ver pessoas em uma sala, você não pensará que fez essas pessoas, ou que é responsável por elas"[14].

---

12. *MDR*, p. 149.
13. Ibid., p. 153.
14. Ibid., p. 183.

Foi através de Filêmon que Jung aprendeu a objetividade e realidade da psique, sua existência absolutamente independente. Podemos explorá-la, mas só podemos influenciá-la em um grau extremamente limitado, na verdade nulo, muitas vezes. Penso que este é um ponto crucial, pois é justamente aqui que a maioria dos mal-entendidos a respeito da psicologia junguiana surgem. Investigações do inconsciente são exatamente como qualquer outra ciência; *você só pode investigar o que está lá*, os animais que aparecem em sua floresta, para tomar de empréstimo a ilustração de Filêmon. Mas, assim como a maioria das pessoas atravessam as florestas sem saber que animais estão lá (e frequentemente à espreita), assim também muitas pessoas – até mesmo, infelizmente, a grande maioria – nunca veem ou ouvem nada do inconsciente. É uma característica humana geral afirmar que o que eles não podem perceber não existe, e assim negam a existência objetiva do inconsciente. Então eles se consideram justificados em rotular afirmações sobre tais *fatos* – os quais eles não veem – como "místicas", "esotéricas", qualquer coisa que não as afirmações científicas que elas realmente são.

Outra descoberta de importância vital que Jung fez na época foi a figura da *anima* nos homens. Ele tinha se perguntado por muito tempo o que ocorria com os genes femininos em um homem e com os genes masculinos em uma mulher[15], e é claro que sabia que a alma do homem geralmente era vista como feminina. Mas descobriu na prática a existência dessa figura, pela primeira vez, quando seu trabalho com o inconsciente sofreu a súbita interferência de uma voz afirmando que o que ele estava fazendo era arte[16]. (Ele pintou muito do que viu, além de manter um meticuloso registro escrito. Tinha um considerável talento inato para a pintura, concordará qualquer um que tenha visto alguns de seus quadros, e, portanto, alguém mais crédulo poderia facilmente acreditar nessa insinuação.) Ele imediatamente soube, e sem a menor dúvida, que a voz vinha de uma mulher, e também se perguntou imediatamente se o inconsciente estava formando uma personalidade dentro

---

15. É de conhecimento geral que o sexo de um embrião é definido pela maioria dos genes masculinos ou femininos que entram nele, e que há muitas vezes uma maioria só de um deles.

16. *MDR*, p. 185ss.

dele – não de seu ego consciente – uma personalidade que queria se expressar. Ao contrário das figuras masculinas que encontrou, a mulher parecia ter dificuldade em se expressar – para além da sua reiterada afirmação de que aquilo era arte – de modo que Jung teve de lhe oferecer os próprios meios de expressão dele, o que ela prontamente aceitou. Jung disse:

> Eu fiquei muito intrigado com o fato de que uma mulher estivesse interferindo em mim de dentro. Minha conclusão foi de que ela devia ser a "alma", na acepção primitiva, e comecei a especular sobre as razões pelas quais o nome *anima* fora dado à alma. Por que se pensou ser ela feminina? Mais tarde, vi que essa figura feminina interior desempenha um papel típico, arquetípico, no inconsciente de um homem, e a chamei de *anima*. Chamei a figura correspondente no inconsciente da mulher de *animus*. A princípio, foi o aspecto negativo da *anima* que mais me impressionou. Senti-me um pouco atemorizado por ela. Era como sentir uma presença invisível na sala.

Via de regra, o aspecto negativo da *anima* ou do *animus* é o que primeiro se faz sentir, geralmente como uma oposição real àquelas pretensões conscientes da pessoa. Emma Jung certa vez me contou um exemplo de sua própria juventude, de antes que conhecesse seu marido e muitos anos antes de ele descobrir a *anima* ou o *animus*. (Ela também me autorizou a citar esse exemplo em minhas conferências sobre o *animus*.) Ainda adolescente, mudou-se com a família para uma nova casa, e pela primeira vez ganhou um quarto só para si. Estava orgulhosa desse quarto, o mobiliou com o máximo esmero, e se orgulhava especialmente de seu conjunto de toalete[17]. Tinha tanto medo de que algo se quebrasse, que não permitia que nenhuma empregada entrasse no quarto, fazendo sozinha toda a arrumação. Então, certa manhã, ela deixou cair e quebrou o jarro daquele rico conjunto. Sua mãe tentou consolá-la prometendo a troca por um jarro exatamente igual, mas ela estava inconsolável, porque, segundo me disse, agora sabia sem nenhuma dúvida que havia algo *dentro dela* que trabalhava *contra* ela, e não *a favor*

---

17. Naquela época, não havia água corrente nos quartos, e sempre dispunham grandes jarros de porcelana, bacias e etc. sobre os chamados "lavatórios". Em casas mais abastadas, as empregadas colocavam latas de água quente nas bacias antes das refeições.

dela. Essa experiência deve tê-la ajudado a perceber a objetividade do inconsciente muitos anos depois, porque, sendo um tipo sensação, Emma Jung achava especialmente difícil aceitar qualquer coisa que não experimentasse.

Jung, que também sempre precisou da experiência antes de aceitar qualquer coisa, tinha isso em mente quando fez sua tão citada afirmação: "Eu não acredito, eu sei". John Freeman lhe tinha perguntado (na entrevista para a televisão, na emissora B.B.C. em 1959) se ele acreditava em Deus. Jung respondeu com esta famosa afirmação, que suscitou uma verdadeira tempestade de comentários na época. Mas isso era exatamente assim: quando criança, tinham naturalmente lhe falado no que acreditar; ele se esforçou muito, porém, como a maioria das crianças honestas que tiveram muito contato com a Igreja, falhou completamente; então ele *experimentou* Deus[18] e então evidentemente passou a *saber*. Assim, quando Filêmon lhe falou da objetividade do inconsciente – que tudo o que ele tinha pensado a respeito se parecia mais com ver animais em uma floresta do que qualquer invenção dele próprio –, pôde aceitar isso prontamente, pois era uma descrição plástica exatamente do que ele tinha *experimentado* mesmo antes de seu confronto com o inconsciente.

Nada havia sido mais inesperado, mais distante de ser uma invenção dele próprio, do que essa súbita interferência da *anima* tentando persuadi-lo de que tudo o que ele estava cuidadosamente registrando era arte. É interessante que ele nos conta ter reconhecido a voz como sendo "de uma paciente, uma psicopata talentosa que sentia uma forte transferência em relação a mim. Ela tinha se tornado uma figura viva dentro da minha mente"[19]. Pelo que sei, foi a primeira vez que Jung se deu conta do fenômeno da projeção e de sua retirada. Projeção é um termo que – como a objetividade da psique – é muitas vezes malcompreendido. As pessoas tendem a pensar que nós projetamos ativamente, até conscientemente. Nada poderia estar mais longe da verdade, conforme o termo é usado na psicologia junguiana. Coisas que não vemos em nós mesmos *se projetam* para onde quer que

---

18. Cf. acima, p. 61-64.
19. *MDR*, p. 185.

encontrem um gancho adequado, ou seja, uma certa semelhança entre a pessoa ou coisa na qual elas se projetam e o conteúdo interno que ainda não foi visto. No caso que estamos considerando, por exemplo, Jung ainda não conhecia a figura da *anima* dentro dele, e assim ela se projetou nessa mulher, por assim dizer, e usou a voz dela. Jung pôde assim reconhecer que algo que até então vira nesta mulher pertencia, na verdade, a uma figura interior nele próprio. O elemento projetado é claro, pois ele disse depois que a própria paciente, uma senhora de forte senso estético, "teimosamente insistiu que as fantasias que emergiam do meu inconsciente tinham valor artístico e deviam ser consideradas como arte"[20]. Se tivesse acreditado nisso, perderia totalmente a rota, como essa mesma figura de *anima* se deliciaria em lhe comunicar! O homem que acredita nessas insinuações do aspecto negativo da *anima* se torna possuído por ela. Assim como pode ser muito positiva, enquanto uma função ou ponte entre o homem e seu inconsciente, a *anima* é sempre negativa se interfere entre o homem e seu mundo consciente, e quando ela é quem age – ao invés do próprio homem – podemos falar em "possessão pela *anima*".

Claro que o aspecto positivo da *anima* também foi fortemente projetado em Toni Wolff durante os primeiros estágios do "confronto com o inconsciente". Mais tarde, conforme Jung reconhecia cada vez mais a figura da *anima* como uma figura interior, tanto em seus aspectos positivos quanto nos negativos, ele se tornou menos dependente da mediação da mulher exterior no inconsciente, e pôde encará-lo inteiramente a sós. Mas retirar as projeções e se tornar menos dependente *não* significa se tornar menos suscetível a relações. Pelo contrário, o relacionamento individual real – em seu sentido mais elevado – só é possível quando as projeções são vistas como tal; pois, naturalmente, projeções de coisas que na verdade pertencem a nós mesmos nos cegam e não vemos o que os outros realmente são, e a dependência nos impede

---

20. Ibid., p. 195. [Atualmente os biógrafos consideram que esta inspiradora do conceito de *anima*, e origem da voz do inconsciente que atormentou Jung com a afirmação de que ele estava fazendo arte, não ciência, era a holandesa Maria Moltzer, uma de suas primeiras e mais importantes discípulas (N.T.).]

de propiciar aos outros sua liberdade[21]. Portanto, conforme Jung viu a *anima* interior e fez os maiores esforços para entrar em acordo com ela, ficou cada vez mais livre para relacionamentos individuais reais. Isso também o capacitou a ver suas pacientes femininas como elas realmente eram, sendo esse o segredo de seu gênio incomparável como analista. Ver e entrar em acordo com a *anima* é a tarefa mais dura que um homem tem pela frente, ainda mais dura do que a de uma mulher com seu *animus*. Jung certa vez explicou esse fato dizendo que, desde o início da história registrada, o homem teve de lidar com o mundo externo. No acampamento primitivo, o homem tinha de vigiar o seu entorno atentamente, à espreita do menor sinal da aproximação de um inimigo. A mulher, por sua vez, ficava protegida no acampamento, cuidando do fogo, da cozinha e das crianças. Ela assim poderia se permitir fantasias; o homem não podia, o que torna muito mais difícil a ele se dar conta de suas figuras interiores, pois há um forte instinto primordial que o proíbe de fazê-lo.

Lembro-me de uma ocasião em que Jung estava furioso com o comportamento de possuído pela *anima* de um de seus assistentes masculinos. Tentei lhe perguntar se ele não estava exagerando na severidade. Ele respondeu que eu tinha razão, mas indagou se eu reconhecia que ele (Jung) tinha conseguido se acertar com sua própria *anima*. Claro que sim, reconhecia plenamente, pois sabia que essa era a verdade. "Bem", retorquiu Jung, "então eu tenho o direito de me enfurecer com esses rapazes que nem tentam, ou então terei de dizer que realizei algo impossível ao me acertar com minha *anima*, e assim ter pena deles! Mas não serei tão presunçoso a ponto de pensar que tudo o que fiz é impossível". Desde então eu me perguntei, ao ver quão poucos homens se deram bem nessa tarefa, qual é a verdade. De todo modo, podemos ver que tremenda realização foi Jung ter encarado essa tarefa durante seu "confronto com o inconsciente".

Por volta do final da guerra, a maior parte do trabalho junto ao inconsciente estava feita, e nunca precisou ser repetida. Então outro símbolo surgiu, o mais importante de todos. Ao longo da guerra, Jung teve vários períodos de serviço militar, que ele cumpriu com grande entusiasmo. Para ele, um dos

---

21. Ibid., p. 296ss.

inconvenientes de envelhecer foi estar acima da idade para servir na Segunda Guerra Mundial, embora estivesse muito bem e ativo até sua grave enfermidade em 1944. Na Primeira Guerra Mundial, ele frequentemente serviu no Passo de São Gotardo, pelo qual sempre guardou sentimento peculiarmente caloroso. Disse uma vez que escreveu seu artigo "A função transcendente"[22] durante um desses períodos de serviços militares no Passo de São Gotardo.

Em 1917-1918, Jung teve um período mais longo de serviço militar em Château-d'Oex como comandante da Região Britânica dos internados de guerra. Quando prisioneiros de guerra fugiam para a Suíça, como país neutro ela os aceitava, mas os mantinha internados, de modo que não pudessem voltar ao seu próprio país e ao combate. Perto do término da guerra, havia um grande número desses prisioneiros reunidos em acampamentos de diferentes nacionalidades. Jung foi encarregado dos britânicos, e sempre falou entusiasmado daquele período, durante o qual ficou em Château-d'Oex com a maior parte de sua família. Foi durante esse período – após ter emergido das trevas do inconsciente – que o novo símbolo de importância vital concentrou sua atenção.

Devo explicar ao leitor que não está familiarizado com os mandalas porque eles representam a coroa entre todos os símbolos, por assim dizer. No mundo inteiro e em todas as épocas, ao buscarem um símbolo da totalidade do ser humano, as pessoas usaram uma forma circular ou quadrada como a expressão mais satisfatória possível para uma totalidade que ia muito além de sua própria compreensão. Tais símbolos encontraram seu florescimento supremo na Índia, onde recebem o nome sânscrito de mandalas, um termo que Jung tomou de empréstimo. Os povos antigos, como os maias, usavam essa forma instintivamente, sem se preocupar com o que significava. Assim também, Jung já a tinha usado frequentemente em suas pinturas, sem pensar muito sobre seu possível significado. Mas, em Château-d'Oex, ele se sentiu compelido todas as manhãs a esboçar, em um pequeno caderno, um novo de-

---

22. Este artigo permaneceu inédito por muitos anos, mas ele me mostrou o manuscrito original em 1951, que já continha todo o material essencial, por achar que me seria útil, como de fato foi, em minhas conferências sobre a imaginação ativa. Está agora publicado em OC 8/2, § 131-193.

senho circular que parecia corresponder a sua "situação interior no momento"[23]. Ao mesmo tempo, sentiu uma grande necessidade de compreender os desenhos dos mandalas. Sempre que se sentia preocupado ou transtornado, o desenho do mandala mostrava sinais de perturbação; em casos extremos, os contornos se abriam e a simetria ficava destruída. Ele disse: "Só gradualmente descobri o que o mandala realmente é: 'Formação. Transformação. Eterna recriação da mente eterna'"[24]. E esse é o si-mesmo, a totalidade da personalidade, que é harmoniosa se tudo vai bem, mas que não pode tolerar autoengano.

O arquétipo da totalidade – que realmente contém todos os outros arquétipos – foi o coroamento e culminância de todo o "confronto com o inconsciente" por Jung. Ele disse que, nesse período entre 1918 e 1920,

> começou a entender que a meta do desenvolvimento psíquico é o si-mesmo. Não há evolução linear, mas apenas uma circum-ambulação do si-mesmo. O desenvolvimento uniforme existe, quando muito, apenas no começo; mais tarde, tudo aponta para o centro. Este *insight* me deu estabilidade, e gradualmente minha paz interior retornou. Eu sabia que, ao descobrir o mandala como uma expressão do si-mesmo, tinha alcançado o máximo a que podia chegar. Alguém talvez possa ir além, mas eu não[25].

Jung escreveu sobre esse período como um todo:

> Os anos em que investiguei minhas imagens interiores foram os mais importantes da minha vida – os anos em que tudo que era essencial se decidiu. Tudo começou então; os detalhes posteriores são apenas suplementos e esclarecimentos do material que irrompeu do inconsciente e que a princípio me inundou. Foi a *prima materia* da obra de toda uma vida[26].

Vemos aqui a tremenda importância que Jung deu à sua vida interior durante aqueles anos de exploração do inconsciente. Muitas vezes o ouvi dizer que esta foi a tarefa incomparavelmente mais difícil que ele já empreendera.

---

23. *MDR*, p. 195ss.
24. GOETHE. *Fausto*, Parte II (Penguin Books, 1959, p. 79).
25. *MDR*, p. 196ss.
26. Ibid., p. 199.

Se, em anos posteriores, ele se sentisse muito pressionado por alguma coisa, podia dizer que isso o lembrava dos anos de luta em seu trabalho com o inconsciente, porém nunca sem acrescentar: "Mas aquilo foi pior, muito pior". Ele também costumava contar a seus alunos e pacientes, quando suas vidas interiores estavam difíceis, que, quando tivessem realmente tocado o fundo do poço, descobririam a estabilidade, porque saberiam que nada poderia ser pior. Geralmente, se eles sugeriam que esse momento havia chegado, Jung perguntava gentil, mas firmemente: "Gostaria de saber o que faz vocês pensarem assim!" Só uns poucos sabiam o que é experimentar as profundezas em que Jung por fim encontrou o fundo do poço e finalmente descobriu o símbolo culminante: "o mandala como uma expressão do si-mesmo", que restaura a "paz interior".

Devido à sua importância suprema na vida de Jung, e por ele ter-lhe conferido "precedência sobre tudo o mais" durante a guerra, também eu dei precedência à sua situação interior naqueles anos. Mas talvez seja difícil para muitos leitores ocidentais perceberem a importância crucial da vida interior de Jung (também para seus pacientes e para as pessoas ao redor dele) quando o mundo exterior estava no auge das agonias da guerra. Richard Wilhelm, que se tornou um grande amigo de Jung, contou certa vez uma experiência dele na China que Jung pensava ser capaz de explicar melhor esse fenômeno a ouvidos ocidentais. Ele até mesmo me aconselhou a nunca dar palestras sem mencioná-la.

Richard Wilhelm estava em uma distante aldeia chinesa, que padecia de uma estiagem incomumente prolongada. Tudo tinha sido feito para colocar fim àquilo, todo tipo de oração e feitiçaria tinha sido usado, mas em vão. Então os anciãos lhe disseram que a única coisa a fazer seria buscar um fazedor de chuva que morava em um lugar distante. Isso o interessou enormemente, e ele fez questão de estar presente quando o fazedor de chuva chegou. Velho, enrugado e pequeno, ele chegou em um carro fechado. Saiu do carro, farejou o ar com desgosto, então pediu uma cabana fora do perímetro da aldeia. Impôs como condição que ninguém poderia incomodá-lo e que sua comida deveria ser deixada do lado de fora, junto à porta. Nada se ouviu dele nos três dias seguintes, e então todo mundo acordou com um temporal. Houve até mesmo neve, o que era incomum naquela época do ano.

Wilhelm ficou muito impressionado e procurou o fazedor de chuva, que tinha então saído de seu isolamento, e perguntou-lhe, maravilhado: "Então você é capaz de fazer chover?" O velho deu de ombros e disse que obviamente não podia. "Mas estava acontecendo a seca mais persistente até você chegar", replicou Wilhelm, "e então, dentro de três dias, choveu?" "Ah", disse o velho, "isso foi muito diferente. Sabe, eu venho de uma região em que tudo está em ordem, chove quando deve chover e faz tempo bom quando é preciso, e as pessoas também estão em ordem e dentro de si mesmas. Mas esse não era o caso com as pessoas aqui, elas estavam fora do Tao e fora de si mesmas. Eu fui imediatamente infectado quando cheguei, por isso precisei ficar bem sozinho até estar novamente no Tao, e então naturalmente choveu!"[27]

Essa história merece a consideração mais cuidadosa, por mais discrepante que seja em relação às nossas noções ocidentais, racionais, modernas. Na Idade Média, havia pessoas na Europa que pensavam de modo semelhante. Por exemplo, as pessoas ao redor de Santa Gertrudes de Magdeburgo achavam que ela era capaz de influenciar o tempo com suas orações. E, pensando bem, a primeira necessidade para fazer a oração correta é estar dentro de si mesmo, no Tao, como dizem os chineses. Em nossa era racional, porém, eu teria dificuldade em sequer indicar que a paz interior de Jung foi restaurada ao mesmo tempo em que a paz chegou com o término da Primeira Guerra Mundial! Ele próprio, até onde sei, nunca reparou nessa "coincidência", e admito que eu mesma só reparei nisso recentemente. Mas, se pudermos por um momento pensar sincronisticamente[28], ao invés de causalmente, fica claro que era assim que tinha de ser: era o momento no tempo em que o arquétipo da paz foi constelado e, portanto, naturalmente, a paz veio a Jung e ao mundo ao mesmo tempo. Conforme mencionado anteriormente, Jung se perguntava, antes de reto-

---

27. Jung contava frequentemente essa história, até mesmo em uma das últimas ceias de Natal de que participou no Clube Psicológico.
28. C.G. Jung, "Sincronicidade: um princípio de conexões acausais". In: OC 8/3, § 816ss.

mar seu trabalho nas profundezas de sua própria psique após a irrupção da guerra, o quanto sua própria experiência (em seu encontro com o inconsciente) "coincidiu com a da humanidade em geral". Nunca mencionou de novo essa questão, mas talvez possamos supor – pelo fato de que ambos os tormentos acabaram ao mesmo tempo – que houve uma considerável coincidência.

Uma das coisas mais impressionantes que ouvi Jung falar foi muito na linha da história do fazedor de chuva. Por volta de 1954, perguntaram-lhe, em uma discussão no Clube Psicológico de Zurique, se ele pensava que haveria uma guerra atômica e que, se sim, o que aconteceria. Ele respondeu: "Penso que depende de quantas pessoas puderem suportar a tensão dos opostos dentro de si mesmas[29]. Se um número suficiente conseguir, penso que a situação poderá ser suportada, e seremos capazes de contornar inúmeras ameaças e assim evitar a pior das catástrofes: o choque final dos opostos em uma guerra atômica. Mas se não houver um número suficiente e a guerra eclodir, temo que signifique inevitavelmente o fim de nossa civilização, assim como muitas civilizações, embora em escala menor, tiveram fim no passado". Que significado e dignidade essa sugestão de Jung confere a cada indivíduo! Ele pode tentar encarar os opostos nas profundezas de sua própria psique, e assim talvez adicionar um grão à balança do destino.

Embora sua luta interior tivesse precedência sobre tudo o mais naqueles anos da Primeira Guerra Mundial, Jung de modo algum negligenciou sua vida exterior. Muitas vezes, o motivo mais forte para perseverar em seu trabalho interior foi a convicção de que não poderia ajudar seus pacientes, com relação às fantasias que estavam lhe trazendo, sem antes de tudo saber aonde suas próprias fantasias o levavam. Como poderia pedir-lhes para fazer algo que ele próprio não ousaria fazer? E percebeu que, nesse caso, tudo o que conseguiria fazer por eles seria formular "alguns preconceitos teóricos de valor duvidoso". Ele acrescentou: "Essa ideia – de que eu estava me comprometendo com uma perigosa empreitada não só

---

29. O mandala é uma expressão perfeita da conjunção dos opostos, visto que dois pares conflituosos de opostos são reconciliados dentro de seu quadrado ou círculo.

por mim mesmo, mas também por meus pacientes – ajudou-me a atravessar várias fases críticas"[30].

O bem-estar de seus discípulos e pacientes preocupou Jung de outra maneira. Ele sentia que especialmente os estrangeiros estavam isolados demais e tinham pouca oportunidade de encontrar pessoas com os mesmos interesses. Embora houvesse, é claro, menos estrangeiros do que em tempos de paz, quando as fronteiras estavam abertas e viajar era relativamente mais fácil, até que os Estados Unidos entrassem na guerra poucos norte-americanos se arriscavam a viajar apesar das muitas dificuldades, e alguns estrangeiros permaneceram na Suíça durante todo o tempo que durou a guerra. Mas os discípulos e pacientes suíços de Jung – embora não estivessem desenraizados como os estrangeiros – também sentiam grande necessidade de encontrar pessoas que compartilhassem do interesse deles pela psicologia. Embora a Suíça como um todo tenha sido provavelmente a última nação a reconhecer a qualidade revigorante da psicologia junguiana (a máxima de que "um profeta não é honrado em sua própria terra" é uma verdade eterna), sempre houve alguns indivíduos com mais capacidade de discernimento, e a atividade profissional de Jung cresceu consistentemente durante a guerra.

Conforme o grupo em torno dele aumentava, surgiu o problema de como lhe dar alguma vida corporativa, pois a maior parte dos membros sequer se conhecia entre si. Eram, em sua maior parte, ainda que não inteiramente, discípulos e pacientes de Jung, mas naturalmente nunca se encontravam, exceto de vez em quando na sala de espera. Contudo, estavam reunidos no inconsciente pelo interesse comum em psicologia. Jung sentia cada vez mais que eles precisavam de um grupo social como uma base de *realidade* para aquilo que estavam aprendendo de psicologia. Jung não concordava com os analistas freudianos que – pelo menos naquela época – evitavam todo contato social com seus pacientes fora da análise, e começou a sentir a necessidade de oportunidades para conhecer seus pacientes e as reações deles em um cenário mais próximo da vida exterior do que a sala do consultório e a hora analítica. Várias vezes sentiu que poderia aprender muito mais sobre

---

30. *MDR*, p. 179.

certos aspectos de seus pacientes vendo-os em um grupo do que pelo que eles lhe contavam durante suas sessões. Para evitar mal-entendidos, é preciso enfatizar, porém, que Jung sempre *reprovou* veementemente *qualquer* forma de "análise de grupo". A análise é algo essencialmente individual e não tem nenhum sentido senão no indivíduo. A necessidade de descobrir algum tipo de grupo ou vida social para seus pacientes era exclusivamente para impedir que se sentissem excessivamente isolados ou apartados da vida. Ele sempre disse, posteriormente: "Você não pode se individuar[31] no Monte Everest!" As pessoas em análise precisavam intensamente de um lugar onde não estivessem sozinhas, e sim pudessem encontrar outras pessoas com os mesmos interesses, onde pudessem trocar ideias e encontrar companhia. Ele também providenciou conferências sobre psicologia e assuntos correlatos e encorajou seus discípulos e pacientes a testarem suas próprias habilidades como palestrantes.

Essas foram as principais razões que levaram Jung a fundar o Clube Psicológico em 1916. Foi muito auxiliado nessa empreitada pela Sra. Harold McCormick, uma norte-americana que estava em Zurique fazendo análise com Jung e estudando filosofia com Emil Abegg, durante toda a guerra – na verdade, de 1913 a 1923. Edith McCormick, além de ser a esposa de um homem rico (Harold McCormick também foi importante para a fundação do clube, e tanto ele como a esposa foram sócios-fundadores), era filha de John D. Rockefeller. Estava assim em condições de doar ao clube, nos seus inícios, uma fortuna considerável. De fato, Toni Wolff me contou que o clube começou de maneira demasiado luxuosa, mais como um clube norte-americano, e assim seu restaurante e seus salões se mostraram caros demais para qualquer um usá-los! Mas esse início ligeiramente irreal, no lugar mais caro no centro de Zurique, foi logo deixado de lado, e uma casa mais modesta foi comprada na *Gemeindestrasse*, uma parte muito mais tranquila e agradável da cidade. O clube foi instalado no andar térreo, com um grande salão para conferências e festas e três ou quatro salas menores para a biblioteca e outras atividades

---

31. Individuação é o termo geral que Jung aplica ao processo de conhecer a totalidade da psique e de dar o lugar central ao "si-mesmo" ao invés de usurpá-lo com o ego.

sociais, enquanto que os pisos superiores continuaram sendo apartamentos residenciais. Este prédio ainda existe praticamente inalterado, com o clube ainda no térreo e o Instituto C.G. Jung agora no andar superior.

Embora fosse necessariamente a figura central e o inspirador do clube, Jung se recusou com firmeza a aceitar o papel de presidente, ou a desempenhar qualquer função de liderança em sua administração, deixando essas atividades inteiramente para outros membros. Tanto Emma Jung quanto Toni Wolff me contaram histórias interessantes sobre os primeiros tempos do clube, os quais nada tiveram de suave, sendo, isso sim, cheios de vida e de conflitos. Como Jung sabia ao fundar o clube, a maioria dos membros-fundadores, sendo seus discípulos e pacientes, estava acostumada a vê-lo a sós, com toda a atenção fixada neles, como deve ser em uma análise, e não foi nada agradável aprender a compartilhá-lo com um grupo de pessoas. Aconteceu justamente o que Jung tinha esperado; eles foram confrontados com a realidade e com lados surpreendentes de si mesmos. O ciúme *inconsciente* é uma das forças mais destrutivas que existem, enquanto que o ciúme que é percebido, reconhecido e sofrido se torna relativamente inofensivo. Esse foi apenas um dos aspectos despercebidos dos vários membros que vieram à tona nos primeiros tempos do clube, e só os irremediavelmente destituídos de autocrítica fracassaram em aprender muito, especialmente porque Jung estava sempre pronto a discutir tais experiências com eles, em sua próxima hora analítica. Aos poucos o grupo se tornou uma comunidade altamente valiosa e, por muitos anos, apesar dos conflitos mais intensos, cumpriu tudo o que Jung tinha esperado quando o fundou.

Se Jung era o centro espiritual do clube, Toni Wolff era certamente sua viga mestra. Como uma extrema introvertida, ela achou o clube difícil no começo, mas, com o passar dos anos, ela lhe deu cada vez mais de sua energia e foi, de longe, a melhor presidente que o clube já teve. O clube também deve a ela mais do que a qualquer outra pessoa, com exceção do próprio Jung. Ela era muito dedicada, sempre pensando em novas atividades; em suma, o Clube Psicológico deve seus anos mais florescentes, e o apoio e companhia que prestou a muita gente solitária, quase tanto a Toni quanto a Jung.

Durante a Segunda Guerra Mundial, a inclinação de todo o povo suíço, com exceção de uma quinta coluna bem minoritária, era a favor dos Aliados, e fortemente antialemã. Mas, na Primeira Guerra Mundial, pelo que me disseram, o país ficou bem mais dividido. A Suíça alemã tendia a simpatizar com a vizinha Alemanha, o mesmo acontecendo com a Suíça francesa em relação a seu próprio vizinho, a França. Certa vez perguntei a Jung como ele se sentiu na guerra de 1914. Ele respondeu que suas simpatias estavam divididas – lamentava pelos alemães, mas nunca quis que eles vencessem. Escreveu na época uma carta na qual dizia esperar que os alemães não vencessem, porque sua alma era o que tinham de precioso, e esta não se perderia. De fato, na Primeira Guerra Mundial suas simpatias eram quase tão neutras quanto a tradição quadricentenária de seu país, ao passo que, na Segunda, embora ele e todos os seus compatriotas fossem totalmente contrários a que a Suíça tomasse parte ativa na guerra, jamais, nem por um momento, vacilaram em sua total simpatia pelos Aliados.

Certa vez, Jung me contou uma experiência muito curiosa que teve no meio da Primeira Guerra Mundial (deve ter sido por volta de 1916). Ele teve toda uma série de sonhos em que tentava persuadir o *Kaiser* alemão a fazer a paz! Mas o *Kaiser* sempre se recusava, até que, por fim – conforme me disse Jung – o inconsciente desistiu da tentativa. Ele disse que os sonhos pareciam estranhamente objetivos, e que às vezes se perguntou se o inconsciente tinha feito tentativa semelhante com o próprio *Kaiser*. Ele poderia, por exemplo, ter sonhado que um desconhecido tentava convencê-lo a desistir de seus planos ambiciosos e fazer a melhor paz que pudesse. Com seus pacientes e outras pessoas com quem podia discutir sonhos, Jung checava tais coisas, tendo às vezes resultados interessantes e inesperados.

Jung não apenas encarou o inconsciente durante a Primeira Guerra Mundial, mas também se preocupou profundamente com o problema dos tipos. No Prefácio da primeira edição alemã de *Tipos psicológicos* (datado da primavera de 1920), ele escreveu:

> Este livro é fruto de quase vinte anos de trabalho no campo da psicologia prática. É uma estrutura intelectual gradual, composta igualmente de inúmeras impressões e experiências na prática

da psiquiatria e no tratamento de doenças nervosas, e da interação com pessoas de todos os níveis sociais; é um produto, pois, de meu trato pessoal com amigos e inimigos; e, finalmente, tem uma fonte adicional na crítica às minhas próprias idiossincrasias psicológicas[32].

Jung aqui indica que as primeiras experiências a lhe ensinarem que os seres humanos diferem uns dos outros, em termos de tipo, remontam ao início de seu trabalho no Burghölzli, em 1900. Mas o problema só se tornou agudo quando ele começou a comparar as psicologias de Freud e de Adler. O rompimento final entre estes ocorreu em 1911[33], mas foi gestado durante algum tempo. Freud explicava todos os casos pela sexualidade, enquanto que Adler encontrou no poder a força condutora de todo mundo. Jung rapidamente constatou que alguns de seus próprios casos se encaixavam em uma dessas categorias, e outros na outra. O erro de cada lado era considerar seu respectivo princípio o único, e aplicá-lo a *todos* os casos.

Quando – pouco depois da ruptura de Freud com Adler, se é que não foi antes – Jung viu que sua própria ruptura com Freud era inevitável, o problema dos tipos se tornou ainda mais agudo; Jung foi escrupulosamente honesto na autocrítica, e se perguntou se uma diferença de tipos não seria responsável pelo fato de não conseguir tornar sua descoberta do inconsciente coletivo palatável a Freud. (Vimos que os tipos devem também ter desempenhado um papel nas discussões sobre religião com seu pai[34], embora naquela época ele ainda não tivesse a menor ideia sobre o problema dos tipos.) Entretanto, conforme mencionado no fragmento do Prefácio da primavera de 1920 de *Tipos psicológicos*, ele viu o livro como o resultado de seu "trato pessoal com amigos e inimigos" e da crítica de suas próprias "idiossincrasias psicológicas". Sempre ensinou aos seus discípulos que os erros deles deveriam ser sua principal preocupação. Lembro-me dele certa vez me dizer, quando estava lhe falando sobre uma briga que tinha tido com um amigo: "Veja bem, mesmo que seja 90% culpa dele, e 10% sua culpa, você não ganhará nada pensando

---

32. *Psychological Types* (Londres: Kegan Paul, 1923), p. 7. • CW, vol. 6 [OC 6, p. 15].
33. JONES, E. Op. cit., II, 148ss.
34. Cf. acima, p. 75 e 76.

nos 90%, porque nada pode fazer a esse respeito, ao passo que poderá aprender as coisas mais valiosas com os seus 10%". E, como mencionado antes, a característica mais convincente de Jung era nunca cobrar dos outros, nada que já não tenha cobrado de si mesmo. Penso que essa era uma das principais razões para a confiança, respeito e até devoção que ele inspirava em tantas pessoas. Assim, podemos estar certos de que suas próprias deficiências foram uma das razões, se não a principal, para o volume sobre a tipologia.

Mais tarde, depois de ter escrito *Tipos psicológicos* e adquirido mais experiência junto às pessoas, Jung se tornou capaz de falar a "língua" de cada tipo. Assim como se empenhou muito em aprender os idiomas de seus pacientes (inglês, francês e assim por diante), assim também ele aprendeu a traduzir as coisas na linguagem do tipo psicológico com que estava conversando. Não que as pessoas possam ser classificadas em tipos rigidamente definidos, mas, se alguém está sempre preocupado com o que as coisas significam (pensamento), não pode compreender se você falar em termos de valores (sentimento), por exemplo. Muito antes, quando Jung tinha tido as discussões sobre religião com seu pai, ele naturalmente tinha falado na linguagem de seu tipo então predominante (pensamento), ao passo que o significado de tudo era tabu para seu pai! Se Jung tivesse sido capaz de falar em termos de valores (sentimento), *poderia* ter conseguido transmitir sua própria convicção da experiência imediata de Deus a seu pai, como tanto queria. Mas me parece que, mesmo se já dispusesse de conhecimento o bastante para falar a "língua" de Freud ao invés da sua própria, não teria obtido qualquer progresso contra a *idée fixe* de Freud: que *tudo* deve ser explicado em termos de sua própria teoria da sexualidade.

Jung frequentemente dizia ter escrito o livro para *compreender* as dissensões dentro do círculo de Freud. Na época em que o redigira, a dor da ruptura com Freud já tinha sido superada e totalmente aceita. Não acredito que ele tenha alguma vez lamentado a separação em anos posteriores. Encarava-a como absolutamente inevitável, pois, embora tenha sempre reconhecido seu débito com Freud, também via a amizade deles como uma transição que tinha de ser atravessada, e não retida.

Embora o livro tenha sido publicado somente depois da guerra (Jung sempre datava seus prefácios quando tivesse encerrado o livro, portanto ele foi completado na primavera de 1920), toda a pesquisa e a maior parte da redação tinham sido feitas durante a guerra. É interessante que o único volume extenso que se ocupa sobretudo com a psicologia *consciente* tenha sido concebido na época de seu "confronto com o inconsciente". Mas, vale repetir, um faz parte do outro, pois, como Jung costumava enfatizar mais tarde, é impossível encarar o estranho mundo do inconsciente sem que os fundamentos da consciência estejam bem e verdadeiramente estabelecidos. Já vimos o quanto a vida normal foi importante para Jung naqueles anos (sua família, profissão, serviço militar), e podemos também compreender o quão útil deve ter sido trabalhar sobre a história e a consolidação da consciência justamente quando estava experimentando as profundezas de sua própria psique e o inconsciente coletivo. Em anos posteriores, ele sempre dizia que as pessoas deveriam estar bem-enraizadas no mundo consciente *antes* de tentar explorar o inconsciente, que essa âncora é indispensável, e podemos atestar o quão bem-ancorado ele próprio estava. Embora, de certo modo, se trate de dois campos de estudo separados, ainda assim eles já tinham se encontrado no próprio livro *Tipos psicológicos*, por exemplo quando fala sobre as funções inferiores e sobre a transformação necessária da consciência.

Com a descoberta do mandala como o símbolo do si-mesmo, a totalidade da psique, Jung chegou à conclusão de seu "confronto com o inconsciente". Essa descoberta, e a maior parte dos preparativos de *Tipos psicológicos*, nos levam ao final da Primeira Guerra Mundial. Antes de prosseguirmos, devemos considerar as mudanças que tinham ocorrido no próprio Jung durante o período que representou, *grosso modo*, os primeiros anos da década de 1950 (1952), que viveria em Küsnacht, pois, sem dúvida, entre todas, essa foi a mais importante década de sua vida, a época em que, para citar suas próprias palavras, "tudo o que era essencial se decidiu".

Não há como minimizar a mudança que teve lugar em Jung naquela década, pois, por menos que as pessoas hoje em dia se deem conta, é sobretudo a jornada ao inconsciente profundo que faz a diferença entre a personalidade *mana* (um ser humano excepcional) e as pessoas comuns. Nem sempre a humanidade foi tão inconsciente sobre esse ponto quanto infelizmente o homem moderno se tornou. Mesmo hoje em dia, em tribos primitivas intactas, que continuam a viver como os ancestrais delas e os nossos viviam, constatamos que o homem mais reverenciado da tribo, mais respeitado até que o chefe, é o xamã ou curandeiro que fez a jornada às profundezas do inconsciente de uma maneira ou outra. Somente através dessa temível aventura é que o xamã se qualifica a assumir a função de guia espiritual da tribo. Ele empreende sua jornada, na verdade, para descobrir a vontade e alcançar a orientação de seus deuses e para, assim, ajudar tanto o indivíduo como a tribo a conquistarem mais saúde e prosperidade. Infelizmente, também é possível realizar essa jornada por razões meramente egoístas, para conquistar poder sobre as outras pessoas e explorar a tribo em busca unicamente de benefícios pessoais. Essa classe de "curandeiros" é composta pelos praticantes da chamada magia negra, que são odiados e temidos mais do que qualquer outra pessoa na tribo. Ainda assim, um homem desses se destaca dos outros porque sabe e experimentou muito mais coisas, mas usa seu conhecimento de forma destrutiva e em nome de seus próprios interesses egoístas e, a longo prazo, sempre se dá mal.

Foi, em parte – senão principalmente – por essa razão que Jung costumava dizer que um sentimento moral apurado era *essencial* para quem quisesse percorrer o processo de individuação. Ele costumava assinalar que esta era a qualidade que faltava a muitos discípulos de Lao-tsé. Portanto, mesmo antes da morte do mestre, muitos de seus discípulos abandonaram a essência de seu ensinamento e o fizeram degenerar em mera magia. Infelizmente, o mesmo destino, em uma forma moderna, acometeu muitos dos pacientes e discípulos de Jung, um fato que o entristecia muito em seus últimos anos. Ele às vezes dizia, pesarosamente: "Ele (ou ela) desistiu da psicologia junguiana e está praticando, ao invés disso, a psicologia do prestígio". Às vezes ele dizia isso de todo um grupo.

Outra maneira de descrever o "confronto com o inconsciente" é vê-lo como um enorme ganho de autoconhecimento. A percepção da importância do autoconhecimento não começou com Jung, é claro. As palavras "conhece-te a ti mesmo" estavam escritas nas paredes do templo do Oráculo de Delfos, na Antiguidade, e desde então foram revividas de tempos em tempos por sábios e clarividentes de todo o mundo. Talvez uma das mais claras descrições do valor do autoconhecimento esteja nos escritos do escocês Ricardo de São Vítor, um dos monges mais famosos e eruditos da Ordem Vitorina no século XII, e que escreveu em seu livro *Beniamin Minor*:

> A primeira e fundamental tarefa da mente que anseia por escalar o cume do conhecimento deve ser a de conhecer a si mesma. O cume do conhecimento consiste em saber que se conhece a si mesmo completamente. O conhecimento completo da mente racional é uma montanha alta e íngreme. Ele é mais elevado que os picos de todo conhecimento terreno, olha de cima para baixo toda a sabedoria do mundo e todo o conhecimento do mundo.

Ricardo de São Vítor prosseguiu assinalando a fraqueza da filosofia nesse aspecto, e disse:

> O que foi que Aristóteles, Platão e a multidão dos filósofos descobriram a esse respeito? Verdadeiramente, e sem nenhuma dúvida, se eles tivessem sido capazes de escalar a montanha de suas mentes aguçadas, seus esforços teriam sido suficientes para encontrarem-se a si mesmos; se tivessem conhecido a si mesmos perfeitamente, nunca teriam se inclinado para as coisas criadas, nunca teriam erguido a cabeça contra o Criador. Aqui os buscadores fracassam na busca. Fracassaram, e, portanto, foi-lhes impossível escalar a montanha. "O homem se ergue em seu íntimo, e assim Deus é exaltado" (Sl 63). Aprende a meditar, ó homem, aprende a meditar sobre si mesmo, e ascenderás em teu íntimo. Quanto mais te aprimoras diariamente no autoconhecimento, mais te elevarás acima de ti mesmo. Aquele que alcança o perfeito autoconhecimento já alcançou o topo da montanha[35].

Qualquer pessoa que tenha conhecido bem Jung pôde perceber que foi justamente esse conhecer-se a si mesmo que fez dele o que foi. Não há teorias vazias em sua psicologia; tudo está fundamentado em experiências sólidas e é

---

35. Traduzido do texto de *Die Victoriner: Mystische Schriften (Jakob Hener in Vienna)*, p. 179ss.

totalmente genuíno. É, pois – ao menos na minha experiência – a única coisa na vida que nunca decepciona.

Naturalmente, a montanha do autoconhecimento que Ricardo de São Vítor tanto exaltava não é mero conhecimento do ego, psicologia pessoal, como Ricardo deixa muito claro ao citar o Sl 63: "O homem se ergue em seu íntimo, e assim Deus é exaltado". Ricardo está dizendo aqui a mesma coisa, em linguagem cristã medieval, o que Jung diria sete séculos mais tarde, em outras palavras: quanto a esse autoconhecimento, esse verdadeiro conhecimento penetrante de nosso próprio ser, não cometa o erro de pensar que ele significa perscrutar o ego. Entender o ego é brincadeira de criança, mas perscrutar o si-mesmo é algo totalmente diferente. A verdadeira dificuldade está em reconhecer o desconhecido. Ninguém precisa continuar ignorando o fato de que luta por poder, que quer ficar muito rico, que se tornaria um tirano se tivesse a chance, que é um caçador de prazer, que inveja outras pessoas, e assim por diante. Qualquer um *pode* conhecer tais coisas sobre si mesmo ou si mesma, pois se trata de mero conhecimento do ego. Mas o autoconhecimento é algo completamente diferente; é aprender a conhecer as coisas que são realmente desconhecidas.

Foi no reconhecer o desconhecido dentro de si que Jung mais se destacou e, como resultado disso, estabeleceu os fundamentos de toda sua psicologia durante a década que estamos considerando. Acredito que Ricardo de São Vítor teria dito que Jung alcançou o "topo da montanha" como poucos o fizeram antes dele, se é que alguém o tenha feito. Ricardo tampouco o teria acusado de se inclinar à "colina das coisas criadas" ou de "erguer a cabeça contra o Criador", da forma como não tem escrúpulos em acusar os filósofos de fazê-lo, até mesmo homens famosos como Aristóteles e Platão. Isso é ainda mais notável quando lembramos que Jung cresceu em fins do século XIX, quando todo o espírito da época estava se voltando cada vez mais para o materialismo. A despeito de suas grandes realizações no campo da psicologia pessoal, tanto Freud quanto Adler sucumbiram a essa tendência e foram incapazes de ver para além do material e do pessoal. Assim, deve ter sido particularmente difícil para Jung nadar contra a corrente de sua época e nunca "se inclinar às colinas das coisas criadas". E, como o leitor sabe, o espírito da época era também frontalmente contrário ao valor do indivíduo, afogando-o cada vez mais na massa. Mesmo nos países em que alguns direitos ainda são deixados ao indivíduo, toda introspecção ou autoexame são desprezados como mórbidos; no entanto Jung jamais vacilou, e manteve-se fiel, por toda a vida, ao seu compromisso de "escalar a montanha do autoconhecimento" e, pois, como disse Ricardo, não apenas viu toda a sabedoria e conhecimento do mundo espalhados diante dele, como também viu muito além o homem eterno em nós, ou, em sua própria linguagem, a personalidade n. 2, o si-mesmo.

Mas escalar a montanha do autoconhecimento e, sobretudo, alcançar uma visão clara e objetiva do si-mesmo exige se haver com os opostos. É fácil aceitá-los intelectualmente, falar do par verdadeiramente escaldante de opostos – bem e mal – como se eles fossem o claro e o escuro, o quente e o frio, ou qualquer outro par de opostos da natureza. Mas Jung era um filho de pastor, e quero lembrar ao leitor sua experiência, de quando tinha apenas 11 anos, de Deus e a catedral em Basileia[36], que mostra melhor do que tudo o problema excruciante que representaram, em toda a sua vida, os opostos do bem e do mal. Cerca de setenta anos depois no capítulo "Últimos pensamentos" de *Memórias*, Jung escreveu sobre esse tema:

> A luz é seguida pela sombra, o outro lado do Criador. Esse desenvolvimento alcançou seu auge no século XX. O mundo cristão é agora verdadeiramente confrontado pelo princípio do mal, pelas injustiça, tirania, mentiras, escravidão e coerção da consciência brutais. Essa manifestação do mal nu e cru parece ter assumido forma permanente na nação russa; mas sua primeira erupção violenta ocorreu na Alemanha. Esse transbordamento do mal revelou em que extensão o cristianismo foi minado no século XX. Diante disso, o mal não pode mais ser minimizado com o eufemismo *da privatio boni**. O mal se tornou uma realidade determinante. Não pode ser descartado do mundo por qualquer manobra verbal. Devemos aprender como lidar com

---

36. Cf. acima, p. 61ss.

* Alusão à tradição teológica, de inspiração fortemente agostiniana, que prega que o mal não tem substância, e que nada do que propriamente existe poderia ser mau na medida em que o Criador de todas as coisas é o Sumo Bem; por isso o mal se definiria como a mera ausência do seu oposto, o bem [N.T.].

ele, já que ele veio para ficar. É impossível, por ora, conceber um modo de conviver com ele sem sofrer terríveis consequências[37].

Quando pensamos na situação do mundo e no mal como um problema coletivo, não encontramos maneira de conceber como poderíamos conviver com ele e sobreviver. Mas, como Jung sempre enfatizou, é somente no indivíduo que qualquer problema importante pode ser solucionado e, em sua própria psicologia individual, Jung certamente procurou, especialmente durante seu "confronto com o inconsciente", e descobriu um meio de conviver com o lado sombrio de si próprio e o do Criador. Certa vez, ele me disse que a experiência de Deus e da Catedral de Basileia tinha sido o fio condutor de toda a sua vida. Ele percebeu então, de uma vez por todas, que Deus às vezes nos exige o mal, e que nesse caso devemos obedecer, custe o que custar. Fazer o mal – ou o bem – levianamente, sem fazer o máximo esforço para verificar o *kairos* (o instante oportuno e decisivo), é de fato algo puramente destrutivo; mas fazer o mal conscientemente e quando isso é cobrado pelo si-mesmo, como Jung fez, ao levar até o fim aquele pensamento blasfemo, é puramente criativo.

Provavelmente foi dito o bastante para mostrar ao leitor por que essa primeira década em sua casa junto ao lago representou uma mudança total para Jung. O trabalho com o inconsciente foi completado e nunca teve de ser repetido. A partir de então, Jung soube que teria de conviver com os opostos, e que jamais poderia de novo se permitir viver meramente como um "bom homem". Mas, naturalmente, ele ainda teve de aprender como conviver com o mal por muitas décadas, pois, embora todos nós pensássemos, no final da Primeira Guerra Mundial, que o mal tinha alcançado e talvez até ultrapassado seu cume, como estávamos enganados, e que surpresas ainda nos aguardavam.

Como vimos nos capítulos sobre a Universidade de Basileia e o Burghölzli, Jung tinha cumprido a tarefa imposta a ele por seu sonho no final de seus anos de colégio[38]. Tinha encarado a vida exterior em sua personalidade n. 1 e

---

37. *MDR*, p. 328ss.
38. Cf. acima, p. 77.

mantido acesa sua pequena lâmpada. E, neste capítulo e no precedente, testemunhamos sua nova guinada rumo à personalidade n. 2. Desde então, ele teve novamente de viver suas duas personalidades, mas agora de modo diverso. Quando criança, ele o tinha feito de modo sobretudo inconsciente e, quando por vezes se dava conta disso, experimentava essa condição como um terrível conflito. Mas agora ele estava plenamente consciente do problema e, depois de descobrir o mandala como o símbolo do si-mesmo, pôde fazê-lo harmoniosamente, não mais se sentindo dividido. São Paulo tinha obviamente descoberto algo desse mesmo fenômeno quando disse: "Vivo, mas não sou eu que vivo, e sim Cristo que vive em mim" (Gl 2,20). De fato, simplificando, podemos dizer que após esses anos Jung ainda viveu sua personalidade n. 1 e aceitou todas as responsabilidades envolvidas, mas sua verdadeira vida era vivida não por ele, mas por sua superior personalidade n. 2. Ou, como certa vez se exprimiu, "Pode-se dizer que a cada noite eu vou ao fundo do rio onde é vivida a vida com sentido, mas a cada manhã eu me levanto e visto a *persona* de Dr. Jung e tento vivê-la o mais plenamente possível". Ele aprendia cada vez mais, com o passar dos anos, que isso *não* é essencialmente dois, e sim um.

8
Abrem-se as fronteiras, 1919-1925

Foi bom para Jung que as fronteiras da Suíça tenham ficado relativamente fechadas durante a guerra. Embora tivesse a maior capacidade de trabalho que já vi em alguém, até mesmo ele dificilmente conseguiria lidar com um volume grande de pacientes no período de seu "confronto com o inconsciente". O único trabalho talvez comparável a este último foi achar seu caminho na floresta desconhecida dos textos alquímicos, um período no qual teve de restringir seus atendimentos clínicos a dois ou três dias por semana. Seus outros escritos eram feitos nas férias. Sempre tirou férias mais longas do que a maioria dos analistas, e posso atestar que isso era uma vantagem, e não uma desvantagem, para seus analisandos. É bom para todo mundo testar de tempos em tempos o quão pode ser independente, e férias longas impedem que, seja o analista, seja o analisando, caia em estagnação. Mas até as férias mais longas são curtas demais quando se trata de explorar o que até então era completamente desconhecido.

Embora pouco antes do fim da guerra Jung tivesse completado seu "confronto com o inconsciente", ele ainda sentia que algo mais era necessário. Escreveu tudo o que tinha experimentado e pintou muitas imagens dos conteúdos do inconsciente que tinha visto, mas ainda sentia que coisas registradas apenas no papel não tinham uma forma suficientemente real. Afirmou: "Eu precisava realizar uma espécie de representação pela pedra de meus pensamentos mais íntimos e do conhecimento que havia adquirido. Ou, dizendo de outro modo, tinha de fazer uma profissão de fé pela pedra. Esse foi o começo da 'Torre', a casa que construí para mim mesmo em Bollingen"[1].

---

1. *MDR*, p. 223.

Esse sentimento, embora forte e persistente, era ainda um tanto vago quando a guerra acabou, e levou mais alguns anos para que ele o transpusesse à realidade concreta. Além do mais, mal as fronteiras se abriram, vários estrangeiros foram até Jung. Vinham de muitos países, mas foi nesse período que os anglo-saxões começaram a predominar, como aconteceria ao longo dos anos entreguerras, e por isso Jung deu a maioria de seus seminários em Zurique também em inglês. Claro, as fronteiras nunca mais foram atravessadas com a mesma liberdade de antes da guerra. Não só tivemos de nos acostumar com passaportes, mas também, por algum tempo após a reabertura das fronteiras, havia consideráveis formalidades em todos os consulados para a obtenção de um visto de entrada para esse ou aquele país. Essas atividades rapidamente se amainaram, ou as pessoas se acostumaram tanto com elas que não mais se sentiam incomodadas.

Um dos primeiros médicos ingleses a procurarem Jung em Zurique foi Godwin Baynes[2] (sempre chamado de Peter), que logo percebeu o valor da psicologia junguiana e lhe dedicou toda a sua vida, apesar de uma carreira um tanto atribulada, até sua morte durante a Segunda Guerra Mundial. Era um homem alto, alguns centímetros mais alto até do que Jung, um ás dos esportes e dos jogos em seus tempos de universidade. Veio a Jung originalmente porque seu primeiro casamento havia malogrado enquanto prestava serviço militar no exterior. Uma das primeiras tarefas que assumiu foi a tradução de *Tipos psicológicos* para o inglês, que assim pôde ser publicada em 1923, pouco depois da primeira edição alemã em 1920*. Visto que, na época, Peter Baynes não dominava bem o alemão, sua tradução deste volume teve a vantagem de ser a única tradução de qualquer dos livros de Jung, para qualquer idioma, que o próprio Jung revisou palavra por palavra.

Peter Baynes era uma pessoa extrovertida e extremamente amigável; muito rapidamente se sentiu em casa em Zurique. Emma Jung e Toni Wolff gostavam especialmente dele, e não demorou muito para que se tornasse

---

2. Ele é mais conhecido como autor de *The Mythology of the Soul* e *Germany Possessed*, e também como tradutor de livros de Jung.

* A edição original tem 1921 como ano oficial de publicação [N.T.].

assistente de Jung. Foi, sob muitos aspectos, o melhor assistente que Jung já teve, pois era singularmente despido da inveja e do sentimento de inferioridade que um homem extraordinário como Jung infelizmente parece despertar em outros homens, mesmo naqueles consideravelmente mais jovens. Baynes era um médico, porém livre dos preconceitos e limitações habitualmente encontrados nos médicos. Nem por um instante quis ir "além de Jung", uma expressão que se ouve demasiadamente hoje em dia, embora quase sempre por parte de homens que ainda estão longe de sequer começar a entender onde Jung chegou ou quem ele foi. Esse período como assistente foi o primeiro de vários durante os quais Peter foi de grande valia para Jung, sempre sobrecarregado de trabalho.

Peter Baynes certa vez me contou que, sem dúvida, sua verdadeira vocação era ser assistente de Jung, mas sua natureza extrovertida e aberta constantemente o envolvia em outros planos. Como resultado, sempre ficou dividido entre a Inglaterra e a Suíça, e até mesmo passou algum tempo na América. Seus períodos como assistente de Jung nunca foram, portanto, muito longos, e no outono de 1922 ele voltou para a Inglaterra. Nesse ínterim, conheceu e se apaixonou por Hilda Davidson (sobrinha do então arcebispo de Canterbury), casando-se com ela pouco antes de retornar à Inglaterra.

Dois anos antes, no verão de 1920, Jung deu seu primeiro seminário na Inglaterra. Pelo que Esther Harding[3] se recorda, o seminário foi organizado por Constance Long[4], provavelmente com a ajuda de Peter Baynes. Ocorreu em Sennen Cove, em Cornwall, e seu tema foi um livro chamado *Peter Blobb's Dreams**, mas pelo que sei não restou nenhum registro escrito deste seminário. A plateia era pequena, de apenas doze pessoas, o que deve ter sido extremamente agradável para Jung. Ele sempre gostou de grupos pequenos,

---

3. Devo a maior parte do meu conhecimento do lado anglo-saxão nesses anos, logo depois da Primeira Guerra Mundial, à gentileza da Dra. Harding, reconhecida autora de *The Way of All Women*, *Psychic Energy*, *Woman's Mysteries*, *Journey into Self*, *The I and the Not-I* e *The Parental Image*.

4. A Dra. Long traduziu *Collected Papers on Analytical Psychology*, de Jung (Londres: Bailliére, Tindall e Cox, 1916).

* O título completo deste livro de 1916 é *Authentic Dreams of Peter Blobbs and of Certain of His Relatives* (Sonhos autênticos de Peter Blobbs e de alguns de seus parentes), de autoria de Arthur John Hubbard [N.T.].

e lamentou muito que seus seminários tenham inevitavelmente aumentado em tamanho com o passar do tempo. Aparentemente, todos ficaram em uma pousada em Sennen Cove, e Jung deu sessões analíticas além do seu seminário. Esses seminários e contato social livre com Jung prosseguiram, com variações, até bem depois da Segunda Guerra Mundial, e foram tão úteis ao desenvolvimento de seus pacientes quanto para a análise em si.

Esse primeiro seminário em Cornwall trouxe a Zurique outra médica que estava destinada a devotar sua vida à psicologia junguiana e a desempenhar um papel importante no desenvolvimento dela nos Estados Unidos. Eleanor Bertine[5] foi uma das primeiras mulheres médicas no Hospital Bellevue em Nova York. Mais tarde, quando na clínica geral, descobriu Jung através dos livros dele. Em 1920, foi a Londres trabalhar com Constance Long, e assim veio a participar do seminário em Sennen Cove. Em seguida foi a Zurique estudar com Jung por cerca de um ano e, quando este saiu de férias, e por sugestão dele, ela e Peter Baynes analisaram os sonhos um do outro. Em sua segunda estadia em Zurique, em 1922, conheceu a médica inglesa Esther Harding, e as duas, juntamente com Kristine Mann, velha amiga da Dra. Bertine, fundariam, mais tarde, o primeiro grupo junguiano em Nova York. Este foi um trabalho árduo, pois, para o público em geral, os freudianos predominavam, de longe, no campo analítico. Eleanor Bertine me contou certa vez que sempre advertia os jovens que lhe procuravam para fazer análise pretendendo se tornar psicólogos profissionais que eles não deveriam esperar nenhum suporte *exterior* em suas carreiras, já que ela não estava em condições de lhes oferecer essa ajuda. Isto representou uma grande vantagem, pois nenhum dos primeiros pacientes dessas médicas permaneceu junto a elas por razões de carreira ou de ambição; assim, eles foram capazes de fundar um grupo que se apoiava inteiramente no caminho *interior* e no autoconhecimento.

Mesmo hoje em dia, quando a psicologia junguiana se tornou muito mais conhecida e, pois, infelizmente, muito mais atraente para pessoas pu-

---

5. Autora de *Human Relationships* (Nova York: Longmans, Green & Co., 1958) e de *Jung's Contribution to Our Time* (Nova York: C.G. Jung Foundation e G.P. Putnam's Sons, 1967).

ramente ambiciosas, é possível sentir os efeitos benéficos desse treinamento pioneiro em Nova York. No verão de 1968, o falecido Franz Riklin Jr., Marie-Louise von Franz e eu fomos convidados de Zurique para apresentar conferências em homenagem ao octogésimo aniversário de Esther Harding, na Ilha de Bailey, no Maine. Nunca havia participado de um congresso cuja atmosfera fosse mais descontraída e livre de ambições pessoais e intrigas. Percebi então – até mais do que antes – o quanto o grupo norte-americano devia à abordagem genuinamente junguiana de Eleanor Bertine e de Esther Harding. E gostaria de registrar que, pouco antes de sua morte, Jung mencionou com o maior apreço o quanto as duas tinham feito.

Mesmo antes do primeiro seminário inglês (1920), em Cornwall, Jung pôde ir para onde "queria há muito tempo estar: um país não europeu, em que nenhuma língua europeia era falada e nenhuma concepção cristã prevalecia, em que uma raça diferente vivia e uma tradição histórica e filosofia diferentes tinham impresso sua marca no rosto da multidão". E prosseguiu: "Muitas vezes desejei ser capaz de ver o europeu a partir de fora, sua imagem refletida de volta para ele a partir de um meio totalmente estrangeiro". Descreveu sua viagem à África do Norte em *Memórias*[6], e por isso só quero destacar alguns pontos dessa experiência inesquecível, da qual frequentemente ouvi Jung falar. De fato, ele falava muito mais de sua estadia mais longa e ainda mais interessante na África Oriental em 1925, mas, como eu mesma passei seis meses na Tunísia, interessava-me especialmente pelas impressões dele sobre esse país, que também me deixou um impacto inesquecível além de muitas questões sem resposta.

A turnê africana foi a primeira que Jung realizou com o objetivo central de conquistar um ponto de referência externo à sua própria civilização e para compreender culturas totalmente diferentes. Foi a única viagem na qual a barreira linguística era quase absoluta. Somente nos hotéis e cidades grandes alguns árabes falavam francês, e Jung não sabia nada de árabe. Certa vez ele me contou que esse foi o único idioma que ele fracassou totalmente em aprender, e atribuiu essa curiosa circunstância ao fato de que seu pai conhe-

---

6. *MDR*, p. 238ss.

cia bem a língua. Em todo caso, isso lhe propiciou uma abordagem diversa daquela de suas viagens posteriores, nas quais conseguia falar com as pessoas e fazer perguntas.

Os cafés árabes localizados fora do circuito mais conhecido são particularmente fascinantes na Tunísia – você parece estar literalmente em um outro mundo –, e Jung passou ali muitas horas, ouvindo conversas das quais não conseguia entender sequer uma palavra, mas observando atentamente os gestos e as emoções que eles estavam evidentemente expressando. Ele logo aprendeu que aquilo que os europeus viam como a "calma e apatia orientais" era, na verdade, apenas uma máscara. Interessou demais a ele a sutil mudança das características dos norte-africanos quando falavam com um europeu, e assim "aprendeu a ver em certa medida com outros olhos e a conhecer o homem branco a partir de fora de seu próprio ambiente".

Jung foi para a África do Norte na primavera de 1920 com um amigo suíço, Hermann Sigg, que precisava viajar a negócios. Eles aportaram em Argel, depois atravessaram de trem a costa, por trinta horas, até Túnis, capital da Tunísia. Ele fez um vívido relato de suas primeiras impressões da África em uma carta à sua esposa (parte dela foi publicada como Apêndice III[7] em *Memórias*). Contou-lhe que ainda estava completamente desnorteado e que, embora soubesse que na África estavam falando dele, ainda não tinha a menor ideia do que se dizia. Depois de Túnis, os dois seguiram para Sousse, no sul, onde Jung deixou Sigg tratando de seus negócios enquanto foi sozinho ao deserto, a Tozeur, de onde então um guia o conduziu de mula até o oásis de Nefta.

O deserto e seus oásis são um mundo à parte das cidades africanas, mas o que mais interessava a Jung eram as pessoas. Disse ter se sentido "lançado muitos séculos atrás para um mundo infinitamente mais ingênuo de adolescentes que se preparavam, com a ajuda de um escasso conhecimento do Alcorão, para emergir de seu estado original de consciência crepuscular, no qual haviam existido desde tempos imemoriais, e para tomar consciência de

---

7. Ibid., p. 371ss.

sua própria existência, em autodefesa contra as forças que os ameaçavam, vindas do norte".

Jung percebeu uma vasta diferença cultural entre os mundos muçulmano e cristão somente uns vinte anos mais tarde, ao visitar o Taj Mahal na Índia. A incrível altura do Himalaia e o Taj Mahal foram duas das impressões mais intensas que trouxe de volta da Índia. O belo Taj Mahal – construído em 1632 d.C. pelo Imperador Shah Jahan como mausoléu para sua esposa favorita, e onde também ele foi sepultado – impressionou Jung como o mais perfeito templo do amor já construído. Sentado diante dele e permitindo que ele lhe falasse, Jung percebeu que a religião muçulmana é fundada no princípio de Eros, ou seja, o princípio feminino do relacionamento, enquanto que o cristianismo e, na verdade, todas as outras grandes religiões, são fundadas no princípio de Logos; isto é, no princípio masculino da discriminação. Em seu último extenso livro, *Mysterium coniunctionis*, Jung apresentou sua descrição mais pictórica desses dois princípios. Escreveu:

> Logos e Eros são equivalentes intuitivos, formulados intelectualmente, para as imagens arquetípicas de *Sol* e *Luna*. A meu ver, os dois luminários são tão descritivos e tão superlativamente gráficos em suas implicações que eu os preferiria nos termos mais pedestres Logos e Eros, embora estes últimos captem certas peculiaridades psicológicas de modo mais adequado do que os termos um tanto quanto indefinidos *Sol* e *Luna*[8].

Um pouco antes desta passagem, Jung tinha deixado claro que, sob a clara luz do sol, tudo pode ser visto e discriminado, e que, portanto, o sol representa uma consciência muito mais clara, ao passo que a luz tênue da lua funde as coisas, mais mistura do que as separa:

> Ela não mostra os objetos em toda sua implacável distinção e separatividade, como o faz a dura e gritante luz do dia, mas mistura, sob um brilho enganoso, o próximo e o distante, transformando magicamente coisas pequenas em grandes, o alto no baixo, atenuando todas as cores em um nevoeiro azulado e fundindo a paisagem noturna em uma unidade insuspeitada[9].

---

8. CW, vol. 14, § 226.
9. *MDR*, § 223.

Jung descreveu Logos e Eros como deuses no seminário de Swanage, em 1925[10]. Assinalou que, se vivêssemos na época de Sófocles, teríamos percebido "o grande deus Eros, deus do relacionamento", bem como "Logos, o deus da forma". Explicou que o princípio do Logos não produz pensamento lógico ou intelectual, pois o Logos é uma experiência, uma revelação. São Paulo e os gnósticos ainda pensavam segundo as leis do Logos (basta lembrar da revelação de Paulo no caminho de Damasco para perseguir cristãos, p. ex.). Portanto, podemos supor, a partir da experiência de Jung no Taj Mahal (como o mais perfeito templo do amor jamais construído), que uma experiência do deus Eros levou à fundação da religião muçulmana, ao passo que o deus Logos foi a força determinante em todas as outras grandes religiões. Podemos inclusive provar isso no caso da religião cristã, pois o começo do Evangelho de São João equipara o próprio Cristo ao Logos.

O exposto dá alguma ideia da diferença entre os dois princípios e indica como sua percepção dessa diferença no Taj Mahal respondeu a questões que permaneceram em aberto para Jung durante todos os anos anteriores. Ele, de fato, teve um sonho na última noite em Túnis que "resumiu toda a experiência" na África e que o ajudou a digerir suas superabundantes impressões e ideias. Relatou esse sonho e sua interpretação com consideráveis detalhes em *Memórias*[11], mas, visto que este sonho foi não apenas o clímax de sua viagem, como ainda continha quase que inacreditavelmente muito do futuro, no qual esses dois princípios, e os opostos de treva e luz, encontrariam seu lugar, lembrarei sua temática essencial para o leitor.

No sonho, Jung estava em uma cidade árabe, murada e com quatro portas, um mandala, portanto. No centro havia uma cidadela, uma *Casbá*, típica do norte da África, mas circundada por um fosso, como um castelo medieval europeu. O portão além da ponte de madeira estava aberto e, ansioso em ver mais, Jung começou a atravessar a ponte, mas o jovem príncipe árabe a

---

10. Devo esta referência à gentileza de Esther Harding. • Cidade no sudeste de Dorset, Inglaterra [N.T.].

11. *MDR*, p. 242ss. Há um erro de impressão na edição em inglês que pode confundir o leitor: ao invés de "nosso embarque de Marselha", o certo é "nosso embarque para Marselha", como aparece corretamente na edição alemã, p. 246.

quem pertencia a cidadela o encontrou no meio do caminho e tentou derrubá-lo. Os dois lutaram selvagemente, bateram nas grades e caíram juntos no fosso. O príncipe então tentou forçar a cabeça de Jung embaixo da água para afogá-lo, mas foi Jung quem acabou mergulhando a cabeça do príncipe, não para matá-lo, pois sentia grande admiração por ele, mas para salvar a própria vida e subjugar o príncipe. Jung evidentemente obteve sucesso, pois o sonho prosseguiu com ambos já sentados juntos em um grande salão octogonal no centro da cidadela, e Jung forçando um relutante príncipe, "com gentileza e paciência paternais", a ler um livro magnífico na "escrita *oiguri*, do Turquestão Ocidental". Esse livro, entretanto, pertencia a Jung e tinha sido escrito por ele. Ler esse livro era absolutamente essencial e, quando o sonho estava para terminar, o príncipe acabou cedendo.

Figuras oníricas da realeza e da aristocracia sempre se referem ao si--mesmo; portanto, como Jung assinalou, embora a compleição escura indicasse que o príncipe era uma sombra, não poderia se tratar de uma sombra pessoal, mas sim da representação de uma até então desconhecida sombra do si-mesmo. Lembremos que a personalidade n. 2, representante do si-mesmo na infância de Jung, acabava sempre se mostrando positiva, e o mesmo pode ser dito do "confronto com o inconsciente", onde essa figura apareceu primeiramente como Elias, transformando-se depois no prestativo Filêmon. Mas, como um símbolo da totalidade, essa figura deve ser tanto negativa quanto positiva, e agora este outro lado aparecia e até mesmo tentava extinguir a vida. Em *Memórias*, Jung recordou o leitor da luta de Jacó com o anjo do Senhor, o lado sombrio do próprio Javé, que não conhece os homens e por isso tenta matá-los.

Na época, Jung percebeu que esse sonho era um resultado do profundo impacto da África do Norte; cinco anos depois, na visita seguinte à África, ele compreendeu mais claramente que havia corrido o risco de se *afogar*, pois o sonho fora o primeiro indício de "ficar preto debaixo da pele", um perigo que, assinalou, é muito negligenciado pelos europeus na África. Jung também assinalou que, ao viajar para a África em busca de um observatório psíquico fora da Europa, ele tinha sido inconscientemente movido por um desejo: "encontrar aquela parte da minha personalidade que tinha se tornado invisível sob a pressão do fato de ser europeu". Até então, visto que essa parte dele estava em oposição à sua personalidade consciente, ele havia tentado suprimi-la, mas agora ela tinha irrompido para se tornar, pela primeira vez, plenamente visível, pois esse "ambiente árabe", aparentemente "estranho e totalmente diferente", tinha despertado uma memória arquetípica. Esse foi um dos sonhos de Jung com o qual, na época, ele só podia se contentar em "anotar o fenômeno e esperar que o futuro, ou investigações adicionais revelassem o significado dessa luta com a sombra do si-mesmo".

A revelação do que tudo isso significava estava, de fato, em um futuro distante, pois foi só ao estudar a alquimia, cerca de vinte anos depois, que a plena significância lhe ficou clara. Marie-Louise von Franz chamou minha atenção para um paralelo extraordinariamente próximo que Jung citaria muito mais tarde, em seu artigo "A árvore filosófica" ("Arbor Philosophica")[12], com o *Livro árabe* de Ostanes (*Arabic book of* Ostanes)[13]. Nesse texto, há uma descrição do *lapis** alquímico (o si-mesmo), que a representa como uma árvore que cresce no topo das montanhas, como um jovem nascido no Egito e como um príncipe da Andaluzia, que atormenta os adeptos que estão à procura do *lapis*, até mesmo matando seus chefes[14]. Na página seguinte, Jung citou outro texto que diz literalmente: "Se tua pedra não for tua inimiga, não conquistarás o que desejas"[15]. Vemos claramente, a partir desses dois paralelos alquímicos, que se Jung não tivesse encontrado esse lado sombrio do si-mesmo, seu "confronto com o inconsciente" não teria sido adequado ou completo. Esse sonho, portanto, o resultado de sua

---

12. Embora este artigo tenha sido escrito originalmente por volta de 1945, foi revisado e ampliado apenas em 1954 para inclusão em *Von den Wurzeln des Bewusstseins*. Tradução para o inglês em CW, vol. 13, p. 248ss. [OC 13].

13. Ostanes é um dos mais antigos autores alquimistas de que se tem notícia. Este texto chegou até nós através da tradição árabe, e o encontramos em Berthelot, *La Chimie au Moyen Âge* (Paris, 1893), mas Ostanes também aparece em sua *Collection des Anciens Alchimistes Grecs* (Paris, 1887-1888).

* Pedra [N.T.].

14. "A árvore filosófica". In: OC 13, § 424, n. 254.

15. "Allegoriae Sapientum". In: *Theatrum Chemicum* (1622) V, 67. Apud "A árvore filosófica" (OC 13, § 426).

primeira visita à África, pode ser chamado de o primeiro epílogo daquele confronto. Quando apontei que o trabalho dele com o inconsciente nunca teve de ser repetido, quis dizer que a imensa maioria de seu confronto tinha sido realizada e concluída com sucesso, mas ainda houve constantes acréscimos, epílogos que realmente se prolongaram por toda a sua vida, pois nenhum ser humano poderia jamais exaurir a infinita extensão do inconsciente coletivo.

É interessante que, embora a *anima* tenha aparecido *primeiro* em seu aspecto negativo (como é usual na maioria das figuras que representam algum aspecto do inconsciente), até agora o si-mesmo tinha sempre aparecido em uma forma benévola a Jung. Isso não tem explicação, uma "Just-so story", não testável, quase como se o próprio inconsciente quisesse ser tornado consciente. Portanto, como Jung era o pioneiro nesse campo, aparentemente sua personalidade n. 2 encorajou suas investigações e reservou a revelação de seu lado sombrio e destrutivo para um momento em que Jung estivesse plena e finalmente convencido da realidade e eficácia do inconsciente. Ele já tinha experimentado o lado sombrio de Deus em sua infância, em seu sonho fálico precoce[16] e quando foi forçado a pensar o pensamento blasfemo até o fim, com onze anos de idade[17], e, portanto, a ideia não era de modo algum inteiramente nova para ele.

Jung encerrou o relato de sua primeira visita à África com as seguintes palavras:

> Naquela época eu não fazia ideia da natureza dessa experiência arquetípica, e conhecia ainda menos os paralelos históricos. Mas, mesmo não apreendendo plenamente o sentido do sonho, ele ficou em minha memória, juntamente com o vivo anseio de voltar à África, novamente, na primeira oportunidade. Esse desejo só se realizaria cinco anos depois.

Quando retornou a Zurique na primavera de 1920, Jung viu-se obrigado a levar uma vida muito mais extrovertida do que durante a guerra, por conta

---

16. Cf. acima, p. 61.
17. Cf. ibid.

de todos os pacientes e discípulos que afluíram até ele e dos muitos convites para conferências e seminários no exterior. Jung sempre se empenhou de todo coração em tudo o que estivesse fazendo, mas por temperamento e natureza tinha um forte anseio pela introversão. Satisfazia essa necessidade tirando férias prolongadas. Mas estava sempre pronto, mesmo durante suas férias, a atender alguém que estivesse realmente precisando. Mais tarde, ele com frequência descia a Küsnacht de vez em quando, durante as férias, para ao menos um dia inteiro de trabalho.

Durante os anos que estamos considerando neste capítulo (1919-1925), Jung sentiu cada vez mais necessidade de um refúgio realmente introvertido. Havia uma ilha para os lados de Schmerikon, na parte superior do Lago de Zurique, onde ele havia passado alguns feriados acampando, e se sentiu muito atraído pela ideia de comprar essa ilha e construir nela uma representação em pedra de seus "pensamentos e conhecimentos mais íntimos". Na época, a ilha tinha de fato enormes vantagens. Era um refúgio verdadeiramente introvertido, onde ninguém poderia chegar até ele senão por barco ou com uma nadada excepcionalmente longa. Situava-se, porém, a apenas uns 30km de Küsnacht, podendo ele, desse modo, ser encontrado para emergências reais. Ficou decepcionado quando seus esforços para comprar a ilha malograram. Muitos anos depois, costumava citar essa passagem como prova do quanto é bom, tantas vezes, não acontecer o que nosso coração deseja. Aquela ilha teria sido obviamente impraticável para um homem idoso, ao passo que sua Torre em Bollingen seguiu sendo seu maior prazer até o fim de sua vida.

Não foi fácil, contudo, encontrar o lugar certo. Ele permaneceu fiel à parte superior do Lago de Zurique, que até hoje permanece sendo uma área rural, com poucas casas em suas margens[18]. Foi tão difícil encontrar o lugar certo que ele chegou a pensar em comprar um terreno elevado de Bollingen,

---

18. Infelizmente, o vilarejo de Bollingen foi recentemente declarado *Bauzone* (área de construção), o que não entrará em vigência até que seja instalada a rede de esgotos – sem a qual não se consegue permissão para construir – mas isso, temo, é apenas uma questão de tempo. As instalações hidráulicas já foram colocadas em todo o perímetro de Bollingen. Não penso que venha a se tornar um subúrbio, mas várias casas de férias provavelmente serão construídas ali. Espero que as margens do lago permaneçam intactas.

que tinha uma magnífica visão do lago e das montanhas, muito perto do local onde Marie-Louise von Franz, aconselhada por ele, construiu sua própria torre mais de trinta anos depois. Mas ele nunca quis realmente construir em outro lugar que não às margens do lago, pois, como disse em *Memórias*, "estava decidido desde o início que eu construiria à beira da água".

Finalmente, em 1922, esse lugar ideal apareceu. Ele conseguiu comprar um grande lote – grande segundo os padrões suíços, pois há grande escassez de terra na Suíça – com uma extensa frente para o lago. Era uma área isolada, porém acessível, porque ficava a cerca de 1,5km da estação de Bollingen, da qual partiam trens diretos para Küsnacht, ainda que pouco frequentes. De fato, a linha férrea que formava os limites da propriedade de Jung pelo lado terrestre curiosamente ajudou a proteger sua privacidade. Não era próxima o suficiente da Torre para que o barulho causasse incômodo, mas formava um cruzamento perigoso[19], sobretudo mais tarde, nos tempos do automóvel. Tinha uma entrada primitiva, com dois portões de toras de madeira, e era praticamente necessário inclinar-se sobre a linha para verificar se um trem se aproximava, o que somente podia ser constatado no último minuto. Sempre nos impressionou o quanto era conveniente que a Torre de Jung fosse guarnecida por uma aproximação perigosa.

Jung só comprou um carro sete anos depois de adquirir esse terreno. Uma das grandes vantagens era que, sempre que tinha tempo, ele podia ir de uma de suas casas à outra velejando. Esse era seu meio favorito de transporte, e sempre o achou especialmente adequado, porque assim ficava entre a água (principal símbolo do inconsciente) e o ar (com uma vista do mundo consciente, exterior). Ainda continuou andando muito de bicicleta, embora inicialmente fosse muitas vezes de trem e caminhasse da estação de Bollingen até sua casa. Graças a seus extraordinários poderes de concentração, Jung sempre teve paciência com as viagens de trem, por mais que na época fossem lentas e sacolejantes.

---

19. Vários anos após a morte de Jung se tornou possível chegar à Torre através de um caminho indireto, por uma ponte acima da linha férrea.

Jung descreveu a construção da Torre e os acréscimos que foram sendo feitos a ela em *Memórias*[20]. Iniciou-a em 1923, e grande parte de sua construção original ele erigiu com as próprias mãos*. É de se perguntar como ele pôde arrumar tempo, pois aquele foi um ano particularmente ocupado. Peter Baynes tinha voltado à Inglaterra no outono de 1922, deixando-o sem nenhum assistente masculino. Toni Wolff vinha se mostrando uma assistente feminina habilidosa, mas nenhum analista consegue substituir completamente um outro, especialmente porque alguns pacientes precisam de uma analista mulher, enquanto que outros precisam trabalhar com um homem. Além disso, Toni não era médica, e – como ela me disse – Jung a princípio não gostou nada da ideia de que ela se tornasse analista, desencorajando-a por algum tempo. Por volta do início de 1929, porém, quando vim a Zurique, Jung a tinha aceitado completamente como assistente, e lhe enviava muitas pessoas, embora sempre tivesse o cuidado – como o fazia com todos os seus assistentes – de lhe encaminhar pessoas que se adequavam a ela. De fato, caso sentisse a menor dúvida, pedia que os pacientes o procurassem novamente para dizer se algo não estava indo bem. Dentro desses limites, porém, ela fez um excelente trabalho, e foi da maior utilidade para ele em sua sobrecarregada agenda de trabalho, assim como também para os próprios analisandos.

Certa vez lhe perguntei por que ele inicalmente foi tão contrário a que Toni se tornasse analista. Ele respondeu que, por acreditar que ela tinha uma capacidade literária incomum, seria melhor que se dedicasse a um trabalho criativo. Temia que, ao se tornar analista, ela escrevesse pouco. E isso de fato aconteceu: ela fez alguns artigos e conferências excelentes, mas em pequena quantidade[21]. Lembrei-me do que Jung tinha dito quando Toni estava escrevendo o maior desses artigos para o *Festschrift* [publicação comemorativa] do sexagésimo aniversário dele, em 26 de julho de 1935. Os outros artigos dela geralmente começavam como conferências para o Clube Psicológico, às vezes sendo ligeira-

---

20. *MDR*, p. 223ss.
* Esboços da casa em Küsnacht, feitos por Jung, estão publicados em *A arte de C.G. Jung*, p. 94ss. [N.T.].
21. Volume com essas conferências e artigos está em preparação pela Fundação C.G. Jung, em Nova York.

mente ampliados e revistados depois. Mas, para escrever seu longo artigo para o *Festschrift*, decidiu, pela única vez em sua vida, reduzir drasticamente ou até mesmo cancelar suas sessões analíticas. Por outro lado, escreveu com entusiasmo e parecia sentir enorme satisfação com o trabalho, durante o ano ou dois em que se dedicou a isso. Perguntei-lhe, perto do final de sua vida, se ela em algum momento se arrependeu de não ter escrito mais. Ela respondeu que preferia ter passado a vida ajudando outras pessoas a ser uma autora; não posso dizer que ela me convenceu totalmente. Foi uma pena não ter conseguido combinar as duas formas de trabalho. Ela teria sido extraordinariamente apta a escrever um livro de grande fôlego, e não posso evitar lamentar que não o tenha feito.

Em julho de 1923, Jung voltou à Inglaterra para apresentar outro seminário, dessa vez em Polzeath, Cornwall. O evento foi organizado por Peter Baynes e Esther Harding, e contou com vinte e nove participantes, incluindo Emma Jung e Toni Wolff. A Sra. Jung me contou posteriormente que, embora tenha gostado muito, ficou intrigada com os ingleses, na ocasião e por alguns anos. Eles a impressionaram por serem muito mais extrovertidos e soltos em seus afetos do que os suíços. Ela ainda iria experimentar a América e aprender o que é de fato uma vida extrovertida. Não visitaria os Estados Unidos até 1936, e voltou de lá boquiaberta.

Embora o seminário de Polzeath tenha sido dado cerca de seis anos antes de minha chegada a Zurique, todos os discípulos de Jung que haviam participado continuaram constantemente a falar dele, especialmente Esther Harding, que tinha ficado profundamente impressionada. Visto que várias das coisas que ele disse estar observando nos sonhos de indivíduos tenham se tornado ameaças mundiais hoje, muitas vezes me pego pensando no que Esther Harding e outros me contaram sobre aquele seminário de 1923.

Jung já via então que, com o declínio da influência da Igreja, ideias impessoais que ele mais tarde chamou de "imagens arquetípicas" estavam pairando no ar, por assim dizer, pois nossa atual *Weltanschauung*[22] é to-

---

22. *Weltanschauung*: esse termo descritivo alemão não tem equivalente adequado em inglês. Geralmente é traduzido como "filosofia de vida", mas significa muito mais do que isso; contém toda a atitude subjetiva diante da vida e do inconsciente.

talmente deficiente em receptáculos para elas. Essa energia, então, cai no inconsciente, de onde retorna em formas arcaicas e muito inaceitáveis. Um bom exemplo – de dez anos depois do seminário de Polzeath – é o modo como o velho andarilho Wotan ganhou vida na Alemanha quando os nazistas chegaram ao poder. Esses conteúdos arcaicos já tinham causado grandes preocupações a Jung, pois eles subitamente irrompem e perturbam uma relação até então suave e harmoniosa na assim chamada transferência.

Embora Jung concordasse com Freud sobre a importância da transferência, tinha uma visão muito diferente sobre seu conteúdo. Freud considerava que *todas* as projeções do paciente eram pessoais, ao passo que Jung pensava que só a camada superior tinha uma origem pessoal. Por isso ele não pensava que permanecer ligado pela transferência, após todas as projeções pessoais terem sido trabalhadas, fosse algo necessariamente infantil, mas sim que isso geralmente decorria de conteúdos impessoais que não mais encontram seu lugar em nossa religião. Jung mostra mais claramente como isso funciona na análise prática em um caso que apresenta em *O eu e o inconsciente*. Trata-se de um caso em que se verificou que o fator que causava tal transferência prolongada era a imagem do deus que a paciente havia perdido[23]. É claro que, em tais casos, seria nefasto interromper prematuramente a análise.

Jung apresentou quatro causas principais para as repressões que lançaram os elementos impessoais no inconsciente. Esses pontos me impressionaram muito, porque eu tinha sofrido com todos eles em minha conexão inicial com a Igreja. A primeira dessas tendências foi o modo como a Igreja cada vez mais excluiu a natureza. Mas deve ser sublinhado que Jung sempre apontou a diferença entre os ensinamentos originais de Cristo e o que a Igreja fez deles. O próprio Cristo tinha evidentemente uma excelente relação com a natureza, como atestado por um dito a Ele atribuído: "Onde quer que haja duas pessoas, elas não estão sem Deus: e onde há uma pessoa sozinha, digo que estou com ela. *Erga a pedra e lá me encontrarás: parta a madeira e lá eu estarei*"[24].

---

23. OC 7/2, § 206-220.
24. *The Apocryphal New Testament*, p. 27. Trad. M.R. James. Destaques meus.

Desenvolvimentos exteriores desde 1923 reforçaram a conclusão de Jung. A arte abandonou quase que totalmente a natureza, em favor de todo tipo de abstrações. Os arquitetos parecem não mais levar em conta a paisagem em que suas edificações são colocadas. As mais belas cidades medievais estão cercadas por grandes apartamentos que lembram caixotes, um mais horrível do que o outro. As águas de nossos rios e lagos são cada vez mais poluídas em prol de grandes indústrias. A geração mais jovem de fazendeiros parece ter perdido todo afeto pela natureza e migra para a cidade. Se continuarmos como temos feito nos últimos cinquenta anos, logo não restará mais natureza nos países superpovoados. Por outro lado, a natureza está retornando à consciência de um grande número de pessoas. A ciência natural emergiu no século XIX, e pela primeira vez os milagres reais da natureza foram investigados cientificamente. Há também uma tendência geral a fazer expedições para dentro da natureza, a buscá-la de novo, por assim dizer, e surgiram organizações nacionais para proteger paisagens particularmente belas ante a construção de prédios, e assim por diante. Mas infelizmente, apesar das campanhas antilixo, há uma tendência crescente e deplorável da parte do público no sentido de arruinar tais lugares com cascas de laranja, garrafas vazias, tocos de cigarro e coisas do tipo, pois a natureza foi negligenciada por muito tempo e essa negligência está profundamente inscrita no sangue do homem "cristão".

O segundo argumento de Jung é de que a Igreja cada vez mais excluiu os animais. Mas, de novo, se trata de Igreja e não do próprio Cristo, pois a partir de escritos apócrifos (Papiros de Oxirrinco) ficamos sabendo que os discípulos lhe perguntaram: "Quem é que nos conduzirá ao reino que está no céu? Jesus respondeu: As aves do céu, os seres que habitam debaixo da terra, os peixes do mar, são estes que vos conduzem e o reino está dentro de vós"[25]. Seria difícil o apreço ao reino animal ir além; claramente o próprio Cristo ensinou que a graça poderia ser encontrada de modo mais direto através dos pássaros e peixes.

---

25. Ibid., p. 26.

Essa atitude da Igreja, mais do que tudo, alienou o homem em relação a si mesmo e aos instintos impessoais mais amplos, produzindo um estado de coisas deplorável no mundo todo. Conforme é sempre enfatizado por naturalistas como Gerald Durrell, Bernard Grzimek e Konrad Lorenz, muitas espécies animais correm o risco de extermínio. Por toda parte, o homem é a maior ameaça para elas, matando-as imprudentemente em nome de seu próprio lucro, não vendo nelas importância alguma senão a de servir ao seu lucro. No que se refere ao mundo cristão – e são as pessoas crescidas em países cristãos os piores pecadores a esse respeito – isso poderia nunca ter acontecido se a Igreja não tivesse excluído a natureza e os animais. Porém, de novo, há também um contramovimento, e os animais também estão sendo valorizados como nunca antes. Leis de proteção são feitas, a maioria dos países tem grupos de combate à crueldade contra os animais, e nunca houve tantos animais de estimação. Isso, contudo, tem acontecido apenas de poucos anos para cá, e infelizmente parece ter feito pouca diferença para a exploração e até extermínio de animais onde quer que o homem "cristão" pense que há um lucro a ser obtido.

A terceira exclusão talvez seja a pior do ponto de vista psicológico, pois impediu o homem de reconhecer sua própria sombra. Consiste na exclusão do homem inferior, condenado como pecador e fadado à repressão absoluta. Ele foi equacionado, em grande medida, à sexualidade, só permitida para fins de procriação. Nunca saiu da minha mente o fato de que, na América do Sul, sinos da igreja fossem tocados em determinada hora para lembrar o homem de seu dever de produzir mais almas para a Igreja. Jung costumava dizer que a sexualidade tem dois aspectos: tem a reprodução, que é a sexualidade carnal, mas também pode ser usada para cultuar, por assim dizer, o deus Eros, ou seja, o relacionamento. Foi este último aspecto que a Igreja condenou como pecaminoso.

Os resultados externos dessa repressão se tornaram tão óbvios que é quase desnecessário enumerá-los: a superpopulação – que Jung considerava uma ameaça ainda pior à humanidade, a longo prazo, do que a bomba atômica – é um perigo sinistro em todo o mundo. A juventude valoriza demais (como uma enantiodromia às restrições da Igreja) a sexualidade carnal e deixou de considerar que o relacionamento real entre os sexos existe ou que tem algo a ver com a sexualidade. O homem dito inferior ou – como agora é denominado – subdesenvolvido, é um problema candente em toda parte, mas sobretudo, talvez, na África. A questão de brancos e negros é um dos piores problemas que os Estados Unidos tiveram de enfrentar, e muito em breve a Inglaterra terá exatamente o mesmo problema. Tais fenômenos nunca teriam tido um desenvolvimento tão negativo se a Igreja não tivesse excluído o homem inferior, e por isso nunca foi tratado o problema de *nossa própria sombra*, única coisa que nos qualificaria para lidar com o que chamamos exteriormente de o homem inferior ou subdesenvolvido. Mas também não devemos esquecer o movimento oposto; a escravidão foi abolida apenas no século XIX, e só muito recentemente começamos a estudar os costumes do homem primitivo com a ideia de que poderíamos aprender algo com eles; antes disso, a etnologia não passava de um estudo de curiosidades. Além disso, começamos a fazer, por mais que exteriormente, algo a respeito do chamado inferior que existe *entre nós*. (Deploravelmente, porém, muito poucos fazem algo a respeito dele *dentro de si próprios*.) Iniciamos agora uma espécie de ciência da fraqueza humana, modificando radicalmente nossa atitude em relação a ela.

A quarta repressão atingiu a fantasia criativa. Se lhe fosse dada plena liberdade, a fantasia provavelmente faria o indivíduo encontrar dentro de si uma centelha divina, sua própria personalidade n. 2, para utilizar uma formulação muito mais recente. Tal produção individual de símbolos minaria a autoridade da Igreja, o que ela quer impedir custe o que custar. Mas isso leva à nossa lamentável ausência de uma atitude impessoal e à supressão de muitas pessoas criativas ao longo dos séculos.

Aparentemente, a Igreja tem pouca influência hoje em dia, porém – como sugerido acima – essas longas repressões estão inscritas, por assim dizer, no sangue do homem, e continuam a atuar em muitas outras áreas. A indústria, por exemplo, incorporou a repressão da fantasia criativa, no trabalho repetitivo, assassino da alma, que exige da grande maioria de seus empregados. Muitos desses trabalhadores têm pequenas forças criativas dentro de si, e quando trabalhavam de forma independente, ou em pequenos empreendimentos, tinham amplas possibilidades de usá-las, podendo contar com algum poder de iniciativa e de escolha em seus trabalhos. Nos antigos ofícios de construção ou de carpintaria, por exemplo, havia algum espaço para a fantasia criadora, mas na empresa moderna não há esse espaço, apenas a repetição mortífera do mesmo trabalho dia após dia. Essa monotonia mecânica é grandemente culpada pelos distúrbios que ocorrem na indústria em todo o mundo. Naturalmente, os trabalhadores *anseiam* por mais variedade e fantasia em suas vidas, e em vão esperam comprá-las com salários mais altos.

Alguns empregadores com visão mais ampla têm feito tentativas, com êxito animador, de introduzir maior variedade no processo do trabalho. Mas é muito difícil a reparação de séculos da repressão eclesiástica da fantasia criadora. Talvez tenha sido essa quarta categoria de repressões a que mais causou estragos.

Espero que tenhamos relembrado o conteúdo desse seminário de modo suficiente para mostrar o quão precocemente Jung se deu conta desses perigos que ameaçam nossa existência hoje. Pouco antes de sua morte, ele escreveu muito mais sobre eles, preocupado que sempre foi com o perigo que o homem se tornou para si mesmo.

Devemos agora retornar à Torre, que foi, para Jung, sem dúvida a aquisição mais importante daquele ano. A forma de representar seus pensamentos mais íntimos na pedra não foi planejada de antemão, mas sim cresceu gradualmente, como ele disse em *Memórias*, "obedecendo às necessidades concretas de cada momento". Só mais tarde, após vários acréscimos à Torre original de 1923, prolongados entre 1927 e 1956, ele conseguiu ver "como todas as partes se encaixavam entre si e resultaram em uma forma significativa: um símbolo da totalidade psíquica"[26]. Mas a primeira Torre, em seu aspecto circular, já era um mandala simples e perfeito, que para Jung era uma expressão do si-mesmo, ápice do que ele poderia alcançar.

---

26. *MDR*, p. 225.

Acima da porta da Torre redonda original ele gravou as seguintes palavras: "Santuário de Filêmon, penitência de Fausto"[27]. Mais tarde, ao fazer acréscimos a casa, essa inscrição teve de ficar emparedada. Passou a figurar na porta interna de sua sala íntima, "sala de retiro", que ele construiu em 1934[28].

A Torre foi construída primordialmente como um lugar em que Jung pudesse "renascer na pedra", e onde pudesse ser inteiramente ele próprio, "um lugar de contemplação espiritual". Houve também "necessidades concretas do momento" desde o início. Ele jamais conseguiu esquecer o papel de Toni Wolff em seu "confronto com o inconsciente", a imensa contribuição da simpatia e coragem dela para o resultado exitoso daqueles anos difíceis, o capacitando então a fazer sua "confissão na pedra" dos *insights* mais profundos aos quais tinha chegado. E a Torre também beneficiou Toni, que sempre adorou ficar lá. Não que a apreciasse no começo. Jung divertia-se muito com as reações iniciais dela, pois aquele modo de vida primitivo – fazer tudo sozinho, "todos os atos simples que tornam o homem simples", como Jung intencionava – era algo totalmente alheio à experiência anterior de Toni. Eles cortavam sua própria lenha, buscavam sua própria água, de início filtrando a água do lago, pois somente em 1931 Jung encontrou uma excelente fonte de água, que, porém, ainda tinha de ser bombeada a mão; e evidentemente eles próprios cozinhavam, limpavam a casa e lavavam a roupa. "O cabelo de Toni ficava literalmente em pé sempre que tínhamos uma panela nova", me contou, ainda rindo disso, por volta de 1934. Mas Toni logo aprendeu a amar a vida simples e apreciar o período que podia ficar em Bollingen como a parte mais feliz do ano.

Jamais ouvi Jung reclamar do barulho, nem mesmo quando um balneário foi aberto perto de seu jardim em Küsnacht, mas é compreensível sua ne-

---

27. Cf. ibid., p. 235. "Filêmon" significa "o amado". Era o nome do guia espiritual de Jung no inconsciente, e símbolo do si-mesmo durante seu "confronto com o inconsciente" (*MDR*, p. 182ss.). A "penitência de Fausto" se refere ao assassinato de Filêmon e Baucis (perto do fim do *Fausto*, Parte II), quando a ambição de Fausto de ampliar suas terras acarretou a morte desse antigo par inocente de servidores amorosos dos deuses. Todas as inscrições na Torre estão em latim ou grego.
28. Cf. nota de Aniela Jaffé. Ibid., p. 235.

cessidade cada vez maior de um lugar isolado e inteiramente seu. Embora às vezes o compartilhasse com a família ou com amigos (p. ex., Hermann Sigg, cujo estímulo o levou a fazer sua primeira viagem à África do Norte e que frequentemente passava um dia ou dois com ele na Torre para velejar), Bollingen era antes de mais nada um lugar onde Jung podia ficar sozinho, e onde até as pessoas mais próximas e queridas não podiam aparecer de surpresa enquanto ele estava trabalhando, e amou isso mais do que qualquer outra coisa do início ao fim. Apenas dois anos antes de sua morte, estava sentada ao seu lado quando ele cortava lenha perto do lago. Estávamos falando da crença budista na reencarnação. Eu disse esperar que, se é assim que as coisas acontecem, esta fosse a última vez que eu tive de reencarnar! Jung a princípio concordou calorosamente, como sempre ocorria em tais discussões, mas subitamente parou, olhou ao redor em silêncio, e então disse: "Não, eu estou errado. Se pudesse ter Bollingen, eu estaria disposto a voltar".

Jung enfatizou em *Memórias* que Bollingen foi primordialmente o lar de sua personalidade n. 2, aquela figura atemporal ou eterna no homem que ainda precisa da personalidade n. 1 para experimentar a realidade tridimensional e o aqui e agora nesse momento do tempo. Ele disse:

> Em Bollingen estou dentro da minha verdadeira vida, sou mais profundamente eu mesmo. Aqui eu sou, por assim dizer, o "filho milenar da mãe". Assim fala a alquimia, muito sabiamente, pois o "velho homem", o "ancestral", que eu já tinha experimentado na infância, é a personalidade n. 2, que sempre foi e sempre será. Ele existe fora do tempo e é o filho do inconsciente materno. Em minhas fantasias, ele tomou a forma de Filêmon, e retorna à vida em Bollingen[29].

Não sei se tem alguma coisa a ver com o fato de que o terreno de Jung e a maior parte do campo ao redor fazerem parte da chamada área de St. Meinrad, um antigo espaço eclesiástico, mas Bollingen certamente tem uma qualidade especial. Você se sente muito mais dentro de si mesmo ali do que em qualquer outro lugar, e, após passar por qualquer enfermidade, tem-se ali uma sensação singularmente curadora. A primeira vez que percebi isso

---

29. *MDR*, p. 225.

plenamente foi a partir de algo que Jung falou certa vez. Mesmo antes de Marie-Louise von Franz comprar seu terreno ali, passávamos muito tempo em Bollingen. A princípio, eu costumava ficar com meus velhos amigos Hans e Linda Fierz e, depois da morte deles, Linda gentilmente deixou, para M.-L. von Franz e para mim, um *Gastrecht*[30], um direito de uso, em sua casa, que era próxima à de Jung. Enquanto permanecia em Bollingen, usando desse privilégio de modo parcimonioso, eu podia visitar a Torre de vez em quando. Mas, certa ocasião, ao passar férias em Küsnacht, perguntei a Jung se poderia aparecer em sua casa ocasionalmente, vinda de Küsnacht, afirmando que estaria preparada para ir embora caso a ocasião não fosse propícia, como sempre foi nosso acordo quando eu estava em Bollingen. Ele recusou sumariamente. Mais tarde, me explicou que, quando eu ficava por algum tempo em Bollingen, não o incomodava, mas, caso viesse de Küsnacht, traria uma atmosfera muito diferente, e isso inevitavelmente seria uma perturbação.

Desde minha primeira visita, senti uma qualidade muito especial na Torre, na sua vista do lago, e sobretudo no próprio Jung, mas só ao meditar na recusa de Jung é que vislumbrei que qualidade era essa. Jung, em Bollingen, ficava completamente em sua personalidade n. 2, por assim dizer, e isto, ou alguma coisa no lugar em si, o livrava da preocupação com as mil e uma banalidades com as quais a personalidade n. 1 sempre se envolvia. Em certa medida, suponho, a gente também entra em nossa própria personalidade n. 2 ali, e por isso não havia incômodo para Jung. Mas não era assim quando se vinha de Küsnacht; nesse caso, se levava até ele uma influência perturbadora, sendo por isso necessário aprender a manter distância.

Evidentemente, isso não quer dizer que Jung nunca convidasse pessoas do mundo do n. 1 para visitá-lo em Bollingen. Fazia-o com frequência, mas nesse caso sabia que eles viriam, e ficava preparado para isso. Quem tinha de ser desestimulado era o "penetra" inesperado vindo de uma atmosfera estranha, pois Jung sentia que assim desperdiçaria seu tempo tendo que encontrar o caminho de volta para o mundo do n. 2. Também se podia sentir a

---

30. Não conheço nenhum termo equivalente em inglês, mas quando os filhos dela não estivessem usando a casa, nós podíamos ficar lá por um tempo estipulado em comum acordo.

presença de sua personalidade n. 2 em Küsnacht ou onde quer que se encontrasse Jung no mundo exterior, mas ele então a revestia com a personalidade n. 1, a *persona* do Prof.-Dr. C.G. Jung. Em Bollingen não era assim, a não ser quando estivesse preparado para encontrar pessoas do mundo exterior. Até suas roupas eram as do n. 2, no sentido de que nada tinham a ver com a moda predominante, sendo roupas velhas e confortáveis, muito adequadas para a vida simples que ele levava em Bollingen, cortando lenha, cozinhando e assim por diante.

Como a personalidade n. 2 estava tão inteiramente constelada em Bollingen, é natural que a parte mais importante de seu trabalho criativo também ocorresse lá. Sempre que chegava do mundo exterior, passava alguns dias se aclimatando ao lugar, fazendo todos aqueles trabalhos que tinham de ser feitos na vida simples dali, ou simplesmente contemplando o lago. Então, quando já estava plenamente sintonizado com o mundo do n. 2, lhe vinham as melhores ideias, e ele escrevia conforme o desejo do n. 2, embora, é claro, fosse o n. 1 quem de fato redigisse, traduzindo ideias demasiado estranhas em uma linguagem que pudesse ser compreendida. Também escreveu muito em Küsnacht, especialmente nos anos posteriores, quando tinha mais tempo, mas a parte mais criativa sempre foi feita em Bollingen.

Desde o início, Jung ficou muito tempo sozinho em Bollingen. Contou em *Memórias* algumas das visões ou eventos psíquicos curiosos que lhe ocorreram em sua solidão[31], e também apresentou muitas das razões que tornaram sua Torre uma residência adequada para o n. 2. Ela foi construída – principalmente em intervalos de quatro anos – de 1923 a 1956, o começo datando de dois meses após a morte de sua mãe, e a última parte sendo construída alguns meses depois da morte de sua esposa em 1955. Portanto, como ele assinalou, a Torre era um lugar "conectado com os mortos".

A mãe de Jung morreu inesperadamente em janeiro de 1923, quando ele estava em Tessin. Ele descreveu em *Memórias* o sonho aterrorizante que teve na noite anterior, e sua surpreendente viagem de volta a Zurique, quando duas emoções antagônicas tão estranhamente deram lugar uma à outra.

---

31. *MDR*, p. 228-231.

Essas duas emoções sobre a morte são de fato um motivo arquetípico; mencionarei apenas o exemplo da interpretação de Santo Agostinho da morte de Cristo como um *hieros gamos* (casamento sagrado) com a mãe, e, portanto, uma causa de luto e júbilo. Ele disse:

> Como um noivo, Cristo deixou sua câmara e saiu para o campo do mundo com um presságio de suas núpcias. Foi para o leito nupcial da cruz e lá, escalando-a, consumou seu casamento. E quando percebeu os suspiros da criatura, afavelmente se entregou ao tormento no lugar de sua noiva, juntando-se à mulher (matrona) para sempre[32].

Jung, com efeito, dois meses antes teve um sonho no qual seu pai o questionava sobre a psicologia do matrimônio, o que mais tarde ele pensou que poderia ter sido um alerta, mas naquele momento não lhe ocorreu que pudesse se referir à morte de sua mãe[33].

A mãe de Jung, juntamente com a filha, tinha se mudado para Küsnacht alguns anos antes, para ficar perto do filho e dos netos, que ela adorava. Emma Jung certa vez me contou que as crianças frequentemente paravam na casa da avó, no caminho de volta da escola, e que isso resolveu um problema que de outro modo poderia ter sido difícil. Nem Emma Jung, nem o marido dela frequentavam a igreja, embora tivessem a convicção de que os filhos deveriam crescer com um *background* religioso. Emma Jung me contou que, quando as crianças eram pequenas, a velha Sra. Jung foi uma solução ideal, pois ela ainda acreditava, ou pensava acreditar, implicitamente no credo cristão, e gostava de ensiná-lo aos netos. Jung sabia desde a infância que sua mãe "era de algum modo enraizada no solo invisível" que tinha a ver com a natureza[34], e por isso ele não temia que as crianças aprendessem uma religião demasiadamente convencional e desenraizada. De modo geral, pelo que fi-

---

32. *Serma Suppositus*, 120, 8; para outros exemplos, cf. FRANZ, M.-L. *Aurora Consurgens* (Nova York: Bollingen Series LXXVII, Pantheon Books, 1966), p. 428ss., terceiro volume de *Mysterium Coniunctionis* de Jung, na edição alemã [cf. OC 14/3].

33. *MDR*, p. 315ss.

34. Cf. acima, p. 178s.

quei sabendo, especialmente de seu sobrinho-neto[35], Franz Riklin Jr., a morte dela, aos 75 anos, deve ter sido uma grande perda.

O ano de 1923 foi rico em acontecimentos marcantes para Jung. Pelo que sei, 1924 foi, comparativamente, um ano tranquilo, mas 1925 foi de novo um dos mais movimentados de sua vida. Ele esteve na América no início do ano, e em janeiro realizou sua produtiva visita aos índios pueblos, acompanhado de três norte-americanos.

---

35. Na verdade, Jung era primo da mãe de Franz Riklin, mas ele sempre a tratou por tia.

9
Viagens, 1925-1926

A visita aos índios pueblos do Novo México deve ter começado finalmente nos primeiros dias de 1925. Fowler McCormick não conseguia lembrar-se do dia exato em que o grupo se reuniu em Chicago, mas tinha a impressão de que foi entre o Natal de 1924 e o Ano-novo. Em todo caso, dois dos três norte-americanos que fizeram essa viagem com Jung o encontraram em Chicago. O primeiro deles era o próprio Fowler McCormick, filho de Harold McCormick e esposa, que tanto ajudaram na fundação do Clube Psicológico de Zurique, em 1916[1]. Fowler tinha passado bastante tempo na Suíça quando garoto, durante a longa estadia da sua mãe por lá, embora tenha frequentado a escola na América e não, como ocorreu com sua irmã, na Suíça. Conhecia bem Jung, com quem até fez algumas sessões analíticas. Era um jovem de vinte e poucos anos quando foi com Jung para o Novo México; percebera plenamente que oportunidade interessante era essa, e de pronto aceitou o convite de Jung, embora não tenha sido fácil compatibilizá-lo com seus outros compromissos.

O segundo membro do grupo era George Porter, que tinha estado com frequência em Zurique, e a quem Jung estimava muito. Quando ele morreu alguns anos depois, Jung ficou muito abalado e disse que, se soubesse das dificuldades que George Porter estava passando, teria partido imediatamente à América para fazer todo o possível para ajudá-lo. O terceiro membro, que eles encontraram em Santa Fé, foi Xaime de Angulo, que Jung conhecia menos, se é que o conhecia. Provavelmente foi Cary de Angulo, que tinha um

---

1. Cf. acima, p. 182s.

papel muito positivo em Zurique, que sugeriu que Angulo os acompanhasse, por ser ele especialmente familiarizado com o território e com os indígenas. Cary e Xaime de Angulo se divorciaram em 1924, mas permaneceram bons amigos. Em todo caso, Fowler McCormick disse que Angulo era uma companhia agradável e de grande valia para o grupo. Era um aristocrata espanhol, mas creio que tinha se tornado cidadão norte-americano na época em que se casou com Cary.

Jung, McCormick e Porter viajaram de trem de Chicago a Santa Fé e, depois de se encontrarem com Angulo, partiram ao encontro dos índios pueblos. Jung falava muito deles, pois parece que lhe causaram impressão muito forte. Mas a viagem foi mais longa do que se depreende do "Extrato de um manuscrito inédito", que é tudo o que consta em *Memórias*[2]. Fowler McCormick disse que eles também fizeram uma visita breve a alguns indígenas mais primitivos, que viviam em cavernas e casebres no Canyon de los Frijoles, também no Novo México. Infelizmente, não consegui encontrar nenhum registro dessa parte da viagem.

Depois disso, eles visitaram o famoso Grand Canyon, e desceram o cânion montados em mulas. Jung tinha aprendido a montar durante o serviço militar, e embora eu não tenha notícia de que tivesse alguma vez montado por recreação, ele não tinha a menor dificuldade quando suas viagens exigiam que montasse cavalos, mulas ou camelos. A paisagem, tanto das margens do cânion como de dentro do enorme abismo, causaram-lhe uma forte impressão. O grupo se separou após o Grand Canyon, tendo Jung ido a Nova Orleans com Fowler McCormick, visto que queria algum contato com os negros norte-americanos, muitos dos quais trabalhavam na época nas florestas próximas a Nova Orleans.

A principal razão que levou Jung ao Novo México é que ele ainda sentia a necessidade de ver o homem branco a partir de fora, pois, como ele assinalou, sempre precisamos de um ponto de vista *exterior* para sermos capazes de algum tipo de autocrítica. A viagem à África do Norte não o tinha deixado satisfeito, especialmente porque não tinha sido capaz de conversar com os

---

2. *MDR*, p. 246ss.

árabes. Embora lhes estudasse as reações sempre que os via falando com um homem branco, não conseguiu fazê-los falar nada sobre suas próprias impressões. Queria também, é claro, saber o máximo possível sobre os próprios indígenas, especialmente sobre a religião deles, mas isso se mostrou muito mais complicado do que fazê-los contar as impressões deles sobre os norte-americanos.

Jung ficou muito amigo de um chefe pueblo Taos, e viu-se podendo conversar com ele de modo que só raramente tinha conseguido fazer com um europeu. Com europeus, segundo ele, constantemente nos atolamos em coisas há muito tempo conhecidas, mas nunca compreendidas, ao passo que, com aquele indígena, "o navio flutuava em mares estranhos e profundos". O chefe, cujo nome era Ochwiay Biano – que significa "Lago das Montanhas" – era muito crítico do homem branco. Jung ficou espantado em ouvir que os indígenas acreditavam que os norte-americanos eram loucos porque pensavam com a cabeça! Jung perguntou como os indígenas pensam; ele respondeu que é com o coração.

Isso causou uma grande impressão em Jung; muitas vezes o ouvi dizer que cometemos alguns de nossos piores erros com outras raças porque pressupomos que eles, como nós, pensam com a cabeça. Não só os indígenas pensam com o coração, mas também muitas outras raças mais primitivas pensam ainda um pouco mais abaixo, com o abdômen, por exemplo. Isso realmente expõe raças diversas a grandes mal-entendidos entre si.

Após muitas conversas com Lago das Montanhas, e aceitar humildemente a maioria das críticas dele ao homem branco, Jung percebeu que jamais desvendaria os mistérios da religião dos pueblos fazendo perguntas diretas. Só conquistaria a confiança do Lago das Montanhas lenta e gradualmente. Avaliou seu progresso a este respeito através de sinais de emoção que Lago das Montanhas não conseguia refrear: olhos marejados de lágrimas, por exemplo, quando se aproximavam dos mistérios religiosos, que os indígenas guardam tão cuidadosamente quanto os mistérios eram guardados em Elêusis. Certo dia, sentados ao sol no terraço de um pueblo, eles conversavam sobre os norte-americanos – tema sobre o qual Lago das Montanhas não se fazia de rogado. Ele estava falando com particular amargura sobre a atitude deles em relação à religião indígena. Depois de um longo silêncio, disse: "Os norte-americanos querem acabar com nossa religião. Por que não nos deixam em paz? O que fazemos, fazemos não só por nós mesmos, mas também para eles. Sim, fazemos para o mundo inteiro. Todo mundo se beneficia disso"[3]. Jung percebeu, dada a crescente agitação emocional do interlocutor, que estavam se aproximando de algo de muita importância na religião deles, provavelmente dos próprios mistérios. Este seria um terreno muito delicado, e então se limitou a perguntar por que o mundo inteiro se beneficiava. Lago das Montanhas lhe contou que os indígenas pueblos eram um povo que vivia no teto do mundo, próximos, portanto, de Deus e do céu, e que por isso eram de modo muito especial "os filhos do Pai Sol, e com nossa religião nós diariamente ajudamos nosso pai a atravessar o céu. Fazemos isso não só para nós mesmos, mas para o mundo inteiro. Se parássemos de praticar nossa religião, dentro de dez anos o sol deixaria de se levantar. Então seria noite para sempre".

Esse foi o momento mais impressionante do período que Jung passou junto aos indígenas. Ele escreveu que então percebeu "no que se fundamentava a dignidade, a serenidade do indígena enquanto indivíduo. Derivam do fato de ele ser um filho do sol; sua vida tem sentido cosmológico, pois ele ajuda o pai e preservador de toda a vida em sua ascensão e declínio diários". Jung assinalou que, embora a maioria dos homens brancos sorrisse diante de tamanha ingenuidade, e se sentisse esclarecido e superior, tal reação provinha, na verdade, de uma inveja secreta e inconfessa pelo fato de o indígena ainda encontrar muito mais sentido em sua vida, e servia também para evitar que víssemos nossa própria pobreza a esse respeito. Racionalmente – ou seja, pensando com a cabeça –, talvez pareça absurdo crer que o homem possa ter alguma influência sobre o sol, mas podemos ver a coisa de outra forma se lembrarmos que o sol para eles é Deus, e que também a religião cristã "é permeada pela ideia de que atos especiais, ou um determinado tipo de ação, podem influenciar Deus – por exemplo, certos ritos, orações ou uma mo-

---

3. Ibid., p. 251ss.

ralidade agradável à divindade". Não é tanto a ideia de que o homem possa influenciar Deus (para os indígenas, o sol) que nos é estranha, e sim a ideia de que o homem possa *ajudar* Deus. Nossas orações destinam-se todas a pedir favores de Deus; o indígena tem muito mais dignidade, pois *pensa com o coração* e quer dar assim como receber. Seu coração lhe diz que não só toda a vida depende do calor e da luz do sol, mas ele também tem certeza de que o sol precisa do homem e das cerimônias indígenas para ajudá-lo em sua jornada diária. Essencialmente, é a mesma ideia da história chinesa, que Jung tanto apreciava, do fazedor de chuva, pois também aquele velho chinês estava certo de que, se o homem tivesse a atitude correta, se estivesse no Tao, como diria o "fazedor de chuva", o tempo seria favorável às colheitas e ao bem-estar da humanidade[4].

Se nos dermos ao trabalho de tentar pensar com o coração, ao invés de racionalizar em nossas cabeças, poderemos ver de imediato o quão perto da verdade estava o chefe indígena ao dizer que o norte-americano, representando o homem branco em geral, é louco em pensar sempre com a cabeça, racionalizar tudo e viver apenas segundo o intelecto e a razão. Os indígenas, que pensam com o coração, falam uma língua mitológica; mas como estão mais próximos do mundo arquetípico do inconsciente e como suas vidas têm mais sentido e dignidade encontram-se em suas vidas! No capítulo "Sobre a vida depois da morte", em *Memórias*, que escreveu mais de trinta anos depois de sua visita ao Novo México, Jung disse: "A questão decisiva para o homem é: 'Ele está ou não relacionado a algo infinito?' Essa é a questão básica de sua vida"[5]. O indígena certamente tem essa conexão e toda a dignidade e descanso d'alma que ela traz. Mas é uma questão individual para o homem branco em nossos dias, e muitos brancos nem mesmo se colocam frente a ela.

As duras críticas de Lago das Montanhas ao homem branco fizeram Jung "cair em uma longa meditação", pois o indígena não apenas disse que os norte-americanos são loucos por dizerem que pensam com a cabeça, mas também destacou o quão cruel é a fisionomia dos homens brancos. Ele disse:

---
4. Cf. acima, p. 178s.
5. *MDR*, p. 325.

"Eles têm lábios finos, narizes aduncos, rostos vincados e distorcidos por rugas. Seu olhar é fixo; parecem sempre estar procurando alguma coisa. O que estão procurando? Os brancos sempre querem alguma coisa; estão sempre desconfortáveis e inquietos. Não sabemos o que querem. Não os entendemos"[6]. Jung tinha encontrado o que vinha procurando há tanto tempo: um ponto de vista completamente exterior a partir do qual observar o homem branco. Examinou toda a nossa história à luz do que tinha aprendido, pois esse indígena "atingiu nosso ponto fraco, desvelou a verdade para a qual estamos cegos". Em sua longa meditação sobre o que Lago das Montanhas tinha dito, viu involuntariamente "as legiões romanas esmagando as cidades da Gália, e traços nitidamente desenhados de Júlio César, Cipião o Africano, e Pompeu". Viu "a águia romana sobre o Mar do Norte e nas margens do branco Nilo [...] e as hordas de saqueadores e assassinos que eram os exércitos das Cruzadas... e a falsidade do velho romantismo em torno das Cruzadas". E então, passando a uma época mais recente, viu todo o estrago causado pelos nossos bem-intencionados missionários, tentando levar o cristianismo (a religião do amor) àqueles "povos pueblos distantes, que sonhavam pacificamente sob o Sol, seu Pai", e o dano causado aos povos tranquilos das ilhas do Pacífico, ao se levar até eles "aguardente, sífilis e escarlatina".

Jung disse que essa meditação bastou para que ele visse a face oculta de todas as nossas bem-intencionadas missões e do que chamamos de "disseminar a civilização". Era "a face de uma ave de rapina de intentos cruéis, em busca de sua presa – uma face digna de piratas e salteadores. Percebeu que "todas as águias e criaturas predatórias que adornam nossos brasões são representações psicológicas perfeitas de nossa verdadeira natureza".

Eventos recentes em todo o mundo demonstraram, com clareza ainda maior do que na época de Jung, o quanto Lago das Montanhas estava certo, e nada poderia ser mais tolo e tacanho para nós do que projetarmos tudo isso para o outro lado da Cortina de Ferro. A dolorosa investigação de sua própria sombra foi o que permitiu a Jung aceitar a luz desfavorável que Lago das Montanhas lançou sobre o homem branco em geral, pois alguém que ainda

---

6. Ibid., p. 248.

estivesse iludido a ponto de achar que seu próprio lado bem-intencionado é o único lado teria rejeitado tudo isso de imediato. Mas Jung ficou impressionado para sempre, e frequentemente se lembrou disso em anos posteriores, quando a Segunda Guerra Mundial e a história subsequente mostraram ainda mais claramente a justeza das acusações. Finalmente Jung tinha encontrado o que o levou a empreender sua primeira viagem à África do Norte; ver a Europa de fora deixou então de ser a motivação *principal* do resto de sua viagem americana ou nas posteriores.

Outra experiência com os povos pueblos deve ser mencionada, porque Fowler McCormick me disse que Jung falava muitas vezes sobre ela. De fato, McCormick pensava que o velho homem mencionado na história tenha causado em Jung uma impressão ainda maior do que o próprio Lago das Montanhas, embora o tenha visto apenas de passagem. O incidente é descrito com detalhes em *Memórias*[7]. Jung estava próximo do rio e observando as montanhas que se erguiam cerca de dois mil metros acima do planalto onde ele estava. De repente, um velho indígena se materializou ao lado dele sem nenhum ruído, e lhe perguntou "com uma profunda voz, vibrando de emoção... 'Você não acha que toda vida vem da montanha?'" Jung reparou na emoção especial da palavra "montanha", e se lembrou de que tinham lhe dito que os indígenas celebravam seus ritos secretos na montanha. Com essa imediata e profunda compreensão com a qual Jung podia interagir com qualquer ser humano sincero, respondeu: "Todo mundo pode ver que você está falando a verdade". Foi um daqueles encontros fugazes em que alguém parecia tocar a vida de Jung só por um instante para, por assim dizer, entregar uma mensagem.

Jung também estava interessado nos indígenas por outra razão. Por ocasião de sua primeira viagem ao meio-oeste, alguns anos após a visita aos indígenas, estava certo dia com um amigo americano observando uma torrente de centenas de trabalhadores saindo de uma fábrica. Comentou com o amigo que jamais tinha imaginado que fosse tão grande o percentual de sangue indígena nos norte-americanos. O amigo riu e respondeu que seria capaz de

---

7. Ibid., p. 251.

apostar não haver uma única gota de sangue indígena em todas aquelas centenas de operários. Isso foi antes de Jung ter analisado um número suficiente de norte-americanos para se dar conta da curiosa "indigenização" do povo norte-americano, provavelmente o resultado de eles terem se estabelecido no solo em que apenas indígenas tinham vivido anteriormente.

Jung com frequência advertia seus alunos, quando começavam a praticar a análise, de que deveriam ter cuidado muito maior com um norte-americano, ao falar de sua sombra, do que com um europeu. O motivo, dizia, é que o europeu já habitava seu próprio solo há muitos séculos, ao passo que havia uma grande lacuna para os norte-americanos, porque, em termos comparativos, tinham apenas recentemente abandonado suas raízes na Europa e atravessado o Atlântico. Ele costumava dizer: "O europeu tem no canto da sala de sua consciência uma porta com uma escadaria razoável que desce até a sombra dele. Pode mesmo se recusar a abrir a porta, mas para ele é seguro fazê-lo. Mas, quando o norte-americano abre uma porta semelhante em sua psicologia, encontra um perigoso abismo, uma queda de centenas de degraus, e nos casos em que consegue negociar a queda, se defronta com uma sombra indígena ou negra, enquanto que o europeu encontra uma sombra de sua própria raça".

Em uma palestra que deu em Darmstadt, em 1927 (dois anos depois dessa viagem), chamada *Seele und Erde*[8], Jung falou muita coisa sobre o papel do índio e do negro na psicologia do norte-americano. Quando ele e Fowler McCormick foram a Nova Orleans, depois do Grand Canyon, porque Jung queria uma chance de entrar em contato com os negros de lá, foi principalmente para compreender a contribuição deles à psicologia de seus pacientes norte-americanos. Sua visita aos índios já tinha sido esclarecedora com relação ao aspecto indígena que o próprio solo parece ter imprimido no "tipo ianque de emigrante". Já estava convencido de que a miscigenação

---

8. Publicado pela primeira vez em *Wirklichkeit der Seele* (Zurique, 1931). Esta conferência é publicada em inglês no vol. 10 das CW, § 49-103, como *Mind and Earth* [ou seja, "Mente e terra". Cf. "Alma e terra". In: OC 10/3]. A tradução do termo alemão *Seele* (alma ou psique) como *Mind* [Mente, no título em inglês (N.T.)] é um exemplo apropriado de como Lago das Montanhas estava certo ao dizer que nós pensamos com a cabeça.

indígena era praticamente insignificante, de modo que estava também muito interessado na contribuição negra à psicologia norte-americana, um caso em que não havia miscigenação alguma[9]. Nesse caso, não se tratava de semelhança física, mas da influência extraordinariamente forte que o negro exercia no comportamento do branco norte-americano. Na conferência de 1927, ele falou da incrível risada negroide deles, e também do curioso modo de caminhar balançando os braços e ondulando os quadris, tão comum em norte-americanos. Ele encontrou essas duas características nos silvícolas negros das proximidades de Nova Orleans em sua forma pura e original. Jung também destacou que a música e a dança puramente norte-americanas encontraram sua principal inspiração nos negros. Muitos de seus *revivals* religiosos de maior carga emocional provêm diretamente da mesma fonte, isso sem falar da ingenuidade deles, tanto em suas formas encantadoras quanto nas menos aceitáveis. Jung também comparou os jornais norte-americanos com o falatório incessante de uma aldeia de negros! A porta norte-americana, sempre aberta; o fato – estranho aos olhos de um europeu – de que muitos jardins norte-americanos, mesmo nas propriedades mais luxuosas, não serem murados ou sequer cercados, mas totalmente abertos para a rua; a falta de privacidade íntima e a sociedade e vida social sem barreiras são, ou pelo menos pareceu a Jung em 1927, reminiscências da vida primitiva em cabanas abertas e da *participation mystique*, até mesmo da identidade, que se encontra na vida cotidiana dos negros. Podemos compreender bem por que Jung sentia que sua visita aos índios não seria completa se não incluísse uma visita aos negros.

Ao voltar do Novo México, Jung falou em Nova York na casa de Kristine Mann, que, com Eleanor Bertine e Esther Harding, fundou o Clube de Psicologia Analítica de Nova York em 1936. Como essa conferência ocorreu em uma residência particular, o grupo deve ter sido pequeno, algo que Jung apreciava. Ele costumava dizer que, quanto maior o grupo, tanto mais estúpido se tornava, até que, ao atingir por volta de cem integrantes, ele não passava

---

9. A conferência de 1927 foi dada muitas décadas antes dos recentes problemas raciais nos Estados Unidos.

mais de um grande *Wasserkopf* (literalmente, "cabeça d'água")! Ele sempre desejou que o Clube Psicológico, e mais tarde o Instituto C.G. Jung, em Zurique, permanecessem pequenos. Infelizmente, ambos tiveram um enorme crescimento desde sua morte.

Quando retornou a Küsnacht no início da primavera de 1925, Jung começou o primeiro seminário extenso a ser dado em Zurique na língua inglesa. Este durou de 23 de março a 6 de julho, e como consistiu de dezesseis conferências, deve ter ocorrido quase que semanalmente. Além disso, muitas pessoas estavam em análise com ele. Devemos um registro multigrafado desse seminário aos membros do grupo, especialmente Cary de Angulo (posteriormente Cary Baynes). Nessa época, Cary de Angulo (que chegou a Zurique em 1921) estava instalada em uma casa do outro lado do lago, com sua irmã, Henri Zinno, e sua filhinha, Ximena de Angulo. Com exceção de curtos intervalos, Cary e sua família permaneceram em Zurique até pouco antes da Segunda Guerra Mundial. Sua casa sempre foi um ponto de encontro para o Grupo Psicológico, especialmente para os anglo-saxões, e sua calorosa hospitalidade sulista foi uma dádiva para muita gente. Tanto Cary quanto Henri eram mulheres de uma inteligência excepcional; as conversas em sua casa eram sempre valiosas, e ensinavam muita coisa da psicologia junguiana aos recém-chegados.

Quase imediatamente depois do fim do seminário inglês em Zurique, Jung foi à Inglaterra para dar outro seminário em Swanage, Dorset. Havia cerca de cem pessoas nesse terceiro seminário na Inglaterra, o que excedia em muito o tamanho que Jung gostava para esse tipo de grupo. Contudo, ele apresentou doze conferências, de 25 de julho a 7 de agosto, sobre o tema da "Análise de sonhos". Jung gostava muito do lugar em si, aproveitando o mar, como sempre fazia. Penso que o seminário, embora de "grande valor histórico" para analistas junguianos, tem interesse menor para o público em geral, pois a "Análise de sonhos" também foi o tema de muitos outros seminários posteriores. Além disso, é um tema frequentemente abordado nos livros de Jung[10].

---

10. Cf., p. ex., a Parte II de *Psicologia e alquimia* (OC 13).

Enquanto estava na Inglaterra, Jung decidiu viajar ao leste da África tropical, dedicando o restante do verão e início do outono de 1925 aos preparativos dessa viagem e aos arranjos para deixar sua vasta clientela por vários meses, um período mais longo do que jamais havia passado fora da Suíça. Não obstante, ele encontrou algum tempo para introversão e preparação interior à viagem em sua amada Torre Bollingen, embora por muito menos tempo que o habitual nas férias de verão.

Durante o verão de 1925, enquanto estava na Inglaterra para o grande seminário em Swanage, ele visitou a Exposição de Wembley, em Londres, e ficou "tão impressionado com o excelente mostruário das tribos que estavam sob domínio britânico" que, como mencionamos, "resolveu fazer uma viagem à África tropical no futuro próximo"[11].

Essa foi uma viagem muito mais complicada, envolvendo muito mais preparativos, do que qualquer outra que já havia realizado. Sua viagem à África do Norte, por sugestão de seu amigo Hermann Sigg, em grande medida seguiu a rota preestabelecida da viagem de negócios deste último, com prolongamentos decididos de improviso. Os três amigos norte-americanos com quem visitou os indígenas no Novo México já conheciam os caminhos ou podiam facilmente obter as informações necessárias. Mas uma viagem a uma tribo distante na África tropical, arranjada com dois norte-americanos e um inglês, nenhum deles familiarizado com a área, exigiu planejamento muito maior e equipamento cuidadosamente escolhido. Parece notável que ele tenha sido capaz de realizar seu plano tão rapidamente, pois era preciso obter autorização do governo britânico e comprar infinitos equipamentos de acampar e alimentação, principalmente dos armazéns do Exército e da Marinha em Londres. Os preparativos não foram totalmente isentos de problemas, e Jung começou a desejar uma mensagem direta do inconsciente, para assegurar-se de que seus planos estavam em consonância com a constelação presente.

Decidiu consultar o *I Ching*, um antigo método oracular chinês pelo qual o inconsciente pode se expressar. Jung havia se interessado pelo método

---

11. *MDR*, p. 253.

antes mesmo de conhecer Richard Wilhelm. Escreveu no Apêndice IV de *Memórias*[12] que tinha feito um "ataque total" ao livro em certo verão, pois estava determinado a saber "se as respostas do *I Ching* faziam ou não sentido". Ficou fascinado com as "espantosas coincidências" que encontrou e, quando a tradução de Wilhelm foi publicada em 1923, descobriu para sua grande "satisfação que Wilhelm tinha visão muito semelhante sobre as conexões de sentido" à dele.

Jung conheceu Wilhelm na casa do Conde Keyserling, durante um encontro da "Escola de Sabedoria" em Darmstadt. Creio que isso deve ter ocorrido em 1922, pois em 1923 Wilhelm já havia sido convidado a falar do *I Ching* no Clube Psicológico, em Zurique. Jung teve então a oportunidade de discutir extensamente o *I Ching* com ele, pois Wilhelm conhecia toda a literatura sobre o assunto e era capaz de preencher muitas lacunas de Jung. Tornaram-se grandes amigos; Wilhelm veio com frequência a Zurique, hospedado pela família de Jung.

Assim, em 1925, às vésperas da sua viagem africana, Jung já conhecia bem o *I Ching* e não tinha dúvidas sobre suas respostas fazerem sentido. Quando o consultou sobre a viagem que pretendia fazer, lançou o hexagrama n. 53 com um nove na terceira posição[13]. A linha incluía os dizeres: "O homem avança sem retornar", e isso o fez encarar o fato de que, embora todo o hexagrama "desenvolvimento" (Progresso Gradual) evidentemente significasse que o inconsciente estava favorável à expedição, era provável que Jung tivesse de pagar a viagem com sua própria vida. Ele disse que essa impressão foi particularmente forte ao longo da viagem a Mombaça. Na África Oriental, embora isso permanecesse no pano de fundo de sua mente como uma possibilidade, não mais ocupou o primeiro plano.

Ele atribuiu a força dessa ideia, durante a viagem, ao fato de que vários de seus companheiros, que estavam se transferindo para a África, morreram nos primeiros meses no país, inclusive o jovem que se sentou em frente a ele

---

12. Ibid., p. 373.
13. O nove e o seis, diferentemente do sete e do oito, enfatizam as linhas em que ocorrem, tornando-as a parte mais importante do oráculo.

na sala de jantar. O *I Ching* o obrigara a encarar o fato de que um destino similar poderia estar à sua espera, mas, segundo disse, o *I Ching* permaneceu em primeiro plano na sua mente, durante a viagem, devido à presença da morte no ar, embora não se pudesse dizer a quem atacaria. Por outro lado, Jung gostou de estar no mar. Usou a viagem para aprender, com considerável sucesso, a língua suaíli, de modo que pudesse conversar diretamente com os nativos, mas disse que ela foi mais difícil de aprender do que qualquer outra que já houvesse tentado. Atribuiu isso ao fato de que, quando se é jovem, a mente está consideravelmente vazia, mas a cada ano ela vai sendo mais preenchida, de modo que é muito mais difícil encontrar espaço para as ramificações de uma nova língua.

Peter Baynes, o amigo inglês que acompanhou Jung à África, teve um começo de viagem ainda mais difícil. Quando estava arrumando as malas para partir, sua segunda mulher subitamente morreu em trágicas circunstâncias. Para conseguir acompanhar o grupo, Peter teve de seguir por terra até Marselha e pegar o vapor Woerman, em que Jung e seu jovem amigo norte-americano, George Beckwith, já tinham embarcado. A morte da esposa tornou-lhe a viagem africana difícil, embora também tenha significado muito, especialmente em olhar retrospectivo. Peter certa vez me contou – com toda a cativante autocrítica de que era capaz – que havia sido um terrível estraga-prazeres na viagem, pois sua *anima* estava completamente fora de controle e ele oscilava de um mau humor a outro. Embora seus humores às vezes aborrecessem Jung, este último foi, porém, sempre capaz de compreender e de manter a objetividade diante da situação; já o muito mais jovem George Beckwith não conseguia ter a mesma paciência, e se tornava cada vez mais irritado.

George Beckwith também teve um destino trágico. Jung gostava dele por sua grande coragem, disse certa vez, pela maneira como enfrentou o destino. Ele morreu em um acidente de carro poucos anos depois; seus sonhos, segundo Jung, tinham mostrado claramente que o barco que recebera para a jornada da vida não era digno de confiança e que provavelmente – Jung lhe disse ao longo da análise – afundaria precocemente. George respondeu que sempre tinha suspeitado de algo do gênero, enfrentando esse fato completamente, e vivendo em plenitude sua curta vida. Com exceção de suas dificuldades com a *anima* de Peter Baynes, ele gostou muito da expedição africana.

O quarto membro do grupo deveria ter sido o norte-americano Fowler McCormick. No último momento, porém, quando seu equipamento já estava a caminho da África, ele inesperadamente foi impedido de ir. Jung se viu em uma posição difícil, porque George Beckwith declarou que a proposta de viajar em três era demasiado pesada para ele, e que não poderia prosseguir conforme o programado se um quarto integrante não fosse encontrado.

Uma carta do governador de Uganda[14], pedindo que a expedição contasse com Ruth Bailey, foi, portanto, uma dádiva para Jung. George Beckwith de imediato disse que ficava completamente satisfeito se ela passasse a ser o quarto elemento. Eles já a conheciam desde a escala que tinham feito em Nairóbi, e sabiam que ela era o tipo de garota capaz de encarar adversidades. Tinha quatro irmãos a quem amava muito e cujas aventuras ela sempre tentou acompanhar. Jung costumava dizer mais tarde que os irmãos dela foram uma grande bênção para ele, pois sempre que causava o mínimo transtorno, eles diziam: "Ruth, dá um tempo", e ao contrário da maioria das mulheres ela de fato "dava um tempo".

Ruth Bailey se viu em uma posição difícil ao chegar à África Oriental. Sua irmã mais nova estava noiva de um inglês que tinha um alto cargo na região. O jovem casal estava ansioso para casar-se o mais rapidamente possível, mas ele não podia retornar à Inglaterra para buscar sua noiva. A Sra. Bailey só concordaria com o casamento da filha na África Oriental se sua irmã mais velha, Ruth, fosse com ela. Elas haviam chegado no mesmo navio que o grupo de Jung, mas não travaram conhecimento durante a viagem. Elas estavam naturalmente no grupo de jovens que brincavam e dançavam e que chamaram Jung e seus dois amigos de "os três Obadias"[15]. Jung passava lendo a maior parte do tempo, estudando suaíli ou caminhando sozinho no convés. Mas, em Nairóbi, Ruth se viu em uma situação tensa, pois se sentia *sobrando*

---

14. *MDR*, p. 260.
15. Conforme uma canção *music hall* muito em voga na época.

junto ao jovem casal, que, contudo, estava determinado a cuidar dela e mantê-la constantemente consigo.

Em um baile na Noite do Armistício (11 de novembro), no hotel em Nairóbi, as coisas chegaram ao clímax quando Ruth constatou que seu cunhado pretendia dançar metade das danças com ela! Ela viu o Dr. Jung em uma mesa, sentado sozinho, escrevendo. Desesperada, se aproximou e perguntou se poderia ficar sentada a seu lado, contanto que isso não o incomodasse, para assim deixar à vontade o jovem casal. Desde então, até deixarem Nairóbi, Ruth ficou muito com Jung e seus amigos, que também gostavam dela e apreciavam seu agudo senso de humor e espírito esportivo. Antes de partir, Jung lhe disse que ela devia encontrar um modo de *viver sua própria vida*, e não a do jovem casal, durante os meses em que ainda ficaria na África. Não creio que alguém do grupo realmente achasse que ainda reencontraria Ruth.

Teria sido difícil encontrar em qualquer lugar alguma garota mais talhada para a expedição do que Ruth Bailey, de modo que a solicitação do governador de Uganda veio a calhar. Ruth era mais de vinte anos mais jovem do que Jung, forte e saudável, e mais ou menos da mesma idade e com os mesmos gostos de George Beckwith. Ela mesma sempre diz que ofereceu o "alívio cômico" para o grupo. Contudo, Jung não estava disposto a correr riscos. Já estavam no Monte Elgon quando a carta do governador chegou. Jung escreveu a Ruth dizendo que o grupo a tomaria sob sua proteção, conforme solicitado, desde que ela conseguisse se juntar a eles no acampamento na montanha. Um nativo seria enviado para mostrar a ela a última parte do caminho, uma escalada que só podia ser feita a pé, mas deixou que ela encontrasse o caminho até o ponto de encontro em Kimilili da melhor forma que conseguisse. Basta ler o relato de Jung da viagem ao Monte Elgon, depois que a ferrovia chegava ao fim, para perceber o quão distante ficava o acampamento deles, e as enormes dificuldades que se apresentariam a uma moça daquela idade. Ruth tinha menos de 30 anos quando viajou ao Monte Elgon.

Isso era típico de Jung. Ele costumava fazer as pessoas mostrarem seu valor antes de investir nelas. Ruth, portanto, se viu frente a frente com a tarefa mais difícil de sua vida. Seu cunhado, muito convencional e consciencioso, foi totalmente contrário ao plano e colocou todos os obstáculos que pôde no caminho dela, e as dificuldades para encontrar transporte para um lugar tão distante teriam intimidado a maioria das garotas. Mas, como todos a reconheciam à primeira vista como uma boa companhia, ela sempre conseguia encontrar alguém que a ajudasse nessa viagem quase impossível. Finalmente chegou em Kimilili, onde o garoto enviado pelo Dr. Jung a esperava. Contudo, o jovem inglês que a conduzira na última parte da viagem não achava Kimilili um lugar recomendável para uma jovem inglesa. Felizmente, naquele momento ela avistou um nativo que trazia nas costas um reservatório d'água marcado "C.G. Jung", e assim conseguiu provar ao seu protetor que ela havia realmente sido encontrada, como combinado!

O guia não falava uma palavra de inglês. Carregando as coisas dela, orientava o caminho em silêncio seguindo a trilha de um leão através da savana, debaixo de um calor escaldante, por duas horas. Ruth não conseguia deixar de pensar no que aconteceria se encontrassem o leão, mas, moça intrépida que era, seguiu-o sem reclamar. Quando por fim alcançaram o acampamento, ela naturalmente experimentou uma sensação considerável de realização, e anunciou orgulhosamente a Jung: "Cheguei!" "Estou vendo", respondeu ele calmamente como se ela tivesse vindo de uma casa vizinha. Tendo-se saído vitoriosa e comprovando seu valor, porém, ela se viu genuinamente acolhida pelo grupo. Estava sempre pronta para qualquer exploração e cumpriu tudo o que lhe cabia nos afazeres no acampamento. Não deve ter demorado muito para que Jung se decidisse a levá-la com eles na árdua viagem ao Egito. De fato, George Beckwith disse que não iria, a menos que ela fizesse parte do grupo.

Acabei de dar as razões exteriores que levaram a essa decisão, mas o próprio Jung deu a razão mais profunda que colocou em movimento essa surpreendente cadeia de eventos. Destacou que, devido à impossibilidade de Fowler se juntar ao grupo, havia sido acionada "uma constelação inconsciente ou predestinada: o arquétipo da tríade", e que esse arquétipo sempre clama por um quarto elemento para completá-lo, "como vemos repetidamente na história"[16], Jung mencionou o episódio para "sugerir os modos sutis pelos quais um arquétipo influencia nossas ações". Em termos do diagrama do capítulo 1, esse era o caso de uma imagem arquetípica vinda de baixo para influenciar eventos exteriores.

Jung fez um relato maravilhoso de toda essa jornada africana em *Memórias*. Para resumir o que creio terem sido os principais ganhos com essa viagem, espero mostrar o que os frutíferos anos de 1919 a 1926 acrescentaram ao que Jung já tinha conquistado após seu "confronto com o inconsciente". A jornada africana também foi provavelmente uma das épocas mais felizes de sua vida, especialmente a estadia no Monte Elgon. Ele disse:

> Meus companheiros e eu tivemos a sorte de provar o mundo da África, com sua incrível beleza e igualmente incrível sofrimento, antes de seu fim. Nossa vida no acampamento se mostrou um dos mais adoráveis interlúdios da minha vida. Desfrutei da "paz divina" de um país ainda primevo. Nunca tinha visto tão claramente "o homem e os outros animais" (Heródoto). Milhares de quilômetros entre mim e a Europa, mãe de todos os demônios. Os demônios não conseguiam me alcançar aqui – não havia telegramas, chamadas telefônicas, cartas, visitantes. Minhas forças psíquicas libertas jorravam deliciosamente de volta para as vastidões primordiais[17].

Antes de a jornada começar – com seu hexagrama 53 do *I Ching*, 9 na terceira posição – Jung tinha encarado o fato de que sua vida poderia chegar ao fim nessa viagem à África. Essa não era uma decisão fácil: Jung tinha apenas 50 anos, estava no auge de sua força, e sabia que muita gente dependia dele. Não em sentido financeiro, pois, se tivesse morrido, sua família não teria passado por provações materiais, mas sim em sentido espiritual. Ele estava no auge de sua atividade profissional, e sabia bem que muitos de seus pacientes e discípulos ainda não estavam prontos para uma vida independente. Isso o incomodou muito quando tomou a decisão de ir, mas me disse ter se sentido estranhamente despreocupado na África. Certa vez me descreveu o efeito que o calor provocou nele: um extraordinário desapego que nada

---

16. *MDR*, p. 260ss. Pitágoras, no século VI a.C., assinalou que o quatro era o número da totalidade.
17. *MDR*, p. 264.

podia abalar. Reclinado em sua espreguiçadeira numa tarde de calor, tentou quebrar esse desapego pensando em todas as suas piores preocupações europeias, por exemplo nos pacientes que mais lhe causavam angústia, mas tudo aquilo parecia distante e desimportante. Ao voltar à Europa tudo foi diferente, mas o período na África foi de um desapego total[18].

Pelo que sei, essa foi a primeira vez que Jung teve de traduzir na realidade concreta uma convicção que cresceu nele ao passar da primeira à segunda metade da vida. Ele sentia que, na segunda metade da vida, só pode viver plenamente quem tenha enfrentado por completo o fato de que não está mais *saindo* para a vida, e sim mirando o interior, com a meta da morte inevitável. Dizia frequentemente na última década de sua vida, após ter estado doente: "Pensei que era o fim e penso que é por isso que fui presenteado inesperadamente com um novo sopro de vida". Talvez tenha sido por ter encarado plenamente a possibilidade de pagar sua viagem com a própria vida que uma vida tão abundante e significativa lhe tenha sido garantida na África. Em todo caso, por tudo o que o ouvi falar sobre seu período na África – e ele falava disso com frequência –, este de fato foi "um dos mais adoráveis interlúdios" de toda a sua vida, e talvez o mais produtivo também.

Mesmo correndo o risco de repetir coisas que estão no seu próprio relato, gostaria de dar minha própria impressão sobre a iluminação que aconteceu a Jung na África, na sequência em que me parece ter ocorrido. Talvez a primeira iluminação tenha acontecido quando ele acordou na viagem de trem de Mombaça a Nairóbi e viu "a figura esguia, cor de terra escura… imóvel, apoiada em uma longa lança, olhando o trem que passava"[19]. Jung ficou encantado. Sabia que era algo que jamais tinha visto, totalmente alheio à sua experiência de vida, e ao mesmo tempo teve o "mais intenso sentimento de *déjà vu*", acompanhado pelo sentimento de que ele "sempre conhecera esse mundo que estava separado de mim apenas pelo tempo. Foi como se eu estivesse, nesse momento, retornando à terra da minha juventude, e como se

---

18. O teólogo místico alemão medieval Mestre Eckhart considerava o desapego como "a melhor e mais elevada virtude".
19. *MDR*, p. 254.

eu conhecesse aquele homem de pele escura que estivera esperando por mim há 5 mil anos".

Isso ocorreu quando ele estava há apenas dois dias na África (em Mombaça), e me parece resumir todo o seu período lá. Tanto sua personalidade n. 1 quanto a n. 2 estavam consteladas e ativas ao mesmo tempo. O n. 1 sentiu o homem de pele escura como um estranho, pois nunca, nos seus cinquenta anos de vida, tinha visto ou experenciado nada igual; mas o atemporal n. 2 avançava pelas camadas do inconsciente até os ancestrais primordiais, e naturalmente sentiu como se já conhecesse o homem que estava separado dele apenas pelo tempo. Essa constelação completa do si-mesmo e do ego me parece o prólogo necessário da tremenda impressão que a África causaria em Jung. De fato, ele relatou que "o tom emocional dessa curiosa experiência me acompanhou ao longo de toda a minha jornada pela África selvagem[20].

Ambas as personalidades foram, com efeito, absolutamente necessárias para a arrebatadora experiência que se seguiu, nada menos do que a descoberta de nosso próprio mito. Já no início de seu "confronto com o inconsciente" ele tinha percebido dolorosamente que já não vivia conforme o mito cristão, que este tinha perdido o sentido para ele. O anseio de encontrar seu próprio mito nasceu então, mas tinha sido particularmente intenso desde o início daquele ano (1925), quando o indígena Lago das Montanhas lhe disse que a *raison d'être* de seu povo pueblo era ajudar o Pai deles, o Sol, a cruzar o céu todos os dias. Jung disse: "Eu o invejei pela plenitude de sentido daquela crença, e me pus à procura, sem esperança, de um mito que fosse o nosso"[21]. Agora, de modo súbito e totalmente inesperado, ele o encontrou, sozinho nas planícies do Rio Athi, próximo a Nairóbi, entre gigantescos rebanhos de animais que se moviam como rios lentos. Com frequência ouvi Jung descrever esse momento, e também ouvi muita gente se dizer incapaz de entendê-lo aqui. De fato, sem alguma experiência do si-mesmo e do ego, é difícil, se não impossível, compreender.

---

20. Em alemão, "*durch das wilde Afrika*". Não concordo muito com a tradução de "*wilde*" como "*selvagem*" aqui, embora a tradução inglesa de *Memórias* seja, como um todo, excelente.
21. *MDR*, p. 256.

Antes de falar dessa experiência nas planícies do Rio Athi, gostaria de me referir a uma passagem posterior em *Memórias*, na qual ele mencionou que o si-mesmo eterno precisa do ego limitado para *se experienciar na realidade exterior*. Ele pode assim, em uma forma terrena, "passar pelas experiências do mundo tridimensional, e por uma maior consciência ir além, rumo à realização"[22]. Em outras palavras, a personalidade n. 2 precisa tanto da personalidade n. 1 quanto esta precisa daquela.

Talvez a primeira vez em que Jung percebeu plenamente essa verdade foi naquele dia nas planícies do Athi, longe da vista e do alcance de seus amigos, na "quietude do eterno começo" do "mundo tal como sempre foi". Evidentemente, aqueles animais existiam naquelas planícies há eras incontáveis, mas subitamente ocorreu a Jung que essa era uma existência apenas potencial até que alguém lhes desse "existência objetiva" mediante o conhecimento criativo de que eles estavam ali. Isso, ele escreveu, é o que os alquimistas exprimem ao dizer: "O que a natureza deixa imperfeito, a arte [alquímica] aperfeiçoa". Assim, "o sentido cósmico da consciência se tornou esmagadoramente claro" para ele, e ele soube que o homem podia prosseguir a criação, de que na verdade era até mesmo "indispensável para que se complete a criação". Caso o homem não aceite essa tarefa, o mundo está fadado a prosseguir "na mais profunda noite do não ser até seu fim desconhecido". Mas se as pessoas puderem se dar conta desse mito vital do homem, de que ele é "indispensável para que se complete a criação", então nossa conturbada época ainda poderá redescobrir tanto ou mais sentido na vida do que ela já perdeu.

O próximo incidente a causar uma profunda impressão em Jung se deu no fim provisório da estrada de ferro de Uganda, onde o grupo estava esperando por dois automóveis, carregados com os equipamentos, e nos quais partiriam para a próxima etapa da viagem. Jung estava sentado em uma *chop box* [caixa de alimentos] e fumando seu cachimbo quando um inglês de mais idade se sentou ao lado dele, também fumando um cachimbo. Perguntou se Jung tinha acabado de chegar, e quis saber para onde ele estava indo. Então perguntou se poderia dar a Jung um conselho, já que estivera lá por quarenta

---

22. Ibid., p. 324.

anos. "Sabe, *Mister*, esta terra não é terra dos homens, é terra de Deus. Portanto, se algo acontecer, simplesmente se sente e não se preocupe". Então se levantou sem mais nenhuma palavra e desapareceu na multidão dos africanos que fervilhavam ao redor deles.

Nunca um conselho causou uma impressão mais forte no seu destinatário. Jung ficou profundamente grato àquele inglês desconhecido, e sempre que as coisas davam errado na África, ele se lembrava de "se sentar e não se preocupar", sempre com os melhores resultados. Ficou tão impressionado com esse conselho e pelo modo como lhe foi útil na África, que o repassou a todos os discípulos que estivessem destinados a passar pelo "confronto com o inconsciente", pois o que se aplica à selva ou à savana se aplica também ao inconsciente.

Embora possa soar estranho a quem não está familiarizado com a psicologia junguiana, é um fato que as mesmas condições prevaleçam em lugares muito primitivos e no inconsciente coletivo. Se pensarmos por um momento no diagrama do capítulo 1, não há nada surpreendente nisso. A África, quando Jung lá esteve em 1925-1926, era um lugar muito primitivo, "o continente negro", como era chamado naqueles dias; portanto você está nas camadas inferiores do inconsciente coletivo quando está na África, entre os ancestrais primordiais, até mesmo entre os animais ancestrais em geral. Claro, na África você de certa forma encontra essas camadas *exteriormente*, e no "confronto com o inconsciente" o encontro se dá *interiormente*, mas ambos os aspectos são, como o velho sábio inglês disse a Jung, terra de Deus e não do homem. Ou, em linguagem psicológica, é a terra do si-mesmo, não do ego. Já vimos como isso funciona na prática quando o si-mesmo, ou a personalidade n. 2 de Jung, teve "o mais intenso sentimento de *déjà vu*" quando viu o homem de pele escura apoiado em sua lança e olhando o trem que passava, como se o estivesse esperando há 5 mil anos. O ego, a personalidade n. 1, pelo contrário, só conseguia registrar uma experiência completamente nova, que parecia estranha. Mas também podemos ver aqui como o ego é importante para o si-mesmo; foi o ego que se tornou *consciente* da impressão, que lhe deu existência tridimensional, existência *definida*, ao passo que 5 mil anos eram como ontem para o si-mesmo, cujo conhecimento pode até, de fato, ser absoluto, porém sem jamais registrar o aqui e agora, este instante, sem dar-lhe, pois, existência definida ou objetiva.

Ao seguir adiante do ponto que era então o término da estrada de ferro de Uganda, Jung deixou para trás a civilização tal como sempre a conhecera, e só tinha pela frente as trilhas que se estendiam por toda a África. À medida que pensava no conselho do velho inglês, percebeu que era a quintessência de sua experiência de quarenta anos; "não o homem, e sim Deus estava no comando aqui – em outras palavras – não a vontade e a intenção, mas o desígnio inescrutável". Foi, realmente, uma experiência muito similar à que ele próprio tinha tido em seu "confronto com o inconsciente": aceitar o desígnio inescrutável que se revela, e nunca tentar impor seu próprio caminho. De fato: "Sente-se e não se preocupe" até que o "desígnio inescrutável" se revele, ao invés de tentar controlar o incontrolável.

Quando finalmente chegaram ao Monte Elgon, o "mais adorável dos interlúdios", imunizado das pragas costumeiras da civilização, tais como os telegramas, telefones, cartas e visitantes, que ele caracterizava como demônios gerados pela Europa, pôde deixar suas "forças psíquicas libertas jorrarem deliciosamente de volta para as vastidões primordiais" e desfrutar por algum tempo do "mundo tal como sempre foi", da "quietude do eterno começo". Mas sua consciência estava sempre alerta para aprender tudo o que pudesse sobre aquele começo. Com esse propósito, arrumou a cada manhã uma conversa com os nativos, que passavam o dia inteiro ao redor do acampamento observando "nossos movimentos com interesse inesgotável". Foi muito difícil, porém, extrair qualquer informação sobre seus sonhos ou religião ou o que lhes fosse realmente de importância vital. Embora os elgonyi ainda estivessem intactos, mais tarde se descobriu ouro perto de seu território, e então o movimento Mau-Mau* emergiu "entre aqueles nativos inocentes e amistosos". Mesmo então, porém, nos momentos em que Jung e seus amigos estavam entre eles, havia sinais de que eles estavam perdendo a conexão com suas raí-

---

* Alusão a uma organização clandestina com papel de destaque nas lutas pelo fim do jugo colonial inglês no Quênia [N.T.].

zes religiosas mais profundas, tão essenciais para o bem-estar de uma tribo. Por exemplo, após muita investigação infrutífera sobre os sonhos deles, Jung descobriu que eles não eram mais guiados pelos sonhos de seu xamã, como geralmente acontece em tribos intactas e como acontecia anteriormente com os elgonyi. Isso mudou porque os próprios xamãs incorporaram a ilusão de que seus sonhos não eram mais necessários devido à presença do comissário distrital e ao fato de que os ingleses sabiam tudo.

Nas conversações [*palavers*], que sempre ocorriam já com o sol alto no céu, Jung a princípio ficou tremendamente impressionado com o otimismo deles: os animais, até mesmo os grandes predadores como o leão, eram "bons e belos", e as doenças não tinham nenhum poder de atemorizar, pois, enquanto eles pudessem confiar no sol, achavam que tudo estava bem. Mas ele logo descobriu que, ao pôr do sol, esse otimismo subitamente desaparecia, e eles se tornavam vítimas impotentes do medo. O deus que governava a escuridão era tão sinistro e perigoso quanto era bom e benévolo o deus que governava o dia. Esse medo era sobretudo medo de fantasmas. De fato, em dada ocasião, quando estavam atravessando um matagal no Monte Elgon em pleno dia, Jung de repente percebeu que esse medo de fantasmas não se restringia à noite, mas estava também conectado com certos lugares. Certa vez ouvi Jung descrever esse incidente mais ou menos assim: os nativos, que em geral se mostravam bem-dispostos, se queixaram de cansaço, e o capataz dava todo tipo de desculpas. Valendo-se do método simples e eficaz de caminhar atrás deles, Jung os forçava a entrar na selva. Mas eles apresentavam tantos sinais de angústia, que por fim ele disse ao capataz: "Vocês geralmente são tão eficientes, o que está acontecendo?" Este nada respondeu, mas quando Jung lhe sussurrou no ouvido a palavra tabu "Fantasmas?", o capataz, muito aliviado, respondeu: "Sim, dez mil". Jung então viu como o medo funciona nessas pessoas e como é real para elas. Parece ser extremamente inquietante caminhar em uma floresta de bambus na trilha de um rinoceronte; você nunca sabe se vai se deparar com ele, e tem de andar agachado, porque a altura de um rinoceronte é menor que a de um homem. Esses são os únicos caminhos, e muito desagradáveis até para um europeu, mas o crepúsculo verde, com sua impressão de que se está debaixo d'água, onde tudo está quieto e abafado e morto, subjuga o nativo completamente. Ele está muito mais próximo do inconsciente coletivo do que nós, que temos uma camada comparativamente espessa de consciência no topo, e esta só ocasionalmente é rompida; já os nativos passam quase todo o tempo no inconsciente.

Não demorou para Jung descobrir o que talvez mais o tenha impressionado em toda sua estadia no Monte Elgon. Ao amanhecer, quando o sol desponta no horizonte, os nativos saíam de suas cabanas, cuspiam em suas mãos e então viravam as palmas em direção ao sol. Não conseguiam explicar essa ação para Jung; era simplesmente o que sempre tinham feito. Mas, como ele assinalou, quantos europeus podem explicar as velas na árvore de Natal, ou por que escondem ovos coloridos na Páscoa? Mas Jung descobriu que, apenas no instante em que se levanta, o sol é *mungu*, Deus. Ao mesmo tempo, descobriu que a lua nova, com seu primeiro crescente dourado, também é Deus. Porém, nos demais períodos, os elgonyi nunca cultuam o sol e a lua, nem os veem como Deus. O cuspe é a substância da alma para os primitivos; portanto, com efeito, eles estavam dizendo: "Ofereço a Deus minha alma viva", uma "prece sem palavras que bem poderia ser traduzida como: Senhor, em tuas mãos entrego o meu espírito!"[23]

O fato de o culto se dar apenas no momento da chegada do primeiro raio de sol causou uma tremenda impressão em Jung, e durante todo o período do acampamento ele manteve o hábito de pegar sua cadeira de campanha e assistir a cada manhã o magnífico espetáculo do nascer do sol naquelas latitudes. Até mesmo os geralmente barulhentos babuínos que habitavam um elevado penhasco próximo do acampamento permaneciam quase imobilizados, como que esperando pelo nascer do sol. Era a imagem arquetípica na natureza, prenunciando a descoberta por Jung do mito do homem: é o nascimento da consciência – a luz do sol sempre simbolizou a consciência – que constitui o sentido da vida, aquilo que o ego pode fazer pelo si-mesmo. Repete-se incessantemente na natureza, aurora após aurora, cabendo ao homem prosseguir esse ato de criação, capturar o instante no tempo, segurá-lo e des-

---

23. *MDR*, p. 267.

cobrir seu sentido. O fato de os elgonyi representarem essa cerimônia, dedicando-lhes suas almas a cada manhã, como a representação do inconsciente do mito do homem, deve ter tido um impacto tremendo em Jung. Isso porque, em especial, ele acabara de experienciar a descoberta de que tornar-se *consciente* dessas coisas é a tarefa do homem moderno, e de que o mito pode restaurar o sentido perdido de sua vida.

À medida que o grupo avançava lentamente das nascentes do Nilo ao Egito, Jung ficava cada mais vez mais impressionado com a enorme contribuição hamítica à antiga e diferenciada cultura do Egito. Acabamos de ver o impacto que lhe causou o límpido otimismo dos elgonyi durante o dia, que dava lugar, sem contradições interiores, ao terror e pessimismo durante a noite. Isso nos mostra vividamente como os opostos estão próximos nos povos primitivos, sem a vasta e dolorosa lacuna entre eles aberta pela civilização. Jung aprendeu que os elgonyi implicitamente acreditavam que um deus totalmente benévolo, chamado por eles de *adhista* e saudado como o sol nascente, governa o dia, dando lugar naturalmente, no crepúsculo, ao *ayik*, o princípio das trevas, criador do medo. Ao chegar ao Egito, Jung foi surpreendido pela descoberta de que esses dois deuses descem o Nilo e reaparecem como os dois acólitos de Osíris: Hórus, o princípio da luz (*adhista* sob nova denominação), e Seth, o princípio das trevas (*ayik*, a nova denominação). De tudo o que aprendeu enquanto esteve com os elgonyi, isso parece ter sido o que mais o impressionou; e ele falou disso frequentemente em seminários e conversas.

Durante a descida do Nilo, ele ficou espantado com o grande papel desempenhado pelo mito solar na religião egípcia, e pelo quão puramente africano esse mito é. Tinha visto o início do mito quando os elgonyi cuspiam nas mãos e ofereciam sua saliva (a substância da alma) ao sol nascente. No Egito, ele pode ser chamado de o mito central da religião dos egípcios. O deus sol *Ra* move-se através do céu, com um novo símbolo para cada hora, depois mergulha como um crocodilo no oeste e toma o seu barco solar para atravessar todos os perigos do submundo e nascer de novo como um escaravelho na manhã seguinte, no leste. Jung frequentemente assinalou que o tema do sol cristão (luz da consciência) veio do Egito, e não o contrário, como muitas vezes se diz. Esse tema foi trabalhado de modo muito interessante pelo Dr. Helmuth Jacobsohn em sua palestra na conferência de Eranos de 1968[24].

Depois que ficou definido que Ruth Bailey retornaria com os três homens pelo Egito, ela se viu obrigada a deixar o Monte Elgon antes deles, para retornar à casa da irmã e do cunhado, pegar sua bagagem e finalizar suas pendências. Ela teria agora de deixar em definitivo o jovem casal, ao invés de permanecer seis meses, como inicialmente planejado. O cunhado se mostrou tão avesso a que ela viajasse ao Egito sob a guarda dos "três Obadias" quanto já tinha sido sobre ela visitar a montanha. Mas a irmã teve uma opinião diferente, dizendo-lhe que ela seria uma tola se perdesse uma chance dessas. Ruth os deixou antes do Natal, que passou em Nairóbi, de onde enviou para a Inglaterra sua grande bagagem por barco, e então se dedicou ao problema de como chegar a Jinja, no Lago Vitória, o local onde deveria encontrar os três homens. Como de hábito, saiu-se muito bem, até mesmo chegando a Jinja alguns dias antes do grupo de Jung. Foi recebida por um homem que tinha conhecido no navio e que, quando ouviu seu plano, saudou-a como o quarto Obadias! A seguir, a convenceu de ajudá-lo, nesse ínterim, a administrar o hotel, que estava com carência de pessoal devido a uma epidemia, o que ela fez com sua eficiência costumeira.

Enquanto isso, a ditosa estadia de Jung no Monte Elgon tinha chegado ao fim, rapidamente, como ocorre com todos esses interlúdios na vida. Foi com pesar que o grupo levantou acampamento e caminhou pela encosta sul do Monte Elgon até o território dos bugishus, tribo que deu nome à expedição, quando iniciada em Londres. O grupo ficou por alguns dias na pousada de Bunambale, com sua magnífica vista do amplo vale do Nilo. Então seguiram para Jinja, no Lago Vitória, onde, para grande surpresa, foram oficialmente recepcionados por Ruth Bailey. Ela rapidamente se desligou de suas tarefas no hotel, e os quatro viajaram por um trem de bitola estreita para o

---

[24]. "Der altaegyptische, der christliche und der moderne Mythos" (O mito do Antigo Egito, o mito cristão e o mito moderno). *Eranos Jahrbuch*, XXXVII, 1968.

Lago Kioga. Lá, pegaram uma embarcação de roda de pás movida a vapor até a próxima etapa da jornada, que se iniciou no Ano-novo de 1926.

O grupo sempre procurou viajar pelos meios que estivessem disponíveis, mas houve um longo trecho desprovido de qualquer transporte[25]. Mais ou menos na metade da exaustiva caminhada, eles passaram pela aventura que Jung descreve vividamente em *Memórias*[26]. Muitas vezes ouvi Peter Baynes, Ruth Bailey e o próprio Jung falarem daquela noite da dança nativa, que poderia ter tido um desfecho muito diverso se Jung não tivesse sido capaz de controlar a excitação frenética que tomou os dançarinos. Posteriormente, ele ouviu falar que essa tribo era reconhecida como perigosa, e que dois europeus haviam sido mortos com lanças em uma dança semelhante quinze dias antes.

Na noite em que estava presente com seu grupo, embora nada soubesse a esse respeito, Jung não estava nada tranquilo diante dessa tribo, formada pelos nativos mais pretos e mais selvagens que já tinha encontrado. Entretanto, aceitou com satisfação o convite deles para a dança, na expectativa de "trazer à tona a melhor parte da natureza deles". Mas foi no mínimo assustador, após a escuridão já ter caído e o exausto grupo já estar "ansioso para dormir", começarem a ouvir os tambores. Então cerca de "sessenta homens apareceram, militarmente equipados com lanças brilhantes, clavas e espadas", seguidos das mulheres e crianças da tribo. Reuniram-se em volta de uma grande fogueira, acesa, apesar de um calor de cerca de 35 graus. A seguir, a dança e a música começaram, com os nativos formando um anel protetor em torno das mulheres e crianças e então dançando de modo cada vez mais frenético

---

25. Ruth Bailey me escreveu o seguinte relato sobre esse trecho: "Nós pretendíamos ir a pé de Nimule até Rejaf, a uns 160km de distância! Mas só caminhamos por dois dias (uns 60km), debaixo de um calor exaustivo, e com muito pouca água. Caminhávamos de manhã, das 5:30h às 9:30h. Depois disso se tornava impossível, e nos abrigávamos nas chamadas estações de descanso (um teto sobre quatro estacas). Estávamos um tanto quanto desesperados no terceiro dia, quando encontramos um velho caminhão que tinha sido enviado para apanhar um naturalista alemão. Mas C.G. requisitou o caminhão e fomos amontoados nele até Rejaf, de onde o caminhão foi mandado de volta para o cientista alemão! Em Rejaf, esperamos uma semana pelo barco de fundo plano que nos levaria ao Sudão". Desde os anos de 1920, os anglo-saxões que conheciam Jung bem o chamavam de *C.G.* Acho que o hábito começou com Peter Baynes, mas não tenho certeza. Mais tarde, isso se difundiu para outras nacionalidades.

26. *MDR*, p. 270-272.

na direção dos quatro europeus que estavam sentados a pouca distância, em suas cadeiras de campanha. Jung disse:

> Era uma cena selvagem e emocionante, banhada pelo brilho do fogo e do luar mágico. Meu amigo inglês [Peter Baynes] e eu saltamos para nos misturar aos dançarinos. Eu brandia meu chicote de rinoceronte, a única arma de que dispunha, e dançava com eles. Nas suas faces radiantes eu podia ver que eles aprovavam nossa participação. Seu fervor redobrava e todo mundo batia os pés, cantava e gritava, suando em profusão. Pouco a pouco o ritmo da dança e dos tambores acelerou.
> Em danças e músicas como essas, os nativos facilmente caem em um estado virtual de possessão. Foi o que aconteceu. Por volta das 11h, a excitação deles começou a sair do controle, e subitamente a coisa toda tomou um aspecto muito curioso. Os dançarinos estavam se transformando em uma horda selvagem, e fiquei preocupado com o desfecho daquilo. Fiz um sinal ao chefe de que tinha chegado a hora de parar, e de que ele e seu séquito deviam ir dormir. Mas ele queria dançar "só mais uma vez"[27].

Vi mais de uma vez Jung em situações de certo modo semelhantes, porém muito mais leves, na Europa, quando a agitação em bailes mascarados de carnaval, por exemplo, ameaçava sair do controle. Sempre tive a impressão de que, em tais ocasiões, o si-mesmo – a personalidade n. 2 de Jung – assumia as rédeas e restaurava a ordem calmamente e sem esforço[28], de modo que fiquei muito interessada quando Ruth Bailey nos contou certa noite que, naquela ocasião na África, Jung pareceu crescer em estatura diante dos olhos deles até ficar muito mais alto do que os nativos. Evidentemente, um nível profundo do inconsciente tinha sido alcançado, um nível comum a europeus e africanos, pois, embora Jung não soubesse uma palavra do idioma dessa tribo, as pessoas parecem tê-lo entendido prontamente quando ele estalou o chicote, gritando animadamente em seu alemão suíço! Eles partiram, dispersando-se na noite, deixando que Jung e seus amigos se deitassem, exaustos.

---

27. Ibid., p. 271.
28. Pode-se ver algo semelhante na grande escultura de grupo que está no Museu de Olímpia (Grécia), em que o escultor conseguiu admiravelmente descrever Apolo interrompendo o estupro de mulheres por um bando de Lápitas embriagados, como que dizendo: "Agora basta".

Ainda podiam ouvir "gritos alegres e tambores a distância", mas a tensão tinha se dissolvido, o perigo tinha acabado.

Esse foi realmente um momento – semelhante àquele em que Jung viu o nativo que parecia "estar esperando por mim há 5 mil anos" – em que podemos facilmente ver como ambas as personalidades de Jung estavam consteladas ao mesmo tempo. A personalidade n. 1 jamais tinha experenciado uma cena como essa, e estava assustada, mas a n. 2 estava completamente à vontade e conseguiu enfrentar a situação com a maior facilidade.

Logo depois dessa noite memorável, a viagem do grupo chegou ao fim em Rejaf, no Sudão. A partir de então, eles puderam seguir o Nilo sob condições mais ou menos civilizadas. Em todo o período de Jung na África, seus sonhos, para sua decepção, se referiram a assuntos de casa e a problemas pessoais; agora, quando a parte realmente árdua da viagem chegou ao fim e eles estavam a salvo no Nilo, ele teve seu primeiro sonho com um homem de pele escura. Esse homem, porém, não era alguém que ele tinha visto na África, mas se referia a uma estadia na América, doze anos antes. Era um barbeiro negro que, de forma ameaçadora, estava se preparando, no sonho, para encrespar o cabelo de Jung – ou seja, para lhe dar um cabelo de negro! Ele percebeu imediatamente que havia ficado tempo demais na paz bem-aventurada do começo e que corria o risco de "ficar preto", um perigo que ameaça os europeus que se estabelecem na África. Era claramente a hora de extrair algumas conclusões das numerosas notas que ele havia tomado de tudo o que lhe acontecera na África.

Após longa reflexão, chegou à dolorosa conclusão de que seu verdadeiro motivo para empreender a viagem não foi, primordialmente, uma investigação científica da psicologia primitiva, e sim buscar uma resposta para a constrangedora questão: "O que acontecerá ao psicólogo Jung na África selvagem?"[29] Ele tinha até mesmo de admitir – não sem muita dor – que tinha sido compelido à sua aventura pela atmosfera da Europa, que estava se tornando carregada demais para ele.

---

29. *MDR*, p. 273.

Pode ser difícil para leitores mais jovens perceberem o quão pesados e incertos foram os anos entre as duas guerras mundiais. No Dia do Armistício, em 1918, por exemplo, quando todos nós pensávamos poder celebrar que enfim a guerra de 1914 tinha acabado, eu, por exemplo, estava feliz acerca disso apenas na superfície; por baixo dela, eu sentia uma ainda mais sinistra premonição de um desastre do que ao longo de toda a guerra. Logo ficou claro para mim que isso não era um sentimento meramente pessoal, pois muitas outras pessoas compartilhavam da minha apreensão. A Gripe Espanhola, que na verdade matou mais gente do que a própria guerra, pode explicar em parte esse mal-estar, pois eclodiu em todo o mundo assim que a Primeira Guerra terminou. Mesmo quando essa epidemia acabou, porém, a tensão permaneceu. Evidentemente, todos nós tentamos voltar a uma vida normal, mas o sentimento de incerteza e desgraça – sobretudo uma tensão aterradora – subsistiu logo abaixo da superfície. Poderia ser dito, é claro, com total razão, que as coisas estão ainda mais sinistras atualmente, mas agora os perigos estão mais visíveis e, embora provavelmente até piores, não estão escondidos de qualquer pessoa reflexiva, como o estavam entre as duas guerras, especialmente na década de 1920. Como podemos ver, Jung teve de ir para a África Oriental para enxergar a Europa a partir de um mundo totalmente diverso, para se dar conta de que a atmosfera na Europa tinha ficado "carregada demais" para ele[30].

Em suas visitas à África do Norte e aos indígenas no Novo México, o propósito declarado de Jung era observar a raça branca a partir de uma perspectiva totalmente diferente, mas seu propósito consciente ao realizar a viagem à África tropical tinha sido mais a de uma investigação científica de povos primitivos. Quando chegou o momento de tirar conclusões de suas notas da viagem, enquanto desciam o Nilo rumo ao Egito, depois do sonho que mostrou o perigo de "ficar preto", ele descobriu, para seu espanto, que seu inconsciente não tinha qualquer interesse nesse projeto, estando, porém, vitalmente interessado no que a jornada estava fazendo para a psicologia do próprio Jung; por isso o tinha encorajado à empreitada, para obrigá-lo a se

---

30. Ibid., p. 273.

aprofundar mais do que nunca, "até tocar cada ponto fraco de sua própria psicologia".

Jung levou dois meses para atravessar o Sudão e o Egito, sentindo ter compreendido muito melhor a maravilhosa cultura antiga deste último por ter entrado lá através da África, e não pela rota habitual via Europa. Afinal, *o Egito é África*, e tinha sido influenciado quase que inteiramente pelas coisas que desceram o Nilo, e nada, em termos comparativos, por qualquer coisa que possa ter adquirido dos primeiros contatos com a Grécia e o resto da Europa. O Nilo é o rio da vida do Egito; todo o seu cultivo depende da água desse rio desde suas origens mais remotas.

Somente em Cartum, pelo que sei, Jung foi obrigado a agir como o famoso psicólogo. Gordon College conseguiu que ele desse algumas conferências. Isso teve suas vantagens para ao menos um membro do grupo, pois Ruth Bailey contraiu malária e ficou contente por terem de ficar no hotel por uma semana, de modo que não precisou representar nenhum entrave para a expedição. Naturalmente foi importante para ela "carregar seu próprio fardo" na viagem, e essa meta foi atingida admiravelmente.

Eles continuaram a descer lentamente o Nilo até o Cairo, com longas paradas em Assuan e Luxor. Jung não ficou profundamente impressionado apenas com os monumentos da antiga cultura egípcia, mas também, a exemplo do que ocorrera na África do Norte, com a religião islâmica. Oito anos depois o ouvi descrever a vívida impressão que uma mesquita da parte antiga do Cairo causou nele. Sete anos antes da visita ao Cairo, no final do "confronto com o inconsciente", Jung tinha descoberto o mandala, que foi para ele o ápice supremo de tudo que ele havia descoberto[31]. Mas, naqueles anos todos, ele nada tinha escrito nem falado publicamente sobre o mandala, pois ainda não tinha certeza se essa era uma descoberta subjetiva ou tratava-se de um símbolo objetivo, pertencente a toda a humanidade. Ainda seriam necessários três anos para que ele rompesse o silêncio. Nesse ínterim, podemos imaginar como veio a calhar essa experiência no Cairo. Em 1933, quando falou publicamente dela, já falava e escrevia publicamente sobre os mandalas.

---

31. Cf. acima, p. 176ss.

Ele descreveu detalhadamente essa mesquita, dizendo que era um quadrado perfeito, composto de corredores amplos e belos, com pilastras, em cada lado. A Casa da Ablução, onde ocorriam os ritos de lavagem, ficava no centro. Uma fonte de água jorrava formando o banho do rejuvenescimento, do renascimento espiritual. Jung descreveu as ruas empoeiradas e apinhadas do lado de fora, e disse que o amplo salão parecia a entrada da Corte Celestial, como se fosse o próprio céu. Teve a impressão de uma concentração perfeita e de ser aceito no imenso vazio do céu, e essa religião, na qual Deus é realmente um chamado, finalmente se tornou compreensível para ele. (Devemos lembrar que fazia seis anos que Jung tinha entrado em contato com ela na Tunísia.) Ele disse ter escutado o chamado – "Alá" – ecoando por todo esse vasto salão e penetrando o céu.

Essas impressões e as que colheu na outra cultura bem mais antiga foram tão fascinantes para Jung, que ele ficou perplexo quando os dois jovens integrantes do grupo, Beckwith e Ruth Bailey, disseram que talvez as pirâmides de Gaza já fossem o bastante, sugerindo que poderiam passar aquela tarde banhando-se na piscina do Hotel Mena House, ao invés de visitarem as pirâmides de Seqquara. Tal escolha era realmente incompreensível para Jung, por estar desfrutando tão profundamente de tudo o que via no Egito. Percebendo o quanto ele ficara chocado, os jovens decidiram por fim continuar vendo as distantes pirâmides.

Também foi no Cairo o único caso grave de enfermidade entre eles ao longo de toda a viagem. George Beckwith foi acometido de um ataque muito sério de malária tropical. Jung falou em *Memórias* sobre o quanto eles foram gratos, durante essa enfermidade, por contarem com a experiência de Ruth, que servira como enfermeira voluntária na França [no grupo V.A.D. – Voluntary Aid Detachment] na maior parte da Primeira Guerra Mundial. Eles temeram muito que fosse impossível para Beckwith embarcar com eles no navio em Port Said, mas ele conseguiu fazê-lo a tempo. Demonstrou sua coragem habitual no período em que parecia duvidoso que ele pudesse se recuperar, e murmurou, com o que eles temeram que pudesse ter sido seu último suspiro: "Foi uma boa viagem!" Com efeito, os ares marítimos parecem tê-lo ajudado a recobrar a saúde.

As percepções que Jung alcançou na África ainda levaram alguns anos para serem digeridas e elaboradas. Como vimos, aconteceram epílogos no "confronto com o inconsciente" na medida em que aquilo que tinha enfrentado tornou-se mais claro para Jung, mas estes já não representaram mudanças ou avanços acentuados em sua atitude e personalidade.

10
De volta à Europa, 1926-1933

Ao retornar a Küsnacht no início da primavera de 1926, Jung se sentiu desafiado a encontrar uma nova atitude frente à Europa. Isso deve ser visto em contraponto com sua dolorosa percepção na África de que a decisão de viajar tenha sido motivada, em grande medida, pelo fato de que "a atmosfera tinha ficado carregada demais" para ele na Europa. Embora muitas pessoas percebessem, na época do armistício – e durante a Conferência de Versalhes – que nada fora realmente resolvido pela guerra, ainda assim se iniciou uma reação nos anos de 1920, com a maioria das pessoas tentando jovialmente restabelecer a vida pacífica e comparativamente despreocupada que levavam antes da guerra. Esse foi um esforço vão, pois tinham sido perdidas para sempre muito mais coisas do que a maioria de nós estávamos dispostos a admitir.

O inconsciente jamais é ludibriado por tais esforços, e algo em nós – talvez nossas personalidades n. 2 – nos levava a uma sensação sinistra de que o desastre estava à nossa espreita em um futuro não muito distante. Uma terrível tensão sempre se ergue quando há demasiado contraste entre nossas vidas conscientes externas e o estado real do mundo, que sempre é conhecido, do modo como é realmente, no inconsciente. A partir da dor de sua percepção na África, fica claro que nem mesmo o psicólogo Jung esteve totalmente livre da reação que se generalizava na época. É provável que tenha ficado temporariamente cego pela atração das fronteiras abertas, pela realização de seu desejo de viajar – que o levou a duas extensas viagens em um ano – e pela paz extraordinária que sentiu ao vislumbrar "a quietude do eterno começo" proporcionada pela África. Mas até os mais perfeitos interlúdios terminam cedo demais. Enquanto seu grupo descia o Nilo até o Egito, Jung tinha começado a encarar sua viagem mais objetivamente e a chegar à dolorosa conclusão de que, por não ter reconhecido suficientemente a tensão na Europa, suas viagens tinham certo aspecto de fuga, disfarçado por trás de seu desejo genuíno de estudar os povos primitivos da África tropical.

Jung já havia aprendido que a tensão coletiva, quando não percebida, pode ter efeitos desastrosos. No mundo tal como era antes de 1914, o homem ocidental também tinha reprimido uma tensão intolerável graças a sua convicção consciente de que a guerra era impossível em nossos dias civilizados e esclarecidos. As visões de Jung da Europa banhada em sangue foram uma tentativa por parte do inconsciente de abrir seus olhos para a tensão coletiva e lhe mostrar a catástrofe à espreita do mundo. Como vimos, ele não compreendeu então a linguagem clara em que o inconsciente estava falando – como podemos facilmente ver *após* o evento –, mas supôs que as visões se referiam ao estado subjetivo de seu próprio inconsciente individual. Jamais repetiria o *mesmo* erro, mas dessa vez, pelo que eu saiba, o inconsciente não lhe enviou sonhos ou visões reveladoras, e ele teve de novamente aprender do modo difícil: através de seu extraordinário dom para a autocrítica.

Não foi nada agradável se dar conta de que a Exposição de Wembley tinha tido muito menos a ver com sua decisão de ir à África do que um desejo inconsciente de fugir da atmosfera da Europa. Mas Jung também entendeu o mito vivo do homem moderno na África, e agora sabia, sem nenhuma dúvida, que nossa consciência, até mesmo das verdades mais dolorosas, é "indispensável para que se complete a criação". Ele assim percebeu, mais do que nunca, a importância vital do *tornar-se consciente*. Viu que, quando retornasse à Europa, deveria encarar essa tensão que vinha inconscientemente tentando ignorar e que o supostamente despreocupado otimismo dos anos de 1920 devia ser sacrificado como uma ilusão sem fundamento. Desde então, Jung não se permitiu quaisquer ilusões sobre a situação da Europa e os prováveis novos desastres que se abateriam ainda sobre aquela geração.

Esse era um caminho difícil de seguir nos anos de 1920. Novamente Jung se viu obrigado a nadar contra a corrente da época, como havia feito quando estudante, ao recusar o ponto de vista materialista que estava varrendo o mundo "educado". Na opinião pública dos anos de 1920, era forte a tendência de achar que já havia ocorrido sofrimento o bastante na Primeira Guerra Mundial, e se acreditava que a "paz em nosso tempo" tinha vencido e era uma recompensa *merecida* para a "guerra que daria fim a todas as guerras", que já custara tanto. Mas Jung estava consciente da tensão que crescia, e frequentemente alertava seus discípulos a evitarem quaisquer ilusões. Faltavam ainda uns sete ou oito anos para que ele soubesse de onde o perigo irromperia, mas em 1926 ele já sabia da futilidade total que seria esperar que a Primeira Guerra Mundial tivesse feito qualquer coisa no sentido de "dar fim a todas as guerras".

De volta à Suíça, ele foi confrontado, como de hábito, por tremendas demandas feitas a seu tempo e energia: pacientes e discípulos que o esperaram impacientemente durante sua ausência, e as demandas habituais por conferências e seminários no exterior. Embora atendesse a essas demandas exteriores sem restrições, percebeu cada vez mais que é a vida interior que importa, e que sua eficiência nas tarefas exteriores dependia inteiramente do quão firmemente ele enfrentava as exigências que o inconsciente fazia no sentido de se tornar consciente. Assim, no ano seguinte, 1927, Jung tornou Bollingen ainda mais habitável e fez seu primeiro acréscimo à sua "confissão na pedra", um anexo à Torre redonda original que ele tinha construído em 1923.

Antes disso, porém, teve de enfrentar uma grande perda, quando seu amigo Hermann Sigg morreu subitamente em 9 de janeiro de 1927. Como assinalado antes, Sigg frequentemente velejava de Küsnacht para a Torre com Jung. Por estar tão intimamente conectado com os primeiros anos na Torre, Jung o homenageou fazendo sua primeira longa inscrição em latim na parede de pedra da cozinha, como um memorial a ele. O anexo de 1927 tinha uma grande vantagem prática por conter um gabinete no qual Jung podia trabalhar a portas fechadas, sem ser perturbado. Essa não era ainda a "sala de retiro" da qual falou em *Memórias*, construída apenas quatro anos depois, em 1931. Em todo caso, durante o dia esse gabinete era totalmente dele, embora de modo algum fosse o ideal, pois o dormitório que sempre era usado como quarto de hóspedes se abria para dentro dele. Além disso, havia na época duas entradas, uma para a Torre original e outra para o novo anexo, de modo que em dias de mau tempo era preciso sair na chuva para passar de um aposento a outro. (A construção estava nesse estágio quando de minha primeira estadia na Torre, em dezembro de 1929.) O anexo foi um acréscimo da maior utilidade, pois havia também um excelente depósito abaixo do gabinete, usado também como despensa, liberando assim bastante espaço na cozinha e armazenando coisas importantes para as quais não se encontravam lugares adequados.

Jung sempre gostou de construir em sua Torre, e nunca se incomodou com o barulho. Ficava por lá o maior tempo possível, nessas épocas, para prevenir erros no trabalho dos construtores. Desde o início, estar em Bollingen não era apenas seu maior prazer, o lugar em que mais ficava dentro de si, mas era também lá em que podia encarar da melhor maneira coisas como a tensão na Europa. Contudo, logo descobriu que só poderia desfrutar da Torre nas horas certas, e que jamais deveria ir para lá quando seu trabalho exigisse sua presença em Küsnacht. Costumava ir durante suas férias e em alguns fins de semana – geralmente sozinho.

Os anos posteriores à sua experiência na África tropical foram muito ocupados. Em 1926 e 1927 foi à América do Norte para conferências e seminários, e embora não tenha mais dado seminários em inglês em Zurique até o outono de 1928, sua atividade clínica ficava mais numerosa e exigente a cada ano. Embora as circunstâncias o forçassem a levar uma vida *externa* tão ativa no mundo, esses anos, enquanto se readaptava à tensão na Europa, foram sobretudo anos de iluminação *interior*; poderiam até mesmo ser chamados de o primeiro epílogo plenamente consciente ao seu "confronto com o inconsciente", pois o sonho em Túnis só foi compreendido muito mais tarde.

Seu interesse pelo mandala jamais vacilou durante esses quase dez anos, mas seu conhecimento a esse respeito foi muito aumentado por um sonho que teve em 1927. Esse sonho o fez pintar dois mandalas particularmente significativos, os últimos que sentiu a necessidade de executar. Isso ocorreu porque o sonho "descreveu o clímax de todo o processo de desenvolvimento da consciência" e o satisfez completamente. Ele até mesmo sentiu que o sonho era "um ato de graça"[1].

O sonho é registrado com detalhes em *Memórias*[2], mas vale a pena retomar suas linhas gerais, por ele representar esse clímax vital. Ele sonhou que estava em Liverpool com cerca de meia dúzia de outros homens suíços sob as condições mais desagradáveis: ruas sujas, cheias de fuligem em uma noite escura e chuvosa de inverno. O local o fazia lembrar-se de uma parte de Basileia, onde se subia do mercado a um planalto através da chamada Ruela dos Mortos. Quando alcançaram o topo, porém, eles encontraram tudo organizado em forma de mandala. Os quarteirões da cidade estavam dispostos radialmente em torno do centro, e cada um dos quarteirões também estava disposto radialmente em torno de seu próprio ponto central, formando, portanto, uma pequena réplica do todo. No centro do mandala maior, em contraste com a chuva, neblina e fumaça da periferia, havia um lago redondo e, no meio, uma ilhota que resplandecia à luz do sol e como uma bela magnólia em flor no centro. Enquanto se sentia arrebatado pela beleza extraordinária dessa ilhota, Jung notou, com surpresa, que seus companheiros não estavam vendo nada, só resmungavam sobre o clima horrível e expressavam surpresa por um "outro suíço" ter se estabelecido em Liverpool e viver nessas redondezas. Jung pensou saber "muito bem por que ele tinha se estabelecido lá". Cada um dos quarteirões da cidade tinha seu próprio ponto central, iluminado por um grande lampião e formando uma pequena réplica da ilha brilhante no centro de tudo.

Embora não o mencione em *Memórias*, ele certa vez me contou que a grande descoberta desse sonho, o qual ele ilustrou por uma pintura[3], foi que o "outro suíço" vivia nas "redondezas de um desses centros secundários", e não perto do centro do mandala inteiro. Essa foi sua primeira imagem vívida da natureza do si-mesmo, que é coletivo em sua ilha principal, no centro (aberta

---

1. O leitor se recordará da primeira experiência de Jung do "milagre da graça", quando tinha apenas 11 anos de idade, após ter encontrado a coragem de pensar seu pensamento blasfemo até o fim (cf. acima, p. 63).
2. *MDR*, p. 197-199.
3. Figura 3. In: *The Secret of the Golden Flower* (Londres, 1931); CW, vol. 13, lâmina A.3.

e acessível a todos os que forem capazes de vê-la) e individual nas pequenas réplicas singulares, onde, como o "outro suíço", cada um de nós deve viver. Aprendeu, desse modo, que nosso lugar não é no centro do mandala, mas do lado, em uma pequena réplica individual nossa. Aprendeu, pois, a distinguir seu próprio mito pessoal do mito do homem moderno tal como percebido nas planícies do Rio Athi, na África Oriental, cerca de dois anos antes. Todos nós temos a tarefa de completar a criação, de nos tornarmos conscientes de *tudo o que pudermos* e assim lhe dar "existência objetiva". Porém, o fato de nenhum de seus companheiros no sonho poder ver a ilha ou, aparentemente, ficar consciente de sua existência, o ensinou que seu próprio mito individual tinha a ver com tornar-se consciente do centro de tudo, bem como de tudo que se refira à sua própria réplica individual, e da relação entre ambos aspectos. O primeiro aspecto constitui uma espécie de imagem do destino da humanidade em geral, e o segundo, do destino de cada indivíduo. Os componentes estão todos na imagem central, mas a seleção e a combinação deles são diferentes, até mesmo únicas em cada réplica individual.

O sonho também lhe deu uma nova esperança de fazer as pazes com a atmosfera carregada da Europa. Assim que retornou da África, no período anterior ao sonho, ele sofreu de uma tendência de depressão e de um sentimento de desamparo. Inclusive relatou que o sonho com a Liverpool escura e chuvosa

> representava a minha situação naquela época. Ainda consigo ver as capas de chuva cinzento-amareladas brilhando na umidade. Tudo era extremamente desagradável, escuro e opaco – exatamente como eu me sentia então. Mas tive uma visão de beleza sobrenatural, e graças a isso fui capaz de continuar a viver. Liverpool é o "lago da vida" ["*pool of life*"]. O "fígado" ["*liver*"], segundo uma antiga concepção, é a sede da vida, aquilo que "faz viver"[4].

A partir desse sonho, por mais desoladoras que parecessem as coisas da vida cotidiana, de seus pacientes ou a situação do mundo, Jung nunca se sentiu tentado ao desespero. Ele sabia haver uma luz no centro de cada

---

4. *MDR*, p. 198.

vida individual, até mesmo uma ilha ensolarada – em que os opostos estão harmoniosamente unificados (como o são na luz e na sombra, sempre que o sol exterior brilha) – no centro da vida de cada indivíduo e do mundo, por mais perdido que pareça estar em incompreensão, inconsciência e discórdia. Quantas pessoas podem abrir os olhos o bastante para se dar conta disso? É quase como se o futuro do mundo inteiro dependesse da resposta a essa questão.

Essa iluminação – pois não foi nada menos do que isso – lhe mostrou finalmente, de modo até mais claro, tudo o que ele tinha aprendido no "confronto com o inconsciente" cerca de dez anos antes. Também simplificou bastante sua tarefa na análise. Ele soube então que todo mundo que se dirigia a ele vinha em busca de mais consciência, de uma forma ou de outra – pois esse é o mito geral da humanidade em nossos dias –, mas que o nível de consciência e as coisas de que cada paciente necessita se conscientizar eram diferentes. A maioria deles – como os companheiros suíços de Jung no sonho – ainda não tinha a menor ideia da existência da ilha central. Sua tarefa – e frequentemente é tudo o que se pede deles – é tomar consciência das coisas que outros aparentemente já conheciam há muito tempo. Jung certa vez explicou isso dizendo que algumas pessoas ainda não sabem que uma montanha existe; elas podem até ter de passar a vida inteira aprendendo esse fato, que para nós parece trivial.

O primeiro dos dois mandalas que Jung pintou representava o arranjo mostrado pelo próprio sonho. Antecipando-nos um pouco: em 1946, durante a visita de Winston Churchill à Suíça, Jung foi convidado para um jantar oferecido pela cidade de Zurique em homenagem a Churchill, e foi colocado ao lado do convidado de honra. Ficou muito impressionado com o fato de que as mesas tenham sido arrumadas exatamente com a mesma formação radial do planalto em seu sonho de Liverpool, vinte anos antes, e ainda com a mesa ocupada por Churchill estar justamente onde o "outro suíço" tinha se localizado em seu sonho!

Em 1928, um ano após seu sonho, Jung se sentiu motivado a pintar outro mandala, desta vez com um castelo dourado no centro. Ficou espantado, enquanto o pintava, com seus traços chineses, perguntando-se o motivo. Mal tinha terminado quando, sem mais nem menos, Richard Wilhelm lhe enviou o manuscrito de um velho tratado alquímico-taoista, *O segredo da flor de ouro*, com o pedido de que ele escrevesse um comentário psicológico a respeito. Jung devorou o manuscrito de um só fôlego, pois ele lhe dava uma "confirmação inimaginável" de suas próprias ideias; chegou a descrevê-lo como "o primeiro acontecimento que rompeu meu isolamento". Ficou tão impressionado que mais tarde escreveu embaixo desse mandala[5]: "Em 1928, quando estava pintando essa imagem, mostrando um castelo dourado e bem fortificado, Richard Wilhelm em Frankfurt me enviou o milenar texto chinês sobre o castelo amarelo, o germe do corpo imortal". Sincronicidades desse tipo sempre causaram profunda impressão em Jung, embora somente muitos anos depois ele chamasse tal fenômeno por esse nome.

Há uma descrição ainda mais clara do que isso significou para Jung no Prefácio da segunda edição alemã de *O segredo da flor de ouro*, publicada em 1938. Ele escreveu:

> Meu falecido amigo Richard Wilhelm, coautor deste livro, me enviou o texto de *O segredo da flor de ouro* em um momento crucial de meu trabalho. Foi em 1928. Eu vinha investigando os processos do inconsciente coletivo desde o ano de 1913, e tinha obtido resultados que me pareciam questionáveis sob mais de um aspecto. Não apenas se distanciavam muito de tudo o que era conhecido pela psicologia "acadêmica", como também ultrapassavam os limites de toda psicologia médica puramente pessoal. Eles me confrontavam com uma extensa fenomenologia, para a qual as categorias e métodos até então disponíveis não podiam ser aplicados. Meus resultados, baseados em quinze anos de esforços, pareciam inconclusivos, porque nenhuma possibilidade de comparação se oferecia. Eu não conhecia qualquer campo da experiência humana que pudesse amparar minhas descobertas com algum grau de segurança. As únicas analogias – devo dizer, muito distantes no tempo – que encontrei estavam dispersas nos relatos dos heresiólogos. Essa conexão em nada facilitou minha tarefa; pelo contrário, a dificultou, pois os sistemas gnósticos só consistem de experiências

---

[5]. Reproduzido como figura 10 em *The Secret of the Golden Flower*, CW, vol. 13, lâmina A.10.

psíquicas imediatas em uma parte diminuta deles, a maior parte sendo de revisões especulativas e sistemáticas. Dado que possuímos apenas poucos textos completos, e que a maior parte do que se sabe vem dos relatos de opositores cristãos, temos, para dizer o mínimo, um conhecimento inadequado da história e do conteúdo dessa literatura estranha e confusa, tão difícil de avaliar. Além disso, considerando o fato de que um período de nada menos do que dezessete ou dezoito séculos nos separam daquela época, apoios vindos de lá me pareciam extraordinariamente arriscados. De novo, as conexões eram, em sua maioria, de natureza subsidiária, deixando lacunas justamente nos pontos mais importantes, de modo que achei impossível utilizar o material gnóstico.

O texto enviado por Wilhelm me ajudou a sair dessa dificuldade. Continha exatamente aqueles itens que eu tinha em vão procurado por tanto tempo entre os gnósticos. Assim, o texto me concedeu uma grata oportunidade de publicar, pelo menos de forma provisória, alguns dos resultados essenciais de minhas investigações[6].

Já em 1919, como vimos, Jung sabia que, ao descobrir "o mandala como uma expressão do si-mesmo", tinha alcançado o que para ele era a realidade última, mas ainda não tinha nenhuma prova empírica de que isso tivesse validade coletiva, e não apenas subjetiva. Por isso só publicou essa descoberta dez anos depois, com a chegada dessa prova no velho texto chinês. Para a maior parte das pessoas, é difícil perceber que a psicologia não é uma invenção, mas uma *ciência empírica*. Fica mais fácil quando podem ver o mesmo símbolo em materiais empíricos totalmente diferentes.

Jung disse no mesmo Prefácio que, na época que estamos examinando, ele ainda não tinha se dado conta de que *O segredo da flor de ouro* não é apenas um texto taoista do yoga chinês, mas também um tratado alquímico. Sua descoberta da importância essencial da alquimia ainda levaria alguns anos; disse que foi esse texto que "pela primeira vez me colocou no rumo certo. Pois temos na alquimia medieval o tão procurado elo perdido entre a gnose e os processos do inconsciente coletivo, observáveis por nós hoje em dia no homem moderno".

---

6. *The Secret of the Golden Flower*, p. xiiiss. Retraduzido em CW, vol. 13 [OC 13], § 1ss.

Não foi por um acaso absurdo que essa sincronicidade ocorreu enquanto ele estava enfrentando a tensão intolerável na Europa, da qual se dera conta pela primeira vez na África. Os opostos são vistos com muito mais clareza no Oriente, cujos deuses são sempre positivos *e* negativos, e o mandala é a expressão *par excellence* do esforço oriental de lidar com essa tensão. Mas o Oriente sempre tenta fugir da tensão dos opostos rumo ao nirvana, ao não ser. Essa solução, porém, nega o valor da personalidade n. 1 ou, em outras palavras, o valor da vida humana na realidade tridimensional. Cometeríamos um grande equívoco se adotássemos a solução oriental; um equívoco que Jung nunca cometeu. A irrealidade sempre foi para ele "a quintessência do horror", e por mais fascinado que se sentisse por suas fantasias no auge de seu "confronto com o inconsciente", mesmo assim ele sabia que tudo que estava experienciando era, em última instância, dirigido à vida real que ele vivia no mundo. Sempre esteve determinado a "cumprir as obrigações e realizar os significados dela"[7].

O que o Ocidente tem muito a aprender do Oriente é sua plena aceitação da igualdade dos opostos. A religião cristã talvez seja aquela, dentre as grandes religiões, que mais dissociou os opostos, assim os tornando plenamente visíveis. Mas também foi a que menos se esforçou em reconciliá-los; sempre tenta superar o negativo e ajudar o positivo a conquistá-lo. O primeiro é representado na religião cristã pelo demônio, satanás, que deve, custe o que custar, ser derrotado pelo Salvador, Cristo. Infelizmente é uma ilusão acreditar que um oposto possa superar o outro para sempre. Tal repressão tende, mais cedo ou mais tarde, a uma tensão intolerável, que, se não percebida, resultará em uma enantiodromia, quando o oposto reprimido inevitavelmente assumirá a primazia. Hoje, estamos testemunhando por toda parte a ascensão do oposto escuro e mau como nunca antes; mas, nos anos de 1920, isso estava longe de ser tão visível, e era a tentativa de repressão do oposto escuro que estava produzindo a tensão insuportável que secretamente contribuíra para a viagem de Jung à África. Jung viu isso claramente, conforme começou a encontrar a atitude correta com relação à atmosfera altamente

---

7. *MDR*, p. 189.

carregada da Europa. Viu de modo cada vez mais claro o perigo ao qual o Ocidente estava se expondo ao reprimir *novamente* um oposto e que tudo dependia de restabelecer um equilíbrio entre os opostos. Ele já sabia disso intelectualmente há muitos anos, como se pode constatar ao ler sua definição do símbolo em *Tipos psicológicos*. Mas agora ele tinha de ver o fato na realidade concreta e enfrentá-lo como um problema cotidiano. Já o havia feito em sua própria psicologia em larga medida, mas tinha agora de aprender o efeito que os mesmos opostos no mundo *coletivo* podem ter, *se não forem percebidos*. Não foi, de fato, por acaso, que *O segredo da flor de ouro* devesse cair em suas mãos justamente naquele momento, e que ele devesse aprender que mil anos antes os chineses já sabiam a enorme diferença entre *saber* e *não saber*, ser consciente ou inconsciente. "A preguiça que um homem conhece e a preguiça que ele não conhece. "Mil milhas separam a indolência que o homem conhece e a que não conhece"[8], declarava o texto.

Essa foi uma confirmação objetiva, bastante afastada no espaço e no tempo, de toda a sua experiência exterior em sua personalidade n. 1, de um fato que ele havia conhecido em sua própria psicologia desde os dias de colegial, quando a "neurose" se desenvolveu depois de ele ter sido derrubado por trás na praça da catedral em Basileia. Ele só esteve genuinamente doente enquanto esqueceu o que tinha pensado quando deitado no chão: "Agora você não precisará mais ir à escola". Mas, assim que encarou essa verdade dolorosa, se recuperou e nunca mais sofreu uma recaída. Grande parte de suas terapias de maior sucesso se baseou nessa experiência, como vimos, por exemplo, no caso da mulher no Burghölzli que também se recuperou sem recaídas quando foi confrontada com o fato de que por um instante ela soubera ter desejado matar sua filha. A descoberta por Jung, nas planícies do Athi, do mito vivo da humanidade, de que só a consciência humana pode prosseguir o trabalho do Criador, dando uma existência objetiva ao mundo ao se tornar *consciente* dele, também está intimamente relacionada com essa terapia[9]. Agora *O segredo da flor de ouro* ensinou a Jung que a sabedoria da China já conhecia esse fato há mil

---

8. *The Secret of the Golden Flower*, p. 91. Cf. OC 13, § 17.
9. *MDR*, p. 255ss.

anos; assim, não é de estranhar que Jung tenha sentido que seu isolamento estava sendo finalmente rompido, e que sua experiência solitária tinha sido confirmada por outros seres humanos[10].

Nada é mais danoso à percepção da importância vital da consciência do que não querer encarar a chamada sombra, ou seja, a parte de nossa personalidade que nós tememos porque não a conhecemos, e que é capaz de nos aplicar trapaças, como por exemplo esquecermos que *desejamos* fugir da escola, ou que *realmente* quisermos apagar todos os traços de um casamento para ficarmos livres para o homem que se acabou de descobrir que está disponível. É sabidamente doloroso descobrir fatos como esses sobre nós mesmos, mas é o caminho *par excellence* que leva a uma vida interessante e significativa, na qual podemos viver na nossa réplica do mandala central e descobrir o *propósito* de nossa vida individual, o motivo de existirmos. Sem dúvida, foi porque Jung sempre se dispôs a encarar os fatos mais dolorosos sobre si mesmo que ele foi livre para descobrir, não apenas seu próprio mito individual, mas até mesmo o mito do homem moderno.

Quase imediatamente após ter lido e digerido *O segredo da flor de ouro*, Jung deve ter começado seu comentário psicológico sobre ele, pois o livro foi publicado em 1929. Isso o forçou – mais do que qualquer coisa que tivesse encontrado antes – a uma *Auseinandersetzung* com o Oriente. As mais profundas percepções da humanidade provêm dos níveis mais profundos, das camadas dos "ancestrais primordiais", conforme ilustrado no diagrama que vimos no primeiro capítulo, ou mesmo das duas camadas ainda mais abaixo, "ancestrais animais em geral" ou a vida em si, "o fogo central". Entretanto, o quarto nível, do "grande grupo", já produz percepções em que a experiência humana antiga se diferencia no Oriente e no Ocidente, por exemplo; não podemos adotar a do Oriente, tal como é amplamente praticada, sem fazer violência à estrutura de nossa própria herança.

Ainda assim, em um texto profundo como *O segredo da flor de ouro* há muita coisa das camadas mais profundas que é exatamente a mesma no Oriente e no Ocidente. Jung encontrou confirmação e paralelos incríveis com seu

---

10. Ibid., p. 197.

próprio "confronto com o inconsciente" e com o material que lhe estava sendo trazido por alguns de seus pacientes. Esse comentário contém uma das descrições mais claras do método da imaginação ativa que Jung escreveu[11], bem como uma notável exposição do que podemos aprender do Oriente e dos grandes perigos de qualquer imitação. Escrever esse comentário tomou todo o tempo disponível em sua exigente vida exterior no final de 1928 e começo de 1929.

Estive pela primeira vez em Zurique em janeiro de 1929. Enquanto aguardava em meu quarto de hotel pelo meu primeiro encontro com Jung, mas antes de saber de seu interesse pelo mandala ou por qualquer coisa além do que ele já tinha publicado sobre sua psicologia, e nada sobre ele como homem, fiquei surpresa ao ver, com meus olhos interiores, quatro sacerdotes em uma floresta, formando um quadrado. Eu na época era uma pintora, por isso imediatamente fiz um rascunho do que tinha visto e o datei, mas nada disse a Jung a respeito, em nossa primeira entrevista.

No outono de 1928, Jung tinha reiniciado seus seminários em inglês em Zurique pela primeira vez desde 1925. Esses seminários aconteciam uma vez por semana no Clube Psicológico, durante o ano letivo, e continuaram regularmente até fevereiro de 1939. Felizmente cheguei após somente seis conferências terem ocorrido, e pude subsequentemente acompanhar todos, quase sem exceção. Até o final do verão de 1930, o tema desses seminários foi uma série de sonhos de um homem. Do outono de 1930 até o final do semestre de inverno de 1934, Jung trabalhou uma longa série de visões (imaginação ativa) de uma mulher. Do seminário de verão de 1934 até que os seminários fossem interrompidos, em fevereiro de 1939, as conferências foram sobre o *Zaratustra* de Nietzsche.

Ainda está viva em minha lembrança a impressão que guardei de Jung por ocasião de nossa primeira entrevista, em 14 de janeiro de 1929. Ele tinha 54 anos e, com exceção de seu cabelo grisalho, quase branco, ainda parecia um homem jovem e excepcionalmente vigoroso. É difícil descrevê-lo em palavras, pois sua expressão se alterava constantemente. Ele podia parecer muito sério e então achar algo divertido, e o sol surgia entre as nuvens, por

---

11. OC 13, § 20-26.

assim dizer. Somadas, as expressões que passavam pelo rosto de Jung eram muito semelhantes a certos dias na natureza quando a paisagem parece se alterar o tempo todo. Era um homem alto, cerca de 1,85cm, de compleição robusta, mas relativamente magro. Seus olhos eram castanho-escuros e ele sempre usou óculos de aros dourados. Tinha, porém, o hábito de olhar para as pessoas por cima dos óculos, e assim era possível ver que seus olhos não eram muito grandes, embora extraordinariamente expressivos. Podia transmitir mais coisas com uma piscadela quase imperceptível do que qualquer pessoa que já conheci. De modo geral, seus olhos, geralmente em análise fitando diretamente por cima dos óculos, comunicavam quase tanto quanto as palavras que ele dizia.

Sua fronte era alta, embora não de maneira desagradável, ligeiramente inclinada para trás, e seu nariz e queixo eram bem definidos. Usava um pequeno bigode, mas bem barbeado, e sua boca era quase tão expressiva quanto seus olhos. Quando veio me chamar na sala de espera, segurava o cachimbo na mão e estava acompanhado por seu cão *schnauzer*, grande e cinzento, o qual evidentemente estava acostumado a tirar suas próprias conclusões sobre as pessoas que vinham ver seu dono[12].

Apesar da certeza de nunca ter visto Jung antes, nem sequer uma fotografia dele, tive o mais forte *sentiment du déjà vu* que jamais havia experimentado. Ao mesmo tempo, tive a certeza de que essa era a pessoa mais completa que já tinha visto. Em minhas pinturas, sempre havia me sentido atraída por essa qualidade que se pode encontrar intacta em animais e na maioria das crianças, mas que nos adultos, até então, eu só tinha visto em povos primitivos intocados pela civilização e, frequentemente, em velhos camponeses europeus que tinham vivido a vida toda em contato com a terra. Eu tinha há muito tempo abandonado qualquer esperança de encontrá-la em pessoas cultas, pois, até o momento em que vi Jung, eu sempre achara que, nesses tempos altamente especializados, faltam a elas aquela aparência

---

12. Esse cachorro, de nome Joggi, foi um amigo fiel de Jung por muitos anos e morreu, com uma idade atípica de 19 anos, dormindo em seu cesto (seu mandala!) numa noite durante a Segunda Guerra Mundial.

indefinível do ser humano natural e completo. Jung, por outro lado, poderia ter sido um camponês suíço enraizado já há séculos no seu solo; ao mesmo tempo, ele tinha a incomparavelmente melhor mente que já conheci. Muito impactada por essas fortes impressões, abaixei-me para afagar o cachorro, mas fui chamada de volta por Jung e sua pergunta ríspida: "Você veio de Paris [onde eu então morava] para ver o cachorro ou a mim?"

Hoje em dia estamos tão acostumados a experienciar os opostos separados entre si que é surpreendente encontrar um ser humano no qual eles existam simultaneamente. Senti ao mesmo tempo que Jung podia ser mais direto, até mesmo rude, do que qualquer pessoa que já conheci – e de fato o era quando necessário, mesmo que fosse na primeira sessão –, mas também tinha evidentemente o coração mais caloroso possível e um amor raro pela humanidade. Você experienciou *simultaneamente* essas duas qualidades, cada qual curiosamente relativizada pela presença de seu oposto plenamente aceito, e podia aceitar uma devido à presença da outra. Acima de tudo, sua genialidade e vívido senso de humor o tornavam completamente aceitável, por mais rude que ele escolhesse ser.

Eu tinha lido todos os seus livros antes de ir a Zurique, portanto achava que compreendia alguma coisa de seu pensamento, mas nossa primeira entrevista bastou para me convencer de que sua psicologia estava encarnada no homem vivo, e que ele próprio era muito mais convincente do que todos os livros juntos. Mesmo agora, escrevendo tantos anos após sua morte, frequentemente constato que meus alunos ficam muito mais persuadidos ao vê-lo na entrevista "Face a face" da B.B.C. do que por qualquer coisa que aprendam de outras formas. Tenho a satisfação de dizer que até agora esse filme é exibido aos estudantes todos os anos pelo Instituto C.G. Jung em Zurique.

Embora Jung bem pudesse ter alegado que seu tempo estava tomado, dada a agenda de consultas repleta e o esforço de escrever seu comentário sobre *A flor de ouro*, ele retomou seus seminários em inglês em 23 de janeiro de 1929. Esses seminários eram uma experiência intensa, e foram ouvidos pela grande maioria de seus discípulos mais antigos, que estavam dando o máximo para promover sua psicologia – cada qual de seu próprio modo – em todo o mundo. Jung nunca permitiu que o público desses seminários ficasse muito grande, e tive a sorte de ser autorizada a acompanhá-los desde o início (um privilégio que devo a Toni Wolff, com quem trabalhei em minha primeira estadia em Zurique), por ter lido todos os livros publicados por Jung. Ele ficou surpreso em ouvir que eu o tinha procurado inteiramente por conta de seus livros. Na época, parece que isso acontecia raramente ou nunca.

Nesses seminários de 1929 havia cerca de trinta pessoas na plateia, sobretudo norte-americanos e suíços, com alguns ingleses e pessoas de outras nacionalidades. Apesar dos esforços de Jung, o número cresceu em anos posteriores, mas nunca, até o fim dos seminários em 1939, passou de cinquenta participantes. Assim, ele pôde falar com muito mais liberdade do que em suas conferências e livros e testar suas novas ideias. Como ele diz em seu comentário a *O segredo da flor de ouro*, ele manteve em segredo suas descobertas sobre o mandala por dez anos, e só depois de receber essa confirmação vinda da China antiga é que ele escreveu e falou a respeito nas conferências. Curiosamente, o segundo sonho que o ouvi analisar, em janeiro de 1929, era de um rolo compressor em uma floresta, o qual não estava, como o sonhador esperava, construindo uma estrada que levasse de um lugar a outro, mas sim elaborando um padrão complicado em dois ritmos que, quando visto de cima, revelava-se um quadrado. Dentro deste havia um caminho em espiral levando ao centro. O sonhador fez um desenho do sonho a pedido de Jung, que nos foi mostrado e reproduzido nas notas de seminário que foram feitas na época e depois multigrafadas para o uso da classe. Isso fez com que Jung nos falasse muito sobre mandalas, não apenas no paralelo chinês em que vinha trabalhando, mas de muitos outros, em todo o mundo, que suas investigações tinham descoberto.

Eu mesma comprovei o fato de que esse símbolo deve ser básico na natureza humana, quando olhei o esboço que tinha feito, pouco antes de conhecer Jung, dos quatro sacerdotes em uma floresta, formando um mandala. Tanto o mandala do paciente de Jung quanto o meu estavam em uma floresta, símbolo frequente do inconsciente. Esse seminário foi repleto de materiais vindos do Oriente, no qual o interesse de Jung estava concentrado na época, pois, embora a série de sonhos tenha sido sonhada antes de *O segredo da flor de ouro* chegar até Jung, estava repleta de símbolos que sincronisticamente também eram antigos símbolos chineses. Tive assim a felicidade de, em minhas primeiras semanas em Zurique, começar com esse símbolo básico do mandala, que se encaixava perfeitamente na paixão pela totalidade que minha pintura já tinha suscitado em mim.

Também tive a sorte extraordinária de ir a Zurique em janeiro de 1929, pois era ainda o começo dos vários anos nos quais Jung não fez qualquer viagem longa. Pelo que lembro, não foi nem aos Estados Unidos entre 1927 e 1936. Foi um período em que esteve relativamente parado, por assim dizer, e deixou que todos os seus discípulos viessem a ele, ao invés de visitá-los em suas diferentes localidades. Com exceção de algumas conferências em países vizinhos, Jung permaneceu na Suíça durante aqueles anos, dedicando-se a sua clínica e ao grupo de discípulos e pacientes que tinha formado em torno dele. Não só os seminários em inglês cresceram e atraíram muitos médicos e leigos de outros países, mas também o Clube Psicológico floresceu como nunca antes.

Fundado em 1916, o Clube Psicológico tinha passado por alguns períodos difíceis, dos quais só sei por ouvir dizer. Em certo momento, Jung chegou a largá-lo, embora sua continuidade tenha sido assegurada pela presença de Emma Jung e Toni Wolff e de muitos dos discípulos mais fiéis a ele. Não demorou, porém, para Jung ceder aos apelos e retornar. Ele já havia percebido, muito antes desses contratempos, que palestras e discussões científicas não bastavam para manter um grupo coeso. Assim, não apenas encorajou muitos encontros sociais, mas também colocou ênfase considerável no contato social e nos comes e bebes que sempre eram servidos durante os intervalos entre as palestras e as discussões subsequentes. Nessa época, o Clube Psicológico teve a sorte de contratar a Srta. Anni Ammann como sua governanta residente. (Ela permaneceu por mais de quarenta anos e era extraordinariamente cordial e querida por quase todos. Aposentou-se na primavera de 1970, o que foi uma lástima para os membros.) Além dos membros do grupo, ela também brindava, a pedido de Jung, os membros do seminário em inglês com seus sanduíches e chás excelentes. Essas manhãs – sempre às quartas-feiras de manhã, o meio da semana de trabalho – consistiam de conferências de duas horas, longas demais tanto para o conferencista como para o público. Jung achou, após ter instituído esse intervalo para o chá e a sociabilidade, que a atmosfera melhorou enormemente. As conferências dos seminários eram completamente informais. Jung falava livremente e sem notas, a não ser aquelas sobre o material que estava discutindo. Fazia perguntas, e todos erámos livres, até mesmo estimulados, para também lhe fazermos perguntas.

Além das pausas sociais entre conferência e discussão no Clube Psicológico, havia também jantares de Natal e certas noites eram reservadas para que os membros discutissem abertamente "problemas do clube". Jung criou um jogo especialmente para essas ocasiões, chamado "Jogo da Aleluia". Nele, todos os membros se sentavam em círculo, com um membro ficando no centro. Um tecido com nós (em geral um guardanapo) era jogado de um para o outro. Era obrigatório jogá-lo o mais longe possível, não simplesmente passá-lo para o vizinho do lado. O membro do centro devia tentar pegá-lo no caminho; quando conseguia, ele podia se sentar na roda, sendo substituído pelo membro que havia jogado o pano. O jogo frequentemente ficava rápido e frenético, sendo sempre eficaz em banir a rigidez e a formalidade. Tinha um incrível efeito de estimular a conexão, unindo o grupo de maneira quase mágica.

Infelizmente, eu ainda não estava em Zurique quando esse jogo começou, embora o tenha jogado várias vezes em meus primeiros anos como membro do clube; por isso não sei ao certo como ele começou. É evidentemente ligado ao antigo cerimonial da "dança da bola" da Igreja, em que os sacerdotes oficiantes dançavam "embalados ao ritmo da sequência entoada no canto", passando ou jogando a bola uns para os outros. Uma cerimônia desse tipo era dançada na Catedral de Auxerre, e provavelmente em muitas outras igrejas e catedrais, até o século XVI. Então se ergueu uma grita contra o seu caráter profano, e ele foi proibido, para grande lamento de alguns dos padres[13]. Também havia muitos antigos jogos com bola (*pilota* ou *pelota*), semelhantes ao tênis, jogados nas igrejas.

---

13. Cf. G.R.S. Mead, em seu artigo sobre "Ceremonial Game-Playing and Dancing in Mediaeval Churches [Jogos e danças cerimoniais em igrejas medievais]", publicado pela primeira vez em

Não sei o quanto Jung estava familiarizado com esses paralelos medievais quando introduziu esse jogo no clube, mas devia conhecer algo a respeito, considerando-se o nome que escolheu – "Jogo da Aleluia" – pois a "malhação do Judas" no Sábado de Aleluia e o "Enterro de Aleluia" também eram ritos cerimoniais dos quais "podemos encontrar traços nas igrejas medievais"[14]. Segundo G.R.S. Mead, Aleluia "era personificada como uma potência feminina, e não só personificada, mas também submetida à morte, enterro e ressurreição". Mead citou o Abade Lebeuf (início do século XVIII) ao relatar que, na catedral de uma das dioceses perto de Paris, essa cerimônia tomava a forma de açoitamento. Um dos coroinhas açoitava um pedaço de pau (no qual o nome "Aleluia" estava gravado em letras douradas) "através do pátio da igreja, até lançá-lo porta afora". Lebeuf se mostrava muito intrigado pelo que chamou de *cette bizarre comédie*, mas aparentemente não descobriu se havia também (o que ele considerava provável) um "Retorno da Aleluia" no Domingo de Páscoa, para comemorar sua ressurreição.

Não sei em que medida Jung incorporou costumes medievais no jogo. Sabemos que ele lamentava que esses rituais tivessem sido banidos da Igreja, pois, como assinalou em *Psicologia e alquimia*, todos os vestígios de tais jogos e da "embriaguez divina", de tamanha importância nas religiões antigas, especialmente a dionisíaca, sumiram completamente do espaço do sagrado e se tornaram seculares. Ele até mesmo encerrou esse interessante parágrafo com essas palavras: "Nossa solução, porém, serviu para escancarar as portas do inferno"[15]. Certamente, a razão psicológica é que o guardanapo, no qual se dava um nó para servir de bola, simbolizava o si-mesmo, e o jogo pretendia unir os membros no si-mesmo, ou através de suas personalidades n. 2, para usar essa expressão, e para impedir que o vínculo entre eles descambasse para interesses meramente pessoais e transitórios. Provavelmente algo desse

---

outubro de 1912 em *The Quest: A Quarterly Review*, e reimpresso (juntamente com dois outros artigos do mesmo autor sobre "The Sacred Dance of Jesus" [A dança sagrada de Jesus] e "Ceremonial Dances and Symbolic Banquets in Mediaeval Churches" [Danças cerimoniais e banquetes simbólicos em igrejas medievais]) em *The Quest Reprint Series*, n. 11, em 1926.

14. Ibid., p. 110ss.
15. OC 12, § 182.

tipo estava por trás do *jeu de paume* e das "danças de bola" eclesiásticas. A dança é até mesmo atribuída ao próprio Cristo[16], mas, conforme a tradição original sucumbiu ao racionalismo, o simbolismo da bola (o objeto redondo e completo) foi esquecido.

No parágrafo mencionado acima (§ 182 de *Psicologia e alquimia*), Jung também lamentava que todos os vestígios do carnaval tenham sido banidos dos espaços sagrados. Ele cresceu, é claro, em Basileia, onde o carnaval (embora não na Igreja) tem uma longa tradição histórica por trás, o que não apenas lhe dá mais atmosfera e vida, como também o impede definitivamente de exceder os limites do aceitável, como facilmente acontece em cidades ou países em que essa tradição é ausente. Se compararmos o espírito do carnaval em Basileia e em Zurique (que é uma cidade muito mais comercial e nova, com muito menos tradição por trás), veremos facilmente por que Jung lamentava que todo esse lado da vida tivesse sido banido da Igreja, pois assim ele foi cortado de suas raízes e tradição mais remotas e de toda configuração religiosa. Em linguagem psicológica, isso quer dizer que ele foi retirado do âmbito do si-mesmo (ou personalidade n. 2) e inteiramente entregue aos objetivos egoístas que prevalecem no mundo exterior (ou na personalidade n. 1). Portanto, sob o estímulo de Jung, o Clube Psicológico realizou seu primeiro grande baile de carnaval em fevereiro de 1930, no Hotel Sonnenberg de Zurique.

Aquela noite (embora fosse difícil para pessoas que, como eu, tinham crescido em países que não celebravam o carnaval) foi talvez a mais memorável de toda a história do clube. O próprio Jung, em uma reunião do clube anos depois (quando foram mostradas fotos de eventos anteriores, inclusive desse baile) disse que foi assim para ele. Relembrava ter voltado para casa com mais esperanças do que nunca em relação ao clube e a sua própria psicologia, e que havia desfrutado cada momento do baile desde o início, quando foi recebido na porta por um anjo benévolo[17], até ir embora, por volta das 6h da manhã seguinte.

---

16. MEAD, G.R.S. *The Hymn of Jesus*. Vol. IV de *Echoes from the Gnosis*. Cf. tb. JAMES, M.R. *The Apochryphal New Testament in The Acts of John*, p. 258ss.

17. Tratava-se de nossa querida Srta. Ammann, a governanta do clube, com trajes e máscara de anjo.

Apesar de tentar se manter longe das atenções, trocando de roupa e de máscara três ou quatro vezes durante a noite, ele foi o centro e inspiração da festa, por menos que desejasse esse papel. Isso porque, creio, os opostos estavam tão unidos nele, e ele nessa época estava tão completo, que pessoas mais unilaterais se sentiam inevitavelmente atraídas por ele para obter ao menos um vislumbre de suas próprias totalidades perdidas[18]. Evidentemente era uma projeção, porém uma projeção frutífera, pois enxergavam nele, pela primeira vez na vida adulta, a qualidade que lhes faltava. (Se permanecesse para sempre uma projeção, naturalmente se tornava regressiva, mas, no caso de um resultado positivo, era gradualmente vista como uma projeção, e o projetor assim se dava conta de sua própria personalidade n. 2 pela primeira vez.) De todo modo, em uma noite como esse primeiro baile de carnaval em 1930, todos – pacientes, discípulos e a ampla maioria de estranhos – se voltaram para ele como seu centro. Não que todos se congregassem em torno de Jung, dando-lhe toda a sua atenção; o baile tinha vida própria, e os pares ficavam naturalmente absortos em si mesmos. Muito vinho foi bebido e isso, de vez em quando, ameaçava romper as barreiras do bom gosto. Mas o inconsciente parecia alertar Jung sempre que essa ameaça surgia, de modo que ele sempre estava lá na hora certa, com a piada exata para trazer as pessoas de volta para a divina e salvadora qualidade do humor. Foi o mesmo instinto certeiro em Jung que tinha salvado a ele e seu grupo na noite da dança nativa na África[19].

O Clube Psicológico estava entrando em seus melhores anos no final da década de 1920, pois Toni Wolff assumiu a presidência em 1928, e ocuparia por cerca de duas décadas. Antes disso, a presidência mudara de mãos frequentemente. Isso também teve suas vantagens, pois tornava os membros mais ativos e talvez mais responsáveis pelo bem-estar do clube. Mas nas mãos extraordinariamente capazes de Toni Wolff, logo se fizeram sentir as vantagens de uma presidência mais permanente. Ela se adaptou

---

18. Cf. HANNAH, B. *Striving Toward Wholeness* [Em luta pela totalidade] (Nova York: The C.G. Jung Foundation/G.P. Putnam's Sons, 1971).

19. Cf. acima, p. 248.

perfeitamente ao cargo, levou sempre em conta o bem-estar do clube e deu o máximo para trazer conferencistas interessantes, vindos de fora do clube e de outros campos, e para inspirar os membros do clube a fazerem pesquisas que ela tinha certeza que resultariam em uma boa conferência. No início, todos os outros membros da diretoria eram homens, mas em 1934 um deles (havia cinco membros na diretoria, incluindo-se a presidência, todos automaticamente reeleitos a cada ano) sugeriu que, como grande número de membros do clube eram mulheres, a proporção de quatro homens para uma mulher na diretoria era inadequada. Essa sugestão veio acompanhada de seu pedido de renúncia[20], e a partir de então houve uma proporção razoavelmente equilibrada entre os sexos. Enquanto as conferências no clube (que aconteciam nos sábados à noite, em semanas alternadas) se mantiveram em um bom nível, Jung as acompanhou regularmente, participando intensamente nas discussões subsequentes. Ele próprio também fez conferências frequentemente, durante a gestão de Toni, e o clube pouco a pouco se tornou o lugar em que dava sua primeira conferência sobre algum campo novo de pesquisas. Naquela época, a plateia era uma caixa de ressonância efetiva, e o conferencista sentia um apoio solidário que eu, em todo caso, nunca tinha experimentado.

    Não fui admitida no Clube Psicológico com a mesma rapidez e facilidade do que nos seminários em inglês porque, embora tenha tido uma governanta alemã por cinco anos na minha infância, meu alemão tinha enferrujado nos anos subsequentes. Levei algum tempo para convencer Jung e Toni Wolff de que, apesar de minha falta de fluência, eu entendia bem a língua. Para minha eterna consternação, pois, não fui admitida na última conferência de Richard Wilhelm em fevereiro de 1929. Foi o seminário dado em alemão por Jung em Küsnacht, em 1931, que finalmente o convenceu de que eu entendia a língua bem o bastante. Eu logo descobri que a dificuldade linguística era apenas

---

20. Tratava-se de Fritz Allemann, um valoroso integrante do clube até sua morte em 1968. Era um distinto homem de negócios que tinha vivido por muito tempo no Egito. As finanças do clube devem muito a seus conselhos, que continuaram mesmo depois que ele deixou a diretoria. "Vamos perguntar ao Sr. Allemann" era nosso clamor constante durante os sete anos em que estive na diretoria, e ele sempre veio em nosso socorro.

um pretexto. Havia, de fato, razões muito diferentes por trás da relutância de Toni em me admitir no clube, embora ela, tenho certeza, simpatizasse comigo, particularmente naquela época. Finalmente consegui me tornar um membro na primavera de 1933.

Menciono isto para mostrar que eficiente guardiã do limite Toni era! Com certeza, ela conhecia o desejo de Jung de manter o clube pequeno, e todo mundo tinha de passar por uma tremenda prova de fogo antes de ter a mínima chance de se tornar um visitante efetivo, que dirá um membro. No período em que Linda Fierz estava na diretoria, seus filhos apelidaram Toni de "a tigresa do clube", e devo admitir que essa era uma descrição exata. Embora isso nem sempre tenha contribuído para sua popularidade, essa era de fato uma das suas qualidades mais valiosas como presidente, pois não apenas fez o clube permanecer pequeno como também elevou o padrão dos candidatos aceitos. Posso dar testemunho de quanta convicção, persistência e coragem era preciso para fazer frente a Toni em seu papel de tigresa do clube!

Quando cheguei a Zurique, Jung, para minha surpresa, não tinha carro nem secretária, e vinha aos seminários de bicicleta ou trem. Na época dos feriados de Páscoa de 1929 essa situação começou a mudar. Jung foi finalmente convencido a comprar um carro. Tornara-se avô antes de aprender a dirigir, mas já conhecia bem as estradas de tanto andar de bicicleta, e logo começou a ver que sua liberdade e raio de ação aumentariam consideravelmente dirigindo um carro. Poderia, por exemplo, chegar a Bollingen muito mais rapidamente, e perderia menos tempo para ir de Küsnacht a Zurique. Assim, não demorou muito para que tivesse *dois* carros: um Chrysler® de dois lugares e uma grande limusine Dodge® para a família.

Pouco depois, Emma Jung e Toni Wolff sentiram que deveriam seguir seu exemplo e aprender a dirigir, mas foi muito mais difícil para elas. Embora fossem mais jovens do que ele[21], não tinham experiência prévia com estrada. Havia, porém, muitas pessoas disponíveis para conduzir Emma, a menos que

---

21. Emma Jung, nascida em 1882, era sete anos mais jovem que o marido; Toni, nascida em 1888, era treze anos mais jovem que Jung.

ela própria quisesse dirigir. O fiel jardineiro Müller[22], por exemplo, aprendeu a dirigir e a cuidar dos carros.

Toni foi quem passou por mais dificuldades, pois não tinha a menor habilidade para dirigir um carro. Apesar das aulas diárias de direção antes do café da manhã, levou quase um ano até obter sua carteira de motorista, mas persistiu até conseguir. Era sempre uma motorista imprevisível, mas estava tão conectada ao inconsciente que foi de algum modo piedosamente preservada de acidentes graves[23] e dirigiu com considerável prazer até sua morte em 1953. Ela comprou um Chrysler® muito grande em fins de 1929, o carro mais inadequado para iniciantes que se possa imaginar. Seu próximo Chrysler® era apenas ligeiramente menor, mas, quando comprou seu BMW®, por volta de 1938, nos informou com calma e um certo tom de reprimenda que *finalmente* tinha obtido um carro adequado. (Como se todos os amigos não tivessem implorado desde o início para que ela comprasse um carro menor!)

Em dezembro de 1929 e em agosto de 1930 tive a felicidade de passar dois dias em Bollingen. Mas provavelmente não teria sido convidada tão cedo, no decorrer de minha análise, se Toni não tivesse ficado com minha família por um mês na Inglaterra, entre julho e agosto de 1929. Meu pai ainda era o decano de Chichester – embora prestes a se aposentar – e ficar hospedada junto a uma catedral e em nossa pequena casa de campo em Sussex foram experiências novas e interessantes para Toni. Como sua mãe, a Sra. Wolff, ainda fosse uma suíça muito tradicionalista para receber uma pessoa estranha em sua casa, Toni recompensou a hospitalidade pedindo a Jung que me convidasse a ir a Bollingen.

Eu estava francamente apavorada ao chegar à Torre. Fazia muito frio, e Jung estava cozinhando em sua cozinha redonda original, vestindo um longo roupão oriental, que frequentemente usava em dias de frio. Ele se parecia com um quadro que vi certa vez de um velho alquimista trabalhando em

---

22. Müller – que adorava Jung e amava toda a família – era um típico criado de família à moda antiga, e permaneceu na casa até a morte de Jung, em 1961. Ainda o vejo de vez em quando circulando com seu carrinho em Küsnacht.

23. Nem Jung, nem a Sra. Jung jamais sofreram acidentes, com exceção de um para-lama arranhado de vez em quando. Tais arranhões eram muito frequentes com Toni.

meio a suas retortas. Parecia mais completo do que nunca, mas diferente do modo como o tinha visto nos seminários e nas duas sessões de análise que eram então todo o tempo que eu havia passado com ele até então. Sentia-me de volta à Idade Média, com a lâmpada e o lume do fogão formando um pequeno círculo iluminado, dentro do que me pareceu, aquela noite, uma enorme circunferência de escuridão[24]. Toni, que também estava hospedada lá, me deu um chá e disse para me sentar numa cadeira junto ao fogo e observar Jung cozinhando, e então se ocupou de pegar as coisas que ele pedia e também de seus próprios afazeres. Jung estava inteiramente absorto, cozinhando e contemplando o fogo. (Era um cozinheiro excepcional e costumava, naquela época, preparar os pratos mais complicados. Lembro-me de um molho com nada menos de dezesseis ingredientes!) Embora só mais tarde eu tenha constatado o quanto de suas ideias lhe ocorriam enquanto trabalhava nessas coisas, senti instintivamente que era melhor não dizer nada naqueles momentos. Ainda não o conhecia o suficiente para sentir aquilo como um silêncio cúmplice (o que mais tarde vim a gostar mais do que tudo) e assim, após duas ou três horas, aproveitei uma oportunidade, quando ele parecia não tão absorto, e murmurei: "Estou dura de medo". Embora apenas um ligeiro sorriso indicasse que ele tinha ouvido meu comentário, o gelo tinha sido quebrado e comecei a me sentir à vontade. Pouco depois, ele me deu um aperitivo (que na Torre ele sempre chamava de um *sun-downer*)*, em seguida me deu uma ou outra coisa para fazer, e por fim estávamos prontos para sentarmos junto à mesa circular. A comida e o vinho maravilhosos rapidamente baniram meu medo, embora eu tenha tido a sorte de continuar a não falar nada, a não ser alguns murmúrios de satisfação durante a refeição. Isso foi uma sorte porque, como descobri depois, Jung *odiava* conversar enquanto comia uma boa refeição. (Ele costumava citar sua mãe, que dizia que tagarelar era um desrespeito a uma boa comida.) O único comentário que lembro de ele ter feito durante aquela primeira

---

24. A cozinha da Torre não é realmente tão grande, como vi na manhã seguinte.
* Um drinque ao pôr do sol [N.T.].

refeição foi: "Bem, você já sabe apreciar sua comida, essa é a *única* coisa [ênfase no "única"!] que não vou precisar lhe ensinar!"

Depois da refeição, o silêncio acabou e o bem-estar subsequente durou até o fim da visita. Por muito tempo me senti mais à vontade com Jung em Bollingen do que em qualquer outro lugar, com exceção da análise. Lembro-me de que, depois de lavarmos a louça, jogamos cartas, um jogo que Jung venceu facilmente, com Toni ficando em segundo lugar e eu sendo desclassificada! (Mesmo sendo um bom jogador, embora não jogasse bridge, nunca vi ou ouvi falar que Jung tivesse feito qualquer aposta, por menor que fosse.) Ele gostava de zombar de mim como uma tola, mas naquela época eu não me importava.

Na manhã seguinte fizemos uma caminhada de cerca de três horas na grande floresta na colina atrás da casa dele. Essa floresta é muito confusa, pois os vales tomam direções inesperadas, e naquela primeira manhã ele não parou de me pedir para apontar a direção do lago, aparentemente se divertindo por eu sempre apontar a direção errada! Só muito posteriormente eu percebi que Toni, que não tinha nenhum senso de direção, tinha lhe dito achar que, dado meu maravilhoso poder (segundo ela) de me orientar, eu devia ser do tipo sensação, e ele quis provar a ela o fato óbvio de que eu não o era. Jung certa vez me disse que esses diagnósticos errados sobre o tipo psicológico, embora Toni estivesse totalmente inconsciente deles, eram por vezes algo extraordinariamente frutífero em análise, se fosse para ter a certeza de que a função inferior do analisando era superior e consciente, ela acabava por desenvolvê-la de maneira notável.

Minha visita de verão à Torre, cerca de oito meses depois, foi totalmente diferente. Senti-me perfeitamente à vontade desde o início, o clima dessa vez estava tão quente quanto estivera frio na vez anterior, e nos banhamos no lago ao invés de caminharmos. Numa noite de verão encantadora como aquela, havia dois atrativos poderosos: as ondas do lago batendo a poucos metros da porta, com aquela qualidade curadora que é peculiar a Bollingen; e o próprio Jung, absorto no preparo de alimentos na cozinha redonda, onde já era possível sentar-se em um silêncio cúmplice e também ser curado pela completude dele. Mais tarde fui lá frequentemente, mas aquelas duas primeiras visitas contrastantes permaneceram particularmente vívidas na minha mente, embora tenham acontecido há mais de quarenta anos.

A construção estava no estágio da Torre redonda original e o primeiro anexo mais ou menos quadrado. Não havia ainda uma área construída para refeições fora de casa. Em dias ou noites de calor, uma mesa era colocada à beira do lago. As árvores forneciam uma privacidade total pelo lado terrestre, mas, quando chovia, as refeições eram feitas na cozinha. As paredes bem grossas tornavam a cozinha, às vezes, desagradavelmente quente, ainda mais depois de muito cozinhar. Jung já se ocupava de planos para um segundo anexo, que foi feito no verão de 1931. Esse acréscimo juntou a Torre redonda original com o anexo de 1927 e propiciou a adição de uma nova sala comprida com uma lareira aberta, onde Jung mais tarde cozinharia muito, mesmo no verão.

O adendo de 1931 forneceu um telhado plano fora do estúdio, e o anexo em forma de torre acrescentado em 1927 foi estendido, dando origem à sala de retiro[25], da qual Jung falou com tanto entusiasmo em *Memórias*. Jung já tinha posto pelo menos dois quadros nas paredes dos dormitórios acima da cozinha; agora se pôs a pintar todas as oito paredes de seu quarto de retiro, uma tarefa tremenda que levou vários anos até ser concluída. Como ele próprio disse, esses quadros "exprimiam todas aquelas coisas que me transportaram do tempo para a reclusão, do presente para a atemporalidade. Essa segunda torre se tornou para mim um espaço de concentração espiritual". Jung frequentemente passava a maior parte do dia pintando ou meditando em seu quarto de retiro, e só raramente deixava outras pessoas entrarem ali. *Muito* de vez em quando, quando estava incerto sobre alguma questão técnica, eu era solicitada a dar minha opinião, em virtude de minha formação artística, mas aquele lugar era tão dele que o melhor a fazer era responder logo à pergunta e sair o mais rapidamente possível.

Em fevereiro de 1931 houve um novo baile de carnaval em Sonnenberg. Aquela noite também foi memorável. Os discípulos anglo-saxônicos de Jung

---

25. *MDR*, p. 224.

tinham preparado uma brincadeira divertida: encontrar coisas, ao longo dos últimos 2 mil anos, que lembravam as descobertas de Jung. Foi, porém, o último grande baile dado pelo Clube Psicológico em Sonnenberg, pois as coisas sempre perdem o impacto com a repetição, e Jung raramente ou nunca encorajava a repetição de qualquer coisa. Houve outros jantares com baile de máscara, em cada época de carnaval, no Restaurante Bahnhof, por mais alguns anos, mas estes eram organizados pela diretoria do clube, e Jung comparecia aos convites, mas jamais voltou a se envolver tão plenamente quanto na primeira vez.

Depois de cumprir meu período de dois anos de aprendiz com três dos assistentes de Jung, comecei a análise com ele em janeiro de 1931. Ainda bem que foi assim, pois teria sido muito frustrante trabalhar com *qualquer outra pessoa* depois de ter experimentado o que era trabalhar confrontada com a totalidade de Jung[26]. Ele não deixava nada passar, desafiando-nos constantemente em nossas áreas mais inferiores e inconscientes. Jamais voltei a trabalhar com alguém, mas minha análise com Jung se estendeu por muitos anos. A princípio, ele me recebia duas vezes por semana, e depois apenas uma, e depois apenas para sessões ocasionais, quando eu pudesse *provar* que era necessário. Pude assim passar naturalmente da transferência para um relacionamento objetivo.

Até sua enfermidade em 1944, Jung nunca analisava em sua biblioteca. Havia uma pequena sala separada, anexa à biblioteca, que servia como um ótimo consultório. O analisando se sentava em uma poltrona confortável e Jung ficava sentado junto à escrivaninha, mas com a cadeira bem-afastada para trás, de modo que ele podia encarar o analisando diretamente. Lem-

---

26. Devo, porém, testemunhar que os outros três eram excelentes analistas, cada um a seu modo. Tanto Toni Wolff quanto Peter Baynes tinham tido muitas experiências antes de meu trabalho com eles, e me sinto especialmente grata ao gênio da primeira por aceitar com uma calma singular as fantasias e ideias mais extraordinárias do inconsciente. Emma Jung estava apenas começando a analisar quando trabalhei com ela no verão de 1930. Ela me aceitou apenas porque eu sonhei que ela acrescentou uma nova dimensão à minha vida, e Jung lhe disse que ela não poderia recusar tamanho desafio do inconsciente. Trabalhei com ela durante um semestre de verão, mas ela me dedicou um incomum volume de tempo, em parte porque sua função sensação superior estimulava minha própria função sensação, inferior. Além disso, a análise lançou as bases para meu importante relacionamento posterior com ela.

bro-me de Peter Baynes me contar que, quando pediu conselhos sobre certa dificuldade, Jung questionou onde ele se sentava durante a análise e então exclamou: "Pelo amor de Deus, homem, saia de trás de sua mesa!" Peter acrescentou: "Eu jamais teria pensado nisso, mas quando o fiz, a dificuldade desapareceu".

Nos dias de verão em que fazia tempo bom, Jung gostava de analisar na "sala do jardim"[27], que era uma pequena sala quadrada no canto do jardim, junto ao lago. Foi principalmente por conta dessa sala que a família ficou horrorizada quando o terreno do lado de Erlenbach* do seu jardim foi convertido em um balneário público. Fizeram o possível para comprar o terreno, mas acabaram descobrindo que aquilo perturbava menos do que tinham imaginado. A temporada dos banhos ocorria sobretudo no período em que Jung estava em Bollingen, e embora ele tenha desistido de trabalhar na sala do jardim à tarde, não se sentia incomodado quando trabalhava do outro lado do jardim, também voltado para o lago.

Quando trabalhava dentro de casa, Jung gostava de caminhar de um lado para outro, especialmente ao analisar sonhos. Disse-me que suas longas horas de análise o impediam de se exercitar o suficiente. Seu andar nunca me incomodou, pelo contrário, eu gostava; mas ele evidentemente sabia muito bem se perturbava ou não o analisando. Posteriormente, descobri, para minha surpresa, que algumas pessoas que fizeram análise com ele por anos a fio nunca o viram caminhar pela sala! De modo geral, a análise com Jung era muito informal e variava de indivíduo para indivíduo. Depois de 1944, quando passou a analisar bem menos, ele geralmente recebia as pessoas em sua biblioteca. Então, cada um se sentava em uma poltrona confortável, com uma bela vista do jardim e do lago, a uma distância conveniente um do outro, pois Jung ficou um pouco surdo nos seus últimos anos.

---

27. *C.G. Jung, sein Mythos in unserer Zeit* (Frauenfeld: Huber Verlag, 1972), p. 69ss. Publicado em inglês como *C.G. Jung: His Myth in Our Time* [C.G. Jung: seu mito em nossa época] (Nova York: C.G. Jung Foundation/G.P. Putnam's Sons, 1975). Marie-Louise von Franz fez um excelente relato de como Jung analisava nessa sala, tomando cada evento natural, a exemplo de insetos voando ou do lago fazendo mais barulho do que de hábito, como eventos ligados sincronisticamente ao que estava sendo dito na análise.

* Região da Suíça vizinha a Küsnacht, no Cantão de Zurique [N.T.].

Em 1930 e 1931, Jung deu um seminário em alemão no Hotel Sonne, Küsnacht, no início de outubro e princípio do semestre de inverno. O primeiro foi sobre imaginação ativa, as visões de uma mulher norte-americana, com ênfase especial nos quadros que ela tinha pintado a partir de suas imagens mais importantes. O segundo, em 1931, foi dedicado a casos semelhantes, também com quadros, mas com desdobramentos diferentes em cada caso. Muitos alemães vieram de toda a Alemanha, além de pessoas de outras nacionalidades, e também os discípulos de Jung em Zurique puderam participar, desde que entendessem alemão. Infelizmente, fiquei retida na Inglaterra em outubro de 1930 e perdi o seminário daquele ano. Portanto, tive minha primeira experiência daqueles seminários intensivos, com uma conferência de Jung por dia, ao longo de uma semana e um jantar com dança no final, em outubro de 1931[28].

No começo do verão de 1931, Jung tinha dado uma conferência bem-sucedida, com um público extremamente grande, em Berlim, mas voltou de lá mais cansado do que de hábito. Disse que, apesar do sucesso, ou por causa dele, havia achado a conferência *muito* cansativa e estava disposto a reduzir ao mínimo as conferências em grandes auditórios. Como mencionado antes, ele sempre teve muita dificuldade em lidar com grandes plateias. No que se refere a seus seminários curtos e intensivos, ele teve de aceitar, embora a contragosto, que cada vez mais pessoas participassem. Mas, a partir de então, só fez conferências em auditórios grandes quando fosse absolutamente necessário. Jung jamais se deixou cegar pelo sucesso; o que lhe importava é que poucas pessoas realmente o compreendessem. Mais tarde, ele costumava dizer aos seus discípulos quando iam realizar conferências no exterior: "Lembre-se de que realmente não importa sucesso ou fracasso. O que importa é se alguém realmente consegue compreender". Ao retornarmos, em mais de uma ocasião ele afirmou: "Soube que você *sofreu* um sucesso".

---

28. Graças a Olga von König-Fachsenfeld ambos os seminários foram preservados em forma multigrafada para uso dos participantes. Essas notas foram recentemente reimpressas, mas ainda só têm circulação privada. Espera-se que tais relatos venham a ser editados para uma circulação mais ampla.

Perdemos Peter Baynes de vista desde o retorno da África, em março de 1926. Ele teve dificuldades para recompor-se, mas foi muito ajudado pela crescente amizade com Cary de Angulo. Casaram-se em 1927 e passaram o primeiro ano do casamento em Carmel, Califórnia, e na Inglaterra. Pelo que sei, ele não mais trabalhou como assistente de Jung até setembro de 1929, quando voltou com Cary para Zurique, pretendendo se estabelecer por lá definitivamente. Jung ficou muito satisfeito em tê-lo novamente como assistente, e todos consideraram que o casal era um importante acréscimo para o grupo de Zurique.

Embora não tenha tido tempo para escrever um livro extenso entre *Tipos psicológicos*, em 1920, e *Psicologia e alquimia*, em 1944, Jung produziu muitas conferências e ensaios curtos. Talvez os mais importantes tenham sido dois ensaios que, várias vezes revisados e reimpressos, foram traduzidos por Peter e Cary Baynes e publicados em inglês em 1928 como *Two Essays*[29]. Esses ensaios, na tradução original do casal Baynes, foram chamados de "The Unconscious in the Normal and Pathological Mind" [O inconsciente na mente normal e na patológica] e "The Relation of the Ego to the Unconscious" [A relação do ego com o inconsciente]. O primeiro foi traduzido a partir do texto alemão já publicado, mas o segundo apareceu pela primeira vez em 1928 em inglês. (Jung às vezes fazia alterações, ou mais frequentemente acréscimos, a seus trabalhos mais antigos quando traduzidos para o inglês.) O segundo ensaio é uma das exposições mais claras que Jung escreveu sobre sua psicologia.

Uma outra coleção de conferências e ensaios de Jung foi publicada em alemão em 1931, sob o título *Seelenprobleme der Gegenwart* (aproximadamente, "Problemas psicológicos da atualidade"), seguida por um volume semelhante em 1934, sob o título *Wirklichkeit der Seele* (Realidade da psique). Em 1928, o casal Baynes já havia traduzido e publicado várias dessas conferências e ensaios sob o título *Contributions to Analytical Psychology*

---

29. *Two Essays on Analytical Psychology* [N.T.]. • Agora vol. 7 de *Collected Works* [cf. OC, 7/1 e 7/2]. O segundo desses ensaios foi originalmente uma conferência apresentada em Paris durante a Primeira Guerra Mundial, em 1916, mas depois consideravelmente ampliado e alterado.

[Contribuições para a psicologia analítica], e, portanto, mais de um deles deve ter aparecido na tradução em inglês antes do original alemão. (Mais tarde, Jung escreveu em inglês com frequência, mas não na época que estamos considerando.)

As traduções do casal Baynes foram uma dádiva para o público de língua inglesa. Em todos os encontros sociais em Zurique no início dos anos de 1930, os dois eram quase que igualmente valiosos; Peter, como um extrovertido mais sociável, sempre foi um elemento extremamente revigorante; Cary, de seu modo mais tranquilo e introvertido, era um suporte infalível para qualquer introvertido que se sentisse deslocado. Jung levava tudo isso em alta conta no casal e gostava dos dois, porém desde o início teve dúvidas sobre a durabilidade desse casamento. Um dos motivos para isso é que ambos eram nadadores excepcionais, tendo noivado em alto-mar. Ele temia que isso simbolizasse que ambos tinham entrado demais no inconsciente e não tivessem consciência do que estavam fazendo. O outro motivo é que, embora fosse uma mulher atraente e extremamente inteligente, Cary não era, conforme Jung temia, o tipo de *anima* de Peter; ele poderia vir a encontrar uma mulher assim mais tarde, e ter dificuldades para se manter no casamento atual.

Esse segundo receio se mostrou muito bem-fundamentado. Por volta de 1931, Peter de fato encontrou alguém assim, uma garota vinte anos mais jovem do que ele, e que era efetivamente a imagem do que Jung já havia descrito como o tipo de *anima* de Peter. Além de gostar muito de Cary, Peter também sentia que sua verdadeira vocação era ser assistente de Jung em Zurique. Jung lhe disse com firmeza que, se ele largasse Cary, deveria também deixar Zurique para sempre. Como Cary e sua irmã, Henri Zinno, estavam estabelecidas em Zurique, essa seria uma situação insustentável. De novo, assim como na África – embora de maneira completamente diversa –, Peter passou por grandes dificuldades, mudando de ideia diversas vezes, até que por fim decidiu se divorciar e se casar com a moça inglesa.

Não quero dizer uma palavra contra esse casamento, pois acredito que Peter tenha sido feliz nele. O casal se estabeleceu na Inglaterra, o que evidentemente foi um grande ganho para o grupo de Londres. Mas a partida de seu melhor assistente masculino foi uma grande perda para Jung e para todo o grupo de Zurique. Foi a segunda experiência ruim que Jung teve com um médico estrangeiro como seu principal assistente. Alguns anos antes, um médico alemão, W.M. Kraneveldt, veio a Zurique para ser seu assistente, e entrou junto ao Departamento de Imigração com um pedido de permanência a trabalho. Jung o alertou veementemente para não analisar *ninguém* até obter a autorização. Infelizmente, Kraneveldt não atendeu a advertência de Jung; não conseguindo a autorização, teve de deixar a Suíça. Após essas duas experiências, Jung só teve assistentes suíços[30] ou estrangeiros que já tinham permissão de residência.

Como mencionado, quando cheguei em Zurique em janeiro de 1929, Jung não tinha carro nem secretária. Sua esposa e sua terceira filha, Marianne, mais tarde Sra. Walter Niehus, supriram essa lacuna quando Jung não conseguia mais lidar com sua correspondência e contabilidade, dada a enorme carga de análises e conferências[31]. Mas não eram talhadas para esse trabalho, cometendo equívocos sobretudo com as contas dos pacientes. Acho que naquele período de um ou dois anos não recebi uma única conta correta, e os enganos eram sempre a meu favor! Jung já sabia há alguns anos que precisava conseguir uma secretária, mas era difícil – quase impossível – encontrar a pessoa certa. Então, na primavera de 1932, uma resposta celestial inesperadamente surgiu.

Começou de uma maneira muito pesarosa para Jung. O Dr. Hans Schmid, seu velho amigo de Basileia, morreu inesperadamente em um acidente. Jung nos contou na época que havia sido uma morte estranha. Pouco tempo antes, uma árvore que o Dr. Schmid considerava sua árvore da vida tinha morrido, e isso o impressionou tanto que ele passou por uma série de acidentes, o último dos quais sendo fatal. Deixou uma viúva, um filho e duas filhas, a mais velha das quais, Marie-Jeanne, era uma secretária profissional e ótima com idiomas. Tinha acabado de passar um ano ou dois na Inglaterra e falava inglês fluen-

---

30. Foi nessa época que o Dr. C.A. Meier veio do Burghölzli para trabalhar como assistente de Jung. Ele se tornaria presidente do Instituto C.G. Jung em Zurique logo após sua fundação em 1948.
31. A irmã de Jung, Gertrud, também foi muito útil, principalmente, creio, na datilografia dos manuscritos. Ela morreu em 1935.

temente, quase sem sotaque. Sua mãe era oriunda da Suíça francesa e sempre falara francês com os filhos. Como tinham crescido em Basileia e o pai era suíço-alemão, seu alemão e suíço-alemão também eram impecáveis.

Mas a maior dificuldade de Jung para encontrar a secretária certa era que seria preciso que ela soubesse um pouco de psicologia, mas as possíveis candidatas com essa qualificação tinham algum tipo de transferência a ele, de uma forma ou de outra[32]. Ele sentia que isso acabaria mais complicando do que ajudando. Mas Marie-Jeanne o conhecia de um ângulo bem diverso: como um velho amigo de seu pai, que os visitava desde quando ela era muito pequena, ele era uma figura familiar que não lhe gerava nenhuma comoção. Além disso, como o pai dela fizera parte do grupo original de Zurique, ela conhecia psicologia o suficiente para não se sentir à deriva.

Marie-Jeanne Schmid foi secretária de Jung por vinte anos, e acabou se mostrando virtualmente insubstituível. Não quero dizer que não cometesse equívocos – era humana o bastante para cometer vários e nunca se imaginar "a secretária perfeita". Ela caiu como uma luva no grupo de Jung, e foi de fato de enorme importância durante todos aqueles anos. Era da mesma idade das filhas mais novas de Jung e já tinham brincado juntas muito na infância. Embora tivesse seu próprio apartamento nas proximidades, sempre almoçava na casa de Jung na Seestrasse, ajudava tanto Jung quanto a esposa dele e não causava qualquer problema para a família. Depois de lidar durante anos com o lado administrativo do trabalho da melhor maneira que pôde, para Jung foi uma alegria totalmente inesperada contar com uma secretária profissional para organizar sua correspondência e manuscritos, introduzir um método que desconheciam para organizar tudo, e resolver tudo aquilo que lhe fosse solicitado. Ficou feliz também por ela ter uma vida própria e que a empolgava muito mais do que ele.

Marie-Jeanne tinha apenas 20 anos quando foi a Jung. Parecia então uma colegial risonha e gordinha, mas excepcionalmente inteligente e eficien-

---

32. Espero que já esteja claro que isso necessariamente envolve a projeção de elementos do si--mesmo que seriam perturbadores em uma atividade prática e objetiva como o trabalho de uma secretária.

te. Tanto ela como a irmã eram corpulentas, e costumava contar com tristeza que um fazendeiro invejava o pai dela pelas duas filhas, como se fossem leitõezinhos rechonchudos. Era uma boa cozinheira, nunca se recusando a preparar uma boa refeição. Não que isso fosse necessário com frequência; a família de Jung tinha duas empregadas na época, pois não era difícil obter bons serviços domésticos na Suíça antes da Segunda Guerra Mundial. Quase todo mundo gostava de Marie-Jeanne, e ela foi realmente uma dádiva para Jung. Muito depois de ela ter se casado e ido embora, Jung teve um sonho com ela que o fez dizer: "Sempre estarei ligado a Marie-Jeanne. Ela fez parte da minha vida".

No outono de 1932, o indologista J.W. Hauer, então professor em Tübingen, veio a Zurique para nos dar um seminário sobre o kundalini yoga[33]. Tratava-se de um emocionante paralelo com o processo de individuação, mas, como sempre acontece quando uma filosofia indiana aperfeiçoada é apresentada a uma plateia europeia, ficamos terrivelmente abalados e confusos. Estávamos acostumados a que o inconsciente nos levasse muito gradualmente para esse processo, cada sonho revelando um pouquinho mais sobre o processo, mas o Oriente vinha trabalhando com essas técnicas de meditação há séculos, tendo, portanto, reunido muito mais símbolos do que éramos capazes de digerir. Além disso, o Oriente está, para nós, demasiadamente acima da realidade cotidiana, almejando o nirvana ao invés de nossa vida presente, tridimensional. Jung se viu diante de um grupo muito desorientado, que tinha apreciado enormemente, mas sido incapaz de assimilar a brilhante exposição de Hauer sobre kundalini yoga. Quando ela acabou, Jung dedicou as três primeiras conferências de seu seminário em inglês a um comentário psicológico das conferências de Hauer, o que foi muito enriquecedor para nós[34].

---

33. Esse seminário foi dado tanto em inglês quanto em alemão.

34. Esse seminário de Hauer, como todos os seminários em inglês, foi registrado com as conferências suplementares de Jung e multigrafadas para uso dos participantes. No outono de 1930, Mary Foote (uma conhecida retratista norte-americana) tinha assumido o encargo de editar todos os seminários em inglês. A princípio, eles foram montados a partir das anotações de diversos participantes, mas logo Mary Foote conseguiu convencer Jung a permitir a estenografia. Ela encontrou uma excelente estenógrafa, a Sra. Koeppel, uma moça inglesa casada com um suíço que anotava fielmente todos os seminários que Jung dava em inglês. Como a palavra escrita é necessariamente

Em 1932, a cidade de Zurique conferiu a Jung o seu prêmio de literatura. Isso o deixou mais feliz do que honrarias muito mais famosas, tais como os títulos de *doutor honoris causa* que lhe eram outorgados cada vez mais em outros países, pois foi o primeiro reconhecimento que recebeu em seu próprio país. Apresentou nessa oportunidade uma conferência na Câmara Municipal (Rathaus), um prédio antigo na chamada "ponte das verduras" (havia várias bancas na ponte e arredores que vendiam flores e vegetais). A plateia era grande. Foi um evento impressionante.

Ao final do semestre de inverno de 1933, por volta de meados de fevereiro, Jung estava extremamente cansado, e sentia necessidade de uma completa mudança e repouso. Embora saudável e forte, tinha a propensão a ficar gripado, a influenza, pelo menos uma vez a cada inverno, o que era sempre uma doença exaustiva. Além disso, como mencionei anteriormente, ele vinha passando anos excepcionalmente "domésticos" e por isso, quando Hans Fierz sugeriu um cruzeiro pelo Mediterrâneo, ele aceitou de imediato, assim como fizera em 1920 quando Hermann Sigg sugerira a África do Norte. O Prof. Fierz tinha ficado subitamente fascinado por essa viagem. Reservou cabinas para ele e para sua esposa, e só depois disso descobriu que ela não gostou nem um pouco da ideia de passar tanto tempo no mar. Viu-se então com uma cabine extra, e a ofereceu a Jung, embora não o conhecesse bem naquela época. Jung ficou bastante surpreso, mas então pensou que o inconsciente tinha realmente inspirado Hans Fierz a lhe oferecer justamente o que ele precisava. Também foi preciso, por conta disso, encurtar o semestre em cerca de duas semanas, o que ele sentiu ser justamente o que sua exaustão exigia.

Essa é a única viagem desse tipo que sei que Jung fez, pois tais viagens, que oferecem apenas relances de lugares interessantes e até então desconhecidos, tais como Atenas, não eram realmente seu "prato preferido". Mas ele amava o mar e a viagem foi para ele um descanso completo, sem qualquer

---

diferente da falada, Mary Foote lhe dedicou todo o seu tempo ao trabalho de edição até o encerramento dos seminários em inglês em 1939. Naquela época, todos os volumes anteriores estavam esgotados, de modo que ela passou a se dedicar até sua velhice à revisão dos textos para uma nova edição. Devemos a ela, em grande parte, a preservação de tanto material. Ela faleceu em 1968, já com mais de 90 anos.

necessidade de preparativos; de fato, a coisa certa na hora certa. Retornou descansado e bem, tendo se divertido bastante.

Essa jornada teve um epílogo bem surpreendente. Alguns meses antes, Jung tinha sido obrigado a comprar mais algumas terras em Bollingen. O novo terreno tinha uma ampla frente para o lago, mas era bem mais estreito do que o terreno que ele possuía, e, portanto, mais perto da ferrovia e da estrada. O terreno fazia divisa com a saída de Jung para a estrada, e teria sido muito desagradável para ele que fosse vendido como canteiro de obras[35], mas, como ele se queixou, o camponês que lhe vendeu cobrou mais do que ele sentia estar em condições de pagar. Assim, na Acrópole, decidiu vender esse terreno a Hans Fierz. Como este andava à procura de um lugar para construir uma casa de veraneio e um local tão agradável junto ao lago viesse realmente a calhar, Fierz estava disposto e feliz por oferecer a Jung um bom preço pelo terreno. Por outro lado, Jung nutria certo temor em ter pessoas que conhecia e estimava tão próximas, pois Bollingen, como um lugar de concentração espiritual, devia se manter um retiro completamente isolado. Essa dificuldade foi superada pela colocação de uma bandeira sempre que Jung não queria ser perturbado. Mesmo quando ela não estava hasteada, ele deixou muito claro que não queria ser incomodado com demasiada frequência e só em determinados períodos do dia, mas quando a bandeira estava hasteada, ele não deveria, por motivo algum, ser procurado.

---

35. Isso foi antes de se tornar difícil ou impossível obter autorização para construções junto ao lago.

11
Nuvens de tempestade por sobre a Europa, 1933-1937

Em 1926, Jung já havia se tornado dolorosamente consciente da tensão na atmosfera da Europa. De fato, fica claro, pelo que ouvi sobre o seminário de 1923 em Polzeath, que ele se sentia apreensivo com a falta de uma atitude impessoal no homem ocidental, desde que a Primeira Guerra Mundial revelara a incapacidade da Igreja de saciar essa necessidade na grande maioria dos europeus. Alguns sonhos de seus pacientes alemães, ainda em 1918, tinham de fato atraído sua atenção para a situação na Alemanha, mas ele não tinha certeza sobre onde a perturbação iria irromper inicialmente. Mesmo assim, desde o início de meu período na Suíça, Jung frequentemente mencionava estar especialmente apreensivo sobre a Alemanha, pois o cristianismo tinha sido imposto pela espada aos alemães, e, portanto, o verniz cristão deles era mais tênue, e suas raízes pagãs estavam mais próximas da superfície do que em qualquer outro lugar.

No início dos anos de 1930, esse mal-estar foi muito aumentado pelos sonhos, alguns realmente sinistros, de seus pacientes alemães. Durante alguns anos antes da tomada do poder por Hitler e seu grupo, Jung tinha dirigido à Alemanha um olhar angustiado, perguntando-se qual forma um *revival* pagão poderia assumir.

Algum tempo antes da mudança fatal do governo alemão, Jung tinha aceitado um convite da C.G. Jung Gesellschaft (o Clube Psicológico de Berlim) para dar um seminário em julho de 1933, no Hotel Harnackhaus em Dahlem, perto de Berlim. De modo inusitado, não fez nenhuma objeção a que alguns de seus discípulos o acompanhassem a Berlim, pois o convite da C.G. Jung Gesellschaft era extensivo aos membros do Clube Psicológico de Zurique. Assim, acabei dirigindo sozinha de Küsnacht a Berlim, tendo a oportunidade de testemunhar que toda a Alemanha estava em ebulição, um fenômeno causado pelo despertar de Wotan no inconsciente. Antes de partir, perguntei a Jung se ele achava que eu poderia me arriscar a dirigir, tendo em vista a situação da Alemanha, e após cuidadosa reflexão ele respondeu: "Sim, se arrisque! Veja bem, não sei o que vai acontecer, mas será uma experiência interessante".

Foi exatamente isso. Quase não havia carros na estrada, mas o caminho estava literalmente tomado de gente caminhando, e não se podia viajar 50m sem ser abordado por alguém pedindo carona. Toda vez que eu parava em um posto de gasolina para abastecer, recomendavam-me enfaticamente que não desse carona a ninguém. A maioria desses caronas era inofensiva, admitiam os frentistas, mas vinham acontecendo muitos assaltos, inclusive roubo de carros, de modo que eles insistiam, antes de encher meu tanque, em me fazer prometer que não apanharia *ninguém* na estrada! Assim, passei por aquela multidão de caminhantes me sentindo uma grosseira, mas só dei carona duas vezes, em postos de gasolina, quando tive a chance de avaliar os solicitantes. As duas pessoas eram totalmente inofensivas, e lançaram uma luz interessante sobre o êxodo generalizado: "Acho que dificilmente poderia estar pior em outro lugar, quem sabe eu encontre trabalho em Nuremberg" – ou em Leipzig, Berlim ou onde quer que estivessem indo.

O próprio Jung, com Emma, Toni e alguns outros foram de trem, e todos nos encontramos no Harnackhaus, em Dahlem. A reunião do clube começou, na primeira noite, com uma conferência do indólogo Heinrich Zimmer. Então se seguiu um seminário de seis conferências de Jung, que ocupou o restante da semana. Esse foi, creio, o segundo encontro de Jung com Zimmer, um homem que estava destinado a se tornar um grande amigo não só de Jung, mas de todos nós. Não apenas o encontramos quase todos os anos em Eranos (Ascona)[1], mas ele deu palestras frequentemente no Clube Psi-

---

1. Cf. adiante, p. 298.

cológico de Zurique. Era uma pessoa encantadora, intensa, interessada em tudo, particularmente em seu próprio tema de especialização, mas com mãos curiosamente semelhantes às de uma criança, o que tornou Jung preocupado com ele desde o início, e com toda razão, como se verificou mais tarde.

Aquela primeira conferência em Berlim foi realmente uma obra-prima. Zimmer deixou o público enfeitiçado, uma proeza, já que ele era pouco conhecido na época e a grande plateia tinha vindo de toda a Alemanha e do exterior sobretudo para ouvir Jung, ficando decepcionada por não ser deste a conferência inaugural naquela noite de domingo. Mas Zimmer não apenas tinha excelente conhecimento de seu tema, mas também uma mente muito criativa e capacidade de expressão contundente; em suma, era um dos melhores conferencistas que já ouvi. Curiosamente, apesar de seu incomparável conhecimento do sânscrito e dos antigos textos indianos, nunca tinha estado na Índia, uma lacuna que deveria ser preenchida no outono de 1939, quando planejava ir até lá, provavelmente com Peter Baynes, mas foi – infelizmente para sempre – impedido pela irrupção da guerra.

Por mais interessantes que as conferências de Jung fossem em si mesmas, sentia-me cada vez mais desconfortável com o passar da semana. Mantinha pouco ou nenhum contato com os participantes do seminário, e tinha dificuldade em falar até mesmo com as pessoas de Zurique que eu conhecia tão bem. Certa manhã, por volta do meio da semana, Jung me interpelou na escadaria: "Cuidado, você está ficando perigosamente fora de si mesma". Eu sabia que ele estava certo, mas não fazia ideia do porquê, até que ele acrescentou: "Essas pessoas estão todas em pânico, morrendo de medo, e não têm ideia sobre em que tudo isso vai dar. Temo que nada possa salvá-las e que estejam caminhando para o desastre inevitável, mas pelo menos teremos o mérito de tentar ajudá-las enquanto pudermos". Isso bastou para que eu me recuperasse, pois percebi subitamente que, como não percebera o pânico delas, eu havia sido infectada através do inconsciente. No dia seguinte, vendo que eu tinha voltado a ser eu mesma, Jung teve uma longa conversa sobre a situação toda com um amigo inglês e comigo.

Pelas poucas palavras que me disse na escadaria, percebi que ele não via com bons olhos o novo governo e as perspectivas para a Alemanha, mas agora, como nos disse, ele tinha ainda mais razões para tanto. Fora convencido por um médico alemão[2] de que um oficial de alta patente do novo governo[3] estava se sentindo muito inseguro sobre o curso dos acontecimentos e ansiava por consultá-lo, de modo que, embora a contragosto, Jung concordou em vê-lo. Mas, assim que entrou na sala, percebeu que tinha sido enganado, pois tinham dito ao oficial que *era Jung* quem queria vê-lo![4] Jung ficou furioso com essa trapaça tão tola e esse desperdício de tempo, e foi embora o mais rapidamente possível, mas com uma apreensão ainda maior sobre o futuro da Alemanha nas mãos de pessoas como aquelas. Nunca mais falou com nenhuma outra liderança nazista, mas desde o início não nutriu esperanças quanto aos colegas de um fanfarrão daquela espécie.

Voltou a falar mais extensamente sobre o pânico que estava tomando o povo alemão, e sobre seu temor de que nada pudesse impedir um desastre. A única coisa que poderia detê-lo, disse, seria que um número suficiente de indivíduos se tornasse *consciente* do estado de possessão em que todos se encontravam. Portanto, continuou, deveríamos, enquanto fosse possível, lhes dar o benefício da dúvida e ajudar tantos quantos pudéssemos a se tornarem mais conscientes. Ele próprio fez isso sobretudo em escala individual (tinha muitos pacientes alemães na época), mas seu artigo na *Neue Schweizer Rundschau* sobre "Wotan"[5] foi um de seus raros esforços no sentido de despertar um público mais amplo sobre a situação real. Jung vinha há alguns anos temendo que o frágil verniz cristão na Alemanha viesse a se quebrar. Já

---

2. Penso que era o Dr. Otto Curtius, irmão de um ex-chanceler da Alemanha, mas minha memória pode estar falhando.

3. Pelo que me lembro, era Goebbels.

4. Devo dizer, em favor do Dr. Curtius (ou de quem quer que tenha sido), que ele não foi o único entre os admiradores de Jung a acreditar firmemente que Jung era capaz de fazer *qualquer pessoa* voltar à razão, desde que tivesse a chance de conversar com tal pessoa. Jung me contou, durante a guerra, que tinha recebido muitas cartas de pessoas lhe implorando que parasse a guerra ao explicar seus erros aos ditadores.

5. "Wotan" foi publicado pela primeira vez na *Neue Schweizer Rundschau* em março de 1936. Apareceu em inglês em *Essays on Contemporary Events* (1947). Está agora em *Aspectos do drama contemporâneo*; OC 10/2, § 371ss.

no seminário de Polzeath, em 1923, tinha deplorado a falta de uma atitude impessoal, a qual estaria presente apenas no inconsciente, de onde provavelmente retornaria sob formas arcaicas e inaceitáveis.

Assim que leu nos jornais que os alemães estavam se movimentando incessantemente de lugar em lugar, lembrou-se do errante Wotan e percebeu que este era o "símbolo arcaico" que certamente iria produzir uma situação inaceitável na Alemanha, a não ser que um número suficiente de indivíduos alemães se tornasse *consciente* do perigo a tempo. Convém lembrar que muito posteriormente, alguns anos depois da Segunda Guerra Mundial, quando perguntado se pensava que haveria uma guerra atômica, Jung respondeu que isso dependia de "quantas pessoas poderiam suportar a tensão dos opostos em si mesmas"[6]. Ele poderia também ter expressado isso em outras palavras (como o fez naquele dia em Berlim): dependia de quantas pessoas pudessem se tornar *conscientes* a tempo. Já havia aprendido dolorosamente, na África, o quão necessário é para o indivíduo se dar conta plenamente da tensão coletiva exterior, e sabia, pelo menos desde seu "confronto com o inconsciente", ou ainda antes, que é preciso aprender a suportar essa tensão dentro de si. Mas, naquele dia em Berlim, eu percebi pela primeira vez o quanto o próprio destino dependia do indivíduo e por que Jung estava tentando, com todas as suas forças, despertar os *indivíduos* alemães com quem entrava em contato.

Após fazer as observações acima com base em minhas recordações, deparei-me com uma descrição feita por Jung das dificuldades que ele encontrava para lidar com os alemães naqueles primeiros dias do regime nazista. Cito integralmente o trecho mais relevante:

> Quando Hitler tomou o poder, ficou evidente para mim que uma psicose de massas estava em ebulição na Alemanha. Mas eu não conseguia deixar de pensar que apesar de tudo, isso estava acontecendo na Alemanha, uma nação europeia civilizada com um senso de moralidade e disciplina. Por isso o resultado final desse inconfundível movimento de massas ainda me parecia incerto, assim como a figura do *Führer* a princípio só me pareceu ser meramente ambivalente. É verdade que, em julho de 1933, quando apresentei uma série de conferências em Berlim,

---

6. Cf. acima, p. 180ss.

tive uma impressão extremamente desfavorável tanto do comportamento do partido quanto da pessoa de Goebbels. Mas não quis presumir desde o início que esses sintomas fossem decisivos, pois conhecia outras pessoas de um idealismo inquestionável e que tentaram me provar que excessos inevitáveis daquele tipo eram usuais em qualquer grande revolução. Realmente não era nada fácil para um estrangeiro formar um julgamento claro naquela época. Como muitos de meus contemporâneos, tinha minhas dúvidas.

Como um psiquiatra, acostumado a lidar com pessoas em risco de serem esmagadas por conteúdos inconscientes, eu sabia que é da maior importância, do ponto de vista terapêutico, fortalecer nelas, tanto quanto possível, a posição consciente e os poderes de compreensão, de modo que haja alguma coisa capaz de interceptar e integrar os conteúdos que estão irrompendo na consciência. Esses conteúdos não são, em si mesmos, necessariamente destrutivos, mas sim ambivalentes, e depende inteiramente da constituição da consciência que os intercepta se eles se tornarão uma maldição ou uma bênção.

O nacional-socialismo foi um desses fenômenos de massa psicológicos, um desses surtos do inconsciente coletivo, sobre os quais eu vinha falando por cerca de vinte anos. As forças impulsionadoras de um movimento de massas psicológico são essencialmente arquetípicas. Todo arquétipo contém o inferior e o superior, o mal e o bem, e, portanto, é capaz de produzir resultados diametralmente opostos. É assim impossível saber desde o início se ele se mostrará positivo ou negativo. Minha atitude médica perante tais coisas me aconselhou a esperar, em uma atitude que impede julgamentos precipitados, pois nem sempre se sabe desde o início o que é melhor, e se deseja dar às coisas "um julgamento justo". Longe de querer dar à consciência encurralada seu tiro de misericórdia, tenta fortalecer seus poderes de resistência através do *insight*, de modo que o mal que se esconde em cada arquétipo não tome posse do indivíduo nem o arraste à destruição. O objetivo do terapeuta é favorecer a qualidade positiva, valorosa e revigorante do arquétipo – que, de todo modo, mais cedo ou mais tarde será integrado à consciência – à realidade, e ao mesmo tempo obstruir na medida do possível suas tendências prejudiciais e nocivas. Faz parte do equipamento profissional do médico evocar uma certa quantidade de otimismo mesmo nas circunstâncias mais improváveis, com vistas a salvar tudo o que for possível. Ele não pode

> se permitir ficar impressionado demais pela desesperança real ou aparente de uma situação, mesmo se isso signifique se expor ao perigo. Além disso, convém não esquecer que, até a era nacional-socialista, a Alemanha era um dos países mais diferenciados e altamente civilizados do planeta, além de ser, para nós suíços, um *background* espiritual ao qual estávamos ligados por laços de sangue, língua e amizade. Quis fazer tudo o que me era possível, com minhas forças limitadas, para impedir que esse vínculo cultural fosse rompido, pois a cultura é nossa única arma contra o terrível perigo da mentalidade de massas.
> Se um arquétipo não é trazido à realidade conscientemente, não há garantia de que venha a ser percebido de uma forma favorável; pelo contrário, existe um perigo ainda maior de que haja uma regressão destrutiva. É como se a psique tivesse sido dotada de consciência justamente com o propósito de impedir que tais possibilidades destrutivas se concretizem[7].

Para quem, como eu, tenha estado com Jung em Berlim em julho de 1933, e que o tenha visto e ouvido frequentemente durante os vinte e oito anos seguintes, a calúnia de que Jung era nazista é tão absurda e destituída de fundamentos que chega a ser irracional até mesmo levá-la a sério para rebatê-la. Além disso, essa crença é compartilhada, na maioria dos casos, por quem *quer* acreditar nisso, e é sempre inútil desperdiçar energia com eles. Aprendi isso em 1914 e nunca esqueci a lição. Quando os alemães estavam varrendo a Bélgica e o norte da França e nem o exército francês, nem a força expedicionária britânica parecia ser capaz de detê-los, de algum modo surgiu um boato, que se espalhou pela Inglaterra, de que reforços russos estavam aportando na Escócia, e dizia-se com a mais absoluta seriedade que isso *devia ser verdade*, pois eles tinham sido vistos sacudindo a neve de suas botas. Fatos inegáveis, como a temperatura escocesa em agosto, eram totalmente inúteis, porque as pessoas que contavam a história queriam acreditar que enormes contingentes russos estavam sendo enviados para deter o avanço alemão.

O boato de que Jung tinha qualquer simpatia pelo projeto nazista é tão absurdo quanto. A incrível ignorância sobre os fatos meteorológicos,

---

7. Do epílogo de *Essays on Contemporary Events* (1947). Cf. OC 10/2, § 472-475.

no exemplo citado, é equivalente à ignorância, aqui, sobre os elementos da psicologia de Jung, que coloca toda sua ênfase no *indivíduo*. Jung diz, por exemplo, sobre os "ismos" (e desde o início sempre disse que o nazismo e o bolchevismo eram dois nomes para a mesma coisa):

> Os *ismos* políticos e sociais de nossa época pregam todo tipo de ideais imagináveis, mas por detrás dessa máscara perseguem o objetivo de rebaixar o nível de nossa cultura, ao limitar ou mesmo inibir completamente as possibilidades de desenvolvimento individual. Fazem-no em parte criando um caos controlado pelo terrorismo, um estado primitivo de coisas que atende apenas às necessidades mais rudimentares da vida e que excede em horror os piores momentos da chamada Idade das "Trevas". Resta-nos ver se essa experiência de degradação e escravidão suscitará novamente o clamor por uma maior liberdade espiritual[8].

E, em outro lugar:

> Os grandes acontecimentos da história mundial são, no fundo, os de menor importância. Essencial mesmo é a vida do indivíduo. Só ela faz história, só nela as grandes transformações têm lugar inicialmente, e todo o futuro, toda a história do mundo, em última instância brotam como um gigantesco somatório a partir dessas fontes ocultas nos indivíduos. Em nossas vidas mais privadas e subjetivas, somos não apenas as testemunhas passivas de nossa época e suas vítimas, mas também seus criadores. Nós fazemos nossa própria época[9].

Essas duas curtas citações devem ser suficientes para mostrar o quão a psicologia de Jung é completamente incompatível com *qualquer* movimento político, e o quão impossível é Jung ter tido qualquer simpatia, nem mesmo por um instante, com nada que se referisse ao regime nazista.

Voltando a Berlim, em 1933: o seminário de Jung foi registrado por um excepcional estenógrafo e multigrafado para uso da classe de forma praticamente literal. Reli minhas anotações com o maior interesse, para me recordar de como Jung tinha lidado com os alemães e com o pânico deles na época.

---

8. OC 9/1, § 617.
9. OC 10/3, § 315.

Embora tenha feito tudo o que pôde para abrir os olhos dos indivíduos para o Mito de Wotan que estava se apossando da Alemanha, *de modo nenhum* Jung falou disso ou se referiu à situação política ao se dirigir ao seu grande público alemão em Berlim. Mas de fato fez o máximo para abrir os olhos deles para a realidade da psique e a vida interior. Também falou muito do perigo de ser inconsciente e de ser tomado pela *participation mystique* e pelas emoções de massa, mas sempre falando em termos gerais e deixando com que os indivíduos da plateia aplicassem isso à sua própria situação presente. Certamente conseguiu acalmar sua plateia. Nunca senti uma atmosfera geral mudar tão rapidamente, nem ouvi um aplauso tão entusiasmado e persistente quanto no final da última conferência.

Jung foi constantemente indagado em Berlim sobre a extraordinária autoconfiança da juventude alemã. Isso o levou a sentir que precisava conhecer melhor a juventude suíça e como ela estava se desenvolvendo. Por volta de 1933, seus filhos estavam rapidamente se casando e deixando o lar, e seus netos ainda eram muito pequenos. Portanto, quando voltou de Berlim para Bollingen, pediu a Pablo Naeff, um sobrinho de Toni Wolff que tinha crescido na Argentina, mas estava então em seu último ano do Ginásio Livre de Zurique, e no limiar da universidade, que trouxesse alguns membros de sua classe para passar um dia em Bollingen. Serviu-lhes almoço e jantar e lhes falou muito sobre sua psicologia, observando as reações deles com grande interesse. Pablo Naeff tinha chamado outros seis rapazes e apenas uma moça (Marie-Louise von Franz, que aos 18 anos foi assim apresentada a Jung e à psicologia dele) para formarem o grupo que o visitaria em sua Torre naquele dia.

Em agosto do mesmo ano (1933), Jung fez sua primeira conferência em Eranos, Ascona. Esses encontros anuais eram organizados por Olga Fröbe--Kapetyn e já existiam havia alguns anos. A depender das pinturas nas paredes quando fomos lá pela primeira vez, os primeiros encontros devem ter tido caráter particularmente teosófico. Jung não tinha afinidade com a teosofia – sempre achou que ela especulava no ar, sem qualquer fundamento empírico – e por isso não sei como a Sra. Fröbe conseguiu originalmente convencê-lo a falar em Ascona. Em todo caso, sua presença mudou tão completamente o caráter das reuniões que a própria Sra. Fröbe costumava dizer que os congressos de Eranos se iniciaram em 1933. Ela tinha mandado construir um grande salão de conferências (com capacidade para cerca de duzentas pessoas) no belo jardim de sua vila em Moscia, um povoado entre Ascona e Porto Ronco. Era um cenário perfeito para tais encontros de verão, situado diretamente junto ao Lago Maggiore, com um delicioso balneário logo abaixo, cujo uso a Sra. Fröbe generosamente permitia aos participantes do congresso.

O tema geral do primeiro congresso foi "Yoga e meditação no Oriente e no Ocidente". A Sra. Fröbe convenceu não só a Jung a dar conferência, como também Heinrich Zimmer; Erwin Rousselle, diretor do Instituto de Sinologia da Universidade de Frankfurt (onde tinha sucedido Richard Wilhelm em 1930); Ernesto Buonaiuti[10]; G.R. Heyer, renomado psiquiatra de Munique[11] e alguns outros.

Naquele ano Jung apresentou uma conferência extemporânea sobre as "Bases empíricas do processo de individuação". Graças a Toni Wolff a conferência foi conservada no *Eranos Jahrbuch*, anuário *Eranos*, de 1933, pois ela conseguiu contribuir com uma transcrição. Jung produziu subsequentemente uma "versão completamente revista e ampliada" publicada em *Gestaltungen des Unbewussten* (Zurique, 1950). Essa versão está traduzida como "Estudo empírico do processo de individuação" na *Obra Completa*[12].

De 1933 a 1939, Jung se hospedou, durante os congressos, no Hotel Monte Verità, no alto da colina de Ascona, com uma vista magnífica do lago e das montanhas. O hotel pertencia ao Barão von der Heydt, que tinha uma grande coleção de arte oriental e ocidental que, na época, estava exposta so-

---

10. O Prof. Buonaiuti, renomado estudioso de todas as questões referentes ao cristianismo primitivo, tinha sido excomungado devido a suas visões heréticas em 1926 e privado de sua cátedra por recusar-se a prestar juramento a Mussolini. Fez por muitos anos conferências em Eranos, muito apreciadas por aqueles que entendiam bem o italiano; era também muito estimado por todo mundo.
11. Sobre o Dr. G.R. Heyer, cf. adiante, p. 401.
12. OC 9/1, § 525ss.

bretudo em sua vila particular e nos quartos do hotel[13]. Figura estranha[14], o barão não se envolvia com a administração do hotel, mas vivia em sua vila e só ocasionalmente aparecia. Tratava-se de um hotel grande e, em muitos sentidos, peculiar, com enormes salas de estar que mais pareciam confortáveis galerias de arte, além de enormes sacadas e jardins, sempre com vista para o Lago Maggiore. Assim como Jung, muitos outros conferencistas foram hospedados ali pela Sra. Fröbe[15]. Emma Jung, Toni Wolff e grande parte do nosso grupo também ficavam lá; de fato, quem quer que desejasse podia, desde que solicitasse um quarto com antecedência suficiente. Tive essa sorte de sempre obter um quarto desses de 1933 até 1939 (ano em que o hotel foi fechado e assim permaneceu enquanto durou a guerra), e costumava esperar ansiosamente, a cada ano, pelos nossos dez dias em paisagens tão idílicas.

Houve muitas discussões interessantes, nas quais Jung sempre foi o centro, tanto no terraço no Eranos, após as conferências, como no hotel, depois das refeições. Os temas eram variados, além da conferência do momento, com o próprio conferencista geralmente presente. Nessas ocasiões, a discussão era principalmente entre Jung e o conferencista, com uma plateia atenta. Havia também o que a Sra. Fröbe costumava chamar de "discussões da távola redonda", apenas com seus próprios convidados, após as refeições em seu jardim. Jung participou delas regularmente só depois que o Hotel Verità foi fechado, ou seja, durante a guerra e por alguns anos seguintes. Os Jung nunca ficaram em outro hotel, mas foram hospedados pela Sra. Fröbe em um aconchegante apartamento que ela tinha mandado construir sobre a sala de conferências. Eles faziam suas refeições na vila dela, ou mais frequentemente na grande mesa redonda que havia no jardim, utilizada sempre que fazia tempo bom. Enquanto os Jung ainda se hospedavam no Verità e dispúnhamos de nossos próprios carros, fizemos várias expedições até os fascinantes vilarejos

---

13. A maior parte da coleção fica atualmente no Museu Rietberg, em Zurique.

14. Em 1933, já estava separado de sua esposa, a Baronesa Vera von der Heydt, que se casou muito jovem com ele (que já era um rico banqueiro). Mais tarde, ela se interessou pela psicologia junguiana, e trabalhou primeiramente na Clínica Davidson em Edimburgo, e depois como analista em Londres.

15. Creio que o Barão von der Heydt foi muito generoso com Eranos, cobrando pouco ou nada pela hospedagem dos conferencistas em seu hotel.

vizinhos de Tessin, onde geralmente havia um hotel com comida excelente. A cozinha do Hotel Verità era, naqueles tempos, uma provação para Jung; sendo, ele próprio, um ótimo cozinheiro, detestava ver uma boa comida (ela era sempre da melhor qualidade) sendo cozida de modo indiferente.

Foi também em 1933 que Jung começou a dar palestras novamente no Instituto Federal Suíço de Tecnologia em Zurique (Eidgenössische Technische Hochschule, ETH), pela primeira vez desde 1913; desta feita, as conferências prosseguiram quase sem interrupção até 1941. Ocorriam sempre nas sextas-feiras à tarde, ansiosamente aguardadas pelos seus alunos; com os seminários em inglês nas manhãs de quarta-feira, tínhamos duas conferências de Jung a cada semana. Ele começou essas conferências em 20 de outubro de 1933, atraindo uma enorme audiência, pois a curiosidade do público geral tinha sido atiçada pela possibilidade de ver um concidadão que tinha se tornado mundialmente famoso. Assim, para grande desgosto de Jung, ele tinha de dar suas conferências no Auditorium Maximum, com capacidade para quatrocentas e trinta e cinco pessoas e que estava sempre praticamente lotado. Como mencionado antes, Jung odiava grandes grupos, com exceções ocasionais para conferências avulsas, e achava extremamente cansativo encarar suas gigantescas plateias toda semana.

Não sei se foi de propósito, para reduzir o número de participantes (embora tal efeito tivesse sido alcançado, pois depois disso suas conferências puderam ser realizadas em um auditório menor, embora ainda um dos maiores, porém não mais no desconfortável Maximum), mas sua primeira série de conferências foi bastante difícil. (Posteriormente ele disse que elas foram difíceis *demais*, que a maioria dos espectadores tinha entendido pouco ou nada.) As primeiras quatro foram um breve panorama da história da psicologia, em que rastreou seus precursores através dos escritos de muitos filósofos, a começar por Descartes [René] (1596-1650) e chegando a William James (1842-1910). Depois disso, ele demonstrou o fundamento empírico da psique; em seguida, uma descrição do famoso *A vidente de Prevorst*, de Justinus Kerner, com o auxílio de muitos diagramas mostrando o pano de fundo psicológico, ocupou outras sete conferências. As cinco últimas foram dedicadas ao caso de Hélene Smith, de Flournoy[16], que se tornou uma médium famosa, e um diagrama da consciência que, depois de aplicar Seherin, a vidente da obra de Kerner, e a Hélene Smith, ele estendeu a Freud, a Rockefeller, ao chamado homem normal; ao santo suíço Nicolau de Flüe; a Goethe; e finalmente a Nietzsche. Essas conferências foram dadas em alemão. Una Thomas, Elizabeth Welsh (tradutora original da maior parte de *Essays on Contemporary Events*) e eu reunimos nossas anotações e as traduzimos para o inglês, para benefício dos alunos de Jung que não entendiam alemão. Isso tomou depois a forma de uma edição multigrafada, com circulação privada entre os vários grupos anglo-saxões[17].

Em 1934, Jung também começou um seminário sobre sonhos de crianças, dessa vez para uma plateia muito menor, composta principalmente dos alunos do ETH e da universidade. Esses seminários foram todos registrados em estenograma alemão, por Riwkah Schärf-Kluger e encontram-se no prelo – também em edição privada – em alemão. Eles realmente abriram um novo campo, pois muitos dos sonhos de crianças que Jung comentou contêm um prognóstico de todo o curso da vida futura da vida da criança. Sonhos em que isso pôde ser comprovado foram fornecidos principalmente por discípulos e amigos mais velhos de Jung, muitos dos quais se lembravam vividamente de seus sonhos mais remotos.

Em 1933, Jung já se encontrava às voltas com um dilema relativo à Sociedade Médica Geral Internacional de Psicoterapia (e sua publicação, *Zentralblatt*), da qual era presidente honorário. Os membros dessa sociedade internacional vinham de muitas nações, mas os alemães sempre predominavam e detinham os principais cargos executivos. Com a imposição da *Gleichschaltung* (unificação) a todas as sociedades alemãs pelo governo nazista, essa

---

16. Théodore Flournoy de Genebra, cf. acima, p. 136s.
17. Cogita-se a publicação dessas conferências. Elas não estão completas, pois Jung desejava ser livre para se repetir, mas cobrem os semestres mais interessantes em seis volumes. Já que foram conferências públicas, elas poderiam ser publicadas, mas só temos apenas um registro estenográfico em alemão (por Riwkah Schärf-Kluger) dos últimos volumes. Os primeiros constituem apenas uma sinopse das conferências [cf. JUNG, C.G. *História da psicologia moderna*: Palestras realizadas no ETH de Zurique. Vol. I, 1933-1934. Ernst Falzeder (org.). Trad. Caio Liudvik. Petrópolis: Vozes, 2020 (N.T.)].

situação tinha ficado inviável, e o presidente, Ernst Kretschmer, renunciou "devido à sublevação geral". Não acredito que Jung em algum momento tenha assentido em ser presidente de qualquer coisa nos quase vinte anos desde sua renúncia à presidência da Associação Internacional de Freud em abril de 1914. Como vimos, tais cargos e as atribuições que eles envolviam não eram nada agradáveis para Jung. Contudo, todo o mundo da psiquiatria estava sob ameaça na Alemanha, e Jung viu que a única esperança para a existência da sociedade residia em sua total reorganização. Claramente, isso não poderia ser realizado por um presidente alemão; assim, alguns "membros de destaque da sociedade" pressionaram Jung – "fervorosamente", segundo ele – a assumir o posto. Ele escreveu em um artigo de jornal:

> Levantou-se então dentro de mim um conflito moral, ou seja, aconteceu comigo o que nesta situação teria acontecido com qualquer outra pessoa decente. Deveria eu, qual neutro precavido, manter-me na segurança do lado de cá da fronteira e lavar minhas mãos em inocência, ou deveria – como estava bem ciente disso – arriscar minha pele e expor-me às inevitáveis incompreensões a que estão sujeitos todos aqueles que, por imperiosa necessidade, têm de fazer um pacto com os poderes políticos existentes na Alemanha? Será que eu deveria sacrificar os interesses da ciência, a lealdade a colegas, a amizade que me liga a alguns médicos alemães e o vínculo vivo com as humanidades permitido por uma língua em comum – sacrificar tudo isso ao conforto egoísta e a meus sentimentos políticos diferentes? Já vi demais do sofrimento da classe média alemã, aprendi demais sobre a miséria sem limites que marca frequentemente a vida de um médico alemão hoje, conheço demais a desgraça espiritual generalizada para poder fugir de meu claro dever humano, sob o manto mesquinho do subterfúgio político. Por conseguinte, não me restou outra opção senão responder por meus amigos com o peso de meu nome e de minha posição independente.
> Nas condições em que estavam as coisas, um único golpe de pena em alguma instância superior teria bastado para varrer toda a psicoterapia para debaixo da mesa. Isso tinha de ser impedido a todo custo, em nome da humanidade sofredora, dos médicos e – por último, mas não menos importante – da ciência e da civilização[18].

---

18. De "Atualidades (1934)". In: OC 11/6, § 1.016ss.

Naquela época – na verdade, durante a maior parte dos trinta e dois anos de convívio com Jung – eu costumava anotar posteriormente tudo o que conseguia lembrar de minhas sessões analíticas, seminários e, em especial, de conversas interessantes. O que se segue é fruto de minhas anotações sobre o que ele me disse ao retornar do congresso seguinte da sociedade, que ocorreu em Bad Nauheim, entre 10 e 13 de maio de 1934. (Minhas anotações estão datadas de 14 de maio de 1934, portanto o congresso ainda estava vivo em minha memória.) Esse foi o congresso no qual Jung apresentou seu esquema para a total reorganização da sociedade.

Jung me impressionou pelo cansaço incomum, mas no geral estava satisfeito com o resultado da reunião. De fato, disse, o trabalho mais difícil tinha sido a preparação de suas propostas; os vários pontos foram aceitos de modo surpreendentemente fácil. Para dar à sociedade uma base ainda mais internacional, optou-se por um sistema de grupos nacionais independentes, e a sociedade ficou livre do domínio alemão graças a uma regra de que nenhum grupo poderia reunir mais de 45% dos votos. Por outro lado, cada grupo nacional ficava inteiramente livre para estabelecer suas próprias regulamentações; mas – e esse foi o ponto mais importante – cada membro individual também ficava livre para se tornar membro de seu próprio grupo nacional *ou*, se preferisse, para se juntar à Sociedade Internacional como um "membro individual". Essa parte do regulamento era a que mais preocupava Jung, e ele disse ter conseguido sua aprovação somente depois de mencionar países neutros, como a Suíça e a Holanda, e descrever o quão desagradável seria se houvesse médicos individuais que divergissem de seus próprios regulamentos nacionais e que por isso fossem impedidos de tomar parte das tendências mais amplas da Sociedade Internacional como um todo.

Ficou evidente para qualquer médico inteligente que Jung estava fazendo isso para o bem dos médicos judeus alemães, que desse modo poderiam formar um grupo próprio ou simplesmente se juntar à Sociedade Internacional como membros individuais. Ele também estava inevitavelmente liberando o grupo alemão para fazer qualquer regulamentação nacional-socialista que quisesse ou fosse forçado a adotar, mas apenas, é claro, dentro do seu próprio grupo. Jung disse que, depois desse ponto ter sido aprovado sem oposição por parte do grupo alemão, de fato sem que a situação alemã fosse mencionada, houve muita especulação entre membros de outras nacionalidades sobre por que os alemães não se opuseram. Os mais otimistas pensaram que eles tinham ficado satisfeitos em poder perder os anéis sem perder os dedos, enquanto outros pensaram que eles não faziam ideia daquilo com que tinham concordado.

Tanto antes como depois desse congresso, o *Zentralblatt*, o periódico publicado pela Sociedade Médica Geral Internacional de Psicoterapia, foi o que apresentou os piores problemas. O presidente, que automaticamente era seu editor-chefe, sempre tinha sido um alemão, assim como toda sua equipe editorial; além disso, ele era publicado na Alemanha. Devido à tirania do governo nazista, ninguém sabia o que poderia ser ordenado a seguir. A própria sociedade foi salva graças ao sistema de grupos nacionais e membros individuais, mas Jung também esperava impedir a interferência nazista no *Zentralblatt*, dando ordens ao diretor executivo de imprimir uma *edição especial*, "*para circulação exclusiva na Alemanha*", com um manifesto político do presidente do grupo alemão (Prof. M.H. Göring, um psiquiatra que era primo do infame Göring), e lhe disse para *em nenhuma hipótese* publicá-lo no *Zentralblatt* geral. Mas, para a "surpresa e decepção" de Jung, o diretor executivo o desobedeceu (provavelmente tinha mais medo das autoridades alemãs), e o manifesto apareceu no *Zentralblatt* geral. Jung disse: "O caso é naturalmente tão incriminador que coloca seriamente em dúvida meu cargo de editor"[19]. Sei que ele, nesse momento, se sentiu muito tentado a largar todo aquele trabalho desagradável, mas decidiu ficar ao lado dos amigos, pois, como disse: "De que vale a ajuda ou a amizade sem custo algum?"

Havia, infelizmente, muitos elementos nos círculos psiquiátricos (tanto dentro como fora da Sociedade Internacional) que desde o início tentaram, como Jung resumiu dois anos depois, "impossibilitar a discussão objetiva, semeando, por um lado, a suspeita política e, por outro, a discórdia sectária"[20].

---

19. OC 11/6, § 1.022.
20. OC 11/6, § 1.060.

Ele então citou dois desses elementos: "O espírito freudiano de sectarismo colocou os maiores obstáculos para o grupo austríaco[21], e foi deflagrada uma campanha política na imprensa pelos elementos correspondentes na Suíça". Essa segunda campanha começou em 27 de fevereiro de 1934, por parte de apenas um elemento, um médico e psiquiatra suíço, G. Bally, que escreveu uma carta para o *Neue Zürcher Zeitung* que começava assim:

> A situação política na Alemanha obrigou todas as sociedades a realizarem uma reorganização lá designada de *Gleichschaltung* [unificação]. O ponto essencial consiste na expulsão de todos os membros que não sejam de nacionalidade puramente alemã e de todos os judeus. A Sociedade Médica Geral de Psicoterapia também foi unificada dessa forma.

Como isso evidentemente se aplicava *apenas* ao grupo alemão, e *não* à Sociedade Internacional, o Dr. Bally rapidamente passou da Sociedade para seu *Zentralblatt*, que tinha sido transformado em um documento genuinamente suspeito por conta do desastroso erro do diretor executivo. É possível que, na época em que escreveu sua carta, o Dr. Bally não conhecesse as circunstâncias reais, mas, se esse foi o caso, por que não o admitiu mais tarde? De todo modo, ele escreveu literalmente: "O Dr. C.G. Jung (Küsnacht, Zurique) admite ser o editor desse periódico *gleichgeschaltete* [unificado]. Um suíço, portanto, é o editor oficial de uma sociedade que – segundo o Dr. M.H. Göring, um de seus principais membros – espera de todos os seus membros que, antes de escreverem ou falarem, tenham estudado cuidadosa e cientificamente o livro fundamental de Adolf Hitler, *Mein Kampf*, aceitando-o como seu fundamento"[22]. Ou, como diríamos, "aceitando-o como sua Bíblia".

Jung escreveu uma réplica[23] no mesmo periódico quinze dias depois. Começou assim: "Não pretendo discutir conjecturas com o Dr. Bally, prefiro relatar os fatos", e prosseguiu fazendo isso objetivamente, enfatizando sobretudo que sua presidência (e seu correspondente cargo de editor) "não era da Sociedade *Alemã*, conforme afirmado pelo Dr. Bally, mas da Socie-

---

21. Deve-se lembrar que isso foi alguns anos antes de a Alemanha anexar a Áustria.
22. *Neue Zürcher Zeitung*, n. 343, 27/02/1934.
23. Ibid., n. 437, 13/03/1934 e n. 443, 14/03/1934 (cf. OC 11/6, § 1.016ss.).

dade *Internacional*". Esse engano (ou embuste) do Dr. Bally tem sido particularmente duradouro. Em um artigo que, em outros aspectos, é amistoso (embora um tanto desinformado) sobre Jung publicado por um periódico norte-americano há cerca de dez anos, li que era inegável que, em um primeiro momento, Jung teria sido arrebatado de simpatia pelo movimento nazista, pois de outro modo seria inexplicável que tivesse aceitado e se mantido, mesmo após os ataques dos judeus terem começado, na presidência da Sociedade Psiquiátrica Médica Alemã[24]. O autor prosseguiu mencionando "um paralelo freudiano não menos repreensível" quando, segundo Ernest Jones, "o grupo freudiano, com o consentimento do Mestre, permitiu que seus membros judeus renunciassem para preservar a análise na Alemanha nazista". É evidente que esse autor não é um daqueles que *queriam* acreditar em tal infâmia, e que genuinamente acreditava tratar-se da sociedade *alemã*. Havia muitos como ele, e por isso eu entro em mais detalhes do que esse assunto detestável merece.

Cito mais um trecho da "Réplica ao Dr. Bally", de Jung[25]:

> Visto que a seção alemã da Sociedade Internacional tem de ser *gleichgeschaltet* ["unificada"] e que, além disso, o *Zentralblatt* é publicado na Alemanha, naturalmente surgiram tantas dificuldades que, mais de uma vez, duvidamos da possibilidade de uma reorganização. Uma delas se referia ao juramento de lealdade à "pureza do sentimento político" requerida à Sociedade Alemã. Nós, na Suíça, temos dificuldade em compreender uma coisa dessas, mas imediatamente percebemos do que se trata se nos transportarmos três ou quatro séculos para trás, a um tempo em que a Igreja tinha pretensões totalitárias. O arame farpado ainda não tinha sido inventado, portanto provavelmente não havia campos de concentração, e a Igreja, ao invés disso, usava grandes quantidades de feixes de lenha.

A segunda acusação do Dr. Bally contra Jung, e que também gerou uma calúnia particularmente duradoura, foi de antissemitismo. Aqui, ele se ba-

---

24. MUMFORD, L. *The New Yorker*, mai./1964, p. 174.
25. Pode ser lida na íntegra em OC 11/6, § 1.016-34.

seou no que Jung tinha escrito em seu "Editorial" para o mesmo número do *Zentralblatt*[26]. Jung disse:

> [...] Será, portanto, a tarefa primordial do *Zentralblatt* dar apreciação imparcial a todas as contribuições objetivas, e promover uma visão completa que fará aos fatos básicos da psique humana uma justiça maior do que tem sido o caso até agora. As diferenças que realmente existem entre a psicologia germânica e a judaica, há muito tempo do conhecimento de qualquer pessoa inteligente, não devem mais ser escamoteadas, e isso só pode ser benéfico para a ciência. Na psicologia, mais do que em qualquer outra ciência, há uma "equação pessoal" cuja desconsideração falsifica todas as descobertas práticas e teóricas. Ao mesmo tempo, quero afirmar expressamente que isso não implica nenhuma depreciação da psicologia semítica, assim como não é uma depreciação dos chineses falar da psicologia peculiar do oriental.

O Dr. Bally citou essa passagem parcialmente, e então não apenas negou a existência de tais diferenças, mas também acusou Jung de oportunismo ao levantar esse tema naquele momento em particular, quando era tão conveniente aos nazistas. O editor do *Neue Zürcher Zeitung*, ao apresentar a "Réplica ao Dr. Bally", chegou ao ponto de afirmar que Jung só começou a admitir uma psicologia racial naquele momento particular[27].

Quanto a essa última acusação, devo afirmar que, desde o começo do meu período em Zurique, Jung sempre deu grande ênfase à necessidade de perceber as diferenças na psicologia das raças e nações. Lembro-me, por exemplo, de lhe ter contado certa vez algo que Toni Wolff tinha feito em 1929 na Inglaterra. Ele achou o episódio divertido e acrescentou: "Como é que ela foi fazer uma coisa dessas na Inglaterra? Ela não faz ideia da diferença entre a psicologia inglesa e a suíça?" Frequentemente mencionava a grande importância de perceber tais diferenças em seus seminários e escritos. Por exemplo, em 1918, Jung escreveu:

> O cristianismo cindiu o barbarismo germânico em uma metade superior e uma inferior e conseguiu assim, pela repressão

---

26. Também pode ser lido na íntegra em OC 11/6, § 1.014ss.
27. Citado na íntegra, com a resposta de Jung, em OC 11/6, p. 23, nota 5.

do lado escuro, domesticar o lado mais claro e torná-lo apto à civilização. Mas a metade inferior e mais escura ainda espera redenção e uma segunda domesticação. Até lá, continuará associada aos vestígios da era pré-histórica, ao inconsciente coletivo, que é suscetível a uma ativação peculiar e cada vez maior. Quanto mais a visão cristã do mundo perde sua autoridade, mais ameaçadoramente a "besta loura" será ouvida dentro da prisão subterrânea, pronta a irromper a qualquer momento, com consequências devastadoras. Quando isso acontece no indivíduo, acarreta uma revolução psicológica, mas também pode assumir uma forma social.

Na minha opinião, esse problema não existe para os judeus. O judeu já detinha a cultura do mundo antigo, e sobre esta se reveste da cultura das nações em que habita. Ele tem duas culturas, por mais paradoxal que isso pareça. É domesticado em grau maior do que nós, porém lhe falta aquela qualidade que enraíza o homem na terra e extrai de baixo uma nova força. Essa qualidade ctônica é encontrada em concentração perigosa nos povos germânicos. Naturalmente, o europeu ariano não notou sinal disso por muito tempo, mas talvez estejam começando a notá-lo na presente guerra[28], ou talvez não. O judeu tem muito pouco dessa qualidade – onde é que ele tem sua própria terra sob os pés? O mistério da terra não é nenhuma brincadeira nem paradoxo. Basta ver como, na América, as medidas do crânio e da pélvis de todas as raças europeias começam a se indianizar na segunda geração de imigrantes. Esse é o mistério da terra americana[29].

E, em 1928, ele escreveu, em *O eu e o inconsciente*: "Uma atitude coletiva naturalmente pressupõe essa mesma psique coletiva nos outros. Mas isso significa menosprezo brutal não apenas de diferenças individuais, como também de diferenças de um tipo mais geral dentro da própria psique coletiva, como por exemplo as diferenças de raça". Em uma nota de rodapé a esta sentença, ele acrescentou:

> Portanto, é um erro imperdoável aceitar as conclusões de uma psicologia judaica como válidas universalmente. Ninguém cogitaria que fosse obrigatoriamente válida para nós a psicologia

---

28. A Primeira Guerra Mundial.
29. "Sobre o inconsciente". In: OC 10/3, § 17ss.

chinesa ou indiana. A acusação barata de antissemitismo que isso suscitou contra mim, com base nessa crítica, é tão inteligente quanto me acusar de preconceito antichinês. Sem dúvida, em um nível anterior e mais profundo de desenvolvimento psíquico, onde ainda é impossível distinguir entre a mentalidade ariana, semítica, hamítica ou mongólica, todas as raças humanas têm uma psique coletiva em comum. Mas, com o começo da diferenciação racial, diferenças essenciais se desenvolveram na psique coletiva. Por essa razão, não podemos transportar integralmente o espírito de uma raça estrangeira para a nossa mentalidade, sem que esta seja sensivelmente prejudicada, fato esse que não impede que diversas naturezas de instintos débeis afetem a filosofia indiana ou quaisquer outras[30].

Essas citações deveriam bastar para comprovar, para além de qualquer dúvida, que desde 1918, senão antes, Jung já vinha enfatizando a importância de perceber as grandes diferenças que existem não só entre as raças judaica e ariana, mas entre *todas* as raças e *todas* as nações. Tentamos salientar essa característica fundamental da psicologia desde o início, através de referências frequentes ao diagrama do capítulo 1. Devemos agora considerar um pouco do que ele disse sobre esse assunto em março de 1934, em sua "Réplica ao Dr. Bally":

> Reconheço que fui imprudente a ponto de fazer o que mais estava aberto a mal-entendidos no presente momento: coloquei em pauta a questão judaica. Fiz isso deliberadamente. Meu estimado crítico parece ter esquecido que a primeira regra da psicoterapia é falar o mais detalhadamente possível das coisas mais delicadas e perigosas, e das mais incompreendidas. O problema judaico é um complexo na acepção comum do termo, uma ferida purulenta, e nenhum médico responsável aplicaria nesse caso métodos paliativos [...][31]. Se estivesse na condição – como o Dr. Bally supõe que eu esteja – de não poder apontar uma única diferença entre as duas psicologias, isso seria o mesmo que não ser capaz de apontar de modo plausível a diferença entre as peculiaridades de ingleses e de norte-americanos, ou de franceses e de alemães. Não inventei essas diferenças; você pode ler sobre elas em inúmeros livros e jornais; estão na boca do povo

---

30. OC 7/2, § 240.
31. OC 11/6, § 1.024.

sob a forma de piadas, e quem não for capaz de ver que há uma ou duas diferenças psicológicas entre franceses e alemães deve ter vindo de outro planeta e não saber nada sobre nosso manicômio europeu. Devemos realmente acreditar que uma tribo que perambulou por vários séculos ao longo da história como "povo eleito de Deus" não foi incitado a [*put up to*[32]] uma ideia dessas por alguma peculiaridade psicológica muito especial? Se não existe qualquer diferença, como seria possível reconhecer um judeu?[33] [...] Todo nivelamento produz ódio e rancor nos que são suprimidos e julgados equivocadamente; impede qualquer entendimento humano amplo. Todos os ramos da humanidade se unem em um só tronco – sim, mas o que é um tronco sem ramos separados? Por que esse melindre ridículo quando alguém ousa falar qualquer coisa sobre a diferença psicológica entre judeus e cristãos? Qualquer criança sabe que diferenças existem[34]. [...] Não faço nenhum julgamento de valor, explícito ou velado. Ocupo-me há muitos anos com o problema das diferenças imponderáveis que todo mundo conhece e ninguém consegue realmente definir. Elas estão entre os problemas mais difíceis da psicologia, e provavelmente por essa razão são consideradas áreas de tabu em que ninguém pode entrar sob pena de morrer. Para muitas pessoas, é um insulto atribuir-lhes uma idiossincrasia psicológica especial, e ao lidar com partidos e nações devemos ser ainda mais cuidadosos. Daí por que qualquer investigação desses imponderáveis é tão extraordinariamente difícil, pois, além de fazer seu trabalho, o pesquisador precisa ir grotescamente pisando em ovos frente a sensibilidades altamente carregadas. Já é tempo para o psicólogo clínico compreender melhor essas imponderabilidades psíquicas, porque delas emerge grande parte das coisas que vão mal no mundo. Quem conseguisse definir a natureza dessas diferenças imponderáveis teria de fato perscrutado em profundidade o mistério da alma humana. De minha parte, não estou entre aqueles sábios que se ocupam exclusivamente do que já se sabe – uma atividade extremamente útil, sem dúvida –, mas prefiro sondar territórios onde tudo ainda é desconhecido.

---

32. "*Put up to*" parece ser uma tradução muito infeliz. A expressão alemã é: "*zu einem Gedanken ermächtigt wäre*". "*Ermächtigt*" significa autorizado, o que me parece exprimir muito melhor o real significado.

33. Ibid., § 1.028.

34. Ibid., § 1.029.

> Por consequência, diverte-me que eu seja relegado ao papel do cretino que é incapaz de localizar uma única diferença entre judeus e cristãos. É fato, apesar de Bally, que a diferença existe, assim como a água existia antes que o químico descobrisse a fórmula H_2O; mas ainda não pode ser apreendida, pois todas as visões propostas até aqui são insatisfatórias[35].

Jung conclui sua resposta ao Dr. Bally:

> Admito prontamente ser uma coincidência altamente infeliz e desconcertante que meu projeto científico, sem qualquer auxílio da minha parte e contra minha vontade expressa, tenha sido alinhado a um manifesto político. Mas um acontecimento desse tipo, embora lamentável em si, pode muitas vezes como consequência ventilar problemas que de outro modo seriam cuidadosamente evitados[36].

Embora Jung tenha dito ser necessário "ir grotescamente pisando em ovos frente a sensibilidades altamente carregadas", sempre foi um tanto otimista demais na esperança de que a razão prevalecesse. Sem dúvida, ele próprio disse, na época, que a Alemanha era "uma nação europeia civilizada, com senso de moralidade e disciplina", e ainda esperava que os alemães caíssem em si com relação aos judeus, se fossem levados a ver e compreender as diferenças raciais geradoras de tantos desentendimentos. Isso era otimista demais, pois ele já havia percebido que os nazistas estavam projetando sua sombra nos judeus, e, portanto, não estavam em condições de ver o judeu real. Como isso pode ser visto como antissemitismo está além de meu entendimento. Quando me lembro do quão exausto Jung estava ao voltar depois da reorganização da Sociedade Médica Geral Internacional de Psicoterapia e do quão feliz ficou porque, conforme suas expectativas otimistas, os médicos judeus tinham pelo menos uma sociedade na qual seriam plenamente aceitos e livres; e de quantos judeus eram sempre membros altamente valorizados em nosso grupo de Zurique, sou obrigada a concluir que, também nesse caso, trata-se, principal ou inteiramente, de pessoas *quererem* acreditar em um boato. Jung também não mediu esforços mais tarde para ajudar emigrantes

---

35. Ibid., § 1.031ss.
36. Ibid., § 1.034.

judeus da Alemanha a se estabelecerem em outros países. Muitos judeus de destaque – entre os quais o Dr. Gerhard Adler, de Londres – negaram publicamente que houvesse qualquer verdade no boato, o que aparentemente não teve efeito nenhum, de modo que pareceu inútil prosseguir.

A carta do Dr. Bally teve pouca repercussão na época, e esse pouco logo se dissipou completamente depois que Jung explicou os fatos em sua "Réplica ao Dr. Bally." Mas evidentemente o veneno continuou fumegante no subterrâneo, só raramente enviando alguma centelha à superfície durante os onze anos seguintes. Depois da guerra, quando os sentimentos estavam à flor da pele e a pior coisa que se podia dizer de alguém era acusá-lo de ser nazista, a tentação se mostrou irresistível para os que queriam desacreditar Jung. Eles retomaram todos os equívocos do Dr. Bally e ignoraram a réplica de Jung e os fatos reais. Quando não eram anônimos, esses ataques geralmente vinham, é triste dizer, de outros psicólogos, tais como os freudianos, que parecem estar sofrendo do que os alemães chamam de *Futterneid*[37].

Jung, em geral, se manteve completamente à margem de toda a tempestade. Sua personalidade n. 1 por vezes ficava compreensível e humanamente indignada por tais mentiras sobre ele conseguirem uma circulação tão persistente; mas sua personalidade n. 2 passou completamente incólume.

Em maio de 1934, Jung começou seu seminário em inglês sobre o *Zaratustra* de Nietzsche. Ao final do semestre anterior, em março de 1934, a classe tinha sido solicitada a dar sua opinião sobre se Jung deveria continuar com a série de sonhos, ou visões, que tinha sido o tema dos seminários desde o outono de 1930, ou se deveria passar ao *Zaratustra*. A classe votou por essa segunda opção. Jung, que evidentemente era o maior envolvido, ocupou suas férias ponderando se se aventuraria nesse livro extenso e difícil. No começo do semestre de verão, porém, anunciou ter decidido aceitar o voto da classe, mas nos alertou de que a responsabilidade era toda nossa. O *Zaratustra* certamente não seria mais fácil do que as visões, pois era uma "confusão dos

---

37. Essa certeira expressão alemã pode apenas precariamente ser traduzida em inglês como *envy* ou *jealousy*. • Inveja do sucesso alheio ou, mais "organicamente", em relação à diferença de qualidade da comida à disposição do invejoso e do invejado [N.T.].

diabos" e extraordinariamente difícil. Jung disse que tinha quebrado a cabeça com certos problemas e que seria muito complicado elucidar o livro de um ângulo psicológico.

Jung muitas vezes nos advertia de que, embora ainda conseguíssemos, felizmente, levar nossas vidas habituais, não deveríamos esquecer as nuvens de tempestade que pairavam sobre a Europa. Também mencionou que pensava que a ideia de Nietzsche do super-homem seria precursora direta da ideia dos alemães de serem *Herrenmenschen* – os super-homens –, a "raça dominante", e, portanto, é possível que o voto da classe fosse influenciado pela esperança de que conseguíssemos maior compreensão e *insight* a respeito dos estranhos acontecimentos que vinham ocorrendo tão perto de nós, do outro lado da fronteira alemã. Mas, como em Berlim, Jung poucas vezes ou nunca mencionou diretamente a situação externa. Contudo, já que bom número de alemães participava dos seminários em inglês naqueles anos, é provável que esperasse que o estudo desse protótipo ajudaria a produzir a consciência que ele considerava ser a única esperança para evitar a catástrofe que havia pressentido em Berlim no ano anterior. Em todo caso, Jung insistiu na tarefa de "elucidar a obra de um ponto de vista psicológico" até o final do seminário em inglês, em fevereiro de 1939.

Alcançamos o episódio do destino do equilibrista no semestre de verão de 1934. Zaratustra dizia ao moribundo: "Tua alma vai morrer ainda antes que o teu corpo". Essa, disse Jung, foi uma "palavra profética", pois, como bem sabemos, a alma de Nietzsche morreu antes de seu corpo. Jung observou então: "Sua alma morreu em 1889, quando sua paralisia geral começou, mas ele viveu ainda por mais onze anos. Seu corpo viveu, mas sua alma estava morta. Assim, o destino do bailarino na corda simboliza o próprio Nietzsche". Ao longo desse extenso seminário, Jung deixou abundantemente claro que Nietzsche tinha enlouquecido devido à sua identificação com o super-homem. E, ao longo desses anos, os alemães estavam sendo compelidos por seu *Führer* a verem-se a si mesmos como o super-homem, destinado a dominar a humanidade. O equilibrista na corda bamba de Nietzsche certamente simbolizava o destino não apenas de Nietzsche, como também da Alemanha nazista, um destino do qual Jung já tivera um presságio quando nos falou naquele dia em Berlim.

O tema geral das conferências em Eranos naquele ano foi *Ostwestliche Symbolik und Seelenführung* (Simbolismo e métodos psicológicos no Oriente e no Ocidente), e Jung discorreu sobre "Os arquétipos do inconsciente coletivo". Desde o início, embora permitisse que suas conferências fossem publicadas nos Anais de Eranos tais como as havia apresentado, Jung se reservava o direito de seguir elaborando seus artigos mais tarde, para ampliá-los e, em seu novo formato, republicá-los do modo que lhe aprouvesse. Portanto, muitos de seus artigos – e mesmo de seus livros – mais importantes apareceram anteriormente, e de forma abreviada, nas conferências de Eranos. Frequentemente, versões ainda mais antigas tinham sido apresentadas no Clube Psicológico de Zurique. Essa conferência sobre "Os arquétipos do inconsciente coletivo" foi apresentada primeiramente em Eranos, depois estendida em duas conferências sobre o mesmo assunto no clube, em novembro do mesmo ano (1934). O formato final dessa conferência foi publicado *Von den Wurzeln des Bewusstseins* ("Concerning the Roots of Consciousness"; Sobre as raízes da consciência), em 1954. Esta deu nome à primeira parte do nono volume das *Collected Works* em inglês[38].

O Congresso de Eranos de 1934 foi consideravelmente mais extenso do que aquele do ano anterior, com vários outros conferencistas se somando aos sete originais, que voltaram a palestrar. Farei referência a apenas dois dos conferencistas de 1934: J.W. Hauer (cujo seminário em Zurique sobre o kundalini yoga já foi mencionado[39]) e o renomado Martin Buber. Cada um dos conferencistas tratou do tema geral do ano a partir do ponto de vista de seu próprio campo de estudo.

Creio que 1934 foi o primeiro ano em que vários motoristas do grupo de Zurique viajaram por Gotardo em seus próprios automóveis, mantendo contato entre si em vários pontos de encontro ao longo do caminho. Até que a Segunda Guerra Mundial nos privasse de gasolina, isso se tornou uma es-

---

38. OC 9/1, § 1-86.
39. Cf. acima, p. 287.

pécie de evento anual. Jung geralmente preferia partir à tarde, pernoitar em Hospental e seguir viagem na manhã seguinte, mas às vezes íamos direto. Em 1933, Toni Wolff teve muitos problemas com seu grande Chrysler nas estreitas ruas de Tessin, e por isso sugeriu, em 1934, que fôssemos em um único carro (em geral no dela, mas às vezes no meu), alternando-nos na direção. Sendo eu bem mais experiente ao volante do que Toni ou os Jung, vi-me na condição de chofer à noite ou nos trechos mais difíceis das estradas. Foi assim que comecei a conduzir Jung, uma atividade cada vez mais frequente (especialmente quando ele desistiu de dirigir) até um mês antes de sua morte, e devo a isso grande parte de nossas conversas mais interessantes. Desse modo, podia estar com ele sem desperdiçar seu precioso tempo de trabalho.

Jung ficou intrigado anos a fio sobre o sentido de um sonho que teve, por volta de 1926, em que se via preso em um pátio depois de ter atravessado a planície da Lombardia na carroça de um camponês que exclamou assim que os portões se fecharam: "Agora estamos presos no século XVII"[40]. Jung não tinha chegado a nenhuma interpretação satisfatória desse sonho durante os anos subsequentes. Seu interesse pela alquimia, à qual ele percebeu muito mais tarde que o sonho se referia, começou de maneira bem independente. Em 1928, embora estivesse fascinado por *O segredo da flor de ouro*, ele não tinha percebido que se tratava de um texto alquímico. Algum gatilho interno deve ter sido acionado, porém, pois em seguida pediu a um livreiro de Munique que o avisasse sempre que encontrasse um texto alquímico. Desse modo, comprou a edição de 1553 de *Artis Auriferae* – que contém o *Rosarium Philosophorum* que ele tantas vezes citaria mais tarde[41] –, porém, com exceção das imagens que observou, não tentou lê-lo por cerca de dois anos, desprezando-o inicialmente como um *nonsense*.

A data mais remota que posso dar com certeza para o início de seu estudo sério da alquimia é a primavera de 1934. Marie-Louise von Franz tinha tido um sonho impressionantemente alquímico por volta do Natal de 1933, e

---

40. *MDR*, p. 202ss.

41. A série de imagens que forma o fio de Ariadne de *A psicologia da transferência* também provém do *Rosarium*; cf. OC 16/2.

na primavera reuniu coragem para solicitar de Jung uma consulta para compreendê-lo. Ele lhe disse que tinha se convencido definitivamente de que iria estudar alquimia, e que poderia fazer a análise que desejava, mas não poderia arcar a menos que ela o retribuísse examinando alguns textos gregos e latinos necessários para que ele compreendesse os confusos meandros da alquimia. Jung lhe disse que seu latim, e especialmente o grego, estavam enferrujados por falta de uso, e que examinar todos os textos gregos e latinos necessários tomaria tempo demasiado. Citou os volumes que precisava conhecer e a instruiu no sentido de pegar diretamente os trechos "simbolicamente interessantes". Ela ficou apavorada, pois na época não sabia nada de símbolos. Porém se mostrou genial na coleta dos trechos certos, desse modo poupando o dispêndio de tempo e esforço por parte de Jung. Marie-Louise tinha acabado de entrar na universidade e estava estudando os clássicos, mas já havia se destacado no ginásio pelo domínio do latim e do grego. Jung lhe disse que, quando ela esteve em Bollingen no verão anterior, já havia tido um curioso sentimento irracional de que ela tinha alguma coisa a ver com a alquimia.

Conforme Marie-Louise trouxe seus relatórios sobre os volumes solicitados, ele logo percebeu do que se tratava seu sonho sobre o século XVII (afinal, a maioria dos tratados medievais mais interessantes foram escritos no século XVII), e também que seu estudo da alquimia era um destino do qual não conseguiria fugir. A princípio, tudo lhe pareceu um labirinto bizarro e impenetrável, mas gradualmente ele começou a achar uma luz e a ver que "a psicologia analítica coincidia de maneira muito curiosa com a alquimia"[42]. Na alquimia, onde a preocupação com a totalidade humana, por assim dizer, tinha sido preservada enquanto a Igreja se tornava cada vez mais unilateral, ele tinha finalmente encontrado o elo que faltava entre seu próprio "confronto com o inconsciente" e os gnósticos.

Deixarei a descrição completa de Jung e a alquimia para a Dra. von Franz, pois ela foi sua colaboradora em alquimia desde 1934 até o último livro alquímico dele, *Mysterium coniunctionis*, cujo terceiro volume é de au-

---

42. *MDR*, p. 205.

toria dela[43]. Jung disse em seu Prefácio: "A primeira e segunda partes são de minha responsabilidade, enquanto que minha colaboradora, Dra. Marie-Louise von Franz, é responsável pela terceira parte. Editamos em conjunto este livro, porque cada um dos autores participou do trabalho do outro"[44]. Jung originalmente planejava publicar os três volumes com ambos os nomes. Para sua considerável decepção – porque isso teria representado a continuação de uma velha tradição alquímica de trabalho conjunto do adepto e de sua *soror mystica* – houve tantos protestos enciumados que ele teve de chamar sua colaboradora e pedir autorização para desistir do plano, pois sentiu que sua saúde dificilmente suportaria uma tormenta tão tola. Em sua velhice, quem quer que realmente gostava dele punha sua saúde acima de qualquer outra consideração, e por isso Marie-Louise concordou de pronto, embora também naturalmente com considerável decepção.

Estou me antecipando, pois o que acabo de narrar ocorreria apenas às vésperas de Jung completar 80 anos, quando apareceu o primeiro volume, mas menciono aqui para mostrar por que deixei esse tema quase inteiramente para Marie-Louise e o quão qualificada ela é para lidar com estes fatos[45]. É verdade que Jung falou um pouco comigo a respeito, enquanto estava fazendo sua pesquisa da alquimia, mas em conexão diferente, pois conheço pouco do latim e nada do grego, não podendo, pois, ajudá-lo em nada nesse aspecto. Foi sobre a "curiosa coincidência" entre alquimia e psicologia analítica que Jung falou comigo na época. (Devo mencionar aqui que Jung costumava comentar com seus discípulos suas pesquisas em andamento, provavelmente abordando com cada um deles um aspecto diferente.) Ele foi percebendo cada vez mais que o que chamava de "o processo de individuação" – reconhecido primeiramente como um processo natural da psique humana nele próprio e em seus pacientes durante seu "confronto com o inconsciente" – era *o*

---

43. Na edição suíça [e também na brasileira; cf. OC 14/3 (N.T.)]. Uma vez que as *Collected Works* incluem apenas os escritos do próprio Jung, a Parte III de *Mysterium coniunctionis* foi publicada separadamente como *Aurora consurgens* na Bollingen Series (Nova York: Pantheon Books, 1966).

44. Esse é o texto da edição suíça, mas aparece apenas como uma nota de rodapé na edição em inglês. Cf. CW, vol. 14, p. xvi [OC 14/1, p. 13].

45. Cf. FRANZ, M.-L. *C.G. Jung: His Myth in Our Time* (Nova York: The C.G. Jung Foundation e G.P. Putnam's Sons, 1975), esp. os cap. 11 e 12.

tema arquetípico central subjacente. Portanto, estava sempre velado em toda tentativa honesta e consistente de estabelecer um relacionamento com "algo infinito". Em *Memórias*, ele disse que essa é "a questão decisiva" de toda vida humana, pois o infinito é "a única coisa que realmente importa" e que nos impede de "fixar nosso interesse em futilidades"[46].

Claro, foram necessários muitos anos de estudo antes que ele reconhecesse esse fato subjacente na alquimia. A princípio, ele se sentiu verdadeiramente perdido na linguagem enigmática dos textos, embora logo tenha percebido o quão tinha errado ao desprezá-los como *nonsense*. A despeito de si mesmo, eles "persistentemente o intrigaram", e ele sabia que precisava insistir com mais afinco. Então lhe ocorreu que os alquimistas falavam por símbolos – esses velhos conhecidos dele – e naquele momento as portas se fecharam atrás dele, como no seu sonho, e cada tempo livre era usado no estudo da alquimia. É difícil imaginar como ele pôde encontrar tempo nesses anos especialmente ocupados – somente no outono de 1936 ele reduziu drasticamente suas sessões e interrompeu o seminário em inglês por todo o inverno. Estava, porém, tão fascinado que não creio que poderia ter prosseguido seu trabalho analítico e suas conferências se não desse vazão a seu avassalador interesse pela alquimia; este o sobrecarregou, mas também o imbuiu de uma nova vida e energia.

Bastante confuso, inicialmente, com aqueles textos velhos e bizarros, montou um enorme fichário com as frases recorrentes e referências cruzadas, um trabalho que teria ocupado a maioria das pessoas por pelo menos um ano, em tempo integral; ele o fez no escasso tempo que sobrava após as oito ou nove horas de trabalho analítico diário. Claro, também trabalhava nisso nos feriados, mas foi se tornando cada vez mais difícil carregar todos os livros necessários a Bollingen.

Durante aqueles anos, eu ia a Bollingen regularmente, pelo menos uma vez a cada feriado, para fazer um retrato a lápis de Jung (ver adiante). Nunca pensei em fazer um retrato desses, mas durante um jantar no Sonnenberg, no início de 1932, Jung inesperadamente se dirigiu a mim, que estava do outro lado da mesa, e me perguntou *quando* eu pretendia fazer um retrato

---

46. *MDR*, p. 325.

dele. (Devo mencionar que, naquela época, Jung esperava ansiosamente que eu seguisse carreira artística, embora tenha mais tarde mudado de opinião.) Assim desafiada, aproveitei a primeira oportunidade para discutir possibilidades com ele, pois temia tomar mais tempo do que ele podia oferecer. Por outro lado, estava disposta a dispensá-lo de posar, e trabalhar enquanto ele lia ou escrevia. O retrato foi feito exclusivamente em Bollingen, e ele estava sempre ocupado com seu próprio trabalho enquanto eu desenhava. Ele estava naturalmente com um humor introvertido, e por isso desenhei um lado dele que poucas pessoas conheciam. Quando acabei (para o seu sexagésimo aniversário, em julho de 1935), ele disse que, embora tenha gostado – "porque tem algo que nenhum outro retrato tem" – nunca seria popular, e eu deveria ficar pronta para muitas críticas negativas. Ele explicou que as pessoas estavam acostumadas a que ele estivesse *lá para elas*, ao passo que eu o havia retratado em uma disposição totalmente retraída. Ele disse que as pessoas se sentiriam quase que rejeitadas por ele ao ver o quadro, e que por isso seria natural que não gostassem. Às vezes eu mesma achava difícil seguir desenhando, e nesses momentos o próprio Jung o fazia, por pouco tempo!

Em 1935, Jung atingiu a idade de 60 anos. Apesar da torrente de telegramas, presentes e cartas de congratulações, ainda lhe era possível celebrar a data em Bollingen com sua família. A partir do septuagésimo aniversário – e a cada cinco anos –, isso se tornou impossível, e ele foi obrigado a ficar em Küsnacht e comparecer a grandes festividades. Os suíços têm muito interesse em tais celebrações, dando a elas muito mais valor do que os anglo-saxões.

Toni Wolff, auxiliada por Linda Fierz e Emil Medtner, preparou uma *Festschrift*, publicação comemorativa, de grande volume, em homenagem ao seu sexagésimo aniversário. Como Jung tinha pouca ou nenhuma curiosidade por assuntos mundanos, não fazia ideia de que nada do gênero estava em preparação, e ficou genuinamente atônito quando uma cópia, encadernada numa linda capa de couro, foi deixada no seu travesseiro na noite anterior a seu aniversário. A meu ver, a melhor parte do livro é a extensa contribuição de Toni Wolff na abertura do livro[47]. Naturalmente, foi uma grande alegria para Jung

---

47. "Algumas recordações da juventude de Jung", de Albert Oeri, foi de longe a mais divertida.

que ela dedicasse tanto esforço para fazer o trabalho criativo que ele sempre ansiou que ela fizesse, mas que infelizmente ela era tão inclinada a negligenciar. Embora ela o fizesse para poupar o trabalho dele em análise, penso que foi um erro, e que ela poderia ter permanecido muito mais tempo conosco[48] se tivesse desenvolvido mais seu potencial criativo. Em todo caso, em anos posteriores Jung não permitiria que nenhum discípulo ficasse junto a ele se não dedicasse, de uma forma ou outra, a maior parte de sua energia ao trabalho criativo.

O tema do Congresso de Eranos daquele ano foi praticamente o mesmo que aquele de 1934: "Métodos psicagógicos no Oriente e no Ocidente". O artigo de Jung foi sobre "Símbolos oníricos do processo de individuação", primeira versão do que mais tarde se tornaria a segunda parte de seu livro *Psicologia e alquimia*, sob o título de "Simbolismo onírico individual em relação com a alquimia". Não houve tantos conferencistas quanto em 1934, que naquele ano se provou serem quase que demasiados. Houve uma única aparição nesse ano de Robert Eisler (autor de *Orfeu, o pescador*), uma pessoa muito interessante e que nos contou várias histórias que realmente divertiram Jung.

Aquele ano de seu sexagésimo aniversário também trouxe uma grande alegria para Jung em Bollingen. Fazia quatro anos desde a última ampliação da Torre e, como ele escreveu em *Memórias*:

> Surgiu em mim o desejo de possuir um terreno cercado. Eu precisava de um espaço maior, que permanecesse aberto para o céu e para a natureza. E assim... acrescentei um pátio e uma *loggia* junto ao lago, formando um quarto elemento que estava separado da unidade trina da casa. Assim, havia aparecido uma quaternidade, quatro diferentes partes da construção, e isso ao longo de doze anos.

Esse talvez tenha sido o maior aprimoramento da privacidade da casa. Antes que fosse construída, a casa, embora completa em si mesma, se abria diretamente para a margem do lago. Embora fosse insignificante o número de barcos que passavam por lá, era impossível sentar em qualquer lugar fora da casa sem ficar exposto ao lago. Após este adendo, não havia apenas um

---

48. Toni Wolff morreu aos 65 anos, em março de 1953.

pátio murado com dois portões que eram mantidos fechados, como também um alpendre[49] com uma lareira aberta, onde Jung mais tarde costumava cozinhar em noites de verão. O alpendre podia ser aberto, revelando uma adorável vista do lago e das montanhas, embora uma mureta impedisse a visão a partir dos barcos que passavam no lago. Quando ventava ou quando Jung se sentia particularmente introvertido, havia uma grande cortina de lona que dava a todo o conjunto o aconchego de uma tenda.

C.G. Jung
Um desenho a lápis, por Barbara Hannah.

---

49. Jung colocou um teto sobre esse alpendre em 1951.

Desde o início, Jung gostou imensamente do pátio e do alpendre, mais tarde utilizando este último quando tinha vontade de trabalhar fora de casa, porém jamais lamentou os doze anos que passou sem ele. Chegou a dizer a Marie-Louise von Franz que de modo algum construísse um compartimento externo antes de haver vivido dentro da casa durante alguns anos. "Esse tempo é precioso para ver o que você realmente quer e para saber exatamente como construir a coisa certa", disse. No caso dele, com certeza a demora valeu a pena, pois a construção foi feita no momento certo. O pátio também oferecia maior privacidade em relação aos visitantes, que agora precisavam bater no portão. Havia uma pequena janela quase invisível, de modo que o visitante podia ser visto antes que se abrisse a porta. A menos que estivesse lá sozinho, Jung jamais atendia o portão.

É impossível falar de Bollingen sem mencionar a família Kuhn, que morava em uma casa junto à estrada, a uns setecentos metros da Torre. Hans, o filho mais velho, desempenhou um papel importante em Bollingen, pois com frequência auxiliava Jung com trabalhos pesados, como cortar ou podar árvores. Ele era absolutamente devotado a Jung, e mesmo hoje não consegue falar daquele tempo na Torre sem que seus olhos fiquem marejados de lágrimas. Por volta de 1932, Jung arrumou para ele o cargo de chofer e faz-tudo da Sra. Alice Crowley, uma de suas discípulas dos Estados Unidos que foi morar em Zurique. À medida que Jung envelhecia, a Sra. Crowley foi se tornando cada vez mais generosa em ceder-lhe os préstimos de Hans. Ele era um sujeito simples e fiel e frequentemente desempenhava papel positivo nos sonhos de Jung.

Jung sempre teve bom relacionamento com os camponeses e, ao ficar mais velho, às vezes pedia a Hans para ficar com ele, ajudando-o com o trabalho pesado, quando desejava ficar sozinho na Torre. Hans não perturbava em nada Jung, e Toni Wolff também se dava bem com ele. Emma Jung às vezes se queixava de que ele era preguiçoso, exceto quando ajudava diretamente o seu ídolo, e, bem mais tarde, Ruth Bailey teve queixas semelhantes. Contudo, de um modo geral, ele foi a pessoa certa no lugar certo, um verdadeiro acréscimo à vida em Bollingen.

Durante o outono de 1935, Jung viajou a Londres para dar cinco conferências na Clínica Tavistock para uma plateia de cerca de duzentas pessoas, em sua maioria médicos. Essas conferências foram publicadas em forma de livro, como *Analytical Psychology, Its Theory and Practice*[50]. O Dr. E.A. Bennet começou seu excelente Prefácio com as seguintes palavras:

> Em 1935, o Prof. C.G. Jung, então com 60 anos, deu um curso com cinco conferências em Londres para cerca de duzentos médicos, na Clínica Tavistock[51]. Um relatório das conferências e das discussões subsequentes foi registrado em um volume datilografado editado por Mary Barker e Margaret Game, sendo agora publicado em formato de livro.
> A obra de Jung era bem conhecida de sua plateia, mas poucos o tinham ouvido falar. Suas conferências atraíam um grupo expressivo de psiquiatras e de psicoterapeutas das diferentes "escolas", bem como também de hospitais psiquiátricos e alguns clínicos gerais. Ele tinha por hábito falar por uma hora e em seguida abrir para debates uma segunda hora. Desde o início seu material incomum, suas maneiras informais e a surpreendente fluência em inglês coloquial estabeleceram atmosfera confortável e estimulante, e as discussões duraram bem mais que o tempo combinado. Além de orador fascinante, Jung selecionava suas palavras cuidadosamente, e tinha o dom de dizer precisamente o que pretendia, de uma forma compreensível, livre de jargões doutrinários.

Toni Wolff e eu assistimos a essas conferências e posteriormente trabalhamos na datilografia, que foi multigrafada na época. Meras palavras não podem transmitir mais do que uma tênue impressão do conteúdo vivo das conferências e discussões e do efeito delas no público, especialmente em médicos de escolas mais ou menos antagônicas, que, conforme a semana transcorria, pareciam ir deixando de lado teorias doutrinárias, em troca do interesse fascinado pelos fatos empíricos. As teorias doutrinárias têm um péssimo modo de se restabelecerem depois, mas naquele momento elas se tornaram irrelevantes perante os novos fatos que Jung trazia, sobretudo pe-

---

50. Primeira edição norte-americana: Pantheon Books, Nova York, 1968.
51. Fundada em 1920 como a Tavistock Square Clinic, seu nome foi alterado em 1931 para Institute of Medical Psychology, que alguns anos depois se tornou a Tavistock Clinic.

rante a própria totalidade dele, sua integridade convincente e humor inimitável. O riso, mais do que qualquer outra coisa, ajuda a dar coesão a um grupo.

Eu tinha acabado de comprar um carro novo, que precisava rodar por quinhentas milhas para poder passar pela primeira revisão antes de deixar a Inglaterra, de modo que Jung o utilizou livremente durante sua estada em Londres. Testemunhei assim, pela primeira vez, o quanto Jung se sentia à vontade e adaptado por toda parte na Inglaterra. Certa vez ele me disse que, quando esteve lá pela primeira vez, teve um de seus mais fortes sentimentos de *déjà vu*. Embora achasse que não temos evidências suficientes para formular uma opinião definitiva sobre a reencarnação, ele me disse então: "Se eu tiver vivido outras vidas antes desta, tenho certeza de que em uma delas fui um inglês".

O ano seguinte, 1936, também foi repleto de atividades. Vale lembrar que, em todos aqueles anos, enquanto estudava tão intensamente a alquimia, ele prosseguia, quase sem interrupções, seu seminário em inglês no Clube Psicológico, suas conferências e seminário sobre sonhos de crianças no ETH, e nunca deixava de dar quatro a nove horas[52] de análises por dia. Também jamais deixou de comparecer a Eranos durante aqueles anos, e me admira que ele o conseguisse, quando lembro o quão em paz consigo – quase que em lazer – ele parecia naquele período. Acho que todos os discípulos que prosseguiram o processo de individuação desde a morte dele, e que envelheceram o bastante para perceber plenamente o valor do tempo, devem agora lamentar mais do que tudo as tantas vezes em que se preocuparam desnecessariamente com futilidades, pois o tempo, tenho certeza, era para ele mais valioso do que qualquer coisa, especialmente naqueles anos. Lembro que Toni Wolff certa vez organizou um leilão no Clube Psicológico para levantar fundos para algum projeto importante. Todos os membros do clube deram objetos de valor para serem leiloados, e Jung foi convencido a dar uma hora do seu tempo. Passou então a, ele próprio, fazer lances, e não desistiu até passar de cem

---

52. Em geral eram oito horas por dia, mas evidentemente isso tinha de ser reduzido em dias de seminário e de conferência, e por vezes aumentado quando não dava conta de seu trabalho absolutamente necessário.

francos! Embora tivesse uma boa atitude para com o dinheiro, Jung nunca o desperdiçava, de modo que os lances que dava convenceram os membros do grupo sobre o alto valor que ele dava ao seu próprio tempo.

O verão de 1936 foi ainda sobrecarregado com os preparativos para conferências que ele daria em uma visita aos Estados Unidos no outono daquele ano, e em agosto, em Eranos, ele falou da alquimia pela primeira vez para um público mais amplo. É verdade que Jung já havia dado um curso breve de três conferências no Clube Psicológico de Zurique em fins do outono de 1935, mas ainda era difícil para ele falar sobre o tema, visto que nem ele, nem Marie-Louise von Franz haviam tido tempo para sequer chegar perto de examinar todos os textos que tinham reunido; ele então ainda se queixava de muitas vezes se sentir perdido no labirinto impenetrável dos textos alquímicos.

O tema geral do Congresso de Eranos daquele ano foi "Formações da ideia de redenção no Oriente e no Ocidente". Jung apresentou o que os anais de Eranos descrevem como quatro conferências sobre "A ideia de salvação na alquimia" ("The Idea of Redemption in Alchemy"); mas, se não me falha a memória, ele as deu em duas sessões duplas ao longo de duas manhãs, para uma plateia especialmente fascinada, pois era a primeira vez que a maioria daquelas pessoas tinha percebido que a alquimia era infinitamente mais do que um tolo esforço medieval de produzir ouro. A versão final dessas conferências compõe a Parte III de *Psicologia e alquimia*[53], publicado pela primeira vez em 1944. Esse congresso foi, como um todo, muito interessante. Lembro-me de modo particularmente vívido do quão ficamos todos interessados pela conferência de um professor francês, H.C. Puech, sobre o "Conceito de redenção no maniqueísmo"[54]. Acho que essa foi a única vez que o Prof. Puech deu uma conferência em Eranos.

Durante as férias de verão de 1936, Jung encontrou uma cobra morta, com um peixe morto preso dentro de sua boca, um paralelo muito curioso

---

53. OC 12.
54. Em *The Mystic Vision, Papers from the Eranos Yearbooks* (Nova York/Londres: The Bollingen Foundation/Routledge), vol. 6, p. 247ss.

com seus pensamentos na época. Ele ficou tão impactado por esse evento sincronístico que esculpiu uma imagem do incidente na parede do pátio em Bollingen.

A ideia de Jung foi de que a serpente representava o espírito pagão que vinha emergindo tão fortemente em nossos dias, e que está tentando comer o espírito cristão, representado pelo peixe. O novo símbolo reconciliador, buscado pelos alquimistas, nascerá desses dois opostos.

Em fins de agosto, Jung voltou aos Estados Unidos, dessa vez acompanhado pela esposa. Emma Jung não tinha tido muita (ou nenhuma) vontade de viajar enquanto seus filhos eram jovens, pois era uma mãe excepcionalmente dedicada e sempre muito ansiosa quanto ao bem-estar dos filhos. Mas, à medida que eles foram crescendo, Jung a encorajou cada vez mais a desenvolver uma vida própria, pois ele sabia melhor que ninguém o valor, para crianças pequenas, do cuidado ininterrupto, mas também como essa própria devoção se torna destrutiva assim que os filhos têm idade suficiente para tocar a própria vida. Assim, muito encorajada pelo marido, Emma Jung aprendeu latim e grego, quando seus filhos estavam na escola, e se tornou de grande valor para o lado científico do trabalho de Jung. E agora ela era encorajada a ampliar ainda mais seu horizonte, indo com ele para os Estados Unidos. Lembro-me de que ela ficou bastante indecisa, mas por fim decidiu acompanhá-lo.

Sempre que viajava aos Estados Unidos ou a qualquer lugar ultramarino, Jung ia de navio. As viagens aéreas eram evidentemente muito menos habituais naquela época do que agora, e, embora certa vez – creio que em 1935 – Jung tenha voltado de avião da Inglaterra, ele nunca gostou da ideia de voar, por achar que se chegava rápido demais, deixando para trás pedaços da própria psique! Ele até mesmo advertia seus discípulos, muito mais tarde, nos anos de 1950, quando voar tinha se tornado muito mais barato e fácil, que nunca fossem aos Estados Unidos pelo ar, caso contrário descobririam ter deixado para trás pedaços de si mesmos e seriam incapazes de estar com presença plena em suas conferências e seminários. Assim, os Jung embarcaram em um grande vapor, *North German Lloyd*, e fizeram uma ótima viagem.

Ao chegarem aos Estados Unidos, foram primeiramente à Universidade de Harvard, em Cambridge, Massachusetts. Harvard estava celebrando sua Conferência do Tricentenário de Artes e Ciências, e havia convidado Jung para uma conferência. Sua fala teve por título "Fatores determinantes do comportamento humano"[55]. Essa conferência parece ter sido especialmente apreciada, mas Jung ficou perplexo ao ver sua anfitriã se desmanchando em lágrimas e soluçando: "Foi tão lindo!" Mas "o que será que a comoveu?", perguntou-se Jung ao retornar para casa, "afinal tenho certeza de que ela não entendeu uma palavra". Essas coisas aconteciam muitas vezes, e por muito tempo invariavelmente o surpreendiam. Ele escreveu e falou a partir de sua totalidade, de modo que todas as quatro funções (pensamento, sentimento, sensação e intuição) naturalmente se inseriram, mas na época de que estamos tratando ele ainda não tinha percebido isso inteiramente. Quando tipos sentimento, por exemplo, ficam profundamente *comovidos* pelo que ele tinha intencionado apenas que fosse *entendido*, ele sempre ficava atônito.

Jung e a esposa gostaram de Harvard e quiseram permanecer lá mais tempo do que inicialmente planejado. Mas, nesse ínterim, mais de cem pessoas tinham se reunido na Ilha de Bailey, no Maine, para um seminário. Pouco antes de morrer, Esther Harding me contou – ainda com pesar – que tinha recaído nos ombros dela a tarefa de telefonar para Jung em Harvard e lhe explicar a situação. Jung entregava-se de tal maneira a circunstâncias benfazejas que o tempo, às vezes, se tornava relativo para ele, e assim, com seu habitual otimismo, ele tinha tido a certeza de que poucas pessoas viajariam tão longe para escutá-lo, e que essas poucas pessoas certamente estariam de férias no Maine e não teriam nenhuma pressa, como ele próprio. Mas, ao saber que tanta gente tinha chegado apenas para o seminário, e com compromissos logo a seguir, ele ficou horrorizado e mudou seus planos imediatamente.

Esse seminário tinha sido organizado pelas três principais médicas junguianas de Nova York: Eleanor Bertine, Esther Harding e Kristine Mann. Elas

---

55. Essa conferência foi publicada na época em um simpósio, *Factors Determining Human Behavior*. Em 1942, foi republicada como *Human Behavior* em outro simpósio, editado por Ruth Nanda Anshen. Ela agora consta de OC 8/2, § 232-262. Essas duas últimas versões passaram por "ligeiras alterações".

compartilhavam uma casa na Ilha de Bailey, analisavam ali ao menos por um mês a cada verão, e sempre passavam longas férias naquele local maravilhoso. A ilha é separada do continente não só pelo mar, mas também por outra ilha, com engenhosas pontes sobre as pequenas extensões de água. Jung ficou imensamente impactado pela costa do Maine, e sentiu que se tratava de um território ainda virgem, em que o homem ainda não havia deixado nenhuma ou poucas marcas, vivendo mais em seu passado do que no presente. Na época, a ilha tinha muito menos casas do que hoje em dia, e me lembro de Jung dizer que ela lhe causou uma impressão estranha e única. Disse-me: "Vá lá se você tiver uma oportunidade", conselho que pude seguir somente trinta anos mais tarde, sete anos depois de sua morte.

Os Jung ficaram com as três médicas em sua grande casa bem acima do mar, e ele realizou algumas sessões analíticas, bem como seu seminário. Sempre que podia, ia com grande prazer velejar e explorar a costa. Enquanto isso, Emma Jung, embora estivesse gostando muito, sentindo-se em um mundo completamente diferente, estava ficando cada vez mais angustiada com o ritmo da vida norte-americana e com o grau de extroversão que era esperado dela. De fato, ela passava a impressão de estar ofegante quando o Dr. E.A. Bennet, a esposa dele e eu os encontramos na estação Waterloo com nossos dois carros, pois Jung também tinha algumas conferências a dar em Londres, no regresso dos Estados Unidos.

Dr. Bennet e sua esposa haviam providenciado aposentos realmente confortáveis em um pequeno hotel junto ao Regents Park, local tranquilo e perto da casa dos Bennet, onde Jung dava sessões de análise e era assistido pela eficiente secretária do Dr. Bennet. Ao saírem do carro e avistarem esse pequeno hotel – não muito maior do que uma casa de campo de tamanho moderado – Jung comentou para sua esposa: "Poderia haver no mundo todo um contraste maior?" Eles tinham ficado em um dos maiores hotéis em Nova York (creio que no Waldorf Astoria) e o contraste deve realmente ter sido extremo. Mas logo adoraram seu tranquilo hotelzinho, sem nenhum ruído de trânsito e com todo o conforto doméstico introduzido pelos Bennet, e Emma Jung encontrou um indescritível descanso após suas semanas agradáveis, mas agitadas, nos Estados Unidos.

De volta a Küsnacht, Jung finalmente conseguiu providenciar algum tempo livre, pois no verão não lhe havia sobrado tempo para sua amada alquimia. Não deu nenhum seminário em inglês nem conferências no ETH no inverno seguinte. Também reduziu ao máximo suas sessões analíticas, e enfim conseguiu algum tempo para encontrar seu rumo na floresta impenetrável dos textos alquímicos. Embora tenha sido um trabalho especialmente complicado – mesmo em comparação com seu "confronto com o inconsciente" –, apreciou muito o inverno daquele ano, achando-o altamente compensador.

Depois dos feriados de Páscoa, porém, ele retomou todo seu trabalho, e a agenda do verão daquele ano foi de novo particularmente pesada. A mudança no ritmo de trabalho lhe fez bem, de modo que voltou com ânimo renovado. Os feriados do verão também foram abreviados, pois tinha prometido dar três *Terry Lectures* na Universidade de Yale, e todo seu tempo, antes do habitual Congresso de Eranos, foi ocupado na preparação daquelas conferências diretamente em inglês. Um editor anglófono lhe disse que gostava muito mais dos artigos que o próprio Jung escrevia em inglês do que qualquer tradução, pois eram infinitamente mais vivos, mas naturalmente isso lhe tomava mais tempo do que escrever em alemão. Sua conferência para Eranos consumiu muito tempo, visto que ele falou das visões de Zósimo, que estão em grego.

Jung pretendia ir à Índia no final de 1937, e isso tornou sua visita aos Estados Unidos, naquele ano, muito mais apressada do que no ano anterior. Após as *Terry Lectures*[56] em Yale, deu um seminário em Nova York que foi continuação do seminário na Ilha de Bailey no ano anterior. Essa acabou sendo sua última visita aos Estados Unidos, algo que ninguém podia então imaginar, visto que ele estava só com pouco mais de 60 anos.

Mas o inconsciente parece sempre saber essas coisas com antecedência, e o discurso que ele fez no jantar de despedida, na noite de encerramento

---

56. Essas conferências foram publicadas pela Yale University Press em 1938 sob o título *Psychology and Religion*, em alemão, em 1940, revistas e ampliadas por Jung. Esta é a versão que aparece em OC 11/1, § 1-168.

do seminário, foi singularmente impressionante, como se ele soubesse que estava falando suas últimas palavras para muitos dos seus ouvintes. Várias pessoas me falaram sobre esse discurso, inclusive Esther Harding. Foram incomumente unânimes quanto às principais linhas de pensamento e aos pontos que tinham causado neles uma impressão indelével.

Como já havia falado duas vezes naquele dia, Jung não estava disposto a falar novamente, mas então disse que tentaria ver se alguma coisa lhe ocorreria, de modo que claramente a maior parte do discurso lhe veio diretamente do próprio inconsciente. Visto que ele tinha acabado de dar suas *Terry Lectures* sobre "Psicologia e religião", esse assunto estava naturalmente em destaque na sua mente, e assim ele prosseguiu com esse tema em seu discurso.

Conforme o ouvi muitas vezes comentar em outras ocasiões, abordou naquela noite o quão difíceis eram os dias que estávamos vivendo, pois as imagens arquetípicas do inconsciente coletivo não mais se contentavam em fluir para a religião predominante. Tinham se soltado de suas amarras, por assim dizer, atormentando o homem moderno com um estado inquietante da energia que a religião cristã conseguira conter por pelo menos os últimos dois milênios. Parte dessa energia tinha ido para a ciência, é verdade, mas esta é estreita e racional demais para satisfazer a todas as imagens arquetípicas flutuantes. Essa é a razão para nossos tantos "ismos" hoje em dia, e isso confronta o indivíduo livre moderno com a tarefa de chegar a um acordo com eles em sua própria vida.

Jung falou algum tempo sobre Cristo como um ser humano, e mostrou o difícil problema que Ele teve de enfrentar. Como uma criança ilegítima, naturalmente lutou com o demônio do poder por toda a vida. Isso fica claro na tentação do deserto, mas Ele dispunha de um senso extremamente raro de integridade para recusar todas as ofertas de satã. Ainda assim, não conseguiu escapar delas completamente; seu reino não era deste mundo, mas não deixava de ser um reino. E o estranho incidente da entrada triunfal em Jerusalém parece brotar da mesma raiz. Mas todas essas convicções desertaram-no na cruz, quando Ele gritou as trágicas palavras: "Meu Deus, meu Deus, por que me abandonaste?" Esse foi o momento de completo fracasso de Cristo, quando viu que a vida que tinha levado conforme suas melhores convicções e com tamanha integridade tinha se baseado em grande medida na ilusão. Na cruz, foi desertado por sua missão, mas tinha vivido sua vida com tanta devoção que, apesar disso, venceu através de um corpo ressurreto.

Jung então disse para sua plateia – e foi isso o que tocou a tantos como suas últimas palavras – que só nos restava seguir o exemplo de Cristo e viver nossas vidas tão plenamente quanto possível, ainda que baseados em um erro. Devemos ir em frente e cometer nossos erros, pois não há vida plena sem erro; ninguém jamais encontrou toda a verdade; mas se vivêssemos com a mesma integridade e devoção que Cristo, ele esperava que todos nós, como Cristo, sairíamos vitoriosos com um corpo ressurreto.

12
Intermezzo indiano, 1937-1938

A viagem à Índia, em 1937-1938, teve um *background* muito diferente das viagens anteriores de Jung. As duas primeiras, para a África do Norte e para os índios norte-americanos, foram realizadas em um esforço de ver a Europa a partir de fora. A viagem à África Oriental e ao Egito tiveram o propósito ostensivo de estudar a psicologia primitiva e chegar ao Egito pela África descendo o Nilo, ao invés de, como de hábito, atravessando o Mediterrâneo. Tenho certeza de que a revelação feita pelo inconsciente de Jung no Nilo o impressionou profundamente: que o próprio inconsciente tinha tido uma razão muito diferente para encorajá-lo a fazer essa viagem, qual seja, levantar a questão embaraçosa: "O que acontecerá ao psicólogo Jung na África selvagem?"[1] A segunda razão inconsciente que ele então descobriu – fugir da crescente tensão europeia – provavelmente foi a que o levou a recusar a tentadora oportunidade de ir à China em 1934.

Ele tinha ficado enormemente impressionado pela sabedoria chinesa, mesmo antes de conhecer Richard Wilhelm, quando pela primeira vez experimentou um verão com o *I Ching*[2]. Só abriu mão do ardente desejo de aprender chinês quando seus estudos alquímicos o convenceram de que ele nunca teria tempo para aprender a mais difícil de todas as línguas. Também ansiava ir à China para formar lá suas próprias conclusões sobre a cultura chinesa, por isso não creio que houvesse alguma coisa que ele gostaria mais do que

---

1. *MDR*, p. 273.
2. Cf. acima, p. 230.

de aceitar uma proposta de uma longa viagem pela China[3], que levaria pelo menos seis meses. Quando me contou que tinha decidido não ir, acrescentou com tristeza: "Percebi que nesse momento o meu lugar é *aqui*!" Infelizmente, enquanto ele viveu, jamais vi a conexão entre sua decisão e a revelação que teve no Nilo, e tampouco fui capaz de lhe perguntar se essa conexão existia, mas estou convencida de que foi o sentimento de que ele não deveria fugir uma segunda vez da crescente tensão na Europa que o fez recusar essa viagem, pela qual ansiava tanto.

Em 1937, ele tinha de algum modo encontrado tempo para ler bastante "sobre filosofia e história religiosas da Índia", e "estava profundamente convencido do valor da sabedoria oriental"[4]. Portanto, o convite do Governo Britânico da Índia para "tomar parte das celebrações ligadas ao vigésimo quinto aniversário da Universidade de Calcutá", que seriam realizadas em janeiro de 1938, chegou como uma bem-vinda oportunidade de finalmente ver alguma coisa do Oriente. Os convidados chegaram a Bombaim em dezembro de 1937, e foram levados para ver muitos lugares da Índia a caminho de Calcutá. Jung não queria estar preso a um itinerário fixo, e por isso sugeriu que Fowler McCormick também viesse com eles, e que Fowler e ele fizessem algumas expedições por conta própria, especialmente ao sul da Índia e ao Ceilão, após as celebrações em Calcutá. A viagem como um todo, porém, durou menos do que três meses, de modo que ele esteve fora por um tempo muito mais curto do que necessariamente teria ficado se tivesse ido à China.

Não foi fácil, porém, acrescentar essa viagem a um ano que já tinha incluído as *Terry Lectures* em Yale e um seminário em Nova York. Ele reduziu ao máximo seu período nos Estados Unidos; mesmo assim, houve apenas poucas semanas entre seu retorno dos Estados Unidos e sua partida para a Índia. Visto estar abandonando seus pacientes e discípulos por tanto tempo, os encontrou o mais frequentemente possível, embora naquele inverno fosse obrigado a cancelar seu seminário inglês e todas as suas conferências no ETH.

---

3. Pelo que me lembro, a proposta partiu de Erwin Rousselle, então diretor do Instituto de Sinologia em Frankfurt.
4. Ibid., p. 274ss.

Infelizmente, ele não dispôs de tempo suficiente para sua preparação pessoal para a viagem (como vacinas, p. ex.), e Toni Wolff sempre teve certeza de que a enfermidade dele em Calcutá foi um resultado dessa omissão.

Não sei se Jung consultou o *I Ching* para essa viagem, como o fizera antes de ir à África, mas tive a nítida impressão, ao vê-lo pela última vez antes da viagem, de que ele contava com a possibilidade de não retornar. Pelo menos me pareceu, por uma coisa ou outra que havia dito, que ele estava preparando seus discípulos para essa eventualidade. De fato, aguardava-o uma perigosa enfermidade, a primeira de muitas que teria de enfrentar antes de morrer. Jung tinha 62 anos nessa época, e já estava consideravelmente desapegado da vida, embora ao mesmo tempo se entregasse a ela completamente.

Ele me contou, naquele dia, o quanto era diferente sua atitude para com a viagem iminente. Antes da África, por exemplo, estava tomado de entusiasmo diante da perspectiva da viagem, e teria ficado amargamente decepcionado se ela não se concretizasse. "Anseio imensamente por experienciar a Índia e a cultura indiana por mim mesmo", disse, "mas, se a viagem de repente fosse cancelada, eu não ficaria realmente decepcionado. Ao invés de ir para Marselha na próxima sexta-feira, seria fácil ficar em casa fazendo outra coisa". Ele percebia plenamente, como deixou claro em *Memórias*, que dessa vez ele deveria permanecer em si mesmo, "como um homúnculo na retorta", como o exprimiu. "A Índia me afetou como um sonho, pois eu estava e permaneci em busca de mim mesmo, da verdade peculiar a mim mesmo." Podemos ver claramente o quanto o desenvolvimento interior de Jung tinha avançado nos doze anos decorridos desde seu retorno da África.

O seu não tão grande entusiasmo com a viagem se devia, em parte, à intensidade com que estava mergulhado no estudo da alquimia. Ele até chamava a visita à Índia de um *intermezzo* naquele estudo, e levou consigo um extenso volume, o primeiro tomo do *Theatrum Chemicum*, lendo-o do início ao fim durante a viagem. Esse volume contém os principais escritos de Gerard Dorn, que Jung leu então pela primeira vez. Leitores familiarizados com *Mysterium coniunctionis* se lembrarão de que Jung cita Dorn em extensão considerável no último capítulo, "A conjunção", pois Dorn tinha ido mais fundo e sabia mais do lado subjetivo da alquimia do que qualquer outro alquimista.

Jung descreveu o efeito de sua leitura durante a viagem à Índia:

> Esse material pertencente aos estratos fundamentais do pensamento europeu era constantemente confrontado com minhas impressões sobre uma mentalidade e cultura estrangeiras. Ambos tinham emergido das experiências psíquicas originais do inconsciente, e por isso tinham produzido *insights* idênticos, semelhantes ou pelo menos comparáveis[5].

Voltando ao diagrama do capítulo 1: tanto sua leitura de Gerard Dorn quanto muito do que ele estava vendo na Índia evidentemente provinham dos níveis mais profundos do inconsciente, da camada dos "ancestrais primordiais" ou até inferiores. Vimos o mesmo fenômeno em funcionamento quando abordamos o comentário de Jung de *O segredo da flor de ouro*[6]. Mas, como ele disse: "A Índia propiciou minha experiência de uma cultura estranha altamente diferenciada". Esse elemento "estranho" vinha dos níveis superiores, a começar da camada do grande grupo e prosseguindo com a nação, clã etc. Na cultura que Jung estava absorvendo, que vinha dessas camadas superiores, os *insights* de modo algum eram inteiramente idênticos, semelhantes ou sequer comparáveis a suas próprias experiências psíquicas, e foram esses aspectos da cultura indiana que – na correria das visitas turísticas de todo o grupo – se mostraram completamente indigestos para Jung. Ele nos contou, ao voltar para casa: "Não consegui digerir a Índia, e por isso tive de ficar tão doente em Calcutá". A disenteria é uma doença ligada à digestão, e no seu caso foi tão grave que não houve como escapar de uma hospitalização de dez dias, durante as celebrações em Calcutá. Jung sempre detestou não cumprir seus compromissos. Portanto, ficou, por um lado, muito constrangido por não poder participar de todas as celebrações pelas quais tinha sido convidado a ir à Índia. Por outro lado, porém, era um motivo de *força maior*, e de modo algum culpa dele. Assim, as vantagens desse incidente prevaleceram sobre as

---

5. Ibid., p. 275.
6. Cf. acima, p. 260 e 261.

desvantagens, e, como ele relembrou em *Memórias*, esse descanso forçado no hospital foi uma "ilha bem-aventurada no mar revolto de novas impressões, e encontrei um ponto de apoio do qual pude contemplar as dez mil coisas* e seu desconcertante turbilhão"[7]. De fato, essa oportunidade de introversão foi uma dádiva em meio à correria extrovertida de sua viagem à Índia.

Essa viagem obedecia necessariamente ao roteiro organizado para os delegados do Congresso de Ciências da Índia, em Calcutá. Considerando-se o itinerário deles entre Bombaim e Calcutá, deve ter sido uma agenda lotada. Além da sucessão de lugares extremamente interessantes, o roteiro incluía "muitos jantares e recepções", nos quais Jung aprendeu bastante sobre a vida social e psicologia individual de vários indianos (homens e mulheres) cultos.

Quando voltou a Zurique, as mulheres ao redor dele se viram obrigadas a reconsiderar sua orientação perante a feminilidade. Jung tinha ficado altamente impactado na Índia com o comportamento habilidoso da mulher indiana, e com o fato de ela realmente viver de acordo com o princípio de Eros, por isso dando aos homens ao redor a oportunidade de viver seu próprio princípio, apoiados no aspecto sentimento de cada mulher que eles encontravam, ao invés de – como é usual na Europa – receberem duchas frias desde a manhã até a noite. Assim que voltou para a Europa, ele escreveu a esse respeito em "A Índia – um mundo de sonhos" ("The dreamlike world of India"):

> Nessas ocasiões [jantares e recepções], tive a oportunidade de conversar com mulheres indianas de boa escolaridade. Isso foi uma novidade para mim. Suas roupas as destacavam como mulheres. É a roupa mais adequada, de mais estilo e, ao mesmo tempo, a mais significativa já pensada por mulheres. Espero fervorosamente que a doença sexual do Ocidente, que tenta transformar a mulher em uma espécie de rapaz desajeitado, não acabe se arrastando para dentro da Índia sob o pretexto de uma "educação científica". Seria uma perda para o mundo inteiro se a mulher indiana deixasse de vestir suas roupas nativas. A Índia (e talvez também a China, que não conheço) é praticamente o único país civilizado onde se pode ver em modelos vivos

---

* Alusão à imagem metafórica pela qual o clássico chinês *Tao-te King* se refere à dimensão de multiplicidade do mundo manifesto, em contraponto à unidade originária do Tao [N.T.].

7. Ibid., p. 280.

como as mulheres podem e deveriam se vestir... É uma triste verdade, mas a mulher europeia e, em especial, seu modo desesperadamente equivocado de se vestir, não se comparam com a dignidade e elegância da mulher indiana e de sua vestimenta. Mesmo as mulheres gordas têm sua chance na Índia; entre nós, resta-lhes apenas morrer de fome[8].

Ele, porém, não tinha uma opinião tão positiva sobre o vestuário masculino; o homem indiano, escreveu, "aprecia demais o conforto e o frescor". Mas também achou que os indianos sabiam muito mais do que os ocidentais como se comportar em uma família grande. Afirma mais adiante, no mesmo artigo:

> É preciso se adaptar à família e saber como falar e se comportar, quando vinte e cinco ou trinta membros de uma família estão amontoados em um casebre, sob o domínio de uma avó. Isso ensina como falar com modéstia, cautela e educação. Explica aquela voz sussurrando baixinho e aquele comportamento tão delicado como uma flor. Entre nós, o ajuntamento de pessoas em famílias tem o efeito contrário. Torna as pessoas nervosas, irritadas, grossas e até mesmo violentas. Mas a Índia leva a família a sério, sem nenhum amadorismo ou sentimentalismo. É considerada a forma de vida indispensável, inescapável, necessária e autoevidente. É preciso a intervenção de uma religião para romper essa lei e fazer da condição de sem teto o primeiro passo rumo à santidade. Isso faz parecer que é muito agradável e fácil viver com os indianos, sobretudo com as indianas; e, se o estilo fosse inteiramente o homem, a vida indiana seria quase ideal. Mas a suavidade dos modos e doçura de voz também fazem parte do sigilo e diplomacia. Penso que os indianos são simplesmente seres humanos, e que nenhuma generalização é completamente exata[9].

Jung era a pessoa menos afeita a generalizações que já conheci. Mas percebi com pesar, na época, que infelizmente era verdade que a mulher ocidental está atravessando um estágio no qual lhe é muito difícil viver em conformidade com seu próprio princípio, Eros. Como ele deixou muito

---

8. OC 10/3, § 993ss.
9. Ibid., § 999.

claro em *A mulher na Europa*[10], isso se deve em primeiro lugar ao fato de as circunstâncias terem-na forçado a viver seu lado masculino. Ele acrescentou: "A masculinidade significa saber o que se quer e fazer o necessário para realizá-lo. Uma vez que essa lição tenha sido aprendida, isso fica tão óbvio que jamais poderá ser novamente esquecida sem uma tremenda perda psíquica"[11].

Jung de modo nenhum aconselhava a mulher europeia a tentar atrasar o relógio e a retornar a modelos anteriores. Quando ainda usa sua roupa típica [*Tracht*] nacional, a mulher europeia se veste de modo muito significativo, ainda que não tão bem-sucedido quanto sua irmã indiana. Mas, agora que abriu as portas para uma maior consciência, jamais poderá fechá-las novamente "sem uma tremenda perda psíquica". Perceber o quanto a feminilidade essencial foi perdida é um aprendizado muito útil, embora doloroso, e todas nós em Zurique ganhamos muito quando Jung nos apontou isso ao voltar da Índia. Todas essas impressões eram naturalmente muito desgastantes para ele, e, embora ainda muito vigoroso e dinâmico, Jung estava consideravelmente exausto quando chegou a Calcutá.

Jung falou muitas vezes de suas experiências na Índia, mas eu nunca soube o itinerário exato que eles seguiram de Bombaim a Calcutá, onde a parte previamente organizada da viagem culminou e se encerrou. Uma olhada no mapa sugere que eles atravessaram a Índia; certamente visitaram Délhi, a colina de Sanchi, Agra, Allahabad, Benares, Darjeeling e diversos outros lugares. As universidades de Allahabad e Benares, bem como a Universidade de Calcutá, conferiram títulos de doutor a Jung.

Já mencionei a profunda impressão – poder-se ia dizer até iluminação – que ele teve no Taj Mahal[12]. Decerto ficou igualmente comovido com as *stupas* [monumentos] da colina de Sanchi. Mais tarde falaria com frequência dessa experiência, que acabou por lhe revelar "um novo lado do

---

10. Ibid., § 236-275.
11. Ibid., § 260.
12. Cf. acima, p. 200.

budismo"[13]. Há uma vívida descrição disso em *Memórias*[14], mas uma outra, em "A Índia – um mundo de sonhos", é menos conhecida e pelo menos tão vívida quanto:

> Não muito longe de Agra e Délhi fica a colina de Sanchi com suas famosas *stupas*. Estivemos lá em uma fresca manhã. A luz intensa e a claridade extraordinária salientavam cada detalhe. No topo de uma colina rochosa, com vista panorâmica das planícies da Índia, vê-se um enorme globo de alvenaria, coberto pela metade na terra. Segundo o *Maha-Parinibbana-Sutta*, o próprio Buda indicou o modo como seus restos mortais deveriam ser enterrados. Tomou duas tigelas de arroz e cobriu uma com a outra. A *stupa* visível é exatamente a tigela superior. É preciso imaginar a inferior, enterrada na terra. A forma redonda, símbolo da perfeição desde os tempos antigos, parece também um monumento adequado e expressivo para um Tathagata. É de simplicidade, austeridade e lucidez imensas, perfeitamente de acordo com a simplicidade, austeridade e lucidez do ensino de Buda.
>
> Há algo de indizivelmente solene nesse lugar com sua solidão grandiosa, como se testemunhasse o momento na história da Índia quando o maior gênio de sua raça formulou a verdade suprema dela. Esse lugar, com sua arquitetura, silêncio e paz para além de todos os tormentos do coração, como seu próprio esquecimento das emoções humanas, é verdadeira e essencialmente indiano; é o "segredo" da Índia, assim como o Taj Mahal é o segredo do Islã. E, assim como o perfume da cultura islâmica ainda paira no ar, assim também Buda, embora esquecido na superfície, é o sopro de vida secreto do hinduísmo moderno. É ao menos tolerado como um avatar de Vishnu[15].

Essa passagem também oferece um considerável esclarecimento sobre as diferenças entre as duas vívidas impressões no Taj Mahal e na colina de Sanchi – o "segredo do Islã" que lhe foi revelado no primeiro, e o segredo da Índia, no segundo. O primeiro segredo caiu em um solo bem preparado. Fazia dezoito anos que ele tinha tido seu primeiro contato face a face com o Islã, em sua viagem à África do Norte, em 1920, e Jung vinha meditando a

---

13. MDR, p. 279.
14. Ibid., p. 278ss.
15. OC 10/3, § 991-992.

esse respeito desde então. Portanto, o segredo central do Islã, de que se baseia em Eros, não no Logos, ao contrário das outras grandes religiões, pôde ser trazido à consciência de imediato, respondendo a muitas questões que o vinham intrigando conscientemente ao longo de todos aqueles anos. Essas questões tinham sido renovadas em 1925, quando ele de novo teve contatos frequentes com o Islã em sua viagem à África Oriental e desceu o Nilo. Mas agora ele estava tendo seu primeiro contato direto com a Índia; os níveis acima dos ancestrais primordiais ainda lhe eram estranhos, totalmente alheios a ele. Um fato realmente emergiu dos níveis mais profundos:

> [Ele] entendeu a vida de Buda como a realidade do si-mesmo que havia irrompido e reivindicado uma vida pessoal. [Jung já tinha percebido algo muito parecido com relação a Cristo.] Para Buda, o si-mesmo está acima de todos os deuses, um *unus mundus* que representa a essência da existência humana e do mundo como um todo. O si-mesmo encarna tanto o aspecto do ser intrínseco quanto o aspecto do ser que é conhecido, sem o qual não existe mundo algum. Buda viu e apreendeu a dignidade cosmogônica da consciência humana; por essa razão, viu claramente que, se um homem fosse bem-sucedido em extinguir essa luz, o mundo submergiria no nada[16].

Jung já tinha experienciado essa percepção fundamental das camadas mais profundas do inconsciente, por conta própria e de modo quase independente, nas planícies do Athi, na África, doze anos antes da visita à colina de Sanchi.

Embora essa percepção fundamental tenha provavelmente lhe ocorrido naquela ocasião, ainda havia tanta novidade para ele nos níveis asiático e indiano do inconsciente, que é inquestionável que essa experiência na colina de Sanchi também contribui para o "mar revolto de novas impressões" que o levou para o hospital em Calcutá. De fato, ele relatou em *Memórias* que, em Sanchi, foi "tomado por uma forte emoção, do tipo que frequentemente se desenvolve em mim quando encontro uma coisa, pessoa ou ideia de cuja significância ainda estou inconsciente"[17]. Ainda havia muita coisa sobre Buda

---

16. *MDR*, p. 279.
17. *MDR*, p. 278.

e o budismo que precisou de muitos anos para emergir à consciência, exatamente como vimos ter sido o caso com "o segredo central do Islã".

Em "O que a Índia nos pode ensinar"[18], Jung comentou o estranho fato de que:

> Buda sumiu da vida e da religião da Índia mais do que poderíamos imaginar Cristo desaparecendo após alguma catástrofe futura do cristianismo [...]. A Índia não é ingrata com seus mestres. Universidades como de Calcutá e de Benares têm importantes departamentos de filosofia. Ainda assim, a ênfase principal é colocada na filosofia hindu clássica, e sua vasta literatura sânscrita. O Cânone Páli não está precisamente dentro desse escopo. *Buda não representa propriamente uma filosofia. Ele desafia o homem!* Isso não é exatamente o que a filosofia quer. Como qualquer outra ciência, ela precisa de muita liberdade intelectual, sem ser perturbada por entraves morais e humanos. Mas pessoas pequenas e fragmentárias também devem ser capazes de "fazer algo com isso", sem serem fatalmente enredadas em grandes problemas muito distantes de seus poderes de resistência e de realização. Embora correta, essa é uma *longíssima via*, um caminho muito longo. A divina impaciência de um gênio pode perturbar e até mesmo aborrecer o homem pequeno. Mas algumas gerações depois ele se reafirmará pela mera força dos números, *e também isso parece estar correto*[19].

Um pouco antes, no mesmo artigo, Jung afirmou:

> A meta remota do processo de transformação, porém, corresponde em grande medida ao que Buda pretendia. Mas não é possível chegar lá nem em uma geração, nem em dez. Evidentemente leva muito mais tempo, pelo menos milhares de anos, visto que a transformação pretendida não pode ser realizada sem enorme desenvolvimento da consciência. Isso só pode ser "acreditado", que é o que os seguidores de Buda e os de Cristo evidentemente fizeram, supondo – como os "crentes" sempre o fazem – que a crença é tudo. A crença é uma grande coisa, com certeza, mas é substituto para uma realidade consciente que o cristão sabiamente relega para outra vida. Esta "outra vida" é

---

18. OC 10/3, § 1.002ss.
19. OC 10/3, § 1.006. Destaques meus.

realmente o futuro almejado pela humanidade, antecipado pela intuição religiosa[20].

Essas passagens – especialmente as palavras "e também isso parece estar correto" – mostram muito claramente a incrível tolerância e aceitação por parte de Jung de cada homem tal como era. Ele levava a sério *cada* vida humana, não importa em qual nível de consciência tivesse de ser vivida. Estava convencido de que a maior necessidade da humanidade é mais consciência, e fez tudo o que pôde para realizar, ele próprio, essa finalidade, e ajudar as outras pessoas a fazerem o mesmo. Às vezes, sua própria "divina impaciência de um gênio" de fato perturbava ou até mesmo aborrecia as pessoas pequenas ao seu redor, mas ele fundamentalmente nunca os rejeitava por uma pequenez inevitável; embora deplorasse a inconsciência geral, nunca condenou aqueles que eram incapazes de fugir dela, pois sabia que também isso "parece estar correto".

Mas sua principal preocupação na Índia, como relatou em *Memórias*, foi "a natureza psicológica do mal". A candente questão do mal, que preocupara Jung desde sua infância, agora, com a ascensão do nazismo, havia-se colocado na primeira fila dos problemas europeus. Como ele escreveu, muitos anos depois, em "Últimos pensamentos": "O mal se tornou uma realidade imperiosa. Não pode mais ser descartado do mundo mediante algum truque verbal. Devemos aprender como lidar com ele, visto que veio para ficar. Até o momento é impossível imaginar como podemos conviver com ele sem terríveis consequências"[21]. Embora Jung tenha lutado ao longo de toda a vida com esse problema, podemos ver pelas palavras acima que de modo algum o considerava solucionado, mesmo no final de sua vida. E logo descobriu na Índia que, embora possamos aprender bastante com a concepção tão diversa que os indianos têm do mal, ainda assim eles tampouco resolveram o problema, ao menos de nosso ponto de vista.

---

20. Ibid., § 1.005.
21. *MDR*, p. 329.

Mesmo antes de ir à Índia, Jung já tinha ficado muito impressionado com o modo como o indiano tinha integrado este problema do mal em sua vida espiritual. O reconhecimento dessa proeza lançou para ele uma nova luz sobre o tema como um todo, e agora ele se deu conta do quão bem o oriental pode integrar o chamado mal sem sentir-se humilhado, algo que de modo algum conseguimos no Ocidente. Mas ele logo viu as desvantagens do ponto de vista oriental; bem e mal não têm contornos definidos, e nunca parecem completamente reais. Ele assinalou que somos assim deixados com "a afirmação paradoxal de que falta à espiritualidade indiana tanto o bem quanto o mal, ou que ela é de tal modo oprimida por contradições a ponto de precisar do *nirdvandva*, a libertação dos opostos e das dez mil coisas"[22].

O problema da moralidade tem primazia no Ocidente, mas esse não é de modo algum o ponto de vista indiano. O indiano encara bem e mal como "meramente graus variados da mesma coisa". O cristão almeja o bem e sucumbe ao mal, o indiano declara que o mundo não passa de uma ilusão e anseia ser liberto dele. O indiano pratica meditação e Yoga para alcançar esse fim, enquanto que Jung percebeu, ao longo de seu "confronto com o inconsciente", que o estágio mais importante da meditação é sobretudo perceber o que veio a nós a partir de dentro em nossa *vida real*[23]. A vida real sempre foi a coisa mais importante de todas para Jung, pois ele a reconhecia como a única oportunidade para o eterno si-mesmo "entrar na existência tridimensional"[24].

Ao voltar da viagem à Índia, Jung me contou que, de certo modo, aquela tinha sido a experiência mais desconcertante de toda a sua vida; mas que isso se devia a ele finalmente ter encontrado uma perspectiva, ao perceber que a qualidade mais importante a ser cultivada é o que os franceses chamam de *sagesse* [sabedoria]. Ele então citou – pela primeira vez, ao que me lembro – a essência da sabedoria grega na sentença que mais tarde

---

22. Ibid., p. 276.
23. Ibid., p. 192.
24. Ibid., p. 323.

mencionou em *Psicologia e alquimia*[25]: "Nada exagerar, todo o bem repousa na justa medida". Parece-me que o lema que ele usou no início de *A psicologia da transferência*[26], e que às vezes também citava, é muito próxima em seu significado: "Uma paz guerreira, uma ferida doce, um mal agradável" (GOWER, J. *Confessio amantis*).

Embora o indiano veja os contornos dos opostos com muito menos clareza do que nós, ele indubitavelmente dá muito mais ênfase à união deles, e por esse motivo incorporou a sexualidade em sua religião de um modo completamente desconhecido no Ocidente. O indiano percebe plenamente que a sexualidade não é apenas uma questão pessoal entre homem e mulher, mas que é também o símbolo significativo da reconciliação de todos os opostos que permanecem afastados tão desastrosamente no Ocidente. Jung disse em "O que a Índia nos pode ensinar":

> Se você quer aprender a melhor lição que a Índia pode lhe ensinar, recubra-se do manto de sua superioridade moral, vá ao Pagode Preto de Konarak, sente-se à sombra da majestosa ruína que ainda está coberta com a mais inacreditável coleção de obscenidades, leia o velho e astuto *Manual da Índia* de Murray, que conta como ficar adequadamente chocado com esse lamentável estado de coisas, e como ir aos templos ao anoitecer, porque, à luz de lâmpadas, eles têm uma aparência, se é que isso é possível, "ainda mais (e quão maravilhosamente!) maliciosa"; e depois analise cuidadosamente e com a máxima honestidade todas as suas reações, sentimentos e pensamentos. Isso levará algum tempo, mas ao final, se você tiver feito um bom trabalho, terá aprendido algo sobre si mesmo, e sobre o homem branco em geral, que você provavelmente nunca ouviu de ninguém. Penso que, se você tiver condições financeiras, uma viagem à Índia é muito edificante como um todo e, de um ponto de vista psicológico, muito aconselhável, embora possa trazer-lhe consideráveis dores de cabeça[27].

Jung muitas vezes se referia ao "Pagode Preto de Konarak", às esculturas obscenas e às incríveis observações feitas a ele pelo pândita que o acompa-

---

25. OC 12, fim do § 37.
26. OC 16/2, § 353ss.
27. OC 10/3, § 1.013.

nhou[28]. Essas obscenidades estavam lá "como um meio de alcançar espiritualização". Jung objetou que, a julgar pelo boquiaberto deleite mostrado pelos jovens camponeses, era mais provável que eles estivessem tendo a cabeça recheada com fantasias sexuais. Justamente esse era o ponto, respondeu o pândita; eles devem ser lembrados de realizar seu carma, caso contrário esses "camaradas inconscientes" poderiam se esquecer disso. (Convém lembrar o que Jung falou, no seminário de 1923 em Polzeath, sobre sinos da igreja sendo tocados para lembrar os homens da necessidade de procriarem.) Ele ficou ainda mais espantado quando o pândita lhe confidenciou, enquanto deixavam o templo e desciam uma alameda com exemplares de *lingam**, que, como Jung tinha se mostrado tão compreensivo, ouviria um grande segredo: "Essas pedras são partes íntimas masculinas".

Jung costumava dizer, quando se referia a essa experiência: "Fiquei embasbacado; entre nós, qualquer criança conhece esse fato, mas na Índia é o grande segredo". Nunca o ouvi falar mais do que essa história para ilustrar a diferença essencial na maneira como a sexualidade é vista no Oriente e no Ocidente, e para nos fazer pensar a respeito. Parece-me, porém, que a principal diferença é que, no Ocidente, consideramos a sexualidade de modo quase totalmente biológico, como um meio de propagação da espécie e para promover relacionamentos pessoais entre homem e mulher, enquanto que, no Oriente, ela é (ou era) considerada como pertencendo aos deuses, uma questão exclusiva deles. É, portanto, um grande segredo que o homem também tenha um direito físico de participar do mistério. O indiano evidentemente vive a sexualidade de modo muito semelhante a nós, mas talvez ainda mais inconscientemente, de modo puramente instintivo. Jung sempre dizia que, quanto mais primitivas as pessoas eram, menos a sexualidade era importante para elas; não é um problema para elas porque não é reprimida como entre nós. A comida, Jung costumava dizer, é muito mais problemática para o primitivo porque representa uma incerteza muito maior. Quando falo do indiano como "primitivo", não penso, é claro, no indiano culto, que conhece

---

28. *MDR*, p. 277ss.

* Representação fálica tradicional do deus Shiva [N.T.].

sua maravilhosa cultura antiga, mas sim na multidão fervilhante nas ruas e aos camponeses aos quais o pândita se referiu ao falar do propósito das obscenidades do Templo de Konarak.

O modo específico como os indianos encaravam a sexualidade é que impressionou Jung, não o fato de que ela fosse atribuída aos deuses, pois ele tinha constatado "seu aspecto espiritual e seu significado numinoso" uns vinte anos antes; essa foi, como vimos, a principal causa de sua ruptura com Freud. Pode-se dizer que a totalidade de Jung o levou a ver os dois aspectos da sexualidade muito antes de tê-la conhecido na Índia ou em suas leituras sobre a religião e a filosofia orientais. Freud, pelo contrário, encarava a sexualidade apenas como ela é geralmente encarada no Ocidente: como uma questão puramente biológica e pessoal, embora fosse inconscientemente afetado, de modo profundo, pelo seu aspecto religioso e espiritual, a ponto de a sexualidade ser sua verdadeira, mas não reconhecida, religião.

Todas essas impressões novas e desconcertantes foram excessivas até mesmo para a digestão de Jung, e ele finalmente teve, em Calcutá, a oportunidade de ficar em dia com elas, enquanto hospitalizado. Ele disse ter retornado ao hotel "com uma saúde toleravelmente boa", mas Fowler McCormick se lembrava de que ele ainda parecia muito doente, o que causou em Fowler muita ansiedade, tanto naquela ocasião como durante toda a viagem deles juntos ao longo do sul da Índia até o Ceilão. Jung, porém, se negou a deixar que sua saúde afetasse seu profundo interesse e prazer em relação ao final de sua estadia na Índia e no Ceilão.

Nesse ínterim, ainda hospedado no seu hotel em Calcutá, seu inconsciente lhe enviou um sonho que ignorava seu ambiente presente, da mesma forma que os sonhos tinham feito quando ele estava na África Oriental, e imperiosamente "apagou todas as intensas impressões da Índia e me puxou de volta para as preocupações, negligenciadas por tempo demasiado, do Ocidente, que tinham anteriormente se expressado na busca do Santo Graal, bem como na busca da pedra filosofal". Ele registrou em detalhes esse sonho em *Memórias*[29]. Referia-se à busca do Graal, cuja presença era requisitada

---

29. Ibid., p. 280ss.

com urgência no castelo naquela mesma noite, para uma celebração especial. Jung percebeu que a tarefa do grupo com o qual ele estava no sonho era levar o Graal ao castelo. Seis deles saíram para uma caminhada exaustiva até uma casa abandonada, onde o Graal estava escondido. Verificaram que a casa se situava em uma ilha separada de onde eles estavam por um braço de mar, e os companheiros de Jung acamparam onde estavam e dormiram. Jung tinha acabado de concluir que deveria percorrer *sozinho*, a nado, essa última etapa, quando então acordou.

Jung relatou que esse sonho o tirou do mundo da Índia e o lembrou de que a Índia não era a sua tarefa, mas uma parte dela, certamente importante, e que o levaria para mais perto de sua meta. Disse que o sonho estava lhe perguntando: "O que estás fazendo na Índia? É melhor que procures para ti e para teus semelhantes o cálice da cura, o *servator mundi*, de que necessitas urgentemente. Pois estás correndo o perigo iminente de destruir o que os séculos construíram"[30].

Devemos nos lembrar de quando Jung percebeu na África que o inconsciente estava interessado apenas "no que aconteceria com o psicólogo Jung na África selvagem", e não, primordialmente, na África em si. Mas há uma enorme diferença e progresso entre as duas experiências. Dessa vez, não havia recriminação: Jung não estava fugindo de algo que não percebia suficientemente na Europa, mas era a hora de voltar o foco de sua mente para o problema europeu e descobrir como este poderia ser melhor abordado com o vaso curativo do Graal. Veremos, pelo que aconteceu na Europa poucas semanas após o retorno de Jung, o quão urgente era o problema, e por que era tão vital que o Graal estivesse no Castelo do Graal naquela noite, para empregarmos o simbolismo do sonho de Jung.

O Ceilão, última etapa da jornada de Jung, não parecia mais fazer parte da Índia, estando bem mais relacionado às Ilhas dos Mares do Sul, com seu toque paradisíaco. Ocorreram no Ceilão duas coisas que marcaram Jung fortemente, e das quais ele falaria com frequência posteriormente. Dois camponeses colidiram e ficaram entalados com suas carroças em uma rua estreita.

---

30. Ibid., p. 282ss.

Jung esperava ouvir as furiosas acusações mútuas que certamente um incidente desses certamente suscitaria na Europa, mas, para seu espanto, eles "se inclinaram um para o outro e disseram: 'Perturbação passageira, nenhuma alma'! Ou seja, a perturbação aconteceu apenas externamente, no âmbito de Maya, e não no âmbito da verdadeira realidade, onde nada aconteceu nem deixou marcas. Possivelmente isso seria considerado como quase inacreditável em pessoas tão simples. É impressionante"[31]. Jung então prosseguiu dando outros exemplos.

Muitos anos antes de Jung estar no Ceilão, eu tinha ficado extremamente impressionada por um incidente semelhante. Em minha segunda visita a Bollingen em 1930, Jung bateu com o carro no batente do portão ao sair de ré da garagem. Esperei que ele ficasse muito zangado e perturbado (como a maioria das pessoas ficam em tais ocasiões), mas isso não ocorreu. Aparentemente, aquilo não o afetou em nada. Evidentemente era apenas "uma perturbação passageira, nenhuma alma", e não deixou nenhuma marca no mundo da realidade!

Essa qualidade de Jung facilmente passava despercebida, mas de fato ele nunca se permitia ser abalado por tais "perturbações passageiras" superficiais. A razão pela qual muitos não conseguiam reparar nisso é que ele às vezes podia ficar muito irritado e aborrecido com equívocos *aparentemente* triviais. Mas, ao reconsiderar o incidente cuidadosa e objetivamente, a pessoa, ao invés de se sentir maltratada, sempre conseguia ver que havia muito mais coisas envolvidas do que parecia à primeira vista. No que me diz respeito, eu geralmente aprendia que algo inconsciente em mim – o *animus* ou a sombra, em linguagem junguiana – tinha me sabotado sem que eu soubesse ou, em outras palavras, essas coisas tinham dois níveis, dos quais eu a princípio só tinha visto o aspecto superficial. Se os acontecimentos tivessem tocado "o âmbito da verdadeira realidade", também tocariam Jung, do contrário, não.

Mais tarde, viu-se a mesma coisa na reação de Jung ao irritantemente insistente boato de que ele era nazista. Isso nunca o tocou no "âmbito da verdadeira realidade". Embora a persistência desse boato infundado às vezes

---

31. "O bem e o mal na psicologia analítica". In: OC 10/3, § 877.

parecesse durar mais do que uma "perturbação passageira", aos olhos de sua personalidade n. 1, ele permaneceu essencialmente incólume.

Visto que o agitado porto internacional de Colombo, no Ceilão, tinha pouco a lhe oferecer de interessante, Jung logo partiu para o interior. Em Kandy, a antiga cidade real, ficou encantado com um pequeno templo (que continha a relíquia do Dente Sagrado de Buda). Ele frequentemente comentou uma cerimônia noturna naquele templo que o impressionou profundamente. Ela foi precedida por "uma hora de concerto de tambor", descrita com detalhes em *Memórias*[32]. Essa música, que não fala a linguagem da cabeça do homem branco, apela a um nível ainda mais profundo que a linguagem do coração dos índios norte-americanos. Fala a "antiquíssima linguagem do ventre e do plexo solar", diretamente oriunda das camadas mais profundas da alma humana: a camada dos ancestrais primordiais, ou mesmo camadas ainda mais baixas. Preparado por essa música, Jung foi levado para ver rapazes e garotas depositarem enormes quantidades de jasmins diante dos altares enquanto em voz baixa entoavam um mantra. Naturalmente, Jung pensou que eles estavam fazendo uma prece a Buda, mas o monge que o acompanhava explicou: "Não, Buda não existe mais. Ele está no nirvana, não é mais possível orar para ele. Estão cantando: 'Esta vida é transitória como a beleza destas flores. Que meu Deus [no sentido de *deva* = anjo da guarda] compartilhe comigo o mérito desta oferenda'". Jung sentiu que isso era uma iluminação para sua preocupação de muito tempo: "O espinhoso problema da relação entre o homem eterno, o si-mesmo, e o homem terreno no tempo e no espaço"[33]. Essa foi certamente uma das impressões mais importantes que a Índia lhe deixou.

Ao organizar sua viagem de volta, levava consigo uma tamanha abundância de impressões que acabou nem descendo do navio em Bombaim, uma vez mais inteiramente mergulhado na alquimia medieval. Encerrou o capítulo sobre essa viagem em *Memórias* com as seguintes palavras: "A Índia não passou em branco para mim: deixou vestígios que levam de um infinito a outro infinito".

---

32. *MDR*, p. 283ss.
33. Ibid., p. 322ss.

13
Nuvens mais escuras, 1938-1939

Quando Jung retornou da Índia para a Suíça, em fevereiro de 1938, ainda não estava se sentindo nada bem. Consultou um especialista suíço em doenças tropicais e foi obrigado a desistir de sua intenção de retomar o trabalho imediatamente. Teve de descansar por duas ou três semanas. Isso foi útil, assim como tinha sido seu período no hospital em Calcutá. Permitiu que ele continuasse a processar suas impressões muito melhor do que se tivesse começado de pronto a atender pessoas de fora de seu círculo familiar imediato. Ele sempre se queixou de que, sempre que voltava de uma viagem interessante, todo mundo queria ouvi-lo contar *imediatamente* sobre ela, bem antes que ele se sentisse pronto para falar.

Entretanto, não fazia muito tempo que Jung havia regressado, e sua paz foi abalada pela invasão nazista da Áustria. Isso destruiu sua última esperança de que uma Segunda Guerra Mundial pudesse ser evitada, e foi para ele um rude golpe. Estava agora muito claro por que o inconsciente tinha chamado sua atenção para o "perigo iminente" que ameaçava a Europa e a situação perigosa em que se encontrava todo o continente.

Franz Riklin Jr. – que na época beirava os 30 anos e estava começando sua carreira médica – foi escolhido por alguns suíços judeus extremamente ricos para ir prontamente à Áustria, com uma grande soma de dinheiro, para fazer o possível para convencer os judeus a deixarem o país antes que os nazistas tivessem tempo de começar a persegui-los. Franz disse que foi escolhido para essa tarefa por causa de sua aparência extremamente teutônica: ninguém suspeitaria de qualquer conexão dele com os judeus. Ele também era um jovem muito habilidoso, que obviamente seria capaz de confundir os nazistas e de persuadir os judeus a aproveitarem a oportunidade. De modo geral, ele foi *extremamente* bem-sucedido em sua missão, mas em um ponto, talvez aquele em que ele mais desejasse ter sucesso, fracassou completamente.

Antes que ele saísse de Zurique, seu pai, Franz Riklin Sr., o havia pressionado no sentido de tentar convencer Freud a deixar a Áustria e aproveitar as facilidades incomuns que lhe seriam oferecidas. Seu pai tinha conhecido Freud muito bem nos velhos tempos. Tanto ele como Alfons Maeder tinham deixado o grupo freudiano ao mesmo tempo que Jung, mas nada disso tinha mais importância, em comparação com o desejo muito humano do Dr. Riklin de ver seu velho amigo em segurança.

Assim que chegou em Viena, Franz Jr. foi ao encontro de Freud e lhe explicou a situação. Ficou amargamente decepcionado com a resposta de Freud: "Recuso-me a ficar em dívida com meus inimigos". Franz era uma criança pequena quando Freud visitou seus pais, mas se lembrava bem dele. Fez seu melhor para convencer Freud de que nem seu pai, nem Jung, sentiam qualquer inimizade por ele; pelo contrário, disse, eles só queriam saber que ele estava em segurança. Também pontuou que não era necessário que Freud ficasse na Suíça, pois poderia viajar para onde quisesse. Tudo foi em vão. Freud simplesmente repetiu que não aceitaria nenhum favor de seus inimigos. A família de Freud foi muito amistosa com o próprio Franz; ele era jovem demais para ter se envolvido na querela. Até o convidaram para jantar antes que deixasse Viena, mas nada do que ele dissesse foi capaz de abalar a férrea determinação de Freud.

Isso foi uma grande decepção para o jovem Franz, pois sabia o quanto desapontaria o pai, que contava com que ele trouxesse Freud consigo. Sabia que Jung, de quem sempre gostou muito, também lamentaria bastante. Mas Jung conhecia Freud melhor que os Rikling. Ficou triste, mas não surpreso. Quando criticado, como aconteceu algumas vezes, por não fazer mais para ajudar Freud a deixar a Áustria, Jung sempre respondia: "Ele não aceitaria minha ajuda em nenhuma circunstância". É um tanto quanto irônico que, quando foi para a Inglaterra muito posteriormente, Freud tenha devido sua agradável casa em Londres a um junguiano: o Dr. E.A. Bennet.

Jung se encontrou com todos os seus pacientes e discípulos ao menos uma vez antes de ir para sua adorada Torre em Bollingen nos feriados de Páscoa. Eu fiquei na casa vizinha, com os Fierz, naqueles feriados, e por isso testemunhei a próxima etapa da cura de Jung: o médico que tinha consultado insistiu que ele fizesse uma longa caminhada diariamente. Por mais que ele gostasse da Floresta de Bollingen, sentiu que precisaria de mais variedade para realizar as várias horas de caminhada para obedecer à prescrição. Assim, pela única vez de que me lembro, ele ia com seu carro para as montanhas diariamente e se sentia entusiasmado para descobrir trilhas novas e estimulantes.

Havia um amigo que não gostou nada da enfermidade de Jung: Joggi, seu cão schnauzer, que se viu banido de Bollingen pela primeira vez em sua vida. Naquela época Joggi estava ficando velho, e em Bollingen ele sempre os perturbava à noite, ao menos uma vez, e geralmente mais, porque insistia em sair e, mal haviam voltado a dormir, latia para entrar novamente. Jung, que evidentemente sentia que sua prioridade era recuperar a saúde completamente, endureceu o coração e deixou Joggi em Küsnacht. Lá, ele dispunha de um grande jardim e era cuidado em todas as suas necessidades, mas não tinha seu dono, que, claro, era a coisa mais importante de sua vida. Isso o levou a um interessante episódio de percepção extrassensorial, cuja recordação ainda me espanta. Certa tarde, indo eu para Küsnacht, Jung me pediu que parasse em sua casa e pegasse algumas coisas que queria de sua secretária, Marie-Jeanne Schmid. Enquanto reuníamos as coisas, devo ter deixado a porta do carro aberta, pois, na hora de partir, lá estava Joggi no assento do passageiro. Não era um cachorro muito chegado a passeios de automóvel, e nunca tinha estado no meu carro antes. Mas lá estava ele e lá pretendia ficar, e só quando chamamos o jardineiro, Müller, ele pôde ser induzido a sair, e isso a muito custo. Como ele sabia que aquele carro voltaria a Bollingen, e que essa era sua chance de reencontrar seu amado dono? Jung tinha usado seu próprio carro em Bollingen, portanto seu cheiro não podia ter sido preservado no meu carro, visto que ele não tinha entrado lá desde que foi para a Índia.

O descanso e as longas caminhadas, juntamente com as demais medidas terapêuticas, surtiram efeito, e depois da Páscoa Jung retomou toda a carga de seus trabalhos: não apenas suas sessões analíticas particulares, mas também as palestras e seminário no ETH e o seminário em inglês no Clube Psicológico foram reassumidos. Jung permaneceu quase que em atividade ininterrupta pelos seis anos seguintes – até sua enfermidade em 1944 –, mas creio que nunca recuperou sua saúde perfeita de antes da doença na Índia. Trabalhou tanto quanto, mas sinto que isso lhe custava, por vezes, um esforço considerável, raramente necessário anteriormente.

Pouco antes do encontro de Eranos em 1938, cujo tema seria a "Grande Mãe", Jung foi a Oxford para o 10º Congresso Médico Internacional de Psicoterapia, que ocorreria na Inglaterra naquele ano[1]. (No ano anterior o Congresso tinha acontecido em Copenhague[2].) Durante sua estadia em Oxford, recebeu o título de *doutor honoris causa* da universidade local. Muitas universidades lhe conferiram títulos honoríficos, mas a única vez que me lembro de Jung ficar todo empolgado com a honraria foi em Oxford. Isso não pelo reconhecimento em si, mas por toda a cerimônia tradicional, os muitos tesouros pertencentes às faculdades, as construções, e a atmosfera medieval que ainda pairava sobre Oxford o impressionavam e encantavam. Ele ainda estava impregnado dela a caminho de Ascona. Fiquei feliz por ver a Inglaterra novamente ser alvo de seu apreço, pois a única vez em que de fato ele criticou duramente a Inglaterra foi depois de seu retorno da Índia, quando comentou mais de uma vez o quanto os ingleses ali pareciam artificiais, rígidos, pouco adaptados ao ambiente. Ele não criticava o governo, mas a falta de adaptação e de naturalidade dos ingleses individualmente. Ficava particularmente irritado com o tom de voz dos ingleses na Índia. Falou a esse respeito em "A Índia – um mundo de sonhos":

> É impossível não reparar no modo como um grande número de ingleses perfeitamente gentis e decentes imitam com esmero uma voz de machão. Sabe Deus por quê. Soa como se eles estivessem tentando impressionar o mundo com seus tons guturais

---

[1]. O "discurso presidencial" de Jung pode ser lido em OC 11/6, § 1.069ss.
[2]. Ibid., § 1.064ss.

tonitruantes ou como se estivessem falando em um comício político, e seu público tivesse de ser convencido da profunda honestidade e sinceridade do orador. [...] Que fardo sobre-humano é ser os senhores todo-poderosos de um continente como a Índia![3]

Após retornar de Oxford, Jung imediatamente se dirigiu ao Congresso de Eranos, em que proferiu sua conferência "Aspectos psicológicos do complexo materno". Embora o tema o interessasse, e tenha depois revisado e ampliado a palestra, publicando-a em *Von den Wurzeln des Bewusstseins* em 1954[4], o tempo doado para esse trabalho representou um considerável sacrifício, pois então ansiava por retomar seu estudo da alquimia. Eranos, porém, foi a última perturbação em seu período em Bollingen nas férias de verão de 1938.

No outono daquele ano, em seu curso no ETH, Jung começou a dar conferências sobre textos indianos. Tinha começado a falar de sonhos no semestre de verão, e no fim do outono começou a palestrar sobre imaginação ativa e sobre o yoga indiano como um paralelo a nossos esforços ocidentais. Isso foi bem recebido por seu público, pois Jung ainda guardava viva lembrança da Índia, e ouvimos muita coisa sobre sua viagem e sobre o que mais o impressionou na Índia. Foi também naquele inverno que ele escreveu os dois artigos sobre a Índia, aos quais me referi mais de uma vez; ambos foram publicados em Nova York pela revista *Ásia*, no começo de 1939[5]. Ele escreveu esses artigos em inglês, e naquela época eu tinha o privilégio de corrigir tudo o que ele escrevia para publicação nesse idioma. Foram muitos artigos, introduções e conferências em inglês nos anos seguintes, sempre no inglês mais incrivelmente expressivo, muito mais vívido do que um inglês pedantemente correto conseguiria ser. Sempre achei difícil fazer mais mudanças do que o estritamente necessário e provavelmente os alterei muito pouco. Lamento,

---

3. OC 10/3, § 998.
4. É essa versão que consta de OC 9/1, § 148ss.
5. "Índia, um mundo de sonhos" e "O que a Índia nos pode ensinar". In: OC 10/3, § 981-1.013. Ambos publicados originalmente em *Ásia*, XXXIX, 1939.

pois, que os textos tenham sido tão minuciosamente corrigidos nas *Collected Works*.

Nesse ínterim, porém, a Europa sofrera um novo golpe contra qualquer esperança de paz que pudesse ter sobrevivido à anexação da Áustria: os nazistas invadiram a Tchecoslováquia. Uma mulher na Suíça tinha sonhado em março de 1938 que uma mulher semidivina tinha repreendido Hitler por ter tomado a Áustria e o alertado de que ele seria ainda mais punido se tomasse a Tchecoslováquia, e que, se tocasse a Polônia, seria o fim. Jung, assim, não estava de todo despreparado para o fato de a Tchecoslováquia ser a próxima na lista, mas geralmente, senão sempre, é impossível dizer de imediato se tais sonhos realmente predizem eventos futuros ou se têm apenas um significado subjetivo. Em todo caso, Jung não se deixou enganar nem por um instante pela declaração de Neville Chamberlain após Munique: "Paz em nosso tempo". Ele não condenou Chamberlain e seus colegas por não interferirem nos avanços de Hitler a leste pela seguinte razão: a essa altura ele estava certo de que a guerra era inevitável, mas tinha esperança de que ela eclodisse inicialmente entre Alemanha e Rússia, e assim enfraquecesse a Alemanha antes do inevitável choque final com as nações ocidentais. Ele tinha de fato considerado a guerra como inevitável desde que constatou como cada país estava acumulando armamentos: "Eles não estão gastando todo aquele dinheiro com armas para deixá-las sem uso", costumava dizer com muita tristeza. É impossível não temer a mesma coisa na situação política atual, embora nesse meio-tempo Jung tenha nos dado um tênue vislumbre de esperança: se um número suficiente de pessoas puder suportar o choque dos opostos *dentro de si mesmas*, o homem moderno ainda poderá conseguir evitar a pior catástrofe de todas. Na época (1939) que estamos discutindo, porém, nunca o ouvi dizer nada tão claro.

Jung tinha dado seu seminário em inglês como de hábito no verão e no outono de 1938, mas no alvorecer de 1939 começou a sentir que devia reduzir suas atividades, visto que três conferências semanais e uma agenda lotada de sessões analíticas não deixavam tempo para ele, sua escrita ou seus amados livros alquímicos. Em fevereiro de 1939, decidiu interromper o seminário em inglês. Ele vinha interpretando o *Zaratustra* de Nietzsche por cerca de cinco anos, e sentiu que já fora o bastante. Assim, em 15 de fevereiro, depois de dar cinco conferências desde o Natal, anunciou para a classe que não prosseguiria o seminário até que dispusesse de mais tempo livre. Não acho que, na época, ele pretendesse mais do que tirar umas férias prolongadas do seminário, provavelmente o restante daquele semestre e o verão de 1939. Porém, no outono, quando constatou que havia muito menos anglo-saxões na Suíça por conta da guerra, percebeu que o seminário em inglês, entre todas as suas conferências, era aquele a ser descontinuado. Assim, o dia 15 de fevereiro de 1930 marcou o fim do seminário regular em inglês.

Não sei se a interrupção do seminário em inglês teve algo a ver com o fato de que Jung estava particularmente interessado no material que estava usando então em suas conferências no ETH. Ele vinha palestrando sobre textos indianos ao longo do inverno, e, desde o final de dezembro de 1938, estava interpretando um texto tântrico especialmente interessante: *Shri-Chakra-Sambhara Tantra*[6]. Finalizou a leitura do texto logo depois de ter desistido do seminário em inglês, e então começou uma comparação da sequência de seus símbolos com aqueles da alquimia. Isso deve ter sido de grande valia ante as impressões que tinha absorvido na Índia, a partir da leitura das principais obras de Dorn no *Theatrum Chemicum* e das imagens semelhantes ou contrastantes que tinha descoberto na Índia. As semelhanças entre as sequências de símbolos eram mais impressionantes, e ele estava evidentemente interessado nelas. No início do semestre de verão, foi ainda mais longe, dando-nos um "paralelo psicológico" para as duas sequências prévias, com o qual pudemos ver claramente como ambas "tinham emergido de experiências psíquicas originais do inconsciente"[7].

A Real Sociedade Inglesa de Medicina convidou Jung a dar uma conferência em 4 de abril. Ele foi para Londres, acompanhado por sua mulher, no fim de março. Como fazia uma primavera fria naquele ano, não atravessei a

---

6. Vol. VII, *Tantric Texts*, editado por Arthur Avalon (Sir John Woodroffe) e publicado por Luzac and Co., Londres.
7. *MDR*, p. 275. As conferências citadas foram preservadas de forma multigrafada.

França com meu próprio carro, como nas ocasiões anteriores em que Jung foi a Londres, mas peguei emprestado um carro da minha irmã, que estava no Canadá na época.

A conferência na Real Sociedade de Medicina[8] foi acolhida com entusiasmo, na verdade com tanto entusiasmo que não pude resistir a lhe perguntar, quando me falou a respeito enquanto eu o levava de carro na manhã seguinte, se, por acaso, sua *anima* de algum modo estava dançando de novo na sua testa. (Isso se referia a uma ocasião anterior, em 1931 ou 1932, quando tinha apresentado uma conferência na Alemanha e voltara para casa *muito* insatisfeito com o estrondoso sucesso alcançado. Ele me disse então: "Positivamente senti minha *anima* dançando na minha testa e fascinando a plateia por conta própria!") Ele ficou consideravelmente irritado com meu comentário e quando chegamos no seu destino saiu do carro sem o habitual agradecimento pela carona. Mas, quando o apanhei para o almoço, ele comentou: "É claro, foi como naquela noite". Essa foi uma característica muito cativante dele. Pode-se realmente tomá-lo ao pé da letra quando escreveu:

> Esta relação de pessoa a pessoa é a pedra de toque de toda análise que não se dá por satisfeita com um sucesso parcial ou que emperra sem sucesso nenhum. Nesta situação psicológica, o paciente confronta o médico em igualdade de condições, e com o mesmo espírito crítico implacável que ele deve inevitavelmente aprender do médico ao longo de seu tratamento[9].

Sempre que era justificável, Jung aceitava esse "espírito crítico implacável", se não imediatamente, então logo depois, quando tivesse tempo de pensar a respeito. Por exemplo, nesse caso típico apresentado: depois de toda a rejeição que tinha sofrido junto à classe médica, ele ficou um pouco feliz demais por ser completamente aceito e calorosamente aplaudido no reduto da medicina tradicional inglesa para conseguir perceber a conexão com o exemplo alemão muito anterior. Logo depois, porém, viu por si mesmo a semelhança, e a aceitou com a humildade que lhe era característica.

---

8. "A psicogênese da esquizofrenia". In: OC 3, § 504ss.
9. "O valor terapêutico da ab-reação". In: OC 16/2, § 289.

Como de hábito quando ia à Inglaterra, também deu conferências e discussões no Clube Psicológico e na Liga de Psicologia Pastoral. Não ficou muito tempo em Londres, porém, porque Emma Jung estava especialmente ansiosa em passar algum tempo em West Country, visitando Glastonbury e outros locais conectados com o Graal. Ela tinha interesse pela história do Graal há muito tempo, e a investigou intensamente, desde alguns anos antes da guerra até sua morte em 1955. Infelizmente, ou talvez felizmente, foi tantas vezes solicitada a dar conferências a respeito que o enorme material que reuniu sobre o tema nunca foi condensado em forma de livro, e ela tampouco pôde trabalhar o espinhoso problema de Merlim. Marie-Louise von Franz, assim, viu-se diante de um baú de materiais dispersos quando Jung lhe pediu, após a morte da esposa dele, que finalizasse o trabalho[10]. Ficou muito feliz com o resultado, que foi publicado em alemão ainda enquanto ele vivia[11].

No início de abril de 1939, levei de carro os Jung até West Byfleet, de onde eles prosseguiram a viagem para West Country com Peter e Anne Baynes. Um incidente na nossa viagem poderá divertir o leitor. O carro da minha irmã (que eu estava usando nessa viagem) era bem maior que o meu, de modo que, por um erro estúpido de cálculo, eu toquei com meu parachoque na carroça de um verdureiro. A culpa foi toda minha e não houve dano para nenhuma das partes, mas, para evitar uma briga, Jung abaixou seu vidro e disse ao verdureiro, em tom de gentil reprovação: "Por que você empurrou a carroça no caminho da senhora?" O verdureiro, é claro, ficou muito surpreso pelo modo como foi abordado, e se desculpou profusamente e com excelente humor. Uma versão europeia do incidente que Jung tinha testemunhado no Ceilão: "Perturbação passageira, nenhuma alma!"[12]

As coisas andavam realmente muito mal com relação à possível eclosão da guerra quando os Jung voltaram de West Country e, como Jung estivesse com saudades de Bollingen, eles voltaram para a Suíça no dia seguinte. Jantei

---

10. JUNG, E. & FRANZ, M.-L. *The Grail Legend* (Londres: Hodder and Stoughton, 1971; Nova York: C.G. Jung Foundation/G.P. Putnam's Sons, 1972).
11. Zurique: Rascher Verlag, 1960.
12. Cf. acima, p. 349ss.

com eles na noite anterior à sua partida. Jung estava com uma grande inclinação pessimista após ter ouvido as notícias do rádio. Chegamos até a nos questionar se eu não deveria abreviar minha permanência na Inglaterra e voltar para a Suíça em poucos dias. Mas, na manhã seguinte, quando os levei à estação, ele disse ter *certeza* de que havia se mostrado pessimista demais na noite anterior, que as coisas ainda se aguentariam por algum tempo e que eu deveria, sem dúvidas, manter meus planos originais de uma rodada de visitas em Sussex e West Country. Foi uma grande lástima eu ter agido conforme a apreensão original de Jung e não ter levado em conta seu recuo. Eu não veria de novo a Inglaterra até 1947, quando vários dos parentes e amigos que eu teria ido visitar já estavam mortos. Em geral era mais seguro seguir a opinião ponderada de Jung do que os comentários que ele às vezes deixava escapar levado pela situação do momento. Como ele disse em um seminário: "No decorrer de um longo dia, eu deixo cair muitas cerejas imaturas, e é muito ruim quando as pessoas as pegam e guardam como tesouros!"

Testemunhei vividamente, naquele mês de abril, o que ele queria dizer quando dizia precisar se aclimatar em Bollingen antes de começar seu trabalho criativo. Dessa vez, ao retornar a Bollingen, ele tinha de escrever uma introdução ao *Livro tibetano da grande libertação* [*Great Liberation*] de W.Y. Evans-Wentz, e me disse, enquanto estávamos em Londres, que seria difícil acabá-la no curto tempo restante das férias. "Todavia", acrescentou, "não posso fazê-la aqui, pois nesse caso não conseguiria entrar na sua atmosfera, portanto preciso contemplar o lago por alguns dias!" Quando ele me deu o manuscrito para corrigir, as primeiras duas ou três páginas estavam escritas no estilo usado em sua conferência na Real Sociedade de Medicina, e só posteriormente entrou em um estilo compatível com o livro. Quando lhe assinalei isso, ele pegou o texto de volta, reescreveu as páginas em questão, e as devolveu alguns dias depois com o comentário: "Vi de imediato o que você quis dizer; evidentemente não contemplei o lago por um tempo suficiente!"

A tensão na Europa estava quase insuportável naquele verão, e culminou em um Congresso de Eranos excepcionalmente dramático em agosto. Até mesmo o clima parecia estar afetado; não me recordo de tantas trovoadas violentas e chuvas torrenciais quanto as que aconteceram nos meses de julho e agosto daquele ano. Jung estava sentindo uma pressão extraordinária durante a travessia do Gotthard, insistindo que todos os automóveis de sua comitiva se apressassem o mais que podiam. Não demorou para que se verificasse que estava certo, pois mal havíamos atravessado o túnel quando um grande deslizamento de terra bloqueou a estrada atrás de nós por dois ou três dias. Vários amigos que viajaram separadamente a Ascona se viram obrigados a embarcar seus carros no trem, um processo lento e bem mais complicado do que hoje em dia.

O tema do Congresso de Eranos daquele ano foi "O simbolismo do renascimento nas religiões de todos os tempos e lugares". Jung não tinha escrito uma conferência naquele ano, porém estava determinado a fazer duas palestras "no calor do momento", como se expressou[13], "Os vários aspectos do renascimento". As palestras foram estenografadas, e mais tarde ele foi persuadido a editá-las para os *Anais de Eranos*[14]. Ele usou esse registro estenográfico, mas disse:

> Certas partes tiveram de ser omitidas, sobretudo porque as exigências de um texto impresso são diferentes daquelas do discurso oral. Contudo, tanto quanto possível, cumpri minha intenção original. [...] Também procurei reproduzir minha análise da 18ª Sura do Corão como um exemplo de um mistério de renascimento[15].

Jung posteriormente revisou e expandiu essas palestras, quando foram publicadas em *Gestaltungen des Unbewussten* [Configurações do inconsciente][16]. Esta é a versão que consta das *Collected Works*.

Naquele mês de agosto – há poucas semanas antes da eclosão da Segunda Guerra Mundial – fomos alertados, na própria sala de conferências, do quanto a própria natureza estava sinistra. O Lago Maggiore tinha transbordado, e deixou embaixo d'água as instalações de banho entre o lago e a sala

---

13. OC 9/1, § 199ss.
14. *Eranos Jahrbuch*, 1939, p. 399-447.
15. OC 9/1, § 199-239.
16. Zurique: Rascher Verlag, 1950.

de conferências. Faltou pouco para a água atingir o terraço, e boa parte do jardim ficou submersa. Nos trinta e oito anos que conheço o lago, nunca o vi em um estado comparável.

Pela primeira vez houve tensão considerável entre os alemães e os outros ocidentais no Congresso de Eranos. Não acho que alguns dos alemães presentes fossem simpatizantes do nazismo, mas eles estavam em um estado peculiar de possessão. Já tínhamos experienciado esse terrível estado de possessão em Berlim, em 1933[17]. Dessa vez foi diferente. Os alemães tinham sido todos expostos por seis anos à propaganda nazista, que lhes causou, mesmo quando tentavam ao máximo ser objetivos, um peculiar *abaissement du niveau mental*. Como mencionado antes, Jung sempre disse que os alemães se caracterizam por um limiar especialmente baixo entre consciente e inconsciente, e nunca isso ficou tão evidente quanto em Ascona, em agosto de 1939.

Numa certa manhã, depois da conferência, eu estava levando os Jung de volta de Eranos ao Monte Verità quando uma mulher alemã, que todos nós conhecíamos e prezávamos, e que era uma amiga especial de Emma Jung, pediu e recebeu uma carona até a colina. Jung me pediu que parasse na loja Pancaldi, na rua principal de Ascona, para que ele pudesse comprar um jornal. Enquanto ele saía do carro, a mulher comentou, com um pungente lamento: "Receio que a Inglaterra e a França estejam *determinadas* para que haja guerra". Eu saltei para fora do carro, abri a porta dele e a informei que, se era isso o que ela achava, poderia buscar algum outro modo de chegar ao hotel. Isso divertiu Jung, que riu sem parar, enquanto que Emma Jung parecia consternada. Ela não apreciava em nada tais conflitos, e ainda posso ver o horror estampado em seu rosto. Quando Jung se recobrou do acesso de riso, disse a nossa amiga alemã: "É assim mesmo, você sabe. O que você disse é uma projeção pura. Se alguém quer a guerra, certamente é a Alemanha". A pobre alemã ficou completamente perplexa. Tinha ouvido tantas vezes a propaganda dizer que os aliados, especialmente a Inglaterra, estavam determinados para que houvesse guerra que, embora tivesse estudado psicologia e

---

17. Cf. acima, p. 291ss.

soubesse tudo sobre projeção, tinha dificuldade em aceitar tal fato. Contudo, ela murmurou uma espécie de pedido de desculpas e – sobretudo por conta da aflição de Emma Jung – eu voltei atrás e a levei até o hotel no topo da colina. Mas ela permaneceu perplexa, e constantemente discutiu a questão com nós três até o final do Congresso.

Devo salientar que essa mulher, mesmo naquela época, detestava o regime nazista e, mais tarde, quando seu único filho foi morto na guerra, ela percebeu plenamente que a culpa era dos belicistas nazistas; mas, nos idos de 1939, ela de fato estava demasiado possessa para ser capaz de ter um ponto de vista objetivo, só conseguindo perceber o quanto estava confusa. Quando, bem posteriormente, li nos jornais e vi fotografias da perplexidade dos marujos alemães após o afundamento do *Bismarck*, lembrei-me do incidente. Eles tinham ouvido tantas vezes que seu navio era imbatível, que simplesmente não puderam acreditar no que viam quando ele afundou.

Um alto oficial suíço da Cruz Vermelha contou a Jung um incidente que deixa claras as condições que prevaleciam naquele ano em Ascona. Ele havia tido uma entrevista com Hitler logo depois de Danzig, sobre questões relativas à Cruz Vermelha. Achou que Hitler estava incomumente silencioso e aparentemente tranquilo, e por isso pensou que era uma boa oportunidade de tratar de um tema no qual sabia haver uma diferença de opiniões. Mas bastou que mostrasse sua divergência para que Hitler tivesse um surto incontrolável de fúria, arrancando e destruindo as cortinas das janelas, completamente ensandecido. O oficial da Cruz Vermelha foi discretamente retirado da sala antes que Hitler o atacasse diretamente, e, para seu espanto, introduziram na sala algumas dançarinas, como se o *Führer* fosse algum antigo imperador romano.

Jung me contou esse incidente inacreditável algumas semanas depois da eclosão da guerra, e acrescentou que não apenas Hitler estava possuído, como também toda a nação alemã. "Não adianta dizer que você não está em guerra com o povo alemão, pois está; eles estão todos possuídos como Hitler, e absolutamente inacessíveis". De fato, depois de ter feito tantos esforços para conscientizar os alemães do que estava ocorrendo no país deles, praticamente desistiu a essa altura, por ver que se tratava de um caso perdido, que só poderia rumar para o desastre inevitável.

O desastre que se aproximava ficou tristemente evidente no último Congresso de Eranos antes da guerra, mas, exceto quando algum incidente se impunha à atenção de Jung, ele raramente falava da guerra iminente. Evidentemente acreditava que se devia levar uma vida normal enquanto fosse possível. Portanto, a vida seguiu no Hotel Monte Verità como de costume. Houve expedições para remotos vilarejos de Tessin, e longos debates após as refeições. Mas havia várias pessoas que nunca mais veríamos de novo, amigos íntimos como Peter Baynes e Heinrich Zimmer, e, embora não o soubéssemos, eventos desse tipo lançam suas sombras com antecedência. Heinrich Zimmer já estava enfrentando dificuldades consideráveis. Era casado com a filha de Hugo von Hoffmannsthal, o poeta austríaco, que tinha ascendência judaica. Embora Zimmer tivesse ascendência puramente ariana, tinha tentado evitar problemas renunciando, com pesar, a sua cátedra em Heidelberg e emigrado para Oxford. Mas ele era totalmente alemão e, embora bem recebido e apesar dos contatos de sua esposa na Inglaterra, não conseguiu se acostumar com Oxford. No ano seguinte, emigrou para os Estados Unidos, onde trabalhou primeiramente na Universidade Johns Hopkins, em Baltimore, e depois na Universidade de Colúmbia. Em 1939, Zimmer se mostrava animado em Ascona com a perspectiva de uma última viagem à Índia no outono, mas não acho que ele realmente acreditasse que a guerra tardaria o suficiente para que houvesse tempo de ir.

Jung expressou toda a atmosfera deste Congresso ao dizer que havia "um sentimento de Juízo Final pairando no ar". Ele costumava dizer, mais tarde, que de modo algum 1939 foi a única vez em que sentiu um ar de Juízo Final em Ascona: "De certo modo, sempre se tem o sentimento de que deve dizer todas as coisas importantes, pois será a última vez que poderá fazê-lo". Mas foi como se agosto de 1939 tivesse lançado sobre o Congresso uma marca que lhe foi impossível remover nos anos subsequentes em que lá estive, até por volta de 1954.

Como sempre víamos a Dra. Jolande Jacobi em Ascona, e como foi mais ou menos nessa época que ela se mudou para Zurique, este pode ser um momento oportuno para falar brevemente do tempo em que ela e Jung se conheceram. Eu ouvi falar dela pela primeira vez em 1931, quando Jung fez uma conferência em Viena[18]. A Dra. Jacobi tinha, na verdade, criado o *Kulturbund*, da mesma forma que a Sra. Fröbe tinha criado Eranos, e Jung retornou de Viena muito impressionado com a incomum eficiência e energia dela. Ele voltou a dar uma conferência lá em 1932[19], e ela também visitou Zurique. A amizade sempre foi mantida viva graças aos encontros no Congresso de Eranos todos os anos, quando ela costumava ficar no Hotel Monte Verità e era um elemento muito dinâmico, especialmente nas festas noturnas, pois tinha grandes dons sociais. Quando os alemães invadiram a Áustria, a Dra. Jacobi se mudou para Budapeste, sua cidade natal, pois era húngara de nascimento. Seu marido tinha passado em Budapeste parte do período em que ela estava em Viena, e então se reencontraram lá.

Quando os alemães invadiram a Tchecoslováquia, porém, ela pensou que não demoraria muito para que tomassem também a Hungria, e assim decidiu se mudar para a Suíça. Jung fez tudo o que pôde para ajudá-la, como sempre ajudou os judeus que eram ameaçados pelos nazistas. Porém, tinha dúvidas quanto a Zurique ser ou não o lugar certo para uma pessoa tão extrovertida e dinâmica. Embora sempre tenha admirado a energia e eficiência dela, o convívio entre eles era difícil. O objetivo que ela perseguia, apaixonada e constantemente, era colocar Jung em evidência, ao passo que ele já se sentia demasiadamente em evidência.

Embora nenhum introvertido pudesse concordar com o objetivo dela, o modo como enfrentou suas dificuldades, quando chegou a Zurique, merece respeito. Depois de haver sido uma anfitriã rica e famosa em Viena, recomeçaria do zero em Zurique, com muito pouco dinheiro, e sem afinidade nenhuma, em termos de temperamento, com os introvertidos suíços. Em um tempo surpreendentemente curto, porém, se deu bem, embora a guerra não

---

18. No primeiro volume alemão das cartas de Jung há algumas para a Dra. Jacobi, datadas de muito antes. Ela é mais conhecida como a autora de muitos livros de divulgação da psicologia junguiana.

19. Essa conferência, então intitulada "Die Stimme des Innern" (A voz do íntimo) foi revisada e publicada em inglês como "O desenvolvimento da personalidade" em CW, vol. 17, § 284ss. [cf. "A formação da personalidade". In: OC 17].

fosse uma época em que seus talentos extrovertidos pudessem desabrochar tanto quanto o fizeram posteriormente.

Quando o Congresso de Eranos de 1939 se encerrou, nós nos separamos. Os Jung habitualmente iam embora em seu próprio carro, para uma curta expedição antes de voltarem para casa, mas não me lembro para onde, nem mesmo se foram para algum lugar, naquele ano. Muitos do nosso grupo foram para casa através de Genebra, pois o Museu do Prado havia mandado a maioria de seus quadros de Velázquez para serem guardados em segurança na Suíça durante a Guerra Civil Espanhola. Aquela guerra agora havia terminado, mas os espanhóis permitiram que os suíços exibissem os quadros em Genebra, antes de devolvê-los.

Estávamos todos de novo em casa, e Jung em Bollingen, quando estourou sobre uma Europa horrorizada a notícia da aliança maldita entre Alemanha e Rússia. Jung ficou ainda mais perturbado com um sonho muito indigesto que ele teve imediatamente depois disso. Sonhou que Hitler era "o Cristo do diabo", o anticristo, mas que, enquanto tal, era *o instrumento de Deus*. Contou-me que precisou de muito tempo e esforço para ser capaz de aceitar essa ideia. Embora Jung viesse se ocupando com a ideia do lado sombrio de Deus desde sua infância, ainda faltavam muitos anos para que finalmente aceitasse o problema em *Resposta a Jó**, e a ideia de que um lunático perigoso como Hitler pudesse ser o instrumento de Deus ainda estava muito distante de sua consciência quando teve esse sonho.

Jung estava em Küsnacht há um ou dois dias quando a guerra de fato eclodiu. Marie-Jeanne Schmid estava tendo suas únicas férias prolongadas (cerca de três meses) nas duas décadas em que trabalhou como secretária de Jung. Por esse motivo, Riwkah Schärf (mais tarde Sra. Yehezkel Kluger) o estava ajudando de tempos em tempos com a correspondência. Como me contou, quando ela chegou naquela tarde ele estava no jardim. Parecendo profundamente abatido, ele disse: "Uma Segunda Guerra Mundial no período de uma vida, como suportar isso?" Mais tarde, ele às vezes costumava dizer, quando as coisas pareciam muito ruins nos anos de 1950: "Não penso

---

* Livro publicado por Jung em 1952 [N.T.].

que poderia sobreviver a uma Terceira Guerra Mundial". A perspectiva de tal guerra, com o sofrimento generalizado decorrente dela, era quase intolerável para ele considerar, embora bem soubesse que a realidade não pode ser ignorada.

14
A Segunda Guerra Mundial, 1939-1945

No outono de 1939, Jung passou o intervalo entre Eranos e o retorno ao trabalho, em meados de outubro, em Bollingen. Na verdade, descia a Küsnacht por um ou mesmo alguns dias sempre que necessário, mas Bollingen foi sempre, incomparavelmente, o melhor lugar para que ele processasse coisas como a crescente tensão na Europa (que ele havia percebido inicialmente em 1926) e catástrofes como a eclosão de outra guerra mundial. Penso que isso tenha ocorrido porque a Torre era especialmente o lugar do si-mesmo, com sua perspectiva totalmente diferente com relação às coisas que acontecem no espaço e tempo[1].

Isso pode ficar mais claro a partir de um sonho que uma mulher teve alguns anos antes, em um daqueles períodos nos quais uma Terceira Guerra Mundial parecia quase inevitável. No sonho, ela estava em um pânico quase tão intenso sobre a guerra como se tudo fosse realidade, e foi então infinitamente tranquilizada por uma figura com aspecto de deusa que vinha ao seu encontro e dizia: "Mas mesmo se a guerra irromper, para mim não será pior do que um sonho mau". O Oriente tenta se identificar com esse ponto de vista, declara que o mundo não passa de uma ilusão e busca a libertação do choque de opostos no nirvana. Mas Jung pensava que, no Ocidente, devemos fazer todos os esforços para nos tornarmos *conscientes* do ponto de vista eterno, e fazer o melhor possível para reconciliá-lo com a realidade tridimensional em nossa *vida real*, no aqui e agora. Portanto, se formos obrigados a

---

1. Cf. *MDR*, p. 225.

passar por outra guerra mundial, esse é um *fato* doloroso que devemos levar em conta, e certamente não uma ilusão.

Jung deixou essa ideia de um duplo ponto de vista particularmente claro em seu comentário a *O segredo da flor de ouro*. Ele escreveu sobre o fato de que, em casos favoráveis, algumas pessoas parecem superar um problema que destruiria outras. Conquistam um novo nível de consciência, por assim dizer, a partir do qual conseguem ver até mesmo o pior problema sob uma luz totalmente diferente. Ele explicou:

> Aquilo que, em um nível inferior, havia levado aos conflitos mais selvagens e a aterradoras explosões emocionais, agora, a partir do nível mais alto da personalidade, parecia uma tempestade no vale, vista do topo da montanha. Isso não significa que a tempestade é subtraída de sua realidade, mas sim que, ao invés de estar nela, se está acima dela. Mas, visto que em sentido psíquico somos tanto vale quanto montanha, poderia parecer uma vã ilusão nos considerarmos acima do que é humano. Certamente sentimos o afeto e somos abalados e atormentados por ele, mas ao mesmo tempo temos noção de uma consciência superior que impede que nos identifiquemos com o afeto, pois é capaz de dizer: "Eu *sei* que sofro". O que nosso texto diz sobre a indolência – "A indolência da qual um homem tem consciência e aquela da qual ele não tem consciência estão a milhas de distância"[2] – continua sendo verdade no grau mais alto do afeto[3].

Nessa época, Jung era sempre capaz de alcançar esses dois pontos de vista (montanha e vale, si-mesmo e ego) onde quer que estivesse, mas Bollingen era o lugar que ficava diretamente do lado da montanha, por assim dizer, e onde a perspectiva da montanha lhe era mais acessível. Jung tinha um amor muito incomum e profundo pela humanidade, e sempre levou a sério cada vida humana, de modo que catástrofes generalizadas, como uma guerra mundial, eram para ele muito difíceis de aceitar. Mas foi, assim, uma circunstância afortunada que a guerra tenha irrompido durante as longas férias de verão, quando ele estava sempre em Bollingen. Ficou evidente, quando ele retornou a Küsnacht em outubro, que, embora a guerra ainda fosse uma ago-

---

2. *The Secret of the Golden Flower* (edição de 1962), p. 42. Cf. OC 13, § 17.
3. Ibid., p. 91; CW, vol. 13, § 17.

nia para ele no vale, também conseguia vê-la objetiva e calmamente de cima, da montanha. Ambos os pontos de vista estavam presentes ao mesmo tempo, embora aquele que melhor se adequasse à situação ficasse frequentemente mais evidente. Isso poderia ser expresso de modo muito diverso, ao se dizer que em Bollingen ele se tornava plenamente consciente de todo o sofrimento envolvido e o aceitava o suficiente para ser capaz de dizer: "Eu sei que o mundo, incluindo eu mesmo, está passando por um montante incompreensível de sofrimento".

O ponto de vista obtido da montanha era particularmente visível nas conferências no ETH, que ele retomou em 3 de novembro de 1939. Ele tinha terminado seus textos orientais em junho, e dedicado as últimas quatro conferências do semestre de verão aos "*Exercitia Spiritualia* de Santo Inácio de Loyola", como um exemplo ocidental de seu tema geral de imaginação ativa. Quando retomou essas conferências, seguiu o mesmo padrão que adotara em Berlim seis anos antes: mal se referia à situação exterior, mas tentava abrir os olhos de seu grande público para a *realidade* da psique, para a vida interior, e seu ponto de vista específico. O próprio material, porém, o levou a emitir um ponto de vista muito revelador, que realmente surpreendeu a muitos dos presentes. Lembro-me vividamente de pensar na época: "Até que enfim alguém vê um sentido na guerra".

Jung estava falando de uma introdução aos *Exercitia Spiritualia* inacianos, escritos por um velho jesuíta espanhol, Izquierdus, que viveu no início do século XVII. Ao definir a diferença entre o pecado mortal e o venial, Izquierdus disse: "Há realmente um único pecado mortal, que consiste em colocar seu objetivo na criatura, e não em Deus"; e acrescentou: "Para o homem que se encontra em pecado mortal não existe Deus, nem céu, nem salvação". Jung comentou que, de acordo com isso, praticamente toda a humanidade ocidental estava em pecado mortal.

Traduzindo na linguagem que Jung usou em seu comentário a *O segredo da flor de ouro*, praticamente "toda a humanidade ocidental" encontra seu único objetivo no vale, porque já não sabe que a montanha existe. Ainda assim, é só da montanha que o objetivo que Izquierdus chama de Deus pode ser visto. Assim – a partir do ponto de vista dele – a humanidade ocidental está praticamente toda em pecado mortal. Voltamos assim à percepção por Jung do mito do homem moderno, quinze anos antes, nas planícies do Athi, na África Oriental: a consciência do homem é "indispensável para que se complete a criação" e ela não caia em seu final desconhecido "na mais profunda noite do não ser"[4].

Havia uma desagradável incerteza no ar quando a Alemanha conquistou a Polônia, e a chamada *drôle de guerre* tinha começado no Ocidente. Círculos militares na Suíça estavam muito inquietos com a concentração de tropas alemãs na fronteira setentrional. Na época, se considerava muito provável que a Alemanha, ao invés de atacar a supostamente inexpugnável Linha Maginot, violasse a neutralidade suíça e atacasse a França por essa rota. Jamais houve algo parecido com pânico, pois a Suíça sabia estar bem-armada e se mostrava determinada a se defender até o último homem.

Mesmo depois de rompida a Linha Maginot, com o exército alemão se espalhando por Bélgica, Holanda e França, a pressão sobre a Suíça não arrefeceu. Pelo contrário, ainda mais tropas alemãs se concentraram na fronteira suíça, e posteriormente se soube que, se a França não tivesse caído tão rapidamente, a Alemanha teria tentado atacá-la pelo norte da Suíça. As tropas da mais primitiva Inner Schweiz [interior da Suíça] juravam que os alemães só eram impedidos de atravessar a fronteira suíça pelo santo suíço de Flüe! Oficiais desses regimentos nos contaram posteriormente que muitos de seus homens estavam convencidos de tê-lo visto impedindo os alemães de tocarem o solo suíço.

Seja como for, era um fato desagradável que a principal linha de defesa da Suíça estivesse nas montanhas, atrás de Zurique. Passei uma noite com Emma Jung nessa época, e ela me contou o quanto estava preocupada com seus muitos netos. Emma temia que Jung se recusasse a abandonar sua atividade clínica, mas a família inteira tinha se transferido para uma pequena pensão perto de Saanen, em Oberland Bernês, e ela esperava que, se fosse informado de que a situação estava desesperadora, ele pelo menos consen-

---

4. *MDR*, p. 256.

tisse em vê-los em segurança. Todos os rapazes da família – seu filho e os genros – estavam prestando serviço militar. A preocupação de Emma era se haveria espaço suficiente no carro para levar todas as crianças[5], de modo que combinamos de usar meu carro também. Nossa provisão de gasolina estava se reduzindo a cada mês, mas eu tinha estocado o suficiente para qualquer emergência desse tipo.

Contudo, fui tomada de considerável surpresa (pois evidentemente não sabia então que Jung tinha recebido um alerta urgente de Berna) quando Marie-Jeanne Schmid me ligou de manhã bem cedo para dizer que os Jung ficariam gratos se eu pudesse levar, o mais rápido possível, dois de seus netos a Saanen, em Oberland Bernês. Como eu ficaria com um assento livre, levei também Elizabeth Welsh, que tinha chegado da Inglaterra pouco antes e que também estava vivendo no Hotel Sonne em Küsnacht. Fomos à casa de Jung o mais rápido que pudemos, mas eles já tinham ligado o carro; porém as crianças que eu iria levar ainda estavam lá.

Obviamente eu conhecia o local aonde iríamos, mas não sabia se Jung iria por Brünig Pass ou por Berna. Optei pelo segundo caminho, pois senti que seria melhor evitar, dadas as circunstâncias, as cidades grandes. Fiquei, porém, muito satisfeita ao ser ultrapassada pelo carro dos Jung – e com Jung ao volante – em Sihltal, a uns 15km de Zurique. (Eles também tinham sido pegos de surpresa e tiveram de ir ao banco em Zurique para sacar dinheiro.) Embora houvesse muitos postos de controle na estrada, passamos por todos sem sermos importunados e nos encontramos para o almoço no outro lado de Lucerna, em Alpnach, junto ao funicular que sobe o Monte Pilatus.

Aqui soubemos o que tinha levado os Jung a levar netos e nora tão subitamente para as montanhas. Ele tinha recebido um telefonema do alto escalão em Berna, tarde da noite na véspera, solicitando que deixasse Zurique imediatamente. As autoridades suíças tinham ficado sabendo que o nome de Jung estava na lista negra dos nazistas, e não queriam que os alemães tivessem uma oportunidade de capturá-lo. Essa informação – somada à ansiedade anterior de Emma – não lhe deixou nenhuma alternativa: teve de dirigir o

---

5. Os Jung tiveram dezenove netos ao todo, mas nem todos já haviam nascido em 1940.

carro da família a Saanen, embora fosse visível seu desagrado em deixar sua prática clínica em um momento como aquele. Além disso, naquela manhã um amigo do Alto Comando do exército ligou para dizer a Jung que a Suíça tinha quase certeza de que seria atacada naquele mesmo dia. Combinamos um ponto de encontro em Spiez, junto ao Lago de Thun, onde os Jung encontrariam uma de suas filhas mais novas, que levaria seus filhos diretamente. Eu provavelmente levaria as crianças que estavam no meu carro para seus avós, junto ao Lago de Thun.

Quando encontramos a filha, contudo, ela nos contou que tinha ficado decidido que seria mais seguro levar todas as crianças a Saanen. Assim, as entregamos na encantadora pensãozinha que a família inteira tinha alugado, situada com uma bela vista sobre Saanen. Fomos então para um hotel a uns 5km de lá, perto de Gstaad. Com o rápido colapso da França, os alemães acabaram desistindo de atacar, pois sabiam que o exército suíço poderia mobilizar pelo menos meio milhão de homens. Essa não foi, de modo algum, a única ocasião durante a guerra em que os alemães reuniram suas tropas contra a Suíça, mas sempre acabaram recuando no último instante. Costumavam chamar a Suíça de "aquele pequeno ouriço irascível".

Demorou apenas alguns dias para que Jung voltasse de trem para seu trabalho em Küsnacht, e desde então, até o início de julho, ele dividiu seu tempo entre Küsnacht e sua família em Saanen. Geralmente ficava em Küsnacht no meio da semana e ia a Saanen para um fim de semana prolongado. Nessa época, além disso, outros dois ou três discípulos de Jung tinham se juntado a nós no hotel perto de Gstaad, e Jung costumava caminhar até lá, quase todos os finais de semana, para fazer uma hora de análise com aqueles discípulos que ainda estavam em análise, ficando para o almoço e voltando a pé no início da tarde. Tive a felicidade de dispor de gasolina o bastante para levar Jung de volta a Küsnacht em duas de suas visitas. (Alguns postos, nas estações turísticas agora vazias, convenientemente "esqueciam" de pedir os cupons de carros de outros cantões!) Foram viagens estranhas e memoráveis, atravessando uma paisagem completamente armada, por estradas quase totalmente vazias, com exceção do tráfego militar. Nesse ínterim, a queda da

França tinha aliviado a pressão sobre a fronteira suíça, e Jung passou quase que todo o restante da guerra em Küsnacht ou Bollingen.

Não houve um Congresso regular de Eranos naquele verão, mas, atendendo a um pedido urgente da Sra. Fröbe, Jung desceu a Ascona para participar de uma espécie de Congresso simbólico, que consistiu de duas conferências, uma de Jung e outra do Prof. Andreas Speiser[6], para um público muito pequeno. Jung, que desejava manter pequeno esse Congresso simbólico, desencorajou seus próprios discípulos a irem. O Congresso de Eranos de 1940 foi, por isso, o único que perdi em vinte anos. Tanto Jung como o Prof. Speiser falaram da Trindade conforme o ponto de vista de campos muito diferentes. Jung falou de improviso – como tinha feito no ano anterior –, mas foi realizado um registro estenográfico e ele acabou por revisar e ampliar esta conferência em "Uma abordagem psicológica do dogma da Trindade". Ela foi publicada em alemão no livro *Symbolik des Geistes*, em 1948, do qual é extraída a versão em inglês[7].

Como de hábito, passou o restante das férias de verão em Bollingen, ficando por alguns dias em Küsnacht, quando necessário. Nessa época, a vida tinha voltado mais ou menos ao normal na Suíça, e Jung retomou o trabalho no outono, tanto suas análises quanto as conferências no ETH. Havia, é claro, muito menos estrangeiros na Suíça naquele momento, apenas aqueles de nós que tinham se estabelecido por lá e visitantes ocasionais que de algum modo conseguiam atravessar as fronteiras. Havia por toda a Suíça um forte sentimento antialemão – que não seria exagero chamar de ódio –, e dessa vez os suíços estavam praticamente unânimes, e não divididos, como na Primeira Guerra Mundial. Os poucos de nós que estávamos aqui tínhamos a grande vantagem de formar um grupo bem pequeno, algo que sempre agradou a Jung.

No outono de 1940, carros particulares foram proibidos de receber gasolina. Na primavera de 1941, não eram mais autorizados a trafegar nas estradas, mesmo se o proprietário ainda tivesse alguma gasolina estocada.

---

6. Na época, ele era professor de Matemática na Universidade de Zurique, mas em 1944 se transferiu para a Universidade de Basileia.
7. OC 11/2, § 169ss.

Médicos que tinham de visitar seus pacientes naturalmente recebiam ainda alguma provisão, mas médicos de consultório como Jung, que trabalhassem em suas próprias casas, não recebiam nenhuma. Lembro-me de uma mulher francesa, que tinha de algum modo obtido permissão para vir de Paris visitar Jung, não conseguia acreditar que ele não tivesse nenhum combustível no carro. "Mas é claro que há gasolina para alguém como você", ela lhe disse. Ele lhe assegurou que os suíços não permitiam nenhuma exceção, e que ele não tinha mais combustível do que qualquer outra pessoa. Não sei se ele poderia ter obtido alguma quantidade para seu trabalho no ETH, mas tenho certeza de que nunca pediu. Limitava-se a caminhar pacientemente, por cerca de um quilômetro, até a estação, ia de trem a Zurique, depois tomava um bonde até a universidade. Devia ser muito cansativo, mas jamais o ouvi se queixar.

Jung também se submeteu pacientemente a todas as regulamentações impostas pelas condições de guerra. Por exemplo, arou a percentagem exigida de seu terreno em Bollingen para a plantação de batatas. Lembro que um dia, quando estávamos todos trabalhando com aquelas batatas, ele encontrou um rato morto e, pensando que este poderia interessar a Cairn, minha cadela *terrier*, jogou-o para ela. Por alguma razão, porém, ela considerou isso um insulto pessoal e veio a mim se queixando amargamente. Essa dignidade ferida o divertiu, e ele ficou pasmo quando a cadela, ao revê-lo três semanas depois, na plataforma da estação de Küsnacht, o ignorou completamente. Visto que geralmente o cumprimentava com grande entusiasmo sempre que o encontrava, ele perguntou: "Qual é o problema com a cadela? Ela simplesmente me deu as costas". Eu disse achar que ainda era o rato. "Oh, querida", ele respondeu, "esqueci completamente meus modos grosseiros quando fiz aquilo!"

O grande médico e alquimista suíço Paracelso morreu em 1541. Apesar da guerra, a efeméride de quatrocentos anos foi muito celebrada na Suíça, e Jung foi solicitado a dar conferências em Basileia, no dia 7 de setembro, e na grande celebração em Einsiedeln, em 5 de outubro. A primeira conferência foi intitulada "Paracelso, o médico"[8]. A segunda – que foi muito mais profun-

---

8. OC 15, § 18ss.

da – chamou-se "Paracelso, um fenômeno espiritual"[9]. Ambas as conferências foram publicadas em alemão conjuntamente, em 1942 como *Paracelsica*, mas, enquanto que a primeira foi publicada quase tal qual proferida, Jung dedicou grande trabalho à segunda, ao longo do outono de 1941, para ampliá-la, pois, como explicou no "Prefácio" de *Paracelsica*, não era possível, em uma única conferência, dar ideia da figura enigmática de Paracelso em si, que está escondida atrás de seus numerosos escritos médicos, científicos e teológicos. De fato, Jung disse ser muito difícil solucionar o enigma de Paracelso, e que os leitores deveriam considerar seu ensaio como uma mera tentativa de descortinar alguma coisa da filosofia secreta de Paracelso, e não pensarem que ele estivesse pretendendo dizer algo conclusivo sobre esse tema difícil. Seja como for, ele certamente encantou seu público em Einsiedeln, naquela noite de outubro, no grande auditório que fica atrás dos prédios da catedral e do monastério adjacentes aos campos que contêm o importante centro de criação de equinos que notabiliza Einsiedeln em toda a Suíça.

De maneira geral, aqueles poucos dias que passamos em hotéis de Einsiedeln foram um oásis bem-vindo em um período particularmente sombrio da guerra, quando a Alemanha praticamente dominava a Europa. Embora o contexto fosse muito diferente, nos fez lembrar dos primeiros anos em Ascona, quando todos ficamos no Hotel Monte Verità. Einsiedeln tem uma conexão indelével com Paracelso, pois ele havia nascido em um casebre, ainda hoje de pé, a apenas três ou quatro quilômetros dali. Algo da atmosfera dele ainda persiste. Além disso, é um local de peregrinação. Diz-se que Madona Negra de Einsiedeln realizou muitas curas e salvamentos. O monastério, com sua grande escola para rapazes e seu centro de criação de equinos, também tem um charme peculiar. Jung mais tarde, ainda durante a guerra, passaria um feriado prolongado em Einsiedeln, e retornou encantado com o abade e os outros monges, e com toda a atmosfera repousante do lugar.

Embora a celebração de Paracelso em Einsiedeln se destaque em minha memória como um momento excepcionalmente significativo, os dois encontros de Eranos de 1941 e de 1942, muito diversos do que haviam sido

---

9. OC 13, § 145ss.

antes da guerra, também foram reuniões valiosas. Ninguém que vivia fora da Suíça compareceu, mas em 1941 Jung deu uma de suas melhores conferências em Eranos, sobre "O simbolismo da transformação na missa"[10] e, em 1942, outra conferência alquímica, "O espírito Mercurius"[11]. O professor húngaro Karl Kerényi, que mais tarde se refugiou na Suíça e estava destinado a se tornar um verdadeiro pilar de Eranos, apresentando conferências todos os anos, compareceu pela primeira vez em 1941[12]. Neste mesmo ano Max Pulver, grafólogo suíço, também se tornou um conferencista regular, e alguns outros professores suíços substituíram os professores estrangeiros que já não podiam participar do encontro.

Claro, a vida estava muito diferente sem nossos carros, e sentíamos falta dos Jung no dia a dia, pois a partir de então eles ficaram hospedados no apartamento acima da sala de conferências. Mas havia um hotel muito aconchegante, o Collinetta, em Moscia, perto de Eranos, onde Toni Wolff e muitos integrantes de nosso antigo grupo do Verità se instalaram felizes em 1941 e 1942. Então, infelizmente, ele deixou de ser um hotel. Depois disso, não houve mais nenhum hotel disponível, e todos tiveram de se hospedar em Ascona, ou bem perto de lá, sendo o transporte para Eranos um problema nos dias quentes de agosto.

Em 1942, quando solicitado por alguns líderes suíços e um psiquiatra alemão a ajudar em uma tentativa que eles planejavam para a restauração da paz, Jung se lançou no projeto, a princípio, com considerável entusiasmo. Isso foi mantido totalmente em segredo na época, é claro, e só soube a respeito porque Jung pensou que eu seria uma pessoa adequada para levar as mensagens deles à Inglaterra. "Ninguém jamais suspeitaria de você", disse. Além disso, como a pessoa que eles queriam abordar era o Arcebispo Temple (que Jung conhecia, respeitava e apreciava), eu não teria (considerando meus antecedentes) nenhuma dificuldade em conseguir uma entrevista com ele.

---

10. OC 11/3, § 296ss.
11. OC 13, § 239ss.
12. O Prof. Kerényi morreu em 1973.

O médico alemão estava longe de ser um nazista, mas sua profissão lhe propiciava acesso direto ao quartel-general nazista. Ele relatou que Hitler vinha tendo dúvidas de que realmente pudesse vencer a guerra e talvez estivesse disposto, pensou o médico, a tornar um acordo de paz aceitável aos Aliados. Jung se sentiu enormemente atraído pela possibilidade de evitar muitas mortes e sofrimento, e me falou desse projeto com grande apreço. Pediu-me para ficar de prontidão, mas ainda não encaminhar meus documentos junto ao consulado britânico. Teria sido evidentemente fácil, e pareceria muito natural que eu pedisse para ser repatriada para meu próprio país. Por outro lado, era muito improvável que eu pudesse voltar à Suíça antes do término da guerra. Foi, por isso, com muito pesar – pois eu já sentia que a Suíça era minha casa, por lá estarem meus melhores amigos –, que aceitei; era algo que imediatamente percebi que não poderia de modo algum ser recusado.

Jung me falou do projeto em junho. Em fins de julho, chamou-me a Bollingen, pois evidentemente queria discutir a questão. Ele estava esperando junto à garagem quando cheguei, visto que não tinha dito qualquer palavra sobre o assunto nem para sua esposa ou para Toni Wolff; isso na época foi mantido tão em sigilo que mesmo agora tenho dificuldade em escrever a respeito. Contou-me os últimos acontecimentos. Estava muito esperançoso de que desse certo, mas não tinha certeza de que daria, e me disse para seguir postergando a solicitação de meus documentos. Pela primeira vez, eu havia sonhado sobre o projeto na noite anterior e, assim que ele soube disso, perguntou-me como tinha sido esse sonho.

Sonhei que seu filho, que no sonho era ainda um homem muito jovem, estava à frente do projeto, e uma voz me informava que não daria em nada. Mas, a voz acrescentou, o rapaz jamais deveria ser culpado por isso, pois o projeto era motivado pelo mais puro amor à humanidade. Jung praguejou com bastante veemência: "Droga! Estou sendo ingênuo demais?" Acrescentou que, de algum modo, sempre temeu que tudo aquilo fosse uma quimera, mas que ainda assim iria esperar para ver o que aconteceria, antes de tomar qualquer decisão.

Algumas semanas depois, em um concerto noturno durante o Congresso de Eranos, ele se sentou do meu lado e murmurou, abafado pela música: "Sua parte foi um sacrifício de Abraão, tivemos de desistir da ideia toda!" Acrescentou: "Os nazistas são malvados demais, nenhum acordo de paz é possível com eles, a coisa toda terá de ser completamente destruída, custe o que custar". No dia seguinte, durante a viagem de volta a Küsnacht, contou-me o que tinha acontecido. Quando o plano foi mencionado para Hitler, ele teve um de seus acessos de fúria, e o psiquiatra alemão só conseguiu salvar a própria vida fugindo para a Suíça, onde permaneceria pelo resto da guerra. Jung me disse que, desde quando o inconsciente começou a criticar o projeto, tinha perdido seu entusiasmo e confiança a respeito dele, mas que estava feliz, dadas as circunstâncias, porque as coisas tinham se decidido sem que fosse obrigado a retirar seu apoio. Isso era típico da atitude de Jung para com o inconsciente: sempre sacrificava a vontade do seu ego à sabedoria superior do inconsciente; nesse caso, foi um grande sacrifício, pois ele havia acalentado a esperança de poupar inúmeras vidas e sofrimento; mas jamais obedecia de maneira cega ou precipitada, só depois de cuidadosa consideração de todos os prós e contras. Uma vez decidida essa questão, jamais o ouvi mencioná-la de novo.

A guerra revelou o mais ardente patriotismo em Toni Wolff. Sempre soube que a Suíça significava muito para ela, que já passava dos cinquenta anos quando eclodiu a guerra, e confesso que fiquei surpresa por vê-la colocar seu tempo e seu carro voluntária e irrestritamente a serviço da *Frauenhilfsdienst* (algo como "Serviço Feminino de Assistência"). A artrite já a incomodava e a vida rude não lhe fazia bem, mas não se poupou de nada. Estava na seção motorizada, e teve, é claro, de dormir em dormitórios frequentemente sob o frio e outras condições desconfortáveis.

Edward Bosshard, um amigo comum meu e de Toni, que na juventude tinha sido colega do pai de Toni no Japão, disse-me que conhecia o oficial comandante dela e que lhe havia afirmado que Toni era o recurso mais valioso de que sua unidade dispunha; não por ser uma boa motorista (de fato raramente era autorizada a dirigir), mas pela maravilhosa influência que exercia em suas companheiras muito mais jovens. Ela conseguia mais do que ninguém inspirá-las a trabalhar, e nunca aceitava relaxar antes que o trabalho estivesse totalmente concluído. Nunca se poupava, a despeito da idade muito maior e da crescente artrite, e seu exemplo fazia milagres ao seu redor.

Persistiu, porém, tempo demais, após os médicos terem insistido muito em que ela aceitasse ser desmobilizada, e pagou por isso com dores constantes nos últimos anos de sua vida. Também foi sendo gradualmente privada de seu maior prazer: as estadias com Jung em Bollingen. A Torre era próxima demais do lago para ela; suas mãos, ali, se rebelavam e se recusavam a realizar as tarefas solicitadas. Nunca a ouvi se queixar, embora duvide que em algum momento ela não tenha sentido dores, mas a não ser que alguém perguntasse, ela nunca tocava no assunto e se forçava a fazer tudo o que pudesse.

O ano de 1943 foi o primeiro em que Jung não apresentou conferência em Eranos, desde que começou a participar, em 1933, embora tenha, com Emma, comparecido ao encontro como de hábito. A libido criativa de Jung já estava fluindo para seu último grande livro, *Mysterium coniunctionis*, e ele sentiu não poder desviá-la para a preparação de uma conferência para o Congresso de Eranos daquele ano, cujo tema foi "Antigos cultos solares e o simbolismo da luz na gnose e no cristianismo primitivo". Essa foi, claro, uma grande perda para o Congresso e motivo de tristeza para a Sra. Fröbe-Kapteyn, embora de algum modo ela tenha sido consolada pelo consentimento de Jung em comparecer. Ele também teve papel proeminente nas discussões, que ocorriam no terraço depois das conferências, ou na mesa redonda da própria Sra. Fröbe.

As conferências daquele ano foram enriquecidas pelo professor francês Louis Massignon, que conseguiu uma forma para comparecer. Ele tinha dado palestras em Eranos antes da guerra, de 1937 a 1939, e todos tínhamos gostado de suas conferências sobre o Islã e suas experiências em países islâmicos. Não me recordo mais de como ele conseguiu comparecer em meio à guerra, mas o que sei é que ficamos felizes em vê-lo. Outro acréscimo às conferências em 1943 foi o Prof. Hugo Rahner, de Innsbruck. Ele fazia parte de uma comunidade jesuíta que havia se refugiado dos nazistas na Suíça.

Continuou fazendo conferências em Eranos enquanto sua ordem religiosa permaneceu na Suíça. Era um especialista nos escritos dos Padres da Igreja, autor renomado e um conferencista excepcionalmente bom, bem como uma personalidade encantadora.

Jung dispôs de muito mais tempo para seus estudos alquímicos e para escrever durante a guerra do que tinha anteriormente. Ainda mantinha um trabalho clínico muito grande, mas, como a maioria de seus pacientes e discípulos estavam segregados pela guerra em seus próprios países, sua jornada de trabalho havia se reduzido bastante. Também havia desistido de suas conferências e do seminário sobre sonhos de crianças no ETH em 1941, e, pela primeira vez desde o "confronto com o inconsciente", tinha algum tempo para si mesmo, livre da pressão que havia sido incessante desde 1919. Ainda ia, em sábados à noite alternados, para a conferência no Clube Psicológico. Repetia lá suas conferências de Eranos, pois naturalmente só um pequeno percentual do clube o havia ouvido em Ascona. Também tinha pequenos grupos de discussão de tempos em tempos, e jamais alguém que lhe pedisse auxílio com sinceridade ficava sem resposta. Mas finalmente teve tempo para escrever livros sobre alquimia, algo que desejava fazer há muito tempo.

O primeiro resultado foi *Psicologia e alquimia*[13], completado, a julgar da datação do prefácio, em janeiro de 1943. A primeira edição suíça, porém, só foi publicada em 1944. Embora as partes II e III originalmente tenham sido suas conferências de Eranos de 1935 e 1936, foram tão revisadas, ampliadas e reescritas que pareceram quase que inéditas para seus leitores, e a longa e especialmente esclarecedora introdução e o final do livro eram inteiramente novos.

Mal concluíra *Psicologia e alquimia*, Jung começou sua *opus magnum*, *Mysterium coniunctionis*. Os primeiros capítulos desse livro foram escritos antes da enfermidade de Jung em 1944. Embora o sofrimento da guerra tenha sido sempre duro de suportar para Jung, a Segunda Guerra Mundial foi, todavia, uma época extremamente criativa para ele.

---

13. OC 12.

O ano de 1943 trouxe a perda de dois amigos muito queridos: Heinrich Zimmer e Peter Baynes. Em 1940, o Prof. Zimmer tinha deixado Oxford, onde nunca se sentiu capaz de criar raízes, apesar dos bons laços que mantinha com o Clube de Psicologia Analítica de Londres e da amizade com Peter Baynes – e transferiu-se com a família para Nova York. Só sabíamos, na época, que ele estava lecionando na Universidade de Colúmbia e que tudo parecia indicar uma nova carreira de sucesso na América, quando ele subitamente morreu de pneumonia em 18 de março de 1943. Mas, depois da guerra, ouvimos de um amigo em comum que, de novo, como em Oxford, ele também não se sentiu capaz de se enraizar, e nunca se sentiu em casa em Nova York. O idioma era uma grande dificuldade, pois ele nunca dominou realmente o inglês, e seu amigo – que era norte-americano de nascimento, mas totalmente bilíngue – disse que ele sempre insistiu em falar alemão, mesmo em público, o que naturalmente não era recomendável. Jung nos lembrou de sempre ter sentido certo temor por conta da qualidade extraordinariamente infantil das mãos de Zimmer, e desconfiado de sua capacidade de apreender uma realidade difícil. Foi uma tragédia que ele tenha tido de abandonar sua amada Heidelberg, e fica a sensação de que, se ele tivesse podido permanecer lá, talvez não tivesse morrido com apenas 52 anos de idade.

Peter Baynes, que havia sido assistente de Jung mais de uma vez, e membro do clube de Zurique por vinte e três anos, era um amigo ainda mais próximo, por isso foi um grande choque saber que ele também tinha morrido, na Inglaterra, a 6 de setembro de 1943. Ele era oito ou nove anos mais velho do que Zimmer, e tinha sofrido de uma úlcera duodenal por alguns anos. Mas, como soubemos mais tarde, ele morrera de modo bastante inesperado por um tumor cerebral, algo de que ninguém, nem mesmo Jung, suspeitou nem por um instante. Essa foi uma perda irreparável para a psicologia junguiana na Inglaterra, e sua morte foi motivo de um grande pesar para todos aqueles que o conheciam bem, pois ele era, e sempre tinha sido, uma figura adorável. Jung ficou muito abalado com essas duas mortes.

Talvez o principal marco da conquista por Jung da totalidade – com a solitária exceção de seu "confronto com o inconsciente" – foi propiciado por sua doença em 1944. Não quero dizer que Jung atingiu a totalidade completa; iria de encontro a toda sua *Weltanschauung* afirmar algo assim. Ele sempre disse que o si-mesmo, e, portanto, a totalidade, ia muito além de nossa compreensão, e que deveríamos encarar tudo o que aprendêssemos como estágio temporário *no caminho* da compreensão. Portanto, eu diria apenas que Jung alcançou o montante máximo da totalidade que era alcançável *para ele*.

No início de 1944 – em 11 de fevereiro, para ser exata – Jung saiu para sua caminhada diária. Desde seu retorno da Índia em 1938, ele tinha continuado a caminhar sempre que possível e, quando a guerra lhe trouxe mais tempo livre, ele caminhava vários quilômetros todos os dias. Ele estava a 2 ou 3km de casa quando sofreu um forte escorregão na neve. Isso foi muito incomum, pois até a idade avançada Jung sempre teve pés firmes na neve. Não chegou a cair, mas sentiu que ferira gravemente a perna. Foi mancando até a casa mais próxima – que felizmente não distava muito – e chamou por telefone um táxi para levá-lo para casa. Seu médico, o Dr. Jakob Stahel Sr., que era o protótipo em pessoa do antigo médico de família, estava longe, mas o filho dele, então um médico bem jovem, veio de imediato, e diagnosticou corretamente que Jung fraturara a fíbula. Insistiu que Jung fosse imediatamente para um grande hospital particular chamado Hirslanden, nos arredores de Zurique, e o colocou aos cuidados de um jovem cirurgião muito competente. Como muitos cirurgiões, especialmente em começo de carreira, este provavelmente pensou mais no que era correto para a perna quebrada do que no que seria melhor para um senhor de quase 70 anos de idade e ativo, e por isso insistiu que a perna ficasse em completo repouso. A princípio, Jung prazerosamente leu seus livros alquímicos, mas logo seu ativo corpo se rebelou contra a inatividade e, cerca de dez dias depois de dar entrada no hospital, ele sofreu uma trombose muito grave no coração e dois outros coágulos sanguíneos foram até os pulmões. Isso foi totalmente inesperado. Emma Jung estava na cidade, e foi contatada com muita dificuldade. Permaneceu com ele no hospital (conseguiu um quarto em outra ala, mas muito próximo) até que ele pudesse voltar para casa. Jung estava às portas da morte, e assim ficou por várias semanas. Sua vida foi salva por um cardiologista – ao qual se referiu como Dr. H. em *Memórias*[14], talvez o mais famoso cardiologista de seu tempo, pelo menos na Suíça.

Como relatou em *Memórias*[15], ficou muito preocupado com seu médico porque o tinha visto em uma visão "em sua forma primal, como um Basileu de Kos"[16]. Depois de sua doença, particularmente depois que o Dr. H. morreu, Jung ainda se sentia perturbado pela ideia de que essa morte pudesse estar conectada com sua própria recuperação quase milagrosa. Pontuou que se dizia que o próprio Zeus tinha matado Esculápio com um relâmpago, como punição por este ter trazido pacientes de volta da morte. Mais tarde, nos santuários de Esculápio, médicos podiam salvar a vida de quaisquer de seus pacientes, mas eram proibidos de trazer quem quer que fosse do mundo dos mortos. Se descumprissem essa lei, tinham de pagar com suas próprias vidas. Jung se sentiu, porém, de algum modo consolado, quando soube que um amigo do Dr. H. – outro cardiologista renomado de Zurique – estava preocupado com ele desde vários meses *antes* da doença de Jung. Ele disse ter implorado que o Dr. H. se cuidasse e se submetesse a uma avaliação médica completa, pois, como seu amigo médico disse, ele realmente não parecia estar nada bem. Como a maioria dos médicos, porém, o Dr. H. não seguiu o conselho que certamente teria dado a qualquer um de seus pacientes, e evidentemente não andava bem de saúde já antes da doença de Jung.

Essa visão ocorreu quando Jung estava à beira da morte. Conforme relatou em *Memórias*[17], ele sentiu que estava deixando a Terra, a qual podia ver abaixo dele, como se a quilômetros de distância, e sentiu "toda a fantasmagoria da existência terrena" descaindo ou sendo arrancada dele, até que fosse deixado tão somente com o que ele era. Em outras palavras, ele foi deixado com o grau de totalidade que tinha alcançado durante sua vida terrena. A princípio, houve uma sensação de aniquilamento, pois tudo o que era famili-

---

14. *MDR*, p. 292. Dr. Theodor Haemmerli-Schindler.
15. Ibid., p. 293.
16. Cf. acima, p. 79.
17. Ibid., p. 289ss.

ar tinha sido arrancado dele, mas logo em seguida isso deixou de ter qualquer importância, pois ele tinha tudo o que ele era e "isso era tudo".

Jung estava na iminência de adentrar um templo escavado de um "gigantesco bloco escuro" de "granito marrom-amarelado", o que ele ansiava fazer porque sabia que todas as suas questões seriam respondidas ali, pois ali ele encontraria todas as pessoas às quais verdadeiramente pertencia, e aquelas que conheciam as respostas para suas candentes questões. Justo antes de que entrasse, o Dr. H. veio flutuando da terra, em sua forma primal, e disse que tinha sido encarregado de trazer uma mensagem a Jung: havia um protesto contra a partida dele da Terra, ele não tinha o direito de fazê-lo e devia retornar. Jung ficou profundamente decepcionado, e nesse instante a visão terminou. Essa foi, pelo que sei, a única vez em que Jung perdeu todo o desejo de viver; por várias semanas, ele só ansiou por voltar à realidade que tinha experienciado em suas visões, e demorou muito tempo para reaver sua antiga convicção sobre a importância de sua vida, ou melhor, sobre não ter ainda vivido tudo o que cabia à sua vida na Terra. Ele acabou reavendo essa convicção e viveu outros dezessete anos, durante os quais escreveu seus livros mais importantes e alcançou uma totalidade ainda mais ampla.

Houve muitos eventos sincronísticos estranhos ao redor dele, durante o período em que Jung esteve entre a vida e a morte. Mencionarei apenas dois deles. Uma de suas discípulas foi acometida da pior gripe de sua vida, e também ficou à beira da morte. Ela então teve uma visão súbita de Jung se aproximando dela com urgência e dizendo: "Decidi voltar à Terra; volte ao seu corpo o mais rápido que puder". Outra discípula, que também foi acometida pela virulenta epidemia de gripe em curso naquele ano, ficou subitamente horrorizada ao descobrir que seu relógio de pulso e o relógio da cabeceira pararam exatamente no mesmo instante. Ela ficou apavorada ao temer que isso pudesse significar que Jung havia morrido naquele momento, e passou por enorme agonia até ter notícias dele[18].

---

18. Certamente não foi por acaso que justamente essas duas discípulas tenham tido aquelas experiências sincronísticas, pois uma delas tinha sonhado, cerca de três semanas antes de Jung quebrar a perna, que ela estava em um navio a ponto de partir de um porto na costa oeste da Grécia. O navio estava lotado, mas a única passageira que ela reconheceu era a outra discípula (embora não

No que diz respeito ao "protesto da Terra", havia muito sofrimento entre os amigos e discípulos de Jung devido à falta de boletins sobre sua condição, e era quase impossível obter notícias confiáveis, o que deu margem a boatos ensandecidos e alarmantes. Esse é um costume tipicamente suíço: considera-se que a doença é algo que diz respeito *apenas* à família[19], por isso não são divulgados boletins – mesmo em se tratando de pessoas famosas – como ocorre em outros países. Quando o pior já havia passado, tive a oportunidade de falar sobre essa situação com outra discípula de Jung que, não sendo suíça, não conseguia entender aquilo. Ela sentiu certo rancor de Emma Jung por não ter se dado conta da situação. Sugeri que aquilo talvez fosse correto psicologicamente, pois talvez todos ao redor de Jung tivessem de sofrer ao máximo para chamá-lo de volta à Terra. Nesse instante, houve um forte estalo em um antigo criado-mudo no meu quarto. (Imediatamente nós duas nos lembramos de quando isso ocorrera na estante de livros de Freud[20].) Minha amiga disse: "Bem, então deve ser verdade". Imediatamente houve um segundo estalo, e depois parou[21]. Embora a Sra. Jung tenha lamentado quando soube quanto sofrimento seu silêncio tinha causado, e o próprio Jung tenha dado ordens para que, em caso de qualquer doença dele no futuro, boletins regula-

---

fossem amigas próximas). Disse-lhe: "Pensei que Jung estava vindo para o navio, mas não o vejo em parte alguma". A sua colega respondeu: "Ah, sim, ele está na ponte", e nesse momento o navio zarpou. Depois de algum tempo, por razões desconhecidas, ele deu meia-volta e retornou ao porto de onde tinha partido. Quando Jung ouviu o sonho, durante sua convalescença, disse que evidentemente aquelas duas discípulas, ou pelo menos a que teve o sonho, também teriam morrido, se ele não tivesse sido chamado de volta à Terra, pois o navio no sonho devia ser a barca de Caronte, que partiu para conduzi-las através do Rio Estige, retornando por razões desconhecidas.

19. Alguns anos antes, no começo da guerra, Jung tinha sofrido com esse arraigado hábito suíço. Ficara sabendo que a mãe de Toni estava doente, mas não que houvesse qualquer perigo iminente. Certo dia, Toni era esperada em Bollingen. Mas ele recebeu um telegrama dizendo que ela tinha sido impedida de ir. Ele de fato só soube da morte da mãe dela pelos jornais. Quando mais tarde ele reclamou, Toni respondeu: "Mas naturalmente eu não podia deixar o serviço postal de Bollingen saber dessa morte antes que ela fosse anunciada". Jung me contou que ela estava tão convicta desse "fato" que não lhe restou senão se desculpar por ter sido tão obtuso a ponto de não pensar nisso! Pelo espanto com que Jung me contou, vi que o próprio Jung tinha se tornado mais internacional do que suíço nesse aspecto – embora fosse suíço até a medula, não sofria dos preconceitos suíços.
20. Ibid., p. 155ss.
21. Mantive esse criado-mudo por toda a minha vida, e ainda o tenho, mas essa foi a única vez em que o ouvi fazer qualquer ruído.

res e completamente fidedignos fossem divulgados, sempre me perguntei se aquele costume suíço não era uma dádiva disfarçada.

Jung já tinha escrito os primeiros capítulos de *Mysterium coniunctionis*, e, antes de tratarmos das visões mais importantes de sua enfermidade, aquelas do *hieros gamos* (o casamento sagrado), devo me antecipar por um momento, para relatar algo que, depois de estar recuperado, ele disse a Marie-Louise von Franz, com quem trabalhou em *Mysterium coniunctionis* antes e depois da doença. Ele disse sobre seu trabalho anterior no livro: "Tudo o que escrevi está correto. Não preciso mudar uma palavra, mas só percebi sua plena realidade agora". Ele chegou até a dizer que sua doença tinha sido necessária, caso contrário ele nunca teria *conhecido* a realidade plena do *mysterium coniunctionis*. De fato, possivelmente foi apenas por causa do longo e árduo trabalho que dedicou ao assunto antes da doença que aquelas visões, as quais descreveu como "as coisas mais tremendas" que "já experienciou", foram-lhe reveladas[22].

Jung tinha, desde a primeira infância, sofrido com a guerra dos opostos. Basta lembrar esse sofrimento quando ele foi forçado a pensar o pensamento blasfemo sobre Deus e sua bela Catedral de Basileia[23]. De fato, isso se iniciou ainda antes, em Laufen, quando ele tinha menos de 4 anos[24] e começou a desconfiar do Senhor Jesus, ao perceber o lado sombrio e destrutivo dessa figura radiantemente positiva. Também vimos como ele sofreu por conta das duas guerras mundiais, quando os opostos colidiram entre si em uma escala mundial. Talvez seja necessária essa magnitude de sofrimento decorrente dos opostos separados e em guerra para apreciar sua união, como Jung apreciou as visões peculiares de *mysterium coniunctionis* ou de *hieros gamos* que lhe ocorreram por umas três semanas enquanto estava perigosamente enfermo e os dias ainda eram um inferno implacável. Ele me contou posteriormente que, ao final daquelas três semanas, esse estado de graça retornou apenas

---

22. Ibid., p. 295.
23. Ibid., p. 36ss.
24. Ibid., p. 10ss.

uma vez, por aproximadamente doze horas, quando teve uma frequência de cento e oitenta pulsações por minuto.

Ele relatou na íntegra essas visões em *Memórias*. Todas elas se referem ao *hieros gamos*, ao casamento sagrado, à *coniunctio*. Primeiramente, ele se sentiu no jardim das romãs, onde estava acontecendo o casamento de Tifereth com Malkuth[25]. Ou então era o Rabino Simon ben Jochai, cuja morte os discípulos e amigos celebravam como um casamento no além[26]. Mais tarde, eram as Núpcias do Cordeiro em uma Jerusalém festivamente decorada. E, como última imagem, eram Zeus-Pai e Hera que, no final de um largo vale que formava um anfiteatro clássico, estavam consumando o casamento místico, conforme descrito na *Ilíada*. Durante todas essas visões[27], ele relatou ter se sentido em um estado completamente transformado. Escreveu:

> Era como se eu estivesse em êxtase. Sentia-me como que flutuando no espaço, embora estivesse seguro no ventre no universo – em um tremendo vazio, mas preenchido do sentimento mais elevado possível de felicidade. "Isso é a beatitude eterna", pensei. Isso não pode ser descrito; é maravilhoso demais[28].

Após receber alta, ainda sentia, por assim dizer, saudade* dessa "beatitude eterna", e frequentemente disse que só depois da morte experienciaria a libertação ante a tensão e choque dos opostos, como se se tratasse de uma "consumação a ser devotamente desejada"[29]. Mas, muitos anos mais tarde,

---

25. Na doutrina cabalista, Malkuth e Tifereth representam os princípios feminino e masculino dentro da divindade.

26. Essa ideia de *Todeshochzeit* (matrimônio de morte) remete à estranha experiência de Jung após a morte de sua mãe, quando sua profunda tristeza, durante a viagem de retorno de Tessin a Zurique, era constantemente interrompida por "danças, risos e alegria, como se um casamento estivesse sendo comemorado" (*MDR*, p. 314).

27. Ibid., p. 293-296.

28. Ibid., p. 293.

* Termo intraduzível, como os falantes da língua portuguesa gostamos de lembrar; mas o termo original *homesick*, algo como "saudade de casa", mas embutindo o termo *sick* (doença), é de uma riqueza toda especial, ainda mais em um contexto como esse, de enfermidade e convalescença, e de retorno do hospital para "casa", não aquela, transcendente, da qual Jung tinha saudade nesse momento [N.T.].

29. Hamlet, ato III, cena i.

depois que sua "crença no mundo havia retornado"[30] e ele estava dando o seu "melhor para formar uma concepção da vida após a morte"[31] e para descrever essa concepção no capítulo "Sobre a vida depois da morte"[32], ele evidentemente sentiu que pensar nesse êxtase como a condição *habitual* da vida no além seria abusar do "pensamento desejante". Resumiu assim sua conclusão:

> Seguindo o pensamento que involuntariamente me ocorre: o mundo, assim o sinto, é demasiadamente unitário para que haja um além no qual a regra dos opostos esteja completamente ausente. Também "lá" é natureza, que, à sua maneira, é também a natureza de Deus. O mundo no qual entramos depois da morte será grandioso e terrível, como Deus e como toda a natureza que conhecemos. Tampouco posso conceber que o sofrimento cessaria por completo. Sem dúvida, o que experienciei em minhas visões de 1944 – libertação do fardo do corpo, e percepção do sentido – me propiciou a mais profunda das beatitudes. Contudo, também havia trevas, e uma estranha cessação do calor humano. Lembrem-se do rochedo negro de que me aproximei! Era escuro e do granito mais duro. O que significa isso?[33]

Ele posteriormente falou dessa "estranha cessação do calor humano" e disse que, vendo em retrospectiva, lhe parecia muito estranho que, na iminência de entrar no templo que sabia que era a morte, não tivesse pensado nem por uma vez em ninguém da terra, ou sentido qualquer remorso em abandoná-los. De fato, disse-me mais tarde que "o mundo da Europa e toda a minha vida ali tinham desaparecido por completo; quer dizer, eu me lembrava que tinha havido algum interlúdio do tipo, mas que não tinha nenhuma importância". O único pensamento terreno que cruzou sua mente foi que esperava que ninguém mexesse em seus cachimbos, como se soubesse que em algum momento precisaria deles novamente. Naturalmente, era muito difícil e doloroso para sua mulher suportar esse desejo ardente dele pela morte e a

---

30. *MDR*, p. 295.
31. Ibid., p. 302.
32. Ibid., p. 299-326.
33. Ibid., p. 321.

cessação temporária de seu calor humano habitual. É por isso interessante recordar que, depois de sua própria morte, ela evidentemente experienciou exatamente a mesma coisa, a julgar pelo sonho-visão que Jung teve logo após a morte dela[34]. Ele escreveu tê-la visto na flor da idade, usando o mais belo vestido que ela já teve. "Sua expressão não era alegre nem triste, mas objetivamente sábia e compreensiva, sem a menor reação emocional, como se ela estivesse além da névoa dos afetos". Jung comentou esse sonho e o resultado de suas próprias visões:

> A objetividade que experienciei nesse sonho e nas visões é parte de uma individuação completa. Significa desapego dos juízos de valor e do que chamamos de vínculos afetivos. Em geral, vínculos afetivos são muito importantes para os seres humanos. Mas eles ainda contêm projeções, e é essencial retirar essas projeções para chegar a si mesmo e à objetividade. Relacionamentos afetivos são relacionamentos de desejo, contaminados por coerção e constrangimento; esperamos algo de alguém, e isso tira a liberdade de ambos. A cognição objetiva se esconde atrás da atração dos relacionamentos afetivos; isso parece ser o segredo central. Só através da cognição objetiva a verdadeira *coniunctio* é possível[35].

Essa ideia de "cognição objetiva" é muito difícil de se perceber, pois está essencialmente além da experiência da maioria das pessoas, inclusive da minha. Mas ela certamente transformou e desenvolveu Jung em um grau incalculável. Significa, para mim, ver as coisas a partir da montanha e estar livre de qualquer *identificação* com o vale[36]. Antes de sua enfermidade, muitas vezes tínhamos a impressão de que ele estava na montanha; poder-se-ia dizer que o conhecimento absoluto no inconsciente lhe era acessível, como o seria para um imortal; mas, com frequência, ele também ficava completamente no vale. Após sua enfermidade, ele parecia estar muito mais completamente na montanha, embora pudesse a qualquer momento descer ao vale e falar e agir nos termos do vale.

---

34. Ibid., p. 296.
35. Ibid., p. 296ss.
36. Cf. acima, p. 369.

Claro que não pretendo afirmar que ele estivesse de algum modo liberto das mazelas que nos assolam no vale, pois, como ele dizia, pareceria "uma vã ilusão considerar-se acima do que é humano". Ele ainda tinha de passar por muitos problemas de saúde e ainda era suscetível a se irritar, especialmente com a estupidez". Talvez sua atitude para com a irritação possa ser melhor esclarecida por um incidente alguns anos antes, durante uma discussão no clube. Jung disse que, quando a pessoa perde as estribeiras, a batalha já está perdida. Emma Jung objetou que, em algumas situações, a raiva seria a única reação adequada. Ele concordou, mas acrescentou: "Só se você fosse capaz igualmente de reagir sem raiva; ser arrebatado ou possuído pela raiva é sempre uma derrota". Jung me disse mais de uma vez que nunca se está fora do alcance de qualquer emoção humana, tal como a raiva ou o ciúme, mas que sempre era possível *conhecê-la*.

No seu capítulo sobre "Visões", ele deu a mais extraordinária descrição de sua experiência, mostrando-nos com nitidez a diferença de perspectiva de "montanha e vale". Disse:

> Esquivamo-nos diante da palavra "eterno", mas só posso descrever a experiência como o êxtase de um estado não temporal no qual presente, passado e futuro são um. Tudo o que acontece no tempo tinha se concentrado em um todo concreto. Nada estava repartido no tempo, nada podia ser mensurado por conceitos temporais. A experiência poderia ser melhor definida como um estado de sentimento, mas um que não pode ser produzido pela imaginação. Como posso imaginar que existo simultaneamente anteontem, hoje e depois de amanhã? Haveria coisas que não teriam ainda começado, outras que seriam indubitavelmente presentes, e outras ainda que já teriam terminado – e mesmo assim tudo isso seria uma só e mesma coisa. A única coisa que o sentimento poderia apreender é uma soma, um todo iridescente, contendo a espera de um começo, a surpresa pelo que está acontecendo agora e a satisfação ou decepção com o resultado do que aconteceu. A pessoa está imersa em um todo indescritível e ainda assim o observa com completa objetividade[37].

---

37. Ibid., p. 295.

Isso possivelmente retrata a quintessência do que pode ser experienciado na montanha. Quando estamos no corpo, seria claramente impossível permanecermos fora do tempo, pois o tempo é a condição, a limitação essencial de nossa existência terrena. Revendo como Jung estava naqueles dezessete anos entre sua doença e sua morte, percebo que, embora a montanha lhe fosse acessível por um quarto de século, desde o "confronto com o inconsciente", a quintessência dela se revelou, pela primeira vez, durante sua enfermidade em 1944, e isso lhe propiciou uma objetividade muito maior do que aquela que já tinha atingido antes. Provavelmente a acessibilidade dessa totalidade atemporal foi o que lhe possibilitou continuar a viver tão completamente após as perdas acarretadas pela morte de Toni Wolff em 1953 e de sua esposa em 1955.

Houve também uma visão ou experiência – não mencionada em *Memórias* – que ele descreveu para Emma Jung e para mim muito vividamente, quando o visitei no hospital durante o começo de sua convalescença. Nunca o ouvi falar dela mais tarde, mas nos contou então que, enquanto se recuperava da pior fase de sua doença, sentiu que seu corpo era desmembrado e cortado em pequenos pedaços. Depois, por um longo período, ele foi cuidadosamente reunido com o maior cuidado. Esse é um paralelo muito interessante com os rituais primitivos experienciados por xamãs ou curandeiros. Há inúmeros exemplos disso mundo afora, descritos por Mircea Eliade em seu interessante livro sobre o xamanismo[38]. Por exemplo, na Sibéria e na Austrália o candidato a xamã "é submetido a uma operação por seres semidivinos ou ancestrais, e nela seu corpo é desmembrado e seus órgãos internos e ossos são renovados"[39]. Na América do Sul, bem como na Austrália ou na Sibéria, "tanto a vocação espontânea quanto a busca da iniciação envolvem uma doença misteriosa ou um ritual mais ou menos simbólico de morte mística, às vezes sugerido por um desmembramento do corpo e uma renovação de

---

38. ELIADE, M. Shamanism. In: *Archaic Techniques of Ecstasy*. Publicado originalmente em francês, em 1951, e traduzido para o inglês por Willard R. Trash e publicado nas *Bollingen Series* LXXVI. Nova York: Pantheon Books, 1964.

39. Ibid., p. 50.

órgãos"[40]. Muito frequentemente, cristais ou outras pedras simbólicas são introduzidos no corpo renovado. Lembro-me de Jung dizer naquele dia que ele tinha sido obrigado a fazer por si mesmo a maior parte ou totalidade do trabalho de reintegração, de modo que é interessante o que Eliade escreveu: "O mágico primitivo, o curandeiro ou xamã não é apenas um doente, é acima de tudo um doente que se curou, *que teve êxito em curar-se a si mesmo*"[41]. A ideia sempre é que o corpo reintegrado é melhor do que tinha sido antes.

Não sei se Jung conhecia alguns desses paralelos. Penso que ele estava doente demais para fazê-lo na época, e ele não mencionou nada do gênero. Falou sobretudo do lado físico e de como fora um esforço quase insuportável para reintegrar todo o corpo.

Mencionamos esse paralelo com o tornar-se xamã e o quanto isso afetou a Jung ao falarmos de seu "confronto com o inconsciente". Embora, via de regra, haja uma única iniciação, ainda assim em uma emergência, por exemplo quando um grande desastre ameaça a tribo, o xamã também passa por uma segunda iniciação. Convém lembrar, nesse sentido, que a primeira das iniciações (para usar este termo) de Jung ocorreu durante a Primeira Guerra Mundial, e a segunda, durante a Segunda Guerra. Simplesmente não sabemos se isso teria sido assim. Sincronisticamente – exatamente como o final do "confronto com o inconsciente" coincidiu com a paz vinda ao mundo –, o *Dia D**, que marcou o começo do fim da Segunda Guerra Mundial, teve lugar enquanto Jung ainda estava no Hospital Hirslanden, mas depois de ter superado sua enfermidade e estar se sentindo bem, no caminho da convalescença.

Depois de ter as partes de seu corpo novamente reunidas, Jung ainda precisou se manter nas profundezas do inconsciente, pois disse a Marie-Louise von Franz que, a princípio, reexperienciou seu corpo como se fosse o de um grande peixe. Foi uma experiência tão realista que, por algum tempo, sempre que era alimentado com colheradas de sopa, ficava aflito de que a sopa poderia escorrer-lhe pelas guelras!

---

40. Ibid., p. 53.
41. Ibid., p. 27. Destaques meus.
* Alusão ao histórico desembarque das tropas aliadas na Normandia, a 6 de junho de 1944 [N.T.]

No começo de julho, cerca de cinco meses depois de seu acidente, Jung finalmente foi considerado apto a voltar para casa. Passou algumas horas no primeiro andar – seus aposentos ficavam no segundo piso – e me contou, depois, que havia ficado vagando pela sala examinando todos os objetos nas prateleiras e nas mesas. Disse que foi como se tivesse que se assegurar de que tudo estava como antes da doença, pois lhe parecia que estivera tão longe, e por tanto tempo, que era quase impossível que tudo em sua casa pudesse ter permanecido inalterado.

Somente na primavera de 1945 conseguiu viver uma versão muito modificada do que sua vida tinha sido antes. Nesse ínterim, levou uma vida que lhe parecia muito estranha[42], um período em que teve mais tempo do que nunca para si mesmo. Dedicou-se ao *Mysterium coniunctionis* com grande entusiasmo, mas não estava forte o bastante para trabalhar nele por mais de duas horas diárias. Durante aqueles meses Marie-Louise von Franz o viu inúmeras vezes, pois colaborava com ele naquele livro tanto antes como depois da doença, e não parou sua pesquisa no período que ele passou no hospital. Ela tinha, pois, muita coisa de interessante para lhe mostrar. Naquela época, ele pretendia seguir em frente com seu *opus magnum*, mas esse plano foi interrompido, e ele publicaria vários outros livros antes de conseguir acabar o *Mysterium coniunctionis*. Na época que estamos considerando, porém, ele ainda estava trabalhando diretamente o *Mysterium* e, como só podia trabalhar por poucas horas a cada dia, teve bastante tempo livre. Adquiriu naquela época o hábito de encontrar uma pessoa a cada tarde, não para análise mas para uma conversa amistosa. Foi então que ouvimos sobre as visões, que posteriormente Jung publicou abreviadamente em *Memórias*. Permaneceu em Küsnacht desde julho de 1944 até a primavera de 1945, pois embora ansiasse por Bollingen, este não era um lugar adequado para a convalescença. A vida lá era intencionalmente primitiva, sem as facilidades modernas, e somente em abril seu médico o autorizou a ir para lá, quatorze meses após seu acidente.

---

42. Vejo em minhas anotações que ele descreveu o período como se estivesse vivendo fora do século XX.

Todos nós pensamos, ingenuamente, que o retorno a Bollingen seria para ele um grande prazer. Mas me lembro vividamente de uma caminhada com ele, logo após seu retorno a Küsnacht, quando minhas ilusões sofreram um rude golpe. Perguntado sobre se havia gostado, respondeu: "Estava um inferno!" A seguir, explicou que não havia se dado conta, no conforto da vida em Küsnacht, de quão poucos esforços físicos podia fazer, mas que em Bollingen era lembrado disso a todo instante. Não permaneceu por muito tempo naqueles feriados de Páscoa, pois percebeu que teria de mudar totalmente sua atitude em relação ao lugar, antes de poder ser feliz de novo ali. Sempre havia feito tudo por si mesmo lá – cortar a lenha, carregar a água, manejar o veleiro, e assim por diante – e, evidentemente, por muitos anos após uma enfermidade cardíaca tão grave ele não poderia fazer nada disso. Não era a vida primitiva que o incomodava; até o fim ele recusou obstinadamente as súplicas dos amigos para que tivesse ao menos um quarto com instalações modernas. O que o incomodava era a impotência de ver tarefas que precisavam ser feitas e não ser capaz de fazê-las. Encarou de frente a coisa toda, e nas férias de verão conseguiu ficar perfeitamente feliz em Bollingen. Mas isso exigiu uma readaptação muito dolorosa. Como tantas coisas que são sacrificadas, todas aquelas coisas acabaram voltando para ele, ao menos até certo ponto.

Logo depois de voltar de Bollingen na primavera de 1945, Jung retomou uma forma muito modificada de sua vida anterior. Já não tinha conferências ou um seminário no ETH, e, embora a Universidade de Baselia lhe tenha concedido uma cátedra plena em 1943, ele infelizmente não teve condições de assumir qualquer trabalho. De fato, tentou desistir da cátedra imediatamente após a doença, pois tinha certeza de que jamais poderia dar conta das tarefas correspondentes, mas a universidade insistiu em mantê-lo[43]. Certamente era significativo para ele ter recebido uma cátedra na universidade de seu avô, onde tinha feito toda sua formação médica. Mas raramente proferiu uma conferência após sua enfermidade, e o cansaço adicional da viagem a Basileia tornava isso obviamente impossível.

---

43. Quando morreu em 1961, Jung ainda fazia parte do corpo docente da Universidade de Basileia, embora não mais como membro ativo.

Enquanto isso, a guerra pouco a pouco chegava ao fim. Após o "Dia D", os Aliados nunca retrocederam, e a 7 de maio de 1945 a guerra na Europa acabou. Isso foi naturalmente um grande alívio para Jung, que tanto detestava a guerra, mas não foi um evento de contornos tão marcados quanto tinha sido em 1918, pois a guerra no Pacífico, que envolvia muitos europeus, arrastou-se até o verão daquele ano.

Nesse interregno, Jung comemorou seu septuagésimo aniversário, no dia 26 de julho de 1945. Visto que nenhum estrangeiro havia chegado a Zurique, Jung ainda conseguiu manter a celebração em uma escala mais ou menos privada. Somente quando do septuagésimo quinto, do octogésimo e do octogésimo quinto aniversários ele não conseguiu impedir grandes festividades. Gostava de celebrações pequenas tanto quanto não gostava das grandes. Seu círculo familiar imediato tinha se ampliado tanto – todos os seus filhos já haviam se casado e lhe dado vários netos – que os jantares festivos em família se transformavam em reuniões com proporções que ele realmente apreciava, especialmente depois de sua enfermidade em 1944. Assim, a principal celebração de seu septuagésimo aniversário foi um jantar familiar. Porém, no mesmo dia houve também um chá no seu jardim, para o qual convidou seus discípulos e amigos mais próximos. A atmosfera dessa festa foi maravilhosa, pois estávamos todos profundamente gratos, depois do susto do ano anterior, por ele ainda estar conosco para celebrar a data.

A essa altura sua saúde tinha melhorado muito; de fato, os visitantes se inclinavam a pensar que ele parecia estar tão bem quanto antes da doença. Mas seu coração foi sempre motivo de apreensão, e tinha de passar por frequentes eletrocardiogramas para verificar suas condições. Ainda assim, estava bem o bastante para dar uma conferência no Clube Psicológico para um pequeno público, em 9 de junho de 1945.

O Clube Psicológico resistiu a qualquer comemoração do aniversário de Jung. Isso sobretudo porque Toni Wolff ainda estava no comitê e, sabendo o quanto Jung detestava qualquer alarde maior em torno de seu aniversário, ela conseguiu impedir o clube de fazer mais do que lhe dar um presente que ela pensava ser do agrado dele. Por sinal, depois da guerra Toni sentiu que chegara a hora de uma mudança na presidência do clube, e renunciou em favor de C.A. Meier. Mas, quando houve uma grande dificuldade em encontrar uma secretária para o clube, ela imediatamente assumiu essa árdua e um tanto quanto ingrata função, e trabalhou até mais duro do que quando presidente. Isso era típico de Toni; ela sempre fazia o que achava ser melhor para o clube, jamais se importando com seu próprio prestígio ou poder.

Emma Jung me contou, algumas semanas antes do aniversário, que a Dra. Jolande Jacobi estava ansiosa para fundar um instituto como presente-surpresa a Jung pelo seu septuagésimo aniversário. Emma tinha certeza, e eu concordo plenamente, que seria uma surpresa muito desagradável, e conseguiu dissuadir a Dra. Jacobi. Nessa época, Jung não acalentava nenhuma intenção de ter um instituto, e de fato sentia que isso não seria adequado à sua psicologia. Quando ouviu falar a respeito, depois do aniversário, ficou grato à sua esposa por ter desencorajado a ideia.

Em 6 de agosto de 1945, a bomba atômica foi lançada sobre Hiroshima e finalmente pôs um fim à guerra no Pacífico. Jung, como quase todo mundo, ficou consternado com o sofrimento envolvido, mas penso que ele provavelmente acolheria o livro do Coronel Laurens van der Post, *The Night of the New Moon* [A noite da lua nova][44], que me prova o *quanto* aquilo foi necessário. Em todo caso, 1945 viu o término do choque mundial dos opostos e deixou Jung muito mais livre para dedicar sua principal atenção à reconciliação deles, em seu *Mysterium coniunctionis*.

Jung gostou muito de seu contato com Laurens van der Post, que se iniciou poucos anos depois do fim da guerra. Laurens foi uma das raras pessoas com quem Jung conseguia se comunicar sobre a experiência que viveu na África, a beleza desta e os problemas de seu mundo primitivo. Embora Jung frequentemente mencionasse sua solidão em *Memórias*, certa vez me contou que, apesar de não haver ninguém com quem pudesse comunicar todas "as coisas que pareciam importantes para ele", geralmente costumava haver alguém disponível para cada uma dessas coisas. Laurens ocupou esse

---

44. The Hogarth Press, Londres, 1970. Publicado nos Estados Unidos por W.W. Norton & Co, 1972, sob o título *The Prisoner and the Bomb*.

papel à perfeição, com relação ao aspecto mais profundo de sua experiência na África.

Como Zimmer, ele se tornou amigo não só de Jung, mas também de muitos de nós. Em 6 de junho de 1972, proferiu o discurso na reunião memorial realizada pelo Instituto C.G. Jung todos os anos, no aniversário da morte de Jung, e todos concordaram que esse foi um dos melhores discursos, se não o melhor, já feito no Instituto.

15
Colhendo os frutos, 1945-1952

Após a grave enfermidade em 1944, o ano da convalescença, em que Jung lidou com o tempo bastante restrito disponível para o trabalho, expirou quase que simultaneamente com o fim da guerra na Europa. Jung então entrou no período mais criativo da sua vida, durante o qual foram escritos seus livros mais importantes. Desse momento em diante, pela primeira vez a escrita teve precedência sobre suas outras atividades, embora no início do verão de 1945 tenha retomado em parte seu trabalho analítico e, em grau bastante limitado, suas conferências; também escreveu artigos curtos, conforme a necessidade deles ia aparecendo. Ele disse, sobre esse período criativo:

> Após a enfermidade, começou para mim um período frutífero de trabalho. Muitas de minhas principais obras só foram escritas então. O *insight* que eu tinha tido, ou a visão do fim de todas as coisas, deu-me a coragem para fazer novas formulações. Não mais tentei transmitir minha própria opinião, mas sim me rendi à corrente de meus pensamentos. Desse modo, um problema após o outro foi-se revelando para mim e tomando forma[1].

Esses problemas que foram se "revelando" a ele e insistindo em "tomar forma" o impediram, por alguns anos, de prosseguir e acabar *Mysterium coniunctionis*, como ele havia pretendido. Esse último de seus livros extensos é comparável ao que o *Fausto* foi na vida de Goethe, que dizia ter sido esse livro a sua "principal tarefa", à qual ele sempre retornava.

Para priorizar sua escrita, Jung reduziu enormemente seu trabalho analítico. Com exceções muito raras, ele não aceitou novos casos, e sim ofereceu

---

1. *MDR*, p. 297.

muitas entrevistas isoladas para pessoas que vinham de longe para vê-lo. Fez com que os discípulos regulares que ainda estavam em análise se tornassem muito mais independentes, encontrando-os somente quando estivessem realmente incapacitados de encontrar o caminho por si mesmos. Assim ele conseguiu reduzir drasticamente as horas dedicadas ao trabalho analítico. Após sua enfermidade, não creio que tenha gasto mais de quatro horas em sessões diárias[2]. Ele tentou reduzir essa atividade a duas horas, uma delas antes do almoço, após ter feito uma caminhada e escrito; e outra antes do jantar, após ter encerrado a escrita naquele dia.

Um dos artigos curtos que escreveu após a guerra teve por título "Depois da catástrofe", e foi publicado em uma revista suíça[3] em 1945. Essa foi a primeira vez, desde "Wotan", em 1936, que Jung escreveu sobre acontecimentos contemporâneos. Fez isso em resposta a um pedido geral recorrente por algum esclarecimento sobre o que tinha realmente acontecido durante a convulsão. Em regra, ele evitava tais assuntos, pois pensava: "Os grandes acontecimentos da história mundial são, no fundo, os de menor importância. Essencial mesmo é a vida do indivíduo". Mas o sofrimento causado a inúmeros indivíduos por "grandes acontecimentos" como a Segunda Guerra Mundial de modo algum foram desimportantes para ele. Sabendo, como sabia, que o povo alemão só conseguiria encontrar paz para suas almas se encarasse de frente o que a Alemanha tinha feito, ele escreveu "Depois da catástrofe", antes de mais nada, como tentativa de ajudá-los a fazer isso. E de fato ajudou enormemente alguns indivíduos, mas infelizmente muito poucos; na maior parte dos casos, Jung recebeu em troca apenas negativas e protestos. Mesmo o terrível sofrimento que a guerra tinha trazido para a própria Alemanha não foi o suficiente para abrir os olhos dos alemães para o valor essencial do autoconhecimento. Para ser justa, porém, devo acrescentar que os alemães de modo algum estavam sós em sua cegueira a esse

---

2. Vejo em minhas notas do período que certo dia ele atribuiu o cansaço extraordinário que estava sentindo ao fato de ter fugido à regra e realizado cinco consultas na véspera.
3. *Neue Schweizer Rundschau* [cf. OC 10/2].

respeito. Trata-se de uma forma lamentavelmente comum, quase universal, de cegueira em *todas* as nações[4].

Naqueles anos, eu frequentemente via Jung em caminhadas, e ao reler minhas notas sobre nossas conversas naquelas caminhadas vejo que ele gostava de enfatizar, talvez até mais do que antes da doença, a necessidade de sempre procurar o oposto em todas as coisas. Certo dia aplicou isso até mesmo à sua convicção de que só o indivíduo importa. Assinalou, em referência ao período que estamos considerando, que nós, no Ocidente, nos justificamos em colocar uma ênfase tão exclusiva no indivíduo somente devido à tremenda tendência ao coletivismo em nossa era. Os nazistas tentaram, e agora são os comunistas que tentam eliminar a consciência, *a qual só pode ser alcançada pelo indivíduo livre*, e devemos fazer tudo o que pudermos para compensar esse fato desastroso. Jung disse que não vivemos plenamente nos opostos: individual-coletivo. Vivemos, segundo ele, "apenas na margem do coletivismo, evitando a corrente principal dos acontecimentos tanto quanto possível. Sou muito consciente, de fato, de que nisto somos unilaterais".

É muito difícil, se não impossível, viver dentro da corrente principal dos acontecimentos e conservar nossa consciência. Com facilidade o indivíduo pode ser tomado pela corrente dos acontecimentos e arrastado para a *participation mystique* com a multidão. Jung ficou profundamente chocado ao ver o quão inconscientes muitos de seus discípulos mais antigos tinham se tornado conforme lentamente retornavam, depois da guerra, de seus países devastados pela conflagração. Felizmente, Jung era da Suíça, uma nação que durante séculos conseguiu preservar sua neutralidade, pois algum distanciamento era necessário para ver o que realmente tinha acontecido, como ele viu.

---

4. O comitê do Clube Psicológico decidiu expulsar qualquer membro ou convidado estatutário que tivesse sido nazista durante a guerra. Pelo que me lembro, houve apenas dois: o Dr. G.R. Heyer, de Munique, que era um membro; e um convidado estatutário, o Dr. O. Curtius (que foi, creio, quem organizou a conversa com Goebbels – cf. acima p. 293ss.). Foi uma tarefa desagradável, pois parecia algo como chutar alguém que já estava no chão. Mas Jung concordou com o comitê que isso era necessário, pois os indivíduos em questão tinham mostrado uma absoluta falta de compreensão da psicologia junguiana. A Dra. Gerda Bertram, de Bremen, me contou que Heyer, no fim da vida, lamentou amargamente não ter permanecido fiel a Jung.

Embora o indivíduo procure evitar a corrente principal dos acontecimentos, Jung não apenas cumpria todos os seus deveres com a coletividade de modo extremamente consciencioso, como também reprovava qualquer de seus discípulos que tentasse escamotear esse lado da vida. "Você não pode se individuar no Everest", dizia frequentemente, pontuando que nossas relações com outros indivíduos e com a coletividade são tão importantes quanto o trabalho em nós mesmos. De fato, as duas coisas são indissociáveis, pois certamente há algo errado conosco se não conseguimos atuar em nosso ambiente.

Jung apresentou sua primeira conferência no Clube Psicológico após se recuperar da doença no dia 9 de junho de 1945, e em agosto fomos a uma conferência para um público muito maior no Congresso de Eranos em Ascona. Ele, portanto, perdeu apenas um Congresso, por conta da doença em 1944. Marie-Louise von Franz e eu tínhamos ido ao Congresso de 1944 e, independentemente da falta que sentimos da conferência de Jung, ficamos muito impressionadas com o quanto toda a atmosfera mudara quando sua personalidade dinâmica não estava lá para atuar como um centro para o grupo. Todos os presentes perceberam isso, não apenas nós. Como Ernest O. Hauser começou seu artigo sobre Jung no *Saturday Evening Post* (maio de 1958): "É impossível, ao encontrar o Dr. Jung, não ficar impressionado pela tremenda força que emana dele".

Em 1945, embora a guerra tivesse acabado, todos descemos a Ascona de trem, pois não dispusemos de gasolina até o ano seguinte. Os Jung permaneceram, como de costume, no apartamento acima da sala de conferências e faziam as refeições na casa da Sra. Fröbe.

O tema geral do Congresso de 1945 foi "O espírito". A conferência de Jung daquele ano encontra-se reproduzida em *Papers from the Eranos Yearbooks* como "A fenomenologia do espírito nos contos de fada"[5], título que descreve o conteúdo muito bem, embora na época ele tenha optado por "*Zur Psychologie des Geistes*" ("Concerning the Roots of Consciousness"; "Sobre a psicologia do espírito"). Houve também um volume extra dos Anais de

---

5. Bollingen Series XXX, vol. 1, p. 3-48. Versão revista e ampliada em OC 9/1. Jung tinha, ele próprio, mudado o título quando revisou a conferência em 1947 para *Symbolik des Geistes*.

Eranos naquele ano, em homenagem ao septuagésimo aniversário de Jung, e a maioria dos conferencistas regulares em Eranos contribuiu com um artigo para o volume, o décimo segundo da série em alemão.

Conforme Jung começou a perceber que "a corrente do seu pensamento" – à qual, após sua doença, ele era capaz de se render plenamente – não estava acompanhando o cativante tema da união dos opostos, entendeu que algo devia ser feito para satisfazer as constantes solicitações que lhe eram feitas para dizer algo sobre a transferência, tema que até então ele tinha mencionado muito pouco em seus escritos. Assim, uma seção do *Mysterium coniunctionis* original, que estava completa em si mesma, Jung publicou como um volume à parte, chamado de *A psicologia da transferência*[6]. Creio que não alterou o texto em nada, ou muito ligeiramente. Foi entregue à editora em 1945 e publicado em 1946.

Nessa obra, Jung tomou uma série de imagens do *Rosarium Philosophorum* e a usou como um fio de Ariadne para guiá-lo na difícil tarefa de mostrar ao leitor como o processo de individuação se desenvolve em uma análise realmente profunda, e como a relação entre analista e analisando gradualmente encontra sua forma correta conforme os elementos impessoais – poderia ser dito divinos – são reconhecidos e libertos, de modo a deixarem de obscurecer a situação mediante a projeção na chamada transferência. Assim como o alquimista e sua *soror mystica* aprendem que são os expoentes terrenos de um par impessoal ou divino de opostos, assim também o par na análise tem de aprender que a tarefa mais importante é aprofundar o relacionamento das figuras impessoais *dentro de cada um*, representadas por *anima* e *animus*. Ao mesmo tempo, essa quaternidade – analista e analisando, *anima* e *animus* – representa a totalidade, que frequentemente é a primeira oportunidade que o analisando tem de enxergar sua própria totalidade: o si-mesmo.

Relendo minhas notas sobre nossas caminhadas na época, vejo que Jung constantemente me falava sobre esse tema. Contou-me, por exemplo, que a maior dificuldade para o analisando ver a realidade do seu ou da sua analista é a projeção do si-mesmo. Assim, Jung pontuou, o analista é realmente in-

---

6. OC 16/2, § 402ss.

dispensável, porque possui, ou parece possuir, o cerne da personalidade total do analisando: o si-mesmo. Isso naturalmente leva a todo tipo de demandas insensatas diante do analista, demandas que não têm nada de insensato com relação ao próprio si-mesmo. Fica claro, portanto, o quão importante é aprender a distinguir entre os elementos impessoais (divinos) e o elemento pessoal (humano).

A *psicologia da transferência* provavelmente é de difícil compreensão para o público em geral; de fato, não pode ser compreendido apenas pelo intelecto, pois a quaternidade descrita é também altamente irracional e está além de nossa compreensão. O livro, contudo, é uma descrição muito profunda da transferência, e pode ser considerado uma exposição da aplicação prática do *mysterium coniunctionis* pelo qual os opostos em guerra, que estão causando tanta disputa e sofrimento nos dias de hoje, podem ser vistos e ajudados a se relacionarem entre si. Sobre esse aspecto do problema, Jung disse:

> Visto por essa luz, o vínculo estabelecido pela transferência, por mais difícil de suportar e por mais incompreensível que pareça, é de importância vital não apenas para o indivíduo, mas também para a sociedade e, de fato, para o progresso moral e espiritual da humanidade. Assim, quando o psicoterapeuta tem de lutar com difíceis problemas de transferência, pode ao menos encontrar algum consolo nessas reflexões. Ele não está trabalhando apenas para esse paciente em particular, que pode ser bastante insignificante, mas também para si mesmo e para sua própria alma e, ao fazê-lo, talvez esteja depositando um grão infinitesimal na balança da alma da humanidade. Por menor e invisível que essa contribuição possa ser, ainda assim é uma *opus magnum*, pois é realizada em uma esfera para onde o *numen* imigrou ultimamente, onde o peso dos problemas da humanidade se instalou. As questões últimas da psicoterapia não são um problema particular – elas representam uma responsabilidade suprema[7].

A publicação desse livro foi um passo importante na preparação do caminho para a obra mais extensa e magistral de Jung, *Mysterium coniunctionis*, que viria à luz nove anos depois. No começo de *A psicologia da transfe-*

---

7. Ibid., § 449.

rência ele menciona que aquilo que iria dizer sobre a transferência, e todo o desenvolvimento do processo de individuação, só se aplicava aos poucos casos destinados à travessia desse processo. A grande maioria das pessoas que o procuravam para análise nunca experimentaram nada desse tipo, pois – como ele sempre enfatizava para seus discípulos que estavam começando a ser analistas – a maioria das pessoas vem para a análise para remover algum obstáculo; depois disso, podem e devem prosseguir suas vidas à sua maneira.

A saúde de Jung continuava melhorando, embora, depois de um infarto tão grave, seu coração não lhe permitisse grandes liberdades. As grandes altitudes, por exemplo, estavam proibidas, e isso o manteve afastado por dois ou três anos de suas amadas montanhas. Aos poucos, recomeçou a fazer passeios maiores, chegando a ficar no Rigi no outono de 1947. Quando digo passeios, significa que era levado a eles, pois depois da Segunda Guerra Mundial nunca mais dirigiu um carro, o que para ele representou uma grande privação; mas, por mais que desejasse a liberdade que dirigir o próprio carro lhe dava, sentiu que era uma medida sensata, considerando sua idade – ele estava com 71 anos quando novamente conseguimos gasolina – e a condição de seu coração.

O tema do Congresso de Eranos de 1946 foi "Espírito e natureza", e Jung deu uma de suas melhores conferências, "O espírito da psicologia"[8]. As discussões posteriores no terraço fora da sala de conferências haviam se tornado então uma das marcas de Eranos. Embora nos anos subsequentes Jung tenha dado conferência apenas em duas ocasiões (em 1948 e 1951), continuou comparecendo ao Congresso por vários anos e costumava se sentar no terraço depois de quase todas as conferências, permitindo que lhe fizessem perguntas. A princípio, foram sobretudo seus discípulos que se aproveitaram disso, mas parcela cada vez maior do público foi gradualmente se juntando a eles.

No outono de 1946, Winston Churchill visitou a Suíça. Foi recebido entusiasticamente pelos suíços, que o viam como o salvador da Europa. Mul-

---

8. Essa conferência aparece no primeiro volume de *Papers from the Eranos Yearbooks*, p. 371ss. Jung a ampliou, revisou e publicou em *Von den Wurzeln des Bewusstseins* (Rascher Verlag, Zurique, 1954). A tradução que consta de OC 8/3, *A natureza da psique*, provém dessa última versão.

tidões o aclamavam onde quer que ele passasse, e houve várias recepções oficiais. Ele também discursou na Universidade de Zurique, um fato que se encontra registrado no "Aula" (o maior auditório) em uma grande placa na parede. Havia um curioso elo inconsciente entre Churchill e Jung: Jung costumava sonhar com Churchill sempre que este se aproximava da fronteira suíça durante a guerra, embora, é claro, Jung nunca soubesse que Churchill tinha estado ali até que o fato fosse anunciado pelos jornais posteriormente. Eles foram de fato os homens mais *inteiros* de sua época, embora seus destinos e psicologias fossem totalmente diferentes[9].

Durante a estadia de Churchill na Suíça, Jung o encontrou socialmente duas vezes: em um almoço ao ar livre nos arredores de Berna e em um grande banquete noturno perto de Zurique. Na primeira ocasião, Jung fez companhia a Mary Churchill, de quem gostava e admirava muito. Disse que ela tinha uma qualidade bastante rara, quase de realeza, e algo da grandeza de seu pai. Ficou, portanto, quase que decepcionado no banquete subsequente, ao saber que dessa vez se sentaria ao lado de Churchill e não da filha deste. Também achou o clima do jantar um pouco complicado, quando Churchill se recusou a conversar enquanto comia. Entretanto, o próprio Jung sempre fazia o mesmo, de modo que nada poderia tê-lo deixado mais satisfeito, mas achou desagradáveis os olhares desapontados dos anfitriões, que evidentemente sentiram que Jung não estava entretendo o convidado de honra como eles tinham esperado. (Quem se sentasse ao lado de Jung em refeições deparava com os mesmos olhares, por isso preciso admitir que me divertiu que, naquela ocasião, ele tenha, por assim dizer, experimentado como era se sentar ao lado dele!) Quando o jantar acabou, porém, ele teve uma conversa muito interessante com Churchill, que falou de suas experiências na guerra com surpreendente, mas agradável abertura. Já mencionei o quão tocado Jung ficou com o fato de que a mesa estava disposta exatamente como no seu sonho de Liverpool, em 1926[10].

---

9. Jung me disse que esses sonhos eram também subjetivos, com Churchill representando seu lado extrovertido.
10. Cf. acima, p. 259.

De maneira geral, o estado de saúde de Jung parecia especialmente bom no outono de 1946. Foi durante aquele ano que ele encorajou Marie-Louise von Franz e a mim a dividirmos um apartamento. Sempre tentou encorajar seus discípulos a *não* viverem sós, e, se não fossem casados, a dividir uma casa ou apartamento com alguém do mesmo sexo. Via de regra, não tinha muito sucesso nessa sugestão, e por isso ficou muito satisfeito quando encontramos um apartamento junto ao lago e nos mudamos para lá. Naquela mesma data, 2 de novembro de 1946, participou à tarde de um grupo de discussão com seus discípulos mais próximos. Embora exaustas devido à mudança que fizemos pela manhã, levamos Jung de carro a essa discussão, e ainda me lembro do quanto ele parecia estar particularmente bem durante o trajeto e na discussão em si. Por isso foi um choque completamente inesperado saber, dois dias depois, que ele sofrera outro ataque cardíaco na noite anterior e que novamente estava gravemente enfermo. Dessa vez ele se recusou a ir para o hospital, sendo contratadas duas enfermeiras para cuidar dele em sua própria casa, dia e noite.

Essa enfermidade foi ainda mais inesperada, especialmente para o próprio Jung, do que a de 1944. Ele tinha tido então o sentimento de que "havia algo errado em minha atitude"[11], e de início se sentiu responsável, de alguma maneira, por ter quebrado a perna. Mas desta vez foi realmente pego de surpresa. Ele estava muito confiante quando falou para Marie-Louise e para mim que estaria sempre à disposição para nos ajudar, quando nos queixamos de que a convivência seria difícil. Tivemos de enfrentar da melhor maneira que podíamos nossas próprias batalhas nos primeiros meses, o que provavelmente foi uma bênção disfarçada.

Jung permaneceu enfermo por cerca de três meses. Lá pelo dia 16 de dezembro, ele me enviou uma mensagem de que ainda se encontrava suspenso sobre o abismo e me prevenia contra o otimismo; acrescentou que o verdadeiro problema estava no sistema simpático. Após sua doença, contou-me que tinha dúvidas quanto a ter realmente sofrido um infarto. Em todo caso, tratava-se sobretudo de uma perturbação do sistema nervoso vegetativo, re-

---

11. *MDR*, p. 297.

sultando em ataques de taquicardia (o coração acelerava). Novamente se viu confrontado, como os curandeiros mundo afora, com a tarefa de se curar a si mesmo. Os médicos insistiam em que tinha sido outro infarto; e ele se viu assim forçado a descobrir por si mesmo qual era o problema real e como ele devia ser enfrentado. Novamente disse que havia adoecido por ter se deparado com o misterioso problema do *hieros gamos* (o *mysterium coniunctionis*). Em 15 de outubro de 1957 (onze anos depois de sua enfermidade), escreveu em uma carta[12]:

> Assim como alguns alquimistas tiveram de admitir que nunca conseguiram produzir o ouro ou a Pedra, não posso afirmar que resolvi o mistério da *coniunctio*. Pelo contrário, sou obscuramente ciente de coisas à espreita no fundo do problema – coisas grandes demais para nossos horizontes.

Seu esforço em escrever sobre essas "coisas grandes demais para nossos horizontes" e de resolver o enigma foi o que o deixou ainda mais doente.

Tais doenças eram realmente o resultado direto do que Jung sempre chamou de "a única tortura insuportável, não compreender". Ele havia aprendido há muito tempo – na Universidade de Basileia e no Burghölzli – a encarar essa tortura, mas, visto que o *hieros gamos* é tão infinitamente mais incompreensível do que qualquer outra coisa que ele já enfrentara em sua vida, exigiu pelo menos duas enfermidades físicas e a iminência da morte antes que Jung pudesse compreendê-lo o bastante para prosseguir seu livro. Mesmo então, ele sentiu haver à espreita nas profundezas coisas grandes demais para serem vistas no horizonte dois anos antes de o livro ser completado.

Dessa vez, porém, Jung felizmente não perdeu seu desejo de viver. Mesmo sabendo estar diante de uma tarefa impossível, permaneceu determinado a encará-la com o melhor de suas habilidades, caso dispusesse de mais algum tempo de vida. Tampouco houve alguma "estranha cessação do calor humano"[13]. Pelo contrário, assim que percebeu que estava tão doente, chamou sua secretária, Marie-Jeanne Schmid, dando-lhe ordens estritas de fornecer notí-

---

12. Publicada como prefácio de John Trinick. *The Fire-Tried Stone* (Londres: John Watkins, 1967).
13. Cf. acima, p. 389s.

cias absolutamente fidedignas sobre como ele estava, e logo que pôde passou a escrever cartas ou enviar mensagens para aqueles dentre seus amigos que ele pensou que poderiam estar mais angustiados.

Embora sua doença de 1946 tenha sido provavelmente tão perigosa quanto a enfermidade bem mais longa de 1944 – como vimos, ele havia considerado a possibilidade ou mesmo probabilidade da morte – passou por uma convalescença bem mais rápida. Para o início do verão de 1947, estava tão ativo quanto estivera antes de sua segunda grave enfermidade, e, embora tudo que quisesse era voltar a escrever, algo muito inesperado veio de fora e lhe custou muito tempo e energia.

Nessa época, muitos ingleses e norte-americanos estavam vindo a Zurique para estudar, e havia a perspectiva de que muitos mais viessem nos anos subsequentes. Mas eles se viram em uma posição muito menos favorável do que antes da guerra: não havia nenhum seminário em inglês e Jung estava muito menos acessível. O comitê do clube, especialmente Toni Wolff e C.A. Meier, sentiram ser absolutamente necessário lhes oferecer algo mais substancial, e decidiram criar um pequeno gabinete encarregado de organizar conferências, especialmente conferências em inglês, e de oferecer alguma vida social. Mas queriam que esse gabinete fosse dirigido por alguém que, embora altamente inteligente, não gozava da confiança dos membros do clube. A proposta foi lançada de surpresa em uma assembleia geral, e tudo foi decidido rápido demais. Os membros, por conseguinte, solicitaram um novo encontro para reconsiderar a situação.

Sabíamos que Jung pensava que o plano do gabinete não atenderia as necessidades da situação, e que ficou feliz ao ouvir que os membros tinham protestado. Contudo, não disse nada a ninguém, nem mesmo a sua esposa nem a Toni Wolff, antes da noite da segunda assembleia. Todo mundo ficou, portanto, atordoado com sua proposta totalmente inesperada de fundar um instituto em uma escala bem maior. Sabendo o quanto tinha sido contra essa ideia cerca de dois anos antes, após seu septuagésimo aniversário, perguntei-lhe, no caminho de volta (eu geralmente levava os Jung para as reuniões do clube), por que ele tinha mudado de ideia. Respondeu então que tinha constatado ser impossível evitar que algo do tipo fosse começado, pois havia muitas pessoas determinadas a fazê-lo. "Eles de qualquer modo abririam um, entre minha morte e meu funeral", disse, "por isso penso que é melhor fazê-lo enquanto ainda posso ter alguma influência sobre seu formato e talvez impedir alguns de seus erros mais crassos". Isso era típico de Jung. Ele inicialmente costumava dizer "não" (como no seu septuagésimo aniversário), mas, se as pessoas insistissem, ele quase sempre cedia. Costumava dar aos seus discípulos o seguinte conselho: "Diga *uma vez* o que está pensando e, se ninguém escutar, recolha-se à sua propriedade"[14].

Outra razão pela qual o próprio Jung iniciou o Instituto C.G. Jung pode provavelmente ser encontrada em um texto mandeísta. Ele contém uma conversa entre João Batista e Cristo, em que o primeiro quer manter os mistérios em segredo porque, argumenta, as pessoas não os entenderão e os destruirão. Cristo, por outro lado, pensa que eles devem ser revelados a todo mundo, para o bem daqueles que os compreenderão e encontrarão proveito. Jung costumava dizer que isso representava os pontos de vista introvertido e extrovertido e, assim como o diálogo mandeísta não chegava a nenhuma conclusão, tampouco o chega a divergência entre introversão e extroversão, pois ambos são pontos de vista corretos e válidos. Parece-me que essa foi a razão por trás da mudança de opinião de Jung. Como um introvertido, ele próprio preferiria imensamente, como João Batista, reservar o processo de individuação apenas para aqueles indivíduos cujo destino os compelisse a *buscá-lo*, mas reconhecia plenamente a validade do ponto de vista extrovertido, que deseja mostrar a todos as coisas que considera importantes.

Podemos ver o mesmo conflito, que na ocasião Jung deixou que um sonho decidisse, quando, no final de seus dias, após uma firme recusa ele decidiu dar a conhecer o processo de individuação a um público muito mais amplo, mediante a publicação de *O homem e seus símbolos*[15]. John Freeman, editor geral desse volume, descreveu de modo muito vívido, em sua Introdução, os eventos que levaram a essa decisão.

---

14. Um velho ditado chinês.
15. Londres: Aldus Books, 1964. Nova York: Doubleday and Company, 1964.

No outono de 1947, Jung estava extremamente cansado, por conta de tudo que tinha feito pela fundação do Instituto e em outras atividades, de modo que saiu para as primeiras férias, e resolveu ir até Rigi. Isso nos mostra como tinha se recuperado bem de seu problema cardíaco de três anos antes, quando todas as grandes altitudes lhe tinham sido proibidas, pois o hotel no Rigi (Berghaus, Rigi-Staffel) ficava cerca de 1.500m acima do nível do mar. Como Bollingen estava se tornando muito prejudicial para a artrite de Toni, ele se juntou a ela e a alguns outros amigos[16] no Rigi, de que ela gostava bastante. Faziam caminhadas mais longas a cada dia, e ele voltou dizendo com orgulho que tinham até conseguido fazer uma caminhada de três horas até o hotel em Scheidegg, onde almoçaram e descansaram ao sol, retornando depois.

Jung voltou a Küsnacht com aparência excelente, mas havia muito trabalho acumulado à sua espera. Nem tudo tinha a ver com a fundação do Instituto; havia também muitos pedidos de ajuda, mediante consultoria ou cartas, apelos aos quais disse saber que só ele poderia responder, e por isso queria fazê-lo. Estava provado que seu coração tinha se recuperado perfeitamente, desde que levasse uma vida simples e tranquila, mas, assim que retornou a Küsnacht, Jung sentiu-se cercado por mais solicitações do que poderia dar conta.

Relendo minhas notas sobre esse outono de 1947, fico maravilhada com a quantidade de trabalho que ele realizou, considerando-se que já tinha 72 anos e havia passado por duas graves enfermidades, a última das quais no ano anterior. Sem prejuízo do tempo dedicado à escrita, ele atendia cerca de quatro pessoas por dia, redigiu inúmeras cartas e foi a muitos eventos relativos à fundação do Instituto C.G. Jung. Concordou em elaborar os estatutos do Instituto, com a ajuda de C.A. Meier e Toni Wolff. Essa foi a única atividade administrativa que Jung permitiu a Toni assumir. Não permitiu que ela fizesse parte da curadoria, para grande surpresa de muitos dos admiradores dela e, de fato, da própria Toni, embora ela tenha admitido para mim que o Instituto não fazia seu gênero. Jung me disse que não queria pessoas demasiadamente introvertidas na diretoria; elas não saberiam como lidar com o

---

16. Lembro-me de que Esther Harding e Eleanor Bertine passaram uma semana ali.

mundo, e seria uma grande pena que pessoas muito criativas estivessem lá, pois isto demandaria muito de seu tempo e energia, e daria a seus pensamentos uma direção errada. Jung ainda tinha esperança de que Toni pudesse retornar à escrita até o fim da vida. Ela de fato deu várias excelentes séries de conferências no Instituto, mas, como mencionado antes, jamais chegou a escrever o livro que teria sido tão capaz de escrever.

Jung ponderou com cuidado quem deveria fazer parte da curadoria. Por fim, optou pelas pessoas que considerava as mais aptas para a tarefa, e colocou sua proposta para o clube, para ser ratificada em votação. A contragosto, assumiu a presidência, só para dar o impulso inicial à organização, mas se manteve no cargo por apenas dois anos; não mais interferiria, depois disso, no aspecto executivo do Instituto. Escolheu dois médicos, C.A. Meier e Kurt Binswanger, e duas mulheres extrovertidas, Jolande Jacobi e Liliane Frey-Rohn, como outros quatro membros. Não conseguiu aprovar a proposta sem lidar com considerável oposição no clube, pois a fortemente extrovertida Dra. Jacobi não era especialmente popular entre os integrantes. A primeira votação foi contra ela, mas, como ela era a única pessoa que Jung tinha certeza de que deveria fazer parte da curadoria, ele fez um discurso solicitando uma segunda votação. Explicou que compreendia por que a extrema extroversão dela era tão impopular naquele clube introvertido, e admitia que ela tinha um dom infeliz de se fazer impopular. Mas, disse em contraponto, ela era mais dotada para lidar com o mundo do que qualquer um do restante de nós, e seria, portanto, de grande valia. Via de regra, os membros costumavam se curvar diante do maior conhecimento e sabedoria de Jung, mas, mesmo depois de seu discurso, somente dois votos foram alterados. Foi o bastante, porém, e a Dra. Jacobi, ao invés de derrotada, foi eleita. Teria sido de fato um erro excluí-la, pois a ideia do Instituto tinha sido originalmente dela, e foi ela quem convenceu Jung de que o Instituto acabaria sendo fundado, com ou sem o apoio dele.

Jung dedicou muito tempo e energia à elaboração dos estatutos, os quais concentraram todo o poder nas mãos da curadoria, algo que contrariou o clube na época e que tem sido duramente atacado por alguns patronos até recentemente. Mas Jung permaneceu firme neste ponto, pois considerava que *as pessoas que efetivamente trabalham devem deter o poder*, caso contrário haveria abuso de poder, o que representa o pior perigo que ele temia ao permitir que sua psicologia assumisse uma forma mundana como a do Instituto. Os estatutos são um documento muito sábio; nortearam com segurança o Instituto por quase trinta anos, o que já é muito mais tempo do que Jung esperava que fosse durar. Claro, o poder às vezes foi utilizado – e, pior, muita projeção de motivações de poder sobre os outros – mas o trabalho é o maior antídoto ao poder, e, embora tenha havido muitas mudanças nos membros da curadoria desde a fundação do Instituto C.G. Jung em 1948, todos eles trabalharam muito, com raras exceções. Além disso, as eventuais exceções não permaneceram muito tempo na curadoria.

Em janeiro de 1950, Jung começou a achar o trabalho como presidente cansativo demais. Também sentia que não podia mais participar dos encontros da curadoria, por isso providenciou que sua esposa o representasse. Essa representação perdurou por três meses, mas, em 28 de abril de 1950, após dois anos no cargo de presidente, Jung encerrou todo envolvimento ativo. C.A. Meier se tornou presidente, Emma Jung foi eleita integrante da curadoria e vice-presidente, e Jung se tornou presidente honorário. Como Emma se sentisse muito atraída a assumir esse cargo – embora ao longo de toda sua vida ela tivesse sido relutante em aceitar trabalhos por natureza extrovertidos, como esse –, Jung a encorajou calorosamente a fazê-lo. Mas, poucos meses depois, ele me disse que, de certa forma, se convencera de que, pelo menos para ele, isso tinha sido um equívoco; sentia que, depois de ter dado um impulso inicial, ele poderia se retirar completamente da administração do Instituto, mas, com sua esposa na curadoria, ainda tinha de ouvir muitas notícias sobre ele em casa. Além disso, tinha ficado muito feliz com o longo estudo por Emma sobre o Graal, e esperava que ela passasse o anoitecer de sua vida escrevendo seu livro a esse respeito, mas ela foi fragmentando-o cada vez mais, utilizando partes dele como material para os seminários no Instituto, e teve suas energias cada vez mais drenadas para os assuntos da curadoria.

Frequentemente me perguntei se era um bom plano para Emma passar os últimos anos de sua vida na curadoria. Por um lado, isso desenvolveu um lado dela até então pouco vivenciado; por outro lado, foi impedida de desbravar novos territórios em seus estudos do Graal. Ela estava dedicando ao marido tanta energia quanto antes – nunca ouvi dele uma única palavra de queixa, a não ser quanto a ouvir falar demais sobre o Instituto –, mas ela certamente teve, para meu grande lamento, muito menos tempo do que antes para seus amigos. Diante de meus protestos, ela admitia que era uma grande pena, mas acrescentava que lamentavelmente também dispunha de muito menos tempo até para sua família.

A curadoria, naquele período, era muito dinâmica, e diferenças de opinião emocionais frequentemente surgiam. Emma ficava sempre do lado da paz, e gastava muita energia tentando conciliar diferentes pontos de vista. Ela certamente era de valor insubstituível para a própria curadoria, e também para o Instituto. Após a morte dela, Franz Riklin Jr. nunca se cansou de dizer o quanto sentia falta dela nos eventos.

Jung sentia que, sendo o Instituto uma preocupação a menos, ele podia se retirar completamente de sua administração. Por vezes dava uma palavra de conselho, mas se não fosse ouvido ele imediatamente "se retirava para suas propriedades". Certa vez lhe perguntaram por que ele intervinha tão pouco, mesmo quando desaprovava alguma coisa que tivesse sido feita. Ele respondia que não estava fazendo o trabalho, e que qualquer velho que insiste em interferir se torna viciado no poder, um destino que ele queria evitar a todo custo.

Pelo que me lembro, ele interveio apenas duas vezes nos onze anos que decorreram até sua morte. Uma delas, quando os alunos se queixavam de que havia cursos demais sobre mitos e contos de fada, e poucos cursos sobre materiais de casos, ele convocou uma reunião de todos os palestrantes e alunos e explicou por que pensava ser tão importante para eles compreenderem mitos e contos de fadas. Estes vêm do inconsciente coletivo e refletem as camadas mais profundas que serão comuns aos pacientes que *eles viriam a analisar posteriormente*. Era de importância vital conhecer esse fundamento. Materiais de casos, pelo contrário, diferem de caso a caso, e em geral só traria dano aplicar o que se aprende de um caso a outro. Os alunos acharam isso difícil de entender; trata-se de uma questão que ainda hoje gera muitos mal-entendidos – não só no Instituto, onde supostamente isso é, ao menos em parte, compreendido, pois os cursos sobre mitos e contos de fadas de Marie-Louise von Franz atraem plateias muito maiores do que quaisquer outras conferências no Instituto – como também em muitos outros centros junguianos.

A outra ocasião em que me lembro que Jung interveio foi quando se propôs a abolição, ou grande redução, dos exames. Ele recomendou fortemente que *todos* eles deveriam ser mantidos. "Eis uma coisa que podemos fazer por nossos alunos", disse; "podemos ver que eles realmente sabem alguma coisa quando vão embora". Felizmente, todos viram a importância disso, e os exames ainda são como Jung os concebeu originalmente.

Embora soubesse que era muito melhor deixar todas as questões administrativas para a curadoria, ele ajudava palestrantes e alunos à medida que sua saúde e seu próprio trabalho criativo permitissem. Tinha discussões com os estudantes pelo menos uma vez a cada semestre, ocasião na qual eles podiam trazer quaisquer questões que quisessem. De vez em quando também atendia grupos de estudantes, mas, depois dos dois primeiros anos, não permitiu que nada que tivesse a ver com o Instituto interferisse em sua escrita, pois, em todos os dezessete anos entre sua enfermidade de 1944 e sua morte, sua escrita teve prioridade em relação a tudo o mais.

No período da fundação e início do Instituto, o tempo de Jung também foi desviado do prosseguimento de *Mysterium coniunctionis* pelo fato de que, em 1947 e 1948, ele preparou três novos volumes em alemão, consistindo de conferências em Eranos e vários outros ensaios, muitos dos quais consideravelmente revisados e ampliados em relação a sua versão original. Tudo isso demandou muito tempo, não só na reescrita como também na leitura das provas. Jung sempre lia as provas (embora elas também fossem revisadas por vários de seus discípulos) porque costumava dizer que é espantosa a capacidade do demônio de interferir até nas melhores gráficas e introduzir pequenos deslizes (facilmente despercebidos) que alteravam ou até mesmo invertiam todo o sentido.

Em 1948, também fez uma conferência em Eranos: "Sobre o si-mesmo" ("Concerning the Self"), publicada com poucas mudanças (exceto pela omissão do final da conferência) no capítulo 4 de *Aion*.

O primeiro problema de peso que "insistia em tomar forma" antes que ele prosseguisse sua *opus magnum* era a *Auseinandersetzung* com a era cristã em *Aion*[17]. Ele não conseguiria lidar adequadamente com o problema da união dos opostos até que tivesse considerado plenamente a história deles nos últimos 2 mil anos. Essa era uma tremenda empreitada, acarretando muita pesquisa, parte da qual foi realizada por seus discípulos, mas a maior parte por ele próprio. Marie-Louise von Franz foi, em especial, sua colaboradora nesse livro, pois contribuiu com um artigo sobre Perpétua[18]. Esse artigo, como Jung disse no Prefácio, analisa a transição psicológica da Antiguidade ao cristianismo, ao passo que sua própria parte do livro aborda a era cristã e tenta iluminá-la com símbolos cristãos, gnósticos e alquímicos do si-mesmo. Ele pontuou que mesmo a tradição cristã, especialmente o Apocalipse, leva em conta a probabilidade de uma enantiodromia, em referência ao dilema Cristo-anticristo. Isso precede as Núpcias do Cordeiro, um símbolo *par excellence* do *mysterium coniunctionis*, e assim se constata o porquê do problema dos últimos 2 mil anos "insistia em tomar forma" antes que ele pudesse escrever sua *opus magnum*.

Os quatro primeiros capítulos do livro foram escritos ou ao menos completamente reescritos por último. Após ter completado o restante do livro, Jung percebeu que o leitor não familiarizado com a psicologia junguiana não conseguiria compreendê-lo. Por isso escreveu uma descrição muito clara dos conceitos mais necessários para a compreensão do volume: ego, sombra, *anima* e *animus*, e si-mesmo. Essas descrições foram as mais claras e elucidativas que ele escreveu sobre o assunto. Foram escritas, conforme ele disse a sua colaboradora, com cuidado especial para que re-

---

17. OC 9/2.

18. Infelizmente omitido na edição em inglês, embora posteriormente, como *Aurora consurgens*, seja parte intrínseca do livro de Jung.

presentassem o assunto pelo lado do sentimento e da experiência, não do pensamento e do intelecto[19].

Jung já havia tratado do tema principal de *Aion* em *Psicologia e alquimia*, no capítulo sobre "O paralelo *lapis-Cristo*"[20]. Ali, o que ele queria era sobretudo mostrar como a alquimia compensava e completava o cristianismo; em *Aion*, está preocupado com a história dos opostos durante a era cristã. Cristo ainda é o grande símbolo do si-mesmo no Ocidente, e há um longo capítulo inteiramente sobre esse tema. Mas, embora Cristo representasse exatamente aqueles aspectos do si-mesmo que eram exigidos na época, Ele estava de tal modo do lado luminoso que o próprio Novo Testamento leva em conta uma enantiodromia. Jung assinalou quantos símbolos Cristo compartilha com o diabo[21]: leão, serpente, pássaro, corvo, águia e peixe. Também assinalou que a estrela da manhã simboliza tanto Cristo como o diabo. Astrologicamente, como é bem sabido, a era cristã coincide exatamente com "o signo de peixes", de modo que o peixe, como símbolo em comum de Cristo e do diabo, é uma imagem sobre a qual Jung se debruça em vários capítulos.

O fato de que o peixe é um símbolo de Cristo e a designação astrológica de nossa era parece apontar para uma relação entre o simbolismo cristão e o tempo. Por isso Jung devotou a última parte de *Aion* à "Estrutura e dinâmica do si-mesmo", e mostrou que as imagens das quaternidades no si-mesmo parecem representar um movimento circular ou, antes, em espiral. Ele permanece para sempre ele próprio, mas simultaneamente produz um nível superior de consciência. Poderia se descrever esse movimento como uma cadeia espiralada de quaternidades que circum-ambulam um centro imutável, ao mesmo tempo elevando-se para um nível cada vez mais alto.

---

19. Jung deve ter reformulado toda essa parte, pois curiosamente escreveu a Victor White que tinha sido obrigado a descrever "em pormenores alguns pontos sobre *anima*, *animus*, sombra e, por último, mas não menos importante, sobre o si-mesmo". Isso o levou à convicção de que Cristo, no aspecto divino dele (o Deus-homem), era seu "objetivo secreto". Isso deve se referir à primeira concepção de *Aion*. Cf. JUNG, C.G. *Letters*, 19/12/1947, p. 480ss.
20. OC 12, § 447-515.
21. OC 9/2, § 127.

Mal tinha acabado *Aion*, Jung tratou de desenvolver ainda mais esse tema e escreveu *Resposta a Jó*. Antes de deixarmos *Aion*, devo dizer que Jung me contou que, pelas reações que tinha recebido, pensou que *Aion* foi o menos compreendido dos livros que tinha publicado até então. Isso foi algum tempo antes da versão em inglês aparecer. Aqueles em Zurique que não podiam ler alemão estavam impacientes, por isso dei uma série de conferências a esse respeito no Instituto. Jung gostou de saber disso, e me encorajou a repetir o curso, mesmo depois da publicação da tradução em inglês, pois, disse, as pessoas realmente precisavam de mais explicações do que as que ele próprio tinha dado. Os sentimentos sempre se acirram nesses cursos, pois o que Jung disse sobre a *privatio boni*[22] parece funcionar como um pano vermelho diante de um touro, particularmente para os teólogos. Nunca experienciei discussões tão intensas e uma participação tão passional em nenhum outro dos meus cursos.

Resposta a Jó é totalmente diferente de todos os outros livros de Jung, pois ele não o escreveu, como de hábito, de "uma maneira friamente objetiva", e sim soltou as rédeas de sua "subjetividade emocional"[23]. Ele tinha sido profundamente impactado desde a mais tenra infância, como vimos, pelo lado escuro de Deus. Ficara intrigado com os aspectos contraditórios de Jesus em Laufen, e ainda mais com a visão, aos 11 anos de idade, de Deus defecando sobre a Catedral de Basileia. Ao longo de sua vida, como vimos, sentiu-se profundamente preocupado com o acúmulo de evidências de que o mal deve ser considerado como uma parte de Deus e *não* como algo extrínseco, pelo qual o homem seria totalmente responsável. Quando, após a guerra, soube de todo o horror do que fora feito nos campos de concentração, por exemplo, quase todos ao redor de Jung foram também, enfim, profundamente impactados pelo mesmo problema, e ele sentiu que era chegada a hora de escrever abertamente a esse respeito, pois, como ele termina seu prefácio: "O que estou exprimindo é, em primeiro lugar, minha visão pessoal, mas sei que

---

22. *Aion*, § 74ss. O tema persiste por muitas páginas e retorna mais tarde.
23. OC 11/4, § 559.

falo também em nome de muitas outras pessoas que tiveram experiências semelhantes"[24].

Não surpreende que *Resposta a Jó* tenha vindo diretamente após *Aion*. Jung havia considerado a história dos opostos ao longo da era cristã de "uma maneira friamente objetiva", particularmente a história da *privatio boni*. Essa interpretação do mal como meramente a ausência do bem, em que tantas pessoas ainda tentam tão apaixonadamente acreditar, gera em Jung emoções que ele nunca permite que cheguem à superfície em *Aion*. Uma reação desse tipo era pertinente e inevitável, pois ele tinha de conhecer "o modo como um homem moderno, com educação e *background* cristãos, se confronta com as trevas divinas que são desveladas no Livro de Jó, e que efeito isso tem sobre ele"[25].

Resposta a Jó é uma tentativa apaixonada de responder essa questão, a qual se poderia dizer que culmina na percepção de que Deus precisa do homem para se tornar consciente. Esse é realmente o significado subjacente à crença cristã de que Deus se tornou homem. Ele tinha de se tornar homem para conhecer a realidade humana. Como Jung diria cerca de dez anos depois, no capítulo "Sobre a vida depois da morte", em *Memórias*, ao se referir ao si-mesmo eterno[26]:

> [...] ele assume a forma humana para entrar na existência tridimensional, como alguém que veste um traje de mergulho para mergulhar no mar [...]. Em forma terrena, ele pode passar pelas experiências do mundo tridimensional e, mediante uma consciência mais ampla, dar um passo além, rumo à realização[27].

Voltamos à percepção por Jung do mito do homem moderno nas planícies do Athi, na África Oriental, cerca de trinta anos antes.

Poderia ser dito que *Resposta a Jó* nos mostra como, ao longo das eras, Deus sofreu por sua inconsciência e que, por Ele não se dar conta dela, fez o homem sofrer ainda mais por causa dela. O que mais, senão inconsciência do

---

24. Ibid.
25. Ibid., § 561.
26. Usados nesse sentido, os termos "Deus" e "si-mesmo" são praticamente sinônimos.
27. MDR, p. 323ss.

que Ele estava fazendo, poderia explicar ou desculpar que Ele desse ouvidos às calúnias de seu filho das trevas, satã, contra Jó, e lhe permitisse torturar Jó da forma como quisesse, com a condição única de não matá-lo?

Depois de considerar o Livro de Jó, Jung se voltou para a determinação de Deus de se tornar homem, indicando todas as precauções adotadas para impedir que essa encarnação fosse corrompida pelo lado sombrio. Embora concordasse plenamente que essa era a necessidade da época, Jung mostrou o quão inevitável era que houvesse a seguir uma enantiodromia. Ilustrou isso demonstrando o quanto era provável, em termos psicológicos, que o João das epístolas fosse também o João que escreveu o Apocalipse, com suas profecias incomparáveis da destruição mais cruel. As epístolas são repletas das virtudes cristãs, particularmente do amor, enfatizando Deus como um pai amoroso que pode ser cegamente amado e digno de confiança. Mas é psicologicamente inevitável que uma ênfase tão unilateral no amor conste seu oposto: ódio; e uma confiança tão grande na salvação por um pai todo-amoroso deve constelar seu oposto: destruição por atacado.

Jung se detém no Apocalipse quase tanto quanto no *Livro de Jó*. Diz, por exemplo:

> Desde quando João, o apocalíptico, experimentou pela primeira vez (talvez inconscientemente) o conflito ao qual o cristianismo inevitavelmente conduz, a humanidade geme sob esse fardo: *Deus quis se tornar homem, e ainda quer*. Foi por isso, provavelmente, que João experienciou em sua visão um segundo nascimento de um filho da mãe Sofia, um nascimento divino que foi caracterizado por uma *conjunctio oppositorum* e que antecipou o *filius sapientiae*, a essência do processo de individuação. Esse foi o efeito do cristianismo em um cristão dos primeiros tempos, que viveu tempo e resolução suficientes para ser capaz de vislumbrar o futuro distante[28].

Jung assinalou o quão acuradamente João profetizou nossa época atual, que pode vir até a superar os horrores do Apocalipse se, por exemplo, a bomba atômica for usada; e que a única resposta para tais perigos está em fazer-

---

28. OC 11/4, § 739.

mos todo o possível para ajudar Deus a se tornar homem e, desse modo, mais consciente. Jung viu um raio de luz no então recém-proclamado "dogma da *Assumptio Mariae*. Disse:

> Esse dogma é oportuno em todos os aspectos. Em primeiro lugar, é uma realização simbólica da visão de João. Em segundo lugar, contém uma alusão às Núpcias do Cordeiro no fim dos tempos e, em terceiro lugar, repete a anamnese veterotestamentária de Sofia. Essas três referências predizem a encarnação de Deus. A segunda e a terceira predizem a encarnação em Cristo, mas a primeira prediz a encarnação no homem enquanto criatura[29].

Jung assinalou o perigo inerente a esse último fato:

> Tudo agora depende do homem: um imenso poder de destruição foi posto em suas mãos, e a questão é se ele pode resistir à vontade de usá-lo e temperar sua vontade com o espírito de amor e de sabedoria. Dificilmente será capaz de fazê-lo sem ajuda, com base unicamente em seus recursos. Ele precisa da ajuda de um "advogado" no céu, ou seja, da criança que foi arrebatada para Deus[30] e que traz a "cura" e torna inteiro o homem até então fragmentado[31].

O último capítulo é dedicado a apontar a diferença entre o "homem enquanto criatura" e o arquétipo que opera através dele. O comportamento deste último, o fator infinitamente mais poderoso,

> [...] não pode ser, em absoluto, investigado sem a interação da consciência observadora. Portanto, a questão quanto a se o processo é iniciado pela consciência ou pelo arquétipo nunca pode ser respondida; a não ser que, em contradição com a experiência, o arquétipo for roubado de sua autonomia ou a consciência for degradada a uma mera máquina. Encontramo-nos em melhor concordância com a experiência psicológica se concedemos ao arquétipo uma medida definida de independência e à consciência um grau de liberdade criativa proporcional ao seu escopo[32].

---

29. Ibid., § 744.
30. Ap 12,3. Trata-se, evidentemente, do "segundo nascimento de um filho" acima referido.
31. Ibid., § 745.
32. Ibid., § 758.

Uma ação recíproca, portanto, se desenvolve entre esses dois fatores relativamente autônomos, na qual ora um, ora outro é o sujeito atuante. Por mais que o arquétipo habite em nós, jamais podemos mudar nossas limitações humanas, assim como São Paulo, embora se sentisse diretamente chamado e iluminado por Deus, jamais pôde se livrar do "espinho na carne" ou do anjo satânico que o atormentava. Jung finaliza o livro com as seguintes palavras:

> Em suma, mesmo a pessoa iluminada permanece o que ela é, e nunca é mais do que seu próprio ego limitado diante daquele que habita dentro dela, cuja forma não tem fronteiras desconhecidas, que a envolve por todos os lados, insondável como os abismos da terra e vasto como o céu[33].

Provavelmente nenhum outro livro de Jung atraiu tanta atenção quanto *Resposta a Jó*. Na edição em brochura, foi um *best-seller* nos Estados Unidos, de modo que ele viu se confirmar, um grau muito maior do que ele sequer suspeitara, o que disse, no fim do Prefácio, sobre estar exprimindo primordialmente suas próprias opiniões, mas também falando "em nome de muitas outras pessoas que tinham tido experiências semelhantes". Com efeito, ele hesitou por um tempo considerável antes de publicar o livro. Assim, embora *Resposta a Jó* e *Sincronicidade* tenham sido publicados no mesmo ano (1952), o primeiro tinha sido terminado algum tempo antes de o segundo ser iniciado.

Jung fez uma pequena conferência sobre a sincronicidade[34] no Congresso de Eranos em 1951, a última vez em que palestrou ali. Ela foi publicada na íntegra em inglês em *Papers from the Eranos Yearbook*[35]. Imediatamente depois, foi revisada e ampliada até sua forma definitiva, e publicada, juntamente com um artigo do físico Wolfgang Pauli, sob o título de *A interpretação da natureza e da psique*[36]. Embora de um modo totalmente diferente de *Resposta*

---

33. Ibid.
34. "Sincronicidade: Um princípio de conexões acausais".
35. Vol. 3, p. 201ss.
36. Publicado em inglês pela primeira vez em 1955 (Londres/Nova York: Routledge/Pantheon Books. Bollingen Series LI). A parte de Jung nesse livro está em OC 8/3, § 816-997.

a Jó, o texto também desbravou um novo território e provocou grande agitação, dessa vez em círculos científicos. A mente da maioria das pessoas está tão impregnada da ideia de causa e efeito que é notavelmente difícil para elas verem as coisas sincronisticamente. Para ilustrar o quão isso é difícil, recordo um encontro de conferencistas e analistas do Instituto C.G. Jung na casa de Jung para uma discussão do artigo dele, que tinha acabado de ser publicado. Houve uma intensa discussão, mas, perto do fim, Jung observou: "Bem, cada um de vocês discutiu a sincronicidade do ponto de vista da causa e efeito. Nenhum de vocês pensou sincronisticamente!"

Ainda acho que pensar sincronisticamente é tão difícil que prefiro não me arriscar a fazer um resumo desse artigo. Marie-Louise von Franz propõe uma excelente explicação sobre a sincronicidade em seu livro *Number and Time*[37] e teve a gentileza de condensar o que disse da seguinte forma:

> Desde as experimentações no início dos anos de 1920 com o *I Ching*, Jung estava familiarizado com os fenômenos que mais tarde chamou de "eventos sincronísticos". Ele tinha sentido por muito tempo que o princípio deficiente, válido apenas estatisticamente, da causalidade precisava de um princípio explicativo complementar na ciência. Mas esperou por muitos anos antes de publicar qualquer coisa de peso a esse respeito, porque queria transmitir essa ideia para cientistas, algo que lhe parecia especialmente difícil devido à perspectiva racional deles. A oportunidade de combinar seu artigo sobre a sincronicidade com o trabalho de Wolfgang Pauli sobre Kepler veio, portanto, muito a calhar, pois ele teve a esperança de que assim os cientistas levassem essa nova ideia mais a sério.
>
> Jung definia um evento sincronístico como a coincidência entre uma imagem interior ou um palpite que irrompia na mente e a ocorrência de um evento exterior portador do mesmo significado, mais ou menos ao mesmo tempo. Ele menciona como exemplo uma de suas pacientes que, em um momento crítico da análise, estava lhe contando um sonho sobre um escaravelho dourado, símbolo de uma renovação profunda da consciência. Naquele mesmo momento, um besouro comum de jardim (*cetonia aurata*) bateu na janela. Jung pegou-o quando ele entrou na sala. Esse besouro é a analogia mais próxima a um escarave-

---

37. Northwestern University Press, 1974, p. 6ss.

lho em nossas latitudes, e naquele momento particular ele pareceu sentir uma urgência, contrária a seus hábitos, de entrar na penumbra de uma sala[38].

Encorajado pelos experimentos de Rhine na Universidade de Duke, Jung tentou a princípio encontrar uma maneira pela qual eventos desse tipo pudessem ser comprováveis estatisticamente. Procurou provas de que símbolos psicológicos internos inegáveis coincidiam regularmente com eventos externos igualmente inegáveis. Escolheu as constelações dos casamentos em astrologia (que são imagens de fatos psicológicos) para os eventos internos e os casamentos reais para os externos[39]. A princípio, esse experimento estatístico trouxe um resultado incrivelmente positivo, mas a repetição posterior do experimento, em maior quantidade, provou que o primeiro resultado positivo era, ele próprio, um evento sincronístico, e que nada podia ser provado por estatísticas.

Jung assim retornou ao seu argumento básico: eventos sincronísticos só têm lugar quando o experimentador tem uma forte participação emocional em seu experimento. A emoção geralmente decorre da ativação, ou seja, constelação de um arquétipo no inconsciente do experimentador[40]. Jung prosseguiu mostrando que eventos sincronísticos parecem ser apenas um exemplo particular de um princípio natural muito mais amplo, que ele denominou de "ordenamento acausal"[41], uma modalidade sem causa, do tipo "é porque é", tal como podemos encontrar no caso das descontinuidades em física (p. ex., o ordenamento dos quanta de energia ou o declínio da radiação etc.) ou as propriedades dos números naturais[42]. Tais modos de ordenamento acausal ocorrem regularmente e sempre existiram, ao passo que eventos sincronísticos são *atos de criação dentro do tempo*.

---

38. OC 8/3, § 840-855. Jung disse posteriormente: "Eventos sincronísticos se baseiam na *ocorrência simultânea de dois estados psíquicos diferentes*. Um deles é o estado provável, normal (ou seja, causalmente explicável), e o outro, a experiência crítica, é o que não pode ser derivado causalmente do primeiro".

39. Ibid., § 869 e § 872ss.

40. Ibid., § 902ss.

41. Ibid., § 965ss.

42. Ibid., § 966.

Jung disse:

> É somente a crença arraigada no poder soberano da causalidade que cria dificuldades intelectuais e faz parecer impensável que eventos acausais existam ou sequer possam existir. Mas, caso existam, podemos considerá-los como *atos criativos*, como a contínua criação de um padrão que existe desde toda a eternidade, que se repete esporadicamente e que não é derivável de quaisquer antecedentes conhecidos. Devemos, é claro, evitar pensar que qualquer evento cuja causa é desconhecida seja "acausal". Isso, como já enfatizei, só é admissível quando uma causa não é sequer pensável... Esse é necessariamente o caso quando espaço e tempo perdem seu significado ou se tornam relativos, pois sob tais circunstâncias uma causalidade que pressuponha de tempo e espaço para sua continuidade não pode mais ter sua existência declarada, tornando-se mesmo impensável.
>
> Por essas razões, parece-me necessário introduzir, ao lado de espaço, tempo e causalidade, uma categoria que não apenas nos permita compreender fenômenos sincronísticos como um caso especial de eventos naturais, mas que também considere a contingência como, em parte, um fator universal, que existe desde toda a eternidade, e, em parte, como a soma de incontáveis atos individuais de criação ocorrendo no tempo[43].

No outono de 1955, Marie-Louise recebeu uma carta de Korvin, Conde de Krasinski, um monge beneditino que tinha estudado medicina tradicional no Tibete, pedindo uma explicação da sincronicidade. Ela mostrou sua resposta a Jung antes de enviá-la e teve a gentileza de me permitir citar[44] o trecho mais relevante da reação de Jung:

> Küsnacht-Zurique, 27 de outubro de 1955.
> Prezada Marie-Louise,
> [...] Sua resposta a Krasinski é excelente. Mas eu acrescentaria o argumento de que, à medida que a causalidade é apenas uma probabilidade estatística, *deve* haver *exceções*. Quanto mais exceções houver, menos podem ser subjugadas a uma explicação causal. O ponto de vista exclusivamente causal (*causa efficiens, finalis, formalis, materialis*) reivindica validade absoluta, pela

---

43. Ibid., § 967 e § 968.
44. A carta original foi escrita em alemão.

qual o indeterminismo é eliminado e todos os eventos naturais se tornam mecânicos e a própria natureza se torna uma máquina. Você deixa tudo isso implícito ao enfatizar a *creatio continua*. [...] Krasinski, como todos os teólogos, esquece, por conta de seu aristotelismo, que a causa mais importante de todas as coisas, ou seja, o próprio Deus, não tem causa, e provavelmente mantém uma criação contínua com sua eterna onipresença. Por essa razão, todos os eventos acausais parecem ser numinosos, ou seja, a mente ingênua os encara como *numina*. É maravilhoso que justamente a causalidade teológica não permita que Deus aja livremente. Deus não apenas deve ser exclusivamente bom, como também precisa, acima de tudo, obedecer às suas próprias leis em sua própria criação. Deus é assim subordinado à tendência apotropaica da Igreja de limitar sua liberdade.

Eu não penso negativamente sobre a sincronicidade como uma mera ausência de causa, mas, como se pode concluir das conclusões (simbólicas) acima, mas também positivamente, como um ato criativo que vem do acausal definitivo, de um *proton anaition*. Isso se encontra mais perto de nós do que pensamos, pois a relatividade psíquica de tempo e espaço, que se torna manifesta nos experimentos de P.E.S. [percepção extrassensorial] aponta para uma condição empírica que se torna visível e na qual a sucessão (temporal) de causa e efeito se mostra completamente impossível, por conta da relativa ausência de espaço.
Cordiais saudações,
C.G. Jung

No período em que escrevia seu artigo sobre a sincronicidade, Jung também esculpiu o rosto do sorridente *trickster* que se encontra na parede oeste da Torre original[45]. Era quase como se as imagens tivessem estado dormentes nas próprias pedras, pedindo para serem trazidas à existência. Às vezes, antes de tocar a pedra, ele perguntava a alguém que estivesse presente se também enxergava algo nela.

Em 1950, alguns meses antes de esculpir o *trickster* sorridente, Jung havia completado o "monumento de pedra para expressar o que a Torre" representava para ele, como escreveu em *Memórias*[46]. Algum tempo antes,

---

45. Cf. FRANZ, M.-L. *C.G. Jung*: His Myth in Our Time (Nova York: C.G. Jung Foundation/G.P. Putnam's Sons, 1975).

46. MDR, p. 226ss.

um grande cubo de pedra tinha sido entregue por engano, ao invés da pedra triangular que tinha sido encomendada para um muro que ele mandara construir. O pedreiro ficou indignado, mas Jung imediatamente soube que, embora inútil para o muro, essa era, todavia, *sua* pedra, e que ele a queria para um propósito ainda desconhecido. Pelo que me lembro, ele a conservou por algum tempo, talvez até alguns anos, antes de saber qual era esse propósito. Então, como escreveu:

> A primeira coisa que me ocorreu foi um verso latino do alquimista Arnaldus de Villanova (morto em 1313), que gravei na pedra. A tradução é a seguinte:
> Eis a pedra, de aparência insignificante,
> De preço muito barato!
> Quanto mais desprezada pelos tolos,
> Mais amada pelos sábios.

Este verso se refere à pedra do alquimista, *lapis*, desprezada e rejeitada.

Logo outra coisa emergiu. Comecei a ver na face dianteira, na estrutura natural da pedra, um pequeno círculo, uma espécie de olho, que me fitava. Gravei-o na pedra, e no centro coloquei um homenzinho. Corresponde ao "bonequinho" (*pupilla*), você mesmo, visto na pupila de outra pessoa; uma espécie de Kabir, ou o Telésforo de Asclépio. Estátuas antigas mostram-no usando capa e capuz e segurando uma lanterna. Ao mesmo tempo, é quem aponta o caminho. Dediquei a ele algumas palavras que me vieram à mente enquanto eu trabalhava. A inscrição está em grego. Eis a tradução:

> O tempo é uma criança – brincando como uma criança – brincando com um jogo de tabuleiro – o reino da criança. Este é Telésforo, que vaga pelas regiões sombrias do cosmos e que brilha como uma estrela nas profundezas. Ele aponta o caminho dos portais do sol e do país dos sonhos.

Essas palavras me ocorreram – uma depois da outra – enquanto eu trabalhava a pedra.

Na terceira face, aquela voltada para o lago, deixei a pedra falar por si mesma, por assim dizer, em uma inscrição latina. Esses dizeres são mais ou menos citações da alquimia. Eis a tradução:

> Eu sou uma órfã, solitária; porém estou em toda parte. Sou una, mas oposta a mim mesma. Sou ao mesmo tempo jovem e velha. Não conheci nem pai, nem mãe, porque devem ter me tirado das profundezas como um peixe, ou porque caí como uma pedra branca do céu. Vagueio por florestas e montanhas, mas estou escondida no mais íntimo do homem. Sou mortal para cada um, todavia a passagem do tempo não me atinge.

Para terminar, coloquei em latim, sob a sentença de Arnaldus de Villanova, as palavras: "Como lembrança de seu septuagésimo quinto aniversário, C.G. Jung a fez e pôs aqui em gesto de gratidão, no ano de 1950".

Quando a pedra estava terminada, eu a olhava incessantemente, perguntando-me intrigado o que está por trás do meu impulso de esculpi-la.

A pedra fica fora da Torre, e é como que uma explicação desta. É uma manifestação de seu morador, mas que continua incompreensível aos outros. Sabem o que eu pretendia esculpir na face traseira da pedra? *"Le cri de Merlin!"* [O grito de Merlim!] Pois o que a pedra exprimia me lembrava a vida de Merlim na floresta, depois de ele desaparecer do mundo. Diz a lenda que os homens ainda escutam seus gritos, mas não conseguem compreendê-los ou interpretá-los[47].

O homenzinho que Jung tinha esculpido aos 9 anos de idade e que o fazia se sentir seguro, sem "o atormentador sentimento de estar em conflito" consigo mesmo[48], assim voltou a ele como o Telésforo de Asclépio em sua pedra mais importante, aos 75 anos de idade.

Resposta a Jó e o artigo sobre a sincronicidade foram certamente "novas formulações" que ele dificilmente poderia ter alcançado antes de sua enfermidade de 1944. Só então ele pôde plenamente se render à "corrente de seus pensamentos", conforme "um problema depois do outro" se revelavam a ele e tomavam forma[49]. Com relação à "Sincronicidade", deve ter sido a experiência fora do tempo, quando se sentiu "existir simultaneamente anteontem,

---

47. Ibid., p. 226-228.
48. Ibid., p. 21.
49. Ibid., p. 297.

hoje e depois de amanhã", que o tornou capaz de se libertar de nosso hábito arraigado de pensar em termos de causa e efeito, permitindo-lhe pensar sincronisticamente e formular todo um artigo exclusivamente a partir desse ponto de vista.

As reações a esses dois artigos, embora positivas em muitos casos, devem às vezes ter sido bastante exasperantes. Parte dos teólogos ficou furiosa com *Resposta a Jó*, e parte dos cientistas, com "Sincronicidade". Jung estava sempre pronto a aceitar críticas inteligentes – ele podia até gostar mais delas do que de elogios obtusos – mas odiava críticas estúpidas, baseadas em uma total incompreensão do que ele quis dizer. Esses dois trabalhos enfrentaram um número incomum de críticas deste último tipo. Jung com frequência dizia que se nossa civilização perecesse, seria mais devido à estupidez do que ao mal.

Contudo, esse período de sua vida – a despeito de suas muitas enfermidades e do envelhecimento – foi, como um todo, não apenas frutífero, como também, penso, uma época feliz. Não que Jung achasse que envelhecer fosse um processo fácil. Costumava dizer: "Nunca fui velho antes, por isso não sei como se envelhece!" Mas encarou o problema com a coragem e paciência habituais, e em fins de 1951 tinha certamente encontrado a resposta.

16
O *Mysterium coniunctionis*, 1952-1955

Depois de ter escrito *Aion*, *Resposta a Jó* e o longo artigo sobre a sincronicidade, o caminho estava pronto para que Jung se dedicasse à sua *opus magnum*, seu objetivo desde que tinha terminado *Psicologia e alquimia*. Só depois de ter completado os livros preliminares, escreveu a sexta e última parte sobre a *coniunctio* em si, a seção que contém a essência do livro. Como mencionado antes, escreveu a maior parte das cinco primeiras seções antes de sua enfermidade em 1944. Fez acréscimos e aprofundamentos em alguns pontos, mas a "nova formulação" da união dos opostos só "tomou forma" na sexta e última parte.

Em 1952, contudo, ele sofreu uma grande perda no âmbito do seu trabalho. Marie-Jeanne Schmid, que tinha sido sua secretária por mais de vinte anos, o deixou no outono para se casar. Nos nove anos seguintes, até sua morte, Jung teve outras três secretárias, mas nenhuma delas capaz de organizar seu trabalho e sua vida como Marie-Jeanne tinha feito. Isso não foi culpa das secretárias subsequentes; elas simplesmente não tinham as vantagens que Marie-Jeanne possuía[1]. Outra dificuldade – especialmente para a primeira – foi que, enquanto Marie-Jeanne sempre havia ficado o dia todo, trabalhando em tempo integral, Jung decidiu que, como estava fazendo tão pouco trabalho analítico, não precisava mais do que uma secretária em meio-período. É verdade, claro, que havia muito menos trabalho do que antes, mas deve ter sido muito difícil, se não impossível, para as novas secretárias manter os padrões de Marie-Jeanne tendo apenas metade do tempo à disposição. E embo-

---

1. Cf. acima, p. 285ss.

ra Marie-Jeanne, como uma velha amiga da família, se encaixasse muito bem no almoço todos os dias, não terá sido fácil para uma pessoa relativamente estranha fazer o mesmo; Jung por isso não tentou, o que foi outra razão para limitar o trabalho da secretária ao meio-período.

O destino lhe reservava um golpe muito pior antes que pudesse terminar *Mysterium coniunctionis*. No começo da primavera de 1953, ele sofreu uma perda inesperada e pungente: Toni Wolf morreu tão subitamente quanto o pai dela morrera cerca de quarenta anos antes[2], em 21 de março. Jung me disse posteriormente: "Toni era treze anos mais jovem do que eu, e nunca considerei seriamente a possibilidade de que ela morresse antes de mim". É verdade que ele ficara seriamente perturbado por um sonho dela, e de dois sonhos dele próprio sobre ela, que ocorreram sete anos antes da morte dela, na primavera de 1946, mas, visto que os sonhos podem tanto apontar para o renascimento quanto para a morte efetiva, e como ele tinha feito tudo o que pôde para interpretá-lo para ela, seu alarme tinha cessado. Assim, a morte súbita de Toni foi para ele um choque e um golpe inesperados.

Jung sentira-se mal por algumas semanas, mas já havia se recuperado quando o golpe sobreveio. Curiosamente, pouco tempo *antes* de Toni morrer ele tinha me contado um sonho que o fizera decidir parar de fumar. Jung havia fumado muito durante sua vida, embora geralmente fumasse cachimbo, e jamais tanto quanto Freud, mas desistir de uma só vez deve ter sido extremamente difícil. Toni, por outro lado, sem dúvida fumava demais – cerca de trinta a quarenta cigarros por dia – e me contou que metade dos médicos com quem se consultou lhe recomendavam que parasse de fumar, pois isso estava agravando seu estado de saúde, enquanto que os outros diziam não haver nenhuma relação. Ela preferiu acreditar nestes últimos. Jung por anos insistiu que ela ao menos reduzisse, mas esse foi um dos pouquíssimos conselhos que ela se recusou a ouvir, e fumou incessantemente até o dia de sua morte. Isso não se deveu a uma fraqueza de vontade. Ela costumava dizer: "Devemos ter um vício, e eu escolhi o fumo como o meu". Creio que ela estava completamente convicta de que não havia problema na quantidade de cigarros que

---

2. Cf. acima, p. 144s. e p. 163.

fumava (que parecia excessiva para nós, não para ela), não importando o que os outros pensassem. Em todo caso, nunca vi alguém com aparência mais pacífica e realizada, ou tão estranhamente viva, do que Toni depois de morta. Deparei-me perguntando a Lena, sua velha empregada, se ela realmente estaria morta; o médico tinha certeza de que ela não estava dormindo?

A saúde de Toni estava aparentemente boa naquela primavera de 1953, com exceção de sua terrível artrite, e, apesar do feriado de Páscoa, duas analistas da Inglaterra estavam em análise com ela diariamente. Uma delas me contou depois ter ficado muito preocupada com Toni no dia anterior à sua morte, embora Toni tivesse insistido em que não havia nada de errado. Mas Toni de fato procurou seu médico depois do chá. Ele aparentemente não encontrou nada de alarmante. Lena, que permanecera fiel a ela por mais de vinte anos, me contou que ela quase não comeu naquela noite e se recolheu logo em seguida, algo que Lena *nunca* a tinha visto fazer até então. Recusou absolutamente qualquer atenção à noite; quando Lena foi chamá-la pela manhã, a encontrou morta.

O choque causou uma recaída na saúde do próprio Jung; sua taquicardia voltou, seu pulso se manteve excepcionalmente elevado por várias semanas, e não teve condições de comparecer ao funeral. Exteriormente, se manteve muito calmo, de modo que tanto sua esposa quanto sua secretária me disseram pensar que ele tinha superado o choque após poucos dias, mas, por minhas notas de abril de 1953, vejo que ele próprio disse que seu pulso ainda estava entre oitenta e cento e vinte; além disso, sua perturbação continuou por algum tempo. É verdade que viu Toni em um sonho que teve na véspera da Páscoa; no sonho, ela parecia muito mais alta e mais jovem do que estava quando morreu, e extremamente bela. Vestia uma túnica com todas as cores de uma ave do paraíso, com o azul maravilhoso de um martim-pescador sendo a cor mais marcante. Ele só viu a imagem dela, não havia qualquer ação no sonho, e o impressionou especialmente ter tido esse sonho na noite da Ressurreição.

Embora tenha levado muito tempo para Jung superar fisicamente o choque, muito antes ele foi capaz de encontrar uma atitude psicológica diante da morte de Toni e aceitar a dor que ela lhe acarretou.

A tensão decorrente de não fumar deve ter sido especialmente difícil naquela situação, mas Jung tinha certeza de que o desejo de fumar devia ser superado, de modo que persistiu nessa decisão por cerca de dois meses. Então seu médico protestou, dizendo que, como ele tinha fumado por toda a vida, seria muito melhor que fumasse *com moderação* ao invés de desistir completamente. Sabidamente, isso é bem mais difícil, mas desde então até sua morte, cerca de oito anos depois, Jung voltou a fumar seu cachimbo, e ocasionalmente cigarros, mas com uma estrita moderação.

É uma tarefa impossível dar alguma ideia da essência de *Mysterium coniunctionis* em algumas poucas páginas. Os primeiros capítulos se ocupam dos componentes da *coniunctio* e dos infinitos paradoxos, símbolos e personificações em que os opostos apareceram. É digno de espanto como Jung encontrou tempo, mesmo com o auxílio de sua colaboradora, para fazer a imensa pesquisa necessária para essa obra, pois ela é fundamentada solidamente nos textos e não há nenhuma palavra de especulação em todo o livro.

Jung começou o capítulo final e culminante dando a Herbert Silberer os créditos por ter sido o primeiro a perceber que a *coniunctio* era a "ideia central" do procedimento alquímico. A alquimia separava os opostos antes de tentar unificá-los, e Jung frequentemente pontuou a necessidade histórica da religião cristã de colocar toda sua ênfase na luz e no oposto espiritual, de modo a preservá-lo do estado sombrio do mundo na época em que ela emergiu. Ele disse nesse livro que "a divisão em dois foi necessária *para levar o mundo 'uno' do estado de potencialidade para o estado de realidade*"[3]. O oposto sombrio, incluindo a matéria, foi sendo tão crescentemente rejeitado pela Igreja que a alquimia, que sempre foi a corrente por baixo da superfície e a compensação interior do ensino exterior, foi inevitavelmente forçada a colocar toda sua atenção na tarefa de salvar do esquecimento o oposto sombrio e uni-lo ao oposto luminoso.

A preocupação e incessante trabalho dos alquimistas com a matéria em suas retortas eram, é claro, sobretudo uma projeção do inconsciente, então inteiramente desconhecido. Alguns alquimistas particularmente inteligentes,

---

3. OC 14/2, § 324. Itálicos da edição alemã.

como Gerard Dorn, já suspeitavam disso. Enquanto trabalhavam apaixonadamente em suas retortas, evocavam praticamente os mesmos símbolos que são hoje produzidos espontaneamente nos sonhos de pessoas modernas. O paralelo é tão impressionante que Jung seguiu os três estágios, tais como descritos no século XVI por Dorn, e pôde mostrar exatamente os mesmos estágios no processo de individuação hoje, pois foi isso que Dorn encontrou projetado em seu trabalho na retorta.

O primeiro estágio é chamado de *unio mentalis* e pode ser mais ou menos realizado na *mente* do alquimista. Ele pensa toda a situação mais ou menos intelectualmente, diríamos, embora seu intelecto não fosse tão unilateral quanto o nosso se tornou. O homem medieval podia facilmente *pensar* na mesma *veritas* sendo descoberta em Deus, no homem e na matéria. Era sua tarefa libertar essa *veritas*, às vezes referida como uma substância sutil, ou como a alma, da matéria, onde estava aprisionada. Alguns alquimistas, até mesmo na alquimia mais antiga, perceberam que a matéria deve ser primeiramente liberta neles próprios, antes que pudessem alcançá-la com suas substâncias na retorta. Este primeiro estágio da *unio mentalis* é realmente uma separação do espírito e da matéria, e tinha de ser realizado sobretudo pela mente ou, como diríamos, tornando-se consciente da situação.

Jung assinalou que nós passamos exatamente pelo mesmo estágio na análise. Chamamos isso de "tornar-se consciente da sombra", ou você pode descrever também como tornar-se consciente de todas as emoções turbulentas que nos aprisionam, e então aprender a nos separarmos delas ao *conhecê-las*. Conforme foi dito em *O segredo da flor de ouro*, tantos séculos atrás: "A indolência da qual um homem é consciente e aquela da qual ele não é consciente estão a mil milhas de distância"[4]. Assim, tanto na alquimia como na psicologia analítica o primeiro estágio pode ser realizado principalmente pela mente.

Os alquimistas, contudo, percebiam plenamente que essa separação da alma pelo esforço intelectual não era suficiente. Jung enfatizou que, embora Dorn o expressasse mais claramente, não o tinha descoberto, isso era sabido

---

4. Cf. acima, p. 263.

através da tradição da alquimia[5]. A perspectiva objetiva que foi conquistada ou, poderia ser dito, o espírito liberto, deve então ser reunificado com o corpo, com a matéria. Essa etapa era representada na alquimia por muitos símbolos, dentre os quais o mais conhecido talvez seja o "casamento químico". Mas os alquimistas não se contentavam em representá-la como um casamento entre homem e mulher. Era algo muito mais amplo e misterioso que isso. Usavam muitos outros símbolos, tais como o dragão que abraça uma mulher no túmulo dela, dois animais em luta ou o rei se dissolvendo na água. Também descreviam essa etapa como a abertura de uma janela para a eternidade. Tentavam pela destilação repetida produzir um fluido azul-celeste, da mais sutil consistência, que chamavam de seu *caelum* (seu céu).

Na psicologia analítica, esse estágio consiste em tornar efetivo o conhecimento que adquirimos, aplicando-o em nossas vidas diárias. Claramente, é inútil aprender a conhecer nossa sombra, por exemplo, se não extrairmos as conclusões e agirmos com base nelas. O objetivo dessa etapa também pode ser chamado de *união do mais alto e do mais baixo em nós*, uma lacuna que foi deixada em aberto pelo cristianismo e que a alquimia constantemente tentava preencher. Jung disse:

> O segundo estágio da conjunção consiste, pois, em tornar real o homem que adquiriu algum conhecimento de sua totalidade paradoxal. A grande dificuldade aqui, porém, é que ninguém sabe como a totalidade paradoxal do homem poderá ser percebida. Essa é a *crux* [cruz] da individuação[6].

Jung prosseguia dizendo que, nesse dilema, é de especial importância "ver como o pensar simbólico mais desembaraçado de um 'filósofo' medieval lidava com esse problema". Jung assinalou que nenhum alquimista afirmou ter ido além do segundo estágio, mas que, muito menos importante do que o quanto o alquimista tinha êxito em suas empreitadas, era o fato de ser tomado pelo arquétipo numinoso que operava por detrás de seus esforços, e assim seguir tentando ininterruptamente, por toda a sua vida. Dorn era uma exce-

---
5. OC 14/2, § 329.
6. Ibid., § 341-342.

ção, pois tentou alcançar um terceiro estágio, que chamava de a união com o *unus mundus*. Não via isso, porém, como o mundo externo, e sim como o mundo uno a partir do qual tudo foi criado, e seu objetivo mais elevado era reunificar a humanidade com esse *unus mundus*, esse mundo potencial do primeiro dia da criação, em que tudo ainda era um. Isso só é possível depois de a alma ter sido reunificada com o corpo, ou o espírito com a matéria, no segundo estágio, e o homem, ou o conteúdo da retorta, ter assim se tornado forte e inteiro o bastante para suportar o impacto. Esse mundo potencial é o fundamento de tudo, assim como o si-mesmo é a base do indivíduo e inclui seu passado, presente e futuro.

Jung disse: "O pensamento que Dorn exprime com o terceiro estágio da conjunção é universal: é a relação entre o *atman* pessoal e suprapessoal, e do *tao* individual com o *tao* universal"[7]. O homem ocidental pensa que essa é uma ideia mística porque não tem nenhuma experiência de nenhum mundo a não ser o mundo visível externo, e, portanto, não pode ver que o si-mesmo entra na realidade tridimensional quando o ego toca o mundo potencial, o *unus mundus*.

Jung tinha tido uma experiência semelhante – como vimos e relembramos com frequência – nas planícies do Athi, perto de Nairóbi, quando viu:

> [...] o mundo tal como sempre fora no estado do não ser [...]. Lá estava eu, o primeiro ser humano a reconhecer que este era o mundo, mas que não sabia que havia acabado de criá-lo naquele mesmo instante.
> O significado cósmico da consciência se tornou esmagadoramente claro para mim. "O que a natureza deixa imperfeito, a arte aperfeiçoa", dizem os alquimistas. O homem, em um invisível ato de criação, põe o selo da perfeição sobre o mundo ao lhe dar existência objetiva. Atribuímos esse ato geralmente apenas ao Criador, sem perceber que, ao fazê-lo, vemos a vida como uma máquina calculada até os mínimos detalhes, e que, juntamente com a psique humana, funciona insensivelmente, obedecendo regras previamente conhecidas e predeterminadas.

---

7. Ibid., § 417.

Então Jung pensou em seu velho amigo pueblo e em como lhe invejava a certeza significativa de ajudar seu pai sol a cruzar o céu todos os dias; e naquele momento Jung percebeu o nosso próprio e tão ansiado mito: "A consciência humana criou a existência e o significado objetivo, e o homem encontrou seu lugar indispensável no grande processo do ser"[8].

Esse foi um dos momentos em que o si-mesmo veio à realidade pela entrada do ego "em relação com o mundo do primeiro dia da criação", pois foi naturalmente o si-mesmo, e não o ego, que pôs "o selo da perfeição no mundo ao lhe dar existência objetiva". Ou, na linguagem que usamos quando consideramos antes a experiência de Jung, foi sua personalidade n. 2, embora a experiência tenha sido registrada pela n. 1. A personalidade n. 2 foi evocada e tornada intensamente real pelo vislumbre que Jung teve do mundo tal como foi criado, do mundo potencial do começo. O *unus mundus* se mostrou a Jung quando estava ali a sós.

Embora Dorn visse que o próprio homem tinha de se unificar para ser capaz de encarar esse terceiro estágio, ele, como todos os outros alquimistas, trabalhava incessantemente para produzir em sua retorta o fluido azul-celeste, e sua esperança era a de que pudesse realizar uma união entre essa substância sutil e o *unus mundus* e assim completar o terceiro estágio.

Jung observou no início de seu capítulo sobre o terceiro estágio, "O *unus mundus*", que Dorn era uma "importante exceção" por ter percebido que a produção da pedra, ou do fluido azul-celeste, marcava apenas "a consumação do segundo estágio da conjunção". Assinalou que isso está em consonância com a experiência psicológica, e prosseguiu:

> Para nós, a representação da ideia do si-mesmo em forma efetiva e visível é apenas um *rite d'entrée*, como que uma ação propedêutica e mera antecipação de sua realização. A existência de um senso de segurança interior, de modo algum, prova que o produto será estável o bastante para suportar as influências perturbadoras ou hostis do ambiente. O adepto tinha de experienciar repetidas vezes como circunstâncias desfavoráveis ou uma falha técnica ou – como parecia para ele – algum acidente

---

8. *MDR*, p. 255ss.

diabólico impedia a conclusão de seu trabalho, de modo que era obrigado a começar tudo de novo desde o início. Qualquer pessoa que submeta seu senso de segurança interior a testes psíquicos análogos terá experiências semelhantes. Mais de uma vez tudo o que ela construiu desmoronará sob o impacto da realidade, e não deverá se sentir desencorajada para examinar, de novo e de novo, onde é que sua atitude ainda é defeituosa, e quais são os pontos cegos de seu campo psíquico de visão. Assim como o *lapis philosophorum*, com seus poderes milagrosos, jamais foi produzido, assim também a totalidade psíquica jamais será atingida empiricamente, pois a consciência é estreita e unilateral demais para compreender todo o inventário da psique. Temos sempre de recomeçar do começo. Desde tempos antigos o adepto sabia que sua preocupação era com a *res simplex* [coisa simples], e também o homem moderno descobrirá através da experiência que a obra não prospera sem a máxima simplicidade. Mas as coisas simples sempre são as mais difíceis. "O Um e Simples" era o que Dorn chamava de *unus mundus*. Esse "mundo uno" era a *res simplex*[9].

Justamente essa era a simplicidade tão evidente no próprio Jung. Ele sempre conseguia reduzir as situações mais complicadas à simplicidade, e o mesmo dom era o segredo de sua incomparável interpretação dos sonhos. Sempre nos lembrávamos do ovo de Colombo! Mas, infelizmente, como ele disse, "as coisas simples são sempre as mais difíceis", e nunca vi ninguém mais atingir a simplicidade que era a essência de Jung.

Ele assinalou que, a despeito da projeção, os alquimistas tinham uma vantagem em relação a nós, a de estarem constantemente envolvidos com a matéria em suas retortas, enquanto que na psicologia tendemos constantemente a "pálidas abstrações". O alquimista, pelo contrário, sentia que sua obra era "uma ação magicamente eficaz que, como a própria substância, transmitia qualidades mágicas"[10]. Fica frequentemente evidente em sonhos modernos que a tendência no próprio inconsciente coletivo ruma a um melhor equilíbrio entre espírito e matéria, um equilíbrio que foi mantido ao longo da Idade Média, quando o cristianismo se tornava cada vez mais espiritual,

---

9. OC 14/2, § 759ss.
10. Ibid., § 412.

pela corrente subterrânea dos alquimistas trabalhando apaixonadamente em suas retortas. Quando a corrente alquímica cessou, o próprio arquétipo parece ter levado o Papa Pio XII, impressionado pelos muitos sonhos e visões de pessoas simples, a produzir uma nova floração na superfície cristã, que chegou a elevar um símbolo da matéria – o corpo da Mãe Maria – ao nível da divindade. Jung nunca se cansou de apontar a importância vital do novo dogma, e em *Mysterium coniunctionis* adentrou nele de modo particularmente profundo. Por exemplo, disse que por mais de um milênio os alquimistas prepararam o terreno para o dogma da Assunção, que é

> [...] propriamente uma festa de núpcias, a versão cristã do *hieros gamos*, cuja natureza originalmente incestuosa desempenhou um grande papel na alquimia. O incesto tradicional sempre indicou que a suprema união dos opostos expressava uma combinação de coisas correlatas, mas de natureza distinta. [...] A alquimia lança uma luz brilhante sobre o pano de fundo do dogma, pois o novo artigo de fé expressa em forma simbólica exatamente o que os adeptos viam como sendo o segredo de sua conjunção. A correspondência é, de fato, tão grande, que os velhos mestres poderiam legitimamente ter declarado que o novo dogma escreveu o segredo hermético nos céus[11].

Mais adiante, Jung escreveu:

> O arquétipo é uma *ideia viva*, que constantemente produz novas interpretações pelas quais essa ideia se desdobra. [...] Naturalmente, não são apenas os arquétipos mencionados nos escritos canônicos do Novo Testamento que se desenvolvem, mas também seus parentes próximos, dos quais anteriormente só conhecíamos os precursores pagãos. Um exemplo disso é o mais novo dogma sobre a Virgem; ele inquestionavelmente se refere à deusa-mãe que sempre foi associada ao jovem filho moribundo. Ela sequer é de origem puramente pagã, visto que foi claramente prefigurada na Sophia do Velho Testamento[12].

É estranho que tantos católicos – para não falar nos teólogos protestantes – não tenham conseguido ver a importância vital do novo dogma. O Padre Victor White (autor de *God and the Unconscious*), um amigo hospe-

---

11. Ibid., § 329.
12. Ibid., § 399.

dado por Jung mais de uma vez em Bollingen, costumava dizer que ouvia muito mais sobre o dogma em Zurique do que em Roma, mas vale notar que Victor White tinha excelente senso de humor e mente aberta. Era uma autoridade em Tomás de Aquino, e nunca esqueci como ele disse a Marie-Louise von Franz, com um sorriso radiante: "Ah, como seria maravilhoso se você conseguisse mostrar uma prova irrefutável de que foi Tomás quem escreveu *Aurora Consurgens*[13].

Assim como trouxe a alquimia vividamente para o presente, com sua descrição da conexão dela com o novo dogma, Jung também forneceu ao leitor moderno uma técnica mediante a qual pode trabalhar com o mesmo fervor e engenho que os alquimistas devotavam a suas retortas. Vimos o começo da imaginação ativa quando consideramos o "confronto com o inconsciente" do próprio Jung, uma técnica que ele sempre recomendava àqueles dentre seus discípulos que estavam destinados a experienciar o mesmo confronto, o qual ele mencionou frequentemente em seus escritos. Mas sua última e talvez mais profunda descrição desta técnica pode ser encontrada no volume que estamos examinando. Por questões de espaço, nos limitamos a alguns breves excertos, e tudo o que ele diz a esse respeito deveria ser lido na íntegra[14].

> A produção do *caelum* é um rito simbólico executado no laboratório. Seu propósito era criar, na forma de uma substância, aquela "verdade", o bálsamo celeste ou princípio vital, idêntico à *imago Dei* (imagem de Deus). Psicologicamente, trata-se da representação do processo de individuação por meio de substâncias e procedimentos químicos, ou do que hoje chamamos de *imaginação ativa*. Este é um método que é usado espontaneamente pela própria natureza, ou que pode ser ensinado ao paciente pelo analista. Em regra, ocorre quando a análise constelou os opostos tão poderosamente que uma união ou síntese da personalidade se torna uma necessidade imperiosa[15].

---

13. O terceiro volume de *Mysterium coniunctionis*, que é dedicado a esse texto atribuído a Tomás de Aquino. Marie-Louise von Franz apresentou uma defesa muito convincente, nesse volume, da tese de que Tomás era o verdadeiro autor, e Jung concordava totalmente com ela a esse respeito. Como o manuscrito original de *Aurora* despareceu há muito tempo, Roma pode, é claro, afirmar que não há qualquer prova irrefutável, algo que ambos os autores admitem.

14. Ibid., § 705ss. e § 749-758.

15. Ibid., § 365.

Mais adiante, ele explicou com maior clareza como isso poderia ser feito. Disse, por exemplo:

> Tome o inconsciente em uma de suas formas mais acessíveis, digamos, uma fantasia espontânea, um sonho, um humor irracional, um afeto ou algo do tipo, e então opere com isso. Dê-lhe atenção especial, concentre-se nesse conteúdo e observe as modificações dele objetivamente. Não poupe esforços em sua devoção a essa tarefa, siga as transformações subsequentes da fantasia espontânea com atenção e cuidado. Sobretudo, não deixe que nada de fora entre, pois a imagem-fantasia "tem tudo de que precisa"[16]. Desse modo se terá a certeza de não deixar que caprichos conscientes interfiram, e de estar soltando as rédeas do inconsciente. Em suma, a operação alquímica nos parece o equivalente do processo psicológico da imaginação ativa[17].

Jung também ilustrou como os opostos podem se unir:

> Na natureza, a resolução dos opostos é sempre um processo energético: ela atua *simbolicamente* no sentido mais verdadeiro do termo, fazendo algo que exprime os dois lados, assim como uma cascata faz visivelmente a mediação entre em cima e embaixo. A própria cascata é assim um terceiro incomensurável. Em um conflito aberto e não resolvido ocorrem sonhos e fantasias que, como a cascata, ilustram a tensão e a natureza dos opostos, preparando assim a síntese[18].

Jung prossegue explicando o modo como as fantasias podem se desenvolver e unir consciente e inconsciente, assim como a água da cascata une o de cima e o de baixo. Mas, enfatizou, esse processo permanecerá infrutífero a não ser que o paciente aprenda a "participar da peça, ao invés de apenas se sentar no teatro, e realmente se entender com seu *alter ego*", de forma a restabelecer sua efetividade, e o faça custe o que custar. "Somente desse modo doloroso é possível alcançar *insight* sobre a complexa natureza da nossa própria personalidade"[19].

---

16. No original alemão, "[...] tudo de que precisa *nela mesma*". Destaques meus.
17. Ibid., § 404.
18. Ibid., 365.
19. Ibid.

Esses poucos excertos podem dar ao leitor despreparado uma ideia do valor e da utilidade da imaginação ativa. Todos os mal-entendidos sobre a psicologia junguiana começam aqui: muitas pessoas não parecem ser capazes de compreender "a complexa natureza de nossa personalidade" ou que ela tem um *alter ego* real e poderoso o bastante para justificar que seja tratado com a mesma concentração e esforço que os alquimistas dedicavam a suas retortas. O inconsciente e seu conteúdo, o *alter ego*, parecem-lhes algo fantástico, até místico, ao passo que mesmo uma pequena *experiência* as convenceria de que os conteúdos do inconsciente são tão reais e inalteráveis quanto as substâncias químicas dos alquimistas. Ambos são símbolos de algo que vai além da compreensão humana, e que, contudo, dá à vida seu sentido e valor.

O epílogo[20] com o qual Jung encerra sua *opus magnum* apresenta o quadro inteiro de maneira tão vívida em duas páginas que não posso resistir em citá-lo quase na íntegra:

> A alquimia, com sua riqueza de símbolos, nos dá um *insight* sobre uma empreitada da mente humana que poderia ser comparada com um rito religioso, um *opus divinum*. A diferença entre eles é que o *opus* alquímico não era uma atividade coletiva rigorosamente definida quanto à sua forma e conteúdo, e sim, apesar da semelhança de seus princípios fundamentais, como uma empreitada individual na qual o adepto apostava toda a sua alma em nome do propósito transcendental de produzir uma *unidade*. Era um trabalho de reconciliação entre opostos aparentemente incompatíveis, que, de modo característico, eram compreendidos não meramente como a hostilidade natural dos elementos físicos, mas também, ao mesmo tempo, como um conflito moral. Por ser o objeto dessa empreitada encarado como externo e interno, como físico e psíquico, o trabalho se estendia, por assim dizer, por toda a natureza, e seu objetivo consistia em um símbolo que tinha um aspecto empírico e ao mesmo tempo transcendental.

Jung então assinalou que a alquimia tateava seu caminho por um infinito labirinto, e que no século XIX a psicologia do inconsciente retomou a senda que havia sido perdida com o fim da alquimia. Assim como a alquimia

---

20. Ibid., § 445-447.

estava sempre à procura nas trevas de substâncias baratas e jogadas na rua, assim também a psicologia procura nas trevas rejeitadas da alma humana, que nesse ínterim se tornaram acessíveis à observação clínica. Ele prosseguia:

> [...] Somente ali poderiam ser encontradas todas aquelas contradições, aqueles fantasmas grosseiros e símbolos vulgares que tinham fascinado a mente dos alquimistas e os confundido tanto quanto iluminado. E o mesmo problema que se apresenta ao psicólogo havia feito os alquimistas perderem o fôlego por dezessete séculos. Que fazer com essas forças antagônicas? É possível rejeitá-las e se livrar delas? Ou é preciso admitir sua existência, sendo nossa tarefa colocá-las em harmonia e, a partir da multidão de contradições, produzir uma unidade que naturalmente não virá por si mesma, embora o possa –*Deo concedente*– com o esforço humano? [...] Hoje podemos ver o quão efetivamente a alquimia preparou o terreno para a psicologia do inconsciente, primeiramente por ter legado, em seu tesouro de símbolos, material ilustrativo da maior importância para interpretações modernas nesse campo, e, em segundo lugar, indicando procedimentos simbólicos para síntese que podemos redescobrir nos sonhos de nossos pacientes. Podemos ver hoje que todo procedimento alquímico para a união dos opostos, que descrevi anteriormente, poderia igualmente representar o processo de individuação de um indivíduo singular, embora com a importante diferença de que nenhum indivíduo singular consegue alcançar a riqueza e abrangência do simbolismo alquímico. Este tem a vantagem de haver sido construído ao longo dos séculos, ao passo que o indivíduo, em sua curta vida, tem à disposição apenas uma quantidade limitada de experiência e poderes limitados de representação. É, portanto, uma tarefa difícil e ingrata tentar descrever a natureza do processo de individuação a partir de materiais de caso. [...] Em minha experiência, nenhum caso é amplo o bastante para mostrar todos os aspectos com tantos detalhes a ponto de poder ser visto como paradigmático. Qualquer um que tentasse descrever o processo de individuação com a ajuda de materiais de caso teria de se contentar com fragmentos sem começo nem fim, e, se quisesse ser compreendido, teria de contar com um leitor cuja experiência no mesmo campo fosse igual à sua própria. A alquimia, pois, prestou para mim o grande e inestimável serviço de fornecer material no qual minha experiência podia encontrar espaço suficiente, e assim me possibilitou descrever o processo de individuação ao menos em seus aspectos essenciais.

Jung concluiu sua *opus magnum*, em todos os seus aspectos essenciais, antes do início do fatídico ano de 1955. Sempre continuou a aprimorar e corrigir sua escrita até a etapa das provas tipográficas. De fato, tinha um acordo com sua editora, Rascher Verlag, de Zurique, mediante a qual fazia várias concessões em troca da permissão de modificar seu texto até as últimas provas. Não que tenha feito extenso uso desse privilégio, mas detestava ter de ler seu trabalho em busca de erros de impressão e então descobrir passagens nas quais poderia ter se expressado melhor, e não poder alterá-las.

Perdemos de vista Ruth Bailey desde o retorno da África na primavera de 1926. Até agora não houve nenhum ensejo especial para mencioná-la, embora com frequência Ruth ficasse hospedada com os Jung; de fato, penso que ela fez isso todos os anos, com exceção da Segunda Guerra Mundial. Mas, a partir de 1955, ela ganhou uma importância essencial na vida de Jung. Já no verão de 1926, Emma havia convidado Ruth a permanecer com eles em Küsnacht, criando-se uma amizade entre ela e toda a família. Todos os filhos de Jung ficavam com ela na casa dos Bailey de Lawton Mere, em Cheshire, durante suas várias tentativas (extremamente exitosas) de aprender inglês, sendo que Jung e sua esposa também a visitaram. A terceira filha, Marianne, chegou a passar muitas de suas férias na casa dos Bailey, durante seus estudos na Inglaterra.

Ruth tinha prometido a Jung e sua esposa (depois que sua própria mãe morrera, durante a guerra) que cuidaria daquele dentre os dois que vivesse por mais tempo, e mesmo antes de 1955 suas visitas se tornaram mais longas e mais essenciais a cada ano. A saúde de Emma Jung vinha causando alguma angústia desde seu septuagésimo aniversário, em 1952, e quando ela ficou hospitalizada por algum tempo, com dores nas costas. Durante esse período de hospitalização, para grande alívio de Emma, Ruth ficou tomando conta da casa para Jung. Bollingen vinha se tornando cada vez mais difícil para Emma, mas, quando Ruth ficava lá com eles e se encarregava da maior parte dos afazeres, Emma ainda podia desfrutar bastante do lugar. Entretanto, deixava Jung muito preocupado que, embora Bollingen continuasse sendo seu maior prazer e fonte de saúde, estivesse começando a ser dura demais para sua esposa. Ele nunca pôde suportar que as pessoas fizessem coisas por *ele* quando elas próprias não estivessem aproveitando, e começou a sentir que Emma continuava indo a Bollingen apenas por ele.

Embora ela parecesse estar envelhecendo mais rapidamente que o seu marido, apesar de ser nove anos mais jovem, e embora às vezes não parecesse estar muito bem, não houve causa para verdadeira aflição até a primavera de 1955, quando ela ficou realmente doente e teve de se hospitalizar por algum tempo. Para seu grande alívio, Ruth imediatamente veio da Inglaterra, e assim ela foi poupada de qualquer ansiedade quanto a seu marido. De fato, Jung estava muito bem em Bollingen, e contava com o auxílio de Hans Kuhn[21], mas desde sua enfermidade em 1944, quando ela havia passado por aquele baque súbito, Emma se sentia extremamente ansiosa a respeito dele. Jung retornou imediatamente a Küsnacht e ali ficou durante toda a estadia da esposa no hospital. A operação correu muito bem. Todos nós esperávamos que houvesse sido feita a tempo e que teríamos Emma Jung conosco por vários anos. Ela teve alta após um curto período e Ruth retornou à Inglaterra, sob a promessa, porém, de voltar nas férias de verão para facilitar a vida dos Jung em Bollingen. Emma não tinha palavras o bastante para exprimir o quanto a ajuda de Ruth foi importante em seus últimos dois anos.

Em julho de 1955, Jung comemorou seu octogésimo aniversário. Desde seu aniversário de 75 anos, não restava mais qualquer esperança de que houvesse uma celebração pequena e tranquila[22], e, para esse octogésimo, o clube organizou uma grande celebração vespertina e o Instituto C.G. Jung duas, uma pela manhã e outra à noite, todas as três no Dolder Grand Hotel[23]. O evento matutino, aberto a toda pessoa que assistisse conferências no Instituto, foi de grandes proporções, o que nos levou a esperar que fosse deprimente. Mas aconteceu o oposto, pois teve uma das atmosferas mais significativas

---

21. Cf. acima, p. 323.
22. A partir dos 70 anos, os aniversários quinquenais são sempre ocasiões muito especiais na Suíça.
23. Este hotel e o *Baur au Lac* são os maiores e melhores de Zurique. O Dolder Grand fica na floresta, muito acima de Zurique, com uma vista magnífica do lago e das montanhas.

e curativas que já experienciei. Jung permaneceu por um tempo inusitadamente longo, e aparentemente se retirou a contragosto.

À noite, houve um pequeno jantar festivo, composto somente pelos "cabeças" dos muitos grupos junguianos de todo o mundo e da curadoria, e os conferencistas do instituto de Zurique. A atmosfera foi o contrário daquela da manhã. Jung ficou muito contente em receber antecipadamente uma cópia encadernada do primeiro volume de *Mysterium coniunctionis*[24], mas, de modo geral, não parecia nem um pouco feliz e partiu assim que pôde.

Esse contraste me marcou tão profundamente que perguntei a Jung sobre isso alguns dias depois. Tenho a viva lembrança de que estávamos sentados junto ao lago de Bollingen, enquanto ele estava envolvido em uma de suas ocupações favoritas, talhar madeira. Concordou imediatamente e disse que ele próprio havia ficado muito impressionado. Acrescentou: "Tenho certeza de que devia haver muitos bons espíritos lá naquela manhã, e penso que eles pertenciam, em sua maioria, a pessoas que nós nem conhecíamos. Mas, você sabe, são aquelas pessoas que levarão adiante minha psicologia, pessoas que leem meus livros e me deixam silenciosamente mudar suas vidas. Ela não será levada adiante pelas pessoas importantes, pois estas, em sua maioria, desistem da psicologia junguiana e a substituem pela psicologia do prestígio.

Isso tornou muito clara a diferença para mim: de manhã, ninguém tentava ganhar coisa alguma; era uma reunião grande demais para contatos especiais com Jung e a grande maioria estava satisfeita em vê-lo parecendo tão bem e feliz. Muitos deles provavelmente nunca o tinham visto antes. Havia mesas e refeições, mas nenhuma ordem definida para as pessoas sentarem; todos se sentavam onde e com quem quisessem. Mas, à noite, havia uma rígida disposição dos lugares à mesa, e a maioria dos convidados se preocupava com questões como se o lugar que receberam era bom o bastante, o quanto conseguiriam falar com Jung, se ele tinha sido simpático ou não, e assim por diante, produzindo naturalmente uma atmosfera das mais desagradáveis.

---

24. Em alemão, esse livro foi publicado em dois volumes, o que o torna muito mais leve e manuseável do que o volume único em inglês.

Essa experiência me ensinou muita coisa; foi a única vez em que vi Jung mais satisfeito com um grupo grande do que com um comparativamente menor.

Aquele verão de 1955 foi um período particularmente feliz para os Jung. Emma estava bem o bastante para desfrutar das comemorações do octogésimo aniversário e com as manifestações de afeto ao seu marido. Também estava bem o bastante para passar a maior parte do restante do verão em Bollingen, com o infatigável cuidado de Ruth Bailey e as visitas da família. Jung também estava muito feliz, pois sentia – pelo menos no tocante ao presente – que uma solução havia sido encontrada para o dilema de Bollingen, e ele gostou muito do evidente prazer com que sua esposa estava lá.

Linda Fierz, membro por tanto tempo do comitê do clube e uma discípula e amiga de Jung, morreu na primavera de 1955, tendo sobrevivido por apenas um ou dois anos a seu marido. Como mencionado anteriormente[25], ela concedeu um *Gastrecht* [direito de hospedagem] de sua casa em Bollingen a Marie-Louise von Franz e a mim, de modo que agora tínhamos o grande privilégio de sermos vizinhas próximas dos Jung. Eles tinham emprestado o carro[26] para uma das filhas e para o genro naquele verão, e por isso Jung me perguntou se poderiam contar com o meu. Naturalmente, foi para mim um prazer, e assim pude vê-los muitas vezes naquelas férias. Não que eles usassem muito um carro em Bollingen – ficavam felizes demais em casa –, mas um ou outro sempre tinha de sair, para consulta médica ou algum outro motivo essencial, de modo que era necessário ter um carro à disposição. Emma geralmente ficava muito introvertida em Bollingen, mas naquele verão estava hospitaleira e amigável, e sempre parecia feliz em ver Marie-Louise e a mim sempre que estávamos por lá.

Mesmo quando voltou a Küsnacht no outono, seu bom estado de saúde persistiu; mas, no começo de novembro, para surpresa e horror de todos, ela novamente ficou muito doente. Ficou no hospital por um breve período, mas evidentemente não havia nada a se fazer, pois não demorou muito para ela estar de novo em casa, onde morreu em paz, de modo inesperado, em 30

---

25. Cf. acima, p. 216.
26. Os Jung tinham apenas um carro depois da guerra.

de novembro de 1955. Jung me contou posteriormente que o cirurgião o havia alertado na primavera que poderia haver mais problemas adiante, porém acrescentou: "Pensei que poderíamos contar com mais alguns anos".

A morte de Emma foi a pior perda que Jung experienciou. Nada é pior do que perder a companheira de todos os dias e, após cinquenta e cinco anos de um relacionamento muito significativo e profundo, deve ter sido um golpe do qual a maioria dos octogenários não conseguiria se recuperar. De fato, a princípio pareceu ser um golpe quase que mortal para Jung.

Em meus 80 anos de vida, nunca vi um casamento pelo qual tenha sentido um respeito tão espontâneo e profundo. Emma Jung era uma mulher notável, um tipo sensação que compensava e completava seu marido sob muitos aspectos. Eu também a estimava muito e a amava como uma amiga.

Jung levou sua agora numerosa família à igreja de Küsnacht para os funerais. O modo como o fez, evidentemente torturado, mas ereto e altivo, impressionou profundamente toda a congregação. Ainda escuto com frequência de pessoas relativamente estranhas: "Quando penso em Jung, sempre o vejo como ele apareceu naquela manhã". Também compareceu ao almoço que foi realizado em sua casa mais tarde, e embora deixasse muito claro a seus amigos próximos que não desejava ser importunado, ele estava calmo, amigável e atencioso com todas as pessoas, mesmo com aquelas que nem conhecia muito bem.

Havia sido um grande consolo para Emma, quando percebeu que o fim estava próximo, saber que a saúde e o conforto diário de Jung estariam em segurança nas mãos de Ruth Bailey. Qualquer uma de suas filhas teria cuidado dele com a maior satisfação, mas ele me disse: "Todas elas têm suas próprias vidas plenas com suas famílias, e eu não suportaria ser um fardo". Foi para ele um grande alívio que Ruth, na época da morte de Emma, não tivesse quaisquer obrigações vitais. Poucos anos antes, havia morrido o irmão com quem ela vivia após a morte da mãe, e uma longa viagem à África do Sul – para onde sua irmã mais nova e o marido tinham se mudado, saindo da África Oriental – tinha sido encerrada um ou dois anos antes. É verdade que ela tinha uma casa (a Lawton House) da qual gostava muito, que ficava perto da residência de sua família (a de Lawton Mere), mas Ruth era a companheira ideal (e, se necessário, enfermeira) para uma pessoa por quem tinha grande apreço, de modo que vir morar na Suíça naquele momento, e pelos cinco anos e meio até a morte dele, foi uma dádiva também para ela. Jung frequentemente me dizia que bênção era para ele sentir que a dependência natural de sua velhice não estava interrompendo a vida de ninguém.

Após saber da morte de Emma, Ruth veio o mais rapidamente possível, mas só conseguiu chegar um ou dois dias depois do funeral. Em nosso passeio de carro dos sábados, Jung me falou sobre a atitude que ele queria de mim com relação a Ruth, no que dizia respeito à psicologia. Ela era a única, entre os amigos com quem ele se encontrava assiduamente nos últimos anos de vida, que nunca havia sido analisada, nem tinha feito um estudo profundo de sua psicologia, algo que tinha suas vantagens e desvantagens. Ele disse naquela manhã: "Você certamente verá Ruth muitas vezes, e quero que responda, o melhor que puder, qualquer questão sobre psicologia que ela possa fazer, mas *nunca* puxe você o assunto, nem incuta nela *nada* a esse respeito".

Aquele passeio está particularmente vivo em minha memória, pois a coragem de Jung nunca me impressionou tanto quanto naquela ocasião. Ele estava evidentemente arrasado com a perda da esposa, mas mesmo assim enfrentava tranquilamente a necessidade de seguir em frente. Embora tivesse terminado sua *opus magnum*, o *Mysterium coniunctionis*, aparentemente ainda havia algo a ser feito antes que sua hora chegasse. Durante essas semanas após a morte da esposa, ele escreveu em uma carta que isso muito o ajudava *não* viver no passado, mas a se concentrar no *porquê* de ser ele o sobrevivente, passando a dedicar toda sua energia para concluir o propósito que ele ainda tinha de cumprir.

17
Últimos anos, 1955-1959

Jung relatou em *Memórias* que dificilmente conseguiria ter sobrevivido aos primeiros meses depois da morte de sua esposa se não tivesse se dedicado constantemente a esculpir suas pedras[1]. Ele trabalhou nelas por todo o inverno em seu jardim interno em Küsnacht, e mandou transportá-las a Bollingen na primavera, quando as finalizou. Em três dessas pedras, gravou os nomes de seus ancestrais paternos. Este fato refuta inteiramente a teoria de que ele acreditasse, como sendo um *fato externo*, que seu avô fosse filho ilegítimo de Goethe[2], pois nesse caso a linha familiar dos Jung teria sido rompida com seu avô e substituída pela árvore genealógica de Goethe. Sobre isso, relatou:

> Enquanto trabalhava nas pedras me dei conta dos elos entre meu destino e o de meus ancestrais. Senti muito fortemente estar sob a influência de coisas ou questões que foram deixadas incompletas e sem resposta por meus pais e avós e ancestrais mais distantes. Frequentemente parece como se houvesse um carma impessoal dentro de uma família, sendo passado dos pais aos filhos. Sempre me pareceu que eu tivesse de responder a questões que o destino tinha posto aos meus antepassados, e que ainda não tinham sido respondidas, ou como se eu tivesse de completar, ou talvez continuar, coisas que eras anteriores tinham deixado inacabadas[3].

---

1. Cf. *MDR*, p. 175. Ele escreveu em 1957: "Tudo o que escrevi neste ano e no ano passado, *The Undiscovered Self, Um mito moderno sobre coisas vistas no céu*, 'Uma visão psicológica da consciência', emergiu das esculturas de pedra que fiz depois da morte de minha mulher. O desfecho de sua vida, o fim e o que isto me fez perceber, arrancaram-me violentamente de mim mesmo. Custou-me muito recuperar o equilíbrio, e o contato com a pedra me ajudou".

2. Cf. acima, p. 29.

3. Ibid., p. 233.

O jardim de inverno em Küsnacht tem muitas janelas, praticamente dando a impressão de estarmos fora da casa. Faz parte, porém, da casa, com uma porta e uma pequena escadaria a partir da sala, podendo ser aquecido como o resto da casa; não que Jung quisesse que as dependências de sua casa ficassem muito aquecidas, ele se sentia perfeitamente à vontade em temperaturas em cerca de 15ºC. Quando era mais jovem, a sua sala frequentemente ficava tão fria que os visitantes precisavam ficar de casaco para não tiritarem. Hoje em dia, os suíços geralmente mantêm suas casas bem quentes, portanto nisso – como em muitas outras coisas – Jung era uma exceção. Ainda assim – como enfatizado no primeiro capítulo –, Jung era suíço até a medula.

Naquela época, quando Jung não saía para um passeio de carro nos sábados de manhã, eu costumava ficar cerca de uma hora com ele em seu jardim de inverno, enquanto ele trabalhava em suas pedras. Algumas das nossas melhores conversas aconteceram enquanto ele se empenhava em esculpir pedra ou talhar madeira. Sempre que precisava de atenção total no que estava fazendo, pedia silêncio, mas em geral o trabalho parecia liberar sua mente, de modo que conseguia pensar de modo particularmente profundo, e parecia gostar de falar dos pensamentos com os quais estava ocupado naquele momento. De fato, sempre se podia falar com ele sobre coisas *interiores* e fazer perguntas. Mas, naqueles últimos anos, Marie-Louise e eu (e provavelmente outros discípulos) aprendemos que não era uma boa ideia falar com ele sobre dificuldades *exteriores*. Jung era muito atencioso e, se um de nós estivesse em apuros, ouvia com máxima consideração, mas percebíamos mais e mais o quanto isso ia terrivelmente contra a disposição natural dele, pois seu interesse tinha abandonado a vida cotidiana *exterior*. Havia exceções, mas que eram sempre expressões exteriores de uma importância interior. Portanto, seu interesse em construir não só sua própria casa, mas também a de seus amigos, aumentou ao invés de diminuir[4].

Ruth havia chegado da Inglaterra uma semana depois da morte de Emma Jung, e posto em suas hábeis mãos a responsabilidade pelos afazeres domésticos e todos os cuidados para o bem-estar externo de Jung. Ele me

---

4. Cf. mais adiante, p. 456.

disse com imensa gratidão: "Não preciso me preocupar com nada do tipo. Ruth toma conta de tudo". Mas a mera eficiência não teria sido suficiente. Ruth tinha quase que um gênio para proporcionar companhia diária e irradiar uma atmosfera boa e pacífica. Naqueles primeiros meses, ela se revelou capaz de não o importunar sem deixar de lhe oferecer completa segurança no aspecto físico, que é uma das maiores necessidades na velhice. Devemos lembrar que Jung tinha cerca de 80 anos quando Ruth se mudou para a Suíça. Além do mais – e essa talvez fosse a qualidade mais importante de todas no contato com Jung –, Ruth estava sempre disposta a ouvir quando fizesse algo que desagradasse a Jung e, mais importante, tirar proveito do que lhe era dito e se esforçar, concordando com as mudanças.

Contudo, os primeiros meses após a morte de Emma naturalmente foram um período muito sombrio para Jung. Ele estava disposto a encarar o fato de que, de certo modo, o destino havia sido misericordioso ao forçá-lo a sobreviver tanto a Toni quanto a Emma, pois, como Jung provou nos cinco anos e meio que decorreram até sua própria morte, ele foi capaz de prosseguir *criativamente* sua vida e seu processo de individuação após perdê-las. Tenho dúvidas se qualquer uma das duas conseguiria ter feito o mesmo. Muitas vezes me encontrei com Emma enquanto Jung estava na Índia, e testemunhei o quão terrivelmente ela sentia sua falta, e o quanto dependia dele. Toni, por sua vez, tinha declarado abertamente, desde o início de nossa amizade, que de modo nenhum gostaria de sobreviver a Jung, mas ambas eram mulheres muito corajosas, e certamente teriam encarado a vida sem ele, cada qual com o melhor de sua capacidade. Claro, seus filhos o ajudaram muito e o cercaram de calor humano. Marianne Niehus, em especial, cuidava dele devotadamente sempre que Ruth tinha de ir à Inglaterra.

Jung desceu ao Tessin com Ruth Bailey em fevereiro. Era um inverno muito rigoroso, com uma intensa onda tardia de frio, provocando a morte de muitas árvores. Jung perdeu um dos arbustos que tinha plantado diante da porta, boa parte de seus bambus e as clematis que floresciam de modo luxuriante em seu quintal em Bollingen. A temperatura ficava bem abaixo de zero. A trepadeira que emoldurava a porta da frente da Torre produziu uma curiosa seiva vermelha que descia até o brasão de Jung. Sentiu nisso uma estranha sincronicidade, tão pouco tempo depois da morte de Emma, como se a trepadeira estivesse derramando lágrimas de sangue.

Jung ficou feliz em viajar para o sul. Na noite anterior à partida, Jung, Ruth, o Dr. e a Sra. Konrad Lorenz, Franz Riklin, Marie-Louise e eu tivemos momentos bem interessantes durante o jantar em um restaurante de Zurique. Jung e Lorenz descobriram que cada qual inicialmente queria seguir a profissão do outro, seguindo-se então uma fascinante troca de experiências. Depois de Lorenz descrever seu trabalho, Jung disse: "Ah, entendo: trata-se da *religio animalis*", algo que causou profunda impressão em Lorenz. Discutindo isso posteriormente, compreendemos que Jung quis dizer que Lorenz estava inconscientemente em busca de uma nova orientação para o homem, ao estudar o comportamento de animais[5].

O tempo – arrependendo-se de seu frio glacial – logo esquentou, e Jung e Ruth puderam ir a Bollingen não muito depois de seu retorno do Tessin. Jung novamente se entregou às lápides de seus ancestrais. Mas, antes de concluí-las e colocá-las nos seus lugares, esculpiu uma pedra em memória de sua esposa, colocando-a em frente da *loggia* coberta em sua Torre. Essa foi uma das pedras mais belas que Jung esculpiu.

Jung não fez acréscimos nem modificações na Torre desde 1935. Mas quando estava em Bollingen naquela primavera, começou a sentir que algo mais era necessário. Disse:

> Depois da morte de minha esposa, em 1955, senti uma obrigação interior de me tornar o que sou. Na linguagem da casa de Bollingen, subitamente percebi que a parte central da construção, então muito baixa e presa entre as duas torres, era eu! Eu não podia mais me esconder entre as torres "maternal" e "espiritual". Assim, naquele mesmo ano, acrescentei um andar superior a essa seção, representando a mim mesmo, ou a minha personalidade egoica. Antes, eu não teria sido capaz de fazê-lo, teria considerado isso uma autoafirmação presunçosa. Agora,

---

5. Isso, é claro, foi muito antes de Lorenz publicar *On Aggression*.

isso significava uma extensão da consciência atingida na velhice. Com isso, a edificação estava completa[6].

Ele trabalhou no projeto com seu filho durante as férias da primavera e começou a construir nas férias do verão. Essa construção de 1956 foi *primariamente* empreendia por uma obrigação *interior*, e só secundariamente pelas "necessidades concretas do momento". Nos acréscimos anteriores, estas últimas é que tinham sido o ímpeto, por assim dizer, e só mais tarde Jung percebeu que "uma forma significativa" tinha emergido como resultado: "um símbolo da totalidade psíquica"[7]. Agora, Jung percebeu que faltava alguma coisa na totalidade psíquica, ele próprio ou sua personalidade egoica, que passara a representar "uma extensão da consciência atingida na velhice". E poder-se-ia dizer que essa era também a tarefa que o mantinha na terra após a morte de sua esposa, uma tarefa que ele seguiu cumprindo à risca até o dia de sua própria morte. Houve também vantagens concretas secundárias: ele passou a escrever geralmente nesse novo quarto, que podia ser aquecido e que era muito mais espaçoso e arejado do que o pequeno escritório que ficava no andar de baixo, onde ele trabalhava desde a construção da casa em 1927.

O fato de que a vista não mais o distraía enquanto estava trabalhando indica o quão enormemente sua concentração tinha se desenvolvido. Sempre teve poderes de concentração incomuns, mas antes precisava de pequenas janelas para reforçá-la contra o poderoso magnetismo da natureza e do lago; agora eles eram apenas um agradável pano de fundo para seu trabalho. Ele também conseguiu trabalhar em paz no verão de 1956, quando o barulho da construção teria perturbado quase qualquer outra pessoa. A nova construção também tinha outra vantagem concreta: havia dois pequenos dormitórios que foram muito úteis para quando os filhos e os netos vinham visitá-lo.

Permanecer em Bollingen agora se tornara muito fácil, pois Ruth gostava da vida ali quase tanto quanto Jung, de modo que ele não mais sentia remorso em ir para lá sempre que lhe aprouvesse. Passava ali todos os seus

---

6. Ibid., p. 225.
7. Ibid.

dias de folga, como nos velhos tempos, e frequentemente ficava praticamente uma semana inteira, durante o período letivo. Não há como agradecer o bastante a Ruth Bailey por sua coragem nesse aspecto, pois ela muitas vezes ficava lá sozinha com ele, mesmo sendo muito difícil que ela conseguisse ajuda de alguém se ele passasse mal. Às vezes, ficavam lá no inverno, isolados pela neve. Como Jung sempre dissera que gostaria de morrer em Bollingen, ela estava determinada a possibilitar-lhe seguir seu próprio instinto e fazer o que o agradasse a esse respeito, estivessem eles em Bollingen ou em Küsnacht.

Ruth também mostrou uma coragem extraordinária ao deixar Jung velejar o barco dele, muitas vezes saindo sozinha com ele no lago, que pilotava o barco. Para ele, ser capaz de fazê-lo era um grande prazer, pois essa fora uma das muitas coisas que havia tido de sacrificar depois de sua enfermidade em 1944, embora houvesse retomado várias dessas atividades na velhice. Evidentemente, ele era muito sensato e não abusava da liberdade reconquistada. Ruth fez tudo isso com tanta galhardia que, embora eu a conhecesse bem, levei muito tempo para perceber o quanto às vezes ela tinha sentido temor no fundo de sua alma. Em certa ocasião, quando eu estava na casa dos Fierz, ela de repente me disse que era um alívio ter nas redondezas alguém que ela pudesse chamar em caso de emergência.

Hans Kuhn também passava bastante tempo lá e, embora às vezes Ruth se queixasse de que ele não a ajudava muito em seus afazeres, poderia ser chamado ao telefone da casa dos pais dele se houvesse uma emergência. Mesmo assim, nem sempre estava disponível. Sua patroa, a Sra. Crowley, era muito generosa em emprestar Hans para Jung, mas este nunca gostou de ser inconveniente para ninguém, especialmente na medida em que ela se tornava cada vez mais dependente de Hans. Subsequentemente, seria cuidada por Hans com muita devoção até a morte dela, em 6 de janeiro de 1972, quando estava próxima de completar 90 anos de idade.

As três pedras com os nomes dos ancestrais de Jung e de sua descendência na linhagem masculina até os filhos de seu filho haviam, nesse ínterim, sido completadas e colocadas na *loggia* coberta na primavera de 1957. A primeira começa com o oráculo délfico, "Chamado ou não chamado, Deus estará presente", que Jung também gravara acima da porta da frente de sua casa em Küsnacht e perto da porta da Torre original em 1923.

Essas obras representavam inúmeras horas de trabalho ao longo de muitos meses, pois cada palavra foi gravada na pedra. Mas, quando postas no lugar, Jung sentiu que a tarefa ainda não estava completa. Voltou sua atenção para o teto, que havia decidido decorar com pinturas de seu próprio brasão, de sua esposa e dos seus genros. Ele próprio concebeu o projeto e o realizou com ajuda de Ruth Bailey, Marie-Louise von Franz e Hans Kuhn.

Poder ajudar nesse tipo de trabalho sempre foi um grande prazer para Marie-Louise, mas ela sempre desejara ter um terreno próprio, no qual pudesse construir a casa de seus sonhos. Embora fosse muito grata a Linda Fierz por nos permitir ficar em sua casa, e ciente do privilégio de estar tão perto da Torre de Jung, esse desejo não a deixou. Ela vinha procurando um local adequado desde a Segunda Guerra Mundial, mas isso não foi nada fácil. Até que no outono de 1957 o filho de Jung, Franz, contou-lhe que havia um terreno à venda em Bollingen que ele achava que seria muito adequado, na colina a cerca de um quilômetro e meio da Torre de Jung. Subimos para ver o local naquela mesma noite, e pedimos a opinião de Jung na manhã seguinte. Ele imediatamente expressou seu desejo de vê-lo, de modo que para lá nos dirigimos, ele, Ruth Bailey, Marie-Louise e eu. Ele percorreu o lote a pé, parou, olhando para a vista maravilhosa, e disse a Marie-Louise: "Vá comprar imediatamente". No carro, enquanto descíamos a colina, acrescentou: "Mas você não deve construir uma casa comum lá, deve ser uma Torre". Se a sugestão não viesse dele, ela jamais usaria esse formato, por medo de incorrer em imitação e presunção. Mesmo assim, ela construiu a sua Torre quadrada, enquanto que a Torre original de Jung e seus acréscimos eram redondos. Muitas vezes, estranhos nos perguntam se a Torre dela não é muito antiga, de tanto que se encaixa na paisagem.

Marie-Louise pôs-se imediatamente a projetar sua Torre, com o suporte profissional de Franz Jung, que foi seu arquiteto. Mas a princípio, como a empreitada a faria gastar todas as economias, ela pensou que deveria esperar alguns anos antes de construir. Jung não queria saber de uma procrastinação dessas, e disse que ela lamentaria cada instante que esperasse. Assim, ela começou a construção no verão de 1958, e foi concluída naquele outono. Jung sentiu o maior interesse nessa construção, discutindo cada detalhe com o filho e com Marie-Louise, e frequentemente comparecia para acompanhar seu progresso. Ele fazia isso até quando Marie-Louise não estava lá, mostrando que seu interesse era a obra em si, não apenas encorajar Marie-Louise.

A princípio, ela construiu sua Torre como uma ermida. Quanto a mim, de modo algum me sentia pronta a abrir mão da casa dos Fierz, que tinha, porém, uma desvantagem: Jung se recusava a me deixar ficar ali sozinha (por conta de possíveis assaltos), a não ser que eu soubesse atirar. Como nunca havia tocado uma arma, sempre tinha de permanecer na companhia de alguém, embora Marie-Louise viesse me ver de tempos em tempos. Mas, conforme seu desejo de solidão pouco a pouco diminuiu, e como eu poderia descer facilmente à Torre de Jung para ajudar Ruth, gradualmente ficamos cada vez mais lá, em especial porque Jung raramente ficou em Bollingen no último ano de sua vida.

Foi naqueles anos que Jung começou a apreciar longas viagens de carro, por toda a Suíça, e às vezes até a Áustria ou a Itália. Contou-me certa vez que não poder fazer longas caminhadas nas montanhas foi uma das piores provações de sua velhice. Acrescentou que, quando achou que sua saúde suportaria longas expedições, incluindo a travessia das montanhas no grande e confortável carro norte-americano de Fowler McCormick, sentiu que inesperadamente as montanhas lhe haviam sido devolvidas. A única restrição imposta por sua saúde e idade a essas expedições é que eles nunca passavam a noite, nem mesmo paravam para almoçar ou jantar, em um local de grande altitude. Havia poucas coisas capazes de afastar Jung de sua amada Bollingen, mas em seus últimos anos esses passeios frequentemente o faziam deixá-la, por até uma semana ou mais. Sempre voltava muito revigorado, pleno do seu interesse nos lugares que tinha visto.

Suas companhias nesses passeios de carro eram Ruth Bailey e, é claro, Fowler McCormick. Fowler e Ruth realmente se davam muito bem; embora só tenham se conhecido em 1952, rapidamente se tornaram grandes amigos. Sabiam um do outro desde 1925, quando Ruth tomou o lugar de Fowler e tinha aproveitado o equipamento dele na viagem à África Oriental[8], mas nunca calhou de estarem na Suíça ao mesmo tempo nos anos subsequentes. Embora, quando garoto, tenha ido com frequência à Suíça, e tenha viajado com Jung ao encontro dos indígenas norte-americanos e à Índia, Fowler não cultivou o hábito de passar parte de cada ano na Suíça até os anos de 1950, um hábito que ele então manteve em todos os verões[9]. Mas, nos últimos anos de Jung, também costumava vir às vezes no inverno, de modo que pôde propiciar a Jung o benefício de longas viagens de carro durante sua estadia quase que anual no Tessin.

Ruth nunca havia sido analisada, e Jung certa vez me contou que isso era para ele algo muito reconfortante. "Não preciso me preocupar em torná-la mais consciente", disse certa vez, "como acontece com todo mundo ao meu redor". Fowler havia feito alguma análise, e se esforçara em ler todos os livros de Jung, mas mesmo assim Jung não sentia nenhuma obrigação de torná-lo mais consciente, visto que fazia muitos anos que ele próprio o havia analisado. Isso gerava um ambiente muito tranquilo. Jung tinha toda a companhia e cuidado de que precisava nesses passeios, e ainda assim estava completamente livre para ficar a sós no "mundo de Deus"[10] exatamente como tinha ficado a sós nas planícies do Athi, mais de quarenta anos antes[11]. Quando criança, ele tinha reconhecido o "mundo de Deus" mais particularmente nas montanhas, um mundo ante o qual se sente a presença do *unus mundus*.

Claro, o fato de que Ruth nunca tinha sido analisada, nem se aprofundado na psicologia de Jung, tinha suas desvantagens. Jung ocasionalmente falava da incrível ingenuidade dela com relação à psicologia dele, e ela às vezes se mostrava bem ingênua em seus julgamentos sobre as pessoas. Isso às vezes o divertia, mas tenho certeza de que ninguém mais poderia ter tornado seus últimos anos tão formidavelmente felizes, apesar do fato de ele ter de suportar os

---

8. Cf. acima, p. 233.
9. Ele esteve lá pela última vez em 1971, antes de sua morte em janeiro de 1973.
10. Ibid., p. 78.
11. Naquela época, ele se afastava fisicamente de suas companhias, mas conforme envelhecia isso nem sempre era viável, e ele aprendeu a se afastar psicologicamente, de modo também eficaz.

muitos inconvenientes da velhice. Isso se deveu sobretudo ao fato de que o seu bem-estar era a maior preocupação dela, que estava sempre disposta a aceitar pessoas e coisas porque ele gostava delas, embora eu pense que o gosto dele ocasionalmente a surpreendia. Além disso, como Jung atestou em seu relato da viagem africana, a "experiência que ela tinha adquirido como enfermeira durante a Primeira Guerra Mundial" foi uma grande bênção para eles quando um dos membros (George Beckwith) do grupo foi acometido por uma grave malária tropical"[12]. Foi uma bênção ainda maior para Jung nesses anos finais. Ela prestou todos os cuidados de enfermagem de que ele necessitou, e – o que era muito importante para ele – sem incomodá-lo nem restringir sua liberdade.

Quando Jung escreveu o prefácio de *Mysterium coniunctionis* em outubro de 1954, começou afirmando expressamente que esse era seu último livro[13]. De fato, foi seu último livro *extenso*, mas o *daimon* criativo que o havia conduzido por toda sua vida[14] não lhe propiciou a paz e repouso que sua idade avançada parecia fazer por merecer. Pelo contrário, até pouco antes de sua morte, impelia-o a um esforço criativo depois do outro. De fato, nos quase seis anos após seu octogésimo aniversário, ele produziu muitas de suas obras mais interessantes, boa parte delas, porém, pouco conhecidas.

O primeiro desses esforços criativos foi chamado de *Gegenwart und Zukunft* ("Presente e futuro"), publicado originalmente como suplemento de *Schweizer Monatshefte* em março de 1957. A editora de Jung, Rascher Verlag, publicou-o em brochura ainda naquele ano. O livro foi fruto de muitas questões sobre o futuro que lhe haviam sido feitas, especialmente por Carleton Smith, que conseguiu publicá-lo na Atlantic Monthly Press[15].

Houve mais problemas em torno da tradução dessa obra do que em qualquer outro livro ou artigo de Jung de que eu me lembre[16]. Devo registrar o fato de que, como é expressamente afirmado em mais de um dos volu-

---

12. Ibid., p. 261.
13. OC 14/1, p. 9.
14. Cf. *MDR*, p. 356ss.
15. OC 10/1, § 488-588.
16. Nos primeiros anos da tradução por Richard Hull das *Collected Works*, estive associada com ele, que podia me fazer qualquer pergunta que quisesse.

mes, estou certa que, ainda que Jung autorizasse as maiores mudanças que eram feitas, elas aconteciam, em sua maioria, do modo que já descrevi: Jung muito raramente *gostava* plenamente dessas mudanças (pelo menos sempre tive essa impressão quando as discutíamos), mas, se elas persistissem, ele tão somente "se retirava para as suas propriedades", às vezes dizendo que, se o tradutor, Richard Hull, não havia compreendido, tampouco o público o faria. A correspondência era sempre esmagadoramente vasta, indo quase – às vezes bastante – além de sua capacidade de lidar com ela. Isso, por vezes, era muito ampliado por cartas de seu tradutor, e também dos editores, mas esse montante se reduziu quando eles passaram a se limitar a uma longa reunião anual com Jung. Richard Hull propôs tantas modificações de grande alcance em "Presente e futuro" que a paciência quase inesgotável de Jung não aguentou. Ele me pediu para descer ao Tessin (onde os Hull então moravam) para reclamar[17]. Hull aceitou de bom grado as reclamações de Jung[18], e agora a obra segue o alemão com mais exatidão. Não sei quando e por que o título foi mudado do equivalente a *Presente e futuro*, no original alemão, para *The Undiscovered Self* [O si-mesmo não descoberto], em inglês[19]. Ambos os títulos descrevem bem o conteúdo.

Acho muito comovente que a maior parte do que Jung escreveu naqueles últimos anos estivesse repleto de preocupação ansiosa quanto ao futuro do mundo. A maioria das pessoas são inclinadas a achar que aquilo que ocorre após sua morte já não lhes diz respeito, mas, embora soubesse que teria apenas um breve tempo de vida, Jung sentia um amor pela humanidade que

---

17. Lembro-me de Richard Hull explicar suas mudanças excepcionalmente drásticas dizendo que, visto que o artigo seria publicado primeiramente em uma revista, certamente seria muito modificado, de modo que seria melhor se antecipar a isso. Hull é o tradutor mais competente de Jung que conheço. Duvido que outra pessoa conseguisse ter traduzido as *Collected Works* tão rápido e, em muitos aspectos, tão bem, o que certamente só poderia ser feito por um tipo pensamento. Mas este último tem a inevitável desvantagem de, com frequência, preterir o irracional e o sentimento, assim perdendo de vista o "piso duplo". Esse "piso duplo", como o próprio Jung o designava, surgia porque Jung sempre permitia que o inconsciente se expressasse, lado a lado com sua contribuição consciente e racional, de modo a permitir que o lado irracional e do sentimento tivessem o justo quinhão em sua escrita.
18. Ele também foi generoso na dedicatória da cópia de *The Undiscovered Self* que enviou para mim, dizendo: "A Barbara com profundos agradecimentos, Richard".
19. *Present and Future* é usado como subtítulo na edição em inglês.

o tornou mais, e não menos, preocupado com o destino dela após sua morte. Podemos encontrar essa preocupação em tudo que escreveu naqueles últimos anos, embora apenas *The Undiscovered Self* seja diretamente dedicado a esse tema, inclusive começando com a questão "O que o futuro trará?"

Esse pequeno livro de Jung[20], que discorre profunda e construtivamente sobre nossos problemas mais urgentes, é muito pouco conhecido. Ele perguntou, por exemplo, o sentido de nossa vida "em uma época repleta de imagens apocalípticas de destruição universal", e investigou o impacto da cisão da humanidade "simbolizada pela Cortina de Ferro". Seguiu interrogando: "O que será de nossa civilização, e do próprio homem, se a bomba de hidrogênio começar a explodir, ou se as trevas espirituais e morais do absolutismo estatal se espalharem pela Europa?"[21]

Essas trevas espirituais e morais, em outras palavras, a inconsciência do homem, são de longe nosso maior perigo. É completamente inútil projetar essas trevas do outro lado da "Cortina de Ferro", pois somente o indivíduo *pode* se tornar consciente. É verdade que ele perdeu sua liberdade de modo mais desastroso nos países em que a religião foi reprimida e sua fé foi exigida para a ficção chamada de o "Estado", mas, como Jung assinalou, a ideia de que o ser humano individual é o problema central "é suficiente para levantar as dúvidas e resistências mais violentas de todos os lados, e quase se poderia chegar a afirmar que a insignificância do indivíduo em comparação com grandes números é uma crença que encontra consentimento universal e unânime"[22]. O mundo não comunista é tão nocivo, a esse respeito, quanto as pessoas do outro lado da Cortina. Nossas igrejas também proclamam a insignificância do indivíduo, em comparação com a congregação, e organizam e creem no "remédio soberano da ação de massa[23]. Elas não percebem que "o indivíduo se inferioriza moral e espiritualmente na massa", e aparentemente esqueceram por completo que o processo de individuação é o tema central

---

20. Ele aparece em um pequeno volume publicado pela Routledge & Kegan Paul, Londres e pela Little, Brown, Boston em 1958, bem como em OC 10/1, § 488ss.
21. OC 10/1 § 488.
22. Ibid., § 524.
23. Ibid., § 535.

do cristianismo original: Jung questionou: "Jesus e Paulo não são protótipos daqueles que, confiando em sua experiência interior, seguiram seu próprio caminho individual desafiando o do mundo?"[24]

Essa desconfiança em relação ao indivíduo provém do erro disseminado de que o indivíduo é idêntico ao ego, e à ficção consciente, por parte deste, sobre o que ele é. Mas Jung estava se referindo a um indivíduo que conhece dentro de si o ser eterno, e que – como Jesus e Paulo – sacrifique seus desejos egoístas à sua experiência interior desse ser. Jung inclusive disse: "*A resistência à massa organizada só pode ser efetuada pelo homem que é tão bem organizado em sua individualidade quanto a própria massa*"[25]. E esse é o cerne do problema: essa organização singular só pode ser alcançada pelo autoconhecimento, pelo enorme esforço e vontade de assumir plena responsabilidade por si mesmo. Infelizmente, a maioria das pessoas prefere ser infantil a esse respeito, e deixar a responsabilidade a outrem. Mas assim estão "já a caminho da escravidão estatal e, sem saber ou querer isto, se tornaram seu prosélito"[26].

Esse breve livro é talvez a exposição mais vívida feita por Jung do mito do homem moderno, tal como se revelou a ele nas planícies do Athi cerca de trinta anos antes. Realmente deixa ao leitor a escolha entre se tornar consciente o bastante para criar "existência e significado objetivos" ou se tornar inconscientemente escravo do Estado e daqueles que sabem como manipulá-lo[27], e assim descendo até seu fim desconhecido "na mais profunda noite do não ser"[28].

Bem pouco tempo depois de finalizar *The Undiscovered Self*, Jung voltou sua atenção para a escrita de *Um mito moderno sobre coisas vistas no céu*[29].

---

24. Ibid., § 536. Hull traduziu a sentença alemã: "*der Welt die Stirne geboten haben*" como "não se preocupando com a opinião pública", ao invés de "desafiando o do mundo".
25. Ibid., § 540.
26. Ibid., § 503.
27. Ibid., § 504.
28. Ibid., § 256.
29. Esse pequeno livro foi publicado em alemão no fim de 1957 e em versão em inglês em 1959. Apareceu por fim em OC 10/4, § 589-824. A expressão "discos voadores" foi acrescentada ao título na edição em inglês.

Discos voadores já tinham despertado seu interesse há vários anos; de fato, os primeiríssimos relatos desse fenômeno tinham atraído sua atenção. A princípio, ele considerou os discos voadores como tendo um caráter puramente visionário, contudo real e interessante justamente por isso. Falava com muita frequência a respeito deles em conversas particulares, mas só uma vez – em 1954 – algo dito por ele apareceu impresso. Na ocasião, ele foi entrevistado sobre o tema pela revista *Weltwoche*, que em seguida publicou a entrevista[30]. A imprensa mundial descobriu essa entrevista em 1958, e se espalhou o rumor de que Jung acreditava na realidade objetiva dos discos voadores. Visto que Jung na verdade expressara, na entrevista, ceticismo quanto à existência física dos discos voadores, escreveu uma retificação na United Press; mas dessa vez, como ele disse, "a linha ficou muda".

Essa reação o interessou muito: evidentemente era uma "novidade/notícia"* muito bem-vinda que alguém famoso atestasse a existência física de discos voadores, e ocorria o oposto se essa pessoa apenas dissesse que algo certamente foi visto, mas que ninguém sabia o que era. O público evidentemente queria que os discos voadores fossem *reais*. Na verdade, ele próprio estava muito menos interessado em se eles existiam fisicamente do que no inegável *fato* de que muitas pessoas, em todo o mundo, estavam *vendo* objetos redondos no céu. O círculo é o símbolo por *excelência* do si-mesmo, da totalidade; e esse fato, em nosso mundo moderno cético e racional, é de importância gigantesca em e por si mesmo. Além disso, a maioria dessas pessoas parecia esperar algo fatídico desses objetos redondos, variando desde a salvação até a destruição.

O ceticismo de Jung sobre a possível realidade física deles se tornou muito menos acentuado conforme cada vez mais testemunhos confiáveis apareceram; porém, como ele disse em sua introdução: "Como psicólogo, não estou qualificado para contribuir com nada de útil sobre a questão da realidade física dos Óvnis. Só posso me ocupar do seu aspecto indubitavelmente psíquico". E esse aspecto é interessante o bastante. Assim como acon-

---

30. *Weltwoche*, Zurique, ano 22, n. 1.078, 09/07/1954, p. 7.
* "*News*" no original; com aspas para sublinhar essa ambiguidade [N.T.].

tecimentos na Alemanha nacional-socialista tinham mostrado a Jung que um arquétipo estava se agitando no inconsciente, e ele se sentiu compelido a escrever seu artigo "Wotan" como um alerta de que "acontecimentos de consequências fatídicas estavam fervilhando na Europa", ele novamente se sentia compelido agora a alertar seus leitores de que um arquétipo estava novamente se agitando de um modo que era mesmo característico do "fim de uma era". A história nos ensinou a esperar eventos particularmente fatídicos no final de cada mês platônico (aproximadamente 2 mil anos), com a passagem de uma era astrológica para outra. Em um seminário em 1929, Jung já havia falado com algum pormenor sobre as grandes mudanças e turbulências que eram de se esperar com o fim da era de Peixes e a entrada na Era de Aquário, o aguadeiro. Como poucas pessoas atentaram ao alerta de "Wotan", ele tinha pouca ou nenhuma esperança de que pudesse ser escutado agora. Contudo, sentia-se tão preocupado de que aqueles que lhe dessem ouvidos não fossem "pegos desprevenidos pelos acontecimentos em questão e desconcertados por sua natureza incompreensível", que escreveu esse alerta, colocando em risco "a reputação duramente conquistada de confiabilidade, sinceridade e discernimento científico". Ele percebeu plenamente que esse alerta não seria apenas "tremendamente impopular como também se aproximaria perigosamente daquelas turvas fantasias que obnubilam as mentes dos que querem melhorar o mundo e de outros intérpretes de 'sinais e presságios'". Mas, assim como Jung, enquanto estudante, não se permitira ser desencorajado pela impopularidade do "desprezado reino do ocultismo"[31], assim também agora, sessenta anos depois, o famoso octogenário não seria desencorajado, por quaisquer críticas, de explorar o tema dos discos voadores com o mesmo zelo que havia conquistado a admiração do cético Oeri nas discussões sobre ocultismo na confraria Zofíngia.

Jung explorou cuidadosamente todas as evidências, primeiramente como rumores, depois em sonhos e na pintura moderna, e também se aprofundou na história pregressa dos discos voadores. Por fim, em um epílogo, lidou com dois livros muito diferentes que tinham chegado às suas mãos de-

---

31. Cf. acima, p. 91ss.

pois de ter terminado o manuscrito. O primeiro[32] era um documento muito ingênuo no qual o autor, Orfeo Angelucci, descrevia seu primeiro encontro com "duas bolas de fogo verdes" que haviam sido emitidas de um objeto de formato oval e que lhe explicaram, em diversas entrevistas, o quão infinitamente mais inteligentes e conscientes elas eram, o quão benévolas se sentiam com relação a seus amigos, os habitantes da Terra, e como não pretendiam nada mais do que sua salvação. Ele até mesmo foi levado para outro planeta por alguma coisa que parecia uma "grande e nebulosa bolha de sabão", tendo visto a Terra de uma distância de cerca de mil milhas[33]. Depois disso, ele pregou suas experiências em uma espécie de evangelho.

O segundo livro, intitulado *The Black Cloud* [A nuvem negra], intrigou Jung por ser uma espécie de ficção científica narrada por uma renomada autoridade em astrofísica, Fred Hoyle, de quem Jung já conhecia dois de seus volumes "impressionantes": *The Nature of the Universe* [A natureza do universo] e *Frontiers of Astronomy* [Fronteiras da astronomia][34]. A "nuvem negra" (também de formato circular) ameaça de extinção todo o mundo. Um físico e um matemático geniais entram em comunicação com a nuvem. Nenhum deles sobrevive ao experimento, embora o segundo consegue deixar um registro do que a nuvem lhe contou. A nuvem, por fim, decide abandonar nosso sistema solar e parte, tendo destruído cerca de metade da vida em nosso planeta. Sua inteligência, porém, se provou insuportavelmente elevada para os seres humanos.

Angelucci via esses seres do espaço sideral como nossa salvação, Hoyle, como nossa destruição; mas *ambos* lhes atribuíam uma inteligência sobre-humana. Mesmo o cético Hoyle, como disse Jung, "se aproxima perigosa-

---

32. ANGELUCCI, O.M. *The Secret of the Saucers* [O segredo dos discos voadores] (Amherst Press, 1955).
33. *MDR*, p. 289ss. • Cf. a visão do próprio Jung, durante a enfermidade de 1944, em que também viu a Terra de uma distância de cerca de mil milhas. [A mesma distância que separava a indolência da qual somos conscientes e aquela da qual não somos, segundo o trecho já citado por Hannah (cf., p. ex., p. 263) de *O segredo da flor de ouro* (N.T.).]
34. Os três livros foram publicados pela Heinemann, em Londres, e pela Harper & Row, em Nova York.

mente" de dotá-los de "uma natureza de tipo divina ou angélica. Aqui o grande astrônomo dá as mãos ao ingênuo Angelucci"[35].

Parece-me que muito poucas pessoas leram esse artigo de Jung, e então seu "alerta" passou despercebido. Ainda assim, a percepção mundial desses símbolos redondos do arquétipo do si-mesmo dá sentido aos dias catastróficos em que vivemos, o que ao menos nos pouparia do que Jung pensava ser o único sofrimento intolerável: o "tormento de não compreender". Além disso, o fato, que a história nos ensina, de que fenômenos semelhantes aparecem no fim de cada era astrológica nos liga ao passado de um modo tranquilizador.

No inverno de 1957-1958, o Instituto C.G. Jung organizou uma de suas séries de conferências para um público mais amplo. O tema geral foi "Consciência", e as conferências foram dadas por vários professores renomados, cada qual a partir de seu respectivo prisma. Jung foi convencido a escrever um artigo chamado "Uma visão psicológica da consciência"[36]. Ele concordou em escrevê-lo – o que lhe exigiu muito esforço –, mas estipulou que outra pessoa deveria lê-lo. Conhecendo seu costume de, com frequência, amavelmente ceder a pressões externas, alguns membros da curadoria, convencidos de que ele faria isso novamente nesse caso, alugaram o Auditorium Maximum no ETH e não disseram nada, nos anúncios de jornal, sobre Jung não comparecer. Mas Jung já estava com 82 anos e sabia que um esforço destes ia muito além de sua força física, e assim permaneceu firme. A pressão, porém, foi tão persistente, que ele permaneceu em Bollingen até muito mais tarde do que o habitual, em janeiro, para se manter fora de alcance. "Eles simplesmente não se dão conta do esforço que eu já fiz por eles ao escrever a conferência", disse-me na época.

Marie-Louise von Franz e eu assistimos à conferência e encontramos o enorme *Maximum* completamente lotado. Houve inicialmente uma grande decepção pela ausência de Jung, mas Franz Riklin[37] esteve magnificamente à altura da ocasião e, sem se abalar com os protestos (que ele não merecia,

---

35. OC 10/4, § 816.
36. OC 10/3 § 825-886.
37. Franz Riklin tinha se tornado presidente do Instituto C.G. Jung em 1957.

pois não tinha participado da pressão sobre Jung), leu o artigo tão bem que a enorme plateia escutou em absoluto silêncio e aplaudiu como se o próprio Jung estivesse lá. É de fato um dos mais interessantes dentre os artigos breves de Jung e, como *The Undiscovered Self* e *Flying Saucers*, muito pouco conhecido.

Em sua magistral descrição do que a palavra "consciência" realmente quer dizer, Jung se valeu de uma distinção muito clara entre consciência e código moral. Se permitirmos que nossa "consciência" tome toda e qualquer decisão em concordância com os padrões tradicionais de certo e errado, incluímos só um dos opostos e evitamos o verdadeiro *ethos*, que – nos tempos primordiais – significava obedecer à *vox Dei*. Jung soubera desde os 11 anos de idade que Deus (chamar essa suprema voz interior de Deus ou de si-mesmo não faz aqui nenhuma diferença) frequentemente nos pede muito mais do que a mera obediência ao código moral. O leitor se lembrará da agonia que o menino Jung passou ao tentar evitar o pensamento blasfemo[38]. Porém, foi justamente esse pensamento que ele havia considerado "o pecado contra o Espírito Santo, que não pode ser perdoado"[39], aquele que foi seguido por sua primeira experiência do milagre da graça. Essa experiência havia sido decisiva para toda sua vida, e ele sempre soube, desde então, que a necessidade vital era obedecer à vontade desse poder divino.

Sua conferência sobre a consciência foi escrita cerca de setenta anos depois daquela experiência infantil, embora seja claramente uma florescência que provém daquela raiz, uma flor muito completa e bela, como o silêncio com que foi recebida naquela noite no ETH dá testemunho. Mas o tipo de consciência que Jung descreveu não se presta a uma leitura popular, pois colocá-lo em prática exige a máxima integridade e disposição para sofrer. Assim, a conferência nunca foi muito lida.

Nesse ínterim, Jung vinha considerando dois projetos principais, cada qual demandando dele muito trabalho. O primeiro, do qual ele desistiu lamentando muito, estava em sua mente desde que terminara seu longo artigo

---

38. Cf. acima, p. 61-64.
39. *MDR*, p. 36.

sobre a sincronicidade. Ele viu claramente que a investigação dos números levaria adiante e iluminaria o conceito de sincronicidade. De 1956 em diante, porém, ele vinha recebendo muita pressão externa para que focasse sua atenção em uma autobiografia. Essa, porém, não era de modo algum uma ideia que o agradasse[40], e, se ele tivesse seguido sua própria inclinação, sem dúvida teria optado pelo trabalho sobre os números. Mas ele sentiu que a pesquisa sobre estes tomaria mais tempo e energia do que ele tinha à sua disposição, e que ele deveria entregá-la a mãos mais jovens. Como sabia que Marie-Louise von Franz seria capaz de se encarregar dessa tarefa (cheguei a ouvi-lo dizer, após assistir a uma conferência dela que, dentre seus discípulos, ela era a única que entendeu plenamente as ideias dele), ele lhe entregou as notas que preparara sobre o tema, com o pedido de que ela assumisse a pesquisa e escrevesse o livro[41].

Aniela Jaffé era sua secretária na época, e ele pensou que seria mais prático ditar-lhe o material necessário para a autobiografia. Visto que ela já tinha provado sua excelência como escritora[42], ele pretendia deixar para ela toda a escrita, pois desconfiava muito de autobiografias. Ele disse:

> Uma autobiografia é muito difícil de escrever porque não possuímos quaisquer padrões, qualquer fundamento objetivo, a partir do qual nos julgarmos. Não há realmente quaisquer bases de comparação. Sei que em muitas coisas não sou como os outros, mas não sei o que realmente sou. O homem não pode se comparar com nenhuma outra criatura; não é um macaco, nem uma vaca, nem uma árvore. Sou um homem. Mas o que é ser isso? Como qualquer outro ser, sou um fragmento da deidade infinita, mas não posso me comparar com nenhum animal, planta ou pedra. Só um ser mítico pode se colocar acima do homem. Como pode um homem formar quaisquer opiniões definitivas sobre si próprio?[43]

---

40. Cf. *MDR*, Aniela Jaffé's Introduction, p. v.

41. O livro apareceu em 1970 como *Zahl und Zeit* (agora traduzido como *Number and Time* [Número e tempo]), e justificou plenamente a escolha de Jung. Foi publicado em alemão pela Ernest Klett Verlag, Stuttgart, e em inglês pela Northwestern University Press.

42. P. ex., em "Der Goldene Topf", que Jung publicara em seu *Gestaltungen des Unbewussten* (Zurique: Rascher, 1950).

43. *MDR*, p. 3ss.

Mais tarde Jung achou, porém, que *ninguém* poderia escrever seu "mito pessoal", por isso ele próprio escreveu os três primeiros capítulos de *Memórias, sonhos, reflexões*. Pelo que sei, estas são, juntamente com o capítulo 12, "Últimos pensamentos", e a "Retrospectiva", as partes da autobiografia que ele mesmo escreveu, mas me disse que revisou, fez acréscimos e correções ao restante do manuscrito muito cuidadosamente, de modo que o livro forma um todo muito significativo. Às vezes ele ficava muito interessado e o discutia com considerável entusiasmo; outras vezes, sentia que aquilo estava tomando mais energia e tempo do que ele possuía.

Em 1959, a British Broadcasting Corporation começou a pressionar Jung para que se permitisse ser entrevistado por John Freeman para a série com pessoas vivas famosas chamada "Face to Face". Ele teve de superar aqui uma resistência menor do que no caso da autobiografia; ficou mesmo intrigado pela ideia. A emissora B.B.C. envidou enormes esforços no projeto. Não só John Freeman veio a Zurique para conhecer Jung na primavera, mas também uma representante – a Sra. Branch – foi enviada durante os feriados de Pentecostes para entrevistar todas as pessoas que a B.B.C. sabia serem íntimas de Jung. Ela fez muitas sugestões sobre os temas a serem discutidos e, sempre que possível, os entrevistados respondiam. Em caso de dúvidas, eu pedia permissão para me inteirar do assunto e escrever posteriormente à Sra. Branch; assim foi feito. Como eu suspeitei, Jung não quis qualquer roteiro prévio, preferindo deixar a conversa se desenvolver espontaneamente.

Apesar de John Freeman e os demais envolvidos mostrarem a maior consideração possível, foi uma provação cansativa para Jung aos 84 anos. A filmagem tomou a manhã toda, e eles não acabaram antes de cerca de duas da tarde. Mas ele enfrentou tudo muito bem, não demonstrando nenhum sinal de fadiga na televisão. Quando eu lhe perguntei se não seria cansativo demais, disse sentir que isso devia ser feito; haveria tantos relatos conflitantes sobre ele após sua morte que as pessoas deveriam ter a chance de vê-lo, para julgarem por si mesmas. De fato, todo o filme é Jung *exatamente* como sempre foi: natural, simples e espontâneo.

Embora eu o tenha ouvido fazer a observação acima apenas em conexão com a entrevista para a televisão, penso que a mesma razão o levara à decisão de consentir com a autobiografia. De fato, acima de tudo, a entrevista "Face to Face" e *Memórias, sonhos, reflexões* dão às pessoas que não o conheceram pessoalmente a melhor oportunidade de "julgarem por si mesmas".

Jung ia a Bollingen com muita frequência naqueles anos para se recuperar de todos aqueles esforços. De fato, muito do que escrevia era ainda realizado lá, e ele ainda esculpia imagens e gravava inscrições. Ainda em 1958 ele esculpiu, na parede oeste da Torre original, a figura de uma mulher estendendo as mãos para o úbere de uma égua. Atrás dela, uma ursa (também uma fêmea) rola uma esfera na direção de suas costas. Acima da mulher, ele gravou as palavras: "Possa a luz que carreguei no meu ventre emergir. 1958." Acima da égua: "Pégaso, vertente viva, água derramada pelo aguadeiro (Aquário)". Acima da ursa: "A ursa que move a massa"[44].

Essa foi uma das imagens que a própria pedra lhe revelou, por assim dizer. Astrologicamente, como Jung frequentemente assinalava, estamos entrando na era de Aquário e, por mais sombrios que nossos tempos pareçam, uma nova luz e uma água viva ainda podem emergir deles.

---

44. Há uma boa fotografia dessas esculturas e de suas inscrições em G.Wehr, *C.G. Jung* (Hamburgo: Rowohlt Monographien, 1969, 1970, 1972), p. 53.

18
De volta ao rizoma, 1960-1961

Embora Jung estivesse com 85 anos em julho de 1960, o destino exigiu dele ainda outro grande esforço. Não me lembro de ouvi-lo falar de sua recusa inicial de se envolver em uma exposição popular de sua psicologia[1]. A primeira vez que o ouvi mencionar o assunto foi em uma noite de primavera, quando Ruth Bailey e ele vieram jantar conosco na Torre de Marie-Louise von Franz. Nessa época, já se mostrava muito entusiasmado com a ideia de produzir um livro popular chamado *O homem e seus símbolos*, e pediu a colaboração de Marie-Louise. Ele queria escrever só um dos artigos; pediu a ela que fizesse o capítulo muito importante sobre a individuação, e então discutiu a formulação do livro todo com ela, e quais seriam as melhores pessoas a serem convidadas para escrever cada um dos capítulos que ele queria incluir. Só mais tarde ele pediu a Marie-Louise que se encarregasse da organização de todo o livro do ponto de vista psicológico, no caso de sua morte ou enfermidade. Só começou de fato a escrever seu próprio artigo alguns meses depois.

Jung parecia muito bem no começo do verão de 1960, e ficou bastante tempo em Bollingen, inclusive a maior parte de julho, até as vésperas de seu octogésimo quinto aniversário, em 26 de julho. Até mesmo fez um convite, que há muito planejava, aos membros do Clube Psicológico para passarem uma tarde com ele. Ruth de bom grado se encarregou dos consideráveis esforços envolvidos e, ajudada pelas filhas e pela nora de Jung, fez com que

---

1. Cf. *Man and His Symbols*, p. 9, em que John Freeman explica que Jung recusou a ideia "com grande firmeza".

a festa fosse um grande sucesso. Especialmente os membros do Clube, que nunca tinham estado em Bollingen antes, gostaram muito da reunião.

Mas, quando cheguei lá na manhã seguinte para ajudar Ruth – como geralmente fazia naqueles últimos anos – encontrei Jung muito pensativo e triste. Não sei, porém, se isso foi porque ele não havia percebido plenamente, até então, o quanto o Clube tinha mudado desde que Toni Wolff já não estava mais lá em seu papel de "tigresa do Clube"[2], e quantos rostos familiares estavam faltando, ou se era porque estava antevendo que esta seria sua última visita realmente feliz à sua amada Torre. Em todo caso, partiu para Küsnacht pouco depois da festa do Clube, para retornar à sua Torre apenas mais uma vez, no começo da primavera de 1961.

O aniversário de 85 anos tinha sido muito mais cansativo do que o de 80, e logo ficou tristemente evidente que ele de fato estava cinco anos mais velho. Contudo, suportou tudo sem demonstrar o quanto estava cansado. Além das duas festas do Instituto C.G. Jung no Hotel Dolder, recebeu o título de *Ehrenbürger* [cidadão honorário][3] de seu próprio vilarejo, Küsnacht, o que, embora apreciasse muito, o envolveu ainda em outro jantar oficial no Hotel Sonne. Estava tão cansado naquela época que teve sérias dúvidas sobre se conseguiria suportar a noite. Como de hábito, esteve à altura da ocasião e de modo nenhum decepcionou seus anfitriões, o *Gemeindepräsident*, Edward Guggenbühl, e o *Gemeinderat*[4].

Quando as celebrações do aniversário acabaram, Jung sentiu a necessidade de se afastar imediatamente para estar completamente em paz por algum tempo. Decidiu ir com Fowler McCormick e Ruth Bailey a um hotelzinho de sua preferência em Onnens, oeste da Suíça, que eles com frequência já tinham transformado em seu quartel-general para passeios de carro em torno de seus amáveis e interessantes arredores. Quando fui ajudar Ruth com seus preparativos de última hora, ela me disse sentir que Jung estava realmente exausto, mas aparentemente tão feliz em se afastar que ela só

---

2. Cf. acima, p. 275-278.
3. Isto equivale a receber a chave da cidade.
4. O prefeito e o Conselho Municipal de Küsnacht.

pôde concordar com a vontade dele. Mais tarde, me contou que, no almoço, a meio-caminho de Onnens, ele parecia tão seriamente indisposto que tanto ela como Fowler tentaram convencê-lo a voltar para casa. Mas Küsnacht estava então associada a esforço excessivo, de modo que ele insistiu em que seguissem até Onnens.

Naquela noite, porém, ele ficou gravemente enfermo. O médico local, que passou a noite no hotel, teve muito receio de que seria o fim, mas, graças, em grande medida, a seus esforços e aos excelentes cuidados de Ruth, Jung sobreviveu ao colapso. Naturalmente, a família foi notificada de que ele estava perigosamente enfermo. Eles não podiam suportar a ideia de que seu pai morresse em um hotel distante, por isso Marianne Niehus e seu marido foram imediatamente a Onnens, determinados a trazê-lo de volta em um helicóptero. Ele recusou-se terminantemente, mas, como tinha melhorado bastante, concordou em voltar de ambulância.

Jung suportou muito bem a viagem, e ficou feliz por estar em casa de novo, especialmente porque ainda estava demasiado enfermo para ter de assumir qualquer obrigação com demandas. Não muito tempo depois do retorno, contou o mesmo sonho para Marie-Louise e para mim (separadamente). Nós duas sentíamos que ele ainda pensava que provavelmente morreria, querendo que o sonho ficasse registrado. Sonhou:

> Ele viu a "outra Bollingen" banhada em uma luz fulgurante, e uma voz lhe dizia que o local agora estava completo e pronto para ser habitado. Então, muito abaixo, ele viu uma mãe carcaju ensinando seu filhote a mergulhar e a nadar em um curso d'água.

Tratava-se obviamente de um sonho de morte, pois ele já havia sonhado antes, com frequência, com essa "outra Bollingen", em várias etapas de construção, e sempre falara nela como tendo estado no inconsciente, no além. O fim do sonho tinha o mesmo sentido: o sonhador deverá em breve passar a outro elemento (geralmente chamado de outro mundo) e aprender um modo diferente de adaptação, assim como o jovem carcaju, que já estava acostumado com a terra firme, tinha de aprender a se adaptar à água.

Evidentemente a Mãe Natureza estava pronta para a mudança e preparada para lhe dar pleno apoio.

Marie-Louise e eu ficamos muito tristes com esse sonho, pois estava claro que Jung logo nos deixaria para ir para "a outra Bollingen". De fato, pode ter sido esse sonho que reduziu seu forte elo com sua Bollingen terrena. De novo, como havia acontecido tantas vezes anteriormente, a completa aceitação por Jung da morte lhe deu um novo sopro de vida, para grande surpresa dele próprio. Recuperou-se rapidamente e passou muito bem todo o inverno, mas não creio que estivesse tão bem quanto antes de seu octogésimo quinto aniversário. Em todo caso, contrariamente a seu hábito anterior, não fez nenhuma tentativa de ir a Bollingen e também se absteve de sua costumeira visita de inverno ao Tessin. Embora estivesse em inegável declínio físico, sua mente e discernimento psíquico não pararam de crescer, até o fim. Se esquecesse a mais ínfima coisa (na verdade, o fazia muito menos do que quando mais jovem!), imediatamente dizia: "Taí, eu não disse que estava ficando senil?" *Se* ele próprio acreditava nisso, essa foi a sua única ilusão de que tenho conhecimento.

Embora tenha permanecido em Küsnacht até o começo da primavera, estava muito ativo. Entregou-se plenamente à escrita de seu artigo para *O homem e seus símbolos* – que ele escreveu em inglês, visto que o livro foi publicado originalmente nesse idioma – e a ler e criticar os outros artigos, conforme iam sendo submetidos a ele. Ficou especialmente satisfeito com o artigo de Marie-Louise, não fazendo qualquer alteração nele.

Jung escreveu seu artigo – "Abordando o inconsciente" – para *O homem e seus símbolos* de uma maneira totalmente diversa de tudo que escrevera em muitos anos. Não estava sendo pressionado a escrever por seu *daimon* criativo, e sim obedecendo *conscientemente* ao seu sonho. Tinha sonhado que, "ao invés de estar sentado em seu escritório e conversando com os grandes médicos e psiquiatras que costumavam procurá-lo a partir de todas as partes do mundo, ele estava em um local público e se dirigia a uma multidão que o escutava com atenção embevecida e *compreendia o que ele dizia* [...][5].

---

5. *Man and His Symbols*, p. 10.

Explicar sua psicologia a pessoas que nada sabiam a respeito dela havia por muito tempo sido algo difícil e incômodo para Jung. Lembro-me de que, quando vim pela primeira vez a Zurique, ele me disse que precisava encaminhar as pessoas que sabiam pouco ou nada de sua psicologia primeiramente para seus assistentes, porque já não tinha mais paciência o bastante para lhes ensinar o bê-á-bá. Quando, durante a guerra, foi solicitado que apresentasse três palestras para os moradores de Küsnacht (que nada sabiam de sua psicologia), ele me contou que teve mais dificuldades em prepará-las do que em todas as suas outras conferências somadas. Ainda assim, tendo percebido, a partir de seu sonho, que havia "uma multidão" que *poderia* compreender sua psicologia, jamais hesitou, fazendo esforços infinitos para explicar os pontos mais fundamentais com a maior simplicidade possível.

A experiência do seu octogésimo aniversário e as muitas cartas que recebia de gente simples que havia lido seus livros ou assistido à sua entrevista na televisão devem ter ajudado, pois ele estava plenamente convencido de que eram essas pessoas que levariam adiante sua psicologia. Seja como for, não há dúvida de que ele dedicou seus últimos meses ao esforço incessante de realizar essa tarefa. Talvez tenha sido essa a razão para ele ter sido tão inesperadamente brindado com um novo sopro de vida após Onnens. Em todo caso, se tivesse morrido então, cerca de nove meses antes, seu último artigo nunca teria sido escrito.

A grande preocupação de Jung com o futuro da humanidade é evidente ao longo do texto. Ele constantemente aludiu ao perigo que estamos correndo de nos autodestruirmos, e à importância de nossos esforços conscientes para impedir esse desastre. De fato, esse artigo pode ser considerado seu último apelo ao homem para que perceba a realidade do inconsciente e, sobretudo, para que leve a sério sua própria alma, pois Jung via que essa era a sua única esperança. Como *O homem e seus símbolos* teve uma circulação muito ampla, e foi traduzido para várias línguas, esse artigo certamente foi lido por um público muito maior do que qualquer outro material que tenha escrito em seus cinco últimos anos. De fato, podemos ter a esperança de que ele tenha alcançado as pessoas sobre as quais Jung tinha a maior esperança: as pessoas que liam seus livros e os deixavam transformar silenciosamente suas vidas.

Jung não mais teve tempo de organizar o livro do ponto de vista psicológico, como os editores esperavam, mas, prevendo isso, providenciou que Marie-Louise von Franz o fizesse por ele. John Freeman já testemunhou o sucesso dela nessa empreitada[6]. Jung de fato leu todo o livro antes de sua morte, e terminou seu próprio artigo. Também seguiu encontrando-se com uma ou duas pessoas todos os dias, e manteve seus passeios de carro e pequenas caminhadas. Até mesmo encontrou energia para participar do jantar natalino anual do Clube Psicológico, embora tenha evidentemente ficado cansado e ido embora logo depois da refeição. Para os membros, era muito importante reunirem-se com ele nesse evento anual, no qual creio que ele nunca esteve ausente, com exceção dos anos em que viajara para a África e a Índia, e em 1946, quando estava muito doente.

Em março, foi novamente a Bollingen com Ruth. Hans Kuhn também esteve lá, sempre que pudesse ser poupado de seus outros deveres. Superficialmente, Jung parecia se sentir como habitualmente se sentia em Bollingen, mas era possível notar que estar ali já não tinha a mesma importância para ele. É provável, embora ele nunca tenha dito, que o apego de outrora tinha sido transferido para "a outra Bollingen", no além. Mas ele estava bem o bastante para ir almoçar na Torre de Marie-Louise em um dia com tempo tão bom que pudemos mesmo tomar café do lado de fora[7]. Ele também pôde passar a maior parte dos dias em seus "trabalhos aquáticos" onde o pequeno córrego corria para o lago.

Ele não ficou em Bollingen tanto tempo quanto geralmente ficava nessa época do ano. Pelo que me lembro, ficou apenas cerca de três semanas. Pouco depois de retornar a Küsnacht, teve de ir ao Hospital da Cruz Vermelha em Zurique para um pequeno *check-up*. Ele não tinha estado em um hospital

---

6. Ibid., p. 13ss.

7. A *loggia* dela só foi construída vários anos depois da morte de Jung, de modo que ainda tínhamos de ficar ao ar livre. Esse longo adiamento foi o resultado da experiência e dos conselhos de Jung.

desde 1944 – quando permaneceu em Hirslanden por cinco meses – e, como havia desenvolvido uma ojeriza por hospitais, foi uma sorte ter, dessa vez, precisado ficar só dois ou três dias.

Embora tenhamos revisado o inglês de seu artigo para *O homem e seus símbolos* enquanto ele estava em Bollingen[8], ele seguiu trabalhando em pequenas alterações por algumas semanas. Logo se tornou evidente, porém, que sua saúde física estava se deteriorando. Ele ainda via algumas pessoas e fazia passeios de carro, mas no último desses passeios que fizemos juntos (no dia 6 de maio, exatamente um mês antes de sua morte), ele não fez nenhuma caminhada, como tinha sido seu hábito invariável até então. Também não estava disposto a conversar, embora se mostrasse ansioso por ver mais uma vez suas estradas prediletas[9], e nosso passeio durou por mais tempo do que o habitual. Uma coisa estranha aconteceu nesse passeio: deparamos e fomos interceptados *três* vezes por cortejos nupciais[10]. Já naquele momento, lembrei-me da "*Todeshochzeit*" (matrimônio de morte) e da experiência de Jung no caminho de volta do Tessin logo após a morte de sua mãe[11]. Não sei se o próprio Jung reparou nisso. Sinto que sim, embora não tenha dito nada.

Jung saiu só uma vez depois disso para um passeio no dia seguinte em seu próprio carro. Embora passasse muito tempo na sua grande varanda, não mais descia para o térreo. Cerca de três semanas antes de sua morte teve um pequeno derrame que afetou um pouco sua fala, mas sem outros danos.

Embora ainda atendesse pessoas ocasionalmente, estava ficando claro que seu corpo excepcionalmente forte estava se entregando. Ele havia estado tantas vezes à beira da morte, porém, e recebido um novo sopro de vida, que nos era muito difícil não ter esperança de que isso voltasse a acontecer. Ele próprio, porém, não se iludia quanto a isso. Disse, alguns dias antes de sua morte: "As pessoas sabem que estou morrendo?" Evidentemente era ainda

---

8. Como Jung havia autorizado Freeman a popularizar o seu e todos os outros artigos, era menos importante do que de costume a correção do inglês.
9. Íamos muitas vezes às estradas nas imediações de Pfannenstiel, as quais Jung conhecia de cor porque há muitos anos as percorria de bicicleta.
10. Os suíços costumam fazer longos cortejos de carros como parte das festividades de casamento.
11. *MDR*, p. 314.

importante para ele que não se repetisse a escassez de notícias como ocorrera em 1944[12].

Até a terça-feira, dia 30 de maio, exatamente uma semana antes de morrer, ele ainda se deslocava no segundo andar (onde ficavam sua biblioteca, seu quarto e uma grande varanda), e até mesmo escrevia um pouco. Teve então outro pequeno derrame, precisando abandonar sua biblioteca definitivamente. Ficou acamado apenas por uma semana, permanecendo consciente até o fim. Suas últimas visões se preocuparam, em grande medida, com o futuro do mundo após sua morte. Contou a Marie-Louise, na última vez em que a viu, oito dias antes da morte, que tinha tido uma visão na qual grande parte do mundo era destruída, mas acrescentou: "Graças a Deus, não todo".

Devemos a Ruth Bailey o último registro de um sonho dele, que sonhou algumas noites antes de sua morte. Ela gentilmente o escreveu para mim na época[13]:

1) Ele viu um bloco de pedra grande e redondo em um local alto e aberto, com a seguinte inscrição: "Este é um sinal para você de totalidade e unidade".

2) Muitos potes e vasos de cerâmica, do lado direito de uma praça quadrada.

3) Um quadrado cercado de árvores com raízes fibrosas saindo do chão e cercando-o. Havia fios de ouro reluzindo entre as raízes.

Este é um maravilhoso sonho final, no qual a unidade e totalidade de Jung são confirmadas e mostradas a ele no símbolo de uma pedra redonda. Os potes na praça à direita também são repletos de significado, quando recordamos que no antigo Egito algumas partes do cadáver desmembrado do deus Osíris eram guardadas em potes, porque era a partir deles que se esperava que a ressurreição acontecesse. Além disso, os gregos antigos mantinham em suas casas potes cheios de sementes de trigo. Os potes e o solo representavam o mundo subterrâneo e a semente, o morto à espera da ressurreição.

---

12. Cf. acima, p. 386-389.

13. Cf. SERRANO, M. *C.G. Jung and Hermann Hesse*: A Record of Two Friendships (Nova York: Schocken Books, 1966), p. 105ss.

Perto do Dia de Finados, os potes eram abertos e os mortos supostamente se juntavam aos vivos[14]. A afirmação de Cristo: "Em verdade, em verdade eu vos digo, se o grão de trigo que cai na terra não morre, fica só; mas, se morre, produz muito fruto" (Jo 12,24) pertence a essa mesma conexão[15].

Quanto às raízes, Jung disse em *Memórias*:

> A vida sempre me pareceu como uma planta que vive de seu rizoma. Sua verdadeira vida é invisível, escondida no rizoma. A parte que aparece acima do chão dura apenas um único verão. Então desaparece – aparição efêmera. Quando pensamos no infinito crescimento e declínio da vida e das civilizações, não podemos fugir da impressão de absoluta nulidade. Ainda assim, nunca perdi um senso de algo que vive e perdura por baixo do eterno fluxo. O que vemos é a floração, que passa. O rizoma persiste[16].

Agora que "a floração estava passando" e mostrando ser, como toda vida mortal, "uma aparição efêmera", as raízes eternas, que eram também C.G. Jung, apareciam acima da superfície e se espalhavam protetoramente sobre ela. Esse sonho nos conta com a maior clareza que Jung estava morrendo na hora certa, e que estava na iminência de ser recebido por esse rizoma que ele sempre tinha sabido que estava lá como sua "vida invisível verdadeira". Ou, para usar a linguagem que ele usou em *Memórias*, sua personalidade n. 1 estava morrendo, mas a n. 2 permanecia inalterada.

Jung morreu às quinze horas e quarenta e cinco minutos de uma tarde de terça-feira, 6 de junho. Houve de novo alguns eventos sincronísticos, como em 1944[17]. Lembro-me muito vividamente de que, pouco antes de sua morte, quando fui buscar meu carro, encontrei a bateria, que não era velha e que nunca tinha dado o menor problema, completamente descarregada. Isso

---

14. É interessante lembrar que às vezes, quando Jung falava de suas razões para aceitar alguém como pupilo ou paciente, ele dizia: "Oh, pensei que ele ou ela era um bom pote, no qual portanto eu iria investir".
15. Devo essas referências a Marie-Louise von Franz.
16. *MDR*, p. 4.
17. Cf. acima, p. 385-388.

me intrigou muito; quando Ruth telefonou cerca de meia-hora depois, isso pareceu muito natural e como se o carro já tivesse sabido.

Não houve, porém, nenhum temporal no momento da morte de Jung (como por vezes se divulgou). O temporal veio uma ou duas horas *depois*, quando então um raio atingiu o álamo que ficava no seu quintal, à beira do lago. Isso é muito incomum, pois a água atrai os raios e por isso as casas em suas margens geralmente são imunes. A árvore não foi destruída, apenas uma grande parte da casca foi arrancada. De fato, os familiares descobriram o ocorrido ao encontrarem o gramado coberto de pedaços de casca quando foram ao quintal depois da tempestade.

O próprio Jung falou sobre a morte em *Memórias*:

> [...] a morte é de fato assustadora e brutal; não faz sentido fingir que é outra coisa. É brutal não só como um evento físico, mas muito mais psicologicamente: um ser humano é arrancado de nós, e o que resta é o gélido silêncio da morte[18].

Todos os que haviam conhecido Jung de perto ficaram muito abalados, pois sua calorosa e genial presença física tinha de fato sido substituída pelo gélido silêncio da morte. Lembro-me de Franz Riklin, por exemplo, sentindo-se arrasado ao ouvir as notícias e chorando como uma criança, apesar de, em nossa longa amizade, eu nunca o tivesse visto verter nenhuma lágrima. Ele era então presidente do Instituto C.G. Jung e, embora nenhum outro presidente tivesse incomodado Jung menos do que ele, com problemas externos, sentia a presença de Jung dando-lhe segurança e força.

Jung tinha morrido tão exatamente na hora certa, e sua morte tinha sido um evento tão natural, que pudemos nos restabelecer, seguir nossas vidas e a vida do Instituto já na manhã seguinte. Desde quando Jung tinha chegado tão perto da morte na Índia, eu me perguntava até que ponto seus discípulos suportariam sua morte e seriam capazes de se manterem por si sós. A resposta em 1938 foi catastrófica, e não melhorou muito durante sua pior enfermidade em 1944. A cada enfermidade grave eu me fazia a mesma pergunta, e a cada vez a resposta foi se tornando mais e mais auspiciosa. Se Jung tivesse

---

18. Ibid., p. 314.

morrido durante alguma de suas enfermidades anteriores, tenho certeza de que sentiríamos sua morte como uma catástrofe muito mais brutal. Na forma como ocorreu, tornou-se um evento natural terrivelmente doloroso, mas que deveríamos, poderíamos e iríamos aceitar. Percebi vividamente o quão misericordioso o inconsciente tinha sido ao nos preparar, e o quão bem o próprio Jung havia nos ensinado a nos mantermos por conta própria.

O Instituto C.G. Jung prosseguiu como Jung teria desejado. Só fechou as portas em um único dia: na sexta-feira, 9 de junho, data do funeral. A família foi muito pressionada a realizar os serviços funerários em Zurique, na catedral ou na igreja de Fraumünster. Fiquei feliz por eles terem cedido, preferindo a igreja de seu próprio vilarejo. Muitas pessoas vieram de longas distâncias, como Fowler McCormick de Chicago, mas a igreja de Küsnacht é excepcionalmente grande, e, embora houvesse uma multidão, todos encontraram um assento. Curiosamente, houve outro temporal durante a cerimônia, e um aguaceiro depois do sepultamento.

Com o passar do tempo, e Jung continuando a aparecer em sonhos e na imaginação ativa, assim como havia feito em vida, pôde-se realmente constatar que o rizoma – ou personalidade n. 2 – parecia completamente incólume à morte. A morte é de fato um paradoxo, como o próprio Jung percebera tão vividamente no caminho de volta do Tessin após a morte da sua mãe. Não que haja qualquer coisa de parapsicológica ou espiritualista envolvida; nós simplesmente não podemos dizer o quanto o indivíduo Jung está envolvido, pois, em sua atual personalidade n. 2, ele vai completamente além de nossa experiência ou compreensão. Talvez a ajuda venha de um arquétipo que toda a vida e ensino de Jung constelaram tão fortemente que, em sonhos, ele aparece na sua forma e fala com sua voz. Eu não sei. Quando estava ao lado de seu corpo infinitamente pacífico, eu só conseguia dizer "Obrigada" repetidas vezes. E é isso que ainda sinto por essa vida que foi vivida tão plenamente e que tivemos o privilégio de conhecer: uma profunda e infinita gratidão.

Referências

Allegoriae Sapientum... In: *Theatrum Chemicum...* Vol. 5. Estrasburgo, 1660.

ANGELUCCI, O.M. *The Secret of the Saucers.* Amherst Press, 1955.

Artis auriferae... 2 vols. Basileia, 1552.

ASCHAFFENBURG, G. "Experimentelle Studien über Associationen". In: *Psychol. Arb.*, I, 1896, p. 209-299; II, 1899, p. 1-85; IV, 1904, p. 235-374.

AVALON, A. (Sir John Woodroffe). "Shri Sembhara Chakra". In: *Tantrik Texts.* Vol. VII, Londres: Luzac & Co., 1919.

BAYNES, G. *The Mythology of the Soul.* Ryder and Co., 1969.

_____. *Germany Possessed.* Londres: Jonathon Cape, 1941.

BERTHELOT, M. *La Chimie au moyen âge.* Paris, 1893.

_____. *Collection des anciens alchemistes Grecs.* Paris, 1887-1888.

BERTINE, E. *Jung's Contribution to our Time.* Nova York: C.G. Jung Foundation/G.P. Putman's Sons, 1967.

_____. *Human Relationships.* Nova York: Longmans, Green & Co., 1958.

BIEDERMANN, A. *Christliche Dogmatik.* Zurique: Orell Füssli, 1869.

Die kulturelle Bedeutung der komplexen Psychologie. Berlim: Springer Verlag, 1935 [*Festschrift* pelo sexagésimo aniversário de Jung].

DORN, G. *Principal Writings* in *Theatrum Chemicum.* Vol. 1.

ELIADE, M. *Shamanism, Archaic Techniques of Ecstasy.* Nova York: Pantheon Books, 1964.

ELLENBERGER, H.F. *The Discovery of the Unconscious.* Nova York: Basic Books, 1970.

Encyclopaedia Britannica, 1911.

FLOURNOY, T. *From India to the Planet Mars.* Trad. D.B. Vermilye. Nova York/Londres, 1900.

FRANZ, M.-L. *Number and Time.* Evanston: Northwestern University Press, 1974.

_____. *Aurora consurgens*. Bollingen Series XXVII. Nova York: Pantheon Books, 1966.

FRANZ, M.-L.; JUNG, C.G. *Sein Mythos in unserer Zeit*. Frauenfeld/Stuttgart: Verlag Huber, 1972 [Edição em inglês: *C.G. Jung: His Myth in Our Time*. Nova York: C.G. Jung Foundation/G.P. Putnam's Sons, 1975].

FREY-ROHN, L. *From Freud to Jung, a Comparative Study of the Psychology of the Unconscious*. Nova York: C.G. Jung Foundation/G.P. Putnam's Sons, 1974.

GOETHE, J.W. *Faust*. Trad. P. Wayne. Harmondsworth: Penguin Books, 1959.

GOWER, J. *Confessio amantis*, II. 4 vols. Oxford: Macaulay, 1899-1902.

HARDING, E. *The I and the Not I*. Nova York: Pantheon (Bollingen Foundation), 1965 [Princeton: Princeton University Press, 1970].

_____. *The Parental Image*. Nova York: C.G. Jung Foundation/G.P. Putnam's Sons, 1965.

_____. *Psychic Energy*. Nova York: Pantheon Books (Bollingen Foundation), 1963.

_____. *Journey into Self*. Nova York: Longman's, Green & Co., 1956 [Londres: Vision, 1958. Nova York: David McKay, 1963].

_____. *Woman's Mysteries*. Londres/Nova York: Longmans, Green & Co., 1935 [Nova York: C.G. Jung Foundation/G.P. Putnam's Sons, 1972].

_____. *The Way of All Women*. Londres/Nova York: Longmans, Green & Co., 1933 [Nova York: C.G. Jung Foundation/G.P. Putnam's Sons, 1970].

HOMERO. *The Odyssey*. Trad. E.V. Rieu. Penguin.

HOERNI, U. et al. *A arte de C.G. Jung*. Trad. C. Liudvik. Editado pela Fundação das Obras de C.G. Jung. Petrópolis: Vozes, 2019.

HOYLE, F. *The Nature of the Universe*. Londres/Nova York: Heinemann/Harper & Row, 1960.

_____. *The Black Cloud*. Londres/Nova York: Heinemann/Harper & Row, 1957.

_____. *Frontiers of Astronomy*. Londres/Nova York: Heinemann/Harper & Row, 1955.

IZQUIERDUS. *Introduction to the Spiritual Exercises of St. Ignatius Loyola*.

JAFFÉ, A. "Bilder und Symbole aus E.T.A. Hoffmann's Märchen 'Der Goldne Topf'". In: *Gestaltungen des Unbewussten*. Zurique: Rascher Verlag, 1950.

JAMES, M.R. *The Apocryphal New Testament*. Oxford: Clarendon Press, 1924.

JONES, E. *The Life and Work of Sigmund Freud*. Londres: The Hogarth Press, 1958 [Nova York: Basic Books, 3 vols., 1953-1957].

JUNG, C.G. "After the Catastrophe". In: CW, vol. 10, § 400-443 ["Depois da catástrofe". In: OC 10/2].

_____. *Aion*. CW, vol. 9, parte 2 [OC 9/2].

_____. *Analytical Psychology: Its Theory and Practice*. Nova York: Pantheon Books, 1968.

_____. *Answer to Job*. CW, vol. 2, § 553-758 [*Resposta a Jó*. OC 11/4].

_____. *A Psychological Approach to the Dogma of the Trinity*. CW, vol. 11, § 169-295 [*Interpretação psicológica do Dogma da Trindade*. OC 11/2].

_____. *Archetypes of the Collective Unconscious*. CW, vol. 9, § 1-86 ["Sobre os arquétipos do inconsciente coletivo". OC 9/1].

_____. "A Rejoinder to Dr. Bally". In: CW, vol. 10, § 1.016-1.034 ["Atualidades". In: OC 11/6].

_____. "A Study in the Process of Individuation". In: CW, vol. 9, parte I, § 525-626 ["Estudo empírico do processo de individuação". In: OC 9/1].

_____. *Collected Papers on Analytical Psychology*. Ed. Constance Long. 2. ed. Londres: Ballière, Tindall e Cox, 1917.

_____. *Contributions on Analytical Psychology*. Trad. Godwin Baynes. Londres: Kegan Paul, 1928.

_____. *Erinnerungen, Träume, Gedanken*. Ed. Aniela Jaffé. Zurique: Rascher Verlag, 1962.

_____. *Essays on Contemporary Events*. Londres: Kegan Paul, 1947.

_____. *Experimental Researchs*. CW, vol. 2 [*Estudos experimentais*. OC 2].

_____. *Gestaltungen des Unbewussten*. Zurique: Rascher Verlag, 1950.

_____. "Good and Evil in Analytical Psychology". In: CW, vol. 10, § 877-886 ["O bem e o mal na psicologia analítica". In: OC 10/3].

_____. *História da psicologia moderna – Palestras realizadas no ETH de Zurique*. Vol. I: 1933-1934. E. Falzeder (org.). Trad. C. Liudvik. Petrópolis: Vozes, 2020.

_____. "Individual and Mass Psychology". BBC, 03/11/1946. Publicado como "Introdução" aos *Essays on Contemporary Events*. Londres: Kegan Paul, 1947.

_____. "Individual Dream Symbolism in Relation to Alchemy". In: *Psychology and Alchemy*. CW, vol. 12, § 44-331 ["Símbolos oníricos do processo de individuação". In: *Psicologia e alquimia*. OC 12].

_____. *Letters*. Vol. 1. Londres: Routledge/Kegan Paul, 1973 [Bollingen Series, XCV: I. Princeton: Princeton University Press, 1973].

_____. *Memories, Dreams, Reflections*. Ed. A. Jaffé. Nova York: Pantheon Books, 1961.

_____. *Mind and Earth*. CW, vol. 10, § 49-103 ["Alma e terra". In: OC 10/3].

_____. *Mysterium coniunctionis*. CW, vol. 14 [OC 14, 3 vol.].

_____. *On the Nature of the Psyche*. CW, vol. 8, § 343-442 ["Considerações teóricas sobre a natureza do psíquico". In: OC 8/2].

_____. *On the Psychology and Pathology of So-called Occult Phenomena*. CW, vol. l, § 1-150 [*Sobre a psicologia e patologia dos fenômenos chamados ocultos*. OC 1].

_____. *Paracelsica*. Zurique: Rascher Verlag, 1942.

_____. "Paracelsus as a Spiritual Phenomenon". In: CW, vol. 13, § 145-238 ["Paracelso, um fenômeno espiritual". In: OC 13].

_____. "Paracelsus, the Physician". In: CW, vol. 15, § 18-43 ["Parecelso, o médico". In: OC 15].

_____. "Psychological Aspects of the Mother Archetype". In: CW, vol. 9, parte 1, § 148-198 ["Aspectos psicológicos do complexo materno". In: OC 9/1].

_____. "Psychological Factors Determining Human Behavior". In: CW, vol. 8, § 232-262 ["Determinantes psicológicas do comportamento humano". In: OC 8/2].

_____. *Psychological Types*. Trad. G. Baynes com o auxílio do autor. Londres: Kegan Paul, 1923.

_____. *Psychology and Alchemy*. CW, vol. 12 [*Psicologia e alquimia*. OC 12].

_____. *Psychology and Religion*. CW, vol. 11, § 1-168 [*Psicologia e religião*. OC 11/1].

_____. *Psychology of Transference*. CW, vol. 16, § 353-539 [*A psicologia da transferência*. OC 16/2].

_____. "Religious Ideas in Alchemy". In: *Psychology and Alchemy*. CW, vol. 12, § 332-565 ["As ideias de salvação na alquimia". In: *Psicologia e alquimia*. OC 12].

_____. *Seelenprobleme der Gegenwart*. Zurique: Rascher Verlag, 1931.

_____. *Seminários sobre Psicologia Analítica (1925)*. Petrópolis: Vozes, 2014.

_____. *Symbolik des Geistes*. Zurique: Rascher Verlag, 1948.

_____. *Symbols of Transformation*. CW, vol. 5 [*Símbolos da transformação*. OC 5].

_____. "Synchronicity: An Acausal Connecting Principle". In: CW, vol. 8, § 816-997 ["Sincronicidade: um princípio de conexões acausais". In: OC 8/3].

_____. "The Dreamlike World of India". In: CW, vol. 10, § 981-1.001 ["A Índia, um mundo de sonhos". In: OC 10/3].

_____. "The Fight with the Shadow" [originalmente intitulado "Individual and Mass Psychology"]. In: CW, vol. 10, § 444-457 ["A luta com as sombras". In: OC 10/2].

_____. "The Phenomenology of the Spirit in Fairy Tales". In: CW, vol. 9, parte 1, § 384-455 ["A fenomenologia do espírito nos contos de fada". In: OC 9/1].

_____. "The Philosophical Tree". In: CW, vol. 13, § 304-482 ["A árvore filosófica". In: OC 13].

_____. *The Relations between the Ego and the Unconscious*. Trad. R. Hull. CW, vol. 7, § 202-507 [*O eu e o inconsciente*. OC 7/2].

_____. "The Role of the Unconscious". In: CW, vol. 10, § 1-48 ["Sobre o inconsciente". In: OC 10/3].

_____. "The Spirit Mercurius". In: CW, vol. 13, § 239-303 ["O espírito mercurius". In: OC 13].

_____. "The Therapeutic Value of Abreaction". In: CW, vol. 16, § 255-293 ["O valor terapêutico da ab-reação". In: OC 16/2].

_____. *Transformation Symbolism in the Mass*. CW, vol. 11, § 296-448 [*O símbolo da transformação na missa*. OC 11/3].

_____. *Von den Wurzeln des Bewusstseins*. Zurique: Rascher Verlag, 1954.

_____. "What India Can Teach Us". In: CW, vol. 10, § 1.002-1.013 ["O que a Índia nos pode ensinar". In: OC 10/3].

_____. *Wirklichkeit der Seele*. Zurique: Rascher Verlag, 1934.

_____. "Woman in Europe". In: CW, vol. 10, § 236-275 ["A mulher na Europa". In: OC 10/3].

_____. "Wotan". In: CW, vol. 10, § 371-399 ["Wotan". In: OC 10/2].

JUNG, C.G.; PAULI, W. *The Interpretation of Nature and the Psyche*. Bollingen Series LI. Londres/Nova York: Routledge/Pantheon Books, 1955.

JUNG, C.G.; WILHELM, R. *A Arte de C.G. Jung*. Editado pela Fundação das Obras de C.G. Jung. Trad. C. Liudvik. Petrópolis: Vozes, 2019.

_____. *The Secret of the Golden Flower*. Londres: Kegan Paul, 1931 [*Commentary on "Secret of the Golden Flower"*. CW, vol. 13, § 1-84 ["Comentário a 'O segredo da flor de ouro'". In: OC 13].

JUNG, E. *Aus den Tagebüchern meines Vaters*. Winterthur, 1910.

JUNG, E.; FRANZ, M.-L. *The Grail Legend*. Londres: Hodder and Stoughton, 1971 [Nova York: C.G. Jung Foundation/G.P. Putnam's Sons, 1972].

KANT, I. *Critique of Pure Reason*. Everyman's Library, 1934.

KRUG, W.T. *General Dictionary of the Philosophical Sciences*. 2. ed., 1832.

LORENZ, K. *On Agression*. Londres/Nova York: Methuen & Co/Harcourt, Brace, Jovanovich, 1966.

MEAD, G.R.S. "Ceremonial Game-Playing and Dancing in Mediaeval Churches". In: *The Quest, a Quarterly Review*, n. II. Londres: Watkins, 1926.

_____. "The Hymn of Jesus". In: *Echoes from the Gnosis*. Vol. IV. Londres: Theosophical Publishing, 1906.

Meister Eckhart. Trad. C.B. Evans e John M. Watkins. Londres, 1924.

NANTE, B. *O Livro Vermelho de Jung*. Trad. C. Liudvik. Petrópolis: Vozes, 2018, 493p.

NIETZSCHE, F. *Thus Spake Zarathustra*. Trad. T. Common. Nova York: Modem Library.

OERI, A. "Ein paar Jugenderinnerungen". In: *Die kulturelle Bedeutung der komplexen Psychologie*. Berlim: Springer Verlag, 1935.

OSTANES. "Arabic Book". In: BERTHELOT, M. *La Chimie au moyen âge*, 1893.

Papers from the Eranos Yearbook. Bollingen Series XXX. 6 vol. Princeton/Londres: Princeton University Press/Routledge and Kegan Paul.

PUECH, H.G. "Concept of Redemption in Manichaeism". In: *Papers From the Eranos Yearbook*, vol. 6, 1968, § 247-314.

"Rosarium Philosophorum". In: *Artis auriferae*, 1553.

SANTO INÁCIO DE LOYOLA. *The Spiritual Exercises*. Ed. e trad. J. Rickaby. 2. ed. Londres, 1923.

SCHOPENHAUER, A. *The World as Will and Idea*. Trad. Haldone e Kemp. 3 vol. English and Foreign Philosophical Library, 1883-1886.

ST. AUGUSTINE. "Sermo Suppositus" CXX. In: MIGNE. *PL*, vol. 39, col. 1.984-1.987.

_____. "The Serpent Power". In: *Tantrik Texts*, vol. II.

STEINER, G. "Erinnerungen an Carl Gustav Jung". In: *Basler Stadtbuch*, 1965, p. 117-163.

The Freud/Jung Letters. Londres: Routledge and Kegan Paul, 1974 [Bollingen Series XCV; Princeton: Princeton University Press, 1973].

The I Ching or Book of Changes. Trad. R. Wilhelm vertida ao inglês por Cary F. Baynes. Londres: Routledge and Kegan Paul, 1951 [Bollingen Series XIX. Princeton: Princeton University Press].

The Quest Quarterly Review Reprint Series. Series n. II. Londres: Watkins, 1926.

"The Upanishads". In: *The Sacred Books of the East*. Vol. 1. Oxford: Oxford University Press [Reimpr., Londres, 1926].

TRINICK, J. *The Fire-Tried Stone*. Londres: John Watkins, 1967.

VICTOR, R. "Benjamin Minor". In: *Die Victoriner*, p. 131-192.

WHITE, V. *God and the Unconscious*. Londres: Harwill, 1952.

WILHELM, R. *I Ching*. Trad. C. Baynes. Londres: Kegan Paul, 1951.

_____. *I Ging, das Buch der Wandlungen*. Jena, 1924.

WOLFF, P. (org.). *"Die Victoriner"*: Mystiche Schriften. Viena: Thomas-Verlag/Jacob Hegner, 1936.

WORDSWORTH, W. *Intimations of Immortality from Recollection of Early Childhood*. Vol. 1. Everyman's Library, n. 203, 1955.

WUNDT, W. *Philosophische Studien*. 20 vol. Leipzig, 1883-1902.

YATES, F. *Giordano Bruno and the Hermetic Traditions*. Londres: Routledge and Kegan Paul, 1964.

ZUMSTEIN-PREISWERK, S. *C.G. Jung's Medium – Die Geschichte der Helly Preiswerk*. Munique: Kindler, 1975.

Índice

Abegg, Emil 182
"Abordando o inconsciente" (Jung) 474
Acausal
　ordenamento 424
Adhista 244
Adler, Alfred 22, 95, 111, 132, 185
Adler, Gerhard 313
África do Norte 198-202, 215, 221, 226, 230, 249-250, 333, 340
Agostinho, Santo 218
Água
　simbolismo da 136, 206
Aion (Jung) 100, 416-419, 430
Aleluia (jogo) 270-271
Alemanha 184, 400
　e cristianismo 308
　pré-Segunda Guerra Mundial 290-299, 302-308, 312-316, 360-366
Allemann, Fritz 274n.
Allgemeine Zeitschrift für Psychiatrie; cf. *Revista Geral de Psiquiatria*
Alma 94n., 227n.
"Alma e terra" (Jung) ["Seele und Erde"] 227n.
Alquimia 159, 194, 203, 316-319, 324-326, 327, 330, 333, 335, 350, 355, 356, 376, 381, 383, 403, 408, 427, 433-443 e cristianismo 316-319, 417, 432-435, 439
　e psicologia analítica 434-435, 440-443
　e sexualidade 142
　simbolismo na 142, 319, 434
Alter ego
Ammann, Anni 269, 272n.

Análise de sonhos (Jung) 229
Analytical Psychology, Its Theory and Practice (Jung) 324
Ancestrais
　animais 23, 264
　primordiais 23, 240, 264, 336
Angelucci, Orfeo 465
Angulo Baynes, Cary de; cf. De Angulo, Cary
Anima 83-84, 84n., 89, 97, 165, 171-174, 204, 358, 403, 416, 417n.
　"possessão pela anima" 175
　tipos de 165
Animus 97, 172, 175, 403, 416, 417n.
　pensamento 89
Anthropos 159
Anticristo 366, 416
Antissemitismo 307-313
Anuário Eranos; cf. *Eranos Jahrbuch*
Apocalipse 416, 420
Aquino, Tomás de 440
"Arbor Philosophica" (Jung); cf. "Árvore filosófica" 203
Arcaico(s)
　símbolo 294
　vestígios 141
Aristóteles 189, 190
Armistício, noite do 234
Arquetípica(s)
　experiência 204
　imagens 23, 208
Arquetípico
　conteúdo 112
Arquétipo(s) 159, 172, 295, 421, 424, 439, 464

491

da totalidade 177
da tríade 235
"Arquétipos do inconsciente coletivo" (Jung) 315
Artis Auriferae 316
"Árvore filosófica" (Jung) 203
Aschaffenburg, Gustav 110
Asia, revista 355
"Aspectos psicológicos do complexo materno" (Jung) 355
Associações, teste de 110, 112-117
Atlantic Monthly Press 459
Atman 159, 436
Aurora consurgens 440
Áustria, invasão da 351-356, 365
Autoconhecimento 188-191, 197, 400, 462
Avalon, Arthur 109, 357n.
Ayik 244

Bad Nauheim, Congresso de (1934) 304
Bailey, Ruth 156n., 233-235, 245-247, 250, 251, 323, 444, 447-448, 452, 455-457, 471, 472, 478
Bally, G. 306-308, 310-313
Barker, Mary 324
Basileia 34, 47, 51, 54n., 101
  Fasnacht em 55
  Ginásio de 53-85, 162
  Universidade de 86-105, 132, 168, 395n.
Baynes, Anne 359
Baynes, Cary de Angulo; cf. De Angulo, Cary
Baynes, Godwin (Peter) 138, 195-197, 207-208, 232-233, 246, 280n., 283-285, 292, 359, 364, 382
B.B.C.; cf. British Broadcasting Corporation
Beckwith, George 232-235, 251, 459
Beniamin Minor (Ricardo de St. Vitor) 189
Bennet, Dr. E.A. 324, 329-330, 353
Bennet, Mrs. E.A. 329
Berlim, Seminário em (1933) 290-293, 297, 362

Bertine, Eleanor 197-198, 228, 328, 411n.
Bertram, Gerda 401n.
Binningen, Suíça 92
Binswanger, Kurt 412
Black Cloud (Hoyle); cf. Nuvem negra, A.
Bleuler, Eugen 106, 108, 110
Bollingen, Torre de 48, 148, 155, 194, 205, 214-217, 230, 255, 273, 276, 278-279, 281, 288-289, 296-297, 317, 319, 321-323, 327, 353, 368, 380, 426, 428, 453, 456, 457, 470, 417, 472, 476
  anexo 256, 279-280
  bloco de pedra 426-428
  conclusão da 453
  pátio e *loggia* 316, 321-323, 453, 455
  sala de retiro 255, 279
Bosshard, Edward 379
Breuer, Josef 125, 127
British Broadcasting Corporation (B.B.C.) 79, 80, 173, 267, 469
British Medical Association 155
Buber, Martin 315
Buda 340-342
Buonaiuti, Ernesto 299, 299n.
Burckhardt, Fritz 57
Burghölzli, Hospital Psiquiátrico 106-134

Cabiros 45
Caelum 435, 440
Calcutá, Universidade de 334
Casamento químico 435
Causalidade *vs.* sincronicidade 422-429
Ceilão 334, 347-350, 359
C.G. Jung Gesellschaft (Clube Psicológico de Berlim) 290-291
C.G. Jung, Instituto (Zurique) 111, 183, 229, 267, 285n., 398, 423, 445, 466, 472, 480
  fundação do 409-415
Chamberlain, Neville 356
Churchill, Mary 406
Churchill, Winston 155, 259, 405-406

492

Cipião o Africano 225
Clã (camada psíquica) 23, 336
Clark University 120, 128
Clube de Psicologia Analítica de
    Londres 359, 382
Clube de Psicologia Analítica de Nova
    York 229
Clube Psicológico de Berlim (C.G. Jung
    Gesellschaft) 290-292
Clube Psicológico de Zurique 180
Cognição objetiva 390
Coletivo(a)
    estado pré-consciente 159
    inconsciente 22, 30, 62, 94, 95, 111,
    132, 147, 185, 187, 240, 243, 260-261,
    295, 331, 414, 438
    tensão 254, 294
    vs. individual 401
    vs. si-mesmo 257
Collected Works (Jung) 111n., 299, 315,
    356, 361, 459n.
Complexos, Os 110-112
Comunistas 401
"Concerning the psychology of the
    spirit" (Jung); cf. "Fenomenologia do
    espírito nos contos de fada, A"
"Concerning the Roots of
    Consciousness" (Jung); cf. "Sobre as
    raízes da consciência"
"Concerning the Self" (Jung); cf. "Sobre
    o si-mesmo"
Conferências, seminários 196, 197,
    201, 207, 228-229, 255-256, 267, 268,
    270, 282-283, 282n., 287, 287n., 288,
    290-291, 292, 294, 300, 302
    cf. tb. Eranos
Confession amantis (Gower, John) 345
Congresso de Weimar (1911) 142-143,
    145
Congresso Médico Internacional de
    Psicoterapia (10º) (Oxford) 354
Consciência 341, 454, 466-467
    e budismo 341, 342

e realização do mito da criação 238-241,
    254, 259, 371, 436
    nascimento da 243
    união com o inconsciente 441
Consciente, Ego 65, 94n., 172
Contos de fadas 402, 414-415
Contributions to Analytical Psychology
    (Jung) 283
Corão 361
Criação, consumação da
    e consciência 238-241, 254
Cristão, mito 238
Cristianismo 91, 102, 145, 200, 209-212,
    290, 331, 342
    e Alemanha 308-309
    e alquimia 316-319, 417, 432-435, 439
    e danças rituais 270-271
    e natureza 209-211
    e opostos irreconciliáveis 262
    e repressão da fantasia criativa 211-213
Cristo-anticristo
    dilema 416
Crowley, Alice 323, 455
Ctônico, Espírito 141
Curandeiros 188, 392-393, 408
Curtius, Otto 293n., 401n.

Daimon criativo 32, 126, 127, 137, 148,
    459, 474
Danças da bola 270-271
Davidson, Hilda 196
De Angulo, Cary (mais tarde Cary
    Baynes) 138, 220-221, 229, 283-284
De Angulo, Xaime 220-221
De Angulo, Ximena 229
Dente Sagrado de Buda (relíquia) 350
"Depois da catástrofe" (Jung) 400
Desapego 236-237, 390
Descartes, René 301
"Determinantes psicológicas do
    comportamento humano" (Jung) 328
Deus; cf. Imagem de Deus; Lado
    sombrio de Deus

Diagrama, camadas do inconsciente 23
Discos voadores 463-465
Dogma cristão 72
Dorn, Gerard (*ou* Dorneus, Gerardus)
  28, 336, 357, 434, 435, 436, 437-438
Dreamlike world of India, The" (Jung);
  cf. "Índia: um mundo de sonhos, A"
Duplicidade, dupla reação 86
Duplo, piso 460
Durrell, Gerald 211

Eckhart, Mestre 237n.
Egito 249-251
Ego 64-65, 97, 182n., 238-240, 243,
  369, 416, 436-437, 462
  consciente 65, 94n., 172
  e imaginação ativa 151
  mortal 159
Egoica
  consciência 454
  personalidade 453-454
  vontade 379
Eidgenössische Technische Hochschule
  (ETH); cf. Instituto Federal Suíço de
  Tecnologia em Zurique
Einsiedeln, Suíça 159, 375-376
Eisler, Robert 321
Elenchos (Hipólito) 160
Elgonyi 241-244
Eliade, Mircea 392-393
Elias 163, 170, 202
Entrevista na B.B.C.; cf. British
  Broadcasting Corporation
Epidaurus 79n.
Equilibrista 314
  cf. tb. Nietzsche
Eranos, Congresso (*Tagung*) de 374, 416
  1933: 297-301
  1934: 315
  1935: 320
  1936: 326
  1937: 330
  1938: 354

1939: 361, 362, 364, 368
1940: 374
1941: 376
1942: 376, 377
1943: 380
1945: 402-403
1946: 405
1948: 416
1951: 422
1968: 245
Eranos Jahrbuch, anais, anuário 299,
  315, 361
Eremitério do Irmão Nicolau (santo
  suíço) 83-85, 165, 302
Eros 211, 337
  princípio de 200-201, 337-338
Esculápio 45, 79, 384
Esopo 164n.
Espanhola, Guerra Civil 366
"Espírito da Psicologia, O" (Jung) 405
"Espírito Mercurius, O" (Jung) 377
Espírito Santo 61, 467
Espiritualismo 94, 95
Esquizofrenia 358n.
Essays on Contemporary Events (Jung) 302
"Estrutura e dinâmica do si-mesmo"
  (Jung) 417
"Estudo empírico do processo de
  individuação" (Jung) 299
ETH (Eidgenössische Technische
  Hochschule); cf. Instituto Federal
  Suíço de Tecnologia em Zurique
Eu e o inconsciente, O 209, 309-311
Evans-Wentz, W.Y. 360
"*Exercitia Spiritualia* de Santo Inácio de
  Loyola" (Jung) 370
Existência objetiva/definida 166, 170-171,
  239, 240-241

"Face to face" (entrevista) 78-80, 173,
  267, 469
Fantasia criativa
  cristianismo e repressão da 212-213
Fausto (Goethe) 72-74, 159, 399
Fazedor de chuva 178-179, 224

"Fenomenologia do espírito nos contos de fada, A" (Jung) 402
Fenômenos: espiritualistas 94
  ocultos 96n., 106
  parapsicológicos 125-127, 137, 169, 481
  psíquicos objetivos 94, 97
  sincronísticos 425
Ferenczi, Sandor 123
Festschrift 320
Fierz, Hans 216, 288-289, 353
Fierz, Linda 216, 275, 320, 447, 455-457
Filêmon 163, 170, 173, 202, 214n., 215
Filosofal, pedra; cf. Pedra
Flournoy, Théodore 136-137, 302
Flüe, Nicolau de 302, 371
Fogo central 23, 264
  cf. tb. Diagrama, camadas do inconsciente
Foote, Mary 287n., 288n.
França 184, 371, 373
Franz, Marie-Louise, von; cf. Von Franz, Marie-Louise
Freeman, John 173, 410, 469, 476
Freud, Sigmund 22, 27, 95, 107, 110, 114, 116, 132, 135, 145, 146, 170, 209, 302, 347, 352, 386, 431
  relacionamento com Jung 119-127, 130, 137, 140, 142, 143, 185
  teoria sexual 123-127, 141, 186
Freud, Sophie 123
Freudianos 104, 181, 197, 306-307, 313
Frey-Rohn, Liliane 127n., 412
Fröbe-Kapteyn, Olga 298-300, 374, 380, 402
Fronteiras da astronomia (Fred Hoyle) 465
Frontiers of Astronomy (Hoyle); cf. Fronteiras da Astronomia
"Função transcendente, A" (Jung) 176

Game, Margaret 324
Gertrudes de Magdeburg, Santa 179
Gnósticos, gnosticismo 62, 72, 136, 160, 201, 260-261, 317, 416

God and the Unconscious (White) 439
Goebbels, Paul 293n., 295, 401n.
Goethe 26n., 29, 45, 72-73, 84, 159, 302, 399, 450
Göring, Herman 305
Göring, M.H. 305, 306
Gower, John 345
Grande grupo (camada psíquica) 23, 264, 336
  cf. tb. Diagrama
Great Liberation (Evans-Wentz) 360
Grifo 54, 54n.
Grzimek, Bernard 211
Guggenbühl, Edward 472
Guerra Civil Espanhola 366
Guerra Mundial
  Primeira 148-149, 155-156, 158, 168, 176, 179, 180, 184, 187, 192, 194, 251, 255, 290, 374, 393
  Segunda 18, 21, 176, 184, 195, 197, 226, 294, 315, 361, 366, 401n.
Guild of Pastoral Psychology; cf. Liga de Psicologia Pastoral
Guilherme II, *Kaiser* 148, 184

Haemmerli-Schindler, Theodor 384n.
Handbook for India; cf. Manual da Índia (Murray)
Harding, Esther 196, 197, 208, 228, 328, 331, 411n.
Harvard, Universidade de 328
Hauer, J.W. 287, 315
Hauser, Ernest O. 402
Hera 388
Heyer, G.R. 299, 401n.
Hieros gamos (casamento sagrado) 218, 387-388, 408, 439
Hipnose 118-119
Hipócrates 79n.
Hipólito 160, 160n.
Hitler, Adolf (*Führer*) 290, 294, 306, 314, 356, 363, 378, 379
  como anticristo 366

495

Holy Ghost; cf. Espírito Santo
Homem e seus símbolos, O 121, 122, 410, 471, 474, 475, 477
Homero 160
Hórus 244
Hoyle, Fred 465
Hull, Richard 460, 460n.

I Ching 230-232, 236, 333, 335, 423
"Ideias de salvação na alquimia, As" (Jung) 326
Ilha de Bailey 198, 328, 330
Ilíada (Homero) 388
Imagem de Deus
 lado sombrio da 141
Imaginação
 ativa 151, 162, 165-168, 176n., 265, 282, 355, 370, 440-442, 481
 passiva 151
Imago Dei (imagem de Deus) 440
Inácio, Santo 370
Incesto
 tema do 140, 142, 144, 146, 439
Inconsciência humana (como perigo) 461
Inconsciente 111, 146-150, 192, 204, 253-256, 333, 379, 393, 419, 433, 438
 camadas do 23, 45, 62, 94, 111, 135, 158, 238, 264, 336, 414
 coletivo 22, 30, 94, 95, 111, 132, 185, 187, 240, 260-261, 295, 331, 414, 438
 e tensão coletiva 254
 existência objetiva do 171, 173
 pessoal 22, 111, 132, 158
 psicologia do 442-443
 simbolismo 116
 união de consciente e 441
"Inconsciente na mente normal e na patológica, O" 283
Índia 333-350
 Congresso de Ciências da 337
"Índia: um mundo de sonhos, A" (Jung) 337-339, 354-355
Individuação, processo de 79, 182n., 188, 287, 299, 325, 390, 403, 405, 410, 420, 434, 440, 443, 452, 461, 471

Individual, história 114
 psicologia 114
 si-mesmo 257
 vs. coletivo 401
 vs. massa 461-462
Institute of Medical Psychology; cf. Tavistock, Clínica
Instituto da Boa Esperança (*Institute of Good Hope*) 26
Instituto C.G. Jung de Zurique 410-415
Instituto Federal Suíço de Tecnologia em Zurique (ETH) 301, 302, 302n., 325, 330, 334, 354, 355, 357, 370, 374, 375, 381, 395, 466, 467
Internacional, Associação 142-144, 303, 307
 cf. tb. Sociedade Médica Geral Internacional de Psicoterapia
"Interpretação Psicológica do Dogma da Trindade" (Jung) 374
"Interpretation of Nature and the Psyche", (Jung) 422
Islã 199, 250, 340-342
Izquierdus 370

Jacob, Adolf 90
Jacobi, Jolande 364, 397, 412
Jacobsohn, Helmuth 245
Jacoby, Erhard 54n.
Jaffé, Aniela 25n., 116n., 214n., 468, 468n.
Jahrbuch der Psychoanalyse 142, 144
James, William 301
Janet, Pierre 108
Jesus Cristo 43, 60, 210, 331, 332, 410, 462, 479
 e o anticristo 416
 cf. tb. Cristianismo
João Apóstolo, São 201, 420
João Batista, São 410
Jochai, Simon ben 388
Joggi (o cão) 266n., 353
Jogo (como *rite d'entrée*) 147, 437
Jones, Ernest 122, 124, 143-144, 307

Joyce, James 15
Judeus 308-310
Júlio César 225
Jung, Augusta Faber (avó) 29
Jung, Carl (ancestral) 27
Jung, Carl Gustav
ancestrais, nascimento e infância 25-52
autobiografia 468-470
Basileia (Ginásio) 47, 52, 53-85
Basileia (Universidade) 81, 86-105
B.B.C. (entrevista) 469
casamento com Emma Rauschenbach 114-116
como analista 280-283
como cidadão suíço 15, 17, 19, 20, 22
conferencista na Universidade de Zurique 117, 155
confronto com o inconsciente 138-140, 146, 152, 157, 159-160, 162-169, 173-177, 187-192, 194, 202, 203, 214, 236, 238, 240-241, 250-252, 256, 259, 262, 265, 294, 317, 330, 344, 381, 382, 392, 393, 440
consultório particular 104, 119, 130-133, 154, 181, 194, 280, 399-400
cruzeiro mediterrâneo 288-289
decisão de estudar medicina 79-80
decisão de estudar psiquiatria 98-99
desenho retratando Jung 322
e Alemanha 290-299, 302-308, 312-316
e alquimia; cf. Alquimia
e arqueologia 136
e cristianismo 102, 191, 200, 208-214, 262, 270-272, 290, 308, 316-319, 331, 342, 417, 432-436, 438-439
e dinheiro 103-104
e filosofia oriental 260-266
e Freud 119-128, 130, 137-138, 140-144, 147, 185, 186
e hipnose 118
e índios pueblos 219, 220-227, 248-249, 333, 437
em Küsnacht 135-157
enfermidade 280, 335, 353, 354, 381, 387, 388n., 390-392, 395-396, 399, 407-409, 415, 428, 430, 445, 455, 471

e ocultismo 91, 92, 96-99, 106
e Primeira Guerra Mundial 155, 156, 168, 176, 179, 180, 184, 192, 195
Eranos (conferências em) 298-300, 315, 321, 325, 330, 355, 360-364, 368, 374, 376, 377, 380-381, 402, 415, 422
escolarização inicial 39-42
esculturas em pedra 450-451, 453, 456, 470
e Segunda Guerra Mundial 368-398
e Toni Wolff 163-170, 214; cf. tb. Wolff, Toni
filhos 132, 166
funda o Clube Psicológico 182
funda o Instituto 409-415
Jung, Franz (filho) 456
laboratório de psicopatologia experimental 117
mandala (simbolismo) 176-178, 180n., 187, 193, 213, 250, 256-269
morte 479-481
morte da esposa 447-449, 451, 453
morte do pai 87-88, 101
na África do Norte 198-202, 221, 226, 230, 249, 333, 340
na África Oriental 231, 233, 249-252, 253-254, 256, 258, 333, 341, 347, 348, 371, 398, 436, 458
na Índia 330, 330-350, 353-355
no Burghölzli (Hospital Psiquiátrico) 99, 106-134
no exército suíço 18, 175-176
norte-americanas, viagens de para conferência 117, 120, 128, 152, 256, 326, 327-330, 334
norte-americano, negro 227-228
no Sudão e no Egito 249-252
octogésimo aniversário 445-446
octogésimo quinto aniversário 472
pesquisa 130, 143
primeiras experiências religiosas 31-37, 45, 60-63, 68-72, 387-388, 467
primeiros sonhos 31
seminário 195, 196-198, 201, 205, 208, 229, 255-256, 267-269, 270, 282, 287,

497

288n., 290-291, 294, 301, 302, 313-315,
325, 330, 354, 355, 357, 380, 402
seu efeito curador 109
Tavistock (conferências) 324-325
Terry lectures 330, 334
tese de doutorado 96
teste de associações 110-113, 117
textos indianos 355, 357
títulos honoríferos 128-129, 288,
302-303, 354, 413, 472
Torre de Bollingen; cf. Bollingen,
Torre de
Jung, Carl Gustav (avô) 25-27, 29, 45,
57, 86
Jung, Emma Rauschenbach (esposa)
114-116, 125, 126, 129, 135, 144,
166-167, 172-173, 183, 195, 208,
269-270, 275, 285-287, 291, 300, 323,
329, 357, 359, 362, 366, 371-372, 378,
380, 383, 386, 389, 391, 402, 409, 432,
444-445, 447
analista 280n.
estudos do Graal 359, 413
morte 217, 392, 447-449, 450, 451,
452, 453
presidente do Instituto Jung 413-415
Jung, Emilie Preiswerk (mãe) 28, 29,
31, 34-39, 51, 67, 72, 75, 81, 82, 87-88,
92-93, 97, 100, 103, 114, 481
morte 218-219
Jung, Franz (filho) 456
Jung, Gertrud (irmã) 50, 82, 88, 93,
218, 285n.
Jung, Marianne (filha) (Sra. Walter
Niehus) 285, 444, 452, 473
Jung, Paul (pai) 25, 27, 35-37, 47, 63,
71-72, 75-77, 82, 87, 103, 115, 186,
198, 218
morte 87, 101, 115
Jung, Sigmund (trisavô) 27
Junguiana, psicologia; cf. Psicologia
junguiana

Kairos 192
Kant, Immanuel 74

Kepler, Johannes 423
Kerényi, Karl 377
Kerner, Justinus 301
Kesswil (Suíça) 25, 28
Keyserling, Conde 231
Kimilili 234-235
Kista 47
Klaus, Irmão 83, 165
Klein-Hüningen (Suíça) 35, 38, 42, 52,
53, 82, 84
Klingsor 163
Konarak 141, 345, 347
König-Fachsenfeld, Olga von 282n.
Korvin, Conde de Krasinski 425
Kos, Basileus de 79-80, 384
Krafft-Ebing, Richard 98
Kraneveldt, W.M. 285
Kretschmer, Ernst 303
Kuhn, Hans 323, 445, 455, 476
Kulturbund (Vienna) 365
Kundalini yoga 109, 287, 315
Kundry 163
Küsnacht 135-157
  casamento com Emma Rauschenbach
  114-116
  como cidadão suíço 15, 17, 19, 22
  conferencista na Universidade de
  Zurique 117, 154
  consultório particular 130-133, 154,
  181, 194, 280, 354, 404
  cruzeiro pelo mediterrâneo 288-289
  e dinheiro 103-104, 326
  e índios pueblos 219, 220-227,
  248-249, 333, 437
  e ocultismo 91, 92, 96-99, 106
  e Primeira Guerra Mundial 155, 156,
  168, 176, 179, 180, 184, 192, 195
  esculturas em pedra 450, 451, 453,
  455, 470
  e Segunda Guerra Mundial 368-398
  e Toni Wolff 163-170, 214
  laboratório de psicopatologia
  experimental 117

498

mandala (simbolismo) 176-178,
180n., 187, 193, 213, 250, 256-269
morte da esposa 447-449, 451, 453
na África do Norte 198-202, 221, 226,
230, 249, 333, 340
no exército suíço 18, 175-176
no Sudão e no Egito 249-252
pesquisa 130, 143
seminários 195, 196-198, 201, 205,
208, 229, 255-256, 267-269, 270, 282,
287, 288n., 290-291, 294, 301, 302,
313-315, 325, 330, 354, 355, 357
Tavistock (conferências) 324-325
Terry lectures 330, 334
Kluger, Yehezkel Sra. 302, 366

Lado sombrio de Deus 46, 63, 69, 192,
202, 204, 366
Lago das Montanhas (Ochwiay Biano)
222-226, 227n., 238, 437
Lago de Constança 25, 29, 129
Lago de Lucerna 64
Lago de Zurique 17, 30, 54, 90, 101
Lao-tsé 163, 188
Lapis philosophorum; cf. Pedra
Laufen, Suíça 34, 35, 41, 60, 115, 387, 418
Lebeuf, Abade 271
Liga de Psicologia Pastoral 359
Livro árabe de Ostanes 203
Livro de Jó 419-420
Livro Tibetano da Grande Libertação 360
Logos (princípio) 200-201
  e Islã 340-341
Long, Constance 196, 196n.
Lorenz, Dr. Konrad 211, 453
Lorenz, Sra. Konrad 453
Lucerna (Suíça) 82
Luna 200

Madona negra de Einsiedeln 376
Maeder, Alfons 352
Magia negra 188
Maha-Parinibbana-Sutta 340

Maier, Michael 28
Mal
  natureza psicológica do 343-344
  princípio do 191
Malkuth 388
Mana (personalidade) 187-188
"Man and his symbols"; cf. "Homem e
  seus símbolos, O"
Mandala 176-178, 180n., 187, 193, 201,
  213, 250, 256-269
Mann, Kristine 197, 228, 328
Manual da Índia (Murray) 345
Massignon, Louis 380
Materno, complexo 100, 355
McCormick, Fowler 220, 221, 226, 227,
  233, 235, 334, 347, 457, 472, 481
McCormick, Harold 182, 220
McCormick, Edith 182
Mead, G.R.S. 271
Medtner, Emil 320
Meier, C.A. 285n., 397, 409, 411, 412, 413
Memórias, sonhos, reflexões (Jung)
  25n., 31, 32, 37, 41n., 42, 43, 44, 65,
  66n., 78, 79, 81, 83, 90n., 93, 96, 97,
  98, 99, 101, 121, 121n., 130, 135, 136,
  139, 146, 149, 151, 168, 191, 198, 199,
  201, 202, 206, 207, 213, 215, 217, 221,
  224, 226, 231, 236, 239, 246, 251, 255,
  257, 279, 319, 321, 335, 337, 341, 343,
  347, 350, 384, 388, 392, 394, 397, 419,
  426, 450, 469-470, 479, 480
Merlim 359, 428
Miller, Srta. 137, 139
Mito
  da criação 239
  do homem moderno 371, 419, 437, 462
  mitologia 132, 136, 138, 239, 243,
    254, 258-259, 290
Monte Elgon 234, 236, 241-243
Monte Verità, Hotel 299, 364, 376
Mortal
  ego 159
  pecado 370

499

"Mulher na Europa, A" (Jung) 339
Müller (o jardineiro) 276, 276n., 353
Munique, Congresso de (1913) 143
Mussolini, Benito 299n.
Mysterium coniunctionis (Jung) 107, 200, 218n., 317, 335, 380, 387, 394, 397, 399, 403-404, 415, 430, 431, 433, 439, 440n., 446, 449, 459

Naeff, Pablo 298
Naeff-Wolff, Sra. Erna 145n.
Nairóbi 233, 234
Naturalista 211
Nature of the Universe, The (Hoyle); cf. Natureza do universo, A
Natureza do universo, A (Fred Hoyle) 465
Naturpark des Geistes (Parque Nacional do Espírito) 15
Nazistas 293, 294-297, 305-308, 312, 349, 351, 356, 362, 372, 401
Nekyia 163
Neue Schweizer Rundschau 293
Neue Zürcher Zeitung 306, 308
Neurose 59-60, 82, 103, 112, 117, 263
Niehus, Sra. Walter; cf. Jung, Marianne
Nietzsche, Friedrich 123, 164, 265, 302, 313-314, 357
    cf. tb. *Zaratustra*
Night of the New Moon (Van der Post) 397
Noite do Armitício 234
Norte-americano
    índio; cf. Pueblos, índios
    negro 212, 221, 227-228
Nova Orleans 221, 227-228
Novo México 221
Number and Time (von Franz) 423
Numinoso 84
    arquétipo 435
    princípio 124
Numinosum 123, 141
Núpcias do Cordeiro 388, 416, 421

Nuremberg, Congresso de (1910) 143
Nuvem negra, A., (Fred Hoyle) 465

Ochwiay Biano; cf. Lago das Montanhas
Ocultismo 91, 92, 96-99, 106, 464
Odisseia (Homero) 160-162
Oeri, Albert 13, 39-40, 56-57, 60, 67-68, 87-92, 96, 108, 109, 129, 320n., 464
On Aggression (Lorenz) 453n.
Opostos
    símbolos
    - peixe (espírito cristão) 326-327
    - serpente (espírito pagão) 327
    união dos 430, 433-434, 440-441
Orfeu o Pescador (Eisler, Robert) 321
Oriental
    África 231-234, 253-254, 341, 348, 371, 419
    filosofia 259-261, 333-335
Osíris 244
Ostanes 203

Pagode Preto de Konarak 345, 347
Palavers 242
Papers from the Eranos Yearbook 402, 422
Paracelsica (Jung) 376
Paracelso 28, 158, 159, 375-376
"Paralelo *lapis*-Cristo", O (Jung) 417
Parapsicologia 137, 169
Participation mystique 298, 401
Pauli, Wolfgang 423
Paulo, São 64, 128, 193, 201, 422, 462
Pecado
    abençoado 62
    mortal 370
    original 62
    venial 370
Pedra
    escultura (por Jung) 427-429, 450-451, 453, 455, 470
    filosofal (*lapis*) 438
"Paracelso, o médico" (Jung) 375

"Paracelso, um fenômeno espiritual" (Jung) 376
Peixe, simbolismo do 417
Personalidade
  n. 1 (ciência) 77
  n. 2 (humanidades) 77
Pestalozzi, Heinrich 90
Peter Baynes; cf. Baynes, Godwin (Peter)
Peter Blobb's Dreams 196, 196n.
Pio XII 439
Pitágoras 236n.
Platão 189, 190
Poder da serpente, O 109
Polônia 356, 371
Polzeath, Seminário de (1923) 208-209, 290, 294, 346
Pompeu 225
Porter, George 220
Preiswerk, Samuel (avô materno) 28
Presente e futuro (Gegenwart und Zukunft), (Jung) 459
Primeira Guerra Mundial; cf. Guerra Mundial
Primordiais, ancestrais 23, 240, 264, 336
Privatio boni 191, 418, 419
Processo de individuação 79, 182n., 188, 287, 299, 318, 325, 403, 405, 410, 420, 434, 440, 452, 461
Projeção 84, 97, 139, 273, 362, 438
  do inconsciente 84n., 433
  do si-mesmo 403
  fenômenos de 173
Proteu 160
Psicologia 114, 158
  analítica e alquimia 434-435, 437-438; cf. tb. Psicologia junguiana
  nacional 308-310
  pessoal 189, 190
  racial 308-310
  religião da 137
  transferência da 403
Psicologia da transferência, A (Jung) 345, 403-405

Psicologia e alquimia (Jung) 79, 271, 283, 321, 326, 345, 381, 417, 430
Psicologia e religião (Jung) 331
Psicologia junguiana 171, 181, 197, 229, 240, 382, 416, 442, 446
Psicoterapia, Sociedade Médica Geral Internacional 302-308, 312
Psique 94n., 116
  mundo arquetípico da 159
  natureza objetiva da 94, 170, 173
  realidade da 170-171, 370
Psiquiatria 98, 106-108, 114-117, 143
Psiquiátrica
  teoria 107
Psíquicas
  camadas 23, 336
Psychology of the Unconscious (Jung) 45, 137
Pueblos, índios 219, 220-228, 238, 249, 333, 350, 437
  religião dos 222
Puech, H.C. 326
Pulver, Max 377
Pupilla 427
Purusha 159

Quarto elemento 235
Quaternidade 321, 403, 404, 417
Quatro
  funções 328
  simbolismo do 236n.
"Que a Índia nos pode ensinar, O" (Jung) 342-343, 345
Questões religiosas 48, 49
Quintessência 392

Ra 244
Racial, psicologia 308-309
Rahner, Hugo, Professor 380
Rank, Otto 125
Rascher Verlag 444, 459
Rauschenbach, Sra. 114
Real Sociedade Inglesa de Medicina, Conferência na (1939) 357-358, 360

501

Reencarnação 65, 163, 215, 325
Reimer, George Andreas 26
Relação do ego com o inconsciente, A 283
Relacionamentos, afetivos 390
"Relations Between the Ego and the Unconscious" (Jung); cf. "Eu e o inconsciente, O"
"Relation of the Ego to the Unconscious" (Jung); cf. Relação do ego com o inconsciente, A
Religião, psicologia da 137
cf. tb. Cristianismo
Religio animalis 453
Religiosos, jogos 270
Reno, Cataratas do 29, 34, 82, 115
rio 22, 44, 156
"Réplica ao Dr. Bally" (Jung) 306-313
Resposta a Jó (Jung) 33, 366, 418-419, 422, 428-429, 430
Res simplex 438
Retrato de Jung (Barbara Hannah) 322
"Retrospectiva" (Jung) 32, 42, 46, 67, 126
Revista Geral de Psiquiatria 107
Rhodes 164n.
Ricardo de São Vitor 189, 190-191
Riklin, Franz, Jr. 27, 106, 110, 198, 218, 351-352, 414, 453, 466, 466n., 480
Rihlin, Franz, Sr. 110, 117, 352
Rite d'entrée 437
Ritschl, Albrecht 91
Rituais, danças e jogos 270-271, 270n.
Rockefeller, John D., Sr. 182
Rosarium Philosophorum 316, 403
Rousselle, Erwin 299, 334n.
Rússia 356, 366

Salomé 163
Sanchi, Colina de 339-340
Sand, Karl Ludwig 26
Schärf-Kluger, Riwkah (depois Sra. Yehezkel Kluger) 302, 366
Schmid, Hans, Dr. 285

Schmid, Marie-Jeanne 285-286, 353, 366, 372, 408, 430-431
Schopenhauer, Arthur 55, 74
Schweizer Monatshefte 459
Seelenprobleme der Gegenwart (Jung) 283
"Seele und Erde"; cf. "Alma e terra"
Segredo da flor de ouro, O 260-269, 316, 336, 369, 370, 434
Segunda Guerra Mundial; cf. Guerra Mundial
Sennen Cove, Seminário em (1920) 196-197
Septem Sermones ad Mortuos (Jung) 168, 168n.
Serpent Power (Arthur Avalon) 109
Seth (ayik) 244
Sexualidade 152, 345-347
carnal 211-212
cristianismo e 211-212
e alquimia 142
expressão do espírito ctônico 141
lado religioso da 141-142 e Oriente 141, 346, 347
teoria freudiana da 123-127, 141, 186
Shah Jahan, Imperador 200
Shankaracharya 169
Shri-Chakra-Sambhara Tantra 357
Sigg, Hermann 199, 215, 230, 255, 288
Silberer, Herbert 433
Simão Mago 163
"Símbolismo da transformação na missa, O" (Jung) 377
Símbolos da transformação (Jung) 45, 120, 120n., 125, 126, 137, 138, 139, 142, 144, 145
"Símbolos oníricos do processo de individuação" (Jung) 321
Símbolos, simbolismo 45-46, 116, 175-176, 212, 244, 314-315, 348, 361, 380, 417
e alquimia 317-318, 435, 443
Si-mesmo 64-65, 97, 157, 159, 162, 177-178, 182n., 190, 191, 192, 193,

202, 203, 213, 214n., 238-241, 243, 247, 271, 272, 286n., 341, 344, 350, 368-369, 383, 403-404, 416, 417, 417n., 419, 419n., 436-437
circularidade como símbolo do 463, 465-467
coletivo 257
e budismo 341
individual 258
mandala como símbolo do 180n., 187, 257, 261
Simpático (sistema) 407
Sincronicidade 260-262, 422-423, 424n., 425-426, 428, 430, 453, 468
causalidade vs. 423-425
"Sincronicidade – um princípio de conexões acausais" (Jung) 422n., 428-429
Sincronísticos
eventos 385, 423-424, 424n., 479
fenômenos 425
Smith, Carleton 459
Smith, Hélene 302
"Sobre a psicologia do espírito" 402
Sobre a psicologia e patologia dos fenômenos chamados ocultos (Jung) 106
"Sobre as raízes da consciência" 315
"Sobre a vida depois da morte" (Jung) 224, 389, 419
"Sobre o si-mesmo" 416
Sociedade Médica Geral Internacional de Psicoterapia 142, 144, 302, 312
Sociedade Psiquiátrica Médica Alemã 307
Sociedade Real Inglesa de Medicina 360
Sófocles 201
Sol 200
Solar, mito 244
Solo suíço
cf. Diagrama, camadas do inconsciente
Sombra 416, 417n., 434, 435
Sonambulismo 137
Sonhos
análise de 120, 121, 126, 138, 197, 229, 232

de crianças 30, 31n., 32, 302
interpretação 78, 121n., 135, 146, 149, 184, 201, 248, 431
seminários 31n., 229-230, 302, 313, 325, 380
Sophia 439
Sophiae 159
Soror mystica 318, 403
Speiser, Andreas 374
Stahel, Jakob 383
Steiner, Gustav 90n.
Stupas 339-340
Subjetividade emocional 418
Sudão 246n., 248, 250
Suíça 15-23, 25n.
e a Primeira Guerra Mundial 184
e a Segunda Guerra Mundial 371-375
Suíço
exército 17
Super-homem 314
Swanage, Seminário em (1925) 201, 229

Tabula rasa 22, 30
Taj Mahal 200-201, 339-340
Tao 179, 436
Tavistock
Clínica 111
conferências (1935) 324-325
Tchecoslováquia 356, 365
Telésforo 45, 61, 79, 427, 428
Temple (arcebispo) 377
Tensão coletiva 254, 294
Teosofia 298
Terry lectures (1937) 330, 334
Tertuliano 70
Testamento
Novo 417, 439
Theatrum Chemicum (Dorn) 335, 357
Thomas, Una 13, 302
Tifereth 388, 388n.
Tipos psicológicos 184, 185, 186, 187
Tipos psicológicos (Jung) 184-187, 263, 283
Torre; cf. Bollingen, Torre de

503

Transferência 173, 209, 286, 403-404
Trindade, A 374
Two essays (Jung) 283

"Últimos pensamentos" (Jung) 343
"Uma visão psicológica da consciência" (Jung) 466
Um mito moderno sobre coisas vistas no céu (Jung) 462
"Unconscious in the Normal and Pathological Mind" (Jung); cf. "Inconsciente na mente normal e na patológica, O"
Undiscovered Self (Jung) 460-461, 462, 467
Unio mentalis 434
Unus mundus 341, 436-438, 458

Van der Post, Laurens 397
"Vários aspectos do renascimento, Os" (Jung) 361
Veritas 434
Vidente de Prevorst (Kerner) 301
Villanova, Arnaldus de 427, 428
Virgem Maria 439
Vogel Gryff 54
Von der Heydt, Barão 299
Von der Heydt, Vera 300n.
Von Franz, Marie-Louise 13, 49, 147n., 156n., 162, 166, 198, 203, 206, 216, 218n., 281n., 298, 316, 317, 318n., 323, 326, 329, 359n., 387, 393-394, 402, 407, 415, 416, 423, 425, 426n., 440, 447, 451, 453, 456-457, 466, 468, 471, 473-474, 476, 478, 479n.
Von Gerbenstein, Ulrich 97
Von Hoffmannsthal, Hugo 364
Von Humboldt, Barão 26, 26n.
Von König-Fachsenfeld, Olga 282n.
Von Kotzebue, August 26
Von Müller, Friedrich 98, 105
Vontade
  criadora 74

desígnio e 241
egoica 379
inconsciente e 152
própria 96
Vox Dei 467

Weimar, Congresso de (1911) 142-143, 145
Welsh, Elizabeth 302, 372
Weltwoche 463
White, Victor 417n., 439
Wilhelm, Richard 178-179, 231, 260-261, 274, 299, 333
Wirklichkeit der Seele (Realidade da psique) 283
Wolff, Herr 116, 163
Wolff, Sra. 145, 163, 276, 386n.
Wolff, Toni 182-183, 195, 207-208, 214, 268, 280n., 291, 298, 299, 308, 316, 320, 323, 324, 325, 335, 377, 378, 379, 386n., 409, 411
  e a Torre de Bollingen 213-215, 276-279
  e o Clube Psicológico de Zurique 182, 269, 274-275, 396, 409, 471
  morte 321n., 392, 431-432, 452-453
  relacionamento com 164-170
Wordsworth, William 30, 43, 67
Wotan 209, 291, 293, 294
"Wotan" (Jung) 291-294, 298, 400, 464
Wundt, Wilhelm 110

Xamã 162, 188, 392-393
  xamanismo 392

Yale, Universidade 330, 334

Zaratustra (Nietzsche) 265, 357
  seminário sobre (1934) 265, 313, 357
Zentralblatt 302, 305-306, 307
Zeus 384, 388
Zimmer, Heinrich 291, 299, 364, 382, 398

Zinno, Henri 229, 284
Zofíngia 90, 92, 95, 464
Zósimo 330
Zumstein-Preiswerk, Stefanie 98n.
Zurique 17, 18, 22, 43, 99, 101, 106, 110
  Clube Psicológico de 55, 179n., 180,
  182, 183, 207, 220, 229, 231, 265,
  269-270, 272-274, 280, 290, 291, 315,
  325, 354, 396-397, 402, 409, 471
  - expulsão dos membros
  nazistas 401n.
  seminário em (1925) 229
  Universidade de 108, 117, 154

LEIA TAMBÉM:

Psicanálise junguiana

Trabalhando no espírito de C.G. Jung

Editado por Murray Stein

Jung se distinguiu de Freud e Adler, os outros dois pioneiros da psicanálise, e fundou um ramo distinto da psicologia profunda (ou psicologia médica, como era chamada nos seus primeiros tempos), chamado de psicologia analítica. O lar físico e espiritual dessa escola era Zurique, Suíça. Os pontos teóricos e clínicos de diferença entre os três fundadores, especialmente as diferenças entre Jung e Freud, foram amplamente discutidos em muitas publicações e biografias. O autor lembra que, na primeira e na segunda gerações, os junguianos carregaram nas tintas usadas para demarcar as linhas de separação entre eles e os outros, sendo enfatizadas as diferenças nas perspectivas e práticas fundamentais, para que o campo fosse diferenciado do meio circundante. Mais recentemente, a ênfase entre autores junguianos contemporâneos se deslocou para perspectivas de convergência e diálogo. Isso pode ser considerado um sinal de maturidade no campo. Há menos ansiedade acerca da identidade.

Os capítulos do presente volume refletem as mudanças que ocorreram na última década e meia e após a passagem da segunda geração, que em grande parte tinha conhecido e trabalhado com Jung pessoalmente durante os anos de 1930 e 1940. Como uma afirmação do campo, esse livro é muito representativo quanto às várias correntes de pensamento e à rica diversidade de abordagens e de pensamentos que constituem hoje a complexa tapeçaria da escrita e do pensamento analíticos junguianos.

O leitor encontrará um entrelaçamento que talvez hoje chegue ao ponto de uma perfeita integração, dos bem-conhecidos ramos clássico, desenvolvimentista e arquetípico da psicologia analítica, bem como uma gama impressionante de empréstimos de pensadores psicanalíticos modernos, para além das fronteiras da psicologia analítica, e cujas ideias e *insights* não são de modo algum inspiradas por fontes junguianas, mas cujas visões são crescentemente vistas como convergentes e compatíveis.

Os praticantes clínicos na escola que se formou em torno de Jung variadamente se autodesignaram como psicólogos analíticos, analistas junguianos e psicoterapeutas junguianos. Em anos mais recentes, eles cada vez mais reconheceram o parentesco histórico, se não inabalável, com a família maior da psicanálise, e passaram a se denominar psicanalistas junguianos. Daí o título desse livro. Psicanálise junguiana é o nome contemporâneo da aplicação clínica da psicologia analítica.

Murray Stein é analista na International School for Analytical Psychology, em Zurique, na Suíça. Palestrante em diversos países sobre psicologia analítica e suas aplicações no mundo moderno.

CULTURAL
Administração
Antropologia
Biografias
Comunicação
Dinâmicas e Jogos
Ecologia e Meio Ambiente
Educação e Pedagogia
Filosofia
História
Letras e Literatura
Obras de referência
Política
Psicologia
Saúde e Nutrição
Serviço Social e Trabalho
Sociologia

CATEQUÉTICO PASTORAL
Catequese
Geral
Crisma
Primeira Eucaristia

Pastoral
Geral
Sacramental
Familiar
Social
Ensino Religioso Escolar

TEOLÓGICO ESPIRITUAL
Biografias
Devocionários
Espiritualidade e Mística
Espiritualidade Mariana
Franciscanismo
Autoconhecimento
Liturgia
Obras de referência
Sagrada Escritura e Livros Apócrifos

Teologia
Bíblica
Histórica
Prática
Sistemática

REVISTAS
Concilium
Estudos Bíblicos
Grande Sinal
REB (Revista Eclesiástica Brasileira)

VOZES NOBILIS
Uma linha editorial especial, com importantes autores, alto valor agregado e qualidade superior.

VOZES DE BOLSO
Obras clássicas de Ciências Humanas em formato de bolso.

PRODUTOS SAZONAIS
Folhinha do Sagrado Coração de Jesus
Calendário de mesa do Sagrado Coração de Jesus
Almanaque Santo Antônio
Agendinha
Diário Vozes
Meditações para o dia a dia
Encontro diário com Deus
Guia Litúrgico

CADASTRE-SE
www.vozes.com.br

EDITORA VOZES LTDA.
Rua Frei Luís, 100 – Centro – Cep 25689-900 – Petrópolis, RJ
Tel.: (24) 2233-9000 – Fax: (24) 2231-4676 – E-mail: vendas@vozes.com.br

UNIDADES NO BRASIL: Belo Horizonte, MG – Brasília, DF – Campinas, SP – Cuiabá, MT
Curitiba, PR – Fortaleza, CE – Juiz de Fora, MG – Petrópolis, RJ – Recife, PE – São Paulo, SP